GROSSER DEUTSCHER MÜNZKATALOG

Dr. Paul Arnold
Dr. Harald Küthmann · Dr. Dirk Steinhilber

GROSSER DEUTSCHER MÜNZKATALOG
VON 1800 BIS HEUTE

*Mit Preisangaben
von Dieter Faßbender.
Jaeger-Nummern in Klammer ().*

1. Auflage Dezember 1970
2., unveränderte Auflage Februar 1971
3., völlig überarbeitete und erweiterte Auflage März 1973
4., völlig überarbeitete und erweiterte Auflage Juli 1974
5., völlig überarbeitete und erweiterte Auflage Juli 1977
6., völlig überarbeitete und erweiterte Auflage September 1980
7., völlig überarbeitete und erweiterte Auflage April 1982
8., völlig überarbeitete und erweiterte Auflage Dezember 1985
9., völlig überarbeitete und erweiterte Auflage September 1988
10., völlig überarbeitete und erweiterte Auflage September 1990
11., völlig überarbeitete und erweiterte Auflage September 1991
12., völlig überarbeitete und erweiterte Auflage Juli 1993
13., völlig überarbeitete und erweiterte Auflage Juni 1995
14., völlig überarbeitete und erweiterte Auflage Juni 1997

Die Deutsche Bibliothek – CIP-Einheitsaufnahme

Grosser deutscher Münzkatalog von 1800 bis heute
Paul Arnold ; Harald Küthmann ; Dirk Steinhilber.
Mit Preisangaben von Dieter Fassbender. – 14., völlig
überarb. und erw. Aufl. – Augsburg : Battenberg, 1997

ISBN 3-89441-358-1
NE: Arnold, Paul; Küthmann, Harald; Steinhilber, Dirk

BATTENBERG VERLAG AUGSBURG
© 1997 Weltbild Verlag GmbH Augsburg
Alle Rechte vorbehalten

Gesamtherstellung:
Presse-Druck Augsburg

Printed in Germany
ISBN 3-89441-358-1

Einleitung

Dieser Münzkatalog ist vor allem für den Sammler gemacht. Der Sammler möchte eine Münze leicht auffinden, möchte Namen, Herkunft und Alter feststellen, den Wert erfahren und sich außerdem einen Überblick darüber verschaffen, welche Münzen es für ein bestimmtes Gebiet und für eine bestimmte Zeit gibt. Verfasser und Verlag suchen diesen Wünschen durch die Anlage des Katalogs, durch seine Bebilderung und durch die Beschränkung des Textes auf das Wesentliche zu entsprechen. Sie suchen darüber hinaus dem Sammler durch kurze Angaben zum betreffenden Land und dessen Münzwesen etwas von dem münzgeschichtlichen Hintergrund zu vermitteln, der den einzelnen Geprägen erst ihre eigentliche Bedeutung verleiht. Die gebotene Kürze zwingt dabei zu einer vereinfachten Darstellung.

Der Katalog enthält die deutschen Münzen seit etwa 1800 bis zur Gegenwart. Vertreten sind alle deutschen Staaten, die in diesem Zeitraum eigene Münzen hatten oder noch haben. Um einen gewissen Zusammenhang mit vorhergehenden oder nachfolgenden Münzen zu wahren, ist der Beginn des Zeitraums nicht immer genau mit dem Jahr 1800 angesetzt, sondern liegt manchmal etwas früher oder später. Die letzten Gepräge der Reichsstädte Augsburg, Nürnberg und Regensburg sind nicht mehr aufgenommen, weil die in die ersten Jahre des 19. Jahrhunderts fallenden Münzen die letzten Ausläufer der Münzreihen vorhergehender Jahrhunderte sind; das gleiche gilt für Löwenstein-Wertheim und Pommern. Liechtenstein, Luxemburg und Österreich sollen an anderer Stelle veröffentlicht werden, ebenso die Münzen von Belgien, Böhmen und Mähren und Polen während der deutschen Besetzung im Zweiten Weltkrieg 1939–1945.

Der Katalog verzeichnet außer den regulären Münzen vielfach auch Proben zu diesen Münzen sowie die Gedenkmünzen und andere aus besonderen Anlässen herausgebrachte Prägungen, soweit sie in Metall und Gewicht den regulären Münzen entsprechen. Notmünzen dagegen, weder staatliche noch die der Gemeinden oder die von privater Seite ausgegebenen, enthält der Katalog nicht (Ausnahme: Danzig Nr. 19 und Deutsche Kolonien Nr. 0-327 bis 0-332).

Der Katog ist alphabetisch nach Staaten geordnet. Innerhalb eines Staates folgen die Münzen zeitlich nach regierenden Herrschern bzw. Prägejahren, beginnend mit dem höchsten Wert. Im Anschluß an die regulären Münzen sind die Gedenkmünzen zusammengefaßt, wiederum mit dem höchsten Wert beginnend. Die Beschreibung der einzelnen Münze gliedert sich in laufende Nummer, Nennwert mit Metallangabe in Klammern, Bewertung in DM, Beschreibung von Vorderseite und Rückseite, Prägejahre mit Auflagenhöhe in Klammern – die Prägejahre sind nicht immer identisch mit den Jahreszahlen auf den Münzen –, Münzstätten- und Münzmeisterzeichen, Rändelung bzw. Randschrift und Hinweise auf Varianten, Proben, Abschläge.

Die Bewertung bezieht sich auf die meist angebotenen Jahrgänge, die unter der betreffenden Nummer zusammengefaßt sind; sie gilt für Stücke in »sehr schöner« und »vorzüglicher« Erhaltung. Ausnahme: Die Gedenkmünzen der Bundesrepublik Deutschland und der DDR; diese Münzen wurden in den Erhaltungen »bankfrisch« und »Polierte Platte« bewertet.

Die Katalogpreise sind den täglichen Schwankungen des Marktes unterworfen; in Kursiv angegebene Notierungen sind besonders variabel.

Um der Praxis zahlreicher Münzhändler und damit den Sammlern entgegenzukommen, wurde dem »AKS«, wie dieses Buch nach den Anfangsbuchstaben der Autoren gerne genannt wird, eine Konkordanz der JAEGER-Nummern beigefügt. Diese JAEGER-Nummern stehen aus Zweckmäßigkeitsgründen unmittelbar nach den jeweiligen laufenden Nummern des »AKS« in Klammern.

Die Bearbeiter der einzelnen Gebiete sind: Dr. Paul Arnold, Dresden (Anhalt, Deutsche Demokratische Republik, Mecklenburg, Preußen, Reuß, Sachsen, Schwarzburg, Stollberg; Münztabellen zu Anhalt, Baden, Bremen, Hamburg, Hannover, Lippe, Mecklenburg, Oldenburg, Preußen, Regensburg, Reuß, Sachsen, Schaumburg, Schwarzburg, Waldeck; jeweils mit 1806 nach Auflösung des Hl. Römischen Reiches Deutscher Nation beginnend); Dr. Harald Küthmann, München (Baden, Braunschweig, Hannover, Knyphausen und Varel, Lauenburg, Lippe, Nassau, Oldenburg, Schaumburg-Lippe, Schleswig-Holstein, Waldeck und Pyrmont, Wallmoden-Gimborn, Westfalen; jeweils ab 1800); Dr. Dirk Steinhilber (†), München (Bayern, Berg, Bremen, Danzig, Deutsches Reich einschließlich besetzte Gebiete und Schutzgebiete, Saarland und Bundesrepublik Deutschland, Frankfurt, Fürstenberg, Fürstprimatische Staaten, Hamburg, Hessen, Hohenzollern, Isenburg, Leiningen, Lübeck, Preußisch Ansbach-Bayreuth, Regensburg, Württemberg, Würzburg; jeweils ab 1800; Erläuterungen der wichtigsten numismatischen Begriffe); Josef Wallisch (†), München (Münztabellen zu Bayern, Deutsches Reich einschließlich besetzte Gebiete und Schutzgebiete, Saarland, Danzig und Bundesrepublik Deutschland, Hessen, Schleswig-Holstein, Westfalen, Württemberg). Die Bewertung lag in Händen von Herrn Dieter Faßbender.

Als Grundlage für die Neufestsetzung der Preise wurde vielfach die Ansicht von Spezialisten und Händlern, insbesondere die Ergebnisse auf Auktionen herangezogen. Dabei zeigte es sich, daß die Kleinmünzen in den letzten Jahren in der Wertschätzung der Sammler eine wohlverdiente Steigerung erfahren haben. Auch verlief die Entwicklung auf den einzelnen Gebieten ganz unterschiedlich.

Die Wappen steuerte Dr. Ottfried Neubecker (†) bei. Herr Anton Sched, München, zeichnete einen Teil der Wappen. Grundsätzlich ist das Wappen abgebildet, das in der verhältnismäßig längsten Zeit des 19. Jahrhunderts gültig oder maßgeblich war. Die hinter dem Wort ›Wappen‹ ggf. angegebene Jahreszahl bezieht sich auf die Entstehung des gezeigten Schildinhalts oder dessen Zusammensetzung, nicht aber auf die sog. Prunkstücke. In den Münzbeschreibungen sind im allgemeinen nur Schildformen, die von der schematischen, rechteckigen, im 19. Jahrhundert bevorzugten abweichen, näher bezeichnet.

Die Abbildungen geben die Originalgröße wieder. Zum größten Teil sind sie nach Aufnahmen von Gipsabgüssen gefertigt, zum kleinen Teil nach Aufnahmen von Originalstücken. Folgende Museen stellten hierfür in entgegenkommender Weise ihre Bestände zur Verfügung: Berlin, Staatliche Museen-Münzkabinett; Dresden, Staatliche Kunstsammlungen-Münzkabinett; Hannover, Kestner-Museum; Karlsruhe, Badisches Landesmuseum-Münzkabinett, Kopenhagen, Nationalmuseet – De Kongelige Mønt- og Medaillesamling; München, Staatliche Münzsammlung, Stuttgart, Württembergisches Landesmuseum-Münzkabinett. Die Gipsabgüsse wurden in den Museen Berlin, Dresden, Kopenhagen und München hergestellt, deren Mitarbeitern für die ausgezeichnete Arbeit der Dank ausgesprochen sei, ebenso den Fotografen an den Museen in Hannover, Karlsruhe und Stuttgart. Weiter gebührt Dank Herrn Herbert Grönegress, Minden, Herrn Robert E. Herwegh (†), Frankfurt, und Herrn Ernst Balke, Frankfurt, für die großzügige Überlassung eigener Aufnahmen. Den weitaus größten Teil der Fotos fertigte in bewährter Weise Herr Willy Kisskalt, München, an, für dessen Mühe um das Gelingen dieses Katalogs besonders zu danken ist.

Wertvolle Hinweise erhielten die Verfasser von Herrn Professor K.-H. Buhse, Bremen, von Herrn Dr. Erich Cahn, Basel, von Herrn Dieter Faßbender, Bonn, von Herrn M. Fischer, Suhl, von Herrn Herbert Grönegress, München, von Herrn Hermann T. Junghans, Lübeck, von Herrn Professor Dr. Hans-Dietrich Kahl, Gießen, von Herrn Otto Kozinowski (†), München, von Herrn Herrn Dr. R. Mohr, Bad Doberan, von Herrn W. Steguweit, Berlin, von Herrn Siegfried Summer (†), München, Herrn Volker Kricheldorf, Freiburg i. Br., Herrn Tilman Kriebel, Berlin, Herrn Anders Ringberg (†), Düsseldorf, Herrn Gerhard Schön, München, Herrn Klaus Wagner, Coburg, und von Herrn Günter Schön, München, der auch für diese neue Auflage die redaktionelle Betreuung übernommen hat. Ihnen sei an dieser Stelle ebenso gedankt wie den Damen und Herren an den Münzkabinetten, die die Verfasser in kollegialer Weise unterstützt haben, so Dr. Lore Börner, Berlin, Dr. Jørgen Steen Jensen, Kopenhagen, Dr. Ulrich Klein, Stuttgart, Dr. Peter-Hugo Martin, Karlsruhe, Dr. Elisabeth Nau, Stuttgart, Dr. Margildis Schlüter, Hannover, Professor Dr. Friedrich Wielandt (†), Karlsruhe, Frl. Cordula Wohlfahrt (†), Dresden.

Abkürzungen

Al	Aluminium	Mzz.	Münzstättenzeichen
Anm.	Anmerkung	N	Nickel
B	Billon, Legierung mit weniger als 50 % Silbergehalt	n.l.	nach links, vom Beschauer aus gesehen
E	Eisen	n.r.	nach rechts, vom Beschauer aus gesehen
Fsm.	Fürstentum	N-S	Neusilber, Legierung aus 62 % Kupfer, 20 % Zink und 18 % Nickel
G	Gold	Pfgft.	Pfalzgrafschaft
Gft.	Grafschaft	o.J.	ohne Jahr
Ghzm.	Großherzogtum	r.	rechts
H.	Herrschaft	RR	Rarität
Hzm.	Herzogtum	Rs.	Rückseite
K	Kupfer	S	Silber
Kfsm.	Kurfürstentum	Stgl.	Stempelglanz
Kgr.	Königreich	Var.	Variante(n)
l.	links	Vs.	Vorderseite
L	Leichtmetall – Legierung aus 97 % Aluminium und 3 % Magnesium	Z	Zink
LP	Liebhaberpreis		
Lgft.	Landgrafschaft		
M	Messing		
Mgft.	Markgrafschaft		
Mmz.	Münzmeisterzeichen		

In Klammern neben dem Nennwert: Metall

In Klammern neben den Prägejahren: Prägezahl (Schrägstrich) in der Münzaufschrift: neue Zeile

Inhalt

Altenburg	296
Anhalt	11
Anhalt-Bernburg	12
Anhalt-Dessau	16
Anhalt-Köthen	15
Ansbach-Bayreuth	243
Baden	19
Bank deutscher Länder	408
Bayern	43
Bayreuth	243
Berg	75
Bernburg	12
Besetzte Gebiete im 1. Weltkrieg 1914–1918	447
Besetzte Gebiete im 2. Weltkrieg 1939–1945	448
Birkenfeld	215, 217
Brandenburg	227
Braunschweig	78
Bremen	91
Bundesrepublik Deutschland	409
Coburg	312
Coburg und Gotha	300
Coburg-Saalfeld	310
Dagsburg	178
Danzig	95
Darmstadt	154
Dessau	16
Detmold (s. Lippe)	179
Deutsche Demokratische Republik	424
Deutsche Kolonien	449
Deutsch-Neuguinea	449
Deutsch-Ostafrika	451
Deutsches Reich	390
Deutsches Reich 1873–1922	394
Deutsches Reich 1919–1945	397
Deutsches Reich 1945–1948	408
Ebersdorf	253
Eisenach	289
Frankenhausen	340
Frankfurt, Freie Stadt	100
Frankfurt, Großherzogtum	108
Fulda	150
Fürstenberg	109
Fürstprimatische Staaten	111
Gimborn	356
Gotha	300
Hamburg	114
Hanau	150
Hannover	121
Hartenburg	178
Hechingen	169
Hessen	145
Hessen-Darmstadt	154
Hessen-Homburg	166
Hessen-Kassel	145
Hildburghausen	314
Hohenzollern	169
Hohenzollern-Hechingen	169
Hohenzollern-Sigmaringen	171
Holstein	333
Homburg	166
Inn- und Kniphausen und Varel	176
Isenburg	175
Kassel	145
Kiautschou	454
Kniphausen und Varel	176
Köthen	15
Lauenburg	177
Leiningen	178
Lippe (Detmold)	179
Lippe (Schaumburg-Lippe)	328
Lobenstein-Ebersdorf	253
Lobenstein-Selbitz	253
Lübeck	183
Mainz	111
Mecklenburg	185
Mecklenburg-Schwerin	186
Mecklenburg-Strelitz	195
Meiningen	317
Nassau	200
Neuguinea	449
Oberhessen, Hanau und Fulda	150
Oldenburg	212
Ostafrika	442
Ostfriesland	130
Ost- und Westpreußen	228
Posen	229
Preußen	219
Pyrmont	348

Regensburg	112
Reichskreditkassen	448
Reuß	244
Reuß älterer Linie	245
Reuß jüngerer Linie	249
Reuß-Lobenstein-Selbitz	253
Reuß-Lobenstein-Ebersdorf	253
Rheinbund	111
Rostock	198
Rudolstadt	338
Saalfeld	310
Saarland	455
Sachsen, Königreich	255
Sachsen, Großherzogtum	289
Sachsen-Altenburg	296
Sachsen-Coburg und Gotha	300
Sachsen-Coburg-Saalfeld	310
Sachsen-Hildburghausen	314
Sachsen-Meiningen	317
Sachsen-Weimar-Eisenach	289
Sächsische Herzogtümer	288
Schaumburg (Grafschaft)	150
Schaumburg-Lippe	328
Schleiz	249
Schlesien	228
Schleswig-Holstein	333
Schwarzburg	338
Schwarzburg-Rudolstadt	338
Schwarzburg-Sondershausen	344
Schwerin	186
Selbitz	253
Sigmaringen	171
Sondershausen	344
Stolberg-Wernigerode	347
Strelitz	195
Varel	176
Waldeck-Pyrmont	348
Wallmoden-Gimborn	356
Weimar	289
Wernigerode	347
Westfalen, Königreich	357
Westfalen (preuß. Provinzialprägung)	227
Westpreußen	228
Wismar	199
Württemberg	364
Würzburg, Großherzogtum	386
Würzburg, Stadt	387

Anhalt, Herzogtum

Größe: 2314 qkm
Hauptstadt: Dessau
Wappen (1689):
1. Hzm. Sachsen
2. Pfgft. Sachsen
3. Hzm. Engern
4. Geschlecht der Bäringer (Beringer). Bevorzugtes Münzbild und Staatsemblem von Anhalt-Bernburg
5. Stammwappen und kleines Staatswappen: Mgft. Brandenburg/Hzm. Sachsen
6. H. Ballenstedt
7. Gft. Askanien
8. Gft. Waldersee
9. Gft. Warmsdorf
10. Gft. Mühlingen
11. Regalienschild
12. H. Bernburg

Die anhaltischen Fürstentümer entstanden 1603, als die Söhne des Joachim Ernst das Land in die 5 Fürstentümer zu Dessau, Bernburg, Plötzkau, Zerbst und Köthen aufteilten. Beim Erlöschen einer Linie sukzedierten die anderen, beim Erlöschen des gesamten Hauses Anhalt sollte die Herrschaft auf die Hohenzollern in Preußen übergehen. Senior des Hauses war jeweils der älteste regierende Fürst.
Bei Auflösung des Hl. Römischen Reiches Deutscher Nation bestanden nur noch die Fürstentümer zu Dessau, Bernburg und Köthen. Alexius Friedrich Franz zu Bernburg hatte unter dem 8.4.1806 von Kaiser Franz II. die Herzogswürde verliehen bekommen. Am 8.4.1807 nahmen auch die Fürsten zu Dessau und Köthen den Herzogstitel an. Als souveräne Herzöge traten sie 1807 dem Rheinbund bei und wurden 1815 Mitglieder des Deutschen Bundes. Durch die Abtretung größerer sächsischer Landesteile an Preußen 1815 waren die anhaltischen Fürstentümer von preußischem Gebiet umgeben, was einen stärkeren politischen Einfluß Preußens zur Folge hatte. 1821 unterzeichneten die Herzöge die Elbschiffahrtsakte. Dem preußischen Zoll- und Handelsverein traten Bernburg am 7.6.1826, Dessau und Köthen am 16.7.1828 bei. 1834 wurden sie Mitglieder im Deutschen Zoll- und Handelsverein.
Im Jahre 1848 kam es auch in den anhaltischen Fürstentümern zu Verfassungskämpfen. Dessau erhielt am 29.10.1848 eine demokratische Verfassung, die aber von der Reaktion bereits am 4.11.1851 wieder aufgehoben wurde. In Bernburg bildete sich eine provisorische Regierung. Der Landtag erbat vom Reichsverweser Erzherzog Johann die Sendung eines Reichskommissars. Dagegen wandte sich die reaktionäre Politik der bernburgischen Regierung, die sich am 9.6.1849 von der Reichsverfassung lossagte und dem Dreikönigsbündnis anschloß. Am 1.10.1859 erhielten Anhalt-Dessau und Anhalt-Bernburg eine feudalständische Verfassung.
Bereits 1853 waren nach dem Erlöschen der Köthener Linie die beiden Herzogtümer Köthen und Dessau vereinigt worden. Als am 19.8.1863 Herzog Alexander Carl zu Bernburg, ohne Nachkommen zu hinterlassen, starb, fiel auch Bernburg an Leopold Friedrich zu Dessau, der nach 260jähriger Spaltung Anhalt wieder vereinigen konnte.
Im Deutschen Krieg 1866 beteiligte sich Anhalt auf preußischer Seite; es trat am 18.8.1866 dem Norddeutschen Bund bei. Im Deutschen Reich bestand Anhalt bis 1918 als Herzogtum, danach bis 1945 als Freistaat und bis 1952 mit der ehemaligen preußischen Provinz Sachsen als Land Sachsen-Anhalt.
Die Ausprägung von Münzen war in den 3 Herzogtümern unterschiedlich. Vor 1840 ließ besonders Anhalt-Bernburg in größerem Umfang Münzen schlagen.
Nach dem Konventionsmünzfuß prägten die Fürsten zu Anhalt-Zerbst seit 1763 und zu Anhalt-Bernburg seit 1793 aus der feinen Mark Silber zu ca. 234 g: 10 Konventionstaler = 20 Gulden ($\frac{2}{3}$ Taler) = 40 Halbgulden ($\frac{1}{3}$ Taler) = 80 Sechsteltaler.
Gerechnet wurde in Konventionskurant (vgl. Sachsen, Königreich):

    1 Reichstaler = 24 Groschen = 288 Pfennige.

Seit 1834 wurden die Taler im preußischen 14-Taler-Fuß ausgebracht. Im Jahre 1840 traten die anhaltischen Fürsten der Dresdener Münzkonvention bei und münzten aus der Mark 7 Doppeltaler oder Vereinsmünzen = 14 Taler. Für die Scheidemünzen galt allerdings weiterhin der alte Fuß.
Erst am 1.7.1850 nahm Anhalt-Dessau den preußischen Scheidemünzfuß: 1 Taler = 30 Silbergroschen = 360 Pfennige an. Gemäß dem Wiener Münzvertrag übernahmen Anhalt-Dessau und Anhalt-Bernburg 1857 den 30-Taler-Fuß:

    1 Zollpfund (500 g) = 15 Doppeltaler = 30 Taler.

ANHALT

Die Münzstätten, in denen die anhaltischen Herzöge prägen ließen:

Silberhütte im Selketal	1793–1812			
Harzgerode	1821–1831		Münzmeister:	
Berlin	seit 1834	Mzz. A	Hans Schlüter	Mmz. H.S.
Hannover	1867	Mzz. B	Oberbergrat Johann Carl Zincken	Mmz. Z

Gesetzliche Ausbringung der wichtigsten Sorten vor Einführung der Reichswährung

Nominal	Prägezeit	Metall	Gewicht g	Feingewicht g	Feingehalt °/oo	Katalog-Nr.
Dukat	1825	Gold	3,490	3,442	986,11	1
Doppeltaler	1839–1855	Silber	37,120	33,408	900	13, 20, 29
Speciestaler	1806–1809	Silber	28,063	23,386	833,33	2
Ausbeutetaler	1834–1855	Silber	22,272	16,704	750	15, 16
Vereinstaler	1858–1869	Silber	18,519	16,667	900	14, 17, 30, 35
Gulden	1806–1809	Silber	14,031	11,693	833,33	3
1/6 Taler	1856	Silber	5,345	2,784	520,83	18
1/6 Taler	1861–1865	Silber	5,342	2,778	520	19, 31
2 1/2 Silbergroschen	1856	Billon	3,248	1,218	375	21
2 1/2 Silbergroschen	1859–1864	Billon	3,221	1,208	375	21, 32
1/24 Taler	1822–1831	Billon	1,986	0,731	368,05	4, 5
1/24 Taler	1839, 1840	Billon	1,624	0,609	375	22
Silbergroschen	1851–1855	Billon	2,192	0,487	222,22	23
Silbergroschen	1859–1862	Billon	2,196	0,483	220	23
6 Pfennige	1840	Billon	0,812	0,305	375	24

LITERATUR:

R. Ball, Sammlung P. Cahn, Berlin, Münzen und Medaillen von Anhalt. Nummus 29, Berlin 1910
Th. Elze, Übersicht der Münzen und Medaillen des Hauses Anhalt Wien 1903
Kurt Jaeger, Die Münzprägungen der deutschen Staaten vor Einführung der Reichswährung. Band 12: Mitteldeutsche Kleinstaaten, Basel 1972
F.I. Katzer, Anhaltische Münzen und Medaillen, Bernburg 1966
J. Mann, Anhaltische Münzen und Medaillen vom Ende des XV. Jahrhunderts bis 1906. Hannover 1907

Anhalt-Bernburg

Alexius Friedrich Christian (1796–1834)

* 12.6.1767 als Sohn des Fürsten Friedrich Albrecht und seiner Gemahlin Albertine von Schleswig-Holstein. 18.4.1806 Erhebung in den Herzogsstand. ∞ in 1. Ehe Friederike von Hessen-Kassel, in 2. Ehe Dorothea von Sonnenberg, in 3. Ehe Ernestine von Sonnenberg. † 24.3.1834.

kam als kleine Einsprengungen in den Selenerzen vor, die im ehemaligen Tilkeroder Revier (Ostharz), nordöstlich des Ortes Tilkerode, heute Abberode, gefunden worden sind.

1 (55) Dukat (G)   2800.– / 5500.–
EX AURO ANHALTINO · Gekrönter Bär n.l. über waagrechter Mauer mit Tor schreitend
Rs. ALEXIUS FRIED. CHRIST. DUX ANHALT. SENIOR DOMUS ✻ · Im Feld: 1 / DUCATEN / Jahreszahl / Mmz. Z 1825 (116); »Harzgold-Dukat«; auch Abschläge in Silber und Kupfer
Nur zu Geschenkzwecken bei der Berliner Medaillenfirma F. Loos geprägt, die auch die Stempel anfertigte. Das Gold

2 (51) Taler (S)   1250.– / 3500.–
12feldiger Wappenschild auf gekröntem Hermelinmantel, entsprechend dem Diplom vom 8.4.1806; Mittelschild mit Herzogskrone
Rs. ALEXIUS FRIEDRICH CHRISTIAN HERZOG ZU ANHALT & Rosette · Im Lorbeerkranz: X / EINE FEINE / MARK / Jahreszahl / Mmz. H S 1806, 1809
Kettenrand
Var.: **1806** und **1809** je 2 Var.

3 (50) Gulden (S) 85.–/170.–
Gekrönter Bär n.l. über ansteigender Mauer mit Tor schreitend
Rs. ALEXIUS FRIED · CHRISTIAN HERZOG ZU ANHALT Rosette · Im Lorbeerkranz: XX / EINE FEINE / MARK / Jahreszahl / Mmz. H S 1806, 1808, 1809
Kettenrand
Var.: 1806: 2 Var. zur Vs.

4 (54) 1/24 Taler = Groschen (B) 50.–/100.–
Gekrönter Bär n.l. über waagrechter Mauer mit Tor schreitend
Rs. H: ANH: BERNB: LANDESMUNZE · Im Feld: 24 / EINEN / THALER / Jahreszahl 1822, 1823, 1827
Rand glatt
Var.: 1822: 3 Var. 1823: H · ANH · 1827: Var.1823 und 1827: MÜNZE

5 (58) 1/24 Taler = Groschen (B) 60.–/120.–
Vs. wie Nr. 4
Rs. HZL. ANHALT BERNB. LANDESMUNZE. Im Feld: 24 / EINEN / THALER / Jahreszahl / Mmz. · Z 1831
Rand glatt
Var. mit Vs. vom Pfennigstempel 1831

6 (49) 1/48 Taler (B) 40.–/80.–
Gekröntes kleines Staatswappen mit ovalem Schild, umgeben von 2 gekreuzten Palmzweigen
Rs. 48 / EINEN / THALER / Jahreszahl 1807
Rand glatt
Var.: 2 Var.

7 (53) 4 Pfennige (K) 40.–/100.–
Gekröntes Monogramm aus **A F C**
Rs. H · ANH · BERNB · SCHEIDE MUNZE · Im Feld: 4 / PFENNIGE / Jahreszahl 1822, 1823
Rand glatt
Var.: 1822: 2 Var. 1823: 2 Var., unterschiedliche Punkte

8 (57) 4 Pfennige (K) 40.–/100.–
Vs. wie Nr. 7
Rs. HZL · ANHALT BERNB · SCHEIDE MÜNZE · Im Feld: 4 / PFENNINGE / Jahreszahl / Mmz. · Z 1831
Rand glatt

9 (48 a) Pfennig (K) 30.–/90.–
Gekröntes Monogramm aus **A F C**
Rs. I / PFENNIG / Jahreszahl 1807
Rand glatt

10 (48 b) Pfennig (K) 60.–/150.–
Vs. wie Nr. 9
Rs. I / PFENNIG / SCHEIDE / MÜNTZ · / Jahreszahl 1808
Rand glatt
Var.: 3 Var.

11 (52) Pfennig (K) 30.–/90.–
Vs. wie Nr. 9
Rs. H: ANH: BERNB: SCHEIDEMÜNZE · Im Feld: 1 / PFENNIG / Jahreszahl · 1822, 1823, 1827
Rand glatt
Var.: 1822: 3 Var. 1823: 3 Var., auch mit I. 1827: 3 Var. mit I.

12 (56) Pfennig (K) 30.–/70.–
Vs. wie Nr. 9
Rs. HZL · ANHALT BERNB · SCHEIDE MÜNZE · Im Feld: 1 / PFENNING / Jahreszahl / Mmz. · Z 1831
Rand glatt
Var.: 2 Var.

ANHALT

Alexander Carl (1834–1863)

* 2.3.1805 als Sohn des späteren Herzogs Alexius Friedrich Christian und seiner Gemahlin Friederike von Hessen-Kassel. ∞ 30.10.1834 Friederike von Schleswig-Holstein. † 19.8.1863. Mit ihm erlosch die Linie zu Bernburg, wodurch das Land an Anhalt-Dessau fiel.

13 (64) Doppeltaler (S)   1250.– / 2000.–
ALEX. CARL HERZOG ZU ANHALT Kopf n. r., darunter Mzz.
Rs. **2 THALER VII EINE F. MARK 3½ GULDEN · VEREINSMÜNZE** zwischen 2 Rosetten · 12feldiges Wappen auf gekröntem Hermelinmantel, behängt mit der Kette des anhaltischen Hausordens Albrechts des Bären, Mittelschild gekrönt. Unten Jahreszahl A **1840** (3600), **1845** (7200), **1855** (5000)
Rand: GOTT MIT UNS zwischen den Worten je 1 Kreuz und 2 Ranken
Rs.-Stempel von Henri François Brandt

14 (72) Taler (S)   150.– / 380.–
ALEXANDER CARL HERZOG ZU ANHALT · Kopf n. l., darunter Mzz.
Rs. **EIN VEREINSTHALER XXX EIN PFUND FEIN** · Gekröntes, 12feldiges Wappen mit 2 auf einem gestuften Postament stehenden, widersehenden, gekrönten Bären als Schildhaltern, behängt mit der Kette des anhaltischen Hausordens Albrechts des Bären, Mittelschild ungekrönt. Unten Jahreszahl A **1859** (24000). Wie Nr. 30.
Rand: GOTT SEGNE ANHALT zwischen den Worten je 1 Kreuz und 2 Ranken

15 (59) Ausbeutetaler (S)   150.– / 300.–
ALEXANDER CARL HERZOG ZU ANHALT ∗ 12feldiges Wappen auf gekröntem Hermelinmantel, entsprechend dem Diplom vom 8.4.1806, wie Nr. 2
Rs. **EIN THALER. XIV EINE FEINE MARK · SEGEN / DES ANHALT. / BERGBAUES /** Jahreszahl / gekreuzte Berghämmer. **1834** (15000)
Rand: GOTT MIT UNS zwischen den Worten je 1 Kreuz und 2 Ranken
Geprägt anläßlich der am 30.10.1834 vollzogenen Vermählung des Herzogs mit Friederike von Schleswig-Holstein

16 (66) Ausbeutetaler (S)   130.– / 200.–
ALEXANDER CARL HERZOG ZU ANHALT · SEGEN / DES ANHALT. / BERGBAUES / Jahreszahl / gekreuzte Berghämmer
Rs. **EIN THALER XIV EINE FEINE MARK** · Gekrönter Bär n. r. über ansteigender Mauer mit Tor schreitend, darunter Mzz. A **1846** (10000), **1852** (10000), **1855** (20000)
Rand: GOTT MIT UNS zwischen den Worten je 1 Kreuz und 2 Ranken
1846 auch Zinnabschlag mit glattem Rand

17 (73) Ausbeutetaler (S)   150.– / 220.–
Vs. wie Nr. 16
Rs. **EIN THALER XXX EIN PFUND FEIN** · Gekrönter Bär n. r. über ansteigender Mauer mit Tor schreitend, darunter Mzz. A **1861** (10000), **1862** (20000)
Rand: GOTT SEGNE ANHALT zwischen den Worten je 1 Kreuz und 2 Ranken

18 (65) 1/6 Taler (S)   40.– / 75.–
HERZOGTHUM ANHALT — BERNBURG ∗ Gekrönter Bär n. r. über ansteigender Mauer mit Tor schreitend
Rs. **LXXXIV EINE FEINE MARK** · Umgeben von 2 gebundenen Lorbeerzweigen: **6 / EINEN / THALER /** Jahreszahl / Mzz. A **1856** (60000)
Rand: GOTT MIT UNS zwischen den Worten je 1 Stern und 2 Ranken
Probe: Rs. ohne Legende, mit Lorbeerkranz

19 (71) 1/6 Taler (S) 30.– / 60.–
Vs. wie Nr. 18
Rs. **CLXXX EIN PFUND FEIN** · Umgeben von 2 gebundenen Lorbeerzweigen: **6 / EINEN / THALER / Jahreszahl / Mzz. A 1861** (61 620), **1862** (60 000)
Rand: **GOTT SEGNE ANHALT** zwischen den Worten je 1 Stern und 2 Ranken
1862 auch Kupferabschlag mit glattem Rand

Anhalt-Köthen

Heinrich (1830–1847)
* 30. 7. 1778 als Sohn des Fürsten Friedrich Erdmann von Köthen-Pless und seiner Gemahlin Louise Ferdinande von Stolberg-Wernigerode. ∞ Auguste Prinzessin Reuß zu Köstritz. † 23. 11. 1847. Mit ihm erlosch die Linie zu Köthen.

20 (74) Doppeltaler (S) 2 300.– / 4 000.–
HEINRICH HERZOG ZU ANHALT · Kopf n. l., darunter Mzz.
Rs. **2 THALER VII EINE F. MARK 3½ GULDEN VEREINSMÜNZE** zwischen 2 Rosetten · 6fach behelmtes, 12feldiges Wappen mit 2 widersehenden, gekrönten Bären als Schildhaltern auf gekröntem Hermelinmantel, behängt mit der Kette des anhaltischen Hausordens Albrechts des Bären. Unten Jahreszahl **A 1840** (3100)
Rand: **GOTT SEGNE ANHALT** zwischen den Worten je 1 Kreuz und 2 Ranken

Gemeinschaftsprägung
der Linien zu Bernburg, Köthen und Dessau

21 (70) 2½ Silbergroschen (B) 25.– / 60.–
HERZOGTHUM ANHALT · Gekröntes kleines Staatswappen
Rs. **12 EINEN THALER SCHEIDE MÜNZE** · / Im Feld: **2½ / SILBER / GROSCHEN /** Jahreszahl / Mzz. **A 1856**, **1859** (60 000), **1861** (120 000), **1862** (240 000)
Rand feinst gerieffelt

Zusammen mit Nr. 32 wurden insgesamt 660 000 Stück geprägt, so daß auf 1856 und 1864 240 000 Stück entfallen.

22 (63) Groschen = 1/24 Taler (B) 40.– / 80.–
HRZGTH. ANHALT · Gekröntes kleines Staatswappen. Unten Jahreszahl
Rs. **24 EINEN THALER SCHEIDEMÜNZE** · Im Feld: **1 / GROSCHEN /** Leiste. **1839, 1840**
Rand glatt
1839 und 1840 wurden 309 423 Stück geprägt.

23 (69) Silbergroschen (B) 25.– / 60.–
HERZOGTHUM ANHALT · Gekröntes kleines Staatswappen
Rs. **30 EINEN THALER SCHEIDE MÜNZE** · Im Feld: **1 / SILBER / GROSCHEN /** Jahreszahl / Mzz. **A 1851, 1852, 1855, 1859** (150 450), **1862** (300 000)
Rand feinst gerieffelt
1851, 1852 und 1855 wurden 675 950 Stück geprägt.

24 (62) 6 Pfennige (B) 25.– / 60.–
HRZGTH. ANHALT · Gekröntes kleines Staatswappen. Unten Jahreszahl
Rs. **48 EINEN THALER SCHEIDEM.** Im Feld: **6 / PFENNIGE /** Leiste · **1840** (322 130)
Rand glatt

25 (61) 3 Pfennige (K) 35.– / 70.–
HRZGTH. ANHALT · Gekröntes kleines Staatswappen. Unten Jahreszahl
Rs. **96 EINEN THALER SCHEIDEMÜNZE** · Im Feld: **3 / PFENNIGE /** Leiste. **1839, 1840**
Rand glatt
1839 und 1840 wurden 677 632 Stück geprägt, davon 291 852 erst 1843, aber mit der Jahreszahl 1840

26 (68) 3 Pfennige (K) 30.– / 60.–

ANHALT

HERZOGTHUM ANHALT · Gekröntes kleines Staatswappen
Rs. **120 EINEN THALER SCHEIDE MÜNZE** · Im Feld: **3 / PFENNIGE** / Jahreszahl / Mzz. **A 1861**
Rand glatt
Prägezahl vgl. Nr. 33

27 (60) Pfennig (K) 30.– / 50.–
HRZGTH. ANHALT · Gekröntes kleines Staatswappen. Unten Jahreszahl
Rs. **288 EINEN THALER SCHEIDEM** · Im Feld: **1 / PFENNIG** / Leiste. **1839, 1840**
Rand glatt
1839 und 1840 wurden 1 242 672 Stück geprägt, davon 653 658 erst 1843, aber mit der Jahreszahl 1840.

28 (67 A) Pfennig (K) 18.– / 35.–
HERZOGTHUM ANHALT · Gekröntes kleines Staatswappen
Rs. **360 EINEN THALER SCHEIDE MÜNZE** · Im Feld: **1 / PFENNIG** / Jahreszahl / Mzz. **A 1856, 1862**
Rand glatt
Prägezahl vgl. Nr. 34

Anhalt-Dessau

Leopold Friedrich (1817–1871)

* 1.10.1794 als Sohn des Erbprinzen Friedrich und seiner Gemahlin Amalie von Hessen-Homburg. ∞ Friederike von Preußen. † 22.5.1871.

29 (75) Doppeltaler (S) 1 400.– / 2 000.–
LEOPOLD FRIEDRICH HERZOG ZU ANHALT · Kopf n. l., darunter Mzz.
Rs. **2 THALER VII EINE F. MARK 3½ GULDEN VEREINSMÜNZE** zwischen 2 Rosetten · 12feldiges Wappen mit 2 widersehenden, gekrönten Bären als Schildhaltern auf gekröntem Hermelinmantel, behängt mit der Kette des anhaltischen Hausordens Albrechts des Bären. Unten Jahreszahl **A 1839 (4700), 1843 (4700), 1846 (4700)**
Rand: GOTT SEGNE ANHALT
Vs.-Stempel von Henri François Brandt

30 (76, 79) Taler (S) 150.– / 300.–
LEOPOLD FRIEDRICH HERZOG ZU ANHALT · Kopf n. l., darunter Mzz.
Rs. **EIN VEREINSTHALER XXX EIN PFUND FEIN** · Gekröntes, 12feldiges Wappen mit 2 auf einem gestuften Postament stehenden, widersehenden, gekrönten Bären als Schildhaltern, behängt mit der Kette des anhaltischen Hausordens Albrechts des Bären, Mittelschild ungekrönt. Wie Nr. 14.
Unten Jahreszahl **A 1858 (26 808), 1866 (30 880), 1869 (31 527)**
Rand: GOTT SEGNE ANHALT zwischen den Worten je 1 Kreuz und 2 Ranken
Var.: **1866, 1869**: VON ANHALT

31 (78) 1/6 Taler (S) 35.– / 75.–
LEOPOLD FRIEDRICH HERZOG VON ANHALT · Kopf n. l., darunter Mzz.
Rs. **VI EINEN THALER CLXXX EIN PF. F.** · Gekröntes kleines Staatswappen. Unten Jahreszahl **A 1865 (120 000)**
Rand: GOTT SEGNE ANHALT zwischen den Worten je 1 Stern und 2 Ranken

32 (70) 2½ Silbergroschen (B) 25.– / 50.–
HERZOGTHUM ANHALT · Gekröntes kleines Staatswappen
Rs. **12 EINEN THALER SCHEIDE MÜNZE** · Im Feld: **2½ / SILBER / GROSCHEN** / Jahreszahl / Mzz. **A 1864**
Rand feinst gerifelt
Prägezahl vgl. Nr. 21

33 (68) 3 Pfennige (K) 30.– / 60.–
HERZOGTHUM ANHALT · Gekröntes kleines Staatswappen

Rs. 120 EINEN THALER SCHEIDE MÜNZE · Im Feld:
3 / PFENNIGE / Jahreszahl / Mzz. **A 1864, B 1867** (200 000)
Rand glatt, Var. 1867 auch mit Kerbrand
Zusammen mit Nr. 26 wurden 1861 und 1864 1 157 632 Stück
geprägt.

34   (67) Pfennig (K)   12.– / 30.–
HERZOGTHUM ANHALT · Gekröntes kleines Staats-
wappen
Rs. 360 EINEN THALER SCHEIDE MÜNZE · Im Feld:
1 / PFENNIG / Jahreszahl / Mzz. **A 1864, B 1867** (300 000)
Rand glatt
Zusammen mit Nr. 28 wurden 1856, 1862 und 1864 2 142 672
Stück geprägt.

Gedenkmünzen

35   (77) Taler (S)   130.– / 220.–
Auf die Wiedervereinigung der Linien zu Dessau und Bern-
burg 1863
LEOPOLD FRIEDRICH HERZOG VON ANHALT · Kopf
n.l., darunter Mzz.
Rs. ∗ HERZOGTHUM ANHALT ✶ GETHEILT 1603
VEREINT 1863 · Gekröntes kleines Staatswappen in orna-
mentiertem Schild, umgeben von 2 Eichenzweigen, darüber:
EIN THALER 30 EIN PF. F. A 1863 (50 300)
Rand: GOTT SEGNE ANHALT
Stempel von Hofmedailleur F. W. Kullrich, Berlin

Friedrich I. (1871–1904)

∗ 29.4.1831 als Sohn des Herzogs Leopold Friedrich und
seiner Gemahlin Friederike von Preußen. ∞ Antoinette von
Sachsen-Altenburg. † 24.1.1904.

36   (179) 20 Mark (G)   1 600.– / 2 400.–
FRIEDRICH HERZOG V. ANHALT · Kopf n.r., darunter
Mzz.
Rs. DEUTSCHES REICH Jahreszahl · Gekrönter Reichs-
adler mit großem Brustschild und Kette mit Kleinod vom
Schwarzen-Adler-Orden (Modell 1871–1889). Unten zwi-
schen Sternen die Wertangabe: **20 MARK · A 1875** (25 000)
Rand: GOTT MIT UNS zwischen den Worten je 1 Stern und
2 Ranken
Vs.-Stempel von Hofmedailleur F. W. Kullrich, Berlin

37   (181) 20 Mark (G)   1 250.– / 2 000.–
FRIEDRICH HERZOG VON ANHALT · Kopf n.r., darun-
ter Mzz.
Rs. DEUTSCHES REICH Jahreszahl · Gekrönter Reichs-
adler mit kleinem Brustschild und Kette mit Kleinod vom
Schwarzen-Adler-Orden (Modell 1889–1918). Unten zwi-
schen Sternen die Wertangabe: **20 MARK · A 1896** (15 000),
1901 (15 000); je 200 mit polierter Platte
Rand: GOTT MIT UNS zwischen den Worten je 1 Stern und
2 Ranken
Vs.-Stempel von Medailleur O. Schultz, Berlin, nach Medail-
lenentwurf von Prof. Lessing

38   (180) 10 Mark (G)   1 200.– / 1 800.–
Vs. wie Nr. 37
Rs. wie Nr. 37, aber Wertangabe: **10 MARK · A 1896** (20 000),
1901 (20 000); je 200 mit polierter Platte
Rand: Ranken und Sterne

39   (21) 5 Mark (S)   1 500.– / 2 500.–
Vs. wie Nr. 37
Rs. wie Nr. 37, aber Wertangabe: **FÜNF MARK · A 1896**
(10 000)
Rand: GOTT MIT UNS zwischen den Worten je 1 Kreuz und
2 Ranken

40   (19) 2 Mark (S)   500.– / 1 900.–
Vs. wie Nr. 36
Rs. wie Nr. 36, aber Wertangabe: **ZWEI MARK · A 1876**
(200 000)
Rand geriffelt

ANHALT 18

41 (20) 2 Mark (S)   500.–/800.–
Vs. wie Nr. 37
Rs. wie Nr.37, aber Wertangabe: **ZWEI MARK · A 1896**
(50000), 1901 (Probe zum 70. Geburtstag)
Rand geriffelt

44 (22) 2 Mark (S)   500.–/850.–
Vs. wie Nr. 42
Rs. wie Nr.42, aber Wertangabe: **ZWEI MARK · A 1904**
(50000); 150 mit polierter Platte
Rand geriffelt

Friedrich II. (1904–1918)
* 19.8.1856 als Sohn des Herzogs Friedrich I. und seiner Gemahlin Antoinette von Sachsen-Altenburg. ∞ Marie von Baden. † 21.4.1918.

Gedenkmünzen

42 (182) 20 Mark (G)   1300.–/1850.–
**FRIEDRICH II HERZOG VON ANHALT · Kopf n.l., darunter Mzz.
Rs. DEUTSCHES REICH** Jahreszahl · Gekrönter Reichsadler mit kleinem Brustschild und Kette mit Kleinod vom Schwarzen-Adler-Orden (Modell 1889–1918). Unten zwischen Sternen die Wertangabe: **20 MARK · A 1904** (25000); 200 mit polierter Platte
Rand: GOTT MIT UNS zwischen den Worten je 1 Stern und 2 Ranken
Vs.-Stempel von Medailleur O. Schultz, Berlin, nach Modell von Prof. J. Böse, Berlin

45 (25) 5 Mark (S)   300.–/450.–
Auf die Silberne Hochzeit des herzoglichen Paares 1914
FRIEDRICH II · MARIE · HERZOG UND HERZOGIN VON ANHALT 1889–1914 · Beider Köpfe n.l., darunter Mzz.
Rs. wie Nr.42, aber Wertangabe: **FÜNF MARK · A 1914** (30000); 1000 mit polierter Platte
Rand: GOTT MIT UNS zwischen den Worten je 1 Kreuz und 2 Ranken

43 (23) 3 Mark (S)   140.–/260.–
**FRIEDRICH II HERZOG VON ANHALT · Kopf n.l., darunter Mzz.
Rs. wie Nr.42, aber Wertangabe: **DREI MARK · A 1909** (100000), 1911 (100000)
Rand: GOTT MIT UNS zwischen den Worten je 1 Kreuz und 2 Ranken
Vs.-Stempel von Medailleur O. Schultz, Berlin, nach Modell von Prof. J. Böse, Berlin
Var.: **1909** auch OTT in der Randschrift

46 (24) 3 Mark (S)   110.–/180.–
Vs. wie Nr. 45
Rs. wie Nr.42, aber Wertangabe: **DREI MARK · A 1914** (200000); 1000 mit polierter Platte
Rand: GOTT MIT UNS zwischen den Worten je 1 Kreuz und 2 Ranken
Auch mit Vs.: Stilisierte Blattgirlande über den Köpfen, darunter: DESSAU 1914 MARIE · FRIEDRICH · II / ZUR FEIER DER SILBERNEN HOCHZEIT

Baden,
1803 Kurfürstentum,
1806 Großherzogtum

Größe: 1843: 15 334 qkm
Einwohner: 1843: 1 335 200
Hauptstadt: Karlsruhe

Wappen:
Das badische Stammwappen ist in Gold ein roter Schrägbalken (im folgenden Text: badischer oder altbadischer Schild). Nach der Erlangung der Kurwürde wurde die bisherige Praxis fortgesetzt, dem Stammwappen die Wappen der nach und nach erworbenen Gebiete hinzuzusetzen. Auf Münzen erscheinen hiervon nur vereinfachte Formen. Das Mittelschild des von 1807 bis 1830 offiziell gültigen großen Staatswappens mit dem goldenen Schrägrechtsbalken in purpurnem Feld als Zeichen der großherzoglichen Souveränität (amtlich und im folgenden Text: kleines Familienwappen) wurde auf Münzen von 1813 an wieder durch das Stammwappen verdrängt; dieses trat 1830 auch offiziell wieder in seine alten Rechte. Damals sind auch die zwei gekrönten, widersehenden, silbernen Greifen als Schildhalter wieder eingeführt worden.

Nach dem Aussterben der Baden-Badener Linie vereinigte Markgraf Carl Friedrich (1728–1811) die seit langem getrennten badischen Lande. Er wußte die Gunst Napoleons I. und des Zaren Alexander I. für sich zu gewinnen und erwarb so 1803 die rechtsrheinischen Teile der Hochstifte Konstanz, Basel, Straßburg, Speyer und der Kurpfalz, 1805 die Stadt Konstanz, den ehemals österreichischen Breisgau und die Ortenau. 1806 kamen das Territorium der Fürsten von Fürstenberg und von Leiningen sowie Teile der Hochstifte Mainz und Würzburg, 1810 Nellenburg dazu. Das führte zur Rangerhöhung, so daß vom 1.5.1803 ab Baden zum Kurfürstentum, vom 12.7.1806 zum Großherzogtum erhoben wurde. Bayerische Ansprüche auf die rechtsrheinischen Teile der Pfalz wurden auf dem Aachener Kongreß 1818 abgewiesen, und der Bestand des Landes im Frankfurter Territorialrezeß vom 10.7.1819 durch England, Österreich, Preußen und Rußland verbürgt. 1818 erhielt das Land von Großherzog Carl Ludwig eine wegen ihres liberalen Status gerühmte Verfassung. Die Revolution von 1848 traf das Land dennoch schwer, und nur mit Hilfe preußischer Truppen konnte sie schließlich niedergeschlagen werden. Die Teilnahme auf Seiten Österreichs im preußisch-österreichischen Krieg von 1866 hatte für das Land keine politischen Folgen. Der Beitritt zum Reich (15.11.1870) ließ Baden etliche Reservatrechte. Nach dem Verzicht des Großherzogs Friedrich II. auf den Thron am 22.11.1918 gab sich das Land am 21.3.1919 eine neue Verfassung als Freistaat.

Baden münzte nach dem seit 1753 gültigen Konventionsfuß. Aus der Gewichtsmark von 234 g Feinsilber prägte man 10 Konventionstaler zu je 2 Gulden, der Gulden zu 60 Kreuzern. Im Laufe der Zeit entwickelte sich hieraus über den 24-Gulden-Fuß der 24½-Gulden-Fuß der Dresdener Münzkonvention. Die Verbindung zum norddeutschen 14-Taler-Fuß für die Mark Feinsilber stellte die 1838 geschaffene Vereinsmünze zu 2 Talern = 3½ Gulden her. Der Wiener Münzvertrag von 1857 gab auch für Baden Anlaß, das Zollpfund von 500 g anstelle der Gewichtsmark mit der Ausprägung von 30 Talern aus 500 g Feinsilber einzuführen.

Neben den Konventionsmünzen prägte Baden kurzfristig auch Kronentaler und führte ebenso für kurze Dauer (1829/30) die Dezimalteilung unter Zugrundelegung des Kronen-Taler-Fußes ein.

Goldmünze war bis 1857 der Dukat, von dort ab bis zur Einführung der Reichswährung die Vereinskrone. Anstelle der Landeswährung trat von 1873 ab die Reichswährung mit der Rechnungseinheit der Goldmark zu 100 Pfennigen.

Münzstätten:

    Mannheim Ende 1802–1826
    Karlsruhe seit Februar 1827

Medailleure:

    B bzw. HB = Hans Heinrich Boltshauser, * 11.4.1754 in Altenklingen, † 10.6.1812 in Mannheim

    D bzw. DOELL. bzw. DOELL FEC. bzw. WD = Carl Wilhelm Doell, * 19.5.1787 in Suhl, † 31.3.1848 in Karlsruhe

PH = Philipp Hirsch, * 1784 in Stralsund
C. V. bzw. C. Voigt bzw. VOIGT = Carl Friedrich Voigt, * 1800 in Berlin, † 1874 in Triest
B bzw. BALBACH = Othemar Balbach, * 20.8.1810 in Karlsruhe, † 22.4.1897 in Karlsruhe
Christian Schnitzspahn, * 6.12.1829 in Darmstadt, † 15.7.1877 in Darmstadt
Rudolf Mayer, * 12.6.1846 in Niedeck, † 24.6.1916 in Karlsruhe

Münzmeister:

E = Eberhard, tätig 1808 (?) – 1809 in Mannheim
H. H. Boltshauser, tätig 1810–1812 in Mannheim

Wardein:

Johann Georg Dieze, Wardein in Mannheim 1778–1802, * 1752 in Düsseldorf, † 1823 in Mannheim
F. E. = Friedrich Eberle 1803–1805 Wardein an der Münze in Mannheim
O. Franke, 1874–1884, * 1830 in Lahr, † 1884 in Karlsruhe
K. J. Hemberger, 1884–1893
K = Ludwig Kachel, 1826–1874, * 1791 in Ludwigsburg, † 1878 in Karlsruhe

Gesetzliche Ausbringung der wichtigsten Sorten vor Einführung der Reichswährung

Nominal	Prägezeit	Metall	Gewicht g	Fein-gewicht g	Fein-gehalt °/₀₀	Katalog-Nr.
10 Gulden	1819–1825	Gold	6,878	6,209	902,78	44, 45
5 Taler	1830	Gold	5,732	5,175	902,78	49
Rheingolddukat	1807–1854	Gold	3,671	3,442	937,5	9, 72–76, 113
5 Gulden	1819–1828	Gold	3,439	3,105	902,78	46, 47, 48
Vereinsdoppeltaler	1841–1855	Silber	37,120	33,408	900	88, 89, 110, 114, 115
Konventionstaler	1803–1811	Silber	28,063	23,386	833,33	2, 11
Kronentaler	1813–1837	Silber	29,516	25,724	871,53	24, 25, 50–52, 77 bis 87
Taler	1829–1830	Silber	18,148	15,879	875	53
Vereinstaler	1857–1871	Silber	18,519	16,667	900	123, 124
2 Gulden	1821–1825	Silber	25,454	19,090	750	54
2 Gulden	1845–1856	Silber	21,211	19,090	900	90, 91, 116
Gulden	1821–1826	Silber	12,727	9,545	750	55, 56
Gulden	1837–1856	Silber	10,606	9,545	900	92–96, 117, 118
Gulden	1856–1867	Silber	10,582	9,524	900	125, 135–138
1/2 Gulden	1838–1856	Silber	5,303	4,773	900	97, 98, 119, 126
1/2 Gulden	1860–1869	Silber	5,291	4,762	900	126, 127, 128
20 Kreuzer	1807–1810	Silber	6,682	3,898	583,33	12, 13, 14
10 Kreuzer	1808, 1809	Silber	3,898	1,949	500	15, 16
10 Kreuzer	1829, 1830	Silber	2,784	1,392	500	57
6 Kreuzer	1804–1813	Billon	2,353	0,882	375	3, 4, 17, 18, 26, 27
6 Kreuzer	1814–1837	Billon	2,227	0,836	375	28, 29, 58, 59, 60, 99, 100
6 Kreuzer	1839–1856	Billon	2,598	0,866	333,33	101, 120
3 Kreuzer	1803–1814	Billon	1,423	0,418	312,5	5, 19, 30, 31
3 Kreuzer	1814–1825	Billon	1,247	0,39	312,5	31, 32, 61, 62
3 Kreuzer	1829–1837	Billon	1,114	0,418	375	63, 102
3 Kreuzer	1841–1856	Billon	1,299	0,433	333,33	103, 121
3 Kreuzer	1866–1871	Billon	1,232	0,431	350	130

LITERATUR:

A. von Berstett, Münzgeschichte des Zähringen-Badischen Fürstenhauses, Freiburg 1846
Kurt Jaeger, Die Münzprägungen der deutschen Staaten vom Ausgang des alten Reiches bis zur Einführung der Reichswährung, Band 2: Baden, Frankfurt, Kurhessen, Hessen-Darmstadt, Hessen-Homburg, 2. Auflage, Basel 1969
F. Wielandt, Badische Münz- und Geldgeschichte, 3. Auflage, Karlsruhe 1979

Carl Friedrich als Kurfürst (1803–1806)

Erhebung zum Großherzog durch Napoleon I. (regierte 1.8.1806–1811 als solcher)
* 22.11.1728 in Karlsruhe als Sohn des Erbprinzen Friedrich und dessen Gemahlin Anna Charlotte von Nassau-Dietz-Oranien. ∞ 1751 in 1. Ehe Caroline Luise von Hessen-Darmstadt, 1787 in 2. Ehe Luise Karoline Freiin Geyer von Geyersberg, diese 1796 zur Reichsgräfin von Hochberg, 1817 zur Prinzessin von Baden erhoben. † 11.6.1811 in Karlsruhe.

1   Dukatenprobe (S)   LP
CAR · FRID · D · G · MARCH · BAD · & · H · S · R · I · ELECT · C · P · RH · & · um Kopf mit Haarschleife n. r.; darunter **B**
Rs. EX SABULIS RHENI über gelagertem Flußgott mit Ovalschild und Stab, auf Quellurne gestützt; im Hintergrund Berge. Ohne Jahreszahl (1804)
Kerbrand schräg

2   (KB 7) Konventionstaler (S)   5 000.–/11 000.–
D : G · CAR · FRID · MARCH · BAD · & H · S · R · I · ELECT · C · PAL · RH · & · um Kopf mit Haarschleife n. r.; darunter **HB**
Rs. AD NORMAM CONVENTION. über kurfürstlich gekröntem Ovalschild mit vier Feldern (Hochberg, Pfalzgrafschaft am Rhein, Konstanz, Bruchsal) und Herzschild (Baden) zwischen Lorbeer- und Palmzweig; daneben **F.–E.**; unten Jahreszahl **1803** (675)
Laubrand

3   (KB 5) 6 Kreuzer (B)   800.–/1 800.–
KUR BADEN LAND MUNZ um kurfürstlich gekrönten, spatenblattförmigen badischen Schild mit Girlande
Rs. VI / KREUZER / Jahreszahl über zwei gekreuzten Lorbeerzweigen. **1804**
Kerbrand schräg

4   (KB 6) 6 Kreuzer (B)   500.–/900.–
KUR BADEN LAND MUNZ um fünffeldigen Schild (eingeteilt wie Nr. 2) auf kurfürstlich gekröntem Wappenmantel
Rs. wie Nr. 3. **1804, 1805**
Kerbrand schräg

5   (KB 4) 3 Kreuzer (B)   180.–/350.–
KURBADEN LANDMUNZ um kurfürstlich gekrönten badischen Schild mit Girlande. Wie Nr. 3
Rs. III / KREUZER / Jahreszahl über zwei gekreuzten Lorbeerzweigen. **1803** (188 592), **1805** (444 893), **1806** (125 898)
Ungerändelt

6   (KB 3) 1 Kreuzer (K)   200.–/400.–
Kurfürstlich gekrönter badischer Schild mit Girlande. Wie Nr. 3
Rs. I / KREUZER / Jahreszahl; das Ganze im Lorbeerkranz. **1803** (146 312), **1805** (95 564), **1806** (?)
Rand: **1803** glatt oder schräger Kerbrand, **1805** schräger Kerbrand, **1806** schräger Kerbrand
Var.: **1803** (I / KREUZER · / 1803 ·)

7   (KB 2) 1/2 Kreuzer (K)   180.–/400.–
Kurfürstlich gekrönter badischer Schild mit Girlande. Wie Nr. 3
Rs. 1/2 / KREUZ · / Jahreszahl; das Ganze im Lorbeerkranz. **1803** (26 537), **1804** (103 800), **1805** (157 368)
Rand: **1803** Kerbrand, **1804** Rand glatt, **1805** Rand glatt

8   (KB 1) 1/4 Kreuzer (K)   250.–/500.–
Kurfürstlich gekrönter badischer Schild mit Girlande. Wie Nr. 3
Rs. 1/4 / KREUZ · / Jahreszahl; das Ganze im Lorbeerkranz. **1802** (23 734)
Schnurrand

Carl Friedrich als Großherzog (1806–1811)

9 (5) Rheingold-Dukat (G) 2 800.– / 5 500.–
CARL FRIEDRICH GROSHERZOG VON BADEN um Kopf mit Haarschleife n.r.; darunter **B**
Rs. **AUS RHEINSAND**; im Abschnitt: **22½ KAR · / 1807.**
Gelagerter Flußgott mit badischem Ovalschild und Stab, auf Quellurne gestützt; im Hintergrund Berge. **1807** (972)
Laubrand
Var.: Auch Dukatenprobe in Kupfer **LP**

10 (14 I) 5 Frankenprobe (S) **LP**
NAP. KAIS. BESCH. D. RH. BUND. um Kopf Napoleons I. im Lorbeerkranz mit Nackenschleife n.r., unten Tiolier (kursiv)
Rs. **CARL. FRIED. GR. HERZ. V. BADEN.** um Eichenkranz, worin **5 / FRANK.**; unten Jahreszahl (Punkt dahinter) zwischen Löwenkopf und A · **1808** (5?)
Randschrift: + GOTT BEFESTIGE UNSERN BUND.

11 (14) Konventionstaler (S) 1 300.– / 3 800.–
CARL FRIEDRICH GROSHERZOG VON BADEN um kurzhaarige Büste n.r.; darunter **B**
Rs. **ZEHN EINE FEINE MARK** um großherzoglich gekrönten Schild des kleinen Familienwappens (Löwe nach außen und mit vorschriftswidrig untergeschlagenem Schwanz) zwischen Lorbeer- und Palmzweig, unten Jahreszahl. **1809** (6219), **1810** (2815), **1811** (3885)
Laubrand
Var.: **1809** mit E unter Schild, **1810** ohne E, **1811** mit Var. nach Zahl der Punkte und Rauten in der Krone, Stirnreif

12 (4) 20 Kreuzer (S) 900.– / 1 800.–
CARL FRIEDRICH GROSHERZOG VON BADEN um Kopf mit Haarschleife n.r.; darunter **B**
Rs. **LX STUCK EINE FEINE MARCK** um großherzoglich gekrönten Schild des kleinen Familienwappens (Löwe vorschriftswidrig nach innen und hersehend) zwischen Jahreszahl. Unter Leiste ❋ **20** ❋ im Abschnitt. **1807** (14 500)
Laubrand

13 (11) 20 Kreuzer (S) 600.– / 1 600.–
Vs. wie Nr. 12 (und auch ohne B unter Kopf)
Rs. wie Nr. 12, jedoch **MARK**; Löwe wie Nr. 11. **1808**
Laubrand

14 (13) 20 Kreuzer (S) 900.– / 1 800.–
CARL FRIEDRICH GROSHERZOG VON BADEN um Kopf mit kurzem Haar n.r.
Rs. **LX EINE FEINE MARK** um großherzoglich gekrönten Schild des kleinen Familienwappens (Löwe nach außen) zwischen Jahreszahl. Unter Leiste ❋ **20** ❋ im Abschnitt. **1809, 1810** (170 410)
Laubrand

15 (10) 10 Kreuzer (S) 900.– / 1 500.–
CARL FRIEDRICH GROSHERZOG VON BADEN um Kopf mit Haarschleife n.r.
Rs. **CXX EINE FEINE MARK** um großherzoglich gekrönten Schild des kleinen Familienwappens (Löwe wie Nr. 11) zwischen Jahreszahl. Unter Leiste ❋ **10** ❋ im Abschnitt. **1808** (68 000 zusammen mit Nr. 16)
Laubrand

16 (12) 10 Kreuzer (S)   1200.– /2500.–

CARL FRIEDRICH GROSHERZOG VON BADEN um Kopf mit kurzem Haar n. r.
Rs. wie Nr. 15. **1809** (68 000 zusammen mit Nr. 15)
Laubrand

17 (3) 6 Kreuzer (B)   100.– /200.–

G · H · BADEN LANDMUNZ um großherzoglich gekrönten Schild (Löwe nach innen wie Nr. 12)
Rs. VI / KREUZER / Jahreszahl über zwei gekreuzten Lorbeerzweigen. **1807** (370 730), **1808** (1 118 480)
Kerbrand schräg
Var.: Vs. G · H · BADEN · LANDMUNZ; Rand: Zacken

18 (9) 6 Kreuzer (B)   150.– /300.–

Vs. wie Nr. 17, jedoch Löwe nach außen
Rs. wie Nr. 17. **1809** (538 750)
Kerbrand

19 (2, 8) 3 Kreuzer (B)   250.– /500.–

Vs. wie Nr. 17, jedoch Löwe nach außen
Rs. III / KREUZER / Jahreszahl über zwei gekreuzten Lorbeerzweigen. **1808** (410 380), **1809** (207 560), **1810** (261 640), **1811** (316 190)
Rand glatt (**1808**), Kerbrand schräg (**1809–1811**)

20 (1) 1 Kreuzer (K)   50.– /150.–

Großherzoglich gekrönter Schild des kleinen Familienwappens (Löwe nach innen wie Nr. 12)
Rs. I / KREUZER / Jahreszahl im Lorbeerkranz. **1807** (95 560), **1808** (1 703 980)
Kerbrand (**1807, 1808**) Laubrand (**1807**)
Var. nach Form der Zahlen und Krone

21 (7) 1 Kreuzer (K)   100.– /300.–

Vs. wie Nr. 20, jedoch Löwe nach außen wie Nr. 11
Rs. wie Nr. 20. **1809** (1 262 700), **1810** (639 000), **1811** (124 990)
Rand glatt (**1809**), Laubrand (**1809, 1810, 1811**)

22 (6) 1/2 Kreuzer (K)   60.– /150.–

Vs. wie Nr. 21
Rs. 1/2 / KREUZ · / Jahreszahl · im Lorbeerkranz. **1809** (876 850), **1810** (129 230)
Ungerändelt
Var.: **1809, 1810** auch mit KREUZ:

23 1/4 Kreuzer (K)   100.– /250.–

Vs. wie Nr. 21
Rs. 1/4 / KREUZ: / Jahreszahl. **1810**

Carl Ludwig Friedrich (1811–1818)

* 8. 6. 1786 zu Karlsruhe als Sohn des 1801 gestorbenen Erbprinzen Karl Ludwig und dessen Gemahlin Amalie von Hessen-Darmstadt. ∞ 8. 10. 1806 Stephanie Louise Adrienne, Tochter des Claude Beauharnais, Adoptivtochter Napoleons I. † 8. 12. 1818 zu Karlsruhe.

24 (20) Kronentaler (S)   600.– /1100.–

GROSHERZOGTHUM BADEN über altbadischem Wappenschild auf gekröntem Wappenmantel, darunter Jahreszahl
Rs. **1 / KRONEN / THALER** in zwei gekreuzten und gebundenen Lorbeerzweigen; darunter **D. 1813, 1814** (35 520)
Laubrand
Var.: **1813**: Größe der Jahreszahl

28 (19 a) 6 Kreuzer (B)   70.–/150.–

GROSHERZOGTHUM BADEN um altbadischen Schild auf gekröntem Wappenmantel; darunter Jahreszahl zwischen zwei Sternen
Rs. ✱ **6** ✱ **/ KREUT= / ZER** im Lorbeerkranz. **1814** (115 470), **1815** (244 200), **1816** (1 602 740 zusammen mit Nr. 29), **1817** (563 233 zusammen mit Nr. 29)
Ungerändelt
Var.: **1814, 1816: 1000.–** KREUT/ZER und auch Jahreszahl ohne Sterne

29 (19 b) 6 Kreuzer (B)   40.–/120.–

Vs. wie Nr. 28
Rs. wie Nr. 28, jedoch **KREU= / ZER. 1816** (1 602 740 zusammen mit Nr. 28), **1817** (563 233 zusammen mit Nr. 28), **1818** (112 230)
Ungerändelt

25 (21) Kronentaler (S)   420.–/850.–

Vs. wie Nr. 24, jedoch Jahreszahl zwischen zwei Sternen
Rs. wie Nr. 24. **1814, 1815** (38 274), **1816** (35 666), **1817** (52 073), **1818** (38 953)
Laubrand

Var.: **1812**: KREUƵER

26 (9) 6 Kreuzer (B)   40.–/120.–

G · H · BADEN LANDMUNZ um großherzoglich gekrönten Schild des kleinen Familienwappens (Löwe nach außen wie Nr. 11)
Rs. **VI / KREUZER / Jahreszahl** über zwei gekreuzten Lorbeerzweigen. **1812** (338 870), **1813** (558 560)
Kerbrand schräg

30 (8) 3 Kreuzer (B)   50.–/100.–

G · H · BADEN LANDMUNZ um großherzoglich gekrönten Schild des kleinen Familienwappens (Löwe nach außen wie Nr. 11)
Rs. **III / KREUZER / Jahreszahl** über zwei gekreuzten Lorbeerzweigen. **1812** (734 330), **1813** (272 990)
Ungerändelt

27 (9) 6 Kreuzer (B)   40.–/120.–

Vs. wie Nr. 26, jedoch **G: H: BADEN LANDMÜNZ**
Rs. wie Nr. 26. **1813**
Kerbrand schräg

31 (18 a) 3 Kreuzer (B)   100.–/300.–

GROSHERZOGTHUM BADEN um altbadischen Schild auf gekröntem Wappenmantel; darunter Jahreszahl
Rs. **3 / KREUT= / ZER** im Lorbeerkranz. **1813, 1814, 1815, 1816**
Ungerändelt
Var.: **1814**: KREUT / ZER

32 (18 b) 3 Kreuzer (B)   50.– / 150.–
Vs. wie Nr. 31
Rs. wie Nr. 31, jedoch **KREU= / ZER. 1817** (370960), **1818** (592910)

33 (7) 1 Kreuzer (K)   80.– / 200.–
Großherzoglich gekrönter Schild des kleinen Familienwappens (Löwe nach außen wie Nr. 11)
Rs. **I / KREUZER / Jahreszahl** im Lorbeerkranz. **1812**
Laubrand

34 (15 a) 1 Kreuzer (K)   80.– / 200.–
Vs. wie Nr. 35
Rs. **1 / KREUZ= / ER** im Perlkreis, darüber **LAND=MÜNZ**; darunter Jahreszahl **1813**

35 (15 c) 1 Kreuzer (K)   100.– / 300.–
Vs. wie Nr. 33, jedoch **G:HERZ: BADEN**
Rs. **1 / KREUZER / Jahreszahl** im Perlkreis, darüber **LAND= MÜNZ. 1813**
Laubrand

36 (15 b) 1 Kreuzer (K)   100.– / 300.–
Vs. wie Nr. 35
Rs. wie Nr. 35, jedoch **KREUT= / ZER. 1813**
Laubrand

37 (17 a) 1 Kreuzer (K)   80.– / 200.–
GROSHERZOGTHUM BADEN um altbadischen Schild auf gekröntem Wappenmantel, darunter Jahreszahl
Rs. **1 / KREUT= / ZER** zwischen zwei gebundenen Lorbeerzweigen. **1813, 1814**
Laubrand **(1814)**

38 (17 b, 17 c) 1 Kreuzer (K)   30.– / 100.–
Vs. wie Nr. 37, jedoch Jahreszahl zwischen zwei Sternen
Rs. wie Nr. 37. **1814** (488 850), **1815** (489 680), **1816** (464 050), **1817** (327 300)
Var.: **I / KREUT- / ZER (1814)**
Ungerändelt

39 (17 b) 1 Kreuzer (K)   60.– / 120.–
Vs. wie Nr. 38
Rs. wie Nr. 38, jedoch **I / KREU= / ZER. 1817**
Ungerändelt

BADEN

40 (6) 1/2 Kreuzer (K)   75.– / 150.–
Großherzoglich gekrönter Schild des kleinen Familienwappens (Löwe nach außen wie Nr. 11)
Rs. 1/2 / KREUZ: / Jahreszahl im Blattkranz. **1812**

41 (16 a) 1/2 Kreuzer (K)   50.– / 120.–
GROSHERZOGTHUM BADEN um altbadischen Schild auf gekröntem Wappenmantel; darunter Jahreszahl
Rs. 1/2 / KREUT= / ZER im Lorbeerkranz. **1814**
Ungerändelt

42 (16 a) 1/2 Kreuzer (K)   50.– / 120.–
Vs. wie Nr. 41, jedoch Jahreszahl zwischen zwei Sternen
Rs. wie Nr. 41, aber von anderer Zeichnung. **1814, 1815, 1816, 1817**
Ungerändelt

43 (16 b) 1/2 Kreuzer (K)   500.– / 1500.–
Vs. wie Nr. 42
Rs. wie Nr. 42, jedoch KREU= / ZER · **1817**
Ungerändelt

Ludwig (1818–1830)
* 9. 2. 1763 als dritter Sohn aus der ersten Ehe des Großherzogs Carl Friedrich mit Caroline Luise von Hessen-Darmstadt. Er blieb unvermählt. † 30. 3. 1830.

44 (34) 10 Gulden (G)   3500.– / 8000.–
LUDWIG GROSHERZOG VON BADEN. um Kopf (Haar nach vorn gekämmt) n. r., darunter **PH**
Rs. Gekrönter altbadischer Schild zwischen **10 G**; das Ganze zwischen zwei gebundenen Lorbeerzweigen, darunter Jahreszahl. **1819** (4332)
Kerbrand mit Schrift TRAU – SCHAU – WEM

45 (34) 10 Gulden (G)   4500.– / 9000.–
Vs. wie Nr. 44, jedoch ohne **PH**
Rs. wie Nr. 44, aber Krone und Lorbeerzweige von anderer Zeichnung. **1821** (812), **1823** (373), **1824, 1825** (328)
Kerbrand mit Schrift wie Nr. 44

46 (33) 5 Gulden (G)   3000.– / 5500.–
Vs. wie Nr. 44
Rs. wie Nr. 44, jedoch **5 G**
1819 (3695 zusammen mit Nr. 47)
Ungerändelt oder Kerbrand mit Schrift wie Nr. 44

47 (33) 5 Gulden (G)   2200.– / 3800.–
Vs. wie Nr. 46, jedoch ohne **PH** und kein Punkt hinter **BADEN**
Rs. wie Nr. 46. **1819** (3695 zusammen mit Nr. 46), **1821** (465), **1822** (1718), **1823** (1854), **1824** (2763), **1825** (1508), **1826** (887)
Ungerändelt

48 (36) 5 Gulden (G)   2400.– / 4500.–

Vs. wie Nr. 47, jedoch Kopf mit zurückgekämmtem Kraushaar, darunter **D**
Rs. wie Nr. 47. **1827** (2877), **1828** (2317)
Kerbrand

49 (42) 5 Taler = 500 Kreuzer (G) 2 000.– / 3 500.–

LUDWIG GROSHERZOG VON BADEN um Kopf n. r. mit zurückgekämmtem Kraushaar
Rs. ✶ **FÜNF THALER 500 KREUZER** ✶ über gekröntem altbadischen Schild mit dem Hausorden der Treue an schematischer Kette behängt, das Ganze zwischen zwei gekreuzten Lorbeerzweigen; darunter Jahreszahl **1830** (1788)
Kerbrand

52 (24) Kronentaler (S) 1 000.– / 3 000.–

Vs. wie Nr. 51, jedoch **DOELL** am Halsabschnitt
Rs. wie Nr. 51, jedoch **KRONEN-THALER**. **1819**, **1820** (38 460), **1821** (19 290)
Laubrand

53 (41) 1 Taler = 100 Kreuzer (S) 200.– / 400.–

✶ **LUDWIG GROSHERZOG VON BADEN** ✶ um Kopf n. r. mit zurückgekämmtem Kraushaar; darunter Jahreszahl
Rs. **EIN THALER ZU 100 KRZR.** oben und **IM KRONENTHLR. FUSS.** unten um gekrönten altbadischen Schild mit dem Hausorden der Treue an schematischer Kette (wie Nr. 49) behängt, das Ganze zwischen zwei gekreuzten Lorbeerzweigen. **1829** (167 750), **1830** (100 550)
Kerbrand

50 (21) Kronentaler (S) 1 300.– / 3 000.–

GROSHERZOGTHUM BADEN um altbadischen Schild auf gekröntem Wappenmantel, darunter Jahreszahl zwischen zwei Sternen
Rs. **1 / KRONEN / THALER** in zwei gekreuzten und gebundenen Lorbeerzweigen; darunter **D · 1819**
Laubrand

54 (32) 2 Gulden (S) 550.– / 1 500.–

LUDWIG GROSHERZOG VON BADEN um Kopf n. r., am Halsabschnitt **D**
Rs. gekrönter altbadischer Schild zwischen **2 G**, das Ganze zwischen zwei gekreuzten, gebundenen Lorbeerzweigen, unten Jahreszahl **1821** (30 380), **1822** (19 900), **1823** (7040), **1824** (16 660), **1825** (6642)
Randschrift: TRAU – SCHAU – WEM, dazwischen Verzierungen

51 (23) Kronentaler (S) 1 300.– / 3 000.–

LUDWIG GROSHERZOG VON BADEN um Büste n. r. mit vorwärts gekämmtem Haar, darunter **WD** und Jahreszahl
Rs. altbadischer Schild auf gekröntem Wappenmantel über **KRONEN ÷ THALER. 1819**
Laubrand

BADEN

55 (31) 1 Gulden (S)   700.– / 1 800.–
Vs. wie Nr. 54
Rs. wie Nr. 54, jedoch Wertbezeichnung **1 G · 1821** (90060), **1822** (44580), **1823** (39120), **1824** (50250), **1825** (21630)
Randschrift wie Nr. 54

56 (35) 1 Gulden (S)   2 000.– / 3 000.–
Vs. wie Nr. 55, jedoch Kopf n. r. mit zurückgekämmtem Kraushaar, am Halsabschnitt **D**
Rs. wie Nr. 55. **1826** (93640)
Randschrift wie Nr. 54

57 (40) 10 Kreuzer (S)   90.– / 150.–
LUDWIG GROSHERZOG VON BADEN um Kopf n. r. mit zurückgekämmtem Kraushaar
Rs. **ZEHN / KREUZER /** Jahreszahl zwischen zwei gekreuzten, gebundenen Lorbeerzweigen. **1829** (527350), **1830** (510450)
Ungerändelt

58 (22) 6 Kreuzer (B)   220.– / 450.–
LUDWIG GROSHERZ · V · BADEN um Büste n. r., darunter Jahreszahl
Rs. altbadischer Schild auf gekröntem Wappenmantel zwischen **6 – K · 1819** (390170)
Ungerändelt

59 (29) 6 Kreuzer (B)   400.– / 750.–
LUDWIG GROSHERZOG VON BADEN um Kopf n. r. mit vorwärtsgekämmtem Haar
Rs. wie Nr. 58, jedoch andere Jahreszahl. **1820** (94750 zusammen mit Nr. 60)
Rand kantig oder flach

60 (30) 6 Kreuzer (B)   220.– / 450.–
Vs. wie Nr. 59
Rs. gekrönter altbadischer Schild zwischen **6 K**, das Ganze zwischen zwei gekreuzten, gebundenen Lorbeerzweigen, darunter Jahreszahl. **1820** (94750 zusammen mit Nr. 59), **1821** (185850)

61 (18 b) 3 Kreuzer (B)   250.– / 500.–
GROSHERZOGTHUM BADEN um altbadischen Schild auf gekröntem Wappenmantel, darunter Jahreszahl
Rs. **3 / KREU= / ZER** zwischen zwei gekreuzten, gebundenen Lorbeerzweigen. **1819**, **1820** (814690, beide Jahrgänge und zusammen mit Nr. 62, Jahrgang 1820)
Ungerändelt

62 (28) 3 Kreuzer (B)   250.– / 500.–
GROSHERZOGTHUM BADEN um gekrönten altbadischen Schild, darunter Jahreszahl
Rs. wie Nr. 61. **1820** (814690 zusammen mit Nr. 61), **1821** (65140), **1824** (95570), **1825** (72550)
Ungerändelt

63 (39) 3 Kreuzer (B)   50.– / 100.–

LUDWIG GROSHERZOG V. BADEN um Kopf n. r. mit zurückgekämmtem Haar
Rs. **DREI / KREUZER /** Jahreszahl zwischen zwei gekreuzten, gebundenen Lorbeerzweigen. **1829** (1 276 520), **1830** (1 008 530)
Ungerändelt

64   (17 b) 1 Kreuzer (K)   80.–/200.–

GROSHERZOGTHUM BADEN um altbadischen Schild auf gekröntem Wappenmantel, darunter ✱ **1820** ✱
Rs. **I / KREU= / ZER** zwischen zwei gekreuzten, gebundenen Lorbeerzweigen. **1820**
Ungerändelt

65   (27) 1 Kreuzer (K)   80.–/200.–

GROSHERZOGTHUM BADEN um gekrönten altbadischen Schild, darunter Jahreszahl zwischen zwei Sternen
Rs. **1 / KREUZER** zwischen zwei gekreuzten, gebundenen Lorbeerzweigen. **1821** (54 650), **1822** (196 580), **1823** (205 040), **1824** (252 800), **1825** (335 300), **1826**
Ungerändelt

66   (38) 1 Kreuzer (K)   30.–/80.–

LUDWIG GROSHERZOG VON BADEN um Kopf n. r. mit zurückgekämmtem Kraushaar
Rs. **EIN / KREUZER /** Jahreszahl zwischen zwei gekreuzten, gebundenen Lorbeerzweigen. **1827** (515 140), **1828** (1 206 380), **1829** (603 000), **1830** (149 400)
Gerändelt
Var.: **1827**, **1828**, **1829** (Rs. unter Schleife D), **1829** (Vs. BADEN.), (Vs. BADEN, Rs. ohne D), **1830** (Rs. ohne D)

67   (16 a) 1/2 Kreuzer (K)   60.–/130.–

GROSHERZOGTHUM BADEN um gekrönten altbadischen Schild, darunter Jahreszahl
Rs. **1/2 / KREU= / ZER** zwischen zwei gekreuzten, gebundenen Lorbeerzweigen. **1821**
Ungerändelt

68   (26) 1/2 Kreuzer (K)   60.–/150.–

Vs. wie Nr. 67, jedoch Jahreszahl zwischen zwei Sternen
Rs. wie Nr. 67, jedoch **1/2 / KREUZER · 1822** (108 740), **1823** (35 400), **1824** (66 240), **1825** (53 040), **1826** (190 600)
Ungerändelt

69   (37) 1/2 Kreuzer (K)   50.–/100.–

LUDWIG GROSHERZOG VON BADEN um Kopf n. r. mit zurückgekämmtem Kraushaar
Rs. **1/2 / KREUZER /** Jahreszahl / ✱ zwischen zwei gekreuzten, gebundenen Lorbeerzweigen, darunter **D · 1828** (137 200), **1829**, **1830** (204 040, beide Jahrgänge)
Ungerändelt

70   (25) 1/4 Kreuzer (K)   50.–/100.–

GROSHERZOGTHUM BADEN um gekrönten altbadischen Schild, darunter Jahreszahl
Rs. **1/4 / KREU= / ZER** zwischen zwei gekreuzten, gebundenen Lorbeerzweigen. **1824** (127 760)
Ungerändelt

71   (24 II) 1 Pfennig (Probe) (K)   LP

G. B. S. M. über gekröntem altbadischem Schild
Rs. **1 / PFENNIG /** Jahreszahl, darunter ✱ · **1822**

Carl **Leopold** Friedrich (1830–1852)

* 29.8.1790 in Karlsruhe als ältester Sohn aus der 2. Ehe des Großherzogs Carl Friedrich mit Luise Karoline Freiin Geyer von Geyersberg. ∞ 25.7.1819 Sophie Wilhelmine, Tochter Gustavs IV. von Schweden. † 24.4.1852 in Karlsruhe.

72 (52 a) Rheingold-Dukat (G)   1600.– / 2 600.–
LEOPOLD GROSHERZOG VON BADEN um Kopf n. r., am Halsabschnitt **D**
Rs. **EIN DUCAT AUS RHEINGOLD ZU 22 K. 6 G.** um gekrönten altbadischen Schild zwischen zwei gekreuzten, gebundenen Lorbeerzweigen; darunter Jahreszahl (1 stets rückgewandt, also ㄣ) zwischen zwei Sternen. **1832** (6631), **1833** (2496), **1834** (1992), **1835** (2470), **1836** (1777)
Kerbrand

73 (52 a) Rheingold-Dukat (G)   1900.– / 2 800.–
Vs. wie Nr. 72, jedoch ohne **D**
Rs. wie Nr. 72 (1 der Jahreszahl stets ruckgewandt). **1837** (1467), **1838** (2095), **1839** (2448), **1840** (2044), **1841** (2145), **1842** (2130)
Kerbrand

74 (52 b) Rheingold-Dukat (G)   1400.– / 2 400.–
Vs. wie Nr. 73, jedoch größerer Kopf
Rs. wie Nr. 72 (1 der Jahreszahl stets rückgewandt). **1843** (1350), **1844** (850), **1845** (2097), **1846** (1950)
Kerbrand

75 (65 a) Rheingold-Dukat (G)   1600.– / 2 600.–
Vs. wie Nr. 74, jedoch noch größerer Kopf
Rs. wie Nr. 72. **1847** (1870), **1848** (1590), **1849** (1420), **1850** (1390), **1851** (1280), **1852** (1450 zusammen mit Nr. 76)
Kerbrand

76 (65 b) Rheingold-Dukat (G)   2400.– / 3 400.–
Vs. wie Nr. 75, jedoch Stern unter dem Kopf
Rs. wie Nr. 72. **1852** (1450 zusammen mit Nr. 75)
Kerbrand

77 (47) Kronentaler (S)   250.– / 400.–
LEOPOLD GROSHERZOG VON BADEN um Kopf n. r., am Halsabschnitt vertieft **DOELL FEC.**
Rs. **KRONEN THALER** über gekröntem, von zwei gekrönten, widersehenden Greifen gehaltenen Schild mit Schrägbalken auf Sockelleiste; darunter Jahreszahl. Unter linker Hinterpranke des rechten Greifen D · **1830** (237870), **1831** (168080), **1832** (176240 zusammen mit Nr. 78 und 79)
Kerbrand

78 (47) Kronentaler (S)   250.– / 400.–
Vs. wie Nr. 77
Rs. wie Nr. 77, jedoch Stern unter der Jahreszahl. **1832** (176240 zusammen mit Nr. 77 und 79)
Kerbrand

83 (48) Kronentaler auf den Münzbesuch (S) 2 000.– / 3 600.–
Vs. wie Nr. 79
Rs. ✳ ALEXANDRINE ✳ LUDWIG ✳ FRIEDRICH ✳ WILHELM ✳ um UND / SOPHIE / GROSHERZOGIN / VON BADEN / BESUCHEN DIE / MÜNZSTAETTE / DEN 29 · FEBR. 1832. / HEIL IHNEN / ✳ unten in der Rundlegende KRONENTHALER · 1832
Kerbrand
Var.: Feinsilber- und Kupferproben

79 (47) Kronentaler (S) 250.– / 400.–
Vs. wie Nr. 77, jedoch **BADEN**.
Rs. wie Nr. 78. 1832 (176 240 zusammen mit Nr. 77 und 78), 1833 (115 200 zusammen mit Nr. 80)
Kerbrand

80 (47) Kronentaler (S) 250.– / 400.–
Vs. wie Nr. 79
Rs. wie Nr. 79, jedoch ohne Stern unter der Jahreszahl. 1833 (115 200 zusammen mit Nr. 79), 1834 (35 840 zusammen mit Nr. 81), 1835 (74 750), 1837
Kerbrand
Var.: Probeabschlag 1838 mit Legende MASCHINEN PROBE (bogig), Rand glatt

84 (49) Ausbeute-Kronentaler (S) 800.– / 1 600.–
Vs. wie Nr. 79
Rs. ✸ SEGEN DES BADISCHEN BERGBAUES ✸ über gekreuztem Schlägel und Hammer zwischen Krone und Jahreszahl, unten KRONEN-THALER · 1834 (6517)
Kerbrand

81 (47) Kronentaler (S) 250.– / 400.–
Vs. wie Nr. 78
Rs. wie Nr. 79, jedoch **KRONEN-THALER** und ohne Stern unter der Jahreszahl. 1834 (35 840 zusammen mit Nr. 80), 1836 (85 480 zusammen mit Nr. 82)
Kerbrand

82 (47) Kronentaler (S) 350.– / 850.–
Vs. wie Nr. 77
Rs. wie Nr. 81, jedoch **KRONEN THALER** und 6 in Jahreszahl übergroß. 1836 (85 480 zusammen mit Nr. 81)
Kerbrand

85 (50) Ausbeute-Kronentaler (S)
Vs. wie Nr. 79 800.– / 1 600.–

Rs. **SEGEN DES BADISCHEN BERGBAUES** · über gekröntem, widersehenden Greifen, rechts stehend auf Fläche, Ovalschild haltend, worauf unter **GLÜCK AUF!** Schlägel und Hammer gekreuzt sowie Grubenlampe. Unter Bodenfläche **KRONENTHALER /** Jahreszahl. **1836** (8250 mit Nr. 86)
Kerbrand

86 (50) Ausbeute-Kronentaler (S) **LP**
Vs. wie Rs. Nr. 85
Rs. wie Rs. von Nr. 81. **1836** (8250 mit Nr. 85)
Kerbrand

87 (51) Zollvereins-Kronentaler (S) 220.– / 420.–
❊ **LEOPOLD GROSHERZOG VON BADEN** ❊ über und **KRONEN-THALER** unter Kopf n. r.
Rs. **ZU / IHRER / VOELKER / HEIL /** Jahreszahl / und **K** inmitten der durch Merkurstäbe getrennten Wappen der 10 Zollvereinsstaaten in springender Reihenfolge: Preußen, Bayern, Sachsen, Württemberg, Baden, Hessen-Kassel, Hessen-Darmstadt, Sachsen-Weimar, Nassau, Frankfurt. **1836** (18184)
Kerbrand

89 (64) Vereinsdoppeltaler (S) 400.– / 800.–
Vs. wie Nr. 88, jedoch am Halsabschnitt **D**
Rs. **3½ GULDEN VII EINE F. MARK 2 THALER** oben und **+ VEREINS** Jahreszahl **MÜNZE +** unten um gekrönten, von zwei gekrönten, widersehenden Greifen gehaltenen badischen Schild auf gekröntem Wappenmantel und drei Ordensketten. **1845** (57290), **1846** (1130), **1847** (30810), **1852** (59930)
Randschrift: CONVENTION VOM ✻ 30 IULY ✻ 1838
Var.: Gebogene oder gerade Sternchen der Randschrift

90 (63) 2 Guldenprobe (S) **LP**
LEOPOLD GROSHERZOG VON BADEN um Kopf n. r., am Halsabschnitt **D**
Rs. **2 / GULDEN /** Jahreszahl im Eichenkranz. **1845**
Ungerändelt

88 (57) Vereinsdoppeltaler (S) 380.– / 900.–
LEOPOLD GROSHERZOG VON BADEN um Kopf n. r., unter dem Halsabschnitt **C. VOIGT**
Rs. **3½ / GULDEN / 2 / THALER /** Jahreszahl im Eichenkranz, darüber **VEREINSMÜNZE**, darunter **VII EINE F. MARK**
1841 (231260), **1842** (33080), **1843** (35300)
Randschrift: CONVENTION VOM ✻ 30 IULY ✻ 1838

91 (63) 2 Gulden (S) 220.– / 550.–
Vs. wie Nr. 90
Rs. **ZWEI GULDEN** über gekröntem badischen Schild, gehalten von zwei gekrönten, auf Bogen (mit Eichenlaubzier) stehenden, widersehenden Greifen. **1846** (591720), **1847** (231820), **1848** (272720), **1849** (40730), **1850** (139610), **1851** (124330), **1852** (141860)
Gerändelt

92 (56) Gulden (S)   85.–/160.–

LEOPOLD GROSHERZOG VON BADEN um Kopf n.r.
Rs. **1 / GULDEN /** Jahreszahl im Eichenkranz. **1837** (628 540), **1838** (210 180), **1839** (484 940), **1840** (468 420), **1841** (387 410)
Var.: **1840** mit großer und kleiner 0
Gerändelt

96 (66) Ausbeute-Gulden (S)   190.–/360.–

Vs. wie Nr. 95
Rs. **SEGEN DES BADISCHEN BERGBAUES** über auf Leiste stehendem, gekrönten, widersehenden Greifen, Ovalschild haltend, worauf unter **GLÜCK AUF!** Schlägel und Hammer gekreuzt sowie Grubenlampe. Unten Jahreszahl / · **EIN GULDEN** · **1852**
Gerändelt

93 (56 II) Guldenprobe (S)   LP

Vs. wie Nr. 92, jedoch anderer Kopf
Rs. wie Nr. 92. **1842**

97 (55) 1/2 Gulden (S)   80.–/160.–

LEOPOLD GROSHERZOG VON BADEN um Kopf n.r., am Halsabschnitt **D**
Rs. **1/2 / GULDEN /** Jahreszahl im Eichenkranz. **1838** (1 044 070), **1839** (500 410), **1840** (511 410), **1841** (417 140), **1842** (362 110), **1843** (468 850), **1844** (274 330), **1845** (322 050), **1846** (117 670 zusammen mit Nr. 98)
Gerändelt

94 (56) Gulden (S)   125.–/200.–

Vs. wie Nr. 92, jedoch **BADEN**.
Rs. wie Nr. 92. **1842** (390 000), **1843** (443 540), **1844** (584 640), **1845** (438 840 zusammen mit Nr. 95)
Gerändelt
Var.: **1844**: GROSIIERZOG

98 (61) 1/2 Gulden (S)   120.–/200.–

Vs. wie Nr. 97, jedoch Kopf größer und ohne **D**
Rs. wie Nr. 97. **1846** (117 670 zusammen mit Nr. 97), **1847** (537 480), **1848** (331 770), **1849** (68 730), **1850**, **1851** (122 260), **1852** (26 320)
Gerändelt

95 (62) Gulden (S)   120.–/220.–

Vs. wie Nr. 94, jedoch größerer Kopf; **BADEN** ohne Punkt
Rs. wie Nr. 94. **1845** (438 840 zusammen mit Nr. 94), **1846**, **1847** (396 740), **1848** (115 880), **1849** (21 240), **1850** (8652), **1851** (88 750), **1852** (32 960)
Gerändelt

99 (46 a) 6 Kreuzer (B)   50.–/100.–

LEOPOLD GROSHERZOG VON BADEN um Kopf n.r., am Halsabschnitt **D**
Rs. **6 / KREUZER /** Jahreszahl zwischen zwei gekreuzten, gebundenen Lorbeerzweigen. **1831** (861 540), **1832** (929 450), **1833** (1 002 930), **1834** (898 470), **1835** (1 025 350), **1836** (917 480)
Ungerändelt

BADEN

100 (46 b) 6 Kreuzer (B)   40.– /90.–
Vs. wie Nr. 99, jedoch ohne **D**
Rs. wie Nr. 99. **1835, 1837** (414 970)
Ungerändelt

101 (54) 6 Kreuzer (B)   35.– /80.–
BADEN über gekröntem badischen Schild, von zwei gekrönten, widersehenden Greifen auf Konsole gehalten
Rs. **6 / KREUZER /** Jahreszahl zwischen zwei gekreuzten, gebundenen Eichenzweigen. **1839, 1840** (1 317 220), **1841** (167 630), **1842** (612 340), **1843** (615 000), **1844** (756 700), **1845** (262 210), **1846** (367 450), **1847** (856 540), **1848** (376 810), **1849** (371 350), **1850** (199 720)
Viereckrändelung

102 (45) 3 Kreuzer (B)   30.–/80.–
LEOPOLD GRH. V. BAD. um Kopf n.r., am Halsabschnitt **D**
Rs. **3 / KREUZER /** Jahreszahl zwischen zwei gekreuzten, gebundenen Lorbeerzweigen. **1832** (729 100), **1833** (845 560), **1834** (549 370), **1835** (476 180), **1836** (723 150), **1837**
Ungerändelt

103 (53) 3 Kreuzer (B)   20.– /60.–
BADEN über gekröntem badischen Schild, von zwei gekrönten, widersehenden Greifen auf Konsole gehalten
Rs. **3 / KREUZER /** Jahreszahl. **1841** (327 750), **1842** (419 560), **1843** (168 410), **1844** (360 630), **1845** (385 180), **1846** (218 900), **1847** (392 460), **1848** (194 780), **1849** (396 580), **1850** (212 290), **1851** (196 130), **1852** (192 090)
Gerändelt

104 (44 a) 1 Kreuzer (K)   40.– /80.–
LEOPOLD GROSHERZOG VON BADEN um Kopf n.r., am Halsabschnitt **D**
Rs. **1 / KREUZER /** Jahreszahl zwischen zwei gekreuzten, gebundenen Lorbeerzweigen. **1831** (226 930 zusammen mit Nr. 105), **1832** (172 230), **1833** (181 210), **1834** (249 740), **1835** (293 560), **1836** (162 570), **1837**
Gerändelt

105 (44 a) 1 Kreuzer (K)   40.– /80.–
Vs. wie Nr. 104, jedoch **BADEN.**
Rs. wie Nr. 104. **1831** (226 930 zusammen mit Nr. 104)
Gerändelt

106 (44 b) 1 Kreuzer (K)   25.– /60.–
Vs. wie Nr. 104, jedoch ohne **D**
Rs. wie Nr. 104. **1836, 1837** (321 170, beide Jahrgänge), **1838** (642 380), **1839** (253 540), **1840** (573 330), **1841** (423 430), **1842** (865 100), **1843** (527 140), **1844** (663 400), **1845** (1 441 670 zusammen mit Nr. 107), **1846** (451 980 zusammen mit Nr. 107)
Gerändelt
Var.: **1844** (in der Form der Jahreszahlen), **1845** (in der Form der Bandschleife und des Kopfes), **1846** (in der Form der Bandschleife)

107 (44 c) 1 Kreuzer (K)   15.– /40.–
Vs. wie Nr. 106, jedoch **BADEN.** und größerer Kopf
Rs. wie Nr. 104. **1845** (1 441 670 zusammen mit Nr. 106), **1846** (451 980 zusammen mit Nr. 106), **1847** (638 840), **1848** (231 770), **1849** (871 950), **1850** (237 870), **1851** (1 208 400), **1852** (820 880)
Gerändelt

108 (43 a) 1/2 Kreuzer (K)   80.– /150.–
LEOPOLD GROSHERZOG VON BADEN um Kopf n.r., am Halsabschnitt **D**

BADEN

Rs. **1/2 / KREUZER** / Jahreszahl / Stern zwischen zwei gekreuzten, gebundenen Lorbeerzweigen. **1830** (23 900), **1834** (76 320), **1835** (28 090)
Ungerändelt
Der Jahrgang 1830 trägt auf der Rs. unter den Lorbeerzweigen ein **D**

109 (43 b) 1/2 Kreuzer (K) 25.– / 60.–

Vs. wie Nr. 108, jedoch größer Kopf und ohne **D**
Rs. **1/2 / KREUZER** / Jahreszahl, ohne Stern, sonst wie Nr. 108.
1842 (101 430), **1844** (51 640), **1845** (74 480), **1846** (89 760), **1847** (255 600), **1848** (88 980), **1849** (101 650), **1850** (73 820), **1851** (86 880), **1852** (227 020)
Ungerändelt
Var.: **1851** neugraviert aus 1850

Gedenkmünzen

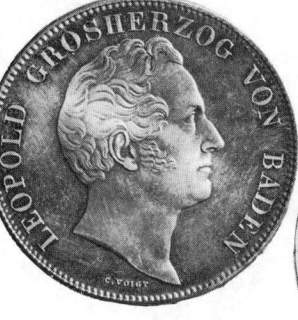 

110 (59) Gedenkdoppeltaler (S) 400.– / 900.–
Vs. wie Nr. 88
Rs. **SEINEM VATER CARL FRIEDERICH – DEM GESEGNETEN MDCCCXXXXIV** um das Carl Friederich-Denkmal Schwanthalers; darunter **VII E · F · M · 1844** (4323)
Randschrift: CONVENTION VOM 30 IULY 1838

111 (59 Anm.) Zwitterprägung (S) LP
Vs. wie Rs. von Nr. 110
Rs. Gekrönter badischer Schild, von zwei Greifen gehalten, daran drei Ordensketten; das Ganze auf gekröntem Wappenmantel. **1844**
Ungerändelt

112 (58) Gedenkkreuzer (K) 40.– / 70.–
Vs. wie Nr. 106
Rs. **SEINEM VATER CARL FRIEDERICH** um Standbild, darunter Jahreszahl **1844** (54 460)
Gerändelt

Friedrich I. (Prinzregent 1852–1856)
Großherzog (1856–1907)
* 9.9.1826 in Karlsruhe als dritter Sohn des Großherzogs Leopold und dessen Gemahlin Sophie Wilhelmine von Schweden. ∞ 20.9.1856 Luise Marie Elisabeth von Preußen.
† 28.9.1907 auf der Mainau.

Als Prinzregent für Ludwig (1852–1856)

113 (72) Rheingold-Dukat (G) 2 600.– / 4 800.–
FRIEDRICH PRINZ UND REGENT VON BADEN um Kopf n. r. mit Schnurrbart, darunter **B**
Rs. **EIN DUCAT AUS RHEINGOLD ZU 22 K. 6 G.** um gekrönten badischen Schild zwischen zwei gekreuzten, gebundenen Lorbeerzweigen, unten Jahreszahl zwischen zwei Sternen. **1854** (1820)
Kerbrand

114 (71 a) Vereinsdoppeltaler (S) 1 800.– / 4 000.–
FRIEDRICH PRINZ UND REGENT VON BADEN um Kopf n. r. mit Schnurrbart, darunter **BALBACH**
Rs. **3½ GULDEN VII EINE F. MARK 2 THALER + VEREINS MÜNZE +** um gekrönten badischen Schild, von zwei gekrönten, widersehenden Greifen gehalten, darunter drei Ordensketten, das Ganze auf gekröntem Wappenmantel; darunter Jahreszahl **1852** (9), **1854** (85 110)
Randschrift: CONVENTION ✱ VOM ✱ 30 IULY ✱ 1838 ✱
1854 mit Var. des Medailleurnamens

115 (71 b) Vereinsdoppeltaler (S) LP

BADEN   36

Vs. wie Nr. 114, jedoch anderes Kopfbild und ohne Medailleurnamen
Rs. wie Nr. 114, jedoch **VEREINS MÜNZE** zwischen zwei Röschen. **1855**
Rand wie Nr. 114

120 (54) 6 Kreuzer (B)   60.– / 110.–

BADEN über gekröntem badischen Schild auf Konsole, von zwei gekrönten, widersehenden Greifen gehalten
Rs. **6 / KREUZER /** Jahreszahl zwischen zwei gekreuzten, gebundenen Eichenzweigen. **1855, 1856**
Gerändelt

116 (70) 2 Gulden (S)   850.– / 1700.–

FRIEDRICH PRINZ UND REGENT VON BADEN um Kopf n. r. mit Schnurrbart, darunter **C. VOIGT**.
Rs. **ZWEY GULDEN** über gekröntem badischen Schild, gehalten von zwei gekrönten, widersehenden Greifen, das Ganze auf bogenförmigem Postament, darunter Jahreszahl **1856** (83 720)
Rand mit vertieften Vierecken

121 (53) 3 Kreuzer (B)   40.– / 90.–

Vs. wie Nr. 120
Rs. **3 / KREUZER /** Jahreszahl zwischen zwei gekreuzten, gebundenen Eichenzweigen. **1853, 1854, 1855, 1856**
Gerändelt

117 (69) Gulden (S)   400.– / 700.–

Vs. wie Nr. 116, jedoch nur **VOIGT**
Rs. **1 / GULDEN /** Jahreszahl zwischen zwei gekreuzten, gebundenen Eichenzweigen. **1856** (148 500)
Rand mit Quadraten oder Rechtecken

122 (67) 1 Kreuzer (K)   40.– / 90.–

FRIEDRICH PRINZ U. REGENT V. BADEN um Kopf n.r. mit Schnurrbart, darunter **C.V.**
Rs. **1 / KREUZER /** Jahreszahl zwischen zwei gekreuzten, gebundenen Lorbeerzweigen. **1856** (706 850)
Gerändelt

Als Großherzog (1856–1907)

118 Gulden (S)   LP

Vs. wie Nr. 117
Rs. **LEOPOLD GROSHERZOG VON BADEN** um Kopf n. r. **1856**
Rand glatt

123 (79) Vereinstaler (S)   190.– / 400.–

FRIEDRICH GROSHERZOG VON BADEN um Kopf n.r. mit Schnurrbart
Rs. **EIN VEREINSTHALER – XXX EIN PFUND FEIN** um gekrönten badischen Schild mit drei Ordensketten, gehalten von zwei gekrönten, widersehenden Greifen, das Ganze auf gekröntem Wappenmantel, darunter Jahreszahl. **1857** (18 590), **1858** (231 660), **1859** (288 760), **1860** (173 590), **1861** (358 240),

119 (68) 1/2 Gulden (S)   250.– / 500.–

Vs. wie Nr. 117
Rs. **1/2 / GULDEN /** Jahreszahl zwischen zwei gekreuzten, gebundenen Eichenzweigen. **1856** (149 620)

1862 (399 740), **1863** (325 990), **1864** (321 900), **1865** (265 150 zusammen mit Nr. 124)
Randschrift: MÜNZVERTRAG VOM 24 JANUAR 1857 und Verzierung
Var.: **1858, 1859** (mit Zeichenvariante in der Randschrift) **1860** (umgraviert aus 1859)

127 (75 b) 1/2 Gulden (S) 120.– / 200.–
Vs. wie Nr. 126, jedoch ohne VOIGT
Rs. wie Nr. 126. **1860** (342 300 zusammen mit Nr. 126), **1861** (264 280), **1862** (233 410), **1863** (227 180), **1864** (117 200), **1865** (184 130), **1867** (RR)
Gerändert

124 (85) Vereinstaler (S) 160.– / 300.–
Vs. wie Nr. 123, jedoch Kopf n. l. mit kurzem Vollbart
Rs. wie Nr. 123. **1865** (265 150 zusammen mit Nr. 123), **1866** (149 280), **1867** (96 380), **1868** (101 970), **1869** (62 400), **1870** (21 510), **1871**
Rand wie Nr. 123

128 (83) 1/2 Gulden (S) 120.– / 220.–
Vs. wie Nr. 127, jedoch Kopf n. l. mit kurzem Vollbart (von Balbach)
Rs. wie Nr. 127. **1867** (154 990), **1868** (70 310), **1869** (73 310)
Gerändelt

125 (76) Gulden (S) 150.– / 250.–
FRIEDRICH GROSHERZOG VON BADEN um Kopf n. r. mit Schnurrbart, darunter **VOIGT**
Rs. **1** / **GULDEN** / Jahreszahl zwischen zwei gekreuzten, gebundenen Eichenzweigen. **1856** (342 280), **1859** (194 570), **1860** (44 090)
Rand mit kleinen Vierecken
1860: 200.– / 500.–

129 (83 Anm.) 1/4 Guldenprobe (S) LP
Vs. wie Nr. 127
Rs. **1/4** / **GULDEN** / Jahreszahl zwischen zwei gekreuzten, gebundenen Eichenzweigen. **1860**
Rand glatt

130 (82) 3 Kreuzer (B) 22.– / 35.–
BADEN über gekröntem badischen Schild, gehalten von zwei gekrönten Greifen, das Ganze auf bogenförmigem Postament wie Nr. 116, darunter **SCHEIDE- / MÜNZE**
Rs. **3** / **KREUZER** / Jahreszahl zwischen zwei gekreuzten, gebundenen Eichenzweigen. **1866** (239 890), **1867** (389 190), **1868** (315 160), **1869** (285 340), **1870** (258 860), **1871**
Kerbrand

126 (75 a) 1/2 Gulden (S) 150.– / 250.–
FRIEDRICH GROSHERZOG VON BADEN um Kopf n. r mit Schnurrbart, darunter **VOIGT**
Rs. **1/2** / **GULDEN** / Jahreszahl zwischen zwei gekreuzten, gebundenen Eichenzweigen. **1856** (149 620), **1860** (342 300 zusammen mit Nr. 127)
Gerändelt

BADEN

131 (74) 1 Kreuzer (K) 18.– / 35.–
FRIEDRICH GROSHERZOG VON BADEN um Kopf n.r. mit Schnurrbart
Rs. **1 / KREUZER /** Jahreszahl zwischen zwei gekreuzten, gebundenen Lorbeerzweigen. **1856** (659 940)
Kerbrand

132 (81) 1 Kreuzer (K) 8.– / 20.–
BADEN über gekröntem badischen Schild, von zwei gekrönten, widersehenden Greifen gehalten, wie Nr. 116; darunter **SCHEIDE- / MÜNZE**
Rs. **1 / KREUZER /** Jahreszahl zwischen zwei gekreuzten, gebundenen Eichenzweigen. **1859** (897 620), **1860** (655 130), **1861** (725 920), **1862** (622 770), **1863** (765 370), **1864** (723 930), **1865** (778 455), **1866** (732 410), **1867** (697 710), **1868** (885 110), **1869** (858 470), **1870** (917 510), **1871**
Kerbrand
Var.: **1861** (ohne Kerbrand), **1868** (mit Legendenvariante SCHEIDE/MÜNZE)

133 (73) 1/2 Kreuzer (K) 35.– / 70.–
FRIEDRICH GROSHERZOG VON BADEN um Kopf n.r. mit Schnurrbart
Rs. **1/2 / KREUZER /** Jahreszahl zwischen zwei gekreuzten gebundenen Lorbeerzweigen. **1856** (194 500)
Ungerändelt

134 (80) 1/2 Kreuzer (K) 18.– / 50.–
BADEN über gekröntem badischen Schild, gehalten von zwei gekrönten Greifen, wie Nr. 116, darunter **SCHEIDE- / MÜNZE**.
Rs. **1/2 / KREUZER /** Jahreszahl zwischen zwei gekreuzten, gebundenen Eichenzweigen. **1859** (219 050), **1860** (120 470), **1861** (109 210), **1862** (117 350), **1863** (298 480), **1864** (94 020), **1865** (349 110), **1866** (238 660), **1867**, **1870** (37 820), **1871**
Ungerändelt

Gedenkmünzen

135 (77) Gedenkgulden auf Münzbesuch (S) 420.– / 750.–
Vs. wie Nr. 125
Rs. **UND / LUISE / GROSHERZOGIN / VON BADEN / BESUCHEN DIE / MÜNZSTAETTE / IM JANUAR 1857. / HEIL IHNEN / ✶ / EIN GULDEN** (bogig)
1857 (776)
Gerändelt

136 (78) Gedenkgulden auf das 1. Badische Landesschießen Mannheim (S) 140.– / 210.–
Vs. wie Nr. 125
Rs. **1. BAD. LANDESSCHIESSEN MANNHEIM 28. JUNI 1863** um stehende Badenia mit Lanze, die Linke auf Schild gestützt, davor Früchte, im Hintergrund links sitzender, vorwärtssehender Greif; im Abschnitt **1. GULDEN**
1863 (12 406)
Gerändelt

137 (97) Prämiengulden für die Garnisonsschule (S) LP
Vs. wie Nr. 125
Rs. **FÜR / FLEISS / UND / SITTLICH- / KEIT** zwischen zwei Palmwedeln mit Schleife; um das Ganze **GROSHERZOGLICH BADISCHE GARNISONS SCHULE**
Rändelung mit kleinen Vierecken

138 (84) Gedenkgulden auf das 2. Badische Landesschießen Karlsruhe (S)   **200.– / 300.–**
FRIEDRICH GROSHERZOG VON BADEN um Kopf n. l. mit kurzem Vollbart
Rs. **+ 2. BADISCHES LANDESSCHIESSEN +** oben; **KARLSRUHE IM AUGUST** unten um **1 / GULDEN /** Jahreszahl zwischen zwei gekreuzten, gebundenen Eichenzweigen. **1867** (14065)
Gerändelt

Nach Einführung der Reichswährung

142 (184) 20 Mark (G)   **280.– / 400.–**
FRIEDRICH GROSHERZOG VON BADEN · Kopf n. l. mit Vollbart (von Chr. Schnitzspahn), darunter Mzz. **G**
Rs. **DEUTSCHES REICH** Eichenzweig · Gekrönter Reichsadler mit großem Brustschild und Kette mit Kleinod des Schwarzen-Adler-Ordens (Modell 1871–1889). Unten l. u. r. die Wertangabe: **20 M.**, darunter Jahreszahl **1872** (397988), **1873** (517770)
Randschrift: GOTT MIT UNS, dazwischen Verzierungen

139 (86) Gedenkkreuzer zur Verfassungsfeier (K)   **30.– / 70.–**
Vs. wie Nr. 132
Rs. **ZUR FEIER DER BAD. VERFASSUNG** um **VON / GROSHERZOG / KARL / NACH 50 JHR. / AM 22. AUG. / 1868**, darunter **1. KREUZER**
1868
Ungerändelt

143 (187) 20 Mark (G)   **480.– / 900.–**
Vs. wie Nr. 142
Rs. **DEUTSCHES REICH** Jahreszahl · Gekrönter Reichsadler mit großem Brustschild und Kette mit Kleinod des Schwarzen-Adler-Ordens (Modell 1871–1889). Unten zwischen Sternen die Wertangabe: **20 MARK** · **1874** (154903)
Randschrift wie Nr. 142

140 (87) Gedenkkreuzer zur Friedensfeier (K)   **70.– / 140.–**
Vs. wie Nr. 132
Rs. **ZU DES DEUTSCHEN REICHES** um **FRIEDENS- / FEIER / 1871**; darüber Stern mit Strahlen, darunter Taube.
1871
Rand glatt

144 (189) 20 Mark (G)   **300.– / 450.–**
Vs. wie Nr. 142
Rs. **DEUTSCHES REICH** Jahreszahl · Gekrönter Reichsadler mit kleinem Brustschild und Kette mit Kleinod des Schwarzen-Adler-Ordens (Modell 1889–1918). Unten zwischen Sternen die Wertangabe: **20 MARK** · **1894** (400000), **1895** (101054)
Randschrift wie Nr. 142

141 (88) Gedenkkreuzer zur Friedensfeier (K)   **15.– / 25.–**
Vs. wie Nr. 140, jedoch im Abschnitt **1. / KREUZER / 1871**
Rs. wie Nr. 140
Rand glatt

145 (183) 10 Mark (G)   **250.– / 400.–**

BADEN

Vs. wie Nr. 142
Rs. wie Nr. 142, jedoch Wertangabe: **10 M.** · **1872** (273 367),
1873 (466 464)
Rand: Ranken und Sterne

146 (186) 10 Mark (G) 220.–/360.–

Vs. wie Nr. 142
Rs. wie Nr. 143, jedoch Wertangabe: **10 MARK** · **1875**
(338 679), **1876** (1 395 760), **1877** (1 159 330), **1878** (235 799),
1879 (98 000), **1880** (1169), **1881** (195 851), **1888** (122 036)
Rand: Ranken und Sterne

147 (188) 10 Mark (G) 290.–/400.–

Vs. wie Nr. 142
Rs. wie Nr. 144, jedoch Wertangabe: **10 MARK** · **1890**
(73 000), **1891** (110 003), **1893** (183 157), **1896** (51 720), **1897**
(69 904), **1898** (256 063), **1900** (30 598), **1901** (91 248)
Rand: Ranken und Sterne

148 (190) 10 Mark (G) 260.–/400.–

FRIEDRICH GROSHERZOG VON BADEN · Kopf n. r.
mit Vollbart (von R. Mayer), darunter Mzz. **G**
Rs. wie Nr. 144, jedoch Wertangabe: **10 MARK** · **1902**
(30 409), **1903** (109 450), **1904** (149 240), **1905** (95 932), **1906**
(120 902), **1907** (121 902)
Rand: Ranken und Sterne

149 (185) 5 Mark (G) 380.–/550.–

Vs. wie Nr. 142
Rs. wie Nr. 143, jedoch Wertangabe: **5 MARK** **1877**
(345 089)
Ungerändelt

150 (27) 5 Mark (S) 150.–/1 800.–

FRIEDRICH GROSHERZOG VON BADEN um Kopf n. l.
mit Vollbart (von Chr. Schnitzspahn), darunter Mzz. **G**
Rs. **DEUTSCHES REICH** Jahreszahl · Gekrönter Reichsadler mit kleinem Brustschild und Kette mit Kleinod des Schwarzen-Adler-Ordens (Modell 1871–1889). Unten zwischen Sternen die Wertangabe: **FÜNF MARK** · **1874**, **1875**
(314 186), **1876** (472 806), **1888** (30 111)
Randschrift wie Nr. 142
Var.: **1875**, **1876** und **1888** jeweils mit Variante BADEN

151 (29) 5 Mark (S) 140.–/600.–

Vs. wie Nr. 142
Rs. wie Nr. 147, jedoch Wertangabe: **FÜNF MARK** · **1891**
(42 700), **1893** (42 700), **1894** (60 915), **1895** (73 418), **1898**
(131 341), **1899** (61 073), **1900** (128 352), **1901** (128 131), **1902**
(42 708)
Randschrift wie Nr. 142
Var.: **1891** mit Variante B∧DEN

152 (33) 5 Mark (S) 100.–/350.–

Vs. wie Nr. 148
Rs. wie Nr. 151. **1902** (128 100), **1903** (439 105), **1904** (237 914),
1907 (243 821)
Randschrift wie Nr. 142
Var.: **1903** GOTT MI UNS

153 (26) 2 Mark (S) 200.–/1 800.–

Vs. wie Nr. 150

Rs. wie Nr.150, jedoch Wertangabe: **ZWEI MARK · 1876**
(1739038), **1877** (763927), **1880** (74000), **1883** (45493), **1888**
(75279)
Kerbrand

154 (28) 2 Mark (S) 130.–/450.–
Vs. wie Nr.153
Rs. wie Nr.151, doch Wertangabe: **ZWEI MARK. 1892**
(106750), **1894** (106750), **1896** (213520), **1898** (87442), **1899**
(327061), **1900** (222219), **1901** (401322), **1902** (5368)
Kerbrand

155 (32) 2 Mark (S) 90.–/160.–
Vs. wie Nr.152
Rs. wie Nr.152, doch Wertangabe: **ZWEI MARK. 1902**
(198250), **1903** (493989), **1904** (1121754), **1905** (609835),
1906 (107549), **1907** (913024)
Kerbrand

Gedenkmünzen

156 (31) 5 Mark (S) 220.–/320.–
Zum Regierungsjubiläum
FRIEDRICH GROSHERZOG VON BADEN um Kopf n.r.
mit Vollbart (von R. Mayer), über Lorbeerzweig zwischen
1852/1902
Rs. wie Nr.152
1902 (50024)
Randschrift wie Nr.142

157 (30) 2 Mark (S) 45.–/80.–
Zum Regierungsjubiläum
Vs. wie Nr.156
Rs. wie Nr.155. **1902** (375018)
Kerbrand

158 (35) 5 Mark (S) 200.–/320.–
Zur goldenen Hochzeit
FRIEDRICH UND LUISE VON BADEN · 1856 · 1906 · um
gestaffelte Porträtbüsten n.r. (von R. Mayer)
Rs. wie Nr.152. **1906** (60000)
Randschrift wie Nr.142

159 (34) 2 Mark (S) 45.–/80.–
Zur goldenen Hochzeit
Vs. wie Nr.158
Rs. wie Nr.155. **1906** (350000)
Kerbrand

160 (37) 5 Mark (S) 250.–/400.–

BADEN

Auf den Tod von Friedrich I.
Vs. wie Nr. 152, jedoch unter Halsabschnitt ✶ **1826** † **1907**
und ohne G
Rs. wie Nr. 152. **1907** (60 000)
Randschrift wie Nr. 142

161 (36) 2 Mark (S) 60.–/120.–
Auf den Tod von Friedrich I.
Vs. wie Nr. 160
Rs. wie Nr. 155. **1907** (350 000)
Kerbrand

Friedrich II. (1907–1918)
✶ 9.7.1857 in Karlsruhe als ältester Sohn des nachmaligen Großherzogs Friedrich und dessen Gemahlin Luise von Preußen. ∞ 20.9.1885 Hilda, Tochter des Großherzogs Adolf von Luxemburg. Friedrich II. verzichtete 1918 auf den Thron. † 9.8.1928.

162 (192) 20 Mark (G) 260.–/360.–
FRIEDRICH II GROSSHERZOG VON BADEN um Kopf n. l. mit Schnurrbart (von R. Mayer), darunter Mzz. **G**
Rs. **DEUTSCHES REICH** um Reichsadler (Modell 1889 bis 1918) mit Jahreszahl und Wertangabe wie Nr. 144. **1911** (190 836), **1912** (311 063), **1913** (85 374), **1914** (280 520)
Randschrift wie Nr. 142

163 (191) 10 Mark (G) 600.–/900.–
Vs. wie Nr. 162
Rs. wie Nr. 148. **1909** (86 000), **1910** (60 649), **1911** (29 488), **1912** (25 975), **1913** (41 567)
Rand: Ranken und Sterne

164 (40) 5 Mark (S) 120.–/300.–
Vs. wie Nr. 162
Rs. wie Nr. 152. **1908** (184 000), **1913** (244 000)
Randschrift wie Nr. 142

165 (39) 3 Mark (S) 45.–/65.–
Vs. wie Nr. 164
Rs. wie Nr. 152, jedoch Wertangabe: **DREI MARK** · **1908** (304 927), **1909** (760 716), **1910** (674 640), **1911** (382 039), **1912** (835 199), **1914** (412 804), **1915** (169 533)
Randschrift wie Nr. 142

166 (38) 2 Mark (S) 450.–/750.–
Vs. wie Nr. 164
Rs. wie Nr. 155. **1911** (77 000), **1913** (137 250)
Kerbrand
Var.: Daneben Probe aus Zink mit Aluminiumüberzug **(1922)**

Bayern, Kurfürstentum, 1806 Königreich

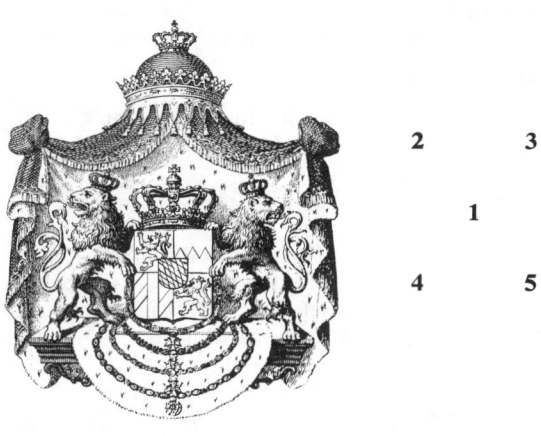

Größe: 1815: 75 000 qkm, 1905: 75 870 qkm
Einwohner: 1815: 3,5 Millionen, 1905: 6 524 372
Hauptstadt: München

Drittes Königswappen (1835):
1. Altbayern
2. Pfalz
3. Franken
4. Burgau (für Schwaben)
5. Veldenz

Unter dreiteiligem Kurwappen wird im nachstehenden Text ein durch eine eingebogene Spitze geteilter, ovaler Schild verstanden, der oben die bayerischen Rauten und den pfälzischen Löwen und unten den Reichsapfel als Zeichen des mit der Kurwürde verbundenen Reichserztruchsessenamts zeigt. Da die Reihenfolge der beiden oberen Felder wechselt, wird angegeben, welches Feld jeweils vorgeht.
1806 bestand ein erstes königliches Wappen mit Emblemen der Kurwürde; im folgenden Text: erstes Königswappen. 1807–1835: zweites Königswappen; die bayerischen Rauten mit einem roten Mittelschild, darin Zepter und Schwert unter der Königskrone gekreuzt.

Die Napoleonischen Kriege brachten Bayern, das auf französischer Seite stand und dem Rheinbund angehörte, einerseits den Verlust seiner linksrheinischen Gebiete, andererseits den Zuwachs zahlreicher geistlicher und weltlicher Herrschaften in Franken und Schwaben. So gewann es, um die wichtigsten Gebiete zu nennen, Würzburg, Bamberg, Augsburg, Kempten, Passau, Eichstätt, Ansbach hinzu. 1806 nahm der Kurfürst die Königswürde an. 1813 sagte sich Bayern vom Rheinbund los und wandte sich gegen Frankreich. Im Frieden von Paris 1815 konnte es seinen Besitzstand wahren. Es erhielt 1818 eine konstitutionelle Verfassung mit zwei Kammern als der Vertretung der Stände. Mehrere vorausgegangene Zollverträge führten 1834 zum deutschen Zollverein. 1848 veranlaßten Unruhen den König abzudanken. Der Ausgang des preußisch-österreichischen Krieges 1866 zwang Bayern, das auf der Seite Österreichs stand, zum Abschluß eines Bündnisses mit Preußen. Der Beitritt zum Reich (23.11.1870) ließ Bayern verschiedene Sonderrechte, so eine eigene Diplomatie, eine eigene Post- und Eisenbahnverwaltung. 1918 wurde das Land zur Republik ausgerufen und erhielt 1919 als Freistaat eine neue Verfassung.

Bayern münzte seit 1753 nach dem Konventionsfuß. Aus der Gewichtsmark Feinsilber (234 g) wurden 10 Konventionstaler zu je 2 Konventionsgulden hergestellt, der Gulden zu 60 Kreuzer gerechnet, der Kreuzer zu 4 Pfennig, der Pfennig zu 2 Heller. Dieser 20-Gulden-Fuß entwickelte sich bald zum 24-Gulden-Fuß und seit 1800 zum 24½-Gulden-Fuß weiter, der 1837 in Bayern gesetzlich wurde. Die Verbindung des süddeutschen 24½-Gulden-Fußes mit dem norddeutschen 14-Taler-Fuß stellte die seit 1838 geprägte Vereinsmünze dar, das 2-Taler- oder 3½-Gulden-Stück. Der Wiener Münzvertrag von 1857, in dem sich fast alle deutschen Staaten und Österreich in einem gemeinsamen Münzwesen zusammenfanden, führte an Stelle der Gewichtsmark das Zollpfund zu 500 g ein sowie den Vereinstaler des 30-Taler-Fußes, demgemäß man 30 Taler aus dem Pfund Feinsilber münzte. In Bayern blieb weiterhin der Gulden zu 60 Kreuzer die Hauptmünze.
In der 1. Hälfte des 19. Jahrhunderts lief neben den Konventionsmünzen in den süddeutschen Ländern der Kronentaler um, eine ursprünglich österreichisch-niederländische Münze, die u.a. auch in der Münchener Münzstätte geprägt wurde.
Die Goldmünzen waren eigentlich keine gesetzlichen Zahlungsmittel, da Gold nicht Währungsmetall war. Goldmünze war bis 1857 der Dukat, von da ab bis zur Einführung der Goldmark die Vereinskrone.
Mit dem Münzgesetz von 1873 trat an Stelle der Landeswährung die Reichswährung, eine Goldwährung mit der Rechnungseinheit der Goldmark zu 100 Pfennig.

Umrechnungen:

1 Vereinskrone	=	15 Gulden 54 Kreuzer	1 Konventionstaler	= 2 Gulden 24 Kreuzer
1 Dukat	=	5 Gulden 36 Kreuzer	1 Vereinstaler	= 1 Gulden 45 Kreuzer
1 Krontaler	=	2 Gulden 42 Kreuzer	1 Gulden	= 1,71 Mark

BAYERN

Münzstätten:
    Mannheim, 1802 für die Rheinpfalz
    Hall, 1806 für Tirol
    München

Medailleure:
    B = Hans Heinrich Boltshauser, * 11.4.1754 in Altenklingen, † 10.6.1812 in Mannheim
    Joseph Losch (Lösch) d. Ä., * 1770 in Amberg, † 1826 in Dresden
    Joseph Losch d. J., * 1804 in München, † 1843 in München
    C. D. = Cajetan Destouches, * 1769, † 1833 in München
    Johann Baptist Stiglmaier, * 1791 in Fürstenfeldbruck, † 1844 in München
    C. V. bzw. VOIGT bzw. C. VOIGT = Carl Friedrich Voigt, * 1800 in Berlin, † 1874 in Triest
    RIES = Johann Adam Ries, * 1813 in Kulmbach, † 1889 in München
    Alois Börsch, * 1855 in Schwäbisch Gmünd, † 1923 in München

Wardein:
    F. E. = Friedrich Eberle, 1790–1802 Wardein an der Münze in Mannheim

Ausbringung der Sorten vor Einführung der Reichswährung

Nominal	Prägezeit	Metall	Gewicht g	Fein-gewicht g	Fein-gewicht $^0/_{00}$	Katalog-Nr.
Krone	1857–1861, 1863–1869	Gold	10	9	900	140, 170
1/2 Krone	1857–1861, 1863–1869	Gold	5	4,5	900	141 171
Dukat	1799–1835, 1840–1856	Gold	3,49	3,44	986	1–3, 37, 38, 43, 65, 66 71, 142, 143, 145, 187
Flußgolddukat	1821, 1830, 1842, 1846, 1850–1856, 1863	Gold	3,49	3,27	937	39–42, 67–70, 72 144
Doppeltaler	1837–1856	Silber	37,12	33,41	900	73, 74, 98–111, 146, 163–167
Doppeltaler	1859–1865, 1867, 1869	Silber	37,04	33,33	900	147–148, 163, 172
Krontaler	1809–1825	Silber	29,34	25,47	868	44
Krontaler	1826–1837	Silber	29,54	25,74	871,5	75, 76
Konventionstaler	1799–1837	Silber	28,06	23,38	833,3	4–9, 30–32, 45–49, 59, 61, 112–139
2 Gulden	1845–1856	Silber	21,21	19,09	900	77, 150, 168
Vereinstaler	1857–1871	Silber	18,52	16,67	900	149, 173–176, 188
1/2 Konventionstaler	1799–1808	Silber	14,03	11,69	833,3	10, 11
1 Gulden	1837–1871	Silber	10,60	9,54	900	78, 151, 177, 178
1/2 Gulden	1838–1871	Silber	5,30	4,77	900	79, 152, 179, 180
20 Kreuzer	1799–1825	Silber	6,68	3,89	583,3	12, 13, 50
10 Kreuzer	1800, 1801	Silber	3,90	–	–	14
6 Kreuzer	1799–1825, 1827–1835	Billon	2,70	0,90	333,3	15–17, 52 80, 81
6 Kreuzer	1839–1856	Billon	2,60	0,87	333,3	82, 153
6 Kreuzer	1866, 1867	Billon	2,46	0,86	350	181
3 Kreuzer	1799–1805, 1807–1825, 1827–1836	Billon	1,35	0,45	333,3	18–20 53 83, 84

Nominal	Prägezeit	Metall	Gewicht g	Fein- gewicht g	Fein- gehalt ⁰/₀₀	Katalog-Nr.
3 Kreuzer	1839–1856	Billon	1,30	0,43	333,3	85, 154
3 Kreuzer	1865–1868	Billon	1,23	0,43	350	182
1 Kreuzer	1799–1825, 1827–1835	Billon	0,77	0,14	187,5	21–25, 55 86, 87
1 Kreuzer	1839–1856 1858–1871	Billon	0,84	0,14	166,7	88, 155 156, 183
1 Kreuzer	1806	Kupfer	5,4–5,5	–	–	54
1/2 Kreuzer	1851–1856	Kupfer	2,5	–	–	158
II Pfennig	1799–1805	Kupfer	2,5	–	–	26
2 Pfennig	1806–1825, 1828–1835, 1839–1850, 1858–1871	Kupfer	2,4–2,5	–	–	56 89, 90 91, 157 159, 184
1 Pfennig	1799–1825, 1828–1835, 1839–1856, 1858–1871,	Kupfer	1,1–1,2	–	–	28, 57 92, 93 94, 160 161, 185
1 Heller	1799–1825, 1828–1835, 1839–1856	Kupfer	0,6–0,75	–	–	29. 58 95, 96 97, 162

LITERATUR:

J. P. Beierlein, Die Medaillen und Münzen des Gesamthauses Wittelsbach, München 1897–1901
Kurt Jaeger, Die Münzprägungen der deutschen Staaten vom Ausgang des alten Reiches bis zur Einführung der Reichswährung, Band 5: Königreich Bayern 1806–1871 mit Berg 1801–1807 und Würzburg 1806–1815, 2. Auflage, Basel 1968 und Korrekturen 1978.
J. V. Kull, Studien zur Geschichte der Münzen und Medaillen der Könige von Bayern, Mitteilungen der Bayerischen Numismatischen Gesellschaft IV, 1885
Hans Schwenke, Die Münzen des Königreichs Bayern 1806 bis 1871, Hobria, Deutsche Münzen, Band 5, Berlin 1969
S. a. Deutsches Reich

Kurfürst Maximilian IV. Joseph 1799–1805 (als König Maximilian I. Joseph 1806–1825)

* 27.5.1756 in Mannheim als Sohn des Pfalzgrafen Friedrich Michael von Birkenfeld-Zweibrücken und dessen Gemahlin Maria Franziska Dorothea von Pfalz-Sulzbach. ∞ 1785 in 1. Ehe Wilhelmine Auguste, Tochter des Prinzen Georg Wilhelm von Hessen-Darmstadt, 1797 in 2. Ehe Friederike Wilhelmine Karoline, Tochter des Erbprinzen Karl Ludwig von Baden-Hochberg. † 13.10.1825 in München-Nymphenburg.

1 Dukat (G) 2 800.– / 5 800.–
D.G. MAX. IOS. C.P.R.V.B.D.S.R.I.A. & EL.D.I.C. & M. · Kopf n.r.
Rs. **PRO DEO ET POPULO** · Gekröntes dreiteiliges Kurwappen (Pfalz geht vor) zwischen Palm- und Lorbeerzweig. Unten Jahreszahl **1799, 1800, 1801, 1802**
Rand schräg gerieffelt

2 Dukat (G) 2 800.– / 5 800.–
D.G. MAXIM. IOSEPH. C.P.R.V.B.D.S.R.I.A. & .EL. · Kopf n.r.
Rs. wie Nr. 1. **1799, 1800, 1801, 1802, 1803**
Rand schräg gerieffelt

3 Dukat (G) 2 800.– / 5 800.–
MAXIMILIAN IOSEPH CHURFÜRST ZU PFALZBAIERN. · Brustbild n. r.

Rs. **FÜR GOTT UND VATERLAND.** · Gekröntes dreiteiliges Kurwappen (Bayern geht vor) zwischen Palm- und Lorbeerzweig. Unten Jahreszahl. **1804, 1805**
Rand schräg geriffelt

4 Konventionstaler (S) 400.– / 900.–
**D.G. MAX. IOS. C.P.R.V.B.D.S.R.I.A. &. EL. D.I.C. &.
M.** · Kopf n.r., am Halsabschnitt **C.D.**
Rs. **PRO DEO ET POPULO** · Gekröntes dreiteiliges Kurwappen (Pfalz geht vor) zwischen zwei Palmzweigen. Unten Jahreszahl **1799, 1800, 1801, 1802**
Laubrand
Var. 1799. Var. 1800, 1801: Var., auch ohne C.D. 1802: Var., ohne C.D.

5 Konventionstaler (S) 7500.– / 20000.–
D. G. MAX. IOSEPH. C.P.R.V.B D.S.R.I.A. &. EL.
Kopf n.r. (ohne C.D.)
Rs. wie Nr. 4. **1802**
Laubrand
Var. mit MAXIM.

6 Konventionstaler für die Rheinpfalz (S) 7500.– /18000.–
**D.G. MAX. IOS. C.P.R.V.B.D.S.R.I.A. & EL.D.I.C. &
M.** · Kopf n.r., darunter **B**
Rs. **PRO DEO ET POPULO** · Gekröntes dreiteiliges Kurwappen (Pfalz geht vor) zwischen Palm- und Lorbeerzweig. Zwischen den Zweigen **PAL. RH. / F.E.** Unten: **X · EINE F. MARK. 1802**
Laubrand
Var. mit tingiertem Wappen und eine weitere Var.

7 Konventionstaler (S) LP
MAXIMILIAN IOSEPH CHURFÜRST IN BAIERN
Brustbild in Uniform n.r., am Armabschnitt **C.D.**
Rs. wie Nr. 4 · **1802**
Rand: ZEHEN EINE FEINE MARK, dazwischen Blütenreihen

8 Konventionstaler (S) 450.– / 950.–
MAXIMILIAN IOSEPH CHURFÜRST IN BAIERN
Brustbild in Uniform n.r., am Armabschnitt **C.D.**
Rs. **GOTT UND DAS VATERLAND.** Gekröntes dreiteiliges Kurwappen (Pfalz geht vor) zwischen zwei Palmzweigen. Unten Jahreszahl **1803**
Laubrand
Var., auch ohne C.D.

9   Konventionstaler (S) 700.– / 1800.–
MAXIMILIAN IOSEPH CHURFÜRST ZU PFALZ-BAIERN. · Brustbild in Uniform n. r.
Rs. wie Nr. 8, aber Wappen umgeben von Lorbeer- und Palmzweig, Punkt nach Jahreszahl. **1803, 1804, 1805**
Rand: ZEHEN EINE FEINE MARK, dazwischen Blütenreihen
Var. **1804, 1805**: FÜR GOTT UND VATERLAND. Rauten im heraldisch rechten Wappenfeld (Bayern geht vor) 700.–/ 1500.–. Abschlag in Gold zu 30 Dukaten, ohne Randschrift

12   Konventionszwanziger (S) 400.– / 800.–
D.G. MAX. IOS. C.P.R.V.B.D.S.R.I.A. &. EL. D.I.C. &. M. · Kopf n. r. in Lorbeerkranz
Rs. **PRO DEO ET POPULO.** · Gekröntes dreiteiliges Kurwappen (Pfalz geht vor) zwischen zwei Palmzweigen. Unten Wert und getrennte Jahreszahl **1799, 1800, 1801, 1802, 1803**
Rand schräg geriffelt oder Laubrand
Var. **1799** · Var. **1800**: Var., auch mit Wertzahl zwischen Klammern. **1801**: Var., Wertzahl zwischen Klammern

10   Halber Konventionstaler (S) 2000.– / 4500.–
D.G. MAX. IOS. C.P.R.V.B.D.S.R.I.A. &. EL. D.I.C. &. M. · Kopf n. r.
Rs. **PRO DEO ET POPULO.** · Gekröntes dreiteiliges Kurwappen (Pfalz geht vor) zwischen zwei Palmzweigen. Unten Jahreszahl mit Punkt. **1799, 1800, 1801, 1802, 1803**
Laubrand

13   Konventionszwanziger (S) 250.– / 700.–
MAXIMILIAN IOSEPH CHURFÜRST ZU PFALZ-BAIERN. · Brustbild in Uniform n. r.
Rs. **FÜR GOTT UND VATERLAND.** · Gekröntes dreiteiliges Kurwappen (Bayern geht vor) zwischen Palm- und Lorbeerzweig. Unten Wert und getrennte Jahreszahl **1804, 1805**
Laubrand

11   Halber Konventionstaler (S) 400.– / 800.–
MAXIMILIAN IOSEPH CHURFÜRST ZU PFALZ-BAIERN. · Brustbild in Uniform n. r.
Rs. **FÜR GOTT UND VATERLAND.** · Gekröntes dreiteiliges Kurwappen (Bayern geht vor) zwischen Palm- und Lorbeerzweig. Unten Jahreszahl mit Punkt. **1804, 1805**
Laubrand

14   Konventionszehner (S) 700.– / 1400.–
D.G. MAX. IOS. C.P.R.V.B.D.S.R.I.A. &. EL.D.I.C. &. M. · Kopf n. r. in Lorbeerkranz
Rs. **PRO DEO ET POPULO** · Gekröntes dreiteiliges Kurwappen (Pfalz geht vor) zwischen zwei Palmzweigen. Unten Wert und getrennte Jahreszahl **1800, 1801**
Rand schräg geriffelt oder Laubrand
Var. **1801**: POPOLO

15   6 Kreuzer (B) 70.– / 180.–
MAX. IOS. P.B.R.H.I.B.C. &. · Kopf n. r.

Rs. **LAND MÜNZ.** · Gekröntes dreiteiliges Kurwappen (Pfalz geht vor) zwischen zwei Palmzweigen. Seitlich **6 K.** Unten getrennte Jahreszahl **1799, 1800, 1802, 1803**
Rand glatt oder Laubrand
Var. **1802**: 3 Var.

16 6 Kreuzer (B) 150.– / 350.–
MAX. IOS. H. I. B. C. &. · Kopf n. r.
Rs. wie Nr. 15. **1801, 1803, 1804**
Rand glatt oder Laubrand
Var. **1804**: auch Koppelung mit Rs. von Nr. 17

17 6 Kreuzer (B) 120.– / 300.–
MAX. IOS. C. Z. P. B. · Kopf n. r.
Rs. **LAND MÜNZ.** · Gekröntes dreiteiliges Kurwappen (Bayern geht vor) zwischen Palm- und Lorbeerzweig. Seitlich **6 K.** Unten getrennte Jahreszahl **1804, 1805**
Rand glatt

18 3 Kreuzer (Groschen) (B) 120.– / 300.–
MAX. IOS. P. B. R. H. I. B. C. &. · Kopf n. r.
Rs. **LAND MÜNZ.** · Gekröntes dreiteiliges Kurwappen (Pfalz geht vor) zwischen zwei Palmzweigen. Seitlich **3 K.** Unten getrennte Jahreszahl **1799, 1800, 1801, 1802**
Rand glatt
Var. **1802**

19 3 Kreuzer (Groschen) (B) 100.– / 250.–
MAX. IOS. H. I. B. C. &. · Kopf n. r.
Rs. wie Nr. 18. **1803, 1804**
Rand glatt
Var. **1803**

20 3 Kreuzer (Groschen) (B) 70.– / 140.–
MAX. IOS. C. Z. P. B. · Kopf n. r.
Rs. **LAND MÜNZ.** · Gekröntes dreiteiliges Kurwappen (Bayern geht vor) zwischen Palm- und Lorbeerzweig. Seitlich **3 K**, unten getrennte Jahreszahl **1804, 1805**
Rand glatt
Var. **1805**

21 1 Kreuzer (B) 60.– / 120.–
MAX. IOS. P. B. R. H. I. B. C. &. · Kopf n. r.
Rs. Gekrönter, ovaler bayerischer Rautenschild mit dem Reichsapfel im Herzschild zwischen zwei Palmzweigen, unten getrennte Jahreszahl **1799, 1800, 1803**
Rand glatt

22 1 Kreuzer (B) 50.– / 100.–
Vs. wie Nr. 21
Rs. wie Nr. 21, jedoch mit Wertangabe. **1801, 1802**
Rand glatt

23 1 Kreuzer (B) 150.– / 300.–
MAX. IOS. H. I. B. C. &. · Kopf n. r.
Rs. Gekrönter, ovaler bayerischer Rautenschild mit dem Reichsapfel im Herzschild zwischen zwei Palmzweigen, unten getrennte Jahreszahl **1800, 1801, 1802, 1803**. Mit Wertangabe: **1804**
Rand glatt

24 1 Kreuzer (B) 150.– / 300.–
MAX. IOS. C. Z. P. B. · Kopf n. r.
Rs. **LAND MÜNZ.** · Gekröntes dreiteiliges Kurwappen (Bayern geht vor) zwischen Palm- und Lorbeerzweig. Seitlich **1 K.** Unten getrennte Jahreszahl **1804, 1805**
Rand glatt

25 1 Kreuzer für die Rheinpfalz (B) 700.– / 1400.–
Das mit dem Kurhut bedeckte Pfälzer Löwenwappen zwischen **R P / F E**
Rs. ✽ **1** ✽ / **KREVZ** / **1802** in einem Kranz
Rand glatt
Var.: ohne F E und mit KREUZ

26   II Pfennig (K)   80.–/150.–
Bayerischer Wappenschild
Rs. ✶ **II** ✶ / **PFEN**= / **NING**. / Jahreszahl. / Sternchen **1799, 1800, 1801, 1802, 1803, 1804, 1805**
Rand glatt
Var. 1800, 1801, 1802: ohne Sternchen

27   1/2 Kreuzer für die Rheinpfalz (K)   500.–/1000.–
Mit dem Kurhut bedecktes Wappen zwischen **R – P**
Rs. **1/2 / KREUZ. / 1802** in einem Kranz
Rand glatt

28   1 Pfennig (K)   70.–/140.–
Bayerischer Wappenschild in ornamentaler Kartusche
Rs. ✶ **1** ✶ / **PFEN**= / **NING**. / Jahreszahl. / ✶ · **1799, 1800, 1801, 1802, 1803, 1804, 1805**
Rand glatt

29   1 Heller (K)   80.–/180.–
In Raute bayerischer Wappenschild zwischen Jahreszahl
Rs. **1 / HEL / LER** · **1799, 1800, 1801, 1802, 1803, 1804, 1805**
Rand glatt

30   Preistaler (S)   LP
MAXIMILIAN IOSEPH CHURFÜRST ZU PFALZ-BAIERN. · Brustbild in Uniform n. r.
Rs. **LOHN / DER / ERZIEHER / VERWAISTER / IUGEND.** Schrift in Eichenkranz. Ohne Jahreszahl
Rand: ohne Schrift oder mit ZEHEN EINE FEINE MARK, dazwischen Blüten

31   Preistaler (S)   LP
MAXIMILIAN IOSEPH CHURFÜRST IN BAIERN.
Brustbild in Uniform n. r., im Armabschnitt **C.D.**
Rs. wie Nr. 30. Ohne Jahreszahl
Rand: ohne Schrift oder mit ZEHEN EINE FEINE MARK, dazwischen Blüten

32   Preistaler (S)   2000.–/4000.–
Vs. wie Nr. 30
Rs. **LOHN FÜR DIE ERZIEHUNG VERLASSENER KINDER** · Pflug. Im Abschnitt **ZUM ACKERBAU**. Ohne Jahreszahl
Rand: ohne Schrift oder mit ZEHEN EINE FEINE MARK dazwischen Blüten

33   Viertelpreistaler (S)   LP
Vs. wie Nr. 30
Rs. **DEN ERZIEHERN VERLASSNER KINDER**. Pflug. Im Abschnitt **ZUM AKERBAU**. Ohne Jahreszahl
Rand gerieffelt

34   Halber Schulpreistaler (S)   800.–/1600.–
MAX IOSEPH CHURFÜRST ZU PFALZBAIERN in Fraktur. · Brustbild n. r.
Rs. **LOHN / DES / FLEISSES.** in Fraktur in Eichenkranz. Ohne Jahreszahl
Laubrand
Var.: MAXIMILIAN · · · · Auch als Goldabschlag zu 5 Dukaten mit gerieffeltem Rand

35 Halber Schulpreistaler (S) 1 000.– / 2 000.–
MAX JOSEPH CHURFÜRST ZU PFALZBAIERN. in Fraktur. Brustbild n. r. am Armabschnitt **JOS. LOSCH**
Rs. wie Nr. 34. Ohne Jahreszahl
Laubrand
Var.: ohne Medailleurname; ohne Kranzschleife auf der Rs.

36 Halber Schulpreistaler (S) 1 000.– / 2 000.–
MAXIMILIAN JOSEPH CHURFÜRST IN BAIERN. in Fraktur. Brustbild n. r., am Armabschnitt **J. LOSCH**
Rs. wie Nr. 34. Ohne Jahreszahl
Laubrand
Var., auch ohne Kranzschleife auf der Rs.

König Maximilian I. Joseph 1806–1825 (als Kurfürst Maximilian Joseph IV. 1799–1805)

37 (111) Dukat (G) 5 500.– / 11 000.–
MAXIMILIAN IOSEPH KÖNIG VON BAIERN. · Brustbild n. r.
Rs. FÜR GOTT UND VATERLAND · Gekröntes Wappen, von zwei Löwen gehalten. Mittelschild gespalten, vorne Reichsapfel, hinten Löwe (1. Königswappen). Unten Jahreszahl **1806** (3937)
Rand schräg geriffelt

38 (112) Dukat (G) 1 400.– / 2 400.–
MAXIMILIAN IOSEPH KÖNIG VON BAIERN. · Kopf n. r.
Rs. FÜR GOTT UND VATERLAND · Gekröntes Wappen, von zwei Löwen gehalten. Mittelschild mit Krone über gekreuztem Zepter und Schwert (Souveränitätsschild) (2. Königswappen). Unten Jahreszahl **1807** (2260), **1808** (1465), **1809** (3363), **1810** (3124), **1811, 1812, 1813, 1814, 1815, 1816, 1817, 1818, 1819, 1820, 1821, 1822**
Rand schäg geriffelt
Var. **1821, 1822**: Stempelfehler BAEIRN 3 000.– / 5 000.–

39 (113) Isargold - Dukat (G) 5 500.– / 12 000.–
MAXIMILIANUS IOSEPHUS BAVARIAE REX · Kopf n. r.
Rs. EX AURO ISARAE · Flußgott, im Hintergrund die Frauenkirche in München. Unten **MDCCCXXI · 1821**
(Nr. 39–42: zusammen rund 1100)
Rand schräg geriffelt

40 (114) Inngold - Dukat (G) 8 000.– / 16 000.–
Vs. wie Nr. 39
Rs. EX AURO OENI · Flußgott. Unten **MDCCCXXI · 1821**
(s. Nr. 39)
Rand schräg geriffelt

41 (115) Donaugold - Dukat (G) 8 000.– / 16 000.–
Vs. wie Nr. 39
Rs. EX AURO DANUBII · Flußgott. Unten **MDCCCXXI · 1821** (s. Nr. 39)
Rand schräg geriffelt

42 (116) Rheingold - Dukat (G) 4 000.– / 8 000.–
Vs. wie Nr. 39
Rs. AVGVSTA NEMETVM · Ansicht von Speyer. Im Abschnitt: **EX AVRO RHENI / MDCCCXXI · 1821** (s. Nr. 39)
Rand schräg geriffelt

43 (117) Dukat (G)   1 800.– / 3 600.–
MAXIMILIAN IOSEPH KÖNIG VON BAIERN · Kopf mit älteren Gesichtszügen n. r.
Rs. **FÜR GOTT UND VATERLAND** · Gekröntes Wappen, von zwei Löwen gehalten. Mittelschild mit Krone über gekreuztem Zepter und Schwert (Souveränitätsschild) (2. Königswappen). Unten Jahreszahl. **1823** (4400), **1824** (18 500), **1825** (3000)
Rand schräg geriffelt

44 (14) Krontaler (S)   200.– / 350.–
MAXIMILIANUS IOSEPHUS BAVARIAE REX. · Kopf n. r.
Rs. **PRO DEO ET POPULO** · Krone über gekreuztem Zepter und Schwert. Unten Jahreszahl **1809** (929 921), **1810** (648 777), **1811** (114 028), **1812** (1 160 605), **1813** (835 524), **1814** (1 015 406), **1815** (681 444), **1816** (2 261 286), **1817** (334 619), **1818** (163 619), **1819** (286 575), **1820** (115 937), **1821** (206 167), **1822** (29 475), **1823** (27 245), **1824** (41 593), **1825** (75 693).
Rand: BAIERISCHER-KRONTHALER, Verzierung
Var. 1809: auch ohne Randschrift und mit Laubrand. 1813: Var. mit IOEPHUS (600.–/1000.–)

45 (3) Konventionstaler (S)   750.– / 1 500.–
MAXIMILIAN IOSEPH KÖNIG VON BAIERN. · Brustbild in Uniform n. r. mit Zopf
Rs. **FÜR GOTT UND VATERLAND.** · Gekröntes Wappen, von zwei einwärts blickenden Löwen gehalten. Mittelschild gespalten, vorn Reichsapfel, hinten Löwe (1. Königswappen). Unten Jahreszahl. **1806**
Rand: ZEHEN EINE FEINE MARK, dazwischen Blüten
Var.: 2 Var. der Rs.

46 (4) Konventionstaler (S)   6 000.– / 11 000.–
Vs. wie Nr. 45
Rs. wie Nr. 45, jedoch auswärts blickende Löwen. **1806**
Rand wie Nr. 45
Varianten

47 (12) Konventionstaler (S)   18 000.– / 35 000.–
Vs. wie Nr. 45
Rs. **FÜR GOTT UND VATERLAND.** · Gekröntes Wappen, von zwei Löwen gehalten. Mittelschild mit Krone über gekreuztem Zepter und Schwert (Souveränitätsschild) (2. Königswappen). Unten Jahreszahl. **1807** (rund 100 000)
Rand wie Nr. 45

48 (13) Konventionstaler (S)   300.– / 700.–

BAYERN 52

MAXIMILIAN IOSEPH KÖNIG VON BAIERN. · Brustbild in Uniform n. r. ohne Zopf
Rs. wie Nr. 47. **1807**, **1808** (55 200), **1809** (8932), **1810** (6721), **1811** (10 892), **1812** (8432), **1813** (5888), **1814** (4579), **1815** (6913), **1816** (10 826), **1817** (4638), **1818**, **1819**, **1820** (3974), **1821** (3826), **1822**
Rand wie Nr. 45
Var. der Interpunktion

49 (16) Konventionstaler (S) 450.– / 1100.–
MAXIMILIAN IOSEPH KÖNIG VON BAIERN · Brustbild in Uniform n. r.
Rs. wie Nr. 48. **1822** (51 230), **1823** (46 784), **1824** (3907), **1825** (1932)
Rand: ZEHEN EINE FEINE MARK, dazwischen Blüten

50 (11) Konventionszwanziger (S) 120.– / 250.–
MAXIMILIAN IOSEPH KÖNIG VON BAIERN. · Kopf n. r.
Rs. FÜR GOTT UND VATERLAND. · Gekrönter Schild des 2. Königswappens zwischen Lorbeer- und Palmzweig. Unten Wert und getrennte Jahreszahl. **1806** (182 261), **1807**, **1808**, **1809**, **1810**, **1811**, **1812**, **1813**, **1814**, **1815**, **1816**, **1817**, **1818**, **1819**, **1820**, **1821**, **1822**, **1823**, **1824**, **1825**
Laubrand
Var. der Interpunktion

51 (2) 6 Kreuzer (S) 250.– / 600.–
MAX. IOSEPH KÖNIG VON BAIERN. · Kopf n. r.
Rs. LAND MÜNZ. · Gekrönter Schild des 1. Königswappens zwischen Lorbeer- und Palmzweig. Seitlich **6 K**. Unten Jahreszahl **1806**
Rand glatt
Var. mit BAERN

52 (10) 6 Kreuzer (B) 25.– / 80.–
Vs. wie Nr. 51
Rs. LAND MÜNZ. · Gekrönter Schild des 2. Königswappens zwischen Lorbeer- und Palmzweig. Seitlich **6 K**. Unten Jahreszahl. **1806**, **1807**, **1808**, **1809**, **1810**, **1811**, **1812**, **1813**, **1814**, **1815**, **1816**, **1817**, **1818**, **1819**, **1820**, **1821**, **1822**, **1823**, **1824**, **1825**
Laubrand

53 (9) 3 Kreuzer (B) 40.– / 100.–
MAX. IOSEPH KÖNIG VON BAIERN. · Kopf n. r.
Rs. LAND MÜNZ. · Gekrönter Schild des 2. Königswappens zwischen Lorbeer- und Palmzweig. Seitlich **3 K**. Unten Jahreszahl. **1807**, **1808**, **1809**, **1810**, **1811**, **1812**, **1813**, **1814**, **1815**, **1816**, **1817**, **1818**, **1819**, **1820**, **1821**, **1822**, **1823**, **1824**, **1825**
Rand glatt

54 (1) Kreuzer für Tirol (K) 150.– / 300.–
Gekrönter Schild des 1. Königswappens zwischen Lorbeer- und Palmzweig
Rs. BAIERISCHE LANDMÜNZ. / 1 / KREUZER Jahreszahl mit Punkt zwischen Rosetten **1806** (144 701)
Rand schräg gerieffelt oder Kettenrand

55 (8) Kreuzer (B) 35.– / 80.–
MAX. IOSEPH KÖNIG VON BAIERN. · Kopf n. r.
Rs. LAND MÜNZ · Gekrönter Schild des 2. Königswappens zwischen Lorbeer- und Palmzweig. Seitlich **1 K**. Unten Jahreszahl. **1806**, **1807**, **1808**, **1809**, **1810**, **1811**, **1812**, **1813**, **1814**, **1815**, **1816**, **1817**, **1818**, **1819**, **1820**, **1821**, **1822**, **1823**, **1824**, **1825**
Rand glatt

56 (7) 2 Pfennig (K)   60.– / 150.–
Gekrönter Schild des 2. Königswappens
Rs. **2 / PFENNING /** Jahreszahl. **1806, 1807, 1808, 1809, 1810, 1811, 1812, 1813, 1814, 1815, 1816, 1817, 1818, 1819, 1820, 1821, 1822, 1823, 1824, 1825**
Rand glatt

57 (6) 1 Pfennig (K)   30.– / 70.–
Gekrönter Wappenschild wie Nr. 56
Rs. **1 / PFENNING /** Jahreszahl **1806, 1807, 1808, 1809, 1810, 1811, 1812, 1813, 1814, 1815, 1816, 1817, 1818, 1819, 1820, 1821, 1822, 1823, 1824, 1825**
Rand glatt

58 (5) 1 Heller (K)   30.– / 70.–
In Raute gekrönter Wappenschild wie Nr. 56
Rs. **1 / HELLER /** Jahreszahl., in Raute. **1806, 1807, 1808, 1809, 1810, 1811, 1812, 1813, 1814, 1815, 1816, 1817, 1818, 1819, 1820, 1821, 1822, 1823, 1824, 1825**
Rand glatt

59 (15) Konventionstaler (S)   200.– / 350.–
Auf die Verfassung von 1818
MAXIMILIANUS IOSEPHUS BAVARIAE REX · Belorbeertes Brustbild n. r.
Rs. **MAGNUS AB INTEGRO SÆCLORUM NASCITUR ORDO ·** Auf gerautetem Grund ein Würfel mit der Inschrift **CHARTA MAGNA / BAVARIAE ·** Im Abschnitt: **XXVI MAII MDCCCXVIII · 1818** (rund 40000)
Rand: **ZEHEN EINE FEINE MARK** ✱
Var.: Rand glatt (Probe). Rs. mit CIVIBUS IUS AEQUUM POPULO LIBERTATEM REGNO SECURITATEM (Probe). Rs. mit SALUTI PUBLICAE (Probe). Goldabschlag zu 8 Dukaten mit glattem Rand
Proben   800.– / 1 300.–

 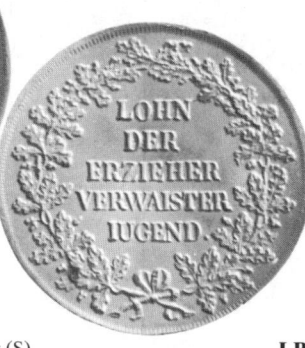

60 (19 I) Preisdoppeltaler (S)   **LP**
MAXIMILIAN IOSEPH KÖNIG VON BAIERN. · Brustbild n. r.
Rs. **LOHN / DER / ERZIEHER / VERWAISTER / IUGEND.** Schrift in Eichenkranz. Ohne Jahreszahl
Rand glatt

61 (19 II) Preistaler (S)   **LP**
Vs. wie Nr. 60
Rs. **LOHN FÜR DIE ERZIEHUNG VERLASSENER KINDER ·** Pflug. Im Abschnitt **ZUM ACKERBAU.** Ohne Jahreszahl
Rand: **ZEHEN EINE FEINE MARK**, dazwischen Blüten
Var.: Laubrand. Auch ohne Randschrift, Kupferabschlag

62 (17) Halber Schulpreistaler (S)   400.– / 1 000.–
MAXIMILIAN JOSEPH KÖNIG VON BAIERN. in Fraktur. Brustbild in Uniform n. r.
Rs. **LOHN / DES / FLEISSES.** in Fraktur in Eichenkranz. Ohne Jahreszahl (1806–1808: etwa 1500)
Laubrand
Var. der Rs.

BAYERN   54

63 (18) Halber Schulpreistaler (S)   500.–/1 000.–
MAXIMILIAN IOSEPH KÖNIG VON BAIERN. in Fraktur. Kopf n.r.
Rs. wie Nr. 62. Ohne Jahreszahl
Laubrand

64 (19) Halber Schulpreistaler (S)   400.–/800.–
MAXIMILIAN IOSEPH KÖNIG VON BAIERN · Kopf n.r.
Rs. LOHN / DES / FLEISSES. in Antiqua in Eichenkranz. Ohne Jahreszahl (bis 1837: rund 25 000)
Laubrand

Ludwig I. Karl August (1825–1848)

* 25.8.1786 in Straßburg als Sohn Maximilian Josephs und dessen Gemahlin Wilhelmine Auguste. ∞ 1810 Theresia Charlotte Louise, Tochter des Herzogs Friedrich von Sachsen-Altenburg. † 29.2.1868 in Nizza.

65 (118) Dukat (G)   1800.–/3 000.–
LUDWIG KOENIG VON BAYERN · Kopf n.r. (von Stiglmaier)
Rs. GERECHT UND BEHARRLICH · Gekröntes 2. Königswappen, von zwei Löwen gehalten. Unten Jahreszahl **1826** (696), **1827** (4200), **1828** (3090)
Rand schräg geriffelt

66 (119, 124) Dukat (G)   1600.–/3 000.–

LUDWIG I KOENIG VON BAYERN · Kopf n.r.
Rs. wie Nr. 65. **1828** (1351), **1829** (1143), **1830** (1731), **1831** (3907), **1832** (1884), **1833** (1230), **1834** (1711), **1835** (2048)
Rand schräg geriffelt. **1835**: Rand gerade geriffelt, im Ring geprägt

67 (120) Isargold-Dukat (G)   6 000.–/12 000.–
LUDOVICUS I BAVARIAE REX · Kopf n.r.
Rs. **EX AURO ISARAE** · Flußgott, im Hintergrund die Frauenkirche in München. Unten **MDCCCXXX · 1830**
Rand schräg geriffelt

68 (121) Inngold-Dukat (G)   5 000.–/10 000.–
Vs. wie Nr. 67
Rs. **EX AURO OENI** · Flußgott. Unten **MDCCCXXX · 1830**
Rand schräg geriffelt

69 (122) Donaugold-Dukat (G)   5 000.–/9 000.–
Vs. wie Nr. 67
Rs. **EX AURO DANUBII** · Flußgott. Unten **MDCCCXXX · 1830**
Rand schräg geriffelt
Var.: Auch als Zwitterprägung mit Vs. Nr. 66

70 (123) Rheingold-Dukat (G)   4 500.–/9 000.–
Vs. wie Nr. 67
Rs. **AUGUSTA NEMETUM** · Ansicht von Speyer. Im Abschnitt: **EX AURO RHENI / MDCCCXXX · 1830**
Rand schräg geriffelt
Var.: Auch als Zwitterprägung mit Vs. Nr. 66 (9 000.–/14 000.–)

71 (125) Dukat (G) 1 400.– / 2 400.–
LUDWIG I KOENIG VON BAYERN · Kopf n.r., darunter **VOIGT**
Rs. **GERECHT UND BEHARRLICH** · Gekröntes 3. Königswappen mit zwei Löwen. Unten Jahreszahl **1840** (5000), **1841** (2309), **1842** (810), **1843** (2358), **1844** (4259), **1845** (2470), **1846** (3632), **1847** (5122), **1848** (1470)
Rand geriffelt

72 (126) Rheingold-Dukat (G) 2 400.– / 4 200.–
LUDOVICUS I BAVARIAE REX · Kopf n.r.
Rs. **EX AURO RHENI** · Ansicht von Speyer. Im Abschnitt: Jahreszahl in römischen Ziffern. **1842, 1846**
Rand geriffelt

73 (64) 3½ Gulden = 2 Taler (S) 380.– / 950.–
LUDWIG I KOENIG VON BAYERN · Kopf n.r., darunter **C. VOIGT**
Rs. **VEREINSMÜNZE** · In Eichenkranz: 3½ / GULDEN / 2 / THALER / Jahreszahl. Unten: **VII EINE F. MARK** · **1839** (113 000), **1840** (192 956), **1841** (338 800) (Prägezahlen einschließlich der Gedenkdoppeltaler).
Rand: CONVENTION ✱ VOM ✱ 30 IULY ✱ 1838 ✱

74 (65) 3½ Gulden = 2 Taler (S) 350.– / 700.–
Vs. wie Nr. 73

Rs. **3½ GULDEN VII EINE F. MARK 2 THALER** · Gekröntes 3. Königswappen mit zwei Löwen. Im Abschnitt: **VEREINSMÜNZE** / Jahreszahl **1842** (84 700), **1843** (276 808), **1844** (122 224), **1845** (166 700), **1846** (132 610), **1847** (11 905), **1848** (191 944), (Prägezahlen einschließlich der Gedenkdoppeltaler)
Rand: CONVENTION ✱ VOM ✱ 30 IULY ✱ 1838 ✱

75 (23) Krontaler (S) 320.– / 650.–
LUDWIG KOENIG VON BAYERN · Kopf n.r.
Rs. **GERECHT UND BEHARRLICH** · Krone in einem Kranz aus Lorbeer- und Eichenzweigen. Unten Jahreszahl **1825, 1826** (51 478), **1827** (65 685), **1828** (78 862), **1829** (93 885)
Rand: BAYERISCHER KRONTHALER, Verzierung
Var. **1827**: Var. mit LUᴅWIG (1 500.–/2 500.–)

76 (30) Krontaler (S) 300.– / 600.–
LUDWIG I KOENIG VON BAYERN · Kopf n.r.
Rs. wie Nr. 75. **1830** (78 386), **1831** (47 316), **1832** (54 697), **1833** (42 352), **1834** (14 649), **1835** (8 813), **1836** (49 604), **1837** (163 730)
Rand: BAYERISCHER KRONTHALER, Verzierung

77 (63) 2 Gulden (S) 150.– / 270.–
LUDWIG I KOENIG VON BAYERN · Kopf n.r., darunter **C. VOIGT**
Rs. **ZWEY GULDEN** · Gekröntes 3. Königswappen mit zwei Löwen. Unten Jahreszahl **1845** (883 308), **1846** (1 523 180), **1847** (1 490 965), **1848** (950 402, zusammen mit Nr. 150)
Rand: vertiefte Vierecke

BAYERN

78 (62) 1 Gulden (S) 80.–/160.–
LUDWIG I KOENIG VON BAYERN · Kopf n. r., darunter **C. VOIGT**
Rs. In Eichenkranz **1 / GULDEN /** Jahreszahl **1837** (2 057 397), **1838** (2 044 584), **1839** (2 319 626), **1840** (3 591 067), **1841** (4 362 295), **1842** (1 448 836), **1843** (4 831 953), **1844** (3 490 647), **1845** (1 114 941), **1846** (686 061), **1847** (387 406), **1848** (436 838, zusammen mit Nr. 151)
Rand: vertiefte Vierecke

79 (61) 1/2 Gulden (S) 50.–/100.–
LUDWIG I KOENIG VON BAYERN · Kopf n. r., darunter **VOIGT**
Rs. In Eichenkranz **1/2 / GULDEN /** Jahreszahl **1838** (1 749 669), **1839** (473 702), **1840** (233 042), **1841** (242 960), **1842** (508 060), **1843** (337 058), **1844** (1 452 406), **1845** (1 869 115), **1846** (1 180 713), **1847** (241 331), **1848** (406 624, zusammen mit Nr. 152)
Rand: vertiefte Vierecke

80 (22) 6 Kreuzer (B) 60.–/140.–
LUDWIG KOENIG VON BAYERN · Kopf n. r.
Rs. **LAND MÜNZ** · Gekrönter Schild des 2. Königswappens zwischen Lorbeer- und Palmzweig. Seitlich **6 K** · Unten Jahreszahl **1827, 1828, 1829**
Rand glatt

81 (29) 6 Kreuzer (B) 35.–/90.–
LUDWIG I KOENIG VON BAYERN · Kopf n. r.
Rs. **LAND MÜNZ** · Gekrönter Schild des 2. Königswappens zwischen Lorbeer- und Palmzweig. Seitlich **6 K** · Unten Jahreszahl **1830, 1831, 1832, 1833, 1834, 1835**
Rand geriffelt

82 (60) 6 Kreuzer (B) 35.–/70.–
KOENIGR. BAYERN · Gekrönter Schild des 3. Königswappens
Rs. Im Eichenkranz **6 / KREUZER /** Jahreszahl **1839, 1840, 1841, 1842, 1843, 1844, 1845, 1846, 1847, 1848** (Nr. 82 zusammen mit Nr. 153: 4 193 063)
Rand: vertiefte Vierecke

83 (21) 3 Kreuzer (B) 70.–/150.–
LUDWIG I KOENIG VON BAYERN · Kopf n. r.
Rs. **LAND MÜNZ** · Gekrönter Schild des 2. Königswappens zwischen Lorbeer- und Palmzweig. Seitlich **3 K** · Unten Jahreszahl **1827, 1828, 1829, 1830**
Rand glatt

84 (28) 3 Kreuzer (B) 40.–/80.–
LUDWIG I KOENIG VON BAYERN · Kopf n. r.
Rs. **LAND MÜNZ** · Gekrönter Schild des 2. Königswappens zwischen Lorbeer- und Palmzweig. Seitlich **3 K** · Unten Jahreszahl **1830, 1831, 1832, 1833, 1834, 1835, 1836**
Rand geriffelt

85 (59) 3 Kreuzer (B) 25.–/60.–
KOENIGR. BAYERN · Gekrönter Schild des 3. Königswappens
Rs. In Eichenkranz **3 / KREUZER /** Jahreszahl **1839, 1840, 1841, 1842, 1843, 1844, 1845, 1846, 1847, 1848** (Nr. 85 zusammen mit Nr. 154: 7 416 936)
Rand glatt

86 (20) 1 Kreuzer (B) 25.–/60.–
LUDWIG KOENIG VON BAYERN · Kopf n. r.
Rs. **LAND MÜNZ** · Gekrönter Schild des 2. Königswappens zwischen Lorbeer- und Palmzweig. Seitlich **1 K** · Unten Jahreszahl **1827, 1828, 1829, 1830**
Rand glatt, 1830: Rand geriffelt

87 (27) 1 Kreuzer (B) 20.–/40.–
LUDWIG I KOENIG VON BAYERN · Kopf n. r.
Rs. **LAND MÜNZ** · Gekrönter Schild des 2. Königswappens zwischen Lorbeer- und Palmzweig. Seitlich **1 K** · Unten Jahreszahl **1830, 1831, 1832, 1833, 1834, 1835**
Rand geriffelt

88 (58) 1 Kreuzer (B) 12.–/25.–
KOENIGR. BAYERN. · Gekrönter Schild des 3. Königswappens
Rs. In Eichenkranz **1 / KREUZER /** Jahreszahl **1839, 1840, 1841, 1842, 1843, 1844, 1845, 1846, 1847, 1848** (Nr. 88 zusammen mit Nr. 155: 3 385 973)
Rand glatt, seit **1845** auch vertiefte Vierecke

89 (7) 2 Pfennig (K) 80.–/150.–
Gekrönter Schild des 2. Königswappens
Rs. **2 / PFENNING /** Jahreszahl **1828, 1829**
Rand glatt

90 (26) 2 Pfennig (K) 60.–/120.–
Gekrönter Schild des 2. Königswappens
Rs. **2 / PFENNING /** Jahreszahl **1830, 1831, 1832, 1833, 1834, 1835**
Rand geriffelt

91 (57) 2 Pfennig (K) 50.–/100.–
In Eichenkranz gekrönter Schild des 3. Königswappens
Rs. **2 / PFENNIGE /** Jahreszahl **1839, 1840, 1841, 1842, 1843, 1844, 1845, 1846, 1847, 1848**
Rand geriffelt

92 (6) 1 Pfennig (K) 50.–/100.–
Gekrönter Schild des 2. Königswappens
Rs. **1 / PFENNING /** Jahreszahl **1828, 1829**
Rand glatt **1828**: stgl. **500.–**

93 (25) 1 Pfennig (K) 25.–/50.–
Gekrönter Schild des 2. Königswappens
Rs. **1 / PFENNING /** Jahreszahl **1830, 1831, 1832, 1833, 1834, 1835**
Rand geriffelt **1835**: 100.–/220.–

94 (56) 1 Pfennig (K) 15.–/30.–
In Eichenkranz gekrönter Schild des 3. Königswappens
Rs. **1 / PFENNIG /** Jahreszahl **1839, 1840, 1841, 1842, 1843, 1844, 1845, 1846, 1847, 1848**
Rand geriffelt

95 (5) 1 Heller (K) 20.–/50.–
In Raute gekrönter Schild des 2. Königswappens
Rs. **1 / HELLER /** Jahreszahl, in Raute. **1828, 1829**
Rand glatt

96 (24) 1 Heller (K) 25.–/60.–
In Raute gekrönter Schild des 2. Königswappens
Rs. **1 / HELLER /** Jahreszahl, in Raute. **1830, 1831, 1832, 1833, 1834, 1835**
Rand geriffelt

97 (55) 1 Heller (K) 20.–/40.–
In Eichenkranz gekrönter Schild des 3. Königswappens
Rs. **1 / HELLER /** Jahreszahl **1839, 1840, 1841, 1842, 1843, 1844, 1845, 1846, 1847, 1848** (Nr. 97 zusammen mit Nr. 162: 3 864 920)
Rand glatt

BAYERN

Gedenkmünzen

98 (66) Geschichtsdoppeltaler (S) 550.– / 800.–
Vereinsdoppeltaler, 3½ Gulden = 2 Taler
LUDWIG I KOENIG VON BAYERN · Kopf n. r., darunter
C. VOIGT
Rs. **MÜNZVEREINIGUNG SÜDTEUTSCHER STAATEN** ·
Stehende Frau (Moneta) zwischen den 6 Wappen von Bayern, Württemberg, Baden, Hessen, Nassau und Frankfurt (in springender Reihenfolge). Im Abschnitt: **1837**.
Rand: a) DREY-EINHALB GULDEN + VII E.F.M. +
b) DREY EIN HALBER GULDEN + VII E.F.M. + und weitere Varianten, vor allem in der Interpunktion

99 (67) Geschichtsdoppeltaler (S) 450.– / 700.–
Vs. wie Nr. 98
Rs. **DIE / EINTHEILUNG / D. KÖNIGREICHS / AUF GESCHICHTL. / GRUNDLAGE / ZURÜCKGEFÜHRT / 1838** · In acht Lorbeerkränzen die Namen der Kreise: **OBER / BAYERN   NIED. / BAYERN   PFALZ   O. PFALZ / U. REG.   OBER / FRANK   MITT. / FRANK UNT. FR. / U. ASCH   SCHWAB / U. NEUB.** im Uhrzeigersinn angeordnet
Rand wie Nr. 98

100 (68) Geschichtsdoppeltaler (S) 550.– / 800.–
Vs. wie Nr. 98

Rs. **REITERSÄULE MAXIMILIAN'S I CHURFÜRSTEN V. BAYERN** · Reiterstandbild. Im Abschnitt: **ERRICHTET V. KÖNIG / LUDWIG I / 1839**
Rand:
a) DREY-EINHALB GULDEN + + VII E F M + +
b) DREY-EINHALB GULDEN + + VII E.F.M. + +

101 (69) Geschichtsdoppeltaler (S) 400.– / 900.–
Vs. wie Nr. 98
Rs. **STANDBILD A. DÜRER'S ERRICHTET ZU NÜRNBERG 1840** · Dürer stehend
Rand wie Nr. 100

102 (70) Geschichtsdoppeltaler (S) 400.– / 900.–
Vs. wie Nr. 98
Rs. **STANDBILD JEAN PAUL FRIEDRICH RICHTER'S / ERRICHTET ZU BAYREUTH 1841** · Jean Paul stehend
Rand wie Nr. 100

103 (71) Geschichtsdoppeltaler (S) 400.– / 700.–
Vs. wie Nr. 98
Rs. **WALHALLA** · Walhalla. Im Abschnitt: **1842**
Rand wie Nr. 100

104 (72) Geschichtsdoppeltaler (S)   400.–/700.–
Vs. wie Nr. 98
Rs. **MAXIMILIAN KRONPR. V. BAYERN U. MARIE K. PRINZ. V. PREUSS. VERM. D. 12 OCTB. 1842** · Beider Köpfe n. r.
Rand wie Nr. 100
Var. mit 1 OCTB. 1842 (650.–/1200.–)

107 (75) Geschichtsdoppeltaler (S)   750.–/1600.–
Vs. wie Nr. 98
Rs. **STANDBILD DES CANZLER'S FREYHERRN V. KREITTMAYR / ERRICHTET IN   MÜNCHEN 1845** · Kreittmayr stehend
Rand wie Nr. 100

105 (73) Geschichtsdoppeltaler (S)   500.–/1250.–
Vs. wie Nr. 98
Rs. **HUNDERTJÄHRIGE GRÜNDUNG DER HOCHSCHULE ZU ERLANGEN / DURCH D. MARKGR. FRIEDR. V. BRANDENB. BAYR. 1843** · Standbild des Markgrafen
Rand wie Nr. 100

108 (76) Geschichtsdoppeltaler (S)   600.–/1000.–
Vs. wie Nr. 98
Rs. **LUDWIG ERBPRINZ V. B. / GEB. 25. AUGUST – LUDWIG KOEN. PRINZ V. B. / GEB. 7. JANUAR** · Frau (Bavaria) vor einer Eiche stehend, in jeder Hand ein Schild mit L. Über ihr das gekrönte bayerische Wappen. Im Abschnitt: **1845**
Rand wie Nr. 100

106 (74) Geschichtsdoppeltaler (S)   500.–/900.–
Vs. wie Nr. 98
Rs. **FELDHERRNHALLE** · Feldherrnhalle in München. Im Abschnitt: **1844**
Rand wie Nr. 100

109 (77) Geschichtsdoppeltaler (S)   600.–/1300.–
Vs. wie Nr. 98
Rs. **LUDWIGSCANAL** · Sitzende weibliche und männliche Flußgottheiten, die sich die Hand reichen. Im Abschnitt: **1846**
Rand wie Nr. 100

BAYERN

110 (78) Geschichtsdoppeltaler (S)   750.– / 1500.–
Vs. wie Nr. 98
Rs. **STANDBILD DES FÜRSTBISCHOF'S JULIUS ECHTER V. MESPELBRUNN / ERRICHTET ZU WÜRZBURG 1847** · Bischof stehend
Rand wie Nr. 100

113 (III) Geschichtstalerprobe (S)   4000.–
LUDWIG I KOENIG VON BAYERN · Kopf n. r. (von Stiglmaier)
Rs. **BESCHWÖRT DIE VERFASSUNGS URKUNDE** · Der König stehend im Krönungsornat. Im Abschnitt: **AM 19TEN OCTOBER / 1825**
Rand: ZEHEN EINE FEINE MARK, dazwischen Verzierungen; auch ohne Schrift

111 (79) Geschichtsdoppeltaler (S)   2400.– / 4800.–
Vs. wie Nr. 98
Rs. **LUDWIG I GIEBT DIE KRONE AN SEINEN SOHN MAXIMILIAN** · Der König überreicht seinem vor ihm stehenden Sohn die Krone. Im Abschnitt: **AM 20 MAERZ / 1848**
Rand wie Nr. 100

114 (32) Geschichtstaler (S)   400.– / 600.–
Vs. wie Nr. 112
Rs. **DEM VERDIENSTE SEINE / KRONEN** · Unten **1826 / REICHENBACH + FRAUNHOFER** · Beider Köpfe einander zugewandt
Rand geriffelt

112 (31) Geschichtstaler (S)   450.– / 900.–
LUDWIG I KOENIG VON BAYERN · Kopf n. r., darunter **C. VOIGT** · Unten **ZEHN EINE FEINE MARK**
Rs. **TRITT DIE REGIERUNG DES LANDES AN** · Der König stehend im Krönungsornat. Im Abschnitt: **AM 13 OCTOBER / 1825**
Rand geriffelt

115 (33) Geschichtstaler (S)   400.– / 800.–
Vs. wie Nr. 112
Rs. **VERLEGUNG / DER / LUDWIG / MAXIMILIANS / HOCHSCHULE / VON / LANDSHUT / NACH / MÜNCHEN / 1826** in Lorbeerkranz, auf dem beiderseits das Landshuter bzw. Münchener Wappen (Modell 1808–1834) ruht
Rand geriffelt

116 (34) Geschichtstaler (S) 500.–/900.–
Vs. wie Nr. 112
Rs. **BAYERISCH - WÜRTEMBERGISCHER ZOLLVEREIN** · Merkurstab zwischen zwei Füllhörnern. Unten **GESCHLOSSEN 1827**
Rand geriffelt
Goldabschlag (1903 für den Sammler Ferrari geprägt)
Peus 326/2679 stgl. 31 000.–

119 (36) Geschichtstaler (S) 450.–/900.–
Vs. wie Nr. 112
Rs. **DIE KOENIGIN VON BAYERN STIFTET DEN THERESIEN ORDEN** · Ordenskreuz zwischen zwei Lilienzweigen. Unten **1827**
Rand geriffelt

117 (IV) Geschichtstalerprobe (S) 3500.–
Vs. wie Nr. 113
Rs. **BAYERISCH - WÜRTEMBERGISCHER ZOLLVEREIN** · Merkurstab zwischen zwei Füllhörnern. Im Abschnitt: **GESCHLOSSEN / MDCCCXXVII**
Rand: **ZEHEN EINE FEINE MARK**, dazwischen Verzierungen

120 (VI) Geschichtstalerprobe (S) 400.–/800.–
Vs. wie Nr. 112
Rs. **STIFTUNG DES THERESIEN – ORDENS** · Ordenskreuz zwischen zwei Lilienzweigen. Unten **AM 12 DEC. 1827**
Rand geriffelt

118 (35) Geschichtstaler (S) 450.–/900.–
Vs. wie Nr. 112
Rs. **STIFTUNG DES LUDWIGS-ORDENS** · Ordenskreuz zwischen Lorbeer- und Eichenzweig. Unten **1827**
Rand geriffelt
Var.: Vs. mit C.V. unter dem Kopf (Probe)

121 (37) Geschichtstaler (S) 300.–/450.–
Vs. wie Nr. 112
Rs. **SEGEN DES HIMMELS** · Medaillon mit dem Kopf der Königin und der Legende **THERESE KOENIGIN   VON BAYERN** umgeben von acht Medaillons mit den Bildnissen der königlichen Kinder und ihren Namen **MAXIMI LIAN P.V.B. / OTTO P.V.B. / LUIT POLD P.V.B. / ADALBERT P.V.B. / MATHILDE P.V.B. / ADELGUNDE P.V.B. / HILDEGARD P.V.B. / ALEXANDRA P.V.B.**
Unten **1828**
Rand geriffelt

122 (VII) Geschichtstalerprobe (S)   3500.–
Vs. wie Nr. 113
Rs. **DES HIMMELS SEGEN** · sonst entsprechend Nr. 121.
Unten **MDCCCXXVIII**
Rand ZEHEN EINE FEINE MARK, dazwischen Verzierungen. Auch ohne Schrift

125 (40) Geschichtstaler (S)   400.– / 700.–
Vs. wie Nr. 112
Rs. **BAYERNS TREUE** · Sitzende Frau (Bavaria) mit einem Hund zu Füßen. Im Abschnitt **1830**
Rand geriffelt

123 (38) Geschichtstaler (S)   400.– / 850.–
Vs. wie Nr. 112
Rs. **VERFASSUNGSSAEULE / ERRICHTET VOM GR. V. SCHOENBORN** · Die Säule in Gaibach, Unterfranken. Im Abschnitt: **EINGEWEIHT / 1828**
Rand geriffelt
Var.: Rs. mit Stufen, deren Steine zu erkennen sind (Probe)

126 (41) Geschichtstaler (S)   550.– / 1100.–
Vs. wie Nr. 112
Rs. Ein aufgerichteter Löwe mit einem Schild, der die Inschrift trägt: **GERECHT / UND BEHAR- / LICH** · Im Abschnitt **1831**
Rand geriffelt

127 (42) Geschichtstaler (S)   400.– / 800.–
Vs. wie Nr. 112
Rs. **OTTO PRINZ V. BAYERN GRIECHENLANDS ERSTER KOENIG** · Stehende Frau (Hellas) mit griechischem Wappen zur Seite überreicht dem stehenden Prinzen eine Krone. Im Abschnitt **1832**
Rand geriffelt   Var.: (1300.–)
Var.: Rs. mit verschiedenem Wappen: a) ohne Kreuz, b) mit Rautenschild im Kreuz, c) mit Phönix (Proben)

124 (39) Geschichtstaler (S)   400.– / 700.–
Vs. wie Nr. 112
Rs. **HANDELSVERTRAG ZWISCHEN BAYERN, PREUSSEN, WÜRTEMBERG UND HESSEN** · Umgeben von den Wappen dieser vier Staaten zwei Füllhörner und Merkurstab. Unten **1829**
Rand geriffelt

BAYERN

128 (43) Geschichtstaler (S)   380.– /700.–
Vs. wie Nr. 112
Rs. **ZOLLVEREIN MIT PREUSSEN, SACHSEN, HESSEN U. THÜRINGEN** · Stehende Frau mit Merkurstab und Füllhorn, unten Anker und Schiffsvorderteil. Im Abschnitt **1833**
Rand geriffelt

129 (44) Geschichtstaler (S)   380.– /750.–
Vs. wie Nr. 112
Rs. **DENKMAHL DER DREYSSIG TAUSEND BAYERN / WELCHE IM RUSSISCHEN KRIEGE DEN TOD FANDEN** · Obelisk in München. Im Abschnitt: **1833**
Rand geriffelt
Probeabschlag in Kupfer   (600.–)

130 (45) Geschichtstaler (S)   380.– /750.–
Vs. wie Nr. 112
Rs. **EHRE DEM EHRE GEBÜHRT** · In Eichenkranz **LANDTAG / 1834**
Rand geriffelt

131 (46) Geschichtstaler (S)   380.– /800.–
Vs. wie Nr. 112
Rs. **DENKMAHL DER ANHAENGLICHKEIT BAYERNS AN SEINEN HERRSCHERSTAMM / ERRICHTET ZU OBERWITTELSBACH** · Denkmal in Oberwittelsbach. Unten **1834**
Rand geriffelt
Probeabschlag in Kupfer

132 (47) Geschichtstaler (S)   400.– /900.–
Vs. wie Nr. 112
Rs. **BEYTRITT VON BADEN ZUM TEUTSCHEN ZOLLVEREIN** · Merkurstab zwischen zwei Lorbeerzweigen. Unten **1835**
Rand geriffelt

133 (48) Geschichtstaler (S)   550.– /1100.–
Vs. wie Nr. 112
Rs. **ERRICHTUNG DER BAYERISCHEN HYPOTHEKEN-BANK** · Sich an einen Säulenschaft anlehnende Frau. Im Abschnitt: **1835**
Rand geriffelt

134 (49) Geschichtstaler (S)　　　400.–/900.–
Vs. wie Nr. 112
Rs. **DENKM. DER TRENNUNG DER KOEN. THERESE VON IHREM SOHNE DEM KOEN. OTTO / ERRICHTET BEI AIBLING   VON BAYERISCHEN FRAUEN** · Denkmal bei Bad Aibling. Unten **1835**
Rand geriffelt

137 (52) Geschichtstaler (S)　　　380.–/750.–
Vs. wie Nr. 112
Rs. **DEN BENEDIKTINERN WIEDER EINE LEHRANSTALT ÜBERGEBEN** · Stehende Frau (Bavaria) führt einem Benediktiner zwei Knaben zu. Im Abschnitt **1835**
Rand geriffelt

135 (50) Geschichtstaler (S)　　　400.–/800.–
Vs. wie Nr. 112
Rs. **ERSTE EISENBAHN IN TEUTSCHLAND MIT DAMPFWAGEN / VON NÜRNBERG NACH FÜRTH** · Ruhende Frau mit Merkurstab und Lorbeerkranz in der Rechten, mit der Linken auf ein geflügeltes Rad gestützt. Im Abschnitt: **ERBAUT / 1835**
Rand geriffelt

138 (53) Geschichtstaler (S)　　　380.–/750.–
Vs. wie Nr. 112
Rs. **BAYERN ERRICHTETEN DIE H. OTTOKAPELLE ZU KIEFERSFELDEN / ZUM ANDENKEN AN KOEN. OTTO'S ABSCHIED V. SEINEM VATERLANDE** · Ottokapelle in Kiefersfelden. Im Abschnitt: **1836**
Rand geriffelt
Probeabschlag in Kupfer

136 (51) Geschichtstaler (S)　　　340.–/680.–
Vs. wie Nr. 112
Rs. **DENKMAHL DES KOENIGS MAXIMILIAN JOSEPH / ERRICHTET VON DER   HAUPTSTADT MÜNCHEN** · Denkmal in München. Im Abschnitt: **1835**
Var. der Rs.: a) langes, b) kurzes Zepter in der Linken des Königs
Rand geriffelt
Probeabschlag in Kupfer

139 (54) Geschichtstaler (S)　　　400.–/750.–
Vs. wie Nr. 112
Rs. **DER ST. MICHAELS – ORDEN ZUM VERDIENST – ORDEN BESTIMMT** · Ordenskreuz in Lorbeer- und Eichenkranz. Unten **1837**
Rand geriffelt

Maximilian II. Joseph (1848–1864)

* 28.11.1811 in München als Sohn Ludwigs I. und dessen Gemahlin Therese. ∞ 1842 Marie Friederike Franziska Auguste Hedwig, Tochter des Prinzen Wilhelm von Preußen. † 10.3.1864 in München.

140 (131) 1 Krone (G) 7 500.– / 15 000.–
MAXIMILIAN II KOENIG V. BAYERN · Kopf n.r., darunter **VOIGT**
Rs. **VEREINSMÜNZE** zwischen zwei Rosetten **50 EIN PFUND FEIN** · In Eichenkranz **1 / KRONE /** Jahreszahl **1857** (771), **1858** (1020), **1859** (200), **1860** (45), **1861** (65), **1863, 1864**
Rand: GOTT ✻ SEGNE ✻ BAYERN ✻ - ✻

141 (130) 1/2 Krone (G) 5 000.– / 10 000.–
MAXIMILIAN II KOENIG V. BAYERN · Kopf n.r., darunter **C.V.**
Rs. **VEREINSMÜNZE** zwischen zwei Rosetten **100 EIN PFUND FEIN** · In Eichenkranz **1/2 / KRONE /** Jahreszahl **1857** (1749), **1858** (1020), **1859** (1200), **1860, 1861** (32), **1863, 1864**
Rand: GOTT ✻ SEGNE ✻ BAYERN ✻ - ✻

142 (127) Dukat (G) 900.– / 1 400.–
MAXIMILIAN II KOENIG V. BAYERN · Kopf n.r., darunter **C.V.**
Rs. **EIN DUCATEN** · Gekröntes Wappen, von zwei Löwen gehalten. Unten Jahreszahl **1849** (1470), **1850** (1519), **1851** (3815), **1852** (4396), **1853** (5603), **1854** (5707), **1855** (1540), **1856** (3782). Prägezahlen einschließlich der Rheingolddukaten Nr. 144
Rand geriffelt

143 (127 Z) Dukat (G) LP
MAXIMILIAN. II BAVARIAE REX · Kopf n.r., darunter **C.V.**
Rs. wie Nr. 142. **1850** (100)
Rand geriffelt
Zwitterprägung

144 (128) Rheingold-Dukat (G) 2 000.– / 3 500.–
Vs. wie Nr. 143
Rs. **EX AURO RHENI** · Ansicht von Speyer. Im Abschnitt Jahreszahl **MDCCCL** = 1850, **MDCCCLI** = 1851, **MDCCC-LII** = 1852, **MDCCCLIII** = 1853, **MDCCCLIV** = 1854, **MDCCCLV** = 1855, **MDCCCLVI** = 1856, **MDCCCLXIII** = 1863 (wenige). Prägezahlen s. Nr. 142
Rand geriffelt

145 (129) Goldkronacher Ausbeutedukat (G)
 60 000.– / 120 000.–
Vs. wie Nr. 142
Rs. **EIN DUCATEN** · Gekröntes Wappen, von zwei Löwen gehalten. Unten **1855 / AUS DEM BERGBAU BEI GOLD-KRONACH**
Rand geriffelt

146 (85) 3½ Gulden = 2 Taler (S) 280.– / 550.–
MAXIMILIAN II KOENIG V. BAYERN · Kopf n.r., darunter **C. VOIGT**
Rs. **3½ GULDEN VII EINE F. MARK 2 THALER** · Gekröntes 3. Königswappen mit zwei Löwen. Im Abschnitt: **VEREINSMÜNZE /** Jahreszahl **1849** (1838), **1850** (34305), **1851** (126989), **1852, 1853** (99504), **1854** (361400), **1855** (416902), **1856** (141708)
Rand: CONVENTION ✻ VOM ✻ 30 IULY ✻ 1838 ✻ 1846: v/st 3 250.–

147 (95) 2 Vereinstaler (S) 750.– / 1 500.–

BAYERN

Vs. wie Nr. 146
Rs. **ZWEI VEREINSTHALER ❀ XV EIN PFUND FEIN ·**
Gekröntes 3. Königswappen mit zwei Löwen. Unten Jahreszahl **1859** (28 535), **1860** (69 427)
Rand: GOTT SEGNE BAYERN, dazwischen Verzierungen

148 (96) 2 Vereinstaler (S) 750.– / 1 600.–
Vs. wie Nr. 146 jedoch Haar verändert
Rs. wie Nr. 147. **1861** (28 535), **1862** (8727), **1863** (10 588), **1864** (8201)
Rand: GOTT SEGNE BAYERN, dazwischen Verzierungen

149 (94) 1 Vereinstaler (S) 110.– / 200.–
Vs. wie Nr. 146
Rs. **EIN VEREINSTHALER ❀ XXX EIN PFUND FEIN ·**
Gekröntes 3. Königswappen mit zwei Löwen. Unten Jahreszahl **1857** (1 560 413), **1858** (2 283 473), **1859** (2 661 100), **1860** (2 470 744), **1861** (2 682 300), **1862** (2 586 506), **1863** (2 586 506), **1864** (1 457 699, zusammen mit Nr. 173)
Rand: GOTT ✸ SEGNE ✸ BAYERN ✸ – ✸

150 (83) 2 Gulden (S) 140.– / 280.–
MAXIMILIAN II   KOENIG V. BAYERN · Kopf n. r., darunter **C. VOIGT**
Rs. **ZWEY GULDEN ·** Gekröntes 3. Königswappen mit zwei Löwen. Unten Jahreszahl **1848** (Prägezahl s. Nr. 77). **1849** (741 106), **1850** (914 680), **1851** (1 156 772), **1852** (1 355 500), **1853** (634 178), **1854** (429 719), **1855** (584 776), **1856** (510 017). In den Prägezahlen von 1855 und 1856 dürfte eine bedeutende Anzahl der Nr. 168 mit enthalten sein.
Rand: vertiefte Vierecke

151 (82) 1 Gulden (S) 75.– / 140.–
MAXIMILIAN II   KOENIG V. BAYERN · Kopf n. r., darunter **C. VOIGT**
Rs. In Eichenkranz **1 / GULDEN /** Jahreszahl **1848** (Prägezahl s. Nr. 78), **1849** (366 474), **1850** (343 002), **1851** (223 915), **1852** (453 119), **1853** (256 687), **1854** (513 022), **1855** (1 076 195), **1856** (455 310), **1857** (31 950), **1858** (144 328), **1859** (529 329), **1860** (451 701), **1861** (357 810), **1862** (266 085), **1863** (233 722), **1864** (414 357 zusammen mit Nr. 177)
Rand: vertiefte Vierecke

152 (81) 1/2 Gulden (S) 70.– / 120.–
Vs. wie Nr. 151, jedoch unter dem Kopf **VOIGT**
Rs. In Eichenkranz **1/2 / GULDEN /** Jahreszahl **1848** (Prägezahl s. Nr. 79), **1849** (218 153), **1850** (188 973), **1851** (170 839), **1852** (119 607), **1853** (206 089), **1854** (146 044), **1855** (60 398), **1856** (74 486), **1857** (20 495), **1858** (182 667), **1859** (404 915), **1860** (146 143), **1861** (126 766), **1862** (141 393), **1863** (189 835), **1864** (160 359, zusammen mit Nr. 179)
Rand: vertiefte Vierecke

153 (60) 6 Kreuzer (B) 40.– / 80.–
KOENIGR. BAYERN · Gekrönter Schild des 3. Königswappens
Rs. In Eichenkranz **6 / KREUZER /** Jahreszahl **1849, 1850, 1851, 1852, 1853, 1854, 1855, 1856** (Prägezahl s. Nr. 82)
Rand: vertiefte Vierecke

154 (59) 3 Kreuzer (B) 20.– / 45.–
KOENIGR. BAYERN · Gekrönter Schild des 3. Königswappens
Rs. In Eichenkranz **3 / KREUZER /** Jahreszahl **1849, 1850, 1851, 1852, 1853, 1854, 1855, 1856** (Prägezahl s. Nr. 85)
Rand glatt

155 (58) 1 Kreuzer (B) 12.–/25.–
KOENIGR. BAYERN · Gekrönter Schild des 3. Königswappens
Rs. In Eichenkranz **1 / KREUZER /** Jahreszahl **1849, 1850, 1851, 1852, 1853, 1854, 1855, 1856** (Prägezahl s. Nr. 88)
Rand: vertiefte Vierecke, **1856** auch mit glattem Rand

156 (93) 1 Kreuzer (B) 6.–/12.–
K. BAYERISCHE SCHEIDEMÜNZE · Gekrönter Schild des 3. Königswappens
Rs. In Eichenkranz **1 / KREUZER /** Jahreszahl **1858** (2 400 380) **1859, 1860** (230 844), **1861** (3 276 420), **1862** (3 358 380), **1863** (3 356 220), **1864** (3 292 500)
Rand: vertiefte Vierecke

157 (57) 2 Pfennig (K) 50.–/100.–
In Eichenkranz gekrönter Schild des 3. Königswappens
Rs. **2 / PFENNIGE /** Jahreszahl **1849, 1850**
Rand geriffelt

158 (80) 1/2 Kreuzer (K) 20.–/40.–
In Eichenkranz gekrönter Schild des 3. Königswappens
Rs. **1/2 / KREUZER /** Jahreszahl **1851, 1852, 1853, 1854, 1855, 1856**
Rand geriffelt

159 (92) 2 Pfennig (K) 8.–/25.–
In Eichenkranz gekrönter Schild des 3. Königswappens
Rs. **SCHEIDEMÜNZE / 2 / PFENNING /** Jahreszahl **1858, 1859, 1860, 1861, 1862, 1863** (228 000), **1864** (588 600)
Rand glatt

160 (56) 1 Pfennig (K) 12.–/25.–
In Eichenkranz gekrönter Schild des 3. Königswappens
Rs. **1 / PFENNIG /** Jahreszahl **1849, 1850, 1851, 1852, 1853, 1854, 1855, 1856**
Rand geriffelt

161 (91) 1 Pfennig (K) 6.–/18.–
In Eichenkranz gekrönter Schild des 3. Königswappens
Rs. **SCHEIDEMÜNZE / 1 / PFENNING /** Jahreszahl **1858, 1859, 1860, 1861, 1862, 1863** (2 283 840), **1864** (2 303 760)
Rand glatt

162 (55) 1 Heller (K) 20.–/40.–
In Eichenkranz gekrönter Schild des 3. Königswappens
Rs. **1 / HELLER /** Jahreszahl **1849, 1850, 1851, 1852, 1853, 1854, 1855, 1856** (Prägezahl s. Nr. 97)
Rand geriffelt

Gedenkmünzen

163 (86) Geschichtsdoppeltaler (S) 700.–/1 400.–
MAXIMILIAN II KOENIG V. BAYERN · Kopf n. r., darunter **C. VOIGT**

Rs. Stehende Bavaria, sich auf ein Postament stützend, auf dem ein Blatt mit der Inschrift **VERFAS / SUNG** liegt. Zu ihren Füßen der bayerische Löwe. Im Abschnitt **1848**
Rand: a) ✶ **VEREINSMÜNZE** ✶ **VII EINE F. MARK,** b) ✶ **CONVENTION** ✶ **VOM** ✶ **30 JULY** ✶ **1838,** c) ✶ **DREY EIN HALB GULDEN** ✶ **XV EIN PFUND FEIN** (bei Nachprägungen ab **1857**)

164 (87) Geschichtsdoppeltaler (S)   2400.– / 4800.–
Vs. wie Nr. 163
Rs. **STANDBILD DES JOHANN CHRISTOPH RITTER VON GLUCK / ERRICHTET IN MÜNCHEN   V. KÖNIG LUDWIG I 1848** · Standbild Glucks
Rand wie Nr. 163 a), b)

167 (90) Geschichtsdoppeltaler (S)   900.– / 1500.–
Vs. wie Nr. 163
Rs. **DENKMAHL DES KÖNIGS MAXIMILIAN II IN LINDAU / ERRICHTET V.D. STÄDTEN   AN DER SÜD-NORD-BAHN** · Denkmal Maximilians II. in Lindau.
Im Abschnitt: Jahreszahl **1856** (1152)
Rand wie Nr. 163 c)

165 (88) Geschichtsdoppeltaler (S)   3000.– / 4500.–
Vs. wie Nr. 163
Rs. **STANDBILD DES ROLAND DE LATRE GEN. ORLANDO DI LASSO / ERRICHTET IN MÜNCHEN   V. KÖNIG LUDWIG I 1849** · Standbild Orlando di Lassos
Rand wie Nr. 163 a)

168 (84) »Mariengulden«, 2 Gulden (S)   140.– / 220.–
MAXIMILIAN II   KOENIG V. BAYERN · Kopf n. r., darunter **C. VOIGT**
Rs. **ZUR ERINNERUNG AN   DIE WIEDERHERSTELLUNG / DER MARIENSÄULE   IN MÜNCHEN 1855** · Die Madonna auf der Mariensäule in München, seitlich **PATRO- / NA BAVA- / RIAE** · (etwa 1 000 000)
Rand: **ZWEY GULDEN**, dazwischen Verzierungen

166 (89) Geschichtsdoppeltaler (S)   450.– / 900.–
Vs. wie Nr. 163
Rs. **ALLGEMEINE AUSSTELLUNG DEUTSCHER / INDUSTRIE UND GEWERBS- / ERZEUGNISSE** · Glaspalast. Im Abschnitt: **MÜNCHEN / 1854**
Rand wie Nr. 163 a), b)

169 (X) Probe zum Mariengulden (S oder Z)   4000.–
MAXIMILIAN II   KOENIG V. BAYERN · Kopf n. r.
Rs. **PATRONA   BAVARIAE** · Die Madonna auf der Mariensäule in München. Ohne Jahreszahl (1855)
Rand glatt

BAYERN

Ludwig II. Otto Friedrich Wilhelm (1864–1886)
* 25.8.1845 in München-Nymphenburg als 1. Sohn Maximilians II. und dessen Gemahlin Marie. † 13.6.1886 bei Berg am Starnberger See.

170 (133) 1 Krone (G) LP
LUDWIG II KOENIG V. BAYERN · Kopf n.r., darunter **VOIGT**
Rs. **VEREINSMÜNZE** zwischen zwei Rosetten **50 EIN PFUND FEIN** · In Eichenkranz **1 / KRONE /** Jahreszahl **1864, 1865, 1866, 1867, 1868, 1869**
Rand: GOTT ✶ SEGNE ✶ BAYERN ✶ – ✶

171 (132) 1/2 Krone (G) LP
Vs. wie Nr. 170
Rs. **VEREINSMÜNZE** zwischen zwei Rosetten **100 EIN PFUND FEIN** · In Eichenkranz **1/2 / KRONE /** Jahreszahl **1864, 1865, 1866, 1867, 1868, 1869**
Rand: GOTT ✶ SEGNE ✶ BAYERN ✶ – ✶

172 (106) 2 Vereinstaler (S) 8000.–/16000.–
LUDWIG II KOENIG V. BAYERN · Kopf n.r., darunter **C. VOIGT**
Rs. **ZWEI VEREINSTHALER ✿ XV EIN PFUND FEIN** · Gekröntes 3. Königswappen mit zwei Löwen. Unten Jahreszahl **1865** (2490), **1867** (1760), **1869**
Rand: GOTT SEGNE BAYERN, dazwischen Verzierungen

173 (101) Vereinstaler (S) 200.–/400.–
LUDWIG II KOENIG V. BAYERN · Kopf (mit Scheitel) n.r., darunter **C. VOIGT**
Rs. **EIN VEREINSTHALER ✿ XXX EIN PFUND FEIN** · Gekröntes 3. Königswappen mit zwei Löwen. Unten Jahreszahl **1864** (Prägezahl s. Nr. 149), **1865** (1 143 927), **1866** (1 075 374, zusammen mit Nr. 174 und 176)
Rand: GOTT ✶ SEGNE ✶ BAYERN ✶ – ✶

174 (104, 108) Vereinstaler (S) 150.–/350.–
LUDWIG II KOENIG V. BAYERN · Kopf (ohne Scheitel) n.r., darunter **C. VOIGT**
Rs. wie Nr. 173. **1866** (Prägezahl s. Nr. 173), **1867** (594 636, zusammen mit Nr. 176), **1868** (312 332, zusammen mit Nr. 176), **1869** (277 253, zusammen mit Nr. 176), **1870** (263 583, zusammen mit Nr. 176), **1871** (718 023, zusammen mit Nr. 175 und 176)
Rand: GOTT ✶ SEGNE ✶ BAYERN ✶ – ✶
Var. **1871**: Var. der Rs. (500.–/1100.–)

175 (109) Vereinstaler (S) 400.–/700.–
LUDWIG II KOENIG V. BAYERN · Kopf n.r., darunter **J. RIES**
Rs. wie Nr. 173. **1871** (Prägezahl s. Nr. 174)
Rand: GOTT ✶ SEGNE ✶ BAYERN ✶ – ✶

176 (105, 107) Vereinstaler (S)   120.– / 190.–

LVDOVICVS II BAVARIAE REX · Kopf n.r., darunter **C. VOIGT**
Rs. **PATRONA   BAVARIAE** · Auf Wolken thronende Madonna. Ohne Jahreszahl (1865 geprägt, 110000), mit Jahr: **1866, 1867, 1868, 1869, 1870, 1871** (Prägezahlen s. Nr.173 und 174)
Rand: XXX ✶ EIN ✶ PFUND ✶ FEIN ✶ – ✶

Rs. In Eichenkranz **1/2 / GULDEN /** Jahreszahl **1864** (Prägezahl s. Nr. 152), **1865** (227 279), **1866** (100 549, zusammen mit Nr. 180)
Rand: vertiefte Vierecke

180 (102) 1/2 Gulden (S)   130.– / 250.–

LUDWIG II   KOENIG V. BAYERN · Kopf (ohne Scheitel) n.r., darunter **VOIGT**
Rs. wie Nr.179. **1866** (Prägezahl s. Nr.179), **1867** (99 630), **1868** (121 344), **1869** (132 580), **1870** (110 636), **1871** (50 711)
Rand: vertiefte Vierecke

177 (100) 1 Gulden (S)   200.– / 300.–

LUDWIG II   KOENIG V. BAYERN · Kopf (mit Scheitel) n.r., darunter **C. VOIGT**
Rs. In Eichenkranz **1 / GULDEN /** Jahreszahl **1864** (Prägezahl s. Nr. 151 **1865** (167 118), **1866** (121 872, zusammen mit Nr. 178)
Rand: vertiefte Vierecke

181 (98) 6 Kreuzer (B)   120.– / 250.–

K. BAYERISCHE SCHEIDEMÜNZE · Gekrönter Schild des 3. Königswappens
Rs. In Eichenkranz **6 / KREUZER /** Jahreszahl **1866** (87 370), **1867** (23 580)
Rand: vertiefte Vierecke
Goldabschlag 1866

182 (97) 3 Kreuzer (B)   20.– / 45.–

Vs. wie Nr. 181
Rs. In Eichenkranz **3 / KREUZER /** Jahreszahl **1865** (831 600), **1866** (566 270), **1867** (98 860), **1868** (65 143)
Rand glatt

178 (103) 1 Gulden (S)   180.– / 300.–

LUDWIG II   KOENIG V. BAYERN · Kopf (ohne Scheitel) n.r., darunter **C. VOIGT**
Rs. wie Nr.177. **1866** (Prägezahl s. Nr.177), **1867** (86 369), **1868** (122 069), **1869** (122 271), **1870** (72 127), **1871** (35 030)
Rand: vertiefte Vierecke

183 (93) 1 Kreuzer (B)   6.– / 12.–

Vs. wie Nr. 181
Rs. In Eichenkranz **1 / KREUZER /** Jahreszahl **1865** (1 837 260), **1866** (2 541 540), **1867** (2 304 660), **1868** (2 526 440), **1869** (2 774 460), **1870** (2 199 480), **1871** (2 634 180)
Rand glatt

179 (99) 1/2 Gulden (S)   240.– / 480.–

LUDWIG II   KOENIG V. BAYERN · Kopf (mit Scheitel) n.r., darunter **VOIGT**

184 (92) 2 Pfennig (K)   8.– / 18.–

In Eichenkranz gekrönter Schild des 3. Königswappens

Rs. **SCHEIDEMÜNZE / 2 / PFENNING** / Jahreszahl **1865** (357 600), **1866** (233 760), **1867** (481 200), **1868** (208 200), **1869** (466 320), **1870** (476 280), **1871** (466 230)
Rand glatt

185 (91) 1 Pfennig (K)   6.– / 16.–

In Eichenkranz gekrönter Schild des 3. Königswappens
Rs. **SCHEIDEMÜNZE / 1 / PFENNING** / Jahreszahl **1865** (1 401 360), **1866** (148 640), **1867** (1 632 960), **1868** (1 394 160), **1869** (1 473 600), **1870** (1 607 520), **1871** (1 533 720)
Rand glatt

Gedenkmünzen

186 (135) Medaille im Wert eines Doppeldukatens (G)
    6 000.– / 12 000.–

LUDWIG II KOENIG V. BAYERN · Kopf n. r., darunter **VOIGT**
Rs. **ZUM / 200 JAEHRIG. / JUBILAEUM / DER / K. LEIB-GARDE / DER / HARTSCHIERE / 13 APRIL / 1869**
Rand glatt

187 (134) Geschenkdukat (G)   700.– / 1 200.–

Vs. wie Nr. 186, jedoch unter dem Kopf **C. V.**
Rs. Krone in Lorbeerkranz. Ohne Jahreszahl
Rand geriffelt

188 (110) Geschichtstaler (Siegestaler) (S)   140.– / 200.–

LUDWIG II KOENIG V. BAYERN · Kopf n. r., darunter **J. RIES**
Rs. **DURCH KAMPF UND SIEG ZUM FRIEDEN** ·
Sitzende Frau mit Kranz und Füllhorn, daneben ein Lorbeer-baum. Im Abschnitt: **FRIEDENSSCHLUSS ZU / FRANKFURT A.M. / 10 MAI 1871** (149 584)
Rand: XXX ✶ EIN ✶ PFUND ✶ FEIN ✶ – ✶

Nach Einführung der Reichswährung

189 (194) 20 Mark (G)   260.– / 400.–

LUDWIG II KOENIG V. BAYERN · Kopf n.r. (von J. Ries), darunter Mzz. **D**
Rs. **DEUTSCHES REICH** (Eichenblatt) · Reichsadler (Modell 1871–1889). Unten **20 M.** und Jahreszahl **1872** (1 553 832), **1873** (2 770 062)
Rand: GOTT MIT UNS, dazwischen Verzierungen

190 (197) 20 Mark (G)   300.– / 460.–

Vs. wie Nr. 189
Rs. **DEUTSCHES REICH** Jahreszahl · Reichsadler (Modell 1871–1889). Unten **20 MARK** · **1874** (615 338), **1875**, **1876** (481 989), **1878** (50 490)
Rand: GOTT MIT UNS, dazwischen Verzierungen

191 (193) 10 Mark (G)   220.– / 400.–

Vs. wie Nr. 189
Rs. **DEUTSCHES REICH** (Eichenblatt) · Reichsadler (Modell 1871–1889). Unten **10 M.** und Jahreszahl **1872** (625 708), **1873** (1 198 125)
Rand: Ranken und Sterne

192 (196) 10 Mark (G)   220.– / 380.–

Vs. wie Nr. 189
Rs. **DEUTSCHES REICH** Jahreszahl · Reichsadler (Modell 1871–1889). Unten **10 MARK** · **1874** (406 610), **1875** (815 858), **1876** (684 451), **1877** (282 900), **1878** (637 876), **1879** (223 606), **1880** (229 200), **1881** (156 693)
Rand: Ranken und Sterne

BAYERN

193 (195) 5 Mark (G)   380.– / 650.–
Vs. wie Nr. 189
Rs. **DEUTSCHES REICH** Jahreszahl · Reichsadler (Modell 1871–1889). Unten **5 MARK · 1877** (635 020), **1878** (127 855)
Rand glatt

194 (42) 5 Mark (S)   150.– / 500.–
LUDWIG II   KOENIG V. BAYERN · Kopf n.r. (von J. Ries), darunter Mzz. **D**
Rs. **DEUTSCHES REICH** Jahreszahl · Reichsadler (Modell 1871–1889). Unten **FÜNF MARK · 1874** (84 960), **1875** (656 751), **1876** (1 129 555)
Rand: GOTT MIT UNS, dazwischen Verzierungen

195 (41) 2 Mark (S)   150.– / 500.–
Vs. wie Nr. 194
Rs. **DEUTSCHES REICH** Jahreszahl · Reichsadler (Modell 1871–1889). Unten **ZWEI MARK · 1876** (5 370 139), **1877** (1 511 500), **1880** (168 974), **1883** (104 217)
Rand geriffelt

Otto (1886–1913)

* 24.4.1848 in München als 2. Sohn des Maximilian II. Joseph und dessen Gemahlin Marie. Seit 1878 unter Vormundschaft. Die Regentschaft führte bis 1912 Prinzregent Luitpold, bis 1913 Prinz Ludwig (König Ludwig III.). † 11.10.1916 in Fürstenried bei München.

196 (200) 20 Mark (G)   260.– / 380.–
OTTO KOENIG VON BAYERN · Kopf n.l. (von A. Börsch), darunter Mzz. **D**
Rs. **DEUTSCHES REICH** Jahreszahl · Reichsadler (Modell 1889–1918). Unten **20 MARK · 1895** (501 095), **1900** (502 222), **1905** (501 369), **1913** (310 778)
Rand: GOTT MIT UNS, dazwischen Verzierungen

197 (198) 10 Mark (G)   300.– / 500.–
Vs. wie Nr. 196
Rs. **DEUTSCHES REICH** Jahreszahl · Reichsadler (Modell 1871–1889). Unten **10 MARK · 1888** (281 259)
Rand: Ranken und Sterne

198 (199) 10 Mark (G)   220.– / 320.–
Vs. wie Nr. 196
Rs. **DEUTSCHES REICH** Jahreszahl · Reichsadler (Modell 1889–1918). Unten **10 MARK · 1890** (421 965), **1893** (421 912), **1896** (281 476), **1898** (590 124), **1900** (140 798, zusammen mit Nr. 199)
Rand: Ranken und Sterne
Var. **1898**: 2 Var. der Vs. (Haarlocke)

199 (201) 10 Mark (G)   220.– / 320.–
OTTO KOENIG   V. BAYERN · Kopf n.l., darunter Mzz. **D**
Rs. wie Nr. 198. **1900** (Prägezahl s. Nr. 198), **1901** (140 639), **1902** (70 308), **1903** (534 426), **1904** (210 112), **1905** (281 231), **1906** (140 512), **1907** (211 211), **1909** (208 970), **1910** (140 755), **1911** (71 616), **1912** (140 874)
Rand: Ranken und Sterne

200 (44) 5 Mark (S)   700.– / 1 900.–
OTTO KOENIG VON BAYERN · Kopf n.l. (von A. Börsch), darunter Mzz. **D**
Rs. **DEUTSCHES REICH** Jahreszahl · Reichsadler (Modell 1871–1889). Unten **FÜNF MARK · 1888** (68 947)
Rand: GOTT MIT UNS, dazwischen Verzierungen

201 (46) 5 Mark (S)   60.–/120.–
Vs. wie Nr. 200
Rs. **DEUTSCHES REICH** Jahreszahl · Reichsadler (Modell 1889–1918). Unten **FÜNF MARK** · **1891** (98 420), **1893** (98 420), **1894** (140 562), **1895** (140 639), **1896** (28 120), **1898** (303 040), **1899** (140 640), **1900** (295 241), **1901** (295 371), **1902** (506 049), **1903** (1 012 097), **1904** (548 340), **1906** (70 249), **1907** (752 658), **1908** (576 579), **1913** (520 000)
Rand: GOTT MIT UNS, dazwischen Verzierungen
Var. der Vs. (Haarlocken, Halsabschnitt)

202 (47) 3 Mark (S)   40.–/65.–
Vs. wie Nr. 200
Rs. **DEUTSCHES REICH** Jahreszahl · Reichsadler (Modell 1889–1918). Unten **DREI MARK** · **1908** (680 529), **1909** (827 460), **1910** (1 496 091), **1911** (843 437), **1912** (1 013 650), **1913** (713 275)
Rand: GOTT MIT UNS, dazwischen Verzierungen

203 (43) 2 Mark (S)   900.–/1 900.–
Vs. wie Nr. 200
Rs. **DEUTSCHES REICH** Jahreszahl · Reichsadler (Modell 1871–1889). Unten **ZWEI MARK** · **1888** (172 368)
Rand geriffelt

204 (45) 2 Mark (S)   50.–/110.–
Vs. wie Nr. 200
Rs. **DEUTSCHES REICH** Jahreszahl · Reichsadler (Modell 1889–1918). Unten **ZWEI MARK** · **1891** (246 050), **1893** (246 050), **1896** (492 131), **1898** (201 476), **1899** (753 396), **1900** (722 482), **1901** (829 064), **1902** (1 340 781), **1903** (1 406 067), **1904** (2 320 238), **1905** (1 406 100), **1906** (1 054 500), **1907** (2 106 712), **1908**, (632 700), **1912** (213 652), **1913** (97 698)
Rand geriffelt
Var. der Vs. (Haarlocke)

Prinzregent Luitpold (1886–1912)

* 12.3.1821 in Würzburg als 3. Sohn Ludwigs I. und dessen Gemahlin Therese. ∞ 1844 Auguste, Tochter des Großherzogs Leopold II. von Toskana. † 12.12.1912 in München.

205 (50) 5 Mark (S)   170.–/250.–
LUITPOLD PRINZ – REGENT V. BAYERN · Kopf n. r., darunter Mzz. **D** · Unten **1821 ∗ 12 MÆRZ ∗ 1911**
Rs. **DEUTSCHES REICH 1911** · Reichsadler (Modell 1889 bis 1918). Unten **FÜNF MARK** (160 000)
Rand: GOTT MIT UNS, dazwischen Verzierungen

206 (49) 3 Mark (S)   45.–/85.–
Vs. wie Nr. 205
Rs. wie Nr. 205, jedoch **DREI MARK** · **1911** (639 721)
Rand: GOTT MIT UNS, dazwischen Verzierungen

207 (48) 2 Mark (S)   50.–/85.–
Vs. wie Nr. 205
Rs. wie Nr. 205, jedoch **ZWEI MARK** · **1911** (640 000)
Rand geriffelt

BAYERN

Ludwig III. (1913–1918)

* 7.1.1845 in München als Sohn des Prinzregenten Luitpold und dessen Gemahlin Auguste. ∞ 1868 Marie Therese, Tochter des Erzherzogs Ferdinand von Österreich-Modena. † 18.10.1921 in Sarvar (Ungarn).

208 (202) 20 Mark (G)   2 200.– / 3 000.–
· **LUDWIG · III · KOENIG · VON · BAYERN** · Kopf n.l. (von A. Börsch), darunter Mzz. **D**
Rs. **DEUTSCHES REICH 1914** · Reichsadler (Modell 1889–1918). Unten **20 MARK** (532 851)
Rand: GOTT MIT UNS, dazwischen Verzierungen

209 (53) 5 Mark (S)   220.– / 350.–
LUDWIG III KOENIG VON BAYERN · Kopf n.l. (von A. Börsch), darunter Mzz. **D**
Rs. **DEUTSCHES REICH 1914** · Reichsadler (Modell 1889–1918). Unten **FÜNF MARK** (142 400)
Rand: GOTT MIT UNS, dazwischen Verzierungen

210 (52) 3 Mark (S)   50.– / 95.–

Vs. wie Nr. 209
Rs. wie Nr. 209, jedoch **DREI MARK · 1914** (717 460)
Rand: GOTT MIT UNS, dazwischen Verzierungen

211 (51) 2 Mark (S)   130.– / 190.–
Vs. wie Nr. 209
Rs. wie Nr. 209, jedoch **ZWEI MARK · 1914** (573 533)
Rand geriffelt

Gedenkmünze

212 (54) 3 Mark (S)   60 000.–
Zur Goldenen Hochzeit des Königspaares
LUDWIG III MARIE THERESE V. BAYERN · Beider Köpfe n.r. (von A. Börsch), darunter Mzz. **D** · Unten ✶ **1868–1918** ✶
Rs. wie Nr. 210, jedoch **1918** (ca. 130)
Rand: GOTT MIT UNS, dazwischen Verzierungen

Berg, Herzogtum, 1806 Großherzogtum

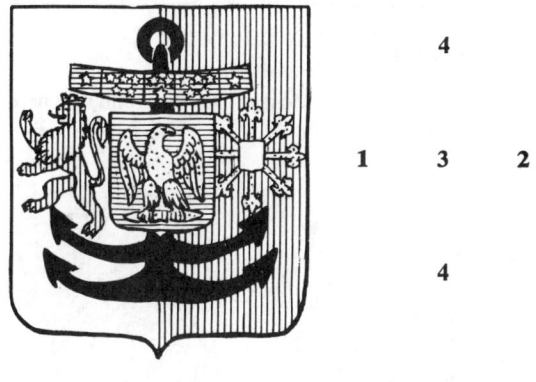

Größe: 1800: 2973 qkm; 1808: 17 344 qkm
Einwohner: 1800: 260 000; 1808: 880 000
Hauptstadt: Düsseldorf

Wappen (1806):
1. Berg
2. Kleve
3. Dynastie Bonaparte (Prinz von Frankreich)
4. Großadmiral von Frankreich (Anker)

Vom niederrheinischen Besitz des Hauses Pfalz-Bayern war nach dem Verlust der linksrheinischen Gebiete an Frankreich 1795 nur noch das Herzogtum Berg den Wittelsbachern verblieben. 1806 mußte Bayern auch Berg an Napoleon abtreten, das nun zum Großherzogtum unter Joachim Murat, einem Schwager Napoleons, erhoben wurde, vergrößert um die Grafschaft Mark und weitere Gebiete. Als Joachim 1808 das Königreich Neapel übernahm, führte Napoleon für seinen zum Nachfolger Joachims eingesetzten minderjährigen Neffen Ludwig die Regierung. Das Großherzogtum Berg zerfiel im Dezember 1813; am 17. Dezember 1813 wurde durch die Alliierten das General-Gouvernement Berg errichtet. Am 15. Juni 1814 wurde das Herzogtum Berg von preußischen Truppen besetzt, es fiel durch den Wiener Kongreß 1815 an Preußen.

Das Münzwesen fußte seit Maximilian Joseph auf dem bergischen Reichstaler zu 60 Stüber, von dem 16 aus der Gewichtsmark Feinsilber (234 g) geprägt wurden. Der unter Joachim nur in geringer Anzahl herausgebrachte Cassataler war geringwertiger als der Reichstaler; von ihm gingen 18 auf die feine Gewichtsmark. Der früher auch in Berg geprägte Konventionstaler galt 96 Stüber. 1809 wurde die französische Währung eingeführt.

Münzstätte: Düsseldorf

Münzmeister:

P.R., R., .R. = Peter Rüdesheim, 1784–1805 in Düsseldorf tätig
T.S., S, S., T:S, Sr = Theodor Stockmar, 1805–1817 in Düsseldorf tätig

Gesetzliche Ausbringung der wichtigsten Sorten

Nominal	Prägezeit	Metall	Gewicht g	Feingewicht g	Feingehalt $^0/_{00}$	Katalog-Nr.
Reichstaler	1802–1806	Silber	19,488	14,616	750	1, 2, 9
Cassataler	1807	Silber	17,323	12,992	750	10, 11
1/2 Reichstaler	1803–1804	Silber	9,744	7,308	750	3

LITERATUR:
Kurt Jaeger, Die Münzprägungen der deutschen Staaten vom Ausgang des alten Reiches bis zur Einführung der Reichswährung, Band 5: Königreich Bayern 1806–1871 mit Berg 1801–1807 und Würzburg 1806–1815, 2. Auflage, Basel 1968
Alfred Noss, Die Münzen von Berg und Jülich-Berg, II. Band, München 1929

Herzogtum

Herzog Maximilian Joseph (1799–1806), Kurfürst von Bayern (s. Bayern)

1 (163) Reichstaler (S) 1 200.– / 2 400.–
D.G. MAX. IOS. C.P.R.V.B.D.S.R.I.A. & EL. D.I.C. & M. · Kopf n. r., darunter Mmz. **P.R.**
Rs. **BERGISCHE LANDMUNZ** · Zwischen zwei Lorbeerzweigen ❀ **XVI** ❀ / **EINE** / **FEINE** / **MARK** · Unten Jahreszahl **1802, 1803, 1804, 1805**
Laubrand
1802: auch Goldabschlag
Var.: kleine Schrift 3 500.–

2 (167) Reichstaler (S) 1 400.– / 4 000.–
D.G. MAX. IOS. C.P.R.V.B.D.S.R.I.A. & EL. D.I.C. & M. · Kopf n. r., darunter Mmz. **T.S.**
Rs. wie Nr. 1
1805 (9396), **1806** (7044)
Laubrand

3 (162) 1/2 Reichstaler (S) 1 000.– / 1 600.–
D.G. MAX. IOS. C.P.R.V.B.D.S.R.I.A. & EL. D.I.C. & M. · Kopf n. r., darunter Mmz. **R**.
Rs. **BERGISCHE LANDMUNZ** · Zwischen zwei Lorbeerzweigen ❀ **XXXII** ❀ / **EINE** / **FEINE** / **MARK** · Unten Jahreszahl **1803, 1804**
Laubrand
1804 ist gegenüber 1803 leicht verändert

4 (161) III Stüber (B) 45.– / 90.–
Gekröntes Spiegelmonogramm aus **MJ**, umgeben von Girlande
Rs. ❀ **BERGISCHE LANDMUNZ** ❀ Im Feld: **III** / **STUBER** / Jahreszahl. Unten Mmz. **.R.** · **1801, 1802, 1803, 1804, 1805, 1806**
Rand glatt
1802: auch Goldabschlag
1805, 1806: zahlreiche Var.

5 (165) III Stüber (B) 45.– / 90.–
Gekröntes Spiegelmonogramm aus **MJ**, umgeben von Girlande
Rs. ❀ **BERGISCHE LANDMUNZ** ❀ Im Feld: **III** / **STUBER** / Jahreszahl. Unten Mmz. **S** · **1805, 1806**
Rand glatt
Var.: zahlreiche Var.

6 (166) III Stüber (B) 30.– / 60.–
Königlich gekröntes Spiegelmonogramm aus **MJ**, umgeben von Girlande
Rs. ❀ **BERGISCHE LANDMUNZ** ❀ · Im Feld: **III** / **STUBER** / **1806** · Unten Mmz. **S**
Rand glatt

7 (160) 1/2 Stüber (K) 50.– / 100.–
BERGISCHE LANDMUNZ · Gekröntes Monogramm aus **MJ**
Rs. + ½ + / **STUBER** / Jahreszahl. Unten Mmz. · **R** · · **1802, 1803, 1804**
Rand glatt

8 (164) 1/2 Stüber (K)   50.–/100.–
BERGISCHE LANDMUNZ · Gekröntes Monogramm aus **MJ**
Rs. **+ ½ + / STUBER / 1805** · Unten Mmz. **S**
Rand glatt
Var.: Monogramm zwischen Rosetten

10 (171) Cassataler (S)   4000.–/5500.–
IOACHIM GROSHERZOG VON BERG · Kopf n.r., darunter Mmz. **T:S**
Rs. Links beginnend: **1 BERGISCHER CASSA THALER** · Auf gekröntem Wappenmantel das mit Band und Großkreuz der Ehrenlegion behängte Wappen, vor zwei gekreuzten Marschallstäben. Unten Jahreszahl **1807** (zusammen mit Nr.11: 784)
Laubrand

Großherzogtum

Joachim (1806–1808)

Herzog von Cleve und Berg 21.3.1806, von Berg und Cleve 9.5.1806, Großherzog von Berg 12.7.1806
König von Neapel 7.8.1808–1815
* 25.3.1767 als Joachim Murat in La Bastide (Dep. Lot) als Sohn eines Gastwirtes. ∞ 1800 Karoline (Annunziata), Schwester Napoleons I. † 13.10.1815 in Pizzo (Kalabrien).

11 (172) Cassataler (S)   9000.–/14000.–
Vs. wie Nr. 10
Rs. Rechts beginnend: **1 BERGISCHER CASSA THALER** · Auf gekröntem Wappenmantel das mit Band und Großkreuz der Ehrenlegion behängte Wappen, vor zwei gekreuzten Marschallstäben. Unten Jahreszahl **1807** (zusammen mit Nr.10: 784)
Laubrand

9 (170) Reichstaler (S)   1600.–/3000.–
IOACHIM HERZOG ZU BERG U: CLEVE · Kopf n.r., darunter Mmz. **T:S**
Rs. **BERG: UND CLEVISCHE LAND MUNZ.** Zwischen zwei Lorbeerzweigen **XVI / EINE / FEINE / MARK** · Unten Jahreszahl **1806** (8356)
Laubrand

12 (168, 169) III Stüber (B)   60.–/120.–
J unter Fürstenhut zwischen zwei Lorbeerzweigen
Rs. **BERG: UND CLEV:L:M.** · Im Feld **III / STUBER /** Jahreszahl. Unten Mmz. **S.** · **1806, 1807**
Rand glatt
Var. mit Mmz. **Sr**   300.–

Braunschweig, Herzogtum

Größe: 3968,73 qkm
Einwohner: 1813: 209 527, 1843: 267 565
Hauptstadt: Braunschweig

Wappen (1634, auf Münzen bis 1834 außer bei Nr. 51):
1. Braunschweig
2. Lüneburg
3. Eberstein
4. Braunschweiger Pferd (Sachsenroß) als Mittelschild
5. Homburg
6. Lutterberg
7. Diepholz, obere Wappenhälfte
8. a–c Hoya, Neu- und Alt-Bruchhausen
9. Hohenstein
10. Diepholz, untere Wappenhälfte
11. Klettenberg
12. Regenstein-Blankenburg

Die Einteilung der Felder 8 a–c, sowie 6 und 9 variiert stark.

Wappen (auf Münzen ab 1835 sowie bei Nr. 51):
1. Braunschweig
2. Lüneburg
3. Eberstein
4. Diepholz, obere Wappenhälfte
5. Homburg
6. Lutterberg
7. Diepholz, untere Wappenhälfte
8. a–c Hoya, Alt- und Neu-Bruchhausen
9. Hohenstein
10. Klettenberg
11. Regenstein
12. Blankenburg

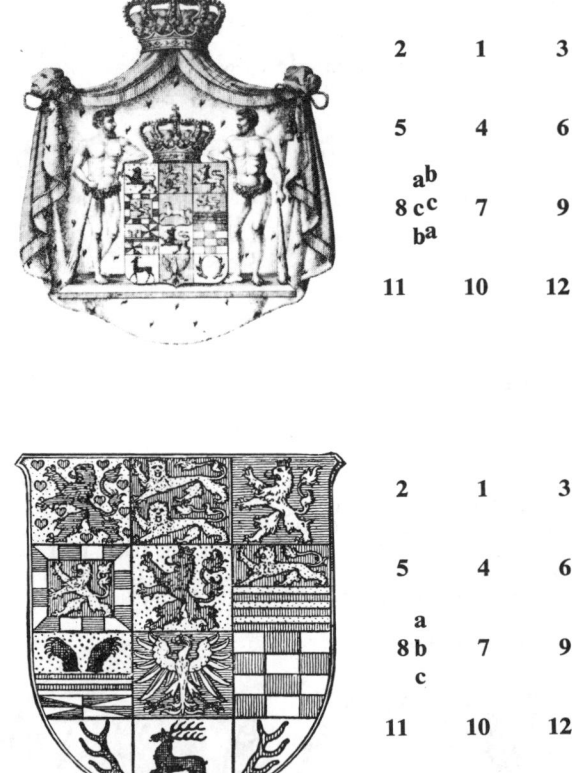

2	1	3
5	4	6
8 a b / c c / b a	7	9
11	10	12

2	1	3
5	4	6
8 a / b / c	7	9
11	10	12

Dem von 1807–1813 bestehenden Königreich Westfalen gehörten auch die Braunschweiger Lande an. 1815 wurde das Herzogtum wieder errichtet. Der 1813 in sein Herzogtum wieder eingesetzte Friedrich Wilhelm fiel 1815 bei Quatrebras und hinterließ als Unmündigen seinen Sohn Karl. Dieser verlor 1830 zufolge seiner Willkürherrschaft den Thron und wurde vom Deutschen Bundestag für regierungsunwürdig erklärt. Erst 1844 trat das Land dem deutschen Zollverein bei und schloß 1849 eine Militärkonvention mit Preußen. 18. 8. 1866 Mitglied des norddeutschen Bundes, 1870 Bundesstaat des Deutschen Reiches. 1884 mit dem Tode des Herzogs Wilhelm erlosch die ältere Linie der Welfen. Das erbberechtigte Haus Hannover-Cumberland konnte seiner Ansprüche auf Hannover wegen die Erbfolge nicht antreten; so wurden 1885 Prinz Albrecht von Preußen, 1907 Herzog Johann Albrecht von Mecklenburg als Regenten eingesetzt. Erst 1913 konnte nach der Aussöhnung mit dem Hohenzollernhause durch seine Heirat mit Viktoria Luise von Preußen der Herzog Ernst August von Cumberland die Regierung antreten, 1918 dankte er wie alle Bundesfürsten ab. Als Freistaat erhielt Braunschweig am 6.1.1922 eine neue Verfassung.

Die Prägungen im Braunschweiger Gebiet erfolgten im sogenannten Konventionsfuß von 1753, das heißt, aus der Mark Feinsilber wurden 10 Taler geprägt. Daneben galt der Leipziger Fuß, gemäß dem 12 Taler aus der Mark geprägt wurden, für die 2/3 Gepräge (18 aus der feinen Mark) als Handelsmünzen. Der preußische 14-Taler-Fuß war durch Gesetz vom 18.12.1834 für die Ausmünzung ab 1837 verbindlich. Man rechnete jedoch nach Talern zu 24 (guten) Groschen zu jeweils 12 Pfennigen in diesem Fuße. Dem Dresdener Münzvertrag trat das Land erst ab 1839 bei, mit Gesetz vom 15.5.1857 auch dem Wiener Vertrag, wonach aus dem Zollpfund zu 500 g vom 1.1.1858 ab 30 Taler in Feinsilber zu prägen waren, die ihrerseits wieder in 30 Groschen zu je 10 Pfennigen geteilt wurden. Goldmünzen hatten keinen festen Kurs. Die Prägungen aus Harzgold erfolgten im Reichsfuß als Dukaten. Daneben gab es doppelte, ganze und halbe Pistolen zu 10, 5 und 2½ Talern in Gold sowie gemäß dem Wiener Vertrag auch Kronen (50 Stück aus dem Zollpfund zu 500 g).

Die Münzstätte Braunschweig arbeitete nur bis 1860; Hannover (bis 1871) und Berlin (ab 1875) übernahmen das Prägen.

Die Landeswährung wurde von 1873 an durch die Reichswährung mit der Rechnungseinheit der Goldmark zu 100 Pfennigen ersetzt.

Münzstätten:

    Braunschweig 1813–1859 (M · C ·)
    Hannover   ab 1864
    Berlin   1875–1918 (15)

Medailleure:

    Heinrich Fr. Brehmer, * 25.11.1815 in Hannover, † 2.2.1889 in Hannover
    FRITZ, FRITZ., FRITZ F., oder FRITZ. F. bzw. FRITZ F = Johannes George Fritz ab Ende 1835, † 1852 in Braunschweig
    Paul Sturm, * 1.4.1859 in Leipzig, tätig für Berlin 1908–1919

Münzmeister:

    B = Johann W. Chr. Brumleu, tätig 1850–1860

Wardein:

    C.v.C. oder CvC = August Gotthelf Wilhelm Cramer von Clausbruch (1817–1820, Münzmeister und Münzdirektor bis 1850)
    F · R · = Friedrich Ritter (Münzdirektor 1814–1820)

BRAUNSCHWEIG

Gesetzliche Ausbringung der wichtigsten Sorten vor Einführung der Reichswährung

Nominal	Prägezeit	Metall	Gewicht g	Feingewicht g	Feingehalt ⁰/₀₀	Katalog-Nr.
10 Taler	1813–1834	Gold	13,363	12,018	899,31	1, 2, 20, 21, 47, 48, 64, 65
10 Taler	1834–1847	Gold	13,299	11,914	895,83	65, 66, 67
Krone	1857–1859	Gold	11,111	10	900	68
5 Taler	1814–1834	Gold	6,682	6,009	899,31	3, 22, 23, 49, 50, 69
5 Taler	1834	Gold	6,650	5,957	895,83	69
Dukat	1814–1815	Gold	3,49	3,442	986,111	4, 5
Dukat	1825	Gold	3,49	3,43	982,51	51
2½ Taler	1815–1832	Gold	3,341	3,004	899,31	6, 24, 25, 52, 53, 70
2½ Taler	1851	Gold	3,325	2,979	895,83	71
Doppeltaler	1842–1856	Silber	37,120	33,408	900	72, 73, 74, 97
Speciestaler	1821	Silber	28,063	23,39	833,33	26
Taler	1837–1855	Silber	22,272	16,704	750	75–80
Vereinstaler	1858–1871	Silber	18,519	16,667	900	81
1/2 Speciestaler	1829	Silber	14,031	11,693	833,33	56
24 Mariengroschen	1814–1834	Silber	13,083	12,992	993,05	7, 27–29, 54, 55, 82
1/6 Taler	1813–1814	Silber	5,197	2,923	562,5	8
1/6 Taler	1840	Silber	5,345	2,784	520,83	83
1/12 Taler	1813–1830	Billon	3,341	1,462	437,5	9, 10, 30–32, 57, 58
1/24 Taler	1814–1825	Billon	1,949	0,731	375	11, 33, 34, 59
Groschen	1857–1860	Billon	2,196	0,483	220	86
Mariengroschen	1819	Billon	1,485	0,464	312,5	35
6 Pfennige	1814–1828	Billon	1,392	0,348	250	12–14, 36, 37, 60
1/2 Groschen	1858–1860	Billon	1,098	0,242	220	87
4 Pfennige	1820–1823	Billon	1,237	0,232	187,5	38, 39

LITERATUR:

*E. Fiala, Münzen und Medaillen der Welfischen Lande, Das neue Haus Braunschweig zu Wolfenbüttel, Prag 1909.
Kurt Jaeger, Die Münzprägungen der deutschen Staaten vor Einführung der Reichswährung, Band 8: Hannover-Braunschweig seit 1813, 2. Auflage, Basel 1971*

Herzog Friedrich Wilhelm (1806–1815)

* 9.10.1771 in Braunschweig als 4. Sohn des Herzogs Carl Wilhelm Ferdinand und dessen Gemahlin Auguste, Tochter des Prinzen von Wales, Friedrich Ludwig. ∞ 1.11.1802 Marie Elisabeth Wilhelmine, Tochter des Erbprinzen Karl Ludwig von Baden. Gefallen am 16.6.1815 bei Quatrebras.

1 (301) 10 Taler (G)   1500.–/3000.–
FRIDERICVS GVILIELMVS. um gekrönten, zwölffeldigen Wappenschild, von Girlande umgeben, auf Kartusche
Rs. D · G · DVX BRVNSVICENS · ET LVNEBVRG · ✿ um X zwischen zwei Rosetten / THALER / Jahreszahl zwischen zwei Rauten / Mzz. M · C · über viergeteilter Raute. **1813, 1814**
Var.: **1814** Vs. Legende ohne Punkt nach GVILIELMVS

2 (306) 10 Taler (G)   1800.–/3500.–
Vs. wie Nr. 1, aber ohne Punkt nach GVILIELMVS
Rs. wie Nr. 1, jedoch Mmz. F · R · 1814

3 (305) 5 Taler (G)   1250.–/2800.–
Vs. wie Nr. 1, aber ohne Punkt nach GVILIELMVS
Rs. wie Nr. 2, jedoch Wertzahl V · **1814, 1815**
Var.: **1814** Abschlag in Silber

4 (302) Dukat (G)   3 500.– / 7 000.–
Vs. wie Nr. 2
Rs. Umschrift wie Nr. 1, jedoch um **I** zwischen zwei Rauten
/ **DVCAT** / Jahreszahl zwischen zwei Rosetten / Mzz. **M · C ·**,
darunter **EX AVRO HERCINIÄ · 1814** (376)

5 (303) Dukat (G)   3 500.– / 7 000.–
Vs. wie Nr. 2
Rs. wie Nr. 4, jedoch Mzz. **F · R · 1815** (220)

6 (304) 2½ Taler (G)   2 000.– / 3 500.–
Vs. wie Nr. 1
Rs. wie Nr. 2, jedoch mit Wertbezeichnung **2½ / THALER 1815**

7 (210) 24 Mariengroschen (S)   400.– / 600.–
FRIDERICVS GVILIELMVS um den gekrönten, zwölffeldigen Wappenschild auf Kartusche mit kleiner Girlande
Rs. **D · G · DVX BRVNSVICENS · ET LVNEBVRGENS. ✻** um **24** zwischen zwei Rosetten / **MARIEN / GROSCH:** Jahreszahl zwischen zwei viergeteilten Rauten / Mzz. **F · R ·** / gebogen: **FEINES SILBER 1814, 1815** (36 000)
Laubrand
Var.: 1815 Rs. GROSCH · sst 2 050.–

8 (204) 1/6 Taler (S)   400.– / 800.–
FRIDERICVS GVIL · D · G · DVX BR · ET L · ✻ um springendes Sachsenroß auf Bodenstück n. l., darunter Mzz. **M · C ·**
Rs. **LXXX EINE FEINE MARK CONV · M · ✻** um **VI** zwischen zwei Rauten / **EINEN / THALER** / Jahreszahl zwischen zwei Rauten / Raute **· 1813, 1814**

9 (203) 1/12 Taler (B)   60.– / 120.–
Vs. wie Nr. 8
Rs. ähnlich wie Nr. 8, jedoch **CLX EINE FEINE MARK CONVENT · M · ✻** um **12** zwischen zwei Rosetten / **EINEN / THALER** / Jahreszahl zwischen zwei Rauten / Raute **· 1813, 1814**

10 (209) 1/12 Taler (B)   60.– / 120.–
Vs. wie Nr. 8, jedoch ohne Mzz. **M · C ·**
Rs. wie Nr. 9, jedoch statt Raute unter Jahreszahl Mzz. **F · R · 1814, 1815** (66 000)
Var.: 1815 F · R · auf Vs. bzw. ganz ohne F · R ·

11 (208) 1/24 Taler (B)   30.– / 60.–
Vs. wie Nr. 10
Rs. **BRAVNSCH · LÜNEB · LAND MUNZE ✻** um **24** zwischen zwei Rosetten / **EINEN / THALER** / Jahreszahl zwischen zwei Rauten / Mzz. **F · R**
1814, 1815 (66 000)

12 (202 a) 6 Pfennige (B)   60.– / 120.–
Vs. wie Nr. 8
Rs. **DCLXXII EINE F · MARK CONV · M · ✻** um **VI** zwischen zwei Rauten / **PFENN ·** / Jahreszahl zwischen zwei Rauten / Raute. **1814**
Var.: Rs. + VI / PFENN: / + 1814 + / +

13 (202 b) 6 Pfennige (B)   80.– / 160.–
Vs. wie Nr. 8, jedoch mit **B ·** statt **BR ·** in der Legende
Rs. wie Nr. 12. **1814**

14 (207) 6 Pfennige (B)   70.– / 140.–
Vs. wie Nr. 8, jedoch unter Bodenstück Mzz. **F · R ·**
Rs. wie Nr. 12. **1814, 1815** (133 000)

15 (206 I) 4 Pfennige (Probe) (K)   1 200.–
Initialen **FW** unter Fürstenkrone, darunter Mmz. **F · R ·**
Rs. **4** zwischen zwei Rauten / **PFENNING / SCHEIDE MVNZE.** / **1814**
Laubrand

BRAUNSCHWEIG 82

16 (206 a) 2 Pfennige (K)   35.–/70.–
Initialien **FW** unter Fürstenkrone, darunter Mmz. **F. R.**
Rs. **II** zwischen zwei Rauten / **PFENNING** / **SCHEIDE** / **MVNZE** / Jahreszahl. **1814, 1815**
1814, 1815: auch als Silberabschlag   550.–

17 (206 b) 2 Pfennige (K)   40.–/80.–
Vs. wie Nr. 16, jedoch ohne Mmz. **F · R ·**
Rs. wie Nr. 16. **1815**

18 (201) 1 Pfennig (K)   40.–/80.–
Vs. wie Nr. 8 mit Mzz. **M · C ·**
Rs. **I** zwischen zwei Rauten / **PFENNING** / **SCHEIDE** / **MVNZE** / Jahreszahl. **1813, 1814**

19 (205) 1 Pfennig (K)   20.–/50.–
Vs. wie Nr. 18, jedoch mit Mmz. **F · R ·**
Rs. wie Nr. 18. **1814, 1815, 1818**

Herzog Karl (1815–1830)

* 30.10.1804 als älterer Sohn des Herzogs Friedrich Wilhelm und dessen Gemahlin Marie Elisabeth Wilhelmine von Baden. Am 2. Dezember 1830 bzw. Februar 1831 depossediert. Unvermählt geblieben. † 18.8.1873 in Genf (Schweiz).

Unter Vormundschaft von Georg, Prinz von Wales, als Prinzregenten bzw. als König von England

20 (309) 10 Taler (G)   1800.–/3500.–
GEORGIVS D · G · PRINC · REGENS um gekrönten, zwölffeldigen Wappenschild auf Kartusche mit Girlande verziert
Rs. **TVTOR · NOM · CAROLI DVCIS BRVNS · ET LVN · ✱** um **X** zwischen zwei Rosetten / **THALER** / Jahreszahl zwischen zwei Rauten / Mmz. **F · R** / Raute. **1817, 1818, 1819**

21 (312) 10 Taler (G)   2800.–/4800.–
GEORG IV · D · G · REX BRITANN ·, sonst wie Nr. 20
Rs. wie Nr. 20, jedoch statt Mmz. **F · R** jetzt Mmz. **C · v · C ·**
1822

22 (308) 5 Taler (G)   1000.–/2000.–
Vs. wie Nr. 20
Rs. wie Nr. 20, jedoch andere Wertzahl und **BR ·** statt **BRVNS ·**
1816, 1817, 1818, 1819

23 (311) 5 Taler (G)   1800.–/3600.–
Vs. **GEORG · IV · D · G · REX BRITANN ·**, sonst wie Nr. 21
Rs. wie Nr. 21, jedoch andere Wertzahl und **BR ·** statt **BRVNS ·**
1822, 1823

24 (307) 2½ Taler (G)   800.–/1400.–
Vs. wie Nr. 20
Rs. wie Nr. 20, jedoch andere Wertzahl und **BR ·** statt **BRVNS ·**
1816, 1818, 1819
Var.: **1816** Rs. ausschließlich **BR. ET LV · ✱**

25 (310) 2½ Taler (G)   900.–/1800.–
Vs. wie Nr. 23
Rs. wie Nr. 23, jedoch andere Wertzahl und **BR ·** statt **BRVNS ·**
1822

26 (232) Speciestaler (S)   7000.–/10000.–
GEORG. IV. D. G. REX TVT. N. CAROLI DVC. BR. ET LVN. um gekrönten, zwölffeldigen Wappenschild auf Kartusche mit Girlande
Rs. **X EINE FEINE MARK CONVENTIONS M. ✱** um **I** zwischen zwei Rosetten / **SPECIES** / **THALER** / Jahreszahl zwischen zwei Rauten / Mmz. **C. v. C.** / Raute. **1821** (1480)
Rand glatt

27 (219) 24 Mariengroschen (S) 220.–/450.–
GEORGIVS D · G · PRINC · REGENS um gekrönten, zwölffeldigen Wappenschild auf Kartusche, kleine Girlande im Feld
Rs. TVTOR · NOM · CAROLI DVCIS BRVNS · ET LVN · ✿ um **24** zwischen zwei Rosetten / **MARIEN / GROSCH** · / Jahreszahl zwischen zwei Rauten / Mmz. **F · R** · / gebogen: **FEINES SILBER** ·
1815, 1816 (27 000), **1817** (18 900), **1818** (16 500)
Laubrand

28 (224) 24 Mariengroschen (S) 450.–/800.–
GEORGIVS IV · D · G · REX BRITANNIAR · sonst wie Nr. 27
Rs. wie Nr. 27, jedoch statt Mmz. **F · R** · jetzt Mzz. **M · C** ·
1820 (24 000)
Laubrand

29 (231) 24 Mariengroschen (S) 220.–/450.–
Vs. wie Nr. 28
Rs. wie Nr. 28, jedoch ohne Punkt nach **FEINES SILBER** und statt Mzz. **M · C** · jetzt Mmz. **C · v · C** ·
1821 (28 500), **1823** (30 000)
Laubrand

30 (218) 1/12 Taler (B) 100.–/180.–
GEORG D · G · P · R · TVT · N · CAROLI D · BR · ET L · ✿ um Sachsenroß n. l. auf Bodenstück
Rs. CLX EINE FEINE MARK CONVENT · M · ✿ um **12** zwischen zwei Rosetten / **EINEN / THALER** / Jahreszahl zwischen zwei Rauten / Mmz. **F · R** ·
1816, 1817, 1818, 1819

31 (223) 1/12 Taler (B) 100.–/180.–
GEORG · IV · D · G · R · TVT · N · CAROLI D · BR · ET L · ✿ um Sachsenroß n. l. auf Bodenstück
Rs. wie Nr. 30, jedoch statt Mmz. **F · R** · jetzt Mzz. **M · C** ·
1820

32 (230) 1/12 Taler (B) 80.–/120.–
Vs. wie Nr. 31
Rs. wie Nr. 31, jedoch statt Mzz. **M · C** · jetzt Mmz. **C · v · C** ·
1821, **1822, 1823**

33 (222) 1/24 Taler (B) 40.–/90.–
Vs. wie Nr. 31, aber nur **T.** statt **TVT.**
Rs. BRAUNSCH · LUNEB · LAND MUNZE ✿ um **24** zwischen zwei Rosetten / **EINEN / THALER** / Jahreszahl zwischen zwei Rauten / Mmz. **M · C** ·
1820
Var.: Vs. wie Nr. 11

34 (229) 1/24 Taler (B) 50.–/120.–
Vs. wie Nr. 33
Rs. wie Nr. 33, jedoch statt Mmz. **M · C** · jetzt Mmz. **C · v · C** ·
1823

35 (217) Mariengroschen (B) 100.–/200.–
GEORG T · N · CAROLI D · BR · ✿ um Sachsenroß n. l. auf Bodenstück, darunter Mmz. **F. R.**
Rs. DIV EINE FEINE MARK CONVENT · M · ✳ um **I** zwischen zwei Rosetten / **MARIEN / GROSCH** / Jahreszahl zwischen zwei Rauten / Raute. **1819** (57 800)

BRAUNSCHWEIG

36 (216) 6 Pfennige (B)   150.– / 300.–
GEORG T. N. CAROLI D. BR: ET L. ✶ um Sachsenroß n.l. auf Bodenstück, darunter Mmz. F · R ·
Rs. DCLXXII EINE F · MARK CONV · M · ✿ um VI zwischen zwei Rauten / PFENN: / Jahreszahl zwischen zwei Sternen / Raute. **1816** (35900), **1819** (29 700)
Var.: 1819 Vs.-Legende endet D. BR. ✶

37 (228) 6 Pfennige (B)   120.–/ 250.–
GEORG · IV · D · G · T · N · CAR · D · BR · ET L · ✶ um Sachsenroß n.l. auf Bodenstück
Rs. wie Nr. 36, jedoch **PFENN** · und statt Raute unter Jahreszahl jetzt Mmz. C · v · C · **1823** (59900)

38 (215) 4 Pfennige (B)   150.–/ 300.–
GEORG · T · N · CAROLI D · BR · ET L · ✶ um Sachsenroß auf Bodenstück, darunter Mmz. F. R.
Rs. MVIII E · F · MARK CONV · M · um IIII zwischen zwei Rauten / PFENN: / Jahreszahl zwischen zwei Sternen / Raute. **1820** (34 600)

39 (227) 4 Pfennige (B)   45.– / 90.–
Vs. wie Nr. 38, jedoch ohne Mmz. F. R.
Rs. wie Nr. 38, jedoch andere Jahreszahl und Mmz. C · v · C · über der Raute
1823 (63 200)

40 (221) 2 Pfennige (K)   30.– / 60.–
GEORG · IV · D · G · R · TUT · N · CAROLI D · BR · ET L · ✶ um Sachsenroß n.l. auf Bodenstück
Rs. II zwischen zwei Rauten / PFENNING / SCHEIDE / MVNZE / Jahreszahl zwischen Rauten / Mzz. M · C · **1820**
Var.: Vs.-Legende GEORG · IV · D · G · R · T · N · CAROLI D · BR · ET L · ✶ Rs. MVNZE

41 (226) 2 Pfennige (K)   50.– / 100.–
Vs. wie Nr. 40
Rs. wie Nr. 40, jedoch andere Jahreszahl und statt Mzz. M · C · jetzt Mmz. C · v · C ·
1823
Var.: Silberabschlag

42 (211) 1 Pfennig (K)   30.–/ 60.–
GEORG P · R · T · N · CAROLI D · BR · ET L · ✶ um Sachsenroß n.l. auf Bodenstück, darunter Mmz. F · R ·
Rs. I zwischen zwei Rauten / PFENNING / SCHEIDE / MVNZE / Jahreszahl. **1816, 1818**
Kerbrand
Var.: 1818: Punkte unten

43 (212) 1 Pfennig (K)   20.– / 50.–
GEORG · T · N · CAROLI D · BR · ET L · ✶, sonst wie Nr. 42
Rs. wie Nr. 42, jedoch wechselnde Jahreszahlen. **1816, 1817, 1818, 1819, 1820**
Var.: 1818: Vs. Legende D BR · ET L ✶; 1819: Mmz. F · R · größer und kleiner; 1818, 1819, 1820: Vs. Legende auch GEORG T · N · CAROLI D · BR · ET L ·   200.–

44 (213) 1 Pfennig (K)   30.–/ 60.–
GEORG · D · G · T · N · CAROLI D · BR · ET L · ✶, sonst wie Nr. 43
Rs. wie Nr. 43, jedoch andere Jahreszahl **1818**
Kerbrand

45 (214 b) 1 Pfennig (K)   50.– / 100.–
Vs. wie Nr. 43 Variante, jedoch Legende unten links beginnend
Rs. wie Nr. 43, jedoch andere Jahreszahlen **1818, 1819**

46 (220, 225) 1 Pfennig (K)   30.– / 60.–
GEORG · IV · D · G · R · T · N · CAROLI D · BR · ET L · ✶,
sonst wie Nr. 45, jedoch ohne Mmz. F · R ·
Rs. wie Nr. 45, jedoch mit Mzz. M · C ·
1819, 1820, 1821, 1822, 1823
Kerbrand
Var.: **1819, 1820**: Vs. ohne D · G · R · sowie ohne ✶; **1822, 1823**: Mmz. C. v. C. statt Mzz. M · C ·; **1822**: Vs. CAROIL

Als selbständiger Herzog

47 (316, 320) 10 Taler (G)   1 200.– / 2 500.–
CARL HERZOG ZU BR · U · LUEN · um gekrönten, zwölffeldigen Wappenschild auf Kartusche mit Girlande
Rs. X zwischen zwei Rosetten / THALER / Jahreszahl zwischen zwei Rauten / Mmz. C.v.C. / Raute, das Ganze im Flechtband. **1824, 1825, 1828, 1829, 1830**
Var. von etwas veränderten Stempeln (1829, 1830)

48 (319) 10 Taler (G)   2 000.– / 3 500.–
CARL SOUV. HERZOG V. BRAUNSCH. U. LUENEB. sowie Jahreszahl zwischen zwei Rosetten um uniformierte Büste n. l.
Rs. ZEHN THALER über gekröntem, von zwei wilden Männern gehaltenem Wappenschild mit der Kette des ungarischen Sankt-Stephans-Ordens, das Ganze auf gekröntem Hermelinmantel, darunter Mmz. C.v.C.
1827, 1828, 1829
Var.: Proben in Kupfer und Silber ohne Beschriftung

49 (315) 5 Taler (G)   900.– / 1 800.–
Vs. wie Nr. 47
Rs. wie Nr. 47, jedoch andere Wertzahl und Jahreszahl zwischen Rosetten. **1824, 1825, 1828, 1830**

50 (317) 5 Taler (G) (Probe ?)   5 500.–
Vs. wie Nr. 49
Rs. wie Nr. 49, jedoch beide Seiten in feinerer Zeichnung und Ringprägung. **1825**

51 (313) Dukat (G)   2 400.– / 4 800.–
Zwölffeldiger Wappenschild auf Hermelinmantel mit fünf Helmen mit ihrer Helmzier, über dem mittleren das Sachsenroß
Rs. CARL HERZOG ZU BR. U. LUEN. ❀ um I zwischen zwei Rosetten / DUCAT / Jahreszahl zwischen zwei Rosetten / Mmz. C.v.C. / gebogen: AUS HARZ = GOLD
1825 (530), **1828**

52 (314) 2½ Taler (G)   900.– / 1 800.–
Vs. wie Nr. 47
Rs. wie Nr. 47, jedoch Wertzahl **2½**
1825, 1828

53 (318) 2½ Taler (G)   600.– / 1 200.–
Vs. wie Nr. 48, jedoch Legende endet LUEN.
Rs. wie Nr. 48, jedoch Wertzahl **2½**
1829

54 (238 a) 24 Mariengroschen (S)   350.– / 750.–
CARL HERZOG ZU BRAUNS · U · LUEN · sonst wie Nr. 27
Rs. ACHTZEHN STUECK EINE FEINE MARK · Rosette, sonst wie Nr. 27, jedoch Jahreszahl zwischen Rosetten, Doppelpunkt nach GROSCH: und Mmz. C.v.C.
1823, 1824, 1825, 1826 (40000), **1828, 1829** (33 750 für beide Jahrgänge)
Var.: **1824** Rs. STUCK, **1828** Vs. LUEN · ✶

55 (238 b) 24 Mariengroschen (S)   160.– / 240.–
Vs. wie Nr. 54, jedoch **BRAUNSCHW.** und oben Stern

Rs. wie Nr. 54, jedoch **STUECK**, oben Stern, Jahreszahl zwischen Sternen und **GROSCH · 1824** (32400 zusammen mit Nr. 54), **1825** (32000), **1826, 1828, 1829**
Var.: **1828** auch U:LUEN

56 (237 II) Konventionsgulden (Probe) (S)   **LP**
CARL SOUV. HERZOG V. BRAUNSCH. U. LUENEB.
Jahreszahl zwischen zwei Sternen um uniformiertes Brustbild n. l.
Rs. **XX EINE FEINE MARK.** über gekröntem, zwölffeldigem, von zwei wilden Männern gehaltenem Wappen auf gekröntem Hermelinmantel mit der Kette des ungarischen Sankt-Stephans-Ordens, darunter Mmz. **C.v.C.**
1829 (Ringprägung)
Rand geriffelt

57 (237 a, c) 1/12 Taler (B)   45.– / 90.–
CARL HERZOG ZU BRAUNSCHW. U. LUEN. Raute um Sachsenroß n. l. auf Bodenstück
Rs. wie Nr. 30, jedoch Mmz. **C.v.C. 1824, 1825, 1826, 1827, 1828, 1829, 1830**
Var.: **1823, 1824, 1828, 1829** Vs. BRAUNS ·

58 (237 b) 1/12 Taler (B)   40.– / 90.–
Vs. wie Nr. 57, jedoch L. statt **LUEN.**
Rs. wie Nr. 57. **1823, 1824, 1825, 1826**

59 (236) 1/24 Taler (B)   600.– / 1 200.–
CARL HERZOG ZU BR · U · LUEN · ✽ um Sachsenroß n. l. auf flachem Bodenstück
Rs. **BRAUNSCHW. LÜNEB.**, Mmz. **C.v.C.**, sonst wie Nr. 33. **1825**

60 (235) 6 Pfennige (B)   45.– / 90.–
CARL HERZOG ZU BR · U · L · ✽ um Sachsenroß n. l. auf Bodenstück

Rs. **DCLXXII EINE F · MARK CONV · M ·** ✽ um **VI** zwischen zwei Rauten / **PFENN. /** · Jahreszahl zwischen zwei Sternen / Mmz. **C.v.C.**
1828

61 (234) 2 Pfennige (K)   25.– / 50.–
CARL HERZOG ZU BRAUNSCHW · U · L · ✽ um Sachsenroß n. l. auf Bodenstück
Rs. wie Nr. 41, jedoch Jahreszahl ohne Rauten und Mmz. **C · v · C · 1824, 1826, 1827, 1828, 1829, 1830**
Var.: **1824** Silberabschlag **1830** C.v.C.

62 (233 a, b) 1 Pfennig (K)   12.– / 40.–
CARL HERZOG ZU BR · U · LUEN · Stern oder Raute um Sachsenroß n. l. auf Bodenstück
Rs. **I** zwischen zwei Rauten / **PFENNING / SCHEIDE / MÜNZE /** Jahreszahl / Mmz. **C.v.C.**
1823, 1824 (3 offen und geschlossen), **1825, 1826, 1828, 1829 1830** (4 eckig und rund)
Var.: **1823**: Rs. MVNZE, **1829**: Mmz. auch CvC, auch I PFRNNING

63 (233 c) 1 Pfennig (K)   120.– / 250.–
CARL HERZOG ZU BRAUNSCHW · U · L · ✽, sonst wie Nr. 62
Rs. wie Nr. 62 mit MÜNZE sowie MVNZE. **1824**

Herzog Wilhelm (1831–1884)

* 25.4.1806 als zweiter Sohn des Herzogs Friedrich Wilhelm und dessen Gemahlin Marie Elisabeth Wilhelmine von Baden. Regent von Februar bis April 1831. Unvermählt geblieben.
† 18.10.1884 in Sibyllenort in Schlesien.

64 (321) 10 Taler (G)   1 600.– / 3 200.–
WILHELM HERZOG V. BR. U. LUEN. um Sachsenroß n. l. auf Bodenstück
Rs. **X** zwischen zwei Rosetten / **THALER /** Jahreszahl zwischen zwei Rauten / Mmz. **C.v.C. /** Raute. **1831**

65 (324) 10 Taler (G)   900.– / 1 800.–
WILHELM HERZOG über und **Z. BR. U. L.** unter gekröntem, zwölffeldigem Wappenschild zwischen zwei wilden Männern auf flachem Postament
Rs. **X** zwischen zwei Rosetten / **THALER** / Jahreszahl zwischen zwei Rauten / Mmz. **C. v. C.** oder **CvC**, das Ganze zwischen zwei gebundenen Eichenzweigen, oben Stern. **1831, 1832** (3 eckig und rund), **1833** (3 eckig und rund), **1834** (3 eckig und rund), **1834** (röm. I; CvC)
Var.: **1834** Rs. ohne Stern über X/THALER etc.

66 (326) 10 Taler (G)   2 400.– / 4 800.–
WILHELM HERZOG Z. BRAUNSCHW. U. L. um Kopf n. r., darunter Mmz. **B**
Rs. **ZEHN THALER   E. M. 258 GR. F.** um gekrönten, zwölffeldigen Wappenschild auf Hermelinmantel mit der Kette des 1834 gestifteten Ordens Heinrichs des Löwen, Jahreszahl **1850** (9763)

67 (327) 10 Taler (G)   1 400.– / 2 800.–
Vs. wie Nr. 66, jedoch statt **L.** jetzt **LÜN.**
Rs. wie Nr. 66. **1853** (149 610), **1854** (163 494), **1855** (19 832), **1856** (56 633), **1857** (54 090)

68 (328) Krone (G)   1 400.– / 2 800.–
WILHELM HERZOG Z. BRAUNSCHWEIG U LÜN. um Kopf n. r., darunter Mmz. **B**
Rs. ✱ **VEREINSMÜNZE** ✱ über; **50 EIN PFUND FEIN** unter **1** / **KRONE** / Jahreszahl zwischen zwei gebundenen Eichenzweigen. **1857** (Probe ?), **1858** (31 865), **1859** (13 433)

69 (323) 5 Taler (G)   1 800.– / 3 200.–
Vs. wie Nr. 65
Rs. wie Nr. 65, jedoch ohne gebundene Eichenzweige und Stern. **1832** (C. v. C.), **1834** (röm. I; CvC)

70 (322) 2½ Taler (G)   700.– / 1 400.–
Vs. wie Nr. 69
Rs. wie Nr. 69, jedoch andere Wertzahl. **1832**

71 (325) 2½ Taler (G)   900.– / 1 800.–
WILHELM HERZOG ZU BRAUNSCHW. U. L. um Kopf n. r.
Rs. **EINE MARK 258 GRÄN FEIN** um **2½** / **THALER** / Jahreszahl / Mmz. **B 1851** (4138)

72 (245) Vereinsdoppeltaler (S)   480.– / 1 200.–
WILHELM HERZOG Z. BRAUNSCHWEIG U. LÜN. um Kopf n. r., am Halsabschnitt **FRITZ F.**, darunter Mmz. **CvC**
Rs. ✱ **2 THALER. VII EINE   F. MARK. 3½ GULDEN** ✱ **VEREINS** Jahreszahl **MÜNZE** um gekrönten, zwölffeldigen, von der Kette des Ordens Heinrichs des Löwen umzogenen Wappenschild auf Hermelinmantel mit Krone und Devisenband mit **NEC ASPERA TERRENT** · **1842** (51 617), **1843** (68 489), **1844** (15 035), **1845** (10 568), **1846** (14 751), **1847** (15 238), **1848** (11 244), **1849** (12 517), **1850** (76 795 zusammen mit Nr. 73)
Randschrift: **CONVENTION VOM 30 JULY 1838**, dazwischen Kreuzblüten

73 (251) Vereinsdoppeltaler (S)   350.– / 600.–
Vs. wie Nr. 72, jedoch unter Kopf Mmz. **B**

BRAUNSCHWEIG

Rs. wie Nr. 72. **1850** (vgl. Nr. 72), **1851** (10434), **1852** (10866), **1854** (252829), **1855** (620158)
Randschrift: CONVENTION VOM 30 JULY 1838, dazwischen Kreuzblüten
Var.: **1850** Vs. ohne Mmz. **B**

74 (245 IX, X) Doppeltalerprobe (S) **LP**
WILHELM HERZOG Z. BRAUNSCHWEIG U. LÜN. um Kopf n. r. mit Vollbart, unten Mmz. **CvC**
Rs. ✿ 2 THALER. VII EINE F. MARK. 3½ GULDEN ✿ VEREINS – Jahreszahl – MÜNZE um Sachsenroß n. l. auf Bodenstück. **1849, 1850**
Var.: **1849** auch mit Randschrift: CONVENTION VOM 30 JULY 1838, dazwischen Kreuzblüten

75 (241 III) Talerprobe (S) **LP**
WILHELM HERZOG Z. BRAUNSCHWEIG U. L. um Kopf n. r., am Halsabschnitt **FRITZ.**, darunter Mmz. **C.v.C.**
Rs. **EIN THALER XIV EINE F. M.** Jahreszahl um gekrönten, zwölffeldigen Wappenschild in Ordenskette. **1837**
Randschrift: NEC ASPERA TERRENT, dazwischen Verzierungen

76 (241 IV) Talerprobe (S) **LP**
Vs. wie Nr. 75, jedoch **FRITZ** und Mmz. **CvC**
Rs. **EIN THALER XIV EINE F. M.**, Jahreszahl, um zwölffeldigen Wappenschild auf gekröntem Hermelinmantel, umgeben von der Kette des Ordens Heinrichs des Löwen. **1837**
Var.: **FRITZ.** und Mmz. **C. v. C.**
Randschrift: NEC ASPERA TERRENT, dazwischen Verzierungen

77 (242) Taler (S) 400.– /1800.–
Vs. wie Nr. 76, jedoch **FRITZ. F.** am Halsabschnitt
Rs. wie Nr. 76. **1837** (2788), **1838** (33211)
Randschrift: NEC ASPERA TERRENT, dazwischen Verzierungen
Var.: **1839 FRITZ F** (ohne Punkte)

78 (243) Taler (S) 180.– /700.–
Vs. wie Nr. 77, jedoch Kopf kleiner und ohne **FRITZ. F.**
Rs. ähnlich wie Nr. 77, **1839** (40853), **1840** (85763), **1841** (304307), **1842** (117492), **1848** (11097), **1850** (12473)
Var. **1839** (mit **FRITZ. F.**, **FRITZ F** oder **FRITZ F.** am Halsabschnitt),
Randschrift: NEC ASPERA TERRENT, dazwischen Verzierungen

79 (249) Taler (S) 550.– /1800.–
Vs. wie Nr. 78, jedoch unten Mmz. **B**
Rs. wie Nr. 78. **1851** (7751)
Randschrift: wie Nr. 78

80 (250) Taler (S) 180.– /1200.–
Vs. wie Nr. 79, jedoch statt **L.** jetzt **LÜN.**
Rs. wie Nr. 79. **1853** (24148), **1854** (97320), **1855** (10240)
Randschrift: wie Nr. 78

81 (257) Vereinstaler (S) 140.– /320.–
WILHELM HERZOG Z. BRAUNSCHWEIG U. LÜN. um Kopf n. r., darunter Mmz. bzw. Mzz. (1867–1871) **B**
Rs. **EIN VEREINSTHALER XXX EIN PFUND FEIN** um zwölffeldigen Wappenschild, behängt mit der Kette des Ordens Heinrichs des Löwen auf gekröntem Hermelinmantel, unten Jahreszahl. **1858** (49088), **1859** (29657), **1865** (20000), **1866**, **1867**, **1870** (107419 für drei Jahrgänge), **1871** (48320)
Randschrift: NEC ASPERA TERRENT, dazwischen Verzierungen
Var.: **1866** umgraviert aus **1865**

82 (241) 24 Mariengroschen (S) 140.– /260.–
WILHELM HERZOG ZU BRAUNSCHW. U. LUEN. um den von zwei wilden Männern gehaltenen, gekrönten, zwölffeldigen Wappenschild auf flachem Postament
Rs. **ACHTZEHN STUECK EINE FEINE MARK.** ✿ um **24** zwischen zwei Rosetten / **MARIEN** / **GROSCH.** / Jahreszahl zwischen zwei Rauten / Mmz. **C.v.C.** / gebogen: **FEINES SILBER 1832** (32000), **1833** (27000), **1834** (30000)

83 (244) 4 Gute Groschen (S)   180.–/280.–
WILHELM HERZOG Z. BRAUNSCHWEIG U. L. um Kopf n. r.
Rs. **VI EINEN THALER** über und **LXXXIV EINE F. MARK** unter **4 / GUTE / GROSCHEN.** / Jahreszahl. / Mmz. **CvC · 1840** (59802)
Var.: Einseitige (Vs.) Probe ohne Jahr
Randschrift: NEC ∼·∼ ASPERA ∼·∼ TERRENT

84 (245 VII) 1/24 Taler (Probe) (B)   1000.–
WILHELM HERZOG Z. BR. U. L. um Sachsenroß n.l. auf Bodenstück; im Abschnitt Mmz. **CvC**
Rs. **24 / EINEN / THALER /** Jahreszahl, darüber **SCHEIDE-MÜNZE · 1846**

85 (245 VIII) 1 Guter Groschen (Probe) (B)   900.–/1800.–
Vs. wie Nr. 84
Rs. **1 / GUTER / GROSCHEN /** Jahreszahl, darüber **SCHEIDE-MÜNZE**, darunter **284 E. F. M. · 1847**

86 (256) Groschen = 1/30 Vereinstaler (B)   25.–/45.–
HERZOGTH. BRAUNSCHWEIG über Sachsenroß n.l. auf Bodenstück
Rs. **1 / GROSCHEN /** Jahreszahl, darüber **30 EINEN THALER**, darunter **SCHEIDE MÜNZE · 1857** (38593), **1858** (713312), **1859** (594467), **1860** (94957)

87 (255) Halber Groschen = 1/60 Vereinstaler (B)   20.–/40.–
Vs. wie Nr. 86
Rs. **1/2 / GROSCHEN /** Jahreszahl; darüber **60 EINEN THALER**; darunter **SCHEIDE MÜNZE · 1858** (576310), **1859** (130629), **1860** (312677)

88 (240) 2 Pfennige (K)   40.–/80.–
WILHELM HERZOG ZU BRAUNSCHW. U. L. und Raute um Sachsenroß n.l. auf Bodenstück
Rs. **II** zwischen zwei Rauten / **PFENNING / SCHEIDE / MÜNZE /** Jahreszahl / Mmz. **C.v.C. · 1832, 1833, 1834**
Var.: 1834 Rs. PFENNIG

89 (248) 2 Pfennige (K)   8.–/20.–
Sachsenroß n.l. auf Bodenstück
Rs. **2 / PFENNIGE /** Jahreszahl / Mmz. **B 1851, 1852** (135072), **1853** (124272), **1854** (62640), **1855** (188928), **1856** (252576)
Var.: 1855 ohne Mmz. B

90 (254) 2 Pfennige (K)   12.–/35.–
HERZOGTH. BRAUNSCHWEIG um Sachsenroß n.l. auf Bodenstück
Rs. **SCHEIDEMÜNZE** über und **5 EIN. GROSCHEN** unter **2 / PFENNIGE /** Jahreszahl **1859** (62352), **1860** (146880)

91 (239) Pfennig (K)   30.–/100.–
WILHELM HERZOG ZU BR. U. LUEN. ✶ um Sachsenroß n.l. auf Bodenstück
Rs. **I** zwischen zwei Rauten / **PFENNING / SCHEIDE / MÜNZE /** Jahreszahl / Mmz. **C.v.C. · 1831, 1832, 1833, 1834**
Var. 1834: 4 offen und geschlossen sowie mit PFENNIG

92 (245 V) Pfennigprobe (K)   250.–/500.–
Initiale unter Krone
Rs. **1 / PFENNIG /** Jahreszahl / **CvC · 1846**

93 (245 VI) Pfennigprobe (K)   LP
Sachsenroß n.r.
Rs. wie Nr. 92. **1846**

94 (246) Pfennig (K)   18.–/30.–
Sachsenroß n.l. auf Bodenstück
Rs. **1 / PFENNIG /** Jahreszahl / Mmz. **B 1851, 1852** (270432), **1853** (138528), **1855** (78912), **1856** (514386 zusammen mit Nr. 95)

95 (247) Pfennig (K)   50.–/100.–
Vs. wie Nr. 94
Rs. wie Nr. 94, jedoch ohne Mmz. **B 1854** (126432), **1856** (514386 zusammen mit Nr. 94)

BRAUNSCHWEIG

96 (253) Pfennig (K)   8.– / 20.–
HERZOGTH. BRAUNSCHWEIG um Sachsenroß n.l. auf Bodenstück
Rs. **SCHEIDEMÜNZE** über und **10 EIN. GROSCHEN** unter **1 / PFENNIG /** Jahreszahl **1859** (103 392), **1860** (307 296)

Gedenkmünzen

97 (252) Vereinsdoppeltaler (S)   350.– / 500.–
Zur Feier der 25jährigen Regierung
Vs. wie Nr. 73, jedoch **FRITZ F**
Rs. gekrönter, von Braunschweig und Lüneburg gespaltener Wappenschild über **ZUR FEIER DER 25 JAEHRIGEN REGIERUNG,** Jahreszahl; das Ganze zwischen zwei gebundenen Lorbeerzweigen. **1856** (17455)
Randschrift: ✶ 2 TH ✶ 3½ G ✶ VII E. F. MARK ✶ VEREINSMÜNZE ✶

Nach Einführung der Reichswährung

98 (203) 20 Mark (G)   950.– / 1 400.–
WILHELM HERZOG Z. BRAUNSCHWEIG U. LÜN. um Kopf n.l., darunter Mzz. **A.** (von H. Fr. Brehmer)
Rs. **DEUTSCHES REICH** Jahreszahl ✶ **20 MARK** ✶ um Reichsadler (Modell 1871–1889). **1875** (100 000), Randschrift: GOTT MIT UNS, dazwischen Verzierungen

Herzog Ernst August (1913–1918)

* 17.11.1887 in Penzing bei Wien als Sohn von Ernst August, Kronprinz von Hannover, Herzog von Cumberland und dessen Gemahlin Thyra Prinzessin von Dänemark. ∞ 1.11.1913 Viktoria Luise, Tochter von Kaiser Wilhelm II. † 30.1.1953 auf Schloß Marienburg, Nordstemmen (Niedersachsen).

99 (56) 5 Mark (S)   2 500.– / 3 800.–
ERNST AUGUST – VIKTORIA LUISE HERZOG U. HERZOGIN ZU BRAUNSCHWEIG · 1. XI. 1913 · um die gestaffelten Köpfe n.r., dazwischen Mzz. A (von Paul Sturm)
Rs. **DEUTSCHES REICH** Jahreszahl und ✶ **FÜNF MARK** ✶ um Reichsadler (Modell 1889–1918). **1915** (1400)
Randschrift wie Nr. 98

100 (58) 5 Mark (S)   750.– / 1 200.–
Vs. wie Nr. 99, jedoch zusätzlich **u. LÜNEB.**, Datum zwischen Sternen (von Paul Sturm)
Rs. wie Nr. 99. **1915** (8600)
Randschrift: wie Nr. 98

101 (55) 3 Mark (S)   2 000.– / 3 000.–
Vs. wie Nr. 99
Rs. wie Nr. 99, jedoch **DREI MARK. 1915** (1700)
Randschrift: wie Nr. 98

102 (57) 3 Mark (S)   250.– / 380.–
Vs. wie Nr. 100
Rs. wie Nr. 101. **1915** (31 634)
Randschrift: wie Nr. 98

Bremen, Freie Hansestadt

Größe: 1905: 256 qkm
Einwohner: 1842: 72 820; 1905: 263 440
Wappen: Ein schrägliegender silberner Schlüssel; wenn in einem Schilde, dann ist der Schild rot und mit einer Blätterkrone gedeckt. Diese Blätterkrone war das Vorbild für die »Volkskronen« auf den Wappen mehrerer deutscher Bundesländer der Gegenwart.

Nach Beendigung der Zugehörigkeit Bremens zum Kaiserreich unter Napoleon 1813 sind der Ausbau von Bremerhaven als der Hafenstadt Bremens seit 1827, die Gründung der ersten Großschiffahrtsgesellschaft, des Norddeutschen Lloyd 1857, der Beitritt zum Norddeutschen Bund am 18. August 1866 sowie der Anschluß an den Zollverein 1888 die bedeutsamsten Abschnitte in der Geschichte der Stadt während des 19. Jahrhunderts. Bremen hatte als einziger deutscher Staat schon vor Einführung der Reichswährung 1872 eine Goldwährung. Die Grundlage dieser Goldwährung bildeten die deutschen und außerdeutschen Pistolen, d. h. 2½-, 5- und 10-Taler-Stücke in Gold bzw. Louis d'ors (5 Taler), Christian d'ors und Frederik d'ors. Der Taler wurde zu 72 Groten gerechnet, der Grote zu 5 Schwaren. Die Vereinskrone von 1857 war neben der Pistole gesetzliches Zahlungsmittel.

Umrechnungen:

1 Taler Gold = 1 Taler 3 3/14 Silbergroschen norddeutscher Währung (30-Taler-Fuß von 1857)
= 1 Gulden 56 1/4 Kreuzer süddeutscher Währung (52 1/2-Gulden-Fuß von 1857)
1 Vereinskrone = 8 4/10 Taler Gold
1 Taler Gold = 3 Mark 32 Pfennig (bei Einführung der Reichswährung 1872)

Münzstätten:

Bremen bis 1859
Braunschweig 1859
B = Hannover ab 1859, Münzmeister Th. W. Brüel
J = Hamburg

Medailleure:

Karl Philipp Wilkens, * 1813, † 1874, tätig in Bremen (Stempel für die Münzen 1840–1859)
Heinrich Friedrich Brehmer, * 1815, † 1889, tätig in Hannover
Heinrich Zehn, tätig in Hamburg (20 Mark bis 2 Mark)

Gesetzliche Ausbringung der wichtigsten Sorten vor Einführung der Reichswährung

Nominal	Prägezeit	Metall	Gewicht g	Feingewicht g	Feingehalt $^0/_{00}$	Katalog-Nr.
Goldtaler	1863, 1865 1871	Silber	17,539	17,296	986,11	14, 16, 17
36 Grote	1840–1864	Silber	8,770	8,648	986,11	1, 2
12 Grote	1840–1860	Silber	3,889	2,883	739,58	3, 4
6 Grote	1840	Silber	1,944	1,441	739,58	5
6 Grote	1857, 1861	Silber	2,92	1,441	493,55	6, 7
Groten	1840	Billon	0,770	0,217	281,25	8

BREMEN

LITERATUR:

Kurt Jaeger und Jens-Uwe Rixen, Die Münzprägungen der deutschen Staaten vor Einführung der Reichswährung, Band 6: Nordwestdeutschland, Basel 1971
Hermann Jungk, Die bremischen Münzen, Bremen 1875
C. Schwalbach, Die neuesten deutschen Münzen unter Talergröße vor Einführung des Reichsgeldes, 3. Auflage, Leipzig 1904
C. Schwalbach, Die neueren deutschen Taler, Doppeltaler und Doppelgulden vor Einführung der Reichswährung 8. Auflage, München 1915
S. a. Deutsches Reich

1 (21) 36 Grote (S) 110.–/280.–
FREIE HANSESTADT BREMEN · Gekröntes, ovales Wappen, von zwei Löwen gehalten
Rs. Im Eichenkranz **36 / GROTE /** Jahreszahl **/ 15 L. 14 G.**
(= 15 Lot 14 Grän = 986,11°/₀₀ Feingehalt) · **1840** (170076), **1841** (44364), **1845** (84203), **1846** (85396), **1859**(121458)
Rand: vertiefte Vierecke

2 (25) 36 Grote (S) 90.–/220.–
FREIE HANSESTADT BREMEN · Gekröntes, eckiges Wappen, von zwei Löwen gehalten
Rs. Im Eichenkranz **36 / GROTE /** Jahreszahl **/ 15 L. 14 G.**
(= 15 Lot 14 Grän = 986,11°/₀₀ Feingehalt) · **1859** (50000), **1864** (100000)
Rand: vertiefte Vierecke

3 (20) 12 Grote (S) 65.–/130.–
FREIE HANSESTADT BREMEN · Gekröntes Wappen
Rs. Im Eichenkranz **12 / GROTE /** Jahreszahl **/ 11 L. 15 G.**
(= 11 Lot 15 Grän = 739,58°/₀₀ Feingehalt) · **1840** (192964), **1841** (111626), **1845** (62955), **1846** (56112)
Rand: vertiefte Vierecke

4 (24) 12 Grote (S) 45.–/90.–
FREIE HANSESTADT BREMEN · Gekröntes Wappen
Rs. Im Eichenkranz **12 / GROTE /** Jahreszahl **/ 11 L. 15 G.**
(= 11 Lot 15 Grän = 739,58°/₀₀ Feingehalt) · **1859** (450000), **1860** (150000)
Rand: vertiefte Vierecke

5 (19) 6 Grote (S) 75.–/150.–
FREIE HANSESTADT BREMEN · Gekröntes Wappen
Rs. Im Eichenkranz **6 / GROTE /** Jahreszahl **/ 11 L. 15 G.**
(= 11 Lot 15 Grän = 739,58°/₀₀ Feingehalt) · **1840** (79152)
Rand glatt

6 (22) 6 Grote (S) 35.–/80.–
Vs. wie Nr. 5
Rs. wie Nr. 5, jedoch **7 L. 16 G.** (= 7 Lot 16 Grän = 493,55°/₀₀ Feingehalt) · **1857** (311099)
Rand glatt

7 (23) 6 Grote (S) 55.–/100.–
FREIE HANSESTADT BREMEN · Gekröntes Wappen
Rs. Im Eichenkranz **6 / GROTE /** Jahreszahl **/ 7 L. 16 G.**
(= 7 Lot 16 Grän = 493,55°/₀₀ Feingehalt) · **1861** (127411)
Rand glatt
Var.: 2 Var. (Stärke der Buchstaben)

8 (18) 1 Groten (B)   25.– / 45.–
FREIE HANSESTADT BREMEN · Gekröntes Wappen
Rs. Im Eichenkranz **1 / GROTEN** / Jahreszahl **1840** (261 545)
Rand glatt
Varianten in der Zeichnung der Eichenzweige. Goldabschläge und Feinsilberabschlag

9 (16) ½ Groten (K)   100.– / 200.–
FREIE HANSESTADT BREMEN · Gekröntes Wappen
Rs. Im Eichenkranz **1/2 / GROTEN** / Jahreszahl **1841** (104 788 zusammen mit Nr. 12)
Rand glatt

10 (14 b) 2½ Schwaren (K)   35.– / 75.–
Schlüssel zwischen **18 – 02**
Rs. ❀ **2½** ❀ / **SCHWA / REN** · **1802** (156 926)
Rand glatt
Silberabschläge

11 (14 b) 2½ Schwaren (K)   35.– / 75.–
Schlüssel zwischen **18 – 20**
Rs. ❀ **2½** ❀ / **SCHWA / REN** · **1820** (146 560)
Rand glatt

12 (17) 2½ Schwaren (K)   15.– / 30.–
Schlüssel zwischen Jahreszahl
Rs. **2½ / SCHWA / REN** · **1841** (104 788 zusammen mit Nr. 9), **1853** (141 848), **1861** (43 200), **1866** (72 000)
Rand glatt, Var. **1866** auch mit Kerbrand
Weitere 2½ Schwaren, vermutlich mit altem Stempel, 1865 geprägt (57 600)

13 (15) Schwaren (K)   15.– / 30.–
Schlüssel zwischen Jahreszahl
Rs. **1 / SCHWA / REN** · **1859** (68 560, teilweise erst 1861 geprägt)
Rand glatt

Gedenkmünzen

14 (26) Gedenktaler (S)   120.– / 200.–
FREIE HANSESTADT BREMEN EIN / THALER GOLD
Auf Postament gekröntes Wappen, von zwei Löwen gehalten
Rs. **ZUR / 50 JÄHRIGEN / JUBELFEIER / DER BEFREIUNG / DEUTSCHLANDS / 1863** · Eichenkranz, oben das Hanseaten-Kreuz. (20005)
Rand: GOTT MIT UNS, dazwischen Verzierungen

15 (26 I) Medaille, »Gedenktaler« (S)   250.– / 400.–
GOTT SEGNE HANDEL U. SCHIFFAHRT · Bremer Börse. Unten Wappen mit Eichenlaub
Rs. **GEDENKTHALER / ZUR / ERÖFFNUNGS- / FEIER DER NEUEN / BÖRSE / IN BREMEN / AM 5 NOVEMB. / 1864** · Eichenkranz, oben das Hanseaten-Kreuz. Unten Mzz. **B** (5000)
Rand glatt
Im Auftrag der Bremer Handelskammer geprägt. Ohne Kurswert. Auch Goldabschläge

16 (27) Gedenktaler (S)   120.– / 200.–

BREMEN

FREIE HANSESTADT BREMEN EIN / THALER GOLD · Auf Postament gekröntes Wappen, von zwei Löwen gehalten
Rs. **ZWEITES / DEUTSCHES / BUNDES- / SCHIESSEN / IN BREMEN / 1865** · Eichenkranz mit zwei gekreuzten Gewehren. Oben das Hanseaten-Kreuz, unten Mzz. B (50 000)
Rand: GOTT MIT UNS, dazwischen Verzierungen

17 (28) Gedenktaler (S) 150.– / 250.–
Vs. wie Nr. 16
Rs. **ZUR ERINNERUNG / AN DEN / GLORREICH / ERKÄMPFTEN / FRIEDEN / VOM 10 MAI / 1871** · Eichenkranz, oben das Hanseaten-Kreuz, unten Mzz. B (60 729)
Rand: GOTT WAR MIT UNS, dazwischen Verzierungen

Nach Einführung der Reichswährung

18 (205) 20 Mark (G) 1 300.– / 1 850.–
· **FREIE** · **HANSESTADT** · **BREMEN** · Gekröntes Wappen, von zwei Löwen gehalten. Unten Mzz. J
Rs. **DEUTSCHES REICH,** Jahreszahl, Reichsadler. Unten zwischen Sternen die Wertangabe: **20 MARK** · **1906** (20122)
Rand: GOTT MIT UNS, dazwischen Verzierungen

19 (204) 10 Mark (G) 1 000.– / 1 700.–
· **FREIE** · **HANSESTADT** · **BREMEN** · Gekröntes Wappen, von zwei Löwen gehalten. Unten Mzz. J
Rs. **DEUTSCHES REICH,** Jahreszahl, Reichsadler. Unten zwischen Sternen die Wertangabe: **10 MARK** · **1907** (20006)
Rand: Ranken und Sterne

20 (60) 5 Mark (S) 350.– / 550.–
· **FREIE** · **HANSESTADT** · **BREMEN** · Gekröntes Wappen, von zwei Löwen gehalten. Unten Mzz. J
Rs. **DEUTSCHES REICH,** Jahreszahl, Reichsadler. Unten zwischen Sternen die Wertangabe: **FÜNF MARK** · **1906** (40 846)
Rand: GOTT MIT UNS, dazwischen Verzierungen
Var. **1904, 1905**: von den offiziell nicht ausgegebenen Exemplaren ohne Perlkreis sollen annähernd 20 Stück existieren

21 (59) 2 Mark (S) 140.– / 200.–
· **FREIE** · **HANSESTADT** · **BREMEN** · Gekröntes Wappen, von zwei Löwen gehalten. Unten Mzz. J
Rs. **DEUTSCHES REICH,** Jahreszahl, Reichsadler. Unten zwischen Sternen die Wertangabe: **ZWEI MARK** · **1904** (100000)
Rand geriffelt

Danzig, Freie Stadt

Größe: 1966 qkm (1938)
Einwohner: 407 500 (1938)
Wappen: In Rot zwei übereinanderstehende, silberne Kreuze, seit 1457 überhöht von einer goldenen Krone.

1793 kam bei der 2. Teilung Polens die bisher ziemlich autonome Stadt Danzig an Preußen, wurde jedoch durch den Frieden von Tilsit 1807 wieder staatsrechtlich »Freie Stadt«. Preußen erhielt 1814 die Stadt zurück. Nach dem 1. Weltkrieg 1914–1918 wurde Danzig vom Deutschen Reich getrennt und 1920 wiederum zur Freien Stadt erklärt, was Danzig bis zur Eingliederung ins Reich 1939 blieb. Nach dem 2. Weltkrieg wurde die Stadt 1945 polnischer Verwaltung unterstellt; heute ist Danzig (Gdansk) polnische Industrie- und Hafenstadt.
Vor dem Ende der preußischen Provinzprägungen 1817 hatte Preußen für Danzig Scheidemünzen geprägt; ebenso prägte die Stadt während der kurzen Zeit ihrer Trennung von Preußen nur Scheidemünzen. Gerechnet wurde in Danziger Gulden:

  1 Reichstaler (s. Preußen) = 4 Danziger Gulden
  1 Gulden = 30 Groschen
  1 Groschen = 3 Schillinge

1920 bis Ende 1923 galt in Danzig die im Deutschen Reich bestehende Währung. Nach der Inflation wurde 1923 in Anlehnung an den früheren Danziger Gulden der Gulden zu 100 Pfennig eingeführt, der sich am englischen Pfund Sterling orientierte. Nach dem Anschluß ans Reich 1939 galt wieder die Reichswährung.

Umrechnungen:

  1 englisches Pfund Sterling = 25 Danziger Gulden
  1 Danziger Gulden = 70 Reichspfennig (1939)

Münzstätten:

  Danzig 1808–1812
  Berlin ab 1920
  Utrecht 1923 (Nr. 6, 10, 12, 14)

Münzmeister, Medailleure:

  M = Johann Ludwig Mayer, Münzmeister in Danzig 1808–1812
  Moritz Stumpf & Sohn, Danzig, Goldschmiedefirma seit 1861
  Fischer, Danzig
  Reinhard Kullrich, Berlin

DANZIG

Die Ausbringung der einzelnen Sorten

Nominal	Prägezeit	Metall	Gewicht g	Fein-gewicht g	Fein-gehalt $^o/_{oo}$	Katalog-Nr.
25 Gulden		Gold	ca. 8	ca. 7 1/3	916,7	5, 6
10 Gulden		Nickel	17	–	–	7
5 Gulden		Silber	25	18,75	750	8
5 Gulden		Silber	14,82	7,41	500	9, 10
5 Gulden		Nickel	11	–	–	11
2 Gulden		Silber	10	7,50	750	12
2 Gulden		Silber	10,01	5	500	13
1 Gulden		Silber	5	3,75	750	14
1 Gulden		Nickel	5	–	–	15
1/2 Gulden		Silber	2,5	1,875	750	16
1/2 Gulden		Nickel	3	–	–	17
10 Pfennig		Zink	2	–	–	18, 19
10 Pfennig		Kupfer/Nickel	4	–	–	20
10 Pfennig		Kupfer	3,5	–	–	21
5 Pfennig		Kupfer/Nickel	2	–	–	22
5 Pfennig		Kupfer	2,1	–	–	23
2 Pfennig		Kupfer	2,5	–	–	24
1 Pfennig		Kupfer	1,6	–	–	25

LITERATUR:
Emil Bahrfeldt, Die Münzen- und Medaillensammlung in der Marienburg, Band V, Münzen und Medaillen der Stadt Danzig, Danzig 1910
Egon Beckenbauer, Standard Münzkatalog Deutschland seit 1871, 3. Auflage, München 1971
Kurt Jaeger, Die deutschen Münzen seit 1871, 12. überarbeitete Auflage Basel 1979
Kurt Jaeger, Die Münzprägungen der deutschen Staaten von Einführung der Reichswährung, Band 9: Königreich Preußen 1786–1873, 2. Auflage, Basel 1970
F. A. Vossberg, Münzgeschichte der Stadt Danzig, Berlin 1852

Freie Stadt (1807–1814)

1 (153) 1 Groschen (K)   80.–/150.–
Der von zwei widersehenden Löwen gehaltene Danziger Wappenschild, darüber ein Kranz mit zwei durchgesteckten Zweigen; unten Jahreszahl
Rs. **DANZIGER KUPFER MUENZE** · Im Feld **EIN / GROSCHEN**, darunter zwei gekreuzte Zweige und Mmz. **M · 1809, 1812**
Rand glatt
Auch Silberabschlag, Goldabschlag 7500.–

2 (152) I Schilling (K)   120.–/220.–
Gekröntes Wappen zwischen Jahreszahl
Rs. ❀ **I** ❀ **/ SCHILLING** · Unter zwei gekreuzten Zweigen Mmz. **M · 1808, 1812**
Rand glatt
Auch Silberabschlag 300.–/500.–

3 (154 Anm.) 1/5-Gulden-Probe (S)   LP
Gekröntes Wappen, von zwei Löwen gehalten, darunter **1808**
Rs. Zwischen zwei Palmzweigen **5 / EINEN / DANZIGER / GULDEN**

4 (154) 1/5-Gulden-Probe (S)   700.–
Vs. wie Nr. 1, jedoch mit Bogenumrahmung
Rs. **5 / EINEN / DANZIGER / GULDEN**, darunter zwei gekreuzte Zweige und das Mzz. **M · 1809**

Freie Stadt (1920–1939)

5 (D 10) 25 Gulden (G)   4000.–/5500.–
FREIE / STADT DANZIG / Wappenbild zwischen zwei

Säulen und zwei steigenden Löwen. Unten **1923**. Entwurf von Fischer, Stempel von R. Kullrich
Rs. **25 / GUL DEN** · Neptun. **1923** (1000)
Rand: NEC ✳ TEMERE ✳ NEC ✳ TIMIDE ✳

6 (D 11) 25 Gulden (G)   12 000.– / 18 000.–

FREIE / STADT DANZIG · Gezackter Danziger Wappenschild, von zwei Löwen gehalten. Unten **1930**. Entwurf von Fischer, Stempel von R. Kullrich
Rs. wie Nr. 3. **1930** (4000)
Rand: NEC ✳ TEMERE ✳ NEC ✳ TIMIDE ✳

7 (D 20) 10 Gulden (N)   1 900.– / 2 500.–

FREIE STADT DANZIG 1935 · **ZEHN GULDEN** · Rathaus, darüber **10**
Rs. **NEC / TEMERE / NEC TIMIDE** · Ovaler Danziger Wappenschild, von zwei widersehenden Löwen gehalten. **1935** (380000)
Rand: Blattranken zwischen Sternen

8 (D 9) 5 Gulden (S)   400.– / 620.–

FREIE STADT DANZIG ✳ **FÜNF GULDEN** ✳ Jahreszahl · Marienkirche. Entwurf von Fischer, Stempel von R. Kullrich
Rs. Wappen von Danzig wie Nr. 6, von einem Stern überhöht; darunter **5 GULDEN**. **1923** (700 500), **1927** (160 000)
Rand: NEC ✳ TEMERE ✳ NEC ✳ TIMIDE ✳

9 (D 17) 5 Gulden (S–K)   700.– / 1 200.–

FREIE STADT DANZIG ✳ **5 GULDEN** ✳ Marienkirche
Rs. Danziger Wappenschild, von zwei widersehenden Löwen gehalten; oben **1932** (430000)
Rand: NEC + TEMERE + NEC + TIMIDE +

10 (D 18) 5 Gulden (S–K)   1 600.– / 2 000.–

FREIE STADT DANZIG ✳ **5 GULDEN** ✳ Krantor
Rs. wie Nr. 7. **1932** (430000)
Rand: NEC + TEMERE + NEC + TIMIDE +

11 (D 19) 5 Gulden (N)   450.– / 750.–

FREIE STADT DANZIG 1935 · **FÜNF GULDEN** · Kogge, darüber **5**
Rs. **NEC / TEMERE / NEC TIMIDE** · Wappen wie Nr. 7. **1935** (800000)
Rand: Blattranken zwischen Sternen

12 (D 8) 2 Gulden (S)   150.– / 240.–

Kogge, **2 GUL / DEN / FREIE STADT / DANZIG** · Entwurf von Fischer, Stempel von R. Kullrich
Rs. Wappen wie Nr. 8, darunter **1923** (1 250 000)
Rand: NEC ✳ TEMERE ✳ NEC ✳ TIMIDE ✳

13 (D 16) 2 Gulden (S–K)   400.– / 600.–

FREIE STADT DANZIG ✳ **2 GULDEN** ✳ Kogge

Rs. Wapen wie Nr. 9; oben **1932** (1 250 000)
Rand: NEC + TEMERE + NEC + TIMIDE +

14   (D 7) 1 Gulden (S)   60.– / 120.–
Kogge, **1 GUL / DEN / FREIE STADT / DANZIG** · Entwurf von Fischer, Stempel von R. Kullrich
Rs. Wappen wie Nr. 8, darunter **1923** (3 500 500)
Rand geriffelt

15   (D 15) 1 Gulden (N)   70.– / 120.–
FREIE STADT DANZIG ∗ GULDEN ∗ · Im Feld **1**
Rs. Wappenbild zwischen **1932** (2 500 000)
Rand geriffelt

16   (D 6) 1/2 Gulden (S)   50.– / 100.–
FREIE / STADT DANZIG / 1/2 GULDEN · Unten Wappenschild wie Nr. 6 zwischen Jahreszahl. Entwurf von Fischer, Stempel von R. Kullrich
Rs. Kogge. **1923** (1 000 500), **1927** (400 000)
Rand geriffelt

17   (D 14) 1/2 Gulden (N)   60.– / 120.–
FREIE STADT DANZIG · Wappenbild
Rs. **1/2 / GULDEN / 1932** (1 400 000)
Rand geriffelt

18   (D 1 a) 10 Pfennig (Z)   50.– / 80.–
STADT DANZIG · Ovales Danziger Wappenfeld, umrahmt von stark zerschnittener Kartusche, darüber ein Engelskopf, unten **1920**. Stempel von Moritz Stumpf & Sohn
Rs. Verziertes Schild mit **10. 1920** (zusammen mit Nr. 19: 1 000 000)
Rand glatt
Zahlreiche Var.

19   (D 1 b) 10 Pfennig (Z)   450.– / 600.–
Vs. ähnlich wie Nr. 18
Rs. nur Wertziffer **10. 1920** (zusammen mit Nr. 18: 1 000 000)
Rand glatt
Zahlreiche Var.

20   (D 5) 10 Pfennig (K–N)   10.– / 25.–
10 / PFENNIGE / FREIE STADT / DANZIG · Entwurf von Fischer, Stempel von R. Kullrich
Rs. Wappenbild zwischen Jahreszahl. **1923** (5 000 000)
Rand glatt

21   (D 13) 10 Pfennig (K)   7.– / 16.–
10 / · PFENNIG · / FREIE STADT / DANZIG
Rs. Dorsch, darunter **1932** (5 000 000)
Rand glatt

22   (D 4) 5 Pfennige (K–N)   15.– / 25.–
5 / PFENNIGE / DANZIG · Entwurf von Fischer, Stempel von R. Kullrich
Rs. Wappenbild zwischen Jahreszahl wie Nr. 20. **1923** (3 000 000), **1928** (1 000 000)
Rand glatt

23 (D 12) 5 Pfennig (K)   9.– / 16.–
5 / · PFENNIG · / FREIE STADT / DANZIG
Rs. Flunder, darunter **1932** (4 000 000)
Rand glatt

2 / PFENNIGE / DANZIG · Entwurf von Fischer, Stempel von R. Kullrich
Rs. Wappenbild zwischen Jahreszahl. **1923** (1 000 000), **1926** (1 750 000), **1937** (500 000)
Rand glatt

25 (D 2) 1 Pfennig (K)   6.– / 11.–
1 / PFENNIG / DANZIG · Entwurf von Fischer, Stempel von R. Kullrich
Rs. Wappenbild zwischen Jahreszahl. **1923** (4 000 000), **1926** (1 500 000), **1929** (1 000 000), **1930** (2 000 000), **1937** (3 000 000)
Rand glatt

24 (D 3) 2 Pfennig (K)   10.– / 15.–

Frankfurt am Main, Freie Stadt

Größe: 1856: ca. 100 qkm
Einwohner: 1858: 78 000

Wappen: In rotem Felde ein goldengekrönter silberner Adler, oft mit goldenen Kleestengeln auf den Flügeln; zum Unterschied von dem damit übereinstimmenden Adler von Polen vielfach mit dem Buchstaben F auf der Brust, vor allem, wenn der Name Frankfurt nicht daneben zu lesen ist, zuerst auf Wasserzeichen um 1540, zuletzt noch im frühen 19. Jahrhundert, selten auf Münzen.

1806–1815 war die alte Reichsstadt in das Hoheitsgebiet des Fürstprimas der Rheinischen Konföderation, Carl Theodor von Dalberg, eingegliedert, dabei 1810–1813 als Großherzogtum Frankfurt. 1815 erklärte der Wiener Kongreß Frankfurt zur Freien Stadt, also zum selbständigen Staat. Als Mitglied des Deutschen Bundes wurde die Stadt 1816 Sitz der deutschen Bundesversammlung. Die Stadt stellte sich bei der preußisch-österreichischen Auseinandersetzung 1866 auf die Seite Österreichs, weshalb ihr im Prager Frieden 1866 die Selbständigkeit aberkannt wurde; sie wurde der preußischen Provinz Hessen-Nassau einverleibt.
Dem Münzwesen lag der Konventionsfuß bzw. der süddeutsche 24-Gulden-Fuß zugrunde, nach dem 10 Konventionstaler aus der Gewichtsmark Feinsilber (234 g) geschlagen wurden, der Taler zu 2 Gulden gerechnet, der Gulden zu 60 Kreuzer, der Kreuzer zu 4 Heller bzw. Pfennig. Bewertet wurde der Taler jedoch mit 2 Gulden 24 Kreuzer. Dieser Münzfuß entwickelte sich zum 24½-Gulden-Fuß, der dann im Dresdener Münzvertrag von 1838 mit dem norddeutschen 14-Taler-Fuß verbunden wurde, woraus die Vereinsmünze entstand: 2 Taler = 3½ Gulden. Der Wiener Münzvertrag von 1857 führte an Stelle der Gewichtsmark das Zollpfund von 500 g ein, aus dem 30 Vereinstaler bzw. 52½ Gulden gemünzt wurden. Nach der Einverleibung Frankfurts in Preußen 1866 prägte die Frankfurter Münze preußische Münzen, kenntlich am Münzzeichen C. Bei den sogenannten »Judenpfennigen« handelt es sich um private Erzeugnisse, die als Ersatz für fehlendes Kupferkleingeld dienten.

Münzstätten: Frankfurt a. M., Darmstadt (1838)

Medailleure und Münzmeister:
    G. B. = Johann Georg Bunsen, Münzmeister in Frankfurt, 1790–1825
    S. T. = Samuel Tomschütz, Münzmeister in Frankfurt, 1836–1837 nachweisbar auf Münzen
    Z = Christian Zollmann, Medailleur, 1845–1859 in Wiesbaden tätig
    C = Conrad, Münzmeister (kommt zusammen mit Zollmann vor)
    August von Nordheim, Medailleur, * 1813 in Heinrichs b. Suhl, † 1884 in Frankfurt a. M.
    ZOLLMANN = Johann Philipp Zollmann, seit 1843 Münzmeister in Wiesbaden

Gesetzliche Ausbringung der wichtigsten Sorten

Nominal	Prägezeit	Metall	Gewicht g	Fein-gewicht g	Fein-gehalt °/₀₀	Katalog-Nr.
Dukat	1853–1856	Gold	3,49	3,442	986,11	1
Doppeltaler	1841–1855	Silber	37,12	33,408	900	2, 3, 36
Doppeltaler	1860–1866	Silber	37,037	33,333	900	4
Doppelgulden	1845–1856	Silber	21,211	19,09	900	5, 37–42
Vereinstaler	1857–1865	Silber	18,519	16,667	900	6–10, 43, 44, 45
Gulden	1838–1855	Silber	10,606	9,545	900	11, 12
Gulden	1859–1863	Silber	10,582	9,524	900	13, 14
1/2 Gulden	1838–1849	Silber	5,303	4,773	900	15, 16
1/2 Gulden	1862	Silber	5,291	4,762	900	17
6 Kreuzer	1838–1856	Billon	2,598	0,866	333,33	18, 19, 20
6 Kreuzer	1866	Billon	2,463	0,862	350	21
3 Kreuzer	1838–1856	Billon	1,299	0,433	333,33	22, 23
3 Kreuzer	1866	Billon	1,232	0,431	350	24
Kreuzer	1838–1857	Billon	0,835	0,139	166,67	25, 26
Kreuzer	1859–1866	Billon	0,833	0,139	166,67	27, 28

LITERATUR:

Kurt Jaeger, Die Münzprägungen der deutschen Staaten vom Ausgang des alten Reiches bis zur Einführung der Reichswährung. Band 2, Baden, Frankfurt, Kurhessen, Hessen-Darmstadt, Hessen-Homburg. 2. Aufl. Basel 1969
Paul Joseph und Eduard Fellner, Die Münzen von Frankfurt am Main. Frankfurt 1896 und 1903 (Supplement)
Peter N. Proksch, Neue Prägezahlen für Frankfurter Münzen aus der Zeit um 1840 bis Ende 1855. In: Die Münze, Jg. 6, Nr. 4, April 1975, S. 185

1 (53) Dukat (G)   1 000.– / 1 600.–

FREIE STADT FRANKFURT · Gekrönter Adler
Rs. * 67 EINE MARK 23 2/3 KARAT · Im Eichenkranz
1 / DUKAT / Jahreszahl **1853** (1121), **1856** (665)
Rand geriffelt

2 (23) 3½ Gulden = 2 Taler (S)   380.– / 650.–

FREIE STADT FRANKFURT · Gekrönter Adler und Arabesken
Rs. Im Eichenkranz **3½ / GULDEN / 2 / THALER /** Jahreszahl. Oben **VEREINSMÜNZE**, unten **VII EINE F. MARK** ·
1841 (120695 zusammen mit Nr. 3), **1842** (287375 zusammen mit Nr. 3), **1843** (122940 zusammen mit Nr. 3), **1844** (195630 zusammen mit Nr. 3), **1845** (36299), **1846** (72120), **1847** (70920), **1851** (8354), **1854** (107000), **1855** (72017)
Rand: CONVENTION VOM * 30 IULY * 1838 *

3 (15) 3½ Gulden = 2 Taler (S)   380.– / 650.–

FREIE STADT FRANKFURT · Stadtansicht. Im Abschnitt: Merkurstab mit zwei Füllhörnern und Künstlersignatur: **ZOLLMANN**

Rs. **VEREINSMÜNZE** · Im Eichenkranz 3½ / **GULDEN** / 2 / **THALER** / Jahreszahl, unten **VII EINE F. MARK** · **1840, 1841, 1842, 1843, 1844** (Prägezahlen s. Nr. 2)
Rand: CONVENTION VOM + 30 JULY + 1838 +
Var. **1841**: mit Schornsteinen auf den Hausdächern

4 (43) 2 Vereinstaler (S) 180.– / 250.–
FREIE STADT FRANKFURT · Weibliches Brustbild n.r. (Francofurtia), am Gewandabschnitt Künstlersignatur **A. v. NORDHEIM**
Rs. **ZWEI VEREINSTHALER** · **XV EIN PFUND FEIN** · Gekrönter Adler, unten Jahreszahl zwischen Kreuzrosetten **1860** (341 300), **1861** (1 786 588), **1862** (344 410), **1866** (637 033)
Rand: STARK IM RECHT (dazwischen Verzierungen)
Var.: 1 Var. der Vs.
Anmerkung: Mit gleicher Vs., aber ohne den Perlrand, gab Frankfurt 1861 auf die 25jährige Wirksamkeit seiner Zollverwaltung eine Medaille in Doppeltalergröße mit folgender Rs.-Legende heraus: ZUR ERINNERUNG / AN DIE / 25JÄHRIGE / WIRKSAMKEIT / DER / ZOLLVERWAL-TUNG / IN / FRANKFURT A. M. / 1836 1861

5 (28) 2 Gulden (S) 240.– / 480.–
FREIE STADT FRANKFURT · Gekrönter Adler, darunter Arabesken
Rs. Im Eichenkranz **2** / **GULDEN** / Jahreszahl **1845** (114 496), **1846** (280 761), **1847** (215 030), **1848** (146 571), **1849** (22 540), **1850** (31 472), **1851** (32 076), **1852** (25 630), **1853** (56 086), **1854** (6028), **1856** (36 280)
Rand: vertiefte Vierecke

6 (39) 1 Vereinstaler (S) 1 000.– / 2 000.–
FREIE STADT FRANKFURT · Weibliches Brustbild n.r. (Francofurtia), dahinter Eschenheimer Tor und Dom, am Gewandabschnitt: **A. v. NORDHEIM**
Rs. **+ EIN VEREINSTHALER + XXX EIN PFUND FEIN +** Jahreszahl. Gekrönter Adler. **1857** (1350)
Rand: STARK IM RECHT (dazwischen Verzierungen)

7 (40) 1 Vereinstaler (S) **1857**: 950.– / 1 600.–
  1858: 250.– / 400.–
Vs. wie Nr. 6, jedoch neben dem Eschenheimer Tor noch einige Dächer
Rs. wie Nr. 6. **1857** (geringe Anzahl), **1858** (11 587)
Rand: STARK IM RECHT (dazwischen Verzierungen)

8 (41) 1 Vereinstaler (S) 75.– / 160.–
FREIE STADT FRANKFURT · Weibliches Brustbild n.r. (Francofurtia), am Gewandabschnitt: **A. v. NORDHEIM**
Rs. **+ EIN VEREINSTHALER + XXX EIN PFUND FEIN +** Jahreszahl. Gekrönter Adler. **1859** (282 889), **1860** (1 699 896)
Rand: STARK IM RECHT (dazwischen Verzierungen)
Var.: Leichte Zeichnungsvar. der Vs.

9 (42 a) 1 Vereinstaler (S) 500.– / 2 000.–
Vs. wie Nr. 8, jedoch veränderter Haarknoten
Rs. wie Nr. 8. **1861** (16 016)
Rand: STARK IM RECHT (dazwischen Verzierungen)

10 (42 b) 1 Vereinstaler (S)   80.– / 140.–
Vs. wie Nr. 9, jedoch mit verändertem Gewand
Rs. wie Nr. 8. **1862** (312 000), **1863** (21 000), **1864** (105 013), **1865** (206 693)
Rand: STARK IM RECHT (dazwischen Verzierungen)
Var. 1865: 2 Var. (Künstlersignatur)

Vs. wie Nr. 12, jedoch ohne Arabesken
Rs. wie Nr. 12. **1859** (59 372), **1861** (210 876)
Rand: vertiefte Vierecke

11 (22) 1 Gulden (S)   200.– / 400.–
FREIE STADT FRANKFURT · Gekrönter, etwas naturalistischer Adler
Rs. Im Eichenkranz **1 / GULDEN /** Jahreszahl **1838** (120 000), **1839** (Probe), **1840** (391 392), **1841** (160 519)
Rand: vertiefte Vierecke

14 (38) 1 Gulden (S)   150.– / 300.–
FREIE STADT FRANKFURT · Gekrönter Adler
Rs. Im Eichenkranz **1 / GULDEN /** Jahreszahl **1862** (10 852), **1863** (55 534)
Rand: vertiefte Vierecke

15 (21) 1/2 Gulden (S)   140.– / 250.–
FREIE STADT FRANKFURT · Gekrönter Adler wie Nr. 11
Rs. Im Eichenkranz **1/2 / GULDEN /** Jahreszahl **1838** (120 000) **1840** (96 432), **1841** (160 519)
Rand: vertiefte Vierecke

12 (27) 1 Gulden (S)   150.– / 300.–
Vs. wie Nr. 11, jedoch veränderter Adler und Arabesken
Rs. wie Nr. 11. **1842** (123 092), **1843** (171 858), **1844** (122 470), **1845** (100 890), **1846** (119 810), **1847** (121 222), **1848** (78 183), **1849** (90 480), **1850** (29 900), **1851** (64 081), **1852** (64 360), **1853** (29 306), **1854** (34 390), **1855** (37 870)
Rand: vertiefte Vierecke

16 (26) 1/2 Gulden (S)   100.– / 200.–
Vs. wie Nr. 15, jedoch veränderter Adler und Arabesken
Rs. wie Nr. 15. **1842** (74 906), **1843** (55 728), **1844** (48 690), **1845** (72 340), **1846** (46 850), **1847** (50 946), **1849** (54 560)
Rand: vertiefte Vierecke

13 (33) 1 Gulden (S)   100.– / 200.–

17 (37) 1/2 Gulden (S)   700.– / 900.–
FREIE STADT FRANKFURT · Gekrönter Adler
Rs. Im Eichenkranz **1/2 / GULDEN / 1862** (13 762)
Rand: vertiefte Vierecke

FRANKFURT 104

18 (20) 6 Kreuzer (B) 50.–/100.–
FREIE STADT FRANKFURT · Gekrönter Adler wie Nr. 11
Rs. Im Eichenkranz **6 / KREUZER /** Jahreszahl **1838** (110 000), **1841** (122 500), **1842** (160 510), **1843** (259 720), **1844** (370 400), **1845** (104 810), **1846** (210 710, zusammen mit Nr. 19)
Rand: vertiefte Vierecke

19 (25) 6 Kreuzer (B) 40.–/80.–
FREIE STADT FRANKFURT · Gekrönter Adler
Rs. Im Eichenkranz **6 / KREUZER /** Jahreszahl **1846** (210 710, zusammen mit Nr. 18), **1848** (291 010), **1849** (180 610), **1850** (152 410), **1851** (159 420), **1852** (221 220, zusammen mit Nr. 20), **1853** (105 815, zusammen mit Nr. 20), **1855** (180 615), **1856** (166 379, zusammen mit Nr. 20)
Rand: vertiefte Vierecke

20 (30) 6 Kreuzer (B) 30.–/60.–
F. ST. FRANKFURT · Stadtansicht
Rs. Im Eichenkranz **6 / KREUZER /** Jahreszahl **1852** (221 010, zusammen mit Nr. 19), **1853** (105 815, zusammen mit Nr. 19), **1854** (212 307), **1856** (166 379, zusammen mit Nr. 19)
Rand: vertiefte Vierecke

21 (36) 6 Kreuzer (B) 35.–/70.–
SCHEIDEMÜNZE D. FR. ST. FRANKFURT · Gekrönter Adler
Rs. Im Eichenkranz **6 / KREUZER /** Jahreszahl **1866** (37 986)
Rand: vertiefte Vierecke

22 (19) 3 Kreuzer (B) 35.–/70.–
FREIE STADT FRANKFURT · Gekrönter Adler wie Nr. 11
Rs. Im Eichenkranz **3 / KREUZER /** Jahreszahl **1838** (80 000), **1841** (84 560), **1842** (108 900), **1843** (89 100), **1846** (154 310, zusammen mit Nr. 23)
Rand: vertiefte Vierecke

23 (24) 3 Kreuzer (B) 25.–/50.–
FREIE STADT FRANKFURT · Gekrönter Adler
Rs. Im Eichenkranz **3 / KREUZER /** Jahreszahl **1846** (154 310, zusammen mit Nr. 22), **1848** (38 140), **1849** (950 010), **1850** (182 300), **1851** (157 720), **1852** (129 020), **1853** (69 010), **1854** (154 313), **1855** (147 715), **1856** (83 942)
Rand: vertiefte Vierecke

24 (35) 3 Kreuzer (B) 25.–/50.–
SCHEIDEMÜNZE D. FR. ST. FRANKFURT · Gekrönter Adler
Rs. Im Eichenkranz **3 / KREUZER /** Jahreszahl **1866** (95 800)
Rand: vertiefte Vierecke

25 (18) 1 Kreuzer (B) 15.–/40.–
FREIE STADT FRANKFURT · Gekrönter Adler wie Nr. 11
Rs. Im Eichenkranz **1 / KREUZER /** Jahreszahl **1838** (78 000), **1841** (122 580), **1842** (402 180), **1843** (169 200), **1844** (214 680), **1845** (205 090), **1846** (101 050), **1847** (553 200), **1848** (482 460), **1849** (626 520), **1850** (611 650), **1851** (543 010), **1852** (889 220), **1853** (526 010), **1854** (588 610), **1855** (676 816), **1856** (1 227 360), **1857** (744 316)
Rand glatt

26 (14) 1 Kreuzer (B) 18.–/28.–

FREIE STADT FRANKFURT · Gekrönter Adler wie Nr. 11
Rs. Stadtansicht, darunter **1. K** · Ohne Jahreszahl (Prägezahl in den Angaben für Nr. 25 mit enthalten)
Rand glatt
Var.: 2 Varianten

27 (32) 1 Kreuzer (B)   15.–/30.–
SCHEIDEMÜNZE D. FR. ST. FRANKFURT · Gekrönter Adler mit länglichem Leib
Rs. Im Eichenkranz **1 / KREUZER /** Jahreszahl **1859** (358 200), **1860** (639 840), **1861** (313 410), **1862** (selten; in Nr. 28 mit enthalten)
Rand glatt

28 (34) 1 Kreuzer (B)   15.–/30.–
SCHEIDEMÜNZE D. FR. ST. FRANKFURT · Gekrönter Adler mit herzförmigem Leib
Rs. wie Nr. 27. **1862** (645 200, zusammen mit Nr. 27), **1863** (610 773), **1864** (343 669), **1865** (365 609), **1866** (151 450)
Rand glatt

29 (9) I Heller (K)   280.–/500.–
Gekrönter Adler mit gesenkten Flügeln und mit dem Buchstaben F auf der Brust
Rs. ❀ **I** ❀ **/ HELLER /** 1814. Mmz. **G. B.** · **1814** (331 768)
Rand glatt
Var.: ohne Mmz. ss 825.–

30 (10) I Heller (K)   10.–/25.–
Gekrönter Adler, darunter **G (F) B**
Rs. ❀ **I** ❀ **/ HELLER /** Jahreszahl / ❀ **1814**, **1815** (165 840), **1816**, **1817**, **1818**, **1819**, **1820**, **1821**, **1822**, **1824**, **1825**
Rand glatt
Var.: zahlreiche Var. der Adlerzeichnung
Abschläge in Silber: 1816, 1817 (300.–)

31 (11) I Heller (K)   50.–/100.–
Gekrönter Adler, darunter **S (F) T**
Rs. wie Nr. 30. **1836** (120 000), **1837** (144 000)
Rand glatt

32 (12) 1 Heller (K)   50.–/100.–
F. STADT FRANKFURT · Gekrönter Adler, ähnlich wie Nr. 11
Rs. **1 / HELLER / 1838**
Rand glatt
Abschläge in Silber: (300.–)

33 (16, 17) 1 Heller (K)   20.–/35.–
F. STADT FRANKFURT · Gekrönter Adler wie Nr. 11
Rs. **1 / HELLER /** Jahreszahl **1841** (172 800), **1842** (327 600), **1843** (38 400), **1844** (162 000), **1845** (169 440), **1846** (204 960), **1847** (452 880), **1849** (396 000), **1850** (668 640), **1851** (274 800), **1852** (325 440)
Rand glatt
Var. **1843:** Vs. auch mit FREIE STADT FRANKFURT

34 (29) 1 Heller (K)   18.–/35.–
FREIE STADT FRANKFURT · Gekrönter Adler
Rs. **1 / HELLER /** Jahreszahl **1852** (Proben), **1853** (410 880), **1854** (271 200), **1855** (429 600), **1856** (483 600), **1857** (722 680), **1858** (376 880)
Rand glatt
Probe 1852   (200.–)

35 (31) 1 Heller (K)   8.–/18.–

FRANKFURT

SCHEIDEMÜNZE D. FR. ST. FRANKFURT ✶ Gekrönter Adler
Rs. **1** zwischen zwei Kreuzrosetten / **HELLER** / Jahreszahl / Arabeske **1859** (376 880), **1860** (352 952), **1861** (378 000), **1862** (391 400), **1863** (369 940), **1864** (389 940), **1865** (384 480)
Rand glatt

Gedenkmünzen

1 600.– / 3 000.–

36 (13) Gedenkdoppeltaler (3½ Gulden = 2 Taler) (S)
✶ ZUR V. SÄCULARFEIER DES MÜNZ-RECHTS DER STADT FRANKFURT A.M. Im Feld: ERÖFFNUNG / DER / NEUEN MÜNZE / SEPT. **1840**
Rs. ✶ 3½ GULDEN ✶ 2 THALER ✶ VII EINE FEINE MARK · Im Eichenkranz: VEREINS / MÜNZE / Jahreszahl **1840** (649)
Rand glatt

37 (44) Gedenkdoppelgulden (S)   **LP**
✶ CONSTITUIRENDE VERSAMMLUNG I. D. F. STADT FRANKFURT 1.MAI 1848 · Doppeladler des Deutschen Bundes
Rs. ✶ BERATHUNG Ü. GRÜNDUNG E. DEUTSCHEN PARLAMENTS 31 MÄRZ 1848 · Gekrönter Adler der Stadt Frankfurt. **1848** (18?)
Rand: ZWEY ✶ ✶ ✶ GULDEN ✶ ✶ ✶
Var.: Stempelkoppelung der Rs. mit Vs. der Nr. 5

38 (45) Gedenkdoppelgulden (S)   240.– / 480.–
Vs. wie Nr. 37, jedoch **18. MAI 1848**
Rs. wie Nr. 37. **1848** (8600)

Rand: ZWEY ✶ ✶ ✶ GULDEN ✶ ✶ ✶
Var.: Stempelkoppelung der Rs. mit Vs. der Nr. 5. Auch Rand mit vertieften Vierecken
Auch Goldabschläge im Gewicht von 8 und 10 Dukaten bekannt

39 (46) Gedenkdoppelgulden (S)   130.– / 220.–
Vs. wie Nr. 38
Rs. Im Feld: **ERZHERZOG / JOHANN / VON / OESTERREICH**, darunter Palm- und Lorbeerzweig, außen: ERWÄHLT ZUM REICHSVERWESER ÜBER DEUTSCHLAND D. 29 IUNI 1848
1848 (36 065)
Rand: ZWEY ✶ ✶ ✶ GULDEN ✶ ✶ ✶
Var.: Stempelkoppelung der Rs. mit Vs. der Nr. 5. Auch Rand mit vertieften Vierecken

40 (47) Gedenkdoppelgulden (S)   7 500.– / 10 000.–
Vs. wie Nr. 38
Rs. Im Feld: **FRIEDRICH / WILHELM IV / KOENIG VON / PREUSSEN**, darunter Palm- und Lorbeerzweig, außen: ERWÄHLT ZUM KAISER DER DEUTSCHEN D. 28. MÄRZ 1849
1849 (200)
Rand: ZWEY ✶ ✶ ✶ GULDEN ✶ ✶ ✶
Var.: Stempelkoppelung der Rs. mit Vs. der Nr. 5   12 000.–
Auch Rand mit vertieften Vierecken

41 (48) Gedenkdoppelgulden (S)   170.– / 350.–

FREIE STADT FRANKFURT · Gekrönter Adler, darunter Arabesken
Rs. Im Lorbeerkranz: ZU / GÖTHE'S / HUNDERTJÄHRI-GER / GEBURTSFEIER / AM 28 AUGUST / 1849
1849 (8500)
Rand: ZWEY ✶ ✶ ✶ GULDEN ✶ ✶ ✶

42 (49) Gedenkdoppelgulden (S)   150.– / 300.–

Vs. wie Nr. 41
Rs. Im Lorbeerkranz: ZUR / DRITTEN / SÄCULARFEIER / DES / RELIGIONS / FRIEDENS / VOM 25 SEPT. / 1555 / – ··· – / 1855; auf den Anschnitten der Lorbeerzweige CZ
(31 834)
Rand: ZWEY ✶ ✶ ✶ GULDEN ✶ ✶ ✶

43 (50) Gedenktaler (S)   120.– / 240.–

FREIE STADT FRANKFURT · Gekrönter Adler
Rs. **EIN GEDENKTHALER** / fünf Sterne / **ZU** / **SCHIL-LER'S** / **HUNDERTJÄHRIGER** / **GEBURTSFEIER** / vier Sterne / **AM 10. NOV. 1859**
1859 (24 560)

Rand: STARK IM RECHT (dazwischen Verzierungen)
Stempel von A. v. Nordheim

44 (51) Gedenktaler (S)   90.– / 220.–

FREIE STADT FRANKFURT · Gekrönter Adler
Rs. **EIN GEDENKTHALER ZUM DEUTSCHEN SCHÜTZENFESTE** · Stehende Frau mit Schild, worauf Doppeladler des Deutschen Bundes; auf dem Sockel Künstlersignatur: **A. v. NORDHEIM** · Im Feld **JULI – 1862**
1862 (44 334)
Rand: STARK IM RECHT (dazwischen Verzierungen)

45 (52) Gedenktaler (S)   160.– / 300.–

+ FREIE STADT FRANKFURT + EIN GEDENKTHA-LER · Gekrönter Adler
Rs. **FÜRSTENTAG ZU FRANKFURT AM MAIN IM AUGUST 1863** · Ansicht des Römers, darunter Künstlersignatur: **A. v. NORDHEIM** · **1863** (20 304)
Rand: STARK IM RECHT (dazwischen Verzierungen)

Frankfurt, Großherzogtum

Größe: 5217 qkm
Einwohner: 302 100
Hauptstadt: Frankfurt am Main
Wappen:
1. Familienwappen Dalberg
2. Frankfurt
3. Aschaffenburg (Mainz)
4. Fulda
5. Hanau

Das von Napoleon am 16. Februar 1810 vor allem aus den Fürstprimatischen Staaten gebildete Großherzogtum umfaßte das Gebiet der ehemaligen Freien Reichsstadt Frankfurt, die Fürstentümer Aschaffenburg, Fulda, Hanau, die Grafschaft Wetzlar und ehemals rechtsrheinische kurmainzische Gebietsteile. Der bisherige Fürstprimas des Rheinbundes und Fürst von Aschaffenburg, Carl Theodor von Dalberg, trug fortan zusätzlich den Titel Großherzog von Frankfurt. Die 1813 erfolgte Auflösung des Großherzogtums bestätigte 1815 der Wiener Kongreß.

Das Münzwesen hatte wie das des Rheinbundes den Konventionsfuß bzw. süddeutschen 24-Gulden-Fuß zur Grundlage. Demnach galt der Konventionstaler 2 Gulden 24 Kreuzer, der Gulden 72 Kreuzer. Gerechnet wurde jedoch der Taler zu 2 Gulden, der Gulden zu 60 Kreuzer, der Kreuzer zu 4 Heller bzw. Pfennig.

Münzstätte: Frankfurt a. M.

Münzmeister:
B = Johann Georg Bunsen, * 1766 in Frankfurt, † 1833 in Frankfurt; 1790–1825 in Frankfurt tätig

Münzwardein:
H = Johann Georg Hille, * 1772, † 1816; 1798–1812 in Frankfurt tätig

LITERATUR:
Kurt Jaeger, Die Münzprägungen der deutschen Staaten vom Ausgang des alten Reiches bis zur Einführung der Reichswährung, Band 2, Baden, Frankfurt, Kurhessen, Hessen-Darmstadt, Hessen-Homburg. 2. Aufl. Basel 1969
Paul Joseph und Eduard Fellner, Die Münzen von Frankfurt am Main, Frankfurt 1896 und 1903 (Supplement)

Carl Theodor von Dalberg (1810–1815)

1 (8) I Heller (K) 90.–/160.–
GROSH. FRANKF. SCHEIDE MÜNZ · Großherzoglich (= königlich) gekrönter, spatenblattförmiger Schild des kleinen Staatswappens
Rs. ✺ I ✺ / HELLER / Jahreszahl. Unten Mmz. B ✺ H · 1810, 1812
Rand glatt

Fürstenberg, Fürstentum

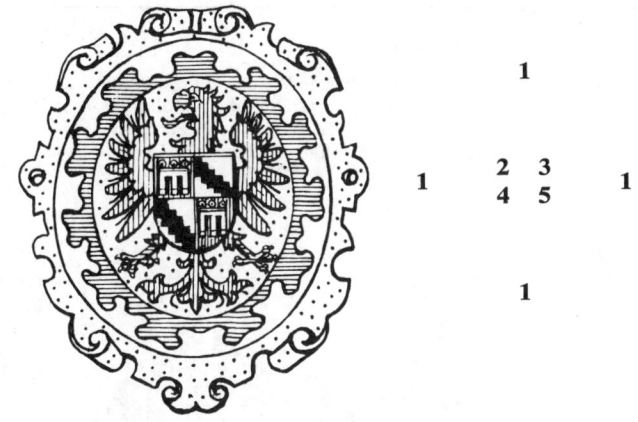

Größe: 2090 qkm (1806)
Einwohner: 97 000 (1806)
Wappen:
1. Stammwappen Fürstenberg
2. und 5. Werdenberg
3. und 4. Heiligenberg

1803 hatte sich das Fürstentum durch eine Reihe säkularisierter Klöster vergrößert, kam aber 1806 an Baden, Württemberg und Hohenzollern-Sigmaringen. Die reichsfürstliche Hauptlinie war mit Karl Joachim 1804 erloschen. Ihr folgte die sogenannte Fürstliche Böhmische Subsidial-Linie in Person des Fürsten Carl Egon (* 1796, † 1854).
Seit 1790 hatte Fürstenberg nicht mehr gemünzt. 1804 ordnete Karl Joachim an, zur Bekräftigung des ihm zustehenden Münzrechts sollten wieder Münzen geprägt werden. Die vorgesehenen Münzen wurden im Stuttgarter Münzamt hergestellt, und zwar entsprechend dem Konventionsfuß von 1753, wonach aus der Gewichtsmark Feinsilber (234 g) 10 Konventionstaler zu schlagen waren, der Taler zu 2 Gulden, der Gulden zu 60 Kreuzer gerechnet.

Münzstätte: Stuttgart

Medailleur:
    W., I.L.W. = Johann Ludwig Wagner, * 1773 in Durlach, † 1845 in Stuttgart

Wardein:
    C.H. = Johann Christian Heuglin, Wardein und Münzmeister in Stuttgart, um 1783–1808

Gesetzliche Ausbringung der im Jahre 1804 geprägten Konventionsmünzen

Nominal	Prägezeit	Metall	Gewicht g	Feingewicht g	Feingehalt $^0/_{00}$	Katalog-Nr.
Speciestaler		Silber	28,063	23,386	833,33	1
20 Kreuzer		Silber	6,682	3,898	583,33	2, 3
10 Kreuzer		Silber	3,898	1,949	500	4

LITERATUR:
F. Dollinger, Die Fürstenbergischen Münzen und Medaillen, Donaueschingen 1903

FÜRSTENBERG

Karl Joachim (1796–1804)

* 31.3.1771 als Sohn des Fürsten Joseph Wenzel (1762–1783) und dessen Gemahlin Maria Josepha Gräfin von Waldburg; folgte in der Regierung seinem Bruder Fürst Joseph Benedict (1783–1796). ∞ 1796 Caroline Sophie, Tochter des Landgrafen Joachim Egon von Fürstenberg. † 17.5.1804.

1   Konventionstaler (S)   3000.– / 4800.–
CAROLUS IOACHIM DG PRINC. FURSTENBERG · Brustbild n.r., darunter **I.L.W.**
Rs. **AD NORMAM CONVENTIONIS** · Mit dem Fürstenhut gekröntes Wappen, darunter **1804**/ Mmz. **C.H.** (388)
Laubrand

2   20 Kreuzer (S)   1200.– / 2200.–
✳ **CAROLUS IOACHIM D. G. PRINC. IN FURSTENBERG** · Brustbild n.r., darunter **W**.
Rs. **LX. EINE FEINE MARK. 1804.** · Mit dem Fürstenhut gekröntes Wappen, darunter **20** (3010 zusammen mit Nr. 3)
Laubrand

3   20 Kreuzer (S)   400.– / 700.–
CAROLUS IOACHIM. D. G. PRINC. FURSTENBERG: Brustbild n.r., darunter **W**.
Rs. wie Nr. 2. **1804** (3010 zusammen mit Nr. 2)
Laubrand

4   10 Kreuzer (S)   350.– / 600.–
CAROLUS IOACHIM. D. G. PRINC. FURSTENBERG: Brustbild n.r., darunter **W**.
Rs. **CXX. EINE FEINE MARK. 1804.** · Mit dem Fürstenhut gekröntes Wappen, darunter **10** (6075)
Laubrand

5   VI Kreuzer (B)   350.– / 600.–
FURST. FURSTENB. SCHEIDE MUNZE. · Monogramm aus **CJ**, darunter **VI / KREUZER / W**.
Rs. Zwischen **18–04** das mit dem Fürstenhut gekrönte Wappen (6720)
Laubrand

6   III Kreuzer (B)   250.– / 500.–
FURST. FURSTENB. SCHEIDE MUNZE · Monogramm aus **CJ**, darunter **III / KR. / W**.
Rs. Zwischen **18–04** das mit dem Fürstenhut gekrönte Wappen (11 644)
Laubrand

7   1 Kreuzer (K)   150.– / 300.–
C. I. D. G. PRINC. IN FURSTENBERG. · Das mit dem Fürstenhut gekrönte Wappen
Rs. Im Kranz aus Lorbeer- und Palmzweig: **EIN / KREUZER / 1804 / W.** (39 600)
Laubrand
2 Var.: Zeichnung des Lorbeerzweigs; Stellung der Schrift auf der Vs.

Fürstprimatische Staaten

3	2	4
2	1	2
5	2	6

Wappen:
1. Familienwappen Dalberg
2. Hochmeisterkreuz des Deutschen Ordens
3. und 6. Aschaffenburg (Mainz)
4. Regensburg
5. Wetzlar

1806 schlossen sich unter dem Protektorat Napoleons die süd- und westdeutschen Staaten zu einem Staatenbund, dem Rheinbund, zusammen. Sie hatten sich vom Reich losgesagt und für souverän erklärt. Der Kurfürst von Mainz und Reichserzkanzler Carl Theodor von Dalberg, der 1803 die linksrheinischen Gebiete von Kurmainz verloren hatte, aber u.a. im Besitz von Aschaffenburg geblieben und Bischof von Regensburg geworden war, nahm dabei die Würde des Fürstprimas der Rheinischen Konföderation an, die er auch nach Errichtung des Großherzogtums Frankfurt 1810 beibehielt. Im gleichen Jahr wurde das 1806 in ein weltliches Fürstentum umgewandelte Bistum Regensburg an Bayern abgetreten. Er war der Präsident der Bundesversammlung, zu deren Sitz Frankfurt am Main bestimmt war. Die Bundesversammlung wurde jedoch nie einberufen. Die Befreiungskriege 1813 bzw. der Wiener Kongreß 1815 setzten dem Bund ein Ende.

Den Münzen lag der Konventionsfuß bzw. der süddeutsche 24-Gulden-Fuß zugrunde, nach dem die Reichsstadt Frankfurt und das Kurfürstentum Mainz seit 1796 münzten. 10 Konventionstaler wurden aus der Gewichtsmark Feinsilber (234 g) geschlagen, der Taler gerechnet zu 2 Gulden, der Gulden zu 60 Kreuzer, der Kreuzer zu 4 Heller bzw. Pfennig (die Bezeichnung Heller für Pfennig war vor allem im Hessischen gebräuchlich). Bewertet wurde der Konventionstaler jedoch mit 2 Gulden 24 Kreuzer, der Konventionsgulden mit 72 Kreuzer.

Münzstätte: Frankfurt a. M.
Münzmeister: B = Johann Georg Bunsen, 1790–1825 in Frankfurt tätig
Münzwardein: H, G.H. = Johann Georg Hille, 1798–1812 in Frankfurt tätig

Gesetzliche Ausbringung der wichtigsten Sorten

Nominal	Prägezeit	Metall	Gewicht g	Feingewicht g	Feingehalt $^0/_{00}$	Katalog-Nr.
Dukat	1809	Gold	3,49	3,442	986,11	1
Speciestaler	1808	Silber	28,063	23,386	833,33	2

LITERATUR:

Kurt Jaeger, Die Münzprägungen der deutschen Staaten vom Ausgang des alten Reiches bis zur Einführung der Reichswährung, Band 2, Baden, Frankfurt, Kurhessen, Hessen-Darmstadt, Hessen-Homburg. 2. Aufl. Basel 1969
Paul Joseph und Eduard Fellner, Die Münzen von Frankfurt am Main, Frankfurt 1896 und 1903 (Supplement)

FÜRSTPRIMATISCHE STAATEN   112

Fürstprimas Carl Theodor von Dalberg (1806–1810)

* 8.2.1744 in Herrnsheim, Kreis Worms, als Sohn des kurmainzischen Geheimen Rats Franz Heinrich von Dalberg.
† 10.2.1817 als Bischof von Regensburg ebenda

1   (4) Dukat (G)   1200.–/2500.–
CAROLUS D.G.S.S.R.ARCHIEP. · Brustbild n.r., darunter Mmz. B.H
Rs. PRINC. PRIMAS CONFOED. RHENAN. · Mit dem Fürstenhut gekrönter, spatenblattförmiger Wappenschild, darin das Mainzer Rad. Unten 18–09
Rand gekerbt
Auch Probe mit glattem Rand

2   (3) Konventionstaler (S)   600.–/1200.–

CARL FÜRST PRIMAS · Brustbild n.r., darunter Mmz. B
Rs. X. EINE FEINE MARK · Vor einem auf Krummstab und Schwert gelegten Hermelinmantel der Mainzer Wappenschild mit dem Fürstenhut gedeckt. Mmz. B H · 1808
Laubrand
Var.: 5 Var. (Zeichnung des Wappenmantels; B H mit und ohne Punkte; Rs. mit kleiner Schrift)

3   (2) I Kreuzer (B)   100.– /200.–
FÜRST. PRIM. SCHEID. MÜNZ. · Wappen wie Nr.1
Rs. I / KREUZER / Jahreszahl. Unten Mmz. B ❀ H · 1808, 1809, 1810
Rand glatt
Var.: 1808: 2 Var. (Größe der Jahreszahl); Goldabschlag.
1809: 2 Var. (Interpunktion)

4   (1) I Heller (K)   150.– /300.–
FÜRST. PRIM. SCHEIDE MÜNZ · Wappen wie Nr.1
Rs. ❀ I ❀ / HELLER / Jahreszahl. Unten Mmz. B ❀ H · 1808 (32832), 1810, 1812
Rand glatt

Prägungen für die Exklave Regensburg

Größe: 1542 qkm
Einwohner: 108000
Hauptstadt: Regensburg

Nach dem Verlust der linksrheinischen Gebiete an Frankreich verblieb dem Kurfürsten und Erzbischof von Mainz, Bischof von Regensburg und Konstanz, Reichserzkanzler Carl Theodor von Dalberg u.a. das Bistum Regensburg, das 1806 in ein Fürstentum verwandelt wurde. Es bestand im wesentlichen aus dem Gebiet des Stifts und der Reichsstadt Regensburg. 1810 wurde das Fürstentum Bayern einverleibt.

Münzstätte: Regensburg
Münzmeister und Medailleur: B, CB = Georg Christoph Busch, ca. 1770–1811

Gesetzliche Ausbringung der Silbersorten

Nominal	Prägezeit	Metall	Gewicht g	Feingewicht g	Feingehalt ⁰/₀₀	Katalog-Nr.
Konventionstaler	1808, 1809	Silber	28,063	23,386	833,33	6, 7
Gulden	1809	Silber	14,031	11,693	833,33	8

Carl Theodor von Dalberg (1804–1810), Fürst von Regensburg (1806–1810), Bischof von Regensburg (1804–1817)

5 (7 a) Dukat (G)   4000.–/7500.–
○ CAROL. PR. PRIMAS CONFOED. RHEN. · Brustbild n. r.
Rs. DUCATUS RATISBON. Vor einem auf Krummstab und Schwert gelegten Hermelinmantel Wappenschild, darin das Mainzer Rad, mit dem Fürstenhut gedeckt; ähnlich Nr. 2. Unten **1809**
Rand gekerbt

7 (7) Konventionstaler (S)   500.–/1250.–
Vs. wie Nr. 6
Rs. X. EINE FEINE MARK 1809. Unten REGENSBURG · Wappen ähnlich Nr. 2. Mmz. C B
Laubrand

6 (6) Konventionstaler (S)   550.–/1500.–
✺ CARL FÜRST PRIMAS DER RHEIN. CONFOED. · Brustbild n. r.
Rs. Zwischen Palm- und Lorbeerzweigen **X / EINE / FEINE MARK / REGENSBURG /** Jahreszahl. Unten Mmz. **B · 1809**
Laubrand
Var.: 2 Var. (Interpunktion)

8 (5) Gulden (S)   250.–/500.–
✺ CARL FÜRST PRIMAS DER RHEIN. CONFOED. · Brustbild n. r.
Rs. Zwischen Palm- und Lorbeerzweigen **XX / EINE / FEINE. MARK / REGENSBURG /** Jahreszahl. Unten Mmz. **B · 1809**
Laubrand
Var.: 2 Var. (Interpunktion)

Hamburg, Freie und Hansestadt

Größe: 1905: 414 qkm
Einwohner: 1842: 166740; 1905: 874878
Wappen: In Rot eine silberne dreitürmige Burg. Die Form und die Nebenstücke der Burg wurden 1835 nach langen Schwankungen in Anlehnung an das zweite Großsiegel von Hamburg von 1254 festgelegt, dazu auch die gültige Farbstellung.

Wie Bremen und Lübeck gehörte auch Hamburg bis zu den Befreiungskriegen zum französischen Kaiserreich. 1815 trat der Stadtstaat dem Deutschen Bund bei. Die folgenden Jahrzehnte waren besonders dem Ausbau des Seeverkehrs mit Süd- und Mittelamerika gewidmet. 1842 vernichtete Feuer einen Großteil der Stadt. Sich lang hinziehende innerpolitische Kämpfe führten schließlich zur Einführung einer Verfassung. Dem Norddeutschen Bund schloß sich Hamburg 1867 an, 1888 an das deutsche Zollgebiet, nachdem sich die Stadt auf die Dauer von der Schutzzollpolitik des Reiches nicht fernhalten konnte. Sie erhielt jedoch einen Freihafen. Bis zum Weltkrieg 1914/18 hatte sich Hamburg zum ersten Seehandelsplatz Deutschlands entwickelt.

Hamburg kannte zwei Währungen: die Bankwährung und die Kurantwährung. Die Bankwährung war eine Rechnungswährung des Großhandels und nicht durch Münzgeld vertreten. Die Kurantwährung dagegen war die Währung des täglichen Verkehrs, dargestellt durch die Silbermark und deren Unterteilungen. Man rechnete die Mark zu 16 Schilling, den Schilling zu 12 Pfennig bzw. 2 Sechsling (6 Pfennig) oder 4 Dreiling (3 Pfennig).

Außer den Währungsmünzen prägte die Stadt Dukaten, die als Goldmünzen keine gesetzlichen Zahlungsmittel im eigentlichen Sinne waren, sondern Handelsmünzen wie in allen Ländern mit Silberwährung. 1873 wurde die Reichswährung eingeführt.

Umrechnungen:

1 Bankmark = 1 Kurantmark 4 Schilling 2,7 Pfennig
1 Kurantmark = 12 Silbergroschen norddeutscher Währung (30-Taler-Fuß von 1857)
 = 42 Kreuzer süddeutscher Währung (52½-Gulden-Fuß von 1857)
 = 12 Schilling 7,9 Pfennig Hamburger Banco (Bankmark)
1 Dukat = etwa 8 Kurantmark

Nach Umstellung auf die Reichswährung 1873:

1 Bankmark = 1 Mark 52 Pfennig
1 Kurantmark = 1 Mark 20 Pfennig
1 Dukat = 9 Mark 55 Pfennig

Münzstätten:

J = Hamburg
 Altona 1805, 1842–1862
A = Berlin 1855
B = Hannover 1868–1872

Münzmeister:

O.H.K. = Otto Hinrich Knorre, 1761–1805
H.S.K. = Hans Schierven Knoph, 1805–1842
C.A.I.G. = Ginquembre, französischer Beamter, 1813

Medailleure:

Heinrich Friedrich Brehmer, * 1815, † 1889 in Hannover
Emil Weigand, * 1837 in Berlin, † 1906 in Berlin

HAMBURG

Gesetzliche Ausbringung der wichtigsten Sorten vor Einführung der Reichswährung

Nominal	Prägezeit	Metall	Gewicht g	Fein- gewicht g	Fein- gehalt °/₀₀	Katalog-Nr.
Doppeldukat	1800–1810	Gold	6,981	6,834	979	1–3
Dukat	1800–1872	Gold	3,490	3,417	979	4–11
32 Schillinge	1808–1809	Silber	18,342	13,756	750	12–14
Schilling	1817–1855	Billon	1,083	0,406	375	15–21
Sechsling	1800–1855	Billon	0,769	0,192	250	22–29
Dreiling	1800–1855	Billon	0,513	0,096	187,5	30–36

LITERATUR:
O. C. Gaedechens, Hamburgische Münzen und Medaillen, Band 1–3, Hamburg 1843–1876
Kurt Jaeger und Jens-Uwe Rixen, Die Münzprägungen der deutschen Staaten vor Einführung der Reichswährung, Band 6: Nordwestdeutschland, Basel 1971
C. Schwalbach, Die neuesten deutschen Münzen unter Talergröße vor Einführung des Reichsgeldes. 3. Aufl. Leipzig 1904
S. a. Deutsches Reich

1 (85) Doppeldukat (G)   1400.– / 2800.–
Verzierte und oben mit der Hamburger Wappenburg besetzte Schrifttafel, darauf: MON. AVR. / HAMBVR / GENSIS. / AD LEGEM / IMPERII.
Rs. FRANCISCVS · II · D · G · R · IMP · SEMP · AVGVST · Jahreszahl. Nimbierter Doppeladler des römisch-deutschen Reiches mit Zepter und Schwert in den Fängen, den Reichsapfel auf der Brust, von der Kaiserkrone überhöht. 1800 (811), 1801 (1273,) 1802 (1256), 1803 (837), 1804 (1072), 1805 (9466 einschließlich Dukaten Nr. 4)
Rand schräg geriffelt
Varianten

2 (85) Doppeldukat (G)   1800.– / 3300.–
Verzierte Schrifttafel, darauf: MON. AVR. / HAMBVR / GENSIS. / AD LEGEM / IMPERII
Rs. FRANCISCVS · II · D · G · R · IMP · SEMP · AVGVST · 1806 · Doppeladler. (1201)
Rand: vertiefte Ovale

3 (88) Doppeldukat (G)   1400.– / 2800.–
NVMVS. AVREVS. HAMBVRGENSIS. Burg, unten Jahreszahl
Rs. verzierte Schrifttafel, darauf: · 67 · / AEQV:POND · / 2 MARC: COLON / PRETII / 23½ KARAT · 1808 (1250), 1809 (1250), 1810 (1050)
Rand schräg geriffelt

4 (84) Dukat (G)   1000.– / 1800.–
Verzierte Schrifttafel, darauf: MON. AVR. / HAMBVR / GENSIS. / AD LEGEM / IMPERII

Rs. FRANCISCVS II D G ROM IMP SEMP AVGVST ·
Doppeladler, unten Jahreszahl 1800 (3370), 1801 (7236), 1802 (9199), 1803 (6365), 1804 (7284), 1805 (9466 zusammen mit Nr.1), 1806 (9000 zusammen mit Nr.2)
Rand schräg geriffelt

5 (86) Dukat (G)   900.– / 1800.–
NUMUS. AUREUS. HAMBURGENSIS. Stehende Hammonia, unten Jahreszahl
Rs. wie bei Nr. 1 verzierte Schrifttafel, darauf: · 67 · / AEQV: POND MARC COLON / PRETII / 23½ KARAT. · 1807 (6000)
Rand schräg geriffelt; auch mit glattem Rand
Var.: Vs. mit B am Sockel

6 (87) Dukat (G)   800.– / 1600.–
NVMVS. AVREVS. HAMBVRGENSIS. Die Hamburger Burg mit offenem Tor, unten Jahreszahl
Rs. verzierte Schrifttafel, darauf: · 67 · / AEQV:POND. / MARC:COLON / PRETII / 23½ KARAT · 1808 (7500), 1809 (7500), 1810 (7407)
Rand schräg geriffelt

7 (89) Dukat (G)   600.– / 1 000.–

NUMUS · AUREUS HAMBURGENSIS. Stehender Krieger mit Lanze und Schild, darauf die Hamburger Burg. Beiderseits im Feld die Jahreszahl
Rs. verzierte Schrifttafel, darauf: · 67 · / **AEQV: POND** / **MARC: COL. / PRETII / 23½ KARAT** · **1811** (10 595), **1815** (9965), **1817** (5000), **1818** (7000), **1819** (8901), **1820** (7000), **1821** (9900), **1822** (12 700), **1823** (8700), **1824** (6970), **1825** (10 400), **1826** (12 400), **1827** (11 001), **1828** (8601), **1829** (9606), **1830** (12 000), **1831** (9200), **1832** (9500), **1833** (9440), **1834** (10 050)
Rand schräg geriffelt
Var.: Schrift, Interpunktion

8 (90, 91) Dukat (G)   450.– / 800.–

NVMVS. AVREVS HAMBVRGENSIS · Stehender Krieger in Rüstung mit Schwert und Schild, darauf die Hamburger Burg. Beiderseits im Feld die Jahreszahl
Rs. verzierte Schrifttafel, darauf: · 67 · / **AEQV: POND:** / **MARC: COL: / PRETII / 23½ KARAT.** · **1835** (10 385), **1836** (8067), **1837** (8156), **1838** (9000), **1839** (9045), **1840** (9882), **1841** (10 287), **1842** (12 000), **1843** (11 808), **1844** (9767), **1845** (12 049), **1846** (10 040), **1847** (10 799), **1848** (10 434), **1849** (13 043), **1850** (10 430)
Rand schräg geriffelt

9 (92) Dukat (G)   320.– / 600.–

NVMVS AVREVS HAMBVRGENSIS. Stehender Krieger in Rüstung mit Schwert und Schild. Im Feld die Jahreszahl
Rs. verzierte Schrifttafel, darauf ❀ 67 ❀ / **AEQV. POND.** / **MARC. COL. / PRETII / 23½ KARAT.** · **1851** (10 516), **1852** (8497), **1853** (9476)
Rand schräg geriffelt

10 (93 a) Dukat (G)   300.– / 550.–

Vs. wie Nr. 9
Rs. verzierte Schrifttafel, darauf ❀ 67 ❀ / **AEQV. POND.** / **MARC. COL. / PRETII / 979 MILLEs** · **1854** (10 316), **1855** (12 194), **1856** (10 678), **1857** (10 732), **1858** (12 154), **1859** (10 119), **1860** (14 246), **1861** (14 826), **1862** (15 200), **1863** (16 596), **1864** (20 440), **1865** (23 755), **1866** (17 000), **1867** (24 000)
Rand gerade geriffelt

11 (93 b) Dukat (G)   300.– / 450.–

Vs. wie Nr. 10
Rs. wie Nr. 10, jedoch in der unteren Muschel Mzz. **B · 1868** (25 700), **1869** (25 000), **1870** (26 000), **1871** (30 000), **1872** (30 000)
Rand geriffelt

12 (38) Doppelmark = 32 Schilling (S)   200.– / 400.–

❀ 17 · EINE ❀ MARK ❀ FEIN ❀ · Behelmtes Wappen (mittleres Staatswappen), darunter Mmz. **H. S. K.**
Rs. ❀ 32 ❀ SCHILLINGE / HAMBURGER / COURANT / Jahreszahl **1808** (210 000)
Rand: blütenartige Verzierung

13 (39 a) Doppelmark = 32 Schilling (S)   150.– / 280.–

Vs. wie Nr. 12, jedoch andere Zeichnung und kleinerer Schrötling
Rs. wie Nr. 12, aber Punkt nach Jahreszahl. **1809** (390 000)
Rand: blütenartige Verzierung
Varianten

14 (39 b) Doppelmark = 32 Schilling (S)   140.– / 260.–

Vs. wie Nr. 13

Rs. wie Nr. 12, aber Punkt nach Jahreszahl und Mmz. **C. A. I. G. · 1809**
Rand: blütenartige Verzierung
Varianten

15 (31 b) Schilling (B) 25.– / 60.–
Burg, darunter Mmz. **H. S. K**
Rs. ✧ I ✧ / SCHILLING / HAMBVRGER / COVRANT · /
Jahreszahl **1817** (18 528), **1818** (28 800), **1819** (148 800)
Rand glatt

16 (42, 45) Schilling (B) 20.– / 45.–
Burg, darunter Mmz. **H. S. K.**
Rs. · I · / SCHILLING / HAMB:COVR: / Jahreszahl **1823** (138 384), **1828** (141 600), **1832** (142 272), **1837** (152 639), **1840** (143 869)
Rand glatt
Var. **1832, 1837, 1840**: mit COUR · Weitere Var. (Interpunktion; Wertzahl zwischen Rosetten)

17 (48 a) Schilling (B) 20.– / 45.–
Burg von zwei Sternen überhöht, das Tor geschlossen, darunter Mmz. **H. S. K.**
Rs. ✧ I ✧ / SCHILLING / HAMB. COUR. / Jahreszahl **1841** (148 800)
Rand glatt

18 (48 b) Schilling (B) 15.– / 30.–
Burg (ohne Mmz.)
Rs. wie Nr. 17. **1846** (240 000)
Rand glatt

19 (48 b) Schilling (B) 15.– / 30.–
Burg
Rs. ✳ I ✳ / SCHILLING / HAMB. COUR. / **1851** (240 000)
Rand glatt

20 (51 a) Schilling (B) 15.– / 35.–
Burg
Rs. ✳ I ✳ / SCHILLING / HAMB. COUR. / **1855** / A (112 000)
Rand glatt

21 (51 b) Schilling (B) 10.– / 20.–
Vs. wie Nr. 20
Rs. wie Nr. 20, jedoch ohne A. **1855**
Rand glatt

22 (30 a) Sechsling (B) 10.– / 20.–
Burg, darunter Mmz. **O. H. K.**
Rs. + I + / SECHSLING / Jahreszahl **1800** (226 560), **1803** (182 400)
Rand glatt

23 (30 b) Sechsling (B) 35.– / 70.–
Burg, darunter Mmz. **H. S. K.**
Rs. ✧ I ✧ / SECHSLING / Jahreszahl **1807** (96 000), **1809** (192 000), **1817** (48 000)
Rand glatt

24 (41, 44) Sechsling (B) 25.– / 60.–
Burg ähnlich Nr. 6, aber auf Bodenplatte, darunter Mmz. **H. S. K.**
Rs. ✧ I ✧ / SECHSLING / Jahreszahl **1823** (30 240), **1832** (65 664), **1833** (134 976), **1836** (154 560), **1839** (353 856)
Rand glatt
Var. **1832** mit leicht geänderter Vs.

25 (47 a) Sechsling (B) 20.– / 50.–
Burg, darunter Mmz. **H. S. K.**
Rs. ✧ I ✧ / SECHSLING / Jahreszahl **1841** (292 800)
Rand glatt

HAMBURG

26 (47 b) Sechsling (B) 20.– / 50.–
Burg (ohne Mmz.)
Rs. wie Nr. 25. **1846** (480 000)
Rand glatt

27 (47 b) Sechsling (B) 15.– / 30.–
Burg
Rs. * I * / SECHSLING / **1851** (480 000)
Rand glatt

28 (50 a) Sechsling (B) 15.– / 30.–
Burg
Rs. * I * / SECHSLING / **1855** / A (97 920)
Rand glatt

29 (50 b) Sechsling (B) 9.– / 18.–
Vs. wie Nr. 28
Rs. wie Nr. 28, jedoch ohne A. **1855**
Rand glatt

30 (29 a) Dreiling (B) 25.–/ 50.–
Burg, darunter Mmz. **O.H.K.**
Rs. + I + / DREILING / Jahreszahl **1800** (656 000), **1803** (355 200)
Rand glatt

31 (29 b, 40, 43) Dreiling (B) 30.– / 60.–
Burg, darunter Mmz. **H.S.K.**
Rs. ❋ I ❋ / DREILING / Jahreszahl **1807** (384 000), **1809** (768 000), **1823** (21 120), **1832** (36 480), **1833** (302 784), **1836** (292 800), **1839** (299 136)
Rand glatt
Ab **1823** mit leicht geänderten Vs., Wertzahl zwischen zwei Punkten oder Rosetten   Abschlag in G fst **625.–**

32 (46 a) Dreiling (B) 30.– / 60.–
Burg, darunter Mmz. **H.S.K.**
Rs. ❋ I ❋ / DREILING / Jahreszahl **1841** (554 496)
Rand glatt

33 (46 b) Dreiling (B) 25.– / 50.–
Burg (ohne Mmz.)
Rs. wie Nr. 32. **1846** (573 540)
Rand glatt

34 (46 b) Dreiling (B) 30.– / 60.–
Burg
Rs. ❋ I ❋ / DREILING / **1851** (578 072)
Rand glatt

35 (49 a) Dreiling (B) 10.– / 20.–
Burg
Rs. ❋ I ❋ / DREILING / **1855** / A (320 000)
Rand glatt

36 (49 b) Dreiling (B) 12.– / 25.–
Vs. wie Nr. 35
Rs. wie Nr. 35, jedoch ohne A. **1855**
Rand glatt

Nach Einführung der Reichswährung

37 (210) 20 Mark (G) 280.– / 380.–
FREIE UND HANSESTADT HAMBURG. Behelmtes Wappen, von zwei Löwen gehalten (großes Staatswappen). Unten Mzz. **J**

Rs. **DEUTSCHES REICH,** Jahreszahl, Reichsadler (Modell 1871–1889). Unten **20 MARK · 1875** (312891), **1876** (1723391), **1877** (1324261), **1878** (2079600), **1879** (104126), **1880** (119960), **1881** (500), **1883** (124631), **1884** (638867), **1887** (250595), **1889** (14429)
Rand: GOTT MIT UNS (dazwischen Verzierungen)

38 (212) 20 Mark (G)   240.–/320.–
Vs. wie Nr. 37
Rs. **DEUTSCHES REICH,** Jahreszahl, Reichsadler (Modell 1889–1918). Unten **20 MARK · 1893** (814644), **1894** (500635), **1895** (501114), **1897** (500234), **1899** (1001522), **1900** (501367), **1913** (491133)
Rand: GOTT MIT UNS (dazwischen Verzierungen)
Nach Jaeger, Die deutschen Münzen seit 1871, sind nichtoffizielle Prägungen die Jahrgänge 1905, 1906, 1908, 1909, 1910, 1912. Nach Beckenbauer, Standard Münzkatalog Deutschland, existieren offiziell noch die Jahrgänge 1892, 1896, 1898, 1904, 1905, 1906, 1908, 1909, 1910, 1912

39 (206) 10 Mark (G)   1300.–/2200.–
FREIE UND HANSESTADT HAMBURG. Behelmtes, unten rundes Wappen, darunter Mzz. **B** (von H. F. Brehmer)
Rs. **DEUTSCHES REICH,** Reichsadler (Modell 1871–1889). Unten **10 M.** und Jahreszahl **1873** (25200)
Rand: Ranken und Sterne

40 (207) 10 Mark (G)   1000.–/1700.–
FREIE UND HANSESTADT HAMBURG. Behelmtes, unten zugespitztes Wappen, darunter Mzz. **B** (von H. F. Brehmer)
Rs. **DEUTSCHES REICH,** Jahreszahl, Reichsadler (Modell 1871–1889). Unten **10 MARK · 1874** (50200)
Rand: Ranken und Sterne

41 (209) 10 Mark (G)   220.–/360.–
FREIE UND HANSESTADT HAMBURG. Behelmtes Wappen, von zwei Löwen gehalten. Unten Mzz. **J**
Rs. wie Nr. 40. **1875** (564880), **1876, 1877** (ca. 220000), **1878** (316110), **1879** (255482), **1880** (139230), **1888** (162863)
Rand: Ranken und Sterne

42 (211) 10 Mark (G)   220.–/320.–
FREIE UND HANSESTADT HAMBURG. Behelmtes Wappen, von zwei Löwen gehalten. Unten Mzz. **J**
Rs. **DEUTSCHES REICH,** Jahreszahl, Reichsadler (Modell 1889–1918). Unten **10 MARK · 1890** (244564), **1893** (245564), **1896** (163510), **1898** (344101), **1900** (81654), **1901** (81891), **1902** (40763), **1903** (229786), **1905** (164000), **1906** (163347), **1907** (111373), **1908** (31665), **1909** (122245), **1910** (40598), **1911** (75000), **1912** (47775), **1913** (40937)
Rand: Ranken und Sterne

43 (208) 5 Mark (G)   420.–/580.–
FREIE UND HANSESTADT HAMBURG. Behelmtes Wappen, von zwei Löwen gehalten. Unten Mzz. **J**
Rs. **DEUTSCHES REICH,** Jahreszahl, Reichsadler (Modell 1871–1889). Unten **5 MARK · 1877** (440820)
Rand glatt

44 (62) 5 Mark (S)   120.–/850.–
FREIE UND HANSESTADT HAMBURG. Behelmtes Wappen, von zwei Löwen gehalten. Unten Mzz. **J**
Rs. **DEUTSCHES REICH,** Jahreszahl, Reichsadler (Modell 1871–1889). Unten **FÜNF MARK · 1875** (285661), **1876** (930000), **1888** (40363)
Rand: GOTT MIT UNS (dazwischen Verzierungen)

45 (65) 5 Mark (S)   80.–/160.–
FREIE UND HANSESTADT HAMBURG. Behelmtes Wappen, von zwei Löwen gehalten. Unten Mzz. **J**
Rs. **DEUTSCHES REICH,** Jahreszahl, Reichsadler (Modell

1889–1918). Unten **FÜNF MARK** · **1891** (59 409), **1893** (54 660), **1894** (81 700), **1895** (81 700), **1896** (16 340), **1898** (175 974), **1899** (81 700), **1900** (171 859), **1901** (171 603), **1902** (294 034), **1903** (588 535), **1904** (318 640), **1907** (325 534), **1908** (457 794), **1913** (326 800)
Rand: GOTT MIT UNS (dazwischen Verzierungen)

FREIE UND HANSESTADT HAMBURG. Behelmtes Wappen, von zwei Löwen gehalten. Unten Mzz. **J** (von E. Weigand)
Rs. **DEUTSCHES REICH**, Jahreszahl, Reichsadler (Modell 1871–1889). Unten **ZWEI MARK** · **1876** (2 325 000), **1877** (499 631), **1878** (349 578), **1880** (98 936), **1883** (60 446), **1888** (99 820)
Rand geriffelt

46 (64) 3 Mark (S)   50.– / 65.–

FREIE UND HANSESTADT HAMBURG. Behelmtes Wappen, von zwei Löwen gehalten. Unten Mzz. **J**
Rs. **DEUTSCHES REICH**, Jahreszahl, Reichsadler (Modell 1889–1918). Unten **DREI MARK** · **1908** (408 475), **1909** (1 388 892), **1910** (525 500), **1911** (922 000), **1912** (491 088), 1913 (343 900), **1914** (575 111)
Rand: GOTT MIT UNS (dazwischen Verzierungen)

48 (63) 2 Mark (S)   80.– / 130.–
Vs. wie Nr. 47
Rs. **DEUTSCHES REICH**, Jahreszahl, Reichsadler (Modell 1889–1918). Unten **ZWEI MARK** · **1892** (140 925), **1893** (145 800), **1896** (286 434), **1898** (117 843), **1899** (286 360), **1900** (576 669), **1901** (482 408), **1902** (778 880), **1903** (817 215), **1904** (1 248 330), **1905** (204 040), **1906** (1 224 910), **1907** (1 225 503), **1908** (367 750), **1911** (204 250), **1912** (78 500), **1913** (105 325), **1914** (327 758)

47 (61) 2 Mark (S)   100.– / 420.–

Rand geriffelt

Hannover, Kurfürstentum, ab 1814 Königreich

1
2
5a 5b
5d
5c
3 4

Größe: 38 584 qkm
Einwohner: 1 292 958 (1813)
Hauptstadt: Hannover

Wappen (1848):
1. England
2. Schottland
3. Irland
4. England

5a. Braunschweig
5b. Lüneburg
5c. Niedersachsenroß
5d. Reichserzschatzmeisterschild

Zu Beginn des 19. Jahrhunderts war das Land kurzfristig von Preußen besetzt, doch schon 1807 nach dessen Niederlage französischer Militärverwaltung unterstellt worden. Der südliche Teil des Landes (etwa von der Linie Minden-Lauenburg südwärts) wurde 1810 zum Königreich Westfalen geschlagen, während der nördliche, der Kontinentalsperre wegen, dem französischen Kaiserreich einverleibt wurde. Diese Aufteilung bestand bis 1813. Mit der in der Schlußakte des Wiener Kongresses vom 9.6.1815 bestätigten Rangerhöhung zum Königreich Hannover und mit der Annahme des Königstitels am 12.8.1814 gingen beträchtliche Landgewinne einher. Doch mußten Preußen, als Gegenleistung für Gebietsabtretungen, drei Militärstraßen durch die Lande gewährt werden. Die Kanzlei für das Land befand sich der Personalunion mit England wegen bis 1830 in London. Dann wurde sie nach Hannover selbst zurückverlegt, und ein Staatsgrundgesetz wurde am 9.10.1833 erlassen. 1837 wurde die bis dahin bestehende Personalunion mit England anderen Erbfolgerechts zufolge gelöst, und der fünfte Sohn König Georgs III., Ernst August, bestieg den Thron in Hannover. Der Anschluß an den Deutschen Zollverein erfolgte 1840. Ernst Augusts Sohn Georg V., letzter König von Hannover, stand im Krieg zwischen Preußen und Österreich auf seiten des letzteren und büßte 1866 den Thron ein, da das Land nach der Kapitulation der Armee bei Langensalza mit Patent vom 3.10.1866 zur preußischen Provinz erklärt wurde. Geringen Gebietszuwachs erfuhr die preußische Provinz durch die 1922 erfolgte Vereinigung mit dem waldeckschen Pyrmont. Ein Gebietsaustausch brachte im Jahre 1932 gewisse Veränderungen durch Abgabe der Grafschaft Hohnstein mit Ilfeld an die Provinz Sachsen und Übernahme des bis dahin hessischen Kreises Grafschaft Schaumburg/Weser. Heute ist Hannover Kernland des Bundeslandes Niedersachsen.

Mit der Wiederinbetriebnahme der Münze in Hannover war 1801 beschlossen worden, die bisherige Prägung nach dem 1737 als Reichsfuß anerkannten Leipziger Talerfuß von 12 Stück aus der feinen Mark durch Prägungen nach dem Konventionsfuß von 1753 zu 10 Talern aus der feinen Mark abzulösen. Prägungen im Leipziger Fuß als sogenanntes »Kassengeld« erfolgten 1801 noch probeweise als Taler (126 Stück insgesamt), Halbtaler (372 Stück insgesamt), 2/3 Stücke (2030 Stück insgesamt) sowie 1/12 Taler (ca. 8780 Stück insgesamt). Die dann eintretenden Kriegswirren verhinderten die Durchführung des Beschlusses vom 10.12.1802 über die Einführung des Konventionstalerfußes; erst mit Verordnung vom 1.11.1817 wurde dieser verbindlich. In den Jahren 1817–1826 wurden Konventionsmünzen in reicher Zahl geprägt; der Taler zu 24 Guten Groschen zu je 12 Pfennigen. Daneben mußten ab 1822 auf Wunsch der Außenhandelspartner erneut 2/3 Stücke nach dem Leipziger Fuß (18 aus der feinen Mark) geprägt werden, um die 10 Prozent betragende Abwertung der Konventionsmünze im Außenhandel nicht spürbar werden zu lassen.

Mit Gesetz vom 8.4.1834 führte Hannover ab 1.7.1834 den preußischen 14-Taler-Fuß ein und trat der Dresdener Konvention von 1838 mit Wirkung zum 1.1.1854 bei. Dieser Taler wurde ebenfalls in 24 Gute Groschen zu je 12 Pfennigen unterteilt, doch rechnete man im gewöhnlichen Verkehr auf ihn 36 Mariengroschen zu je 8 Pfennigen. Gemäß der Verordnung vom 21.12.1839 stellte die Münze die Prägung von Feinsilbertalern ein und prägte nur noch beschickte 750/000 feine Stücke.

Dem Wiener Vertrag über die Einführung des 30-Taler-Fußes aus dem Zollpfund von 500 g trat das Land mit Gesetz vom 3.6.1857 und Wirkung zum 1.10.1858 bei. Der Taler wurde gleich den Verhältnissen in Braunschweig zu 30 Groschen zu je 10 Pfennigen gerechnet. Nach dem Verlust der Selbständigkeit erlosch die eigene Prägung und ab 1.1.1868 wurde das preußische Münzgesetz mit der Teilung des Talers in 30 Silbergroschen zu je 12 Pfennigen verbindlich. Die Einführung der Reichswährung erfolgte 1874.

Für das Gebiet des Herzogtums Bremen rechnete man nach Mark, 3 auf einen norddeutschen Taler. In Verden teilte man analog der Rechenweise in Bremen den Taler in 72 Grote zu je 5 Schwaren und schließlich im 1815 an Hannover gefallenen Ostfriesland den Reichstaler in 54 Stüber zu je 10 Witten. Die Stüberrechnung wurde zum 1.1.1842 fallengelassen; Prägungen erfolgten in den Jahren 1823–1825.

Gold war vor Abschluß des Wiener Vertrages nicht offizielles Kurant, sein Wert war variabel und wurde den Erfordernissen entsprechend von Zeit zu Zeit festgelegt. Ausprägung erfolgte gelegentlich auch für private Rechnung, so z.B. in den Jahren 1813/14 für die Vettern Cohen und Michael Berend. Die Dukaten aus Harzgold wurden dem Reichsfuß gemäß geprägt. Dem Wiener Vertrag gemäß prägte Hannover ganze und halbe Kronen zu 50 bzw. 100 Stück aus dem Zollpfund (500 g) Feingold.

Münzstätten:

>   Clausthal   Mzz. C · = 1814–1841
>   Mzz. A (bedeutet auch »Administration«) = 1832–1849 (am 30.6.1849 geschlossen)
>   Hannover 1800–1878, Mzz. B 1866–1878
>   London   1813–1815

Medailleure:

>   London: T.W. = Thomas Wyon II., * 1792 in Birmingham, † 1817 in Hastings
>   William Wyon, * 1795 in Birmingham, † 1851 in Brighton
>   Clausthal: M = Heinrich Ludwig Maas, tätig in Hannover 1815–1831
>   W = Friedrich Welkner, tätig in Clausthal 1831–1849, danach noch in Hannover
>   Georg Bernhard Stach, tätig in Clausthal 1805–1813
>   L. = Dr. Lüders, tätig in Clausthal 1830–1833
>   Hannover: S = Georg Bernhard Stach 1800–1803, 1813–1832; † 9.3.1832
>   Julius Sievers 1826–1848 (1826–1832 als Gehilfe), † 15.6.1848
>   F = Johannes George Fritz, tätig für Hannover 1831–1850
>   ab 1835 in Braunschweig, † 24.4.1852
>   BRANDT F. = Henri François Brandt, * 13.1.1789 in La Chaux-de-Fonds, † 9.5.1845 in Berlin
>   BREHMER · F bzw. BREHMER = Heinrich Fr. Brehmer, * 25.11.1815 in Hannover, † 2.2.1889 in Hannover; beauftragt seit 1846; tätig 1864–1878

Münzmeister:

>   (Clausthal) Johann Wilhelm Lunde = 1809–28.1.1819, ab 15.8.1814 Münzdirektor
>   Wilh. Aug. Julius Albert = 1821–1838
>   H. A. Beermann ab 1839
>   (Hannover) H · oder C · H · H · = Christian Heinrich Haase 1802–1817; † 17.2.1818
>   B · oder L · B · oder L · A · B · = Ludwig August Brüel = 1817–31.12.1838
>   S = Carl Schlüter 8.1.1839–6.3.1844
>   B. = Theodor Wilhelm Brüel 8.5.1844–1.12.1868
>   Julius Ludw. Hermann Danert 13.11.1868–31.3.1878, danach noch in Berlin tätig ab 1882, † 1899

Wardein:

>   (Clausthal) 1803–1813 Georg Bernhard Stach
>   1821–1844 Dr. Johann L. Jordan
>   15.11.1847–10.6.1849 Zimmermann
>   (Hannover) 1802–1803 Georg Bernhard Stach
>   1813–1832 Georg Bernhard Stach
>   1832–1839 Carl Schlüter
>   1839–1844 Theodor Wilhelm Brüel

Gesetzliche Ausbringung der wichtigsten Sorten vor Einführung der Reichswährung

Nominal	Prägezeit	Metall	Gewicht g	Fein-gewicht g	Fein-gehalt °/oo	Katalog-Nr.
10 Taler	1813–1832	Gold	13,363	12,064	902,78	1, 26, 55
10 Taler	1833–1856	Gold	13,30	11,914	895,83	56, 57, 87–91, 136
Krone	1857–1866	Gold	11,111	10	900	140
5 Taler	1813–1830	Gold	6,682	6,032	902,78	2, 3, 27, 28
5 Taler	1835–1856	Gold	6,650	5,957	895,83	58, 92–95, 137, 138
1/2 Krone	1857–1866	Gold	5,556	5	900	141
Dukat	1815–1831	Gold	3,490	3,442	986,11	8, 29, 59
2 1/2 Taler	1814–1832	Gold	3,341	3,016	902,78	4, 30, 60
2 1/2 Taler	1833–1855	Gold	3,325	2,979	895,83	60, 61, 96, 97, 98, 139
Doppeltaler	1854–1855	Silber	37,120	33,408	900	142, 157
Doppeltaler	1862–1866	Silber	37,037	33,333	900	143
Taler	1834–1856	Silber	22,272	16,704	750	62, 65, 102, 104 bis 107, 132, 133, 134, 158, 159
Taler	1834–1840	Silber	16,821	16,704	993,56	63, 64, 99, 100, 101, 103, 131
Vereinstaler	1857–1866	Silber	18,519	16,667	900	144, 160–162
2/3 Taler	1813–1839	Silber	13,083	12,992	993,56	6, 7, 39, 67, 68, 85, 86, 108
16 Gute Groschen	1820–1832	Silber	11,775	11,693	993,56	9, 10, 31–38, 66, 69
2/3 Taler	1826–1828	Silber	17,323	12,992	750	40
1/6 Taler	1821	Silber	5,846	2,923	500	41
1/6 Taler	1834–1847	Silber	5,345	2,784	520,83	70, 109–111
1/6 Taler	1859–1866	Silber	5,342	2,778	520	145
1/12 Taler	1817–1824	Billon	3,240	1,417	437,5	12, 13, 14, 42, 43
1/12 Taler	1835–1853	Silber	2,673	1,392	520,83	71, 112–115, 146
1/12 Taler	1860–1862	Billon	3,221	1,208	375	147
1/24 Taler	1817–1856	Billon	1,949	0,609	312,5	16, 44, 72, 73, 116 bis 118, 148
Groschen	1858–1866	Billon	2,196	0,483	220	149
6 Pfennige	1843–1856	Billon	1,392	0,305	218,75	119, 120, 150
1/2 Groschen	1858–1866	Billon	1,098	0,242	220	151
4 Pfennige	1838–1842	Billon	0,928	0,203	218,75	121

LITERATUR:

E. Fiala, Münzen und Medaillen der Welfischen Lande, Leipzig – Wien 1904–1917
Karl Graf, Zu In- und Knyphausen, Münzen und Medaillen zu Braunschweig und Hannover, Hannover 1872/77
K. Jaeger, Die Münzprägungen der deutschen Staaten vor Einführung der Reichswährung, Band 8, Hannover-Braunschweig seit 1813, 2. Auflage, Basel 1971
G. Welter, Die Münzen der Welfen seit Heinrich dem Löwen, Braunschweig 1971; Bd. II, 1973; Bd. III, 1978

HANNOVER

Georg III. (1760-1820)

* 4.6.1738 in London als Sohn des Friedrich Ludwig, Prinzen von Wales, und dessen Gemahlin Auguste Prinzessin von Sachsen-Gotha. ∞ 1761 Sophie Charlotte, Tochter des Herzogs Karl Ludwig Friedrich von Mecklenburg-Strelitz. Seit 1760 in Nachfolge seines Großvaters, Georg II., König von Großbritannien und Kurfürst von Hannover. 1811 übernahm infolge Gemütskrankheit des Herrschers sein Sohn Georg August Friedrich, Prinz von Wales, die Regentschaft. † 29.1. 1820 in Windsor.

Prägungen nach Wiederinbesitznahme der Kurlande ab 1813 als Kurfürst von Hannover

1 (103) 10 Taler (G)   1 800.– / 3 600.–
GEORGIVS III D.G.BRITANNIARVM REX F.D. ❊ um Sachsenroß n.l. auf Bodenstück, darin S, darunter Mmz. C · H · H ·
Rs. BRUNS · ET LUNEB · DUX S · R · I · A · TH · ET ELECT · ❊ um X zwischen zwei Rosetten / THALER / Jahreszahl · / —
1813, 1814
Kettenrand

2 (101) 5 Taler (G)   600.– / 900.–
GEORGIVS III · D · G · BRITANNIARVM REX · F · D um gekrönten, quadrierten Wappenschild mit gekröntem, von Kurhut bedecktem Herzschild, umgeben vom Knieband des Hosenbandordens mit Wahlspruch HONI SOIT QVI MAL Y PENSE
Rs. BRUNSVICENS ET LVNEBVRG DVX · S · R · I · A · T · ET · F · um V zwischen zwei Rosetten / THALER / Jahreszahl zwischen zwei Rosetten / T.W / Raute
1813 (Rand glatt, Probe sowie mit Riffelrand), 1814 (Kettenrand), 1815 (Kettenrand, Riffelrand schräg)
(geprägt in London)

3 (105) 5 Taler (G)   3 500.– / 7 000.–
GEORG · III D · G · BRITANNIARUM REX F · D · ❊ um Sachsenroß n.l. auf Bodenstück, darunter EX AURO / HERCINIÆ
Rs. BRUNS · ET LUNEB · DUX S · R · I · A · TH · ET ELECT · ❊ um V zwischen zwei Rosetten / THALER / Jahreszahl · / – / C · 1814, 1815
Silberabschläge: 1814

4 (102) 2½ Taler (G)   550.– / 1 000.–
Vs. wie Nr.1, doch ohne Medailleursignatur S
Rs. wie Nr.1, doch Wert 2½ · 1814
Kettenrand

5 (I) 2/3 Taler (Probe) (S)   LP
GEORGIVS III · D · G · BRITANNIARVM REX · F · D um Wappenschild wie bei Nr.2, darunter Medailleursignatur T-W
Rs. BRVNSVICENS ET LVNEBVRG – DVX S · R · I · A · T · ET E · Jahreszahl · um 2/3, darunter bogig 20 EINE MARK FEIN · 1813
Rand glatt
(geprägt in London)

6 (1 a) 2/3 Taler (S)   160.– / 320.–
GEORGIUS III D.G.BRITANNIARUM REX F · D · ❊ um Kopf mit Lorbeer n.r., darunter Mzz. C ·
Rs. BRUNS · & · LUNEB. DUX S · R · I · A · TH · & · ELECT · Jahreszahl. ❊ um 2/3, darunter bogig N · D · REICHS FUSS FEIN SILBER · 1813, 1814
Kettenrand

7 (1 b) 2/3 Taler (S)   120.– / 250.–

Vs. wie Nr. 6, doch am Halsabschnitt Medailleursignatur **M**.
Rs. wie Nr. 6. **1814**
Kettenrand

Als König von Hannover

Prägungen nach dem Reichsfuß bzw. dem Konventionsfuß von 1753 gemäß Verordnung vom 1.11.1817

8 (104) Dukat (G)   2000.–/4000.–
GEORG · III D · G · BRIT · & · HANNOV · REX BR · & · L · DUX ✴ um Sachsenroß n.l. auf Bodenstück
Rs. **EX AURO HERCINIAE** · um **I / DUCAT /** Jahreszahl. / – / **C** · **1815, 1818** (Vs. Medailleursignatur M)

9 (13 a) 16 Gute Groschen (S)   1400.–/4000.–
GEORGIUS · III · D · G · BRITANNIARUM · & ✴ um Sachsenroß n.l. auf Bodenstück mit Medailleursignatur **M**, darunter **XX · EINE · F · / MARK**
Rs. **HANNOV · REX · BRUNS · & · LUNEB · DUX** · Jahreszahl. ✴ um **16** zwischen zwei Rosetten / **GUTE GROSCHEN / CONVENTIONS- / MÜNZE**, darunter bogig **FEIN SILBER** · **1820**
Kettenrand

10 (13 b) 16 Gute Groschen (S)   LP
Vs. wie Nr. 9, doch **BRITAN · & HANNOV · REX**
Rs. wie Nr. 9, aber ohne **HANNOV · REX** · und mit **BRUNSVICENS · & LUNEBURGENS · DUX** · **1820**
Kettenrand

11 (6) 1/12 Taler (B)   110.–/220.–
Sachsenroß n.l. auf Bodenstück mit Medailleursignatur **S**, darunter Jahreszahl
Rs. **NACH DEM REICHS FUSS** ✻ um **12 / EINEN / THALER** / Mzz. **C** · **1814, 1815, 1816**

12 (12 a) 3 Mariengroschen (B)   50.–/100.–

160 EINE FEINE MARK über Sachsenroß n.l. auf Bodenstück, darunter Mmz. **C · H · H**
Rs. **KÖN · HANNOVERSCHE CONVENTIONS-MÜNZE** · um **3 / MARIEN / GROSCHEN** / Jahreszahl · / – · **1816, 1817, 1818** (12000000 für diese drei Jahrgänge sowie zusammen mit Nr. 13 und 14)

13 (12 b) 3 Mariengroschen (B)   50.–/100.–
Vs. wie Nr. 12, doch statt Mmz. **C · H · H** · jetzt Mmz. **L · A · B** ·
Rs. wie Nr. 12. **1819, 1820** (12000000 zusammen mit Nr. 12, 14 und 42)

14 (12 c) 3 Mariengroschen (B)   50.–/100.–
Vs. wie Nr. 13, doch statt Mmz. **L · A · B** · jetzt Mmz. **L · B** ·
Rs. wie Nr. 12, aber **MARIEN- / GROSCHEN. 1819** (12000000 zusammen mit Nr. 12, 13 und 42), **1820**

15 (5) 1/24 Taler (B)   90.–/200.–
Sachsenroß n.l. auf Bodenstück, darunter Jahreszahl.
Rs. **NACH DEM REICHS FUSS** bzw. **FUSS** · ✻ um **24 / EINEN / THALER** / Mzz. **C** · **1814**

16 (11) 1/24 Taler (B)   90.–/200.–
CONVENTIONS-MUNZE um gekröntes Monogramm **GR**
Rs. **24 / EINEN / THALER /** Jahreszahl. / Mmz. **H:** · **1817, 1818** (946000 für beide Jahrgänge)
Var.: **1817** auch **CONVENTIONS-MÜNZE** sowie **1817** ohne Punkt und **1818: CONVENTIONSMÜNZE**

17 (4) Mariengroschen (B)   150.–/300.–
Gekröntes Monogramm **GR**, darunter Mzz. **C** ·
Rs. **NACH DEM REICHS FUSS** · ✻ um **I / MARIEN- / GROS** · / Jahreszahl · **1814**

HANNOVER 126

18 (10) Mariengroschen (B) 40.–/90.–
Vs. wie Nr. 16
Rs. **I / MARIEN- / GROS** · / Jahreszahl. / Mmz. **H**. **1816, 1817, 1818** (443 000 für drei Jahrgänge)

19 (3 a) 4 Pfennige (B) 100.–/200.–
Gekröntes Monogramm **GR**, darunter Mzz. **C** ·
Rs. **NACH DEM REICHS FUSS** · ❋ um **IIII / PFENN**· / Jahreszahl · **1814, 1815**
Anm.: **1844** – Abschlag auf Cu-Pfennig (300.–)

20 (3 b) 4 Pfennige (B) 120.–/250.–
Vs. wie Nr. 19, doch statt C · jetzt Mmz. **H** ·
Rs. wie Nr. 19, doch andere Jahreszahl · **1815, 1816**

21 (9) 4 Pfennige (B) 80.–/150.–
CONVENT-MUNZE · um gekröntes Monogramm **GR**
Rs. **IIII / PFENN.** / Jahreszahl · / Mmz. **H** · **1816, 1817** (71 000 für beide Jahrgänge)

22 (8) 2 Pfennige (K) 50.–/100.–
Gekröntes Monogramm **GR**, darunter Jahreszahl ·
Rs. **II** zwischen zwei Rosetten / **PFENNING** / **SCHEIDE-** / **MÜNZE** · / Mzz. **C** · **1817, 1818**

23 (2 b) 1 Pfennig (K) 50.–/100.–

Gekröntes Monogramm **GR**, darunter Mmz. **H** ·
Rs. **I / PFENNING / SCHEIDE- / MÜNTZ** · / Jahreszahl · **1814**
Goldabschläge

24 (2 a) 1 Pfennig (K) 40.–/80.–
Vs. wie Nr. 23, doch statt Mmz. H · jetzt Mzz. **C** ·
Rs. wie Nr. 23. **1814**

25 (7) 1 Pfennig (K) 40.–/80.–
Gekröntes Monogramm **GR**, darunter Jahreszahl ·
Rs. **I** zwischen zwei Rosetten / **PFENNING / SCHEIDE- / MÜNZE** · / Mzz. **C** · **1814, 1817, 1818, 1819, 1820**
Goldabschläge: **1818** 3 500.–

Georg IV. (1820–1830)

Als Prinzregent 10.1.1811–29.1.1820 für seinen gemütskranken Vater, folgte diesem als König von Großbritannien und Hannover bis 1830

* 12.8.1762 in London als Sohn König Georgs III. und dessen Gemahlin Sophie Charlotte von Mecklenburg-Strelitz. ∞ 8.4.1795 Caroline Elisabeth Amalie, Tochter des Herzogs Carl Wilhelm Ferdinand von Braunschweig-Wolfenbüttel. Georg nimmt Ende des Jahres 1813 die von den Franzosen okkupierten Kurlande wieder in Besitz und erreicht die Anerkennung von deren am 12.8.1814 proklamierten Erhebung zum Königreich Hannover durch Artikel 26 der Wiener Kongreßakte vom 9.6.1815. † 26.6.1830 in Windsor.

26 (108) 10 Taler (G) 900.–/1 600.–
GEORGIUS IV D · G · BRIT · & · HANOV · REX F · D · um Kopf mit Lorbeerkranz n. l., Perlkreis
Rs. **BRUNSVICENSIS. &: LUNEBURGENSIS DUX** · um **X / THALER** / Jahreszahl / – / Mmz. **B**, Perlkreis. **1821, 1822, 1823, 1824, 1825, 1827, 1828, 1829, 1830**
Riffelrand
Var.: **1822** mit Stempelfehler HAONV ·

27 (107) 5 Taler (G) 550.– / 1 000.–
Vs. wie Nr. 26
Rs. wie Nr. 26, doch Wert **V** · **1821, 1825, 1828, 1829, 1830**

28 (110) 5 Taler (G) 5 500.– / 10 000.–
GEORG · IV · D · G · BRITANN · ET · HANNOV · REX · um Sachsenroß auf Bodenstück n. l., darunter **EX AURO HERCIN·**
Rs. **BRUNSVICENSIS ET LUNEBURGENSIS DUX·** um **V / THALER /** Jahreszahl. **/** Mzz. **C · 1821** (185)

29 (109) Dukat (G) 1 800.– / 3 600.–
GEORG · IV · D · G · BRIT & HANNOV · REX · BR & L · DUX. um Sachsenroß auf Bodenstück n. l.
Rs. **EX AURO HERCINIAE** um **I / DUCAT /** Jahreszahl. **/** Mzz. **C · 1821** (252), **1824** (749), **1827** (1300)

30 (106) 2½ Taler (G) 550.– / 1 100.–
Vs. wie Nr. 26
Rs. wie Nr. 26, doch Wert **2½** · **1821, 1827, 1830**

31 (23 a) 16 Gute Groschen (S) 120.– / 250.–
GEORGIUS IV · D · G · BRITAN · & · HANNOV · REX ✱ um Sachsenroß auf Bodenstück, darin Medailleursignatur **M**, n. l., darunter **XX. EINE · F · / MARK ·**
Rs. **BRUNSVICENS · & · LUNEBURGENS · DUX ·** Jahreszahl ✱ um **16** zwischen zwei Rosetten **/ GUTE / GROSCHEN / CONVENTIONS- / MÜNZE**, darunter bogig **FEIN SILBER · 1820**
Kettenrand

32 (23 c) 16 Gute Groschen (S) 120.– / 250.–
Vs. wie Nr. 31, doch unter dem Bodenstück einzeilig bogig **XX · E · F · MARK**
Rs. wie Nr. 31, doch **CONV · MÜNZE / FEIN SILBER / – 1820**
Kettenrand

33 (23 b) 16 Gute Groschen (S) 80.– / 150.–
Vs. wie Nr. 31
Rs. wie Nr. 32, aber Punkt nach **FEIN SILBER. 1820**
Kettenrand
Var.: auch ohne Punkt nach FEIN SILBER

34 (23 d) 16 Gute Groschen (S) 120.– / 220.–
Vs. wie Nr. 32
Rs. wie Nr. 32, doch **FEIN · SILB · 1821**
Kettenrand
Var.: auch **FEIN SILB ·**

35 (23 e) 16 Gute Groschen (S) 150.– / 250.–

Vs. wie Nr. 32, doch **BRITANN · ET HANNOV · REX ·**
Rs. **BRUNSVICENSIS ET LUNEBURGENSIS DUX·**
Jahreszahl. um **16 / GUTE GROSCHEN**, darunter bogig
CONV · MÜNZE · FEIN SILB · 1821
Var.: Vs.: a) BRITAN · & · HANNOV · REX ✳
         b) BRITAN · & · HANNOV · REX · ✳
         c) BRITAN · ET HANNOVERAE REX ·
         d) BRITAN · ET HANNOV · REX ·
         e) BRITANN · ET HANNOV · REX · ✳
         f) BRITANN · & HANNOVERAE REX ·
         auch mit Stempelfehler BEITAN vorkommend
Kettenrand

36   (23 f) 16 Gute Groschen (S)   300.– / 500.–

Vs. wie Nr. 32
Rs. **BRUNSVICENSIS ET LUNEBURGENSIS DUX ·** um
16 / GUTE/ GROSCHEN / Jahreszahl., darunter **FEINES SILB · 1822**
Kettenrand
Var. (s. Abb.): Vs. GEORGIUS · IV · D · G · BRITAN · ET ·
etc. sowie MARK · Rs. 16 / GUTE / GROSCHEN / FEINES
SILB. 1822

37   (23 g) 16 Gute Groschen (S)   120.– / 240.–

Vs. wie Nr. 32
Rs. ähnlich Nr.36, doch **16 / GUTE / GROSCHEN /** Jahreszahl., darunter bogig **FEINES SILBER · 1822**
Kettenrand
Var.: Vs. MARK · , REX · ✳ sowie ET HANNOV

38   (23 h) 16 Gute Groschen (S)   100.– / 200.–
Vs. wie Nr. 35

Rs. wie Nr. 37, doch **16 / GUTE / GROSCHEN /** Jahreszahl. /
darunter bogig **FEINES SILBER · 1822, 1823, 1824, 1825, 1826, 1827, 1828, 1829, 1830**
Kettenrand
Var.: **1822, 1823, 1825**: Vs. BRITAN. **1825**: Vs. REX ✳

39   (24 a–d) 2/3 Taler (S)   140.– / 280.–
**GEORGIUS IV · D · G · BRITANN & HANNOV · REX ·
F · D ·** um Kopf mit Lorbeerkranz n.l., am Halsabschnitt
Medailleursignatur **M**, darunter Mzz. **C**
Rs. **BRUNSVICENSIS & LUNEBURGENSIS DUX·** Jahreszahl. um **2/3**, darunter bogig **N · D · LEIPZIGER FUSSE · FEINES SILBER· 1822, 1823, 1824, 1825, 1826, 1827, 1828, 1829**
Laubrand
Var.: **1822**: Vs. &. **1823, 1824, 1825, 1826, 1827, 1828, 1829**:
Vs. BRITANN · & **1824**: Vs. BRITAN **1827, 1829**: Vs. BRITANN ET **1827, 1828**: Vs. BRITANN. ET **1827, 1828**: Vs.
ohne Mzz. C und ohne Mzz. M **1823**: Rs. ET LUNEBURGENSIS **1828**: Vs. GEORGIUS · ... BRITANN &, Rs.
FUSSE (ohne Punkt) SILBER (ohne Punkt) **1827, 1828**: Vs.
ohne Mzz. C **1827, 1828**: Vs. ohne Medailleursignatur M
1828: BRITANN ET, Jahreszahl ohne Punkt

40   (25 a, b) 2/3 Taler (S)   220.– / 450.–
**GEORG · IV D · G · BRIT · & · HANOV · REX F · D · BR · & ·
LUN. DUX.** um Kopf mit Lorbeerkranz n.l.
Rs. **18 STÜCK EINE MARK FEIN·** Jahreszahl und Mmz.
B· um **2/3 1826, 1827, 1828** (etwa 240000 für alle Jahrgänge
zusammen)
Var.: **1828**: Vs. mit GEORGIUS
Ringprägung
Rand gerifelt

41   (22) 1/6 Taler (S)   70.– / 140.–

80 EINE FEINE MARK über Sachsenroß auf Bodenstück
n. l., darunter Mmz. **B.**, Perlkreis
Rs. **KÖN. HANNOV · CONVENT · MÜNZE · um 6 /
EINEN / THALER** / Jahreszahl · / –, Perlkreis. **1821** (150 000)
Ringprägung
Rand geriffelt

42 (12 c) 3 Mariengroschen (B)   40.–/80.–
Vs. wie Nr. 14
Rs. wie Nr. 14. **1820, 1821** (12 000 000 mit Nr. 12–14 zusammen)

43 (21) 1/12 Taler (B)   35.–/70.–
160 EINE FEINE MARK über Sachsenroß auf Bodenstück
n. l., darunter Mmz. **L · B ·**
Rs. **KÖN · HANNOVERSCHE CONVENTIONS-MÜNZE ·
um 12 / EINEN / THALER /** Jahreszahl / – · **1822** (1 908 000),
1823 (1 900 000), **1824** (502 000)

44 (20) 1/24 Taler (B)   50.–/100.–
CONVENTIONS-MÜNZE um gekröntes Monogramm
GR, darunter **IV**.
Rs. **24 / EINEN / THALER /** Jahreszahl. / Mmz. **B. · 1826**
(139 000), **1827** (328 000), **1828** (903 600)
Var.: **1828**: Vs. mit IV statt IV.

45 (19) 4 Pfennige (B)   30.–/70.–
CONVENT · MÜNZE · um gekröntes Monogramm **GR**,
darunter **IV**
Rs. **IIII / PFENN ·** / Jahreszahl. / Mmz. **B · 1822, 1826, 1828**
(aus 1826 geändert), **1830**

46 (16) 4 Pfennige (K)   120.–/240.–
Gekröntes Monogramm **GR** über Jahreszahl.
Rs. **4 / PFENNIGE / SCHEIDE- / MÜNZE.** / Mzz. **C. · 1827**

47 (8, 15) 2 Pfennige (K)   60.–/120.–
Vs. wie Nr. 46
Rs. **II / PFENNIGE / SCHEIDE- / MÜNZE** / Mzz. **C · 1821**
mit ✤ **II** ✤ / **PFENNIG, 1822, 1823**: mit C statt C., **1824,
1825, 1826, 1827, 1828, 1829, 1830**
1821 PFENNING

48 (18) 2 Pfennige (K)   50.–/100.–
Vs. ähnlich wie Nr. 46
Rs. ähnlich wie Nr. 46, doch Wert **II** und **SCHEIDE- / MÜNZE** und Mzz. **B.** statt C · **1826** (154 000)

49 (7, 14) 1 Pfennig (K)   50.–/100.–
Vs. wie Nr. 46
Rs. **I / PFENNIG / SCHEIDE- / MÜNZE.** / Mzz. **C. · 1821,
1822, 1823, 1824, 1825, 1826, 1827, 1828, 1829, 1830**
Var.: **1821**: mit ✤ I ✤ / **PFENNIG, 1824**: mit Mzz. C statt
Mzz. C., **1827**: auch ohne C.

50 (17) 1 Pfennig (K)   35.–/70.–

Vs. ähnlich wie Nr. 48
Rs. ähnlich wie Nr. 49, doch auch Mmz. **B**. statt Mzz. **C**. · **1826, 1828, 1829, 1830**
Var. **1828**: mit MÜNZE

Prägungen für das Fürstentum Ostfriesland

51 (29) 2 Stüber (B)   200.– / 350.–
Gekröntes Monogramm **GR**, darunter **IV** oder **IV·**
Rs. **2 / STÜBER / OST / FRIESISCH /** Jahreszahl / Mmz. **B · 1823**

52 (28) 1 Stüber (B)   70.– / 140.–
Vs. wie Nr. 51
Rs. wie Nr. 51, doch anderer Wert. **1823**

53 (27) 1/4 Stüber (K)   50.– / 100.–
Vs. wie Nr. 52
Rs. **1/4 / STÜBER / OST- / FRIESISCH /** Jahreszahl **1823, 1824, 1825**
Var.: **1823**: OST / FRIESISCH, **1824** OST FRIESISCH sowie ohne Mmz. **B**.
Anm.: Einseitiger Cu-Abschlag des Av.:   300.–

Gedenkmünzen

54 (26 a, b) Konventionsausbeutetaler (S)   2500.– / 4000.–

GEORG IV. KÖNIG V. GROSSBRITAN. U. HANNOVER um drapierte Büste mit Lorbeerkranz n. l., darunter **FEINES SILBER**, Perlkreis
Rs. **DES BERGWERKS WOHLFAHRT IST DES HARZES GLÜCK** um **DIE GRUBE / BERGWERKS- / WOHLFAHRT / BEI CLAUSTHAL / KAM IN AUSBEUTE /** Jahreszahl, darunter bogig **X EINE FEINE MARK · 1830**
Rand glatt
Var.: in der Form der Jahreszahl: eckig, klein und rund, groß

Wilhelm IV. (1830–1837)

* 21.8.1765 in London als Sohn Georgs III. und dessen Gemahlin Sophie Charlotte von Mecklenburg-Strelitz; Herzog von Clarence, folgte seinem Bruder als König von Großbritannien und Hannover. ∞ 11.7.1818 Amalie Adelheid Luise Therese, Tochter des Herzogs Georg von Sachsen-Meiningen. † 26.6.1837 in Windsor.

55 (113) 10 Taler (G)   2000.– / 4000.–
GULIELMUS IV D. G. BRIT. ET HANOV. REX F. D. & c. um Kopf n. r., Perlkreis
Rs. Jahreszahl oben und **ZEHN THALER** unten um britisch gekröntes Wappen mit königlich hannoversch gekröntem Mittelschild, Legende **NEC ASPERA TERRENT** (Wahlspruch des Guelphen-Ordens) Perlkreis. **1832**

56 (116) 10 Taler (G)   1600.– / 3200.–
WILHELM IV KOENIG V. GR. BRIT. U. HANNOV. um Kopf n. r., Perlkreis
Rs. Jahreszahl über und **ZEHN THAL:** unter gekröntem, von der Kette des Guelphen-Ordens umzogenem Wappen, Perlkreis. **1833**
Var.: **1835** Vs. Mmz. **B**

57 (117 a, b) 10 Taler (G)   1800.– / 3400.–
Vs. wie Nr. 56, doch **HANNOVER** und unter Kopf noch Mmz. **B**
Rs. wie Nr. 56, doch Form von Wappen und Krone geändert und **ZEHN-THAL.** oben und Jahreszahl unten. **1835, 1836, 1837**
Var.: **1836** Vs. KÖNIG

58 (115) 5 Taler (G) 1200.– / 1800.–
Vs. wie Nr. 57
Rs. wie Nr. 57, doch **FÜNF THAL.** oben. **1835**

59 (111) Dukat (G) 2400.– / 4800.–
WILHELM IV · V · G · G · KÖNIG D · V · R · GROSSB · U · IRL · um Sachsenroß auf Bodenstück n. l.
Rs. **EX AURO HERCINIAE** über **I / DUCAT /** Jahreszahl. / Mzz. **C · 1831** (1550)

60 (112) 2½ Taler (G) 650.– / 1100.–
GULIELM. IV D. G. BRIT. & HANOV. REX F. D. um Kopf n. r.
Rs. **BRUNSVICENSIS · & · LUNEBURGENSIS DUX.** um **2½ / THALER /** Jahreszahl **/ – /** Mzz. **B · 1832, 1833, 1835**

61 (114) 2½ Taler (G) 650.– / 1100.–
WILHELM IV. KOENIG V. GR. BRIT. U. HANNOVER. um Kopf n. r., darunter **B**
Rs. **HERZOG ZU BRAUNSCHWEIG UND LÜNEBURG &.** um **2½ / THALER /** Jahreszahl **1836, 1837**

62 (49) Taler (S) 260.– / 1000.–
WILHELM IV KOENIG V. GR. BRIT. U. HANNOVER um Kopf n. r., darunter Mmz. **B**, Perlkreis
Rs. **EIN THALER. XIV. EINE F. M.** oben und Jahreszahl unten um gekröntes, von der Kette des Guelphen-Ordens umzogenes Wappen mit gekröntem Mittelschild zwischen Eichen- und Lorbeerzweig, Perlkreis. **1834** (44191)
Randschrift: NEC ~ · ~ ASPERA ~ · ~ TERRENT ~ · ~

63 (51) Taler (S) 240.– / 800.–
Vs. wie Nr. 62, doch unter Kopf **A**, Perlkreis
Rs. **XIV EINE FEINE MARK** über und **FEINES SILBER** unter **I / THALER /** Jahreszahl, Perlkreis. **1834, 1835**
Randschrift wie Nr. 62
Var.: Probe ohne vollständige Jahreszahl (183)

64 (52) Taler (S) 220.– / 600.–
Vs. wie Nr. 62
Rs. wie Nr. 65, doch **THALER.** und unten Jahreszahl zwischen **FEINES – SILBER**, Perlkreis. **1835, 1836, 1837**
Randschrift wie Nr. 62

65 (50) Taler (S) 350.– / 1200.–
Vs. wie Nr. 62, doch veränderter Kopf
Rs. wie Nr. 62, doch Legende beginnt links unten. **1836**
Randschrift wie Nr. 62

66 (33 a–e, 33 II) 16 Gute Groschen (S)   90.– /180.–
WILHELM IV · V · G G · KÖNIG D · V · R · GROSSBR · U · IRL · um Sachsenroß n. l. auf Bodenstück, darin Medailleursignaturen M oder L, darunter bogig XX · E · F · MARK
Rs. KÖNIG V · HANNOVER · HERZOG Z · BRAUNS · U · LÜNEB · um 16 / GUTE / GROSCHEN / Jahreszahl. / bogig FEINES SILBER · 1830 (M), 1830 (L), 1831 (M), 1832 (M), 1832 (M, Rs. A), 1832 (L, Rs. Mzz. A), 1832 (Vs. ohne Mmz., Rs. Mzz. A), 1833 (L), 1833 (L und Rs. LUNEBRG, LÜNEBR., LÜNEBURG sowie K statt L mit Normallegende) 1834 (L, Rs. Mzz. A; ferner Vs. Medailleursignatur W statt L und mit KOENIG sowie mit K)
Kettenrand
Var.: 1834: Ringprägung, Rand glatt

69 (38) 2/3 Taler (S)   1 600.– /2 800.–
Vs. wie Nr. 68
Rs. ähnlich wie Nr. 68, doch Jahreszahl durch Wertangabe geteilt und FEINES Mzz. A SILBER · 1834 (etwa 50000 zusammen mit Nr. 67–69, 85 und 86)
Rand gerifflet

70 (48) 1/6 Taler (S)   120.– /240.–
WILHELM IV KOENIG V. GR. BRIT. U. HANNOVER ✱ um Kopf n. r.
Rs. VI. EINEN THALER LXXXIV . EINE F. M. um gekrönten, mit Ordenskette behängten Wappenschild mit gekröntem Mittelschild, darunter Jahreszahl **1834** (360000)
Randschrift: NEC~ · ~ ASPERA~ · ~ TERRENT~ · ~

67 (34 a, b) 2/3 Taler (S)   150.– /450.–
WILHELM IV v. G. G. KÖNIG v. GROSSBRIT. IRL. u. HANNOVER · um gekrönten Wappenschild mit gekröntem Mittelschild, umzogen vom Knieband des Hosenbandordens mit Wahlspruch HONNI SOIT QUI MAL Y PENSE
Rs. NACH DEM LEIPZIGER FUSSE über 2/3, darunter bogig FEINES SILBER / Jahreszahl. **1832, 1833**
Var.: 1833: FEINES Jahreszahl SILBER (siehe Abb.)

71 (47) 1/12 Taler (S)   30.– /70.–
WILHELM IV KOENIG V. GR. BRIT. U. HANNOVER um Kopf n. r., darunter Mmz. B, Perlkreis
Rs. CLXVIII EINE FEINE MARK über 12 / EINEN / THALER / Jahreszahl, darunter bogig JUSTIRT, Perlkreis **1834** (Wertzahlgröße verschieden), **1835** (Wertzahlgröße verschieden), **1836, 1837**
Rand: Vertiefte Sterne

68 (36, 37) 2/3 Taler (S)   600.– /2 000.–
WILHELM IV V. G. G. KOENIG V. GR. BRIT. IRL. U. HANNOV. um Kopf n. r., am Halsabschnitt Medailleursignatur W
Rs. NACH DEM LEIPZIGER FUSSE um 2/3, darunter Mzz. A und Jahreszahl. zwischen FEINES SILBER · **1834**
Var.: Ringprägung mit Perlkreis und Randschrift wie Nr. 62

72 (46) 1/24 Taler (B)   35.– /75.–
KÖN · HANNOVER · SCHEIDE-MÜNZE um königlich hannoversch gekrönten Wappenschild mit springendem Roß (kleines Staatswappen) n. l. ohne Bodenstück
Rs. 24 / EINEN / THALER / Jahreszahl / Mmz. B · **1834, 1835, 1836, 1837**
Var.: 1834 zu B. unter Jahreszahl noch – oder · B ·

73 (46) 1/24 Taler (B)   40.–/80.–
Vs. wie Nr. 72
Rs. wie Nr. 72, doch Mzz. **A** statt Mmz. **B** · **1835, 1836**

74 (32) 4 Pfennige (K)   130.–/250.–
Spiegelmonogramm aus gekröntem **W** und doppeltem **R**,
darunter Jahreszahl.
Rs. **4 / PFENNIGE / SCHEIDE- / MÜNZE. / Mzz. C** · **1831**

75 (45) 4 Pfennige (B)   45.–/90.–
KÖN. HANNOV. SCHEIDE= M: um gekrönten Wappen-
schild mit springendem Roß n. l., wie Nr. 72
Rs. **4 / PFENN: / Jahreszahl / Mzz. B** · **1835, 1836, 1837**

76 (31) 2 Pfennige (K)   20.–/40.–
Spiegelmonogramm aus gekröntem **W** und doppeltem **R**,
darunter Jahreszahl
Rs. **II / PFENNIGE / SCHEIDE- / MÜNZE / Mzz. C** · **1831,
1833, 1834**
Var.: **1834:** mit Mzz. **A** statt **C**.

77 (41) 2 Pfennige (K)   70.–/150.–
Vs. wie Nr. 76, doch unter Monogramm **IV**
Rs. **SCHEIDE = MÜNZE** über **II / PFENNIGE / Jahres-
zahl / Mzz. A 1834**
Rand glatt

78 (43) 2 Pfennige (K)   70.–/150.–
KÖN. HANNOVER. SCHEIDE-MÜNZE um gekrönten
Wappenschild mit springendem Roß n. l., wie Nr. 72
Rs. **2 / PFENNIGE / Jahreszahl / Mzz. A** · **1835, 1836, 1837**

79 (44) 2 Pfennige (K)   150.–/300.–
Vs. ähnlich wie Nr. 78, Perlkreis
Rs. ähnlich wie Nr. 78, doch **PFENNIG**, Perlkreis **1837**
Ringprägung

80 (30 a, 30 c) 1 Pfennig (K)   45.–/90.–
Spiegelmonogramm aus gekröntem **W** und doppeltem **R**,
darunter Jahreszahl
Rs. **I / PFENNIG / SCHEIDE- / MÜNZE / Mzz. A oder C** ·
1831 (C), 1832 (A und C), 1833 (A und C), 1834 (A)

81 (30 b) 1 Pfennig (K)   30.–/60.–
Vs. wie Nr. 80
Rs. wie Nr. 80, doch Mzz. **B** · **1832, 1833, 1834, 1835**

82 (40) 1 Pfennig (K)   50.–/100.–
Vs. ähnlich wie Nr. 81, doch unter Monogramm **IV**
Rs. **SCHEIDE = MÜNZE** über **I / PFENNIG / Jahreszahl /
Mzz. A 1834**

HANNOVER   134

83 (42) 1 Pfennig (K)   30.–/60.–
KÖN. HANNOVER. SCHEIDE-MÜNZE um gekrönten
Wappenschild mit springendem Roß n. l., wie Nr. 72
Rs. **1 / PFENNIG /** Jahreszahl / Mzz. **A · 1835, 1836, 1837**

Ernst August (1837–1851)

* 5.6.1771 als fünfter Sohn Georgs III. und dessen Gemahlin Sophie Charlotte Prinzessin von Mecklenburg-Strelitz; Herzog von Cumberland. ∞ 29.5.1815 Friederike Louise Karoline Prinzessin von Mecklenburg-Strelitz (seit 1796 Witwe des Prinzen Friedrich Ludwig Karl von Preußen und seit 13.4.1814 erneut Witwe des Prinzen Friedrich Wilhelm von Solms-Braunfels). Er übernahm die Regierung in Nachfolge seines Bruders Wilhelms IV. als König von Hannover am 20.6.1837. † 18.11.1851 in Hannover.

84 (42) 1 Pfennig (K)   20.–/40.–
Vs. wie Nr. 83
Rs. wie Nr. 83, doch Mmz. **B · 1835, 1836, 1837**

87 (118) 10 Taler (G)   1400.–/2800.–
ERNST AUGUST V. G. G. KOENIG V. HANNOVER. um Kopf n. r., darunter Mmz. **B**, Perlkreis
Rs. **ZEHN THAL.** um königlich hannoversch gekrönten Wappenschild mit Herzschild, umzogen von der Kette des Guelphen-Ordens, darunter Jahreszahl, Perlkreis. **1837, 1838**
Randschrift: NEC~·~ASPERA~·~TERRENT~·~

Sonderprägungen

85 (35) 2/3 Taler (S)   750.–/1750.–
WILHELM IV V. G. G. KÖNIG V. GROSSBRIT. IRL. U. HANNOVER. um **AUSBEUTE / DER GRUBE / BERGWERKS- / WOHLFAHRT / BEI CLAUSTHAL. / Mzz. A.**
Rs. **NACH DEM LEIPZIGER FUSSE** über und **FEINES** Jahreszahl **SILBER** unter 2/3 · **1833**

88 (121) 10 Taler (G)   1200.–/2200.–
Vs. ähnlich wie Nr. 87, doch unter Kopf Mmz. **S**, Legende **VON HANNOVER**
Rs. wie Nr. 87, doch andere Jahreszahl · **1839**
Randschrift wie Nr. 87

86 (39) 2/3 Taler (S)   4500.–/7500.–
Vs. wie Nr. 68
Rs. **XVIII EINE FEINE MARK** über und **FEINES** Jahreszahl **SILBER** um **AUSBEUTE / DER GRUBE / BERGWERKS- / WOHLFAHRT / B. CLAUSTHAL / Mzz. A · 1834**
Rand geriffelt

89 (122 a, b) 10 Taler (G)   1800.–/3600.–
Vs. ähnlich wie Nr. 88, doch am Halsabschnitt **BRANDT F.** und Mmz. **S** oder **B**, Perlkreis
Rs. **ZEHN THAL.** um gekrönten Wappenschild mit Mittelschild auf Kartusche, darunter Jahreszahl, Perlkreis. **1844 (S), 1844 (B)**
Randschrift wie Nr. 87

90 (125) 10 Taler (G) 1 400.– / 2 800.–
ERNST AUGUST V. G. G. KOENIG V. HANNOVER um Kopf n. r., darunter Mmz. **B**, Perlkreis
Rs. **ZEHN THAL.** um gekrönten Wappenschild mit Turnierkragen und Mittelschild auf Kartusche, darunter Jahreszahl, Perlkreis. **1846, 1847, 1848**
Randschrift wie Nr. 87

91 (128) 10 Taler (G) 1 100.– / 2 200.–
ERNST AUGUST KOENIG VON HANNOVER um Kopf n. r., darunter Mmz. **B**, Perlkreis
Rs. ähnlich wie Nr. 90, doch andere Jahreszahl und ohne Turnierkragen, Perlkreis. **1849, 1850, 1851**
Randschrift wie Nr. 87

92 (120) 5 Taler (G) 1 400.– / 3 000.–
Vs. wie Nr. 88, doch **V. HANNOVER**
Rs. wie Nr. 88, doch anderer Wert. **1839**
Rand geriffelt

93 (124) 5 Taler (G) 900.– / 1 800.–
ERNST AUGUST KOENIG V. HANNOVER um Kopf n. r., darunter Mmz. **B**, Perlkreis
Rs. ähnlich wie Nr. 89, doch Wert **FÜNF THAL. 1845, 1846, 1848**
Rand geriffelt

94 (127) 5 Taler (G) 900.– / 1 800.–
Vs. ähnlich wie Nr. 93
Rs. ähnlich wie Nr. 93, doch ohne Turnierkragen. **1849, 1851**
Rand: mit Kreuzrosetten bzw. Ketten mit Kreuzrosetten

95 (129) 5 Taler (G) 1 100.– / 2 200.–
Vs. wie Nr. 94
Rs. **5 – THALER HARZ-GOLD** um gekrönten Wappenschild mit Mittelschild auf Kartusche, darunter Jahreszahl, Perlkreis. **1849, 1850**
Rand: mit Kreuzrosetten

96 (119) 2½ Taler (G) 650.– / 1 200.–
ERNST AUGUST V. G. G. KOENIG V. HANNOVER. um Kopf n. r., darunter Mmz. **S**, Perlkreis
Rs. **KOEN. PR. V. GR. BRIT. U. IRL. H. V. CUMB. H. Z. BR. U. L.** um 2½ / **THALER** / Jahreszahl, Perlkreis. **1839, 1840, 1843**

97 (123) 2½ Taler (G) 550.– / 950.–
Vs. ähnlich wie Nr. 90, und unter Kopf Mmz. **B**, Perlkreis
Rs. **HERZOG ZU BRAUNSCHWEIG UND LÜNEBURG &.** um 2½ / **THALER** / Jahreszahl, Perlkreis. **1845, 1846, 1847, 1848**

98 (126) 2½ Taler (G) 550.– / 950.–

HANNOVER   136

Vs. ähnlich wie Nr. 91
Rs. ähnlich wie Nr. 91, doch Jahreszahl über gekröntem Wappenschild mit Mittelschild auf Kartusche und **2½ THALER** darunter. **1850**

Vs. ähnlich wie Nr. 99
Rs. **EIN THALER XIV EINE F. M.** um gekrönten Wappenschild mit Mittelschild und Turnierkragen auf Kartusche, darunter Jahreszahl, Perlkreis. **1840, 1841**
Randschrift wie Nr. 99

99   (63 a, b) Taler (S)   180.– / 500.–
ERNST AUGUST V. G. G. KOENIG VON HANNOVER um Kopf n. r., am Halsabschnitt Medailleursignatur **W**, darunter Mzz. **A**, Perlkreis
Rs. **EIN THALER. XIV EINE F. M.** um königlich hannoversch gekrönten Wappenschild mit Mittelschild und Turnierkragen zwischen Eichen- und Lorbeerzweig, umzogen von Ordenskette, unten **FEINES** Jahreszahl **SILBER**, Perlkreis. **1838**
Randschrift: NEC~·~ASPERA~·~TERRENT~·~
Var.: ohne W am Halsabschnitt, W erhaben: 2000.–

103   (68) Taler (S)   450.– / 1000.–
Vs. ähnlich wie Nr. 99, doch unter Kopf Mmz. **S**
Rs. ähnlich wie Nr. 102. **1840**
Randschrift wie Nr. 99
Stempel von Henri François Brandt, Berlin

100   (64) Taler (S)   180.– / 450.–
Vs. ähnlich wie Nr. 99, doch Kopf größer
Rs. wie Nr. 99. **1838, 1839, 1840**
Var. **1840**: THALER ohne Punkt
Randschrift wie Nr. 99

104   (69) Taler (S)   200.– / 700.–
Vs. ähnlich wie Nr. 103, doch am Halsabschnitt **BRANDT F.** und unter Kopf Mmz. **S**
Rs. ähnlich wie Nr. 103. **1841**
Randschrift wie Nr. 99

101   (66) Taler (S)   – / 30 000.–
Vs. wie Nr. 99
Rs. ähnlich wie Nr. 99, doch gekrönter Wappenschild mit Turnierkragen auf Kartusche ohne Ordenskette und Laubzweige, Jahreszahl nicht getrennt. **1840**
Randschrift wie Nr. 99

105   (69, 71) Taler (S)   130.– / 300.–
ERNST AUGUST V. G. G. KOENIG V. HANNOVER. um Kopf n. r., darunter Mzz. **A**, Perlkreis

102   (67) Taler (S)   200.– / 400.–

Rs. ähnlich wie Nr. 103, doch Wappenschild mit geraden Kanten, Perlkreis. **1842** (620000), **1843** (638000), **1844** (622000), **1845** (656000), **1846** (650366), **1847** (624751), **1848** (661472), **1849** (357361)
1848, 1849 Rs. ohne Turnierkragen
Randschrift wie Nr. 99

109   (59) 1/6 Taler (S)   150.– / 250.–
ERNST AUGUST V. G. G. KOENIG V. HANNOVER um Kopf n.r., darunter Mmz. **S**, Perlkreis
Rs. **VI. EINEN THALER LXXXIV. EINE F. M.** um gekrönten Wappenschild mit Mittelschild und Turnierkragen auf Kartusche, darunter Jahreszahl, Perlkreis. **1840**
Randschrift: NEC~·~ASPERA~·~TERRENT~·~
Stempel von Henri François Brandt, Berlin

106   (69) Taler (S)   130.– / 400.–
Vs. ähnlich wie Nr. 104, doch unter dem Kopf statt Mmz. **S** jetzt Mmz. **B**
Rs. wie Nr. 105. **1844, 1845, 1846, 1847** (fraglich)
Randschrift wie Nr. 99

110   (60) 1/6 Taler (S)   120.– / 280.–
Vs. ähnlich wie Nr. 109
Rs. ähnlich wie Nr. 109, doch Wappenschild mit z. T. geraden Kanten. **1841**
Randschrift wie Nr. 99

107   (79) Taler (S)   140.– / 400.–
ERNST AUGUST KOENIG VON HANNOVER um Kopf n.r., am Halsabschnitt **BREHMER · F ·**, darunter Mmz. **B**, Perlkreis
Rs. **EIN THALER XIV EINE F.M.** um den mit einer schematischen Königskrone gekrönten Wappenschild mit Mittelschild auf Kartusche, darunter Jahreszahl, Perlkreis. **1848, 1849** (sog. Angsttaler, der als Folge der Revolution von 1848 auf das »V.G.G.« = von Gottes Gnaden verzichtet)
Randschrift wie Nr. 99

111   (60, 61) 1/6 Taler (S)   120.– / 280.–
Vs. ähnlich wie Nr. 110, doch Mmz. **B** unter Kopf
Rs. ähnlich wie Nr. 110. **1844, 1845, 1847** (457000 zusammen mit Nr. 109 und 110)
Var.: **1845** und **1847** mit geringen Änderungen in Porträt und Schriftform zu 1844
Randschrift wie Nr. 99
Stempel von Henri François Brandt, Berlin

108   (62) 2/3 Taler (S)   300.– / 550.–
ERNST AUGUST V. G. G. KOENIG VON HANNOVER um Kopf n.r., darunter Mzz. **A**, Perlkreis
Rs. **NACH DEM LEIPZIGER FUSSE** über **2/3** und **FEINES** Jahreszahl **SILBER**, darunter. **1838, 1839**
Randschrift: NEC~·~ASPERA~·~TERRENT~·~

112   (58) 1/12 Taler (S)   75.– / 150.–
ERNST AUGUST V. G. G. KOENIG V. HANNOVER um Kopf n.r., darunter Mmz. **B** oder **S**, Perlkreis
Rs. **CLXVIII EINE FEINE MARK** über und **JUSTIRT** unter **12 / EINEN / THALER /** Jahreszahl, Perlkreis. **1838** (B und am Halsabschnitt F), **1839** (S), **1840** (S)
Sternchenrändelung

117 (46) 1/24 Taler (B) 30.–/60.–
Vs. wie Nr. 116
Rs. wie Nr. 116, doch Mzz. **A** · **1839, 1840, 1841, 1842, 1843, 1844, 1845, 1846**

113 (72) 1/12 Taler (S) 35.–/70.–
ERNST AUGUST KOENIG V. HANNOVER um Kopf n. r., darunter Mmz. **S**, Perlkreis
Rs. wie Nr. 112. **1841, 1842, 1843, 1844**
Sternchenrändelung

118 (77) 1/24 Taler (B) 30.–/60.–
NEC ASPERA TERRENT um Sachsenroß auf Bodenstück n. l. darunter Mmz. **B**
Rs. **KÖNIGL · HANNOVERSCHE SCHEIDEMÜNZE** ✻ um 24 / EINEN / THALER / Jahreszahl **1845, 1846**
Rand glatt
Var.: **1845** Linienrandkreis

114 (73) 1/12 Taler (S) 30.–/60.–
Vs. ähnlich wie Nr. 113, doch unter Kopf Mmz. **B**
Rs. ähnlich wie Nr. 113. **1844, 1845, 1846, 1847**
Sternchenrändelung
Stempel von Henri François Brandt, Berlin

119 (57) 6 Pfennige (B) 40.–/80.–
KÖN. HANN. SCHEIDEM. um gekrönten Wappenschild mit Sachsenroß n. l. ohne Bodenstück, darunter Mmz. **S** oder **B**, Perlkreis
Rs. **48 EINEN THALER** über **6 / PFENNIGE / – /** Jahreszahl, Perlkreis. **1843 (S), 1844 (S), 1844 (B), 1845 (B), 1846 (B)**

115 (78) 1/12 Taler (S) 25.–/50.–
ERNST AUGUST KOENIG V. HANNOVER um kahlen Kopf n. r., darunter Mmz. **B**, Perlkreis
Rs. ähnlich wie Nr. 114. **1848, 1849, 1850, 1851**
Sternchenrändelung

120 (76) 6 Pfennige (B) 30.–/40.–
NEC ASPERA TERRENT um Sachsenroß auf Bodenstück n. l., darunter Mmz. **B**, Perlkreis
Rs. **KÖN. HANN. SCHEIDEM.** über und **48 EINEN THAL.** unter **6 / PFENNIGE /** Jahreszahl, Perlkreis. **1846, 1847, 1848, 1849, 1850, 1851**
Rand glatt

116 (46) 1/24 Taler (B) 30.–/60.–
KÖN · HANNOVER · SCHEIDE – MÜNZE um gekrönten Wappenschild mit Sachsenroß n. l. ohne Bodenstück
Rs. **24 / EINEN / THALER /** Jahreszahl / Mmz. **B** oder **S** · **1838 (B), 1839 (S), 1841 (S), 1842 (S)**

121 (45) 4 Pfennige (B) 20.–/50.–
Vs. wie Nr. 75
Rs. wie Nr. 75 mit Mmz. **B** oder **S** · **1838 (B), 1840 (S), 1841 (S), 1842 (S)**

126 (54) 1 Pfennig (K)   30.–/60.–
Gekröntes Monogramm **EAR**
Rs. **1** / **PFENNIG** / Jahreszahl / Mzz. A · **1837, 1838, 1839, 1840, 1841, 1842, 1843, 1844, 1845, 1846**

122 (55) 2 Pfennige (K)   20.–/50.–
Gekröntes Monogramm **EAR**
Rs. **2** / **PFENNIGE** / Jahreszahl / Mzz. A · **1837, 1838, 1839, 1840, 1841, 1842, 1843, 1844, 1845, 1846**

127 (53) 1 Pfennig (K)   40.–/80.–
Gekröntes Monogramm **EAR**
Rs. **1** / **PFENNIG** / **SCHEIDE** / **MÜNZE** / Mmz. B · **1838**

123 (55) 2 Pfennige (K)   40.–/80.–
Vs. wie Nr. 122
Rs. wie Nr. 122, doch Mmz. **S** · **1842, 1844**

128 (54) 1 Pfennig (K)   40.–/80.–
Vs. wie Nr. 126
Rs. wie Nr. 126, doch Mmz. **B** oder **S** · **1838 (B), 1839 (S), 1841 (S), 1842 (S)**

124 (75) 2 Pfennige (K)   10.–/20.–
Vs. wie Nr. 122, Linienkreis
Rs. wie Nr. 122, doch Mmz. **B**, Linienkreis. **1845, 1846, 1847, 1848, 1849, 1850, 1851**

129 (74) 1 Pfennig (K)   8.–/15.–
Vs. wie Nr. 124
Rs. wie Nr. 124, doch anderer Wert und Mmz. B · **1845, 1846, 1847, 1848, 1849, 1850, 1851**
Var.: **1851** mit Kerbrand

125 (75) 2 Pfennige (K)   20.–/50.–
Vs. ähnlich wie Nr. 124
Rs. ähnlich wie Nr. 124, doch Mzz. A · **1846, 1847, 1848, 1849**

130 (74) 1 Pfennig (K)   15.–/30.–
Vs. wie Nr. 124
Rs. wie Nr. 129, doch Mzz. A · **1846, 1847, 1848, 1849**

HANNOVER

Gedenkmünzen

131 (65) Taler (S)   350.– / 750.–
ERNST AUGUST V. G. G. KOENIG VON HANNOVER
um Kopf n. r., darunter A, am Halsabschnitt W, Perlkreis
Rs. **Glückauf! / CLAUSTHAL / IM SEPTEMBER /** Jahreszahl zwischen zwei gebundenen Lorbeerzweigen. **1839**
Randschrift wie Nr. 109
Goldabschlag

132 (70) Taler (S)   400.– / 750.–
Vs. wie Nr. 104
Rs. **GEORG / KRONPRINZ / VON HANNOVER / MARIE / HERZOGINN / V. S. ALTENB.** umgeben von 23 Sternen, darunter bogig **VERM. 18 FEBR. 1843**
1843 (1010)
Rand glatt
5 Expl. in Gold

133 (80) Taler (S)   300.– / 1000.–
Vs. wie Nr. 107
Rs. wie Nr. 107, doch über Krone noch **HARZ- SEGEN · 1849**
Randschrift: NEC ~ · ~ ASPERA ~ · ~ TERRENT ~ · ~

134 (81) Taler (S)   120.– / 250.–
Vs. wie Nr. 107
Rs. wie Nr. 107, doch **BERGSEGEN DES HARZES · 1850**
(712 220), **1851** (453 204)
Randschrift wie Nr. 133

135 (56) 1 Pfennig (K)   200.– / 400.–
Vs. wie Nr. 126
Rs. **GLÜCK / AUF !** in Efeukranz. **1839**

Georg V. (1851–1866)

* 27.5.1819 in Berlin als Sohn des späteren Königs Ernst August und seiner Gemahlin Friederike Prinzessin von Mecklenburg-Strelitz. ∞ 18.2.1843 Marie Prinzessin von Sachsen-Altenburg. König von Hannover seit 18.11.1851; des Thrones entsetzt 1866. † 12.6.1878 in Paris.

136 (132) 10 Taler (G)   1100.– / 2200.–
GEORG V v. G. G. KOENIG v. HANNOVER um Kopf n. l., am Halsabschnitt **BREHMER · F ·**, darunter Mmz. B, Perlkreis
Rs. **ZEHN THLR.** um den mit der gefütterten hannoverschen Königskrone gekrönten Wappenschild mit Mittelschild auf Kartusche, darunter Jahreszahl, Perlkreis. **1853, 1854, 1855, 1856**
Randschrift: NEC ~ · ~ ASPERA ~ · ~ TERRENT ~ · ~

137 (131) 5 Taler (G)   700.– / 1300.–

Vs. wie Nr. 136
Rs. wie Nr. 136, doch **FÜNF THLR.** · **1853, 1855, 1856**
Rändelung mit Kreuzrosetten

138 (133) 5 Taler (G) 1 800.– / 3 200.–

Vs. wie Nr. 137
Rs. ähnlich wie Nr. 137, doch **5 – THALER HARZ-GOLD** · **1853, 1856**
Rändelung mit Kreuzrosetten

139 (130) 2½ Taler (G) 550.– / 1 100.–

Vs. wie Nr. 138
Rs. ähnlich wie Nr. 138, doch oben Jahreszahl und unten **2½ THALER** · **1853, 1855**
Rändelung mit Kreuzrosetten

140 (135) Krone (G) 900.– / 1 800.–

Vs. wie Nr. 136, doch nur **BREHMER**
Rs. ❋ **VEREINSMÜNZE** ❋ oben und **50 EIN PFUND FEIN** unten um zwei gebundene Eichenzweige, in denen **1 / KRO- NE /** Jahreszahl · **1857** (145 163), **1858** (46 571), **1859** (19 983), **1860** (14 502), **1861** (780), **1862** (20 393), **1863** (125 959), **1864** (13 933), **1866** (382 857)

141 (134) ½ Krone (G) 1 100.– / 2 200.–

Vs. wie Nr. 140
Rs. ähnlich wie Nr. 140, doch **½ KRONE** und **100** statt **50** · **1857** (4 105), **1858** (116), **1859** (790), **1862** (96), **1864** (12 087), **1866** (2 909)

142 (88) Doppeltaler (S) 400.– / 700.–

Vs. wie Nr. 136
Rs. · **VEREINSMÜNZE** · **2 THALER 3½ GULDEN** · **VII EINE F · MARK** · Jahreszahl um den von gekröntem Löwen und Einhorn gehaltenen Wappenschild, stehend auf Band mit Devise **SUSCIPERE ET FINIRE**; um Wappenschild mit Devise **NUMQUAM RETRORSUM**, daran Georgs- und Guelphen-Orden an ihren Ketten; Perlkreis. **1854** (101 665), **1855** (841 756)
Randschrift: NEC ~ · ~ ASPERA ~ · ~ TERRENT ~ · ~

143 (97) Doppeltaler (S) 380.– / 650.–

Vs. wie Nr. 136
Rs. · **ZWEI VEREINSTHALER** · **XV EIN PFUND FEIN** · Jahreszahl um Darstellung wie Nr. 141. **1862** (133 268), **1866** (37 658)
Randschrift wie Nr. 142

144 (96) Taler (S) 80.– / 160.–

Vs. wie Nr. 136
Rs. **EIN VEREINSTHALER XXX EIN PFUND FEIN** Jahreszahl, sonst ähnlich wie Nr. 143. **1857** (273 750), **1858** (431 612), **1859** (554 058), **1860** (790 427), **1861** (736 446), **1862** (133 268), **1863** (232 835), **1864** (157 521). **1865, 1866** (159 119) Randschrift wie Nr. 142

145 (95) 1/6 Taler (S)   40.– / 80.–
Vs. wie Nr. 136, doch nur **BREHMER**
Rs. **6 EINEN THALER 180 EIN PFUND F.** Jahreszahl um gekrönten Wappenschild, umgeben von zwei gekreuzten Lorbeerzweigen, Perlkreis. **1859, 1860, 1862, 1863** (87 492), **1866** (5904)
Randschrift: NEC ~.~ ASPERA ~.~ TERRENT ~.~

146 (85) 1/12 Taler (S)   25.– / 60.–
Vs. wie Nr. 136, doch **BREHMER · F ·**
Rs. **CLXVIII EINE FEINE MARK** über und **JUSTIRT** unter **12 / EINEN / THALER /** Jahreszahl, Perlkreis. **1852, 1853**
Rand: Sternchen vertieft

147 (94) 1/12 Taler (B)   60.– / 130.–
Vs. wie Nr. 136, doch ohne BREHMER F
Rs. **360 EIN PFUND FEIN** über und **SCHEIDEMÜNZE** unter **12 / EINEN / THALER /** Jahreszahl, Perlkreis. **1859, 1860, 1862**
Rand: Sternchen vertieft

148 (77) 1/24 Taler = Groschen (B)   30.– / 60.–
Vs. wie Nr. 118
Rs. wie Nr. 118. **1854, 1855, 1856**
Rand glatt

149 (93) Groschen (B)   8.– / 16.–
KÖNIGREICH HANNOVER über Sachsenroß auf Bodenstück n. l., darunter Mmz. **B**, Perlkreis
Rs. **30 EINEN THALER** über und **SCHEIDEMÜNZE** unter **1 / GROSCHEN /** Jahreszahl, Perlkreis. **1858, 1859, 1860, 1861, 1862, 1863** (68 724), **1864, 1865, 1866** (76 290)
Rand glatt, Var.: **1866** auch mit Kerbrand

150 (76) 6 Pfennige (B)   20.– / 40.–
Vs. wie Nr. 120
Rs. wie Nr. 120. **1852, 1853, 1854, 1855**
Rand glatt

151 (92) 1/2 Groschen (B)   7.– / 14.–
Vs. wie Nr. 149
Rs. ähnlich wie Nr. 149, doch 60 und 1/2 statt 30 und 1. **1858, 1859, 1861, 1862, 1863** (46 668), **1864, 1865**
Rand glatt, Var.: **1863** auch mit Kerbrand

152 (84) 2 Pfennige (K)   10.– / 16.–
Gekröntes Spiegelmonogramm **GR**, darunter V, Linienkreis. Rs. **2 / PFENNIGE /** Jahreszahl / Mmz. **B**, Linienkreis. **1852, 1853, 1854, 1855, 1856**
Rand glatt

153 (91) 2 Pfennige (K)   8.– / 15.–
Vs. ähnlich wie Nr. 152

154 (82) 1 Pfennig (K)   60.– / 120.–
Verziertes Monogramm **GR**, gekrönt, darunter **V**, Linienkreis
Rs. **1 / PFENNIG** / Jahreszahl / Mmz. **B**, Linienkreis. **1852**
Rand glatt

155 (83) 1 Pfennig (K)   10.– / 20.–
Vs. ähnlich wie Nr. 154, doch glatte Monogrammbuchstaben
Rs. ähnlich wie Nr. 154. **1853, 1854, 1855** (auch mit PENNIG in S und G), **1856**
Rand glatt

156 (90) 1 Pfennig (K)   6.– / 12.–
Vs. ähnlich wie Nr. 155
Rs. **1 / PFENNIG** / Jahreszahl / **B**, darunter bogig **SCHEIDEMÜNZE**, Linienkreis. **1858, 1859, 1860, 1861, 1862, 1863** (2 324 100), **1864**

Gedenkmünzen

157 (89) Doppeltaler (S)   – / 12 000.–

Rs. **2 / PFENNIGE** / Jahreszahl / Mmz. **B**, darunter bogig **SCHEIDEMÜNZE**, Linienkreis. **1858, 1859, 1860, 1861, 1862, 1863** (606 750), **1864**
Rand glatt

(Münzbesuch, ohne Wertangabe und Kurswert)
Vs. wie Nr. 136
Rs. **ERNST AUGUST FRIEDERIKE MARIE** um **MARIE / GEORG**, darunter gebogen **HANNOVER AM 8. MAI 1854**, das Ganze in mit Schleife gebundenem Lorbeer- und Eichenzweig, Perlkreis. **1854**
Randschrift: NEC~·~ASPERA~·~TERRENT~·~

158 (86) Taler (S)   120.– / 280.–
Vs. wie Nr. 136
Rs. ähnlich wie Nr. 134. **1852** (170 122), **1853** (179 781), **1854** (950 764), **1855** (973 685), **1856** (76 622)
Randschrift: wie Nr. 157

159 (87) Taler (S) ohne Wertangabe   3 300.– / 6 500.–
Vs. wie Nr. 136
Rs. gebogen **ZUR ERINNERUNG AN / S R. MAJESTÄT / DES KÖNIGS / UND / IHRER MAJESTÄT / DER KÖNIGIN / ALLERHÖCHSTEN / BESUCH D. MÜNZE /** gebogen **HANNOVER. DECEMBER 1853** zwischen zwei mit Schleife gebundenen Lorbeerzweigen, Perlkreis. **1853**
Rand glatt

160 (98) Taler (S) ohne Wertangabe   120.– / 240.–
Vs. wie Nr. 136
Rs. **DEN / SIEGERN / BEI / WATERLOO / GEWIDMET / AM 18 JUNI / 1865** zwischen zwei mit Schleife gebundenen Lorbeerzweigen, Perlkreis. **1865** (15 000)
Randschrift wie Nr. 157

161 (99) Taler (S)   750.– / 1100.–
Vs. wie Nr. 136
Rs. **ZUR / 50 JÄHRIGEN / VEREINIGUNG / OSTFRIES-LANDS / MIT / HANNOVER**, darunter gebogen **1815: 15. DEC : 1865.** zwischen zwei mit Schleife gebundenen Eichenzweigen, Perlkreis. **1865** (1000)
Randschrift: 30 EIN PFUND F. ∼·∼ EIN THALER ∼·∼

162 (100) Taler (S)   500.– / 900.–
Vs. wie Nr. 136
Rs. **EALA FRYA FRESENA** oben und **ZUR ERINNERUNG AN DIE FEIER DES 15 DEC. 1865** unten um Upstalboom, neben dem r. ein Ritter mit Rüstung, Schwert und Lanze steht (Wappenbild der ostfriesischen »Landschaft«), Perlkreis. **1865** (2000)
Randschrift: wie Nr. 161

Hessen, Kurfürstentum

(inoffiziell: Hessen-Kassel)

Fläche: 1843: 11 500 qkm
Einwohner: 1843: 732 000
Hauptstadt: Kassel

Wappen (1815):
1. Hessisches Stammwappen
2. Fulda
3. und 6. Hanau
4. und 5. Rieneck
7. Münzenberg
8. Katzenelnbogen
9. Hersfeld
10. Ziegenhain
11. Nidda
12. Fritzlar
13. Diez
14. Schaumburg
15. Isenburg

1803 wurde die ehemalige Landgrafschaft Hessen-Kassel zum Kurfürstentum erhoben. Da sich das Kurfürstentum in den Napoleonischen Kriegen Preußen angeschlossen hatte, kam es im Frieden von Tilsit 1807 an das Königreich Westfalen und wurde erst 1813 wieder selbständig. 1830–1852 erschütterten wiederholt innere Unruhen das Land, so daß schließlich der Bund gezwungen war, Truppen einzusetzen. Im preußisch-österreichischen Krieg von 1866 stand Hessen-Kassel auf seiten Österreichs, was zur Folge hatte, daß im Prager Frieden 1866 das Land Preußen zugesprochen wurde.

Grundlage des Münzwesens war der 14-Taler-Fuß, nach dem 14 Taler aus der Gewichtsmark Feinsilber (234 g) zu prägen waren. Der Taler war in 24 Groschen zu je 12 Pfennig oder 16 Heller unterteilt. 1838 trat Kurhessen der Dresdener Münzkonvention bei, die die Vereinsmünze schuf, ein 2-Taler- bzw. 3½-Gulden-Stück, eine Verbindung des norddeutschen Talers mit dem süddeutschen Gulden. Dieser Doppeltaler war in Kurhessen in 60 Silbergroschen zu je 12 Heller eingeteilt. Der Wiener Münzvertrag von 1857 führte dann das Zollpfund zu 500 g ein; aus einem Pfund Feinsilber waren 30 Vereinstaler zu prägen, der Taler zu 30 Silbergroschen, der Silbergroschen zu 12 Heller gerechnet.

1807–1813, als Hessen-Kassel dem Königreich Westfalen einverleibt war, war es dem westfälischen Münzwesen angeschlossen.

In der Grafschaft Schaumburg rechnete man wie im Kurfürstentum bzw. Königreich Hannover. Kassel prägte für sie bis 1832 Gute Pfennige, von denen 12 auf einen Guten Groschen bzw. 8 auf einen Mariengroschen gingen.

In Oberhessen, Hanau und Fulda rechnete man wie im Großherzogtum Hessen nach dem süddeutschen Münzsystem: 1 Gulden zu 60 Kreuzer, der Kreuzer zu 4 Heller bzw. Pfennig gerechnet. Für diese Gebiete wurden in Kassel bis 1835 Kleinmünzen vom 6 Kreuzer bis zum Viertelkreuzer geprägt.

1866 stellte Preußen nach der Einverleibung Kurhessens in sein Staatsgebiet die hessischen Landesmünzen den preußischen gleich.

Münzstätten:
  Kassel
  Clausthal = Mzz. C prägte 1807 unter König Hieronymus von Westfalen 1/6- und 1/24 Taler mit dem herkömmlichen kurhessischen Münzbild.

HESSEN

Münzmeister und Medailleure:

    F., D.F. = Dietrich Heinrich Fulda, 1775–1782 Wardein, 1783–1831 Münzmeister in Kassel
    K = Wilhelm Körner, wird 1804–1833 als Münzgraveur in Kassel aufgeführt
    C.P. = Christoph Carl Pfeuffer, Berliner Medailleur, * 1801 in Suhl, † 1861 in Berlin

Die Ausbringung der wichtigsten Sorten

Nominal	Prägezeit	Metall	Gewicht g	Fein-gewicht g	Fein-gehalt ⁰/₀₀	Katalog-Nr.
X Taler	1838, 1840, 1841	Gold	ca. 13,34	ca. 12	900	40
5 (V) Taler (Pistole, Wilhelm d'or)	1803, 1805, 1806	Gold	6,65	5,96	895,8	1
	1814, 1815, 1817, 1819, 1820, 1821, 1823, 1825, 1828, 1829, 1834, 1836, 1837, 1839 bis 1845, 1847, 1851	Gold	6,66 bis 6,68	5,99 bis 6,03	899,3 bis 902,78	2–4, 17, 18, 41, 42, 59
2 Taler (3 1/2 Gulden, 2 Vereinstaler)	1840–1845, 1847, 1851, 1854, 1855	Silber	37,12	33,41	900	43–45, 60
Taler	1819–1822, 1832–1839, 1841, 1842, 1851, 1854, 1855	Silber	22,27	16,71	750	5, 19, 20, 46, 61
Vereinstaler	1858–1865	Silber	18,52	16,67	900	62, 63
1/2 Taler	1819, 1820	Silber	11,14	8,35	750	6
1/3 Taler	1822–1829	Silber	8,50	5,31	625	21
1/6 Taler	1821–1831, 1833–1847, 1851, 1852, 1854–1856	Silber	5,32 bis 5,35	2,66 bis 2,78	500 bis 520,8	22–24, 47–48, 64
2 1/2 Silbergroschen	1852, 1853, 1856, 1859 bis 1862, 1865	Billon	3,25	1,22	375	65
2 Silbergroschen	1842	Billon	2,60	0,97	375	49
1 Silbergroschen	1841, 1845, 1847, 1851 bis 1866	Billon	1,56	0,48	312,5	50, 66
1/2 Silbergroschen	1842	Billon	0,97	0,24	250	51

LITERATUR:

Jacob C.C. Hoffmeister, Historische und kritische Beschreibung aller bis jetzt bekanntgewordenen hessischen Münzen. Kassel – Paris – Hannover 1857–1880
Kurt Jaeger, Die Münzprägungen der deutschen Staaten vom Ausgang des alten Reiches bis zur Einführung der Reichswährung, Band 2, Baden, Frankfurt, Kurhessen, Hessen-Darmstadt, Hessen-Homburg, 2. Aufl., Basel 1969
Hans-Dietrich Kahl, Notizen zur hessischen Münzgeschichte, GN 6. Jg. 1971, S. 305, 361, 421

Kurfürst Wilhelm I. (1803–1806), (1813–1821)

(1760 Graf von Hanau, 1785 Landgraf Wilhelm IX.)

* 3.6.1743 in Kassel als Sohn des Landgrafen Friedrich II. und dessen erster Gemahlin Maria, Tochter König Georgs II. von Großbritannien. ∞ 1764 Wilhelmine Caroline, Tochter des Königs Friedrich V. von Dänemark. † 27.2.1821 in Kassel.

1 (49)   2 000.– / 5 000.–
5 Taler = Pistole oder Wilhelm d'or (G)
WILHELMUS I. D. G. S. R. I. ELECTOR H. L. · Kopf n. r.
Rs. **5. THALER.** · Säule mit Kurhut, Fahnen und Waffen, davor ein liegender Löwe. Unten Jahreszahl und Mmz. **F** · **1803** (1659), **1805** (1941), **1806** (875)
Rand geriffelt

2 (50)   5 000.– / 10 000.–
5 Taler = Pistole oder Wilhelm d'or (G)
WILHELMUS I. D. G. ELECT. LANDG. HASS. · Kopf n. r.
Rs. **5. THALER.** · Gekröntes, vielfeldiges Wappen mit leerem Warteschild, darunter Jahreszahl. **1814** (glatter Rand, vermutlich Probe), **1815** (2226)
Rand geriffelt

3 (51)   5 000.– / 10 000.–
5 Taler = Pistole oder Wilhelm d'or (G)
WILHELMUS I. ELECT. HASS. LANDGR. M. D. FULD. · Kopf n. r.
Rs. **5. THALER.** · Gekröntes, vielfeldiges Wappen ohne den Warteschild, darunter Jahreszahl. **1817** (2352), **1819** (1548)
Rand geriffelt

4 (52)   LP
5 Taler = Pistole oder Wilhelm d'or (G)
WILHELMUS I. KURF. S. L. Z. HESSEN G. H. V. FULDA. · Kopf n. r.
Rs. **5. THALER.** · Gekröntes, vielfeldiges Wappen, darunter Jahreszahl **1820** (534)
Rand geriffelt

5 (12) Taler (S)   400.– / 1 600.–
WILHELM I. KURF. SOUV. LANDGR. Z. HESSEN GR. H. V. FULDA. · Kopf n. r.
Rs. Im Lorbeerkranz **EIN / THALER** / Jahreszahl. **1819, 1820**
Rand: KUR HESS: LAND MÜNZE (Verzierung)

6 (11) 1/2 Taler (S)   200.– / 480.–
WILHELM I. KURF. S. L. Z. HESSEN G. H. V. FULDA · Kopf n. r.
Rs. Im Lorbeerkranz **EIN / HALBER / THALER** / Jahreszahl. **1819, 1820**
Rand: KUR HESS: LAND MÜNZE (Verzierung)

7 (4 a) 1/6 Taler (S)   450.– / 900.–
Gekröntes Wappen zwischen zwei Lorbeerzweigen
Rs. ❊ **VI** ❊ / **EINEN** / **THALER** / / Jahreszahl / Mmz. **F** Oben: **80 STÜCK EINE MARK FEIN**. Unten: **IUSTIERT**. **1803**
Laubrand

8 (4 b, 6) 1/6 Taler (S)   150.– / 350.–
Gekröntes Wappen mit dem hessischen Löwen zwischen zwei Lorbeerzweigen
Rs. wie Nr. 7. **1803, 1804, 1805, 1806, 1807** (39 826)
Laubrand
1807 auch mit Mzz. **C**, Münzstätte Clausthal, Kurhessen unter Hieronymus von Westfalen

9 (3, 5) 1/24 Taler = Groschen (B)   25.– / 50.–

HESSEN   148

Gekrönter, gestreifter Löwe auf Sockel
Rs. **24 / EINEN / THALER /** Jahreszahl / Mmz. **F. · 1803**
(525 744), **1804, 1805, 1806, 1807** (997 005)
Rand glatt
1807 mit Mzz. **C**, Münzstätte Clausthal, Kurhessen unter Hieronymus von Westfalen
Varianten

10   (10) 1/24 Taler = Groschen (B)   35.– /70.–
Vs. wie Nr. 9
Rs. wie Nr. 9, jedoch ohne Mzz., aber Jahreszahl. / Kreuzrosette. **1814, 1815, 1816, 1817, 1818, 1819, 1820, 1821**
Rand glatt
Var.: **1814** und **1819**

11   (9) 4 Heller (K)   25.– /60.–
Monogramm aus **WK** mit Königskrone
Rs. ✤ **4** ✤ **/ HELLER /** Jahreszahl. / Kreuzrosette. **1815, 1816, 1817, 1818, 1819, 1820, 1821**
Rand glatt

12   (2) 2 Heller (K)   50.– /100.–
Monogramm aus **WK** mit Kurhut
Rs. ✤ **2** ✤ **/ HELLER /** Jahreszahl. / Kreuzrosette. **1814**
Rand glatt

13   (8) 2 Heller (K)   30.– /60.–
Monogramm aus **WK** mit Königskrone
Rs. ✤ **2** ✤ **/ HELLER /** Jahreszahl. / Kreuzrosette. **1816, 1818, 1820**
Rand glatt

14   (1 a, b) 1 Heller (K)   25.– /50.–

Monogramm aus **WK** mit Kurhut
Rs. ✤ **1** ✤ **/ HELLER /** Jahreszahl. / Kreuzrosette. **1803, 1805, 1806, 1814**
Rand glatt
Var. **1806**: 2 Var.

15   (7) 1 Heller (K)   40.– /90.–
Monogramm aus **WK** mit Königskrone
Rs. ✤ **1** ✤ **/ HELLER /** Jahreszahl. / Kreuzrosette. **1817, 1818, 1819, 1820**
Rand glatt

16   (6 I) Konventionstalerprobe (S)   **LP**
WILHELMUS I. D. G. ELECT. LANDG. HASS. Kopf n. r., im Halsabschnitt **K**
Rs. **ZEHN EINE FEINE MARK** · Gekröntes, vielfeldiges Wappen mit leerem Warteschild. Unten **1813**. (Aufl. 4 Stück)
Rand: **EIN CONVENTIONSTHALER**
Var. mit glattem Rand (wohl spätere Nachprägung)

Prägungen für die Grafschaft Schaumburg, für Oberhessen, Hanau und Fulda siehe unter Kurfürst Wilhelm II.

Kurfürst Wilhelm II. (1821–1847)

(seit 1831 Mitregentschaft seines Sohnes Friedrich Wilhelm)

* 28. 7. 1777 in Hanau als Sohn Wilhelms I. und dessen Gemahlin Wilhelmine Caroline. ∞ 1797 in 1. Ehe Friederike Christiane Auguste, Tochter König Friedrich Wilhelms II. von Preußen, 1841 in 2. Ehe Emilie, Tochter von Joh. Christian Ortlöp, seit 1821 Gräfin von Reichenbach - Lessonitz, 1843 in 3. Ehe Caroline Christiane Albertine, Tochter von Ludwig Hermann von Berlepsch, später Freiin von Bergen.
† 20. 11. 1847 in Frankfurt.

17   (53)   3 500.– /9 000.–
5 Taler = Pistole oder Wilhelm d'or (G)
WILHELM II. KURF. S. L. Z. HESSEN G. H. V. FULDA. Brustbild n. r.
Rs. **5. THALER.** Gekröntes, vielfeldiges Wappen ohne Warteschild, darunter Jahreszahl. **1821** (1142), **1823** (1140)
Rand gerifelt

18   (54)
5 Taler = Pistole oder Wilhelm d'or (G)   2 500.– /6 000.–
Vs. wie Nr. 17, jedoch ... **S. L. V. HESSEN** ...
Rs. wie Nr. 17. **1823** (518), **1825** (409), **1828** (952), **1829** (502)
Rand gerifelt

19 (19) Taler (S) 650.–/2500.–
WILHELM II. KURF. SOUV. LANDGR. Z. HESSEN GR.
H. V. FULDA. · Brustbild n. r.
Rs. **EIN / THALER /** Jahreszahl im Lorbeerkranz. **1821**
(2385 zusammen mit Nr. 20), **1822** (3456)
Rand: KUR HESS: LAND MÜNZE (Verzierung)

20 (20) Taler (S) LP
WILHELM II. KURF. SOUV. LANDGR. Z. HESSEN
GR. H. V. FULDA. · Kopf n. r.
Rs. wie Nr. 19. **1821** (2385 zusammen mit Nr. 19, jedoch bis
jetzt nur 2 Exemplare bekannt)
Rand: KUR HESS: LAND MÜNZE (Verzierung)

21 (18) 1/3 Taler (S) 120.–/250.–
WILHELM II. KURF. S. L. V. HESSEN G. H. V. FULDA.
Brustbild n. r.
Rs. ❋ **3** ❋ / **EINEN / THALER /** Jahreszahl, im Lorbeer-
kranz. **1822** (105195), **1823** (124881), **1824** (98553), **1825**
(162186), **1826** (279900), **1827** (278472), **1828**, **1829** (219261)
Rand glatt

22 (16) 1/6 Taler (S) 200.–/600.–
Gekröntes Wappen mit dem hessischen Löwen zwischen
zwei Lorbeerzweigen
Rs. ❋ **VI** ❋ / **EINEN / THALER /** Jahreszahl / Kreuzrosette.
1821 (38264), **1822** (56106)
Rand glatt

23 (17 a, b) 1/6 Taler (S) 80.–/180.–
WILHELM II. KURF. S. L. V. HESSEN G. H. V. FULDA.
Brustbild n.r.

Rs. ❋ **6** ❋ / **EINEN / THALER /** Jahreszahl, im Lorbeerkranz.
1823 (181812), **1824** (275730), **1825** (305964), **1826** (146856),
1827 (279762), **1828** (394764), **1829** (590040), **1830** (524064),
1831 (200653)
Rand glatt
Var.: **1823** auch mit ... S. L. Z. ... **1828** mit Stempel-
fehler THAELR

24 (30) 1/6 Taler (S) 200.–/450.–
WILHELM II. KURF. V. HESSEN G. H. V. FULDA. Brust-
bild n. r.
Rs. ❋ **6** ❋ / **EINEN / THALER / 1831** im Lorbeerkranz. **1831**
(21887)
Rand glatt

25 (10) 1/24 Taler = Groschen (B) 60.–/120.–
Gekrönter Löwe
Rs. **24 / EINEN / THALER / 1822**
Rand glatt

26 (15) 4 Heller (K) 30.–/60.–
Gekröntes Monogramm aus **WK**
Rs. ❋ **4** ❋ / **HELLER /** Jahreszahl / Kreuzrosette. **1821**,
1822, **1824**, **1826**, **1827**, **1828**, **1829**, **1830**, **1831**
Rand glatt

27 (14) 2 Heller (K) 35.–/70.–
Gekröntes Monogramm aus **WK**
Rs. ❋ **2** ❋ / **HELLER /** Jahreszahl / Kreuzrosette. **1831, 1833**
Rand glatt

28 (7) 1 Heller (K) 25.–/50.–
Gekröntes Monogramm aus **WK**
Rs. ❋ **1** ❋ / **HELLER /** Jahreszahl / Kreuzrosette. **1822, 1823,
1824, 1825, 1827**
Rand glatt

29 (13) 1 Heller (K) 30.–/60.–

HESSEN

Gekröntes Monogramm aus **WK**
Rs. ❖ **1** ❖ / HELLER / Jahreszahl / Kreuzrosette. **1822, 1825, 1827, 1828, 1829, 1831**
Rand glatt
Var.: **1829**

Prägungen für die Grafschaft Schaumburg

30   (21) I Guter Pfennig (K)   30.–/60.–
Mit dem Kurhut gekröntes, zerschnittenes Nesselblatt; beiderseits **W. K.**
Rs. ❖ **I** ❖ / GUTER / PFENNIG · / Jahreszahl. / – / Mmz.
F · **1804, 1805, 1806, 1807, 1814**
Rand glatt

31   (22) I Guter Pfennig (K)   40.–/80.–
Vs. wie Nr. 30
Rs. wie Nr. 30, jedoch statt des Mmz. Kreuzrosette. **1815**
Rand glatt

32   (23) I Guter Pfennig (K)   30.–/60.–
Mit der Königskrone gekröntes, zerschnittenes Nesselblatt; beiderseits **W. K.**
Rs. wie Nr. 31, jedoch ohne Punkt nach PFENNIG und Jahreszahl. **1816, 1818, 1819, 1820, 1821, 1824, 1826, 1827, 1828, 1829, 1830, 1832**
Rand glatt
Var. bei den einzelnen Jahrgängen

Prägungen für Oberhessen, Hanau und Fulda

33   (28) 6 Kreuzer (B)   120.–/250.–
KUR HESSEN · Gekröntes Wappen mit dem hessischen Löwen
Rs. ❖ **6** ❖ / KREUZER / Jahreszahl / Kreuzrosette. **1826, 1827, 1828**
Rand glatt

34   (29) 6 Kreuzer (B)   40.–/100.–

Vs. **KURHESSEN** · Gekröntes Wappen mit dem hessischen Löwen
Rs. wie Nr. 33, jedoch ohne Rosetten neben der Wertzahl und unter der Jahreszahl. **1831, 1832, 1833, 1834**
Rand glatt

35   (27) 1 Kreuzer (K)   70.–/150.–
KUR HESSEN · Gekröntes Wappen mit dem hessischen Löwen
Rs. ❖ **1** ❖ / KREUZER / Jahreszahl / Kreuzrosette. **1825, 1828, 1829, 1832, 1833, 1835**
Rand glatt
Var.: **1832** und **1833** je 1 Var.

36   (24) 1/2 Kreuzer (K)   40.–/80.–
KUR HESSEN · Mit dem Kurhut gekröntes Wappen mit dem hessischen Löwen
Rs. **1/2** / KREUZER · / Jahreszahl. Darunter Mmz. F · **1803, 1804**
Rand glatt

37   (26) 1/2 Kreuzer (K)   30.–/60.–
KUR HESSEN · Mit der Königskrone gekröntes Wappen mit dem hessischen Löwen
Rs. ❖ **1/2** ❖ / KREUZER / Jahreszahl / Kreuzrosette. **1824, 1825, 1826, 1827, 1828, 1829, 1830, 1834,**
Rand glatt   **1835** (Probe)   300.–/600.–

38   (25) 1/4 Kreuzer (K)   40.–/80.–
KUR HESSEN · Mit der Königskrone gekröntes Wappen mit dem hessischen Löwen
Rs. ❖ **1/4** ❖ / KREUZER / Jahreszahl / Kreuzrosette. **1824, 1825, 1827, 1829, 1830, 1834, 1835**
Rand glatt

39   (29 II) 3 Kreuzerprobe (K)   **LP**
KUR HESSEN · Gekröntes Wappen
Rs. **3** / KREUZER / **1824**
Rand glatt

Kurfürst Wilhelm II. mit Kurprinz und Mitregent Friedrich Wilhelm, 1831–1847

40 (56) X Taler = Doppelpistole (G)   3500.– / 6500.–
WILH. II. KURF. U. FRIEDR. WILH. KURPR. U. MITREG. · Gekröntes, vielfeldiges Wappen von der Kette des Ordens vom Goldenen Löwen umzogen
Rs. KURFÜRSTENTHUM HESSEN / X / THALER / Jahreszahl. **1838** (126), **1840** (16707, wohl zusammen mit Nr. 41), **1841** (16390, wohl zusammen mit Nr. 41)
Rand gerade geriffelt

41 (55) V Taler = Pistole (G)   900.– / 1800.–
WILH. II. KURF. U. FRIEDR. WILH. KURPR. U. MITREG. · Gekröntes Wappen wie Nr. 40
Rs. KURFÜRSTENTHUM HESSEN / V / THALER / Jahreszahl. **1834** (1025), **1836** (2002), **1837** (256), **1839** (1996), **1840** (16707, wohl zusammen mit Nr. 40), **1841** (16390, wohl zusammen mit Nr. 40), **1842** (6909), **1843** (1657), **1844** (1495), **1845** (1364)
Rand gerade geriffelt

42 (57) V Taler = Pistole (G)   3500.– / 7500.–
Vs. wie Nr. 41, jedoch ... KURPR. = MITREG.
Rs. wie Nr. 41. **1847** (1438)
Rand gerade geriffelt

43 (33) 2 Taler = 3½ Gulden (S)   400.– / 1200.–
WILH. II. KURF. U. FRIEDR. WILH. KURPR. U. MITREGENT · Auf gekröntem Wappenmantel der von der Kette des Ordens vom Goldenen Löwen umzogene, vielfeldige Wappenschild
Rs. ❊ KURFÜRSTENTHUM HESSEN ❊ 2 / THALER / 3½ / GULDEN / Jahreszahl / VEREINS M. ❊ VII E. F. MARK · **1840** (18634), **1841** (18644), **1842** (18643), **1843** (18000), **1844** (59095 zusammen mit Nr. 44), **1845**
Rand: GOTT BESCHIRME UNS (Verzierung)

44 (34) 2 Taler = 3½ Gulden (S)   500.– / 1500.–
Vs. wie Nr. 43, jedoch größere Buchstaben
Rs. wie Nr. 43. **1844** (59095 zusammen mit Nr. 43), **1845**
Rand: GOTT BESCHIRME UNS (Verzierung)

45 (43) 2 Taler = 3½ Gulden (S)   2500.– / 5000.–
Vs. wie Nr. 44, jedoch ... KURPRINZ = MITREGENT
Rs. wie Nr. 43. **1847** (10316)
Rand: GOTT BESCHIRME UNS (Verzierung)

46 (32) Taler (S)   110.– / 400.–
WILH. II. KURF. U. FRIEDR. WILH. KURPR. U. MITREGENT · Gekröntes Wappen mit der Kette des Ordens vom Goldenen Löwen, wie Nr. 40
Rs. KURFÜRSTENTHUM HESSEN / EIN / THALER / Jahreszahl / XIV EINE FEINE MARK · **1832** (19901), **1833** (17047), **1834** (37041), **1835** (14289), **1836** (39856), **1837** (25850), **1838** (4041), **1839** (2574), **1841** (25345), **1842** (31466)
Rand: GOTT BESCHIRME UNS (Verzierung)
Var. **1832, 1833**: Vs. etwas verschieden von den späteren Jahrgängen. **1837**: Var. mit Vs. ohne Interpunktion

47 (31) 1/6 Taler (S)   50.– / 150.–

HESSEN

WILH. II. KURF. U. FRIEDR. WILH. KURPR. U. MIT-REG. · Gekröntes Wappen mit der Kette des Ordens vom Goldenen Löwen
Rs. **KURFÜRSTENTHUM HESSEN / 6 / EINEN / THA-LER /** Jahreszahl **/ 84 EINE FEINE MARK** · **1833** (46 346), **1834** (599 000), **1835** (810 000), **1836** (528 000), **1837** (624 000), **1838** (558 000), **1839** (228 000), **1840** (6000), **1841** (192 000), **1842** (1 404 000), **1843** (138 000), **1844** (6132), **1845** (94 938), **1846** (45 210 zusammen mit Nr. 48)
Rand: **+ GOTT BESCHIRME UNS**
Var. **1833**: Vs. etwas verschieden von den folgenden Jahrgängen. **1844**: Var. d. Jahreszahl

48 (42) 1/6 Taler (S) 150.– / 320.–
Vs. wie Nr. 47, jedoch ... **KURPR. = MITREG.**
Rs. wie Nr. 47. **1846** (45 210 zusammen mit Nr. 47), **1847** (102 900)
Rand: **+ GOTT BESCHIRME UNS**

49 (38) 2 Silbergroschen (B) 100.– / 200.–
KURFÜRSTENTHUM HESSEN · Gekröntes Wappen mit dem hessischen Löwen
Rs. **2 / SILBER / GROSCHEN /** Jahreszahl **15 EINEN THALER SCHEIDE MÜNZE** · **1842** (2 414 260)
Rand geriffelt

50 (37) 1 Silbergroschen (B) 30.– / 60.–
KURFÜRSTENTHUM HESSEN · Gekröntes Wappen mit dem hessischen Löwen
Rs. **30 EINEN THALER SCHEIDE=MÜNZE 1 / SILBER / GROSCHEN /** Jahreszahl. **1841** (5 925 252), **1845** (61 710), **1847** (455 550)
Rand: **1841** glatt; **1845, 1847** geriffelt

51 (36) 1/2 Silbergroschen (B) 40.– / 80.–
KURFÜRSTENTHUM HESSEN · Gekröntes Wappen mit dem hessischen Löwen
Rs. **1/2 / SILBER / GROSCHEN /** Jahreszahl **60 EINEN THALER SCHEIDE MÜNZE** · **1842** (1 490 640)
Rand glatt

52 (41) 3 Heller (K) 15.– / 35.–
120 EINEN THALER · Gekröntes Wappen mit dem hessischen Löwen
Rs. **KURHESSISCHE SCHEIDE MÜNZE 3 / HELLER /** Jahreszahl. **1843, 1844, 1845, 1846**
Rand geriffelt

53 (40) 2 Heller (K) 60.– / 120.–
180 EINEN THALER · Gekröntes Wappen mit dem hessischen Löwen
Rs. **KURHESSISCHE SCHEIDE MÜNZE 2 / HELLER / 1843**
Rand geriffelt

54 (35) 1 Heller (K) 60.– / 120.–
KURHESSEN · Gekröntes Wappen mit dem hessischen Löwen
Rs. **360 EINEN THALER SCHEIDE MÜNZE 1 / HELLER /** Jahreszahl. **1842** (37 440)
Rand geriffelt

55 (39) 1 Heller (K) 10.– / 20.–
360 EINEN THALER · Gekröntes Wappen mit dem hessischen Löwen
Rs. **KURHESSISCHE SCHEIDE MÜNZE 1 / HELLER /** Jahreszahl. **1843, 1845, 1847**
Rand geriffelt

Gedenkmünze

  2 000.– / 3 500.–
56 (VI) Eddergold-Medaille (etwa 1/2 Dukat)
ACTIEN- / GOLDWASCHE / A. D. EDDER.
Rs. **BEGONNEN / 1832 · / BEENDIGT / 1835.**
Rand glatt

57 (IV) 3 Hellerprobe (K) 600.– / 1 200.–
KURHESSEN · Gekröntes Wappen
Rs. **120 EINEN THALER SCHEIDE MÜNZE 3 / HELLER / 1842**
Rand geriffelt

58 (III) 2 Hellerprobe (K) LP
KURHESSEN · Gekröntes Wappen
Rs. **180 EINEN THALER SCHEIDE MÜNZE 2 / HELLER / 1842**
Rand geriffelt

Kurfürst Friedrich Wilhelm I. (1847–1866)

(seit 1831 Mitregent)

* 20.8.1802 in Philippsruhe b. Hanau als Sohn Wilhelms II. und dessen Gemahlin Friederike Christiane Auguste. ∞ 1831 Gertrud, Tochter von Gottfried Falkenstein, seit 1831 Gräfin Schaumburg, seit 1853 Fürstin von Hanau. † 6.1.1875 in Prag.

59 (58) V Taler = Pistole (G)   1500.– / 3000.–
FRIEDR. WILHELM I KURFÜRST V. HESSEN · Kopf n.r., am Halsabschnitt C.P.
Rs. FÜNF THAL. Gekröntes, vielfeldiges Wappen in ornamentalem Schild mit der Kette des Ordens vom Goldenen Löwen. Unten **18–51**
Rand: GOTT MIT UNS, dazwischen Verzierungen

60 (47 a, b) 2 Taler = 3½ Gulden (S)   350.– / 800.–
FRIEDR. WILHELM I KURFÜRST V. HESSEN · Kopf n.r., am Halsabschnitt C.P.
Rs. ✺ 2 THALER VII EINE F. MARK 3½ GULDEN ✺ / VEREINS Jahreszahl MÜNZE · Auf gekröntem Wappenmantel das von der Kette des Ordens vom Goldenen Löwen umzogene Wappen, wie Nr. 42. **1851** (3996), **1854** (141483), **1855** (356528)
Rand: GOTT MIT UNS, dazwischen Verzierungen
Var. **1854, 1855**: auch ohne C.P. am Halsabschnitt

61 (46) 1 Taler (S)   200.– / 900.–
FRIEDR. WILHELM I KURFÜRST V. HESSEN · Kopf n.r., darunter C. PFEUFFER F.
Rs. EIN THALER XIV EINE F. M. Gekröntes, vielfeldiges Wappen, umzogen von der Kette des Ordens vom Goldenen Löwen, zwischen Lorbeerkranz. Unten Jahreszahl. **1851** (3963), **1854** (7338), **1855** (27525)
Rand: GOTT MIT UNS, dazwischen Verzierungen

62 (48 a) 1 Vereinstaler (S)   120.– / 280.–
FRIEDR. WILHELM I KURFÜRST V. HESSEN · Kopf n.r., am Halsabschnitt C.P.
Rs. EIN VEREINSTHALER XXX EIN PFUND FEIN · Auf gekröntem Wappenmantel das von der Kette des Ordens vom Goldenen Löwen umzogene, vielfeldige Wappen. Unten Jahreszahl. **1858** (61958, zusammen mit Nr. 63), **1859** (36511, zusammen mit Nr. 63), **1860** (31295, zusammen mit Nr. 63), **1862** (32023, zusammen mit Nr. 63), **1864** (31793, zusammen mit Nr. 63), **1865** (31379, zusammen mit Nr. 63)
Rand: GOTT MIT UNS, dazwischen Verzierungen

63 (48 b) 1 Vereinstaler (S)   110.– / 260.–
Vs. wie Nr. 62, jedoch ohne C.P. am Halsabschnitt
Rs. wie Nr. 62. **1858** (61958, zusammen mit Nr. 62), **1859** (36511, zusammen mit Nr. 62), **1860** (31295, zusammen mit Nr. 62), **1861** (31950), **1862** (32023, zusammen mit Nr. 62), **1863** (32416), **1864** (31793, zusammen mit Nr. 62), **1865** (31379, zusammen mit Nr. 62)
Rand: GOTT MIT UNS, dazwischen Verzierungen

64 (45) 1/6 Taler (S)   100.– / 200.–
FRIEDR. WILHELM I KURFÜRST V. HESSEN · Kopf n.r., am Halsabschnitt C.P.
Rs. VI EINEN THALER LXXXIV EINE F.M. · Gekröntes Wappen mit dem hessischen Löwen, von der Kette des Ordens vom Goldenen Löwen umzogen. Unten Jahreszahl.
1851 (29754), **1852** (32500), **1854** (12500), **1855** (22122), **1856**
Rand: GOTT MIT UNS, dazwischen Verzierungen

65 (44) 2½ Silbergroschen (B)   50.– / 100.–
FRIEDR. WILHELM I KURFÜRST VON HESSEN · Kopf n.r., am Halsabschnitt C.P.
Rs. 12 EINEN THALER SCHEIDE MÜNZE 2½ / SILBER / GROSCHEN / Jahreszahl. **1852** (34262), **1853** (49298), **1856** (38548), **1859** (68616), **1860** (42445), **1861** (34389), **1862** (31279), **1865** (22931)
Rand glatt   Var.: Riffelrand: st. **310.–**

HESSEN

66 (37) 1 Silbergroschen (B)   20.–/40.–
KURFÜRSTENTHUM HESSEN · Gekröntes Wappen mit dem hessischen Löwen
Rs. **30 EINEN THALER SCHEIDE=MÜNZE 1 / SILBER / GROSCHEN /** Jahreszahl. **1851** (262 170), **1852** (147 420), **1853** (125 400), **1854** (97 740), **1855** (54 270), **1856** (233 740), **1857** (118 860), **1858** (57 600), **1859** (235 000), **1860** (156 000), **1861** (165 000), **1862**, **1863**, **1864** (121 636), **1865** (192 145), **1866** (181 870)
Rand gerifelt

67 (41) 3 Heller (K)
120 EINEN THALER · Gekröntes Wappen   20.–/40.–

Rs. **KURHESSISCHE SCHEIDE MÜNZE 3 / HELLER /** Jahreszahl. **1848, 1849, 1850, 1851, 1852, 1853, 1854, 1856, 1858, 1859, 1860, 1861, 1862, 1863, 1864, 1865, 1866**
Rand gerifelt
Var. **1863** und **1866**: auch mit glattem Rand

68 (39) 1 Heller (K)   15.–/30.–
360 EINEN THALER · Gekröntes Wappen
Rs. **KURHESSISCHE SCHEIDE MÜNZE 1 / HELLER /** Jahreszahl. **1849, 1852, 1854, 1856, 1858, 1859, 1860, 1861, 1862, 1863, 1864, 1865, 1866**
Rand gerifelt
Var. **1859**: auch mit Stempelfehler THAEER

69 (39 V) 1 Hellerprobe (K)   LP
KURFÜRSTENTHUM HESSEN · Gekröntes Wappen
Rs. **KURHESSISCHE SCHEIDE MÜNZE 1 / HELLER / 1860**
Rand gerifelt

Hessen, Großherzogtum

(inoffiziell: Hessen-Darmstadt)

Größe: 1843: 8399 qkm, 1905: 7689 qkm
Einwohner: 1843: 834 711, 1905: 1 209 175
Hauptstadt: Darmstadt
Wappen (1808): Der Wappenschild des amtlichen Modells war bis 1844 spatenblattförmig, danach wurde der rechteckige Schemaschild üblich.

Im Verlauf der napoleonischen Neugliederung Europas konnte Hessen-Darmstadt sein Gebiet beträchtlich erweitern. 1806 trat es, nun zum Großherzogtum erklärt, dem Rheinbund bei. 1813 stellte sich Ludwig I. auf die Seite der Verbündeten. Das Land erhielt 1820 eine Verfassung. 1828 schloß es sich dem preußischen Zollverein an. Nach den sozialen und politischen Unruhen von 1848 setzte sich 1850 eine reaktionäre Politik durch. Der Ausgang des Krieges von 1866, in dem das Großherzogtum auf der Seite Österreichs stand, zwang zu Gebietsabtretungen an Preußen. Am 26.9.1866 trat Hessen für Oberhessen dem Norddeutschen Bund bei, unter dem 18.11.1870 wurde es Bundesstaat des Deutschen Reichs, 1918 Republik bzw. Freistaat.
Grundlage des Münzwesens war die Münzkonvention von 1753, nach der aus der Gewichtsmark Feinsilber (234 g) 10 Konventionstaler zu prägen waren, der Taler zu 2 Gulden gerechnet, der Gulden zu 60 Kreuzer, der Kreuzer zu 4 Pfennig bzw. Heller (die Bezeichnung »Pfennig« bzw. »Heller« werden im Hessischen vielfach gleichbedeutend gebraucht.) Durch eine Höherbewertung des Talers entwickelte sich aus diesem 10-Taler-Fuß oder 20-Gulden-Fuß ein 24- und 24½-Gulden-Fuß, demgemäß der Konventionstaler 2 Gulden 24 Kreuzer galt. Der Dresdener Münzvertrag von 1838 verband den 24½-Gulden-Fuß mit dem norddeutschen 14-Taler-Fuß. Es entstand die Vereinsmünze, ein 2-Taler- bzw. 3½-Gulden-Stück. Der Wiener Münzvertrag von 1857 setzte dann an Stelle der alten Gewichtsmark das Zollpfund von 500 g. Aus dem Pfund Feinsilber waren 30 Vereinstaler zu prägen.
In der 1. Hälfte des 19. Jahrhunderts lief neben den Konventionsmünzen in den süddeutschen Ländern der Kro-

nentaler um, eine ursprünglich österreichisch-niederländische Münze, die von einer Reihe von Staaten übernommen wurde, unter ihnen auch von Hessen-Darmstadt. – Mit dem Münzgesetz von 1873 trat im Großherzogtum an Stelle der Landeswährung die deutsche Reichswährung – im Gegensatz zur bisherigen Silberwährung eine Goldwährung, deren Rechnungseinheit die Goldmark zu 100 Pfennig war.

Bewertungen: 1 Kronentaler   = 2 Gulden 42 Kreuzer   1 Vereinstaler   = 1 Gulden 45 Kreuzer
                  1 Konventionstaler = 2 Gulden 24 Kreuzer   1 Gulden   = 1,71 Mark (ab 1871)

Münzstätte war bis 1882 Darmstadt; ab 1888 wurden die hessischen Münzen in Berlin hergestellt

Münzmeister: R.F. = Remigius Fehr, in Darmstadt tätig, 1772–1809 auf Münzen nachweisbar, † 1810
                    H.R. = Hector Roessler, * 1779 in Darmstadt, † nach 1857

Medailleure: F, Frisch F. = Frisch, 1807–1817 in Darmstadt tätig
                    R.S., ST = Rudolf Stadelmann, 1817–1845 nachweisbar
                    L = Johann Lindenschmit, * 1771 in Camberg, † 6.6.1845 in Mainz
                    Christian Zollmann, 1845–1859 in Wiesbaden tätig
                    KORN = Ferdinand Korn, * um 1825 in Mainz, zuletzt 1859–1866 in Wiesbaden tätig
                    C.V., C.VOIGT, VOIGT = Carl Friedrich Voigt, * 1800 in Berlin, † 1874 in Triest; an der Münchener Münze tätig
                    Christian Schnitzspahn, * 1829 in Darmstadt, † 1877 in Darmstadt
                    Johann Adam Ries, * 1813 in Kulmbach, † 1889 in München
                    Emil Weigand, * 1837 in Berlin, † 1906 in Berlin
                    Otto Schultz, * 1848 in Berlin, † 1911 in Berlin
                    Paul Sturm, * 1859 in Leipzig, † 1919

Die Ausbringung der wichtigsten Sorten vor Einführung der Reichswährung

Nominal	Prägezeit	Metall	Gewicht g	Feingewicht g	Feingehalt $^0/_{00}$	Katalog-Nr.
10 Gulden	1826, 1827, 1840–1842	Gold	6,75	6,07	900	70, 96
5 Gulden	1835, 1840 bis 1841	Gold	3,24	3,04	937,5	97, 98
Doppeltaler	1839–1842, 1844, 1854	Silber	37,12	33,41	900	99, 100, 119
Kronentaler	1819, 1825, 1833, 1835 bis 1837	Silber	29,51	25,72	871,5	71, 72, 102
Konventionstaler	1809	Silber	28,06	23,38	833,3	73
2 Gulden	1845–1849, 1853–1856	Silber	21,21	19,09	900	101, 121
1 Vereinstaler	1857–1871	Silber	18,52	16,67	900	120
1 Gulden	1837–1848	Silber	10,61	9,54	900	103–105, 122, 133, 134
1 Gulden	1854–1856		10,58	9,52	900	123
1/2 Gulden	1838–1841, 1843–1846, 1855	Silber	5,30	4,77	900	106, 124
20 Kreuzer	1807–1809	Silber	6,68	3,90	583,3	74–76
10 Kreuzer	1808	Silber	3,90	1,95	500	77
6 Kreuzer	1819–1821, 1824, 1826 bis 1828, 1833 bis 1837	Billon	2,43	0,84	343,7	78, 79, 107
6 Kreuzer	1838–1842, 1843–1848, 1850–1856, 1864–1867	Billon	2,46	0,86	350	108, 109, 125, 126, 135, 136

HESSEN

Nominal	Prägezeit	Metall	Gewicht g	Feingewicht g	Feingehalt ⁰/₀₀	Katalog-Nr.
5 Kreuzer	1807, 1808	Billon	2,23	0,97	437,5	80–82
3 Kreuzer	1819, 1822, 1833–1836	Billon	1,39	0,39	281,2	84, 110, 111
3 Kreuzer	1838–1842, 1843–1848, 1850–1856, 1864–1867	Billon	1,23	0,43	350	112, 113, 127, 128

LITERATUR:
Jacob C.C. Hoffmeister, Historische und kritische Beschreibung aller bis jetzt bekanntgewordenen hessischen Münzen. Kassel – Paris – Hannover 1857–1880
Kurt Jaeger, Die Münzprägungen der deutschen Staaten vom Ausgang des alten Reiches bis zur Einführung der Reichswährung, Band 2, Baden, Frankfurt, Kurhessen, Hessen-Darmstadt, Hessen-Homburg, 2. Aufl., Basel 1969
W. Knoop, Professor Christian Schnitzspahn, Großherzoglich-Hessischer Hofmedailleur, Aus Dresdner Sammlungen 2. Heft, Dresden 1883, S. 27
S. a. Deutsches Reich

Großherzog Ludwig I. (1806–1830)
(1790–1806 Landgraf Ludwig X.)

* 14.6.1753 in Prenzlau als Sohn des Landgrafen Ludwig IX. und dessen Gemahlin Henriette Christiane Karoline Luise, Tochter des Pfalzgrafen Christian III. von Zweibrücken-Birkenfeld. ∞ 1777 seine Base Luise Karoline Henriette, Tochter des Prinzen Georg Wilhelm zu Hessen-Darmstadt.
† 6.4.1830 in Darmstadt.

70 (60) 10 Gulden (G)   2400.– /4800.–
LUDEWIG GROSHERZOG VON HESSEN · Kopf n.l.
Rs. ZEHN GULDEN · Auf gekröntem Wappenmantel das behelmte Wappen mit dem Kreuz des Ludewig-Ordens. Unten Jahreszahl zwischen Mmz. H R · 1826 (1700), 1827 (1705)
Rand: vertiefte Vierecke

71 (27) 1 Kronentaler (S)   650.– /1800.–
LUDEWIG GROSHERZOG VON HESSEN · Brustbild n.l., im Armabschnitt H.

Rs. EIN KRONENTHALER · Auf gekröntem Wappenmantel das Wappen mit dem Kreuz des Ludewig-Ordens. Darunter Mmz. **H. R.** und Jahreszahl. **1819** (19400)
Rand: GOTT ✶ ✶ EHRE ✶ ✶ VATERLAND ✶ ✶

72 (28) 1 Kronentaler (S)   380.– /1000.–
LUDEWIG GROSHERZOG VON HESSEN · Kopf n.r.
Rs. EIN KRONENTALER · Auf gekröntem Wappenmantel das Wappen mit dem Kreuz des Ludewig-Ordens. Darunter Mmz. **H R** und Jahreszahl. **1825** (170763)
Rand: GOTT ✶ ✶ EHRE ✶ ✶ VATERLAND ✶ ✶

73 (12 a, b) Konventionstaler (S)   750.– /1800.–

LUDEWIG GROSHERZOG VON HESSEN. · Kopf n.r., darunter **L**
Rs. **ZEHN EINE FEINE MARK.** · Gekröntes Wappen zwischen Lorbeer- und Palmzweig. Unten **1809**. Unter dem Wappen **L**
Laubrand
Var. der Rs.: ohne L unter dem Wappen

74 (10) 20 Kreuzer (S) 350.– /750.–

LUDEWIG GROSHERZOG VON HESSEN · Kopf n.r., am Halsabschnitt **FRISCH F.**
Rs. **60 STUCK EINE FEINE MARK.** · Gekröntes Wappen, beiderseits **18 07** · Unten **20** zwischen Mmz. **R. F.**
Rand geriffelt

75 (11 a, b) 20 Kreuzer (S) 220.– /480.–

LUDEWIG GROSHERZOG VON HESSEN. Kopf n.r., am Halsabschnitt **L.**
Rs. **60 STUCK EINE FEINE MARK.** · Gekröntes Wappen, beiderseits Jahreszahl. Unten **20** zwischen Mmz. **R. F.**
1807, 1808, 1809
Laubrand
Var. **1808, 1809**: auch mit großer Wertziffer und mit F am Halsabschnitt. **1809** auch mit STÜCK

76 (11 c, d) 20 Kreuzer (S) 300.– /700.–

LUDWIG GROSHERZOG VON HESSEN. · Kopf n.r.
Rs. **60 STUCK EINE FEINE MARK.** · Gekröntes Wappen, beiderseits **18 09**. · Unten **20** zwischen Mmz. **R. F.**
Laubrand
Var. mit großer und kleiner Wertziffer

77 (9) 10 Kreuzer (S) 300.– /500.–

LUDEWIG GROSHERZOG VON HESSEN. · Kopf n.r.
Rs. **120 STUCK EINE FEINE MARK.** · Gekröntes Wappen, beiderseits **18 08**. · Unten **10** zwischen Mmz. **R. F.**
Laubrand
Var. mit STÜCK

78 (25) 6 Kreuzer (B) 60.– /120.–

GR: HERZOGTH. HESSEN · Gekröntes Wappen, darunter Kreuzrosette
Rs. **SCHEIDEMÜNZE 6 / KREU / ZER**, darunter zwischen Kreuzrosetten Jahreszahl. **1819, 1820**
Rand glatt

79 (26 a, b) 6 Kreuzer (B) 25.– /50.–

GROSHERZOGTHUM HESSEN · Gekröntes Wappen, darunter Kreuzrosette
Rs. wie Nr. 78. **1821, 1824, 1826, 1827, 1828, 1833**
Rand: **1821, 1824** glatt; **1826, 1827, 1828, 1833** mit vertieften Vierecken

80 (7 a) 5 Kreuzer (B) 200.– /400.–

GROSHERZOG VON HESSEN · Gekröntes **L**
Rs. **240 EINE FEINE MARK 5 / KREUZER / 1807 / IUSTIRT**
Rand geriffelt

81 (7 b) 5 Kreuzer (B) 280.– /600.–

GROSHERZOG VON HESSEN · Gekröntes **L** mit eingeringelten Enden
Rs. wie Nr. 80. **1807**
Rand geriffelt

82 (8 a, b) 5 Kreuzer (B) 250.– /500.–

LUDEWIG GROSHERZOG VON HESSEN. · Kopf n.r., darunter **L**
Rs. **240 EINE FEINE MARK** · Gekröntes Wappen, beiderseits **18 08**, unten **(R. IUSTIRT. F.)**
Rand geriffelt
Var. mit F am Kopf

HESSEN

83 (14, 22) III (3) Kreuzer (S) 100.–/200.–
G.H. L.M. · Gekröntes Wappen
Rs. **III / KREUZER / Jahreszahl. 1808, 1809, 1810, 1817**
Rand glatt
Var. **1817**: mit 3 / KREUZER / ... auf der Rs.

84 (24) 3 Kreuzer (B) 100.–/200.–
GR: HERZOGTH. HESSEN · Gekröntes Wappen
Rs. **SCHEIDEMÜNZE 3 / KREU / ZER**, unten Jahreszahl.
1819, 1822
Rand glatt

85 (1) I Kreuzer (B) 100.–/200.–
Gekrönter Löwe zwischen **H D**
Rs. **LANDMUNZ I / KREUZER / 1806**
Rand glatt

86 (2) I Kreuzer (B) 100.–/200.–
Gekrönter Löwe mit Schwert, zwischen **H D**
Rs. wie Nr. 85. **1806**
Rand glatt

87 (3 a, b) I Kreuzer (B) 50.–/100.–
Gekrönter Löwe zwischen **H.D. L.M.**
Rs. **I / KREUZER / Jahreszahl. 1806, 1807**
Rand glatt
Var. **1806**: Var. mit HD LM

88 (4) I Kreuzer (B) 100.–/200.–
Gekrönter Löwe mit Schwert, zwischen **H.D. L.M.**
Rs. **I / KREUZER / 1807**
Rand glatt
Var. mit Stempelfehler KREUZEK

89 (5, 5a, 6) I Kreuzer (B) 80.–/150.–
Gekrönter Löwe mit Schwert, zwischen **G.H. L.M.**
Rs. **I / KREUZER / Jahreszahl. 1807, 1808, 1809, 1810**
Rand glatt
Var. **1807**: GH   LM. **1809**: Var., der Löwe steht auf einer Leiste. Auch mit Stempelfehler KREUƵER.

90 (13, 23) I Kreuzer (B) 80.–/150.–
G.H. L.M. · Gekröntes Wappen
Rs. **I / KREUZER / Jahreszahl. 1809, 1810, 1817, 1819** (1819 mit G.H. S.M. auf der Vs. und einer arabischen 1 auf der Rs.)
Rand glatt
Var. **1809**: Var. mit Stempelfehler KREU ER. **1810**: 3 Var.
1817: Var. mit Punkt nach KREUZER

91 (17 a, b) 1/2 Kreuzer (K) 50.–/100.–
G. HESS. SCHEID. M. · Gekröntes Wappen
Rs. **1/2 / KREUZER / Jahreszahl. 1809, 1817** (1817 mit Doppelpunkten in der Umschrift der Vs.)
Rand glatt
Var. **1809**: mit Doppelpunkten in der Umschrift der Vs.

92 (20) 1/2 Kreuzer (K) 50.–/100.–
G.H. S.M. · Gekröntes Wappen
Rs. **1/2 / KREUZER / 1817.**
Rand glatt

93 (16 a, b) 1/4 Kreuzer (K) 80.–/180.–
G. HESS. SCHEID. M. · Gekröntes Wappen
Rs. **1/4 / KREUZER / Jahreszahl. 1809, 1816**
Rand glatt
Var. **1809**: mit Doppelpunkten in der Umschrift der Vs.

94 (18) 1/4 Kreuzer (K) 50.–/100.–
G.H. S.M. · Gekröntes Wappen
Rs. **1/4 / KREUZER / Jahreszahl. 1809, 1816, 1817**
Rand glatt

95 (19, 21) I Pfennig (K)   10.– / 25.–
G. H. S. M. · Gekröntes Wappen
Rs. ✣ I ✣ / PFENNIG / Jahreszahl. **1810, 1811, 1819**
Rand glatt
Var. **1819**: auch mit G. H. K. M. auf der Vs.; Rs. + I + / PFENNIG. / Jahreszahl

Großherzog Ludwig II. (1830–1848)
* 26. 12. 1777 in Darmstadt als Sohn Ludwigs I. und dessen Gemahlin Luise Karoline Henriette. ∞ 1804 Wilhelmine, Tochter des Erbprinzen Karl Ludwig von Baden. † 16. 6. 1848 in Darmstadt.

96 (63) 10 Gulden (G)   1 200.– / 2 500.–
LUDWIG II GROSHERZOG VON HESSEN · Kopf n. l., darunter C. V.
Rs. ZEHN GULDEN · Auf gekröntem Wappenmantel das behelmte Wappen mit dem Kreuz des Ludewig-Ordens, unten Jahreszahl zwischen Mmz. H R · **1840, 1841, 1842** (zusammen 16 996)
Rand: vertiefte Vierecke

99 (40) 2 Taler = 3½ Gulden (S)   350.– / 750.–
LUDWIG II GROSHERZOG VON HESSEN · Kopf n. l., am Halsabschnitt ST
Rs. ✣ 3½ GULDEN ✣ 2 THALER ✣ Unten VII EINE FEINE MARK · Im Eichenkranz VEREINS / MÜNZE / Jahreszahl. **1839** (23 970), **1840** (367 600), **1841** (687 800), **1842** (286 400)
Rand: CONVENTION VOM ✳ 30 JULY ✳ 1838 ✳
Var. der Randschrift

97 (61) 5 Gulden (G)   LP
LUDWIG II GROSHERZOG VON HESSEN · Kopf n. l., darunter C. V.
Rs. AUS HESS. RHEINGOLD 22 K. 6 G. · Auf gekröntem Wappenmantel das behelmte Wappen mit dem Kreuz des Ludewig-Ordens. Beiderseits 5 G, unten Jahreszahl zwischen Mmz. H R · **1835** (60)
Rand: vertiefte Vierecke

100 (41) 2 Taler = 3½ Gulden (S)   380.– / 800.–
Vs. wie Nr. 99
Rs. ✣ 3½ GULDEN VII EINE   F. MARK 2 THALER ✣ / VEREINS   1844   MÜNZE · Auf gekröntem Wappenmantel das von zwei Löwen gehaltene, gekrönte Wappen mit den Ketten des Ludewig- und des Philipp-Ordens. **1844** (376 800)
Rand: CONVENTION VOM ✳ 30 JULY ✳ 1838 ✳

98 (62) 5 Gulden (G)   1 000.– / 2 000.–
Vs. wie Nr. 97
Rs. FÜNF GULDEN · Auf gekröntem Wappenmantel das behelmte Wappen mit dem Kreuz des Ludewig-Ordens. Unten Jahreszahl zwischen Mmz. H R · **1835, 1840, 1841, 1842** (zusammen 21 510)
Rand: vertiefte Vierecke
Var. **1840**: 2 Var. **1841**: 2 Var.

101 (42) 2 Gulden (S)   250.– / 600.–

LUDWIG II GROSHERZOG VON HESSEN · Kopf n.l.,
darunter **C. VOIGT**
Rs. **ZWEY GULDEN** · Gekröntes Wappen, von zwei Löwen
gehalten. Unten Jahreszahl. **1845** (43 700), **1846** (270 150),
1847 (30 400)
Rand: vertiefte Vierecke

102 (33) 1 Kronentaler (S) 350.– /750.–
LUDWIG II GROSHERZOG VON HESSEN · Kopf n.l.,
darunter **C. VOIGT**
Rs. **EIN KRONENTHALER** · Auf gekröntem Wappenmantel das behelmte Wappen mit dem Kreuz des Ludewig-Ordens. Unten Mmz. **H R** und Jahreszahl. **1833** (123 753), **1835**,
1836, **1837** (zusammen 558 119)
Rand: GOTT ✶ ✶ EHRE ✶ ✶ VATERLAND ✶ ✶

103 (38 a) 1 Gulden (S) 220.– /500.–
LUDWIG II GROSHERZOG VON HESSEN · Kopf n.l.
Rs. Im Eichenkranz **1 / GULDEN / 1837**
(Prägezahl s. Nr. 105)
Rand: vertiefte Vierecke

104 (38 b) 1 Gulden (S) 250.– /600.–
LUDWIG II GROSHERZOG VON HESSEN · Kopf n.l.
Rs. wie Nr. 103, jedoch **1838**
(Prägezahl s. Nr. 105)
Rand: vertiefte Vierecke

105 (39) 1 Gulden (S) 120.– /280.–
LUDWIG II GROSHERZOG VON HESSEN · Kopf n.l.,
darunter **VOIGT**
Rs. wie Nr. 103, Jahreszahl. **1839**, **1840**, **1841** (1837–1841:
1 122 300), **1842** (605 000), **1843** (313 800), **1844** (191 100), **1845**
(167 200), **1846** (144 300), **1847** (251 300)
Rand: vertiefte Vierecke

106 (37) 1/2 Gulden (S) 110.– /250.–
LUDWIG II GROSHERZOG VON HESSEN · Kopf n.l.,
darunter **VOIGT**
Rs. Im Eichenkranz **1/2 / GULDEN / Jahreszahl. 1838**, **1839**,
1840, **1841** (zusammen 1 080 000), **1843** (151 400), **1844**
(81 200), **1845** (167 200), **1846** (32 800)
Rand: vertiefte Vierecke

107 (32) 6 Kreuzer (B) 20.– /45.–
GROSHERZOGTHUM HESSEN · Gekröntes Wappen
Rs. **SCHEIDEMÜNZE   6 / KREU / ZER**, unten Jahreszahl.
1833, **1834**, **1835**, **1836**, **1837**
Rand: vertiefte Vierecke

108 (36) 6 Kreuzer (B) 30.– /60.–
Vs. wie Nr. 107
Rs. Im Eichenkranz **6 / KREUZER /** Jahreszahl. **1838**, **1839**,
1840, **1841**, **1842** (816 000)
Rand: vertiefte Vierecke

109 (46) 6 Kreuzer (B) 20.– /45.–
GROSHERZOGTHUM HESSEN · Gekröntes Wappen
Rs. Im Eichenkranz **6 / KREUZER /** Jahreszahl. **1843** (775 000),
1844 (331 000), **1845** (235 000), **1846** (897 000), **1847**
Rand: vertiefte Vierecke

110 (24) 3 Kreuzer (B) 35.–/70.–
GR: HERZOGTH. HESSEN · Gekröntes Wappen
Rs. **SCHEIDEMÜNZE   3 / KREU / ZER / 1833**
Rand glatt

111 (31) 3 Kreuzer (B) 30.–/60.–
GROSHERZOGTHUM HESSEN · Gekröntes Wappen
Rs. **SCHEIDEMÜNZE   3 / KREU / ZER**, unten Jahreszahl.
1833, **1834**, **1835**, **1836**
Rand: vertiefte Vierecke

112 (35) 3 Kreuzer (B)   30.–/60.–
Vs. wie Nr. 111
Rs. Im Eichenkranz **3 / KREUZER /** Jahreszahl. **1838, 1839, 1840, 1841, 1842** (1842: 280 000)
Rand: vertiefte Vierecke

117 (29 a, b) I Heller (K)   22.–/50.–
G. H. K. M. · Gekröntes Wappen
Rs. ✺ **I** ✺ **/ HELLER /** Jahreszahl. **1824, 1837, 1840, 1841, 1842** (103 200), **1843** (175 200), **1844** (241 460), **1845, 1846, 1847**
Rand: glatt bzw. vertiefte Vierecke
Ab 1837 im Ring geprägt

113 (45) 3 Kreuzer (B)   25.–/50.–
GROSHERZOGTHUM HESSEN · Gekröntes Wappen
Rs. Im Eichenkranz **3 / KREUZER /** Jahreszahl. **1843** (288 000), **1844, 1845** (245 000), **1846, 1847**
Rand: vertiefte Vierecke

118 (43) I Heller (K)   12.–/30.–
G. H. K. M. · Gekröntes Wappen
Rs. ✺ **I** ✺ **/ HELLER / 1847**
Rand: vertiefte Vierecke

114 (30) 1 Kreuzer (B)   20.–/40.–
GROSHERZOGTHUM HESSEN · Gekröntes Wappen
Rs. **SCHEIDEMÜNZE 1 / KREU / ZER**, unten Jahreszahl.
1834, 1835, 1836, 1837, 1838
Rand: vertiefte Vierecke bzw. glatt

Großherzog Ludwig III. (1848–1877)
(seit 6.3.1848 Mitregent)

* 9.6.1806 in Darmstadt als Sohn Ludwigs II. und dessen Gemahlin Wilhelmine. ∞ 1833 in 1. Ehe Mathilde, Tochter König Ludwigs I. von Bayern, 1868 in 2. Ehe Magdalene, Tochter von Johann Heinrich Appel, Freiin von Hochstädten. † 13.6.1877 in Seeheim.

115 (34) 1 Kreuzer (B)   30.–/60.–
Vs. wie Nr. 114
Rs. Im Eichenkranz **1 / KREUZER /** Jahreszahl. **1837, 1838, 1839, 1840, 1841, 1842** (1842: 438 000)
Rand: vertiefte Vierecke

116 (44) 1 Kreuzer (B)   15.–/30.–
GROSHERZOGTHUM HESSEN · Gekröntes Wappen
Rs. Im Eichenkranz **1 / KREUZER /** Jahreszahl. **1843** (129 000), **1844, 1845,** (516 000), **1847**
Rand: vertiefte Vierecke

119 (52) 2 Taler = 3½ Gulden (S)   1400.–/2600.–
LUDWIG III GROSHERZOG VON HESSEN · Kopf n. l., darunter **KORN**
Rs. ✺ **3½ GULDEN VII EINE F. MARK 2 THALER** ✺ **/ VEREINS 1854 MÜNZE** · Auf gekröntem Wappenmantel das von zwei Löwen gehaltene, gekrönte Wappen mit den Ketten des Ludewig- und des Philipp-Ordens. **1854** (43 000)
Rand: CONVENTION ✱ VOM ✱ 30 JULY ✱ 1838 ✱

HESSEN

120 (59) 1 Vereinstaler (S)   130.– / 300.–
LUDWIG III GROSHERZOG VON HESSEN · Kopf n.l.
Rs. **EIN VEREINSTHALER ✻ XXX EIN PFUND FEIN ·**
Unten Jahreszahl, gekröntes Wappen, von zwei gekrönten Löwen gehalten. **1857** (91 000), **1858** (536 700), **1859** (594 122), **1860** (607 918), **1861** (413 946), **1862** (242 347), **1863** (215 141), **1864** (73 080), **1865** (77 699), **1866** (59 053), **1867** (24 327), **1868** (47 637), **1869** (33 822), **1870** (39 109), **1871** (33 488)
Rand: ✿ MÜNZVERTRAG VOM 24 JANUAR 1857
Var. **1857**: Probe mit Randschrift ✿ CONVENTION VOM 24 JANUAR 1857, **1858**: 2 Var. der Randschrift, **1859**: 2 Var. der Jahreszahl, **1861**: 2 Var. der Jahreszahl, **1862**: mit fehlerhafter Randschrift MUNZVFRTRAG

121 (51) 2 Gulden (S)   250.– / 700.–
LUDWIG III GROSHERZOG VON HESSEN · Kopf n.l., darunter **C. VOIGT**
Rs. **ZWEY GULDEN** · Gekröntes Wappen, von zwei gekrönten Löwen gehalten, unten Jahreszahl. **1848, 1849, 1853** (zusammen 252 150), **1854** (127 250), **1855** (148 900), **1856** (64 400)
Rand: vertiefte Vierecke

122 (49 a) 1 Gulden (S)   300.– / 750.–
LUDWIG III GROSHERZOG VON HESSEN · Kopf n.l.
Rs. Im Eichenkranz **1 / GULDEN /** Jahreszahl. **1848** (89 500)
Rand: vertiefte Vierecke

123 (49 b) 1 Gulden (S)   200.– / 380.–
Vs. wie Nr. 122, jedoch unter dem Kopf **VOIGT**
Rs. wie Nr. 122. **1854** (44 400), **1855** (90 300), **1856** (152 500)
Rand: vertiefte Vierecke

124 (50) 1/2 Gulden (S)   200.– / 500.–
LUDWIG III GROSHERZOG VON HESSEN · Kopf n.l., darunter **VOIGT**
Rs. Im Eichenkranz **1/2 / GULDEN /** Jahreszahl. **1855** (47 100)
Rand: vertiefte Vierecke

125 (46) 6 Kreuzer (B)   25.– / 50.–
GROSHERZOGTHUM HESSEN · Gekröntes Wappen
Rs. Im Eichenkranz **6 / KREUZER /** Jahreszahl. **1848** (243 000), **1850, 1851, 1852, 1853. 1854** (32 700), **1855** (71 500), **1856** (43 500)
Rand: vertiefte Vierecke

126 (58) 6 Kreuzer (B)   25.– / 50.–
GR. HESSISCHE SCHEIDEMÜNZE · Gekröntes Wappen
Rs. Im Eichenkranz **6 / KREUZER /** Jahreszahl. **1864** (52 450), **1865** (39 020), **1866** (42 770), **1867** (59 950)
Rand: vertiefte Vierecke

127 (45) 3 Kreuzer (B)   25.– / 50.–
GROSHERZOGTHUM HESSEN · Gekröntes Wappen
Rs. Im Eichenkranz **3 / KREUZER /** Jahreszahl. **1848** (82 000), **1850, 1851, 1852, 1853, 1854** (75 500), **1855** (148 000), **1856** (61 500)
Rand: vertiefte Vierecke

128 (57) 3 Kreuzer (B)   20.– / 40.–
GR. HESSISCHE SCHEIDEMÜNZE · Gekröntes Wappen
Rs. Im Eichenkranz **3 / KREUZER /** Jahreszahl. **1864** (95 300), **1865** (87 480), **1866** (89 840), **1867** (76 700)
Rand: vertiefte Vierecke

129 (44) 1 Kreuzer (B)   10.– / 20.–
GROSHERZOGTHUM HESSEN · Gekröntes Wappen
Rs. Im Eichenkranz **1 / KREUZER /** Jahreszahl. **1848** (546 000), **1849, 1850, 1852, 1854** (236 400), **1855** (162 350), **1856** (333 600)
Rand: vertiefte Vierecke

130 (56) 1 Kreuzer (B)   12.– /22.–
GR. HESSISCHE SCHEIDEMÜNZE · Gekröntes Wappen
Rs. Im Eichenkranz **1 / KREUZER /** Jahreszahl. **1858** (271000), **1859** (147300), **1860** (267720), **1861** (207240), **1862** (211200), **1863** (190200), **1864** (375840), **1865** (180960), **1866** (247140), **1867** (272700), **1868** (199472), **1869** (249180), **1870** (349200), **1871** (366255), **1872** (128020)
Rand: vertiefte Vierecke

131 (55) 1 Pfennig (K)   9.– /18.–
GROSHERZOGTHUM HESSEN · Gekröntes Wappen
Rs. **SCHEIDE MÜNZE 1 / PFENNIG /** Jahreszahl. **1857** (140400), **1858** (202000), **1859** (257130), **1860** (267720), **1861** (311160), **1862** (323640), **1863** (190200), **1864**, **1865** (278520), **1866** (317400), **1867** (296344), **1868** (332160), **1869** (322120), **1870** (526220), **1871** (322404), **1872** (337630)
Rand: vertiefte Vierecke

132 (43) I Heller (K)   12.– /25.–
G.H. K.M. · Gekröntes Wappen (gerade)
Rs. ❋ **I** ❋ **/ HELLER /** Jahreszahl. **1848, 1849, 1850, 1851, 1852, 1853, 1854, 1855**
Rand: vertiefte Vierecke

Gedenkmünzen

133 (47) Konzertgulden (S)   600.– /1000.–
Geprägt anläßlich eines Konzertes zu Ehren des russischen Thronfolgers, des späteren Zaren Alexander II.
LUDWIG ERBGROSHERZOG VON HESSEN · Kopf n. l., darunter **VOIGT**
Rs. Von einem Lorbeer- und Eichenzweig umgeben: **ZUR / ERINNERUNG / AN DEN / 20. DECEMBER / 1843**
Rand: vertiefte Vierecke
Auch Goldabschläge

134 (48) Pressfreiheitsgulden (S)   500.– /750.–
LUDWIG ERBGROSH. U. MITREGENT V. HESSEN · Kopf n.l. (von C. Voigt)
Rs. **PRESSFREIHEIT / VOLKSBEWAFFNUNG / SCHWURGERICHT / RELIGIONSFREIHEIT / DEUTSCHES PARLAMENT / 6. MÄRZ 1848** (von Zollmann)
Rand glatt

135 (53) (6 Kreuzer) (B)   700.–
Auf den Besuch der Prinzen Ludwig und Heinrich in der Darmstädter Münze 1848
GROSHERZOGTHUM HESSEN · Gekröntes Wappen
Rs. Gekröntes Monogramm aus **L** und **H**
Rand: vertiefte Vierecke

136 (54) (6 Kreuzer) (B)   700.–
Auf den Besuch des Prinzen Wilhelm und der Prinzessin Anna in der Darmstädter Münze 1859
Vs. wie Nr. 135
Rs. Gekröntes Monogramm aus **A** und **W**, darunter **1859**
Rand: vertiefte Vierecke

Nach Einführung der Reichswährung

137 (214) 20 Mark (G)   400.– /950.–
LUDWIG III GROSHERZOG VON HESSEN · Kopf n.r., darunter Mzz. **H** (Von Chr. Schnitzspahn)
Rs. **DEUTSCHES REICH** (Eichenblatt) Reichsadler (Modell 1871–1889), unten **20 M.** und Jahreszahl. **1872** (183352), **1873** (520775)
Rand: GOTT MIT UNS, dazwischen Verzierungen

138 (217) 20 Mark (G)   650.– /1750.–
Vs. wie Nr. 137
Rs. **DEUTSCHES REICH** Jahreszahl, Reichsadler, unten **20 MARK · 1874** (134192)
Rand: GOTT MIT UNS, dazwischen Verzierungen

139 (213) 10 Mark (G)   300.– /750.–
LUDWIG III GROSHERZOG VON HESSEN · Kopf n.r., darunter Mzz. **H** (Von Chr. Schnitzspahn)
Rs. **DEUTSCHES REICH** (Eichenblatt) Reichsadler, unten **10 M.** und Jahreszahl. **1872** (29800), **1873** (423020)
Rand: Ranken und Sterne

140 (216) 10 Mark (G)   250.– /500.–

HESSEN   164

Vs. wie Nr. 139
Rs. **DEUTSCHES REICH**, Jahreszahl, Reichsadler, unten
10 MARK · 1875 (190992), **1876** (513081), **1877** (93800)
Rand: Ranken und Sterne

Großherzog Ludwig IV. (1877–1892)

* 12.9.1837 in Bessungen als Sohn Karls von Hessen-Darmstadt, eines Bruders Ludwigs III., und dessen Gemahlin Elisabeth, Tochter des Prinzen Wilhelm von Preußen. ∞ 1862 in 1. Ehe Alice, Tochter der Königin Victoria von Großbritannien, 1884 in 2. Ehe Frau von Kolemine. † 13.3.1892 in Darmstadt.

141   (215) 5 Mark (G)   750.–/1200.–
LUDWIG III GROSHERZOG VON HESSEN · Kopf n.r.,
darunter Mzz. **H** (Von Chr. Schnitzspahn)
Rs. **DEUTSCHES REICH** Jahreszahl, Reichsadler, unten
5 MARK · 1877 (102682)
Rand glatt

144   (221) 20 Mark (G)   1400.–/2500.–
LUDWIG IV GROSHERZOG VON HESSEN · Kopf n.r.,
darunter Mzz. **H** (Von J.A. Ries)
Rs. **DEUTSCHES REICH**, Jahreszahl, Reichsadler (Modell 1889–1918), unten **20 MARK · 1892** (25000)
Rand: GOTT MIT UNS, dazwischen Verzierungen

145   (219) 10 Mark (G)   500.–/1000.–
LUDWIG IV GROSHERZOG VON HESSEN · Kopf n.r.,
darunter Mzz. **H** (Von J.A. Ries)
Rs. **DEUTSCHES REICH**, Jahreszahl, Reichsadler (Modell 1871–1889), unten **10 MARK · 1878** (132341), **1879** (55598), **1880** (109132)
Rand: Ranken und Sterne

142   (67) 5 Mark (S)   400.–/3000.–
LUDWIG III GROSHERZOG VON HESSEN · Kopf n.r.,
darunter Mzz. **H** (Von Chr. Schnitzspahn)
Rs. **DEUTSCHES REICH**, Jahreszahl, Reichsadler, unten
FÜNF MARK · 1875 (148035), **1876** (290450)
Rand: GOTT MIT UNS, dazwischen Verzierungen
Var. **1875:** 2 Var., **1876:** 2 Var.

146   (219) 10 Mark (G)   600.–/1300.–
Vs. wie Nr. 145, jedoch Mzz. **A**
Rs. wie Nr. 145. **1888** (35764)
Rand: Ranken und Sterne

147   (220) 10 Mark (G)   800.–/1300.–
Vs. wie Nr. 145
Rs. **DEUTSCHES REICH**, Jahreszahl, Reichsadler, unten
10 MARK · 1890 (53621)
Rand: Ranken und Sterne

143   (66) 2 Mark (S)   500.–/4000.–
LUDWIG III GROSHERZOG VON HESSEN · Kopf n.r.,
darunter Mzz. **H** (Von Chr. Schnitzspahn)
Rs. **DEUTSCHES REICH**, Jahreszahl, Reichsadler, unten
ZWEI MARK · 1876 (202108), **1877** (338000)
Rand geriffelt
Var. **1876:** 2 Var., **1877:** 2 Var.

148   (218) 5 Mark (G)   750.–/1300.–
LUDWIG IV GROSHERZOG VON HESSEN · Kopf n.r.,
darunter Mzz. **H** (Von J.A. Ries)
Rs. **DEUTSCHES REICH**, Jahreszahl, Reichsadler, unten
5 MARK · 1877 (78776)
Rand glatt

149 (69) 5 Mark (S)   2200.–/5000.–
LUDWIG IV GROSHERZOG VON HESSEN · Kopf n.r., darunter Mzz. A (Von J.A.Ries)
Rs. **DEUTSCHES REICH**, Jahreszahl, Reichsadler, unten **FÜNF MARK · 1888** (8940)
Rand: GOTT MIT UNS, dazwischen Verzierungen

150 (71) 5 Mark (S)   1100.–/3600.–
Vs. wie Nr. 149
Rs. **DEUTSCHES REICH**, Jahreszahl, Reichsadler, unten **FÜNF MARK · 1891** (25060)
Rand: GOTT MIT UNS, dazwischen Verzierungen

151 (68) 2 Mark (S)   2400.–/4000.–
LUDWIG IV GROSHERZOG VON HESSEN · Kopf n.r., darunter Mzz. **A**. (Von J.A.Ries)
Rs. **DEUTSCHES REICH**, Jahreszahl, Reichsadler, unten **ZWEI MARK · 1888** (22350)
Rand geriffelt

152 (70) 2 Mark (S)   1100.–/2500.–
Vs. wie Nr. 151
Rs. **DEUTSCHES REICH**, Jahreszahl, Reichsadler (Modell 1889–1918), unten **ZWEI MARK · 1891** (62650)
Rand geriffelt

Großherzog Ernst Ludwig (1892–1918)

* 25.11.1866 in Darmstadt als Sohn Ludwigs IV. und dessen Gemahlin Alice. ∞ 1894 in 1.Ehe Victoria Melita, Tochter des Herzogs Alfred von Sachsen-Coburg und Gotha, 1905 in 2.Ehe Eleonore, Tochter des Fürsten Hermann zu Solms-Hohensolms-Lich. † 9.10.1937 in Wolfsgarten.

153 (223) 20 Mark (G)   1000.–/2000.–
ERNST LUDWIG GROSHERZOG VON HESSEN · Kopf n.l., darunter Mzz. A (Von E.Weigand)
Rs. **DEUTSCHES REICH**, Jahreszahl, Reichsadler, unten **20 MARK · 1893** (25000)
Rand: GOTT MIT UNS, dazwischen Verzierungen

154 (225) 20 Mark (G)   420.–/850.–
ERNST LUDWIG GROSHERZOG VON HESSEN · Kopf n.l., darunter Mzz. A (Von O.Schultz)
Rs. wie Nr.153. **1896** (15000), **1897** (45000), **1898** (70000), **1899** (40000), **1900** (40000), **1901** (80000), **1903** (40000)
Rand: GOTT MIT UNS, dazwischen Verzierungen

155 (226) 20 Mark (G)   350.–/550.–
ERNST LUDWIG GROSHERZOG VON HESSEN · Kopf n.l., darunter Mzz. A (Von O.Schultz)
Rs. wie Nr.154. **1905** (45000), **1906** (85000), **1908** (40000), **1911** (150000)
Rand: GOTT MIT UNS, dazwischen Verzierungen

156 (222) 10 Mark (G)   800.–/1600.–
ERNST LUDWIG GROSHERZOG VON HESSEN · Kopf n.l., darunter Mzz. A (Von E.Weigand)
Rs. **DEUTSCHES REICH**, Jahreszahl, Reichsadler, unten **10 MARK · 1893** (53621)
Rand: Ranken und Sterne

157 (224) 10 Mark (G)   700.–/1300.–
ERNST LUDWIG GROSHERZOG VON HESSEN · Kopf n.l., darunter Mzz. A (Von O.Schultz)
Rs. wie Nr.156. **1896** (35800), **1898** (74800)
Rand: Ranken und Sterne

158 (73) 5 Mark (S)   380.–/1700.–
ERNST LUDWIG GROSHERZOG VON HESSEN · Kopf n.l., darunter Mzz. A (Von O.Schultz)
Rs. **DEUTSCHES REICH**, Jahreszahl, Reichsadler, unten **FÜNF MARK · 1895** (39300), **1898** (37480), **1899** (4475), **1900** (17900)
Rand: GOTT MIT UNS, dazwischen Verzierungen

159 (76) 3 Mark (S)   140.–/240.–
ERNST LUDWIG GROSSHERZOG VON HESSEN ·
Kopf n.l., darunter Mzz. **A** (Von A. Sturm)
Rs. DEUTSCHES REICH, Jahreszahl, Reichsadler, unten
DREI MARK · **1910** (200000)
Rand: GOTT MIT UNS, dazwischen Verzierungen

160 (72) 2 Mark (S)   650.–/1400.–
ERNST LUDWIG GROSHERZOG VON HESSEN · Kopf
n.l., darunter Mzz. **A** (Von O. Schultz)
Rs. DEUTSCHES REICH, Jahreszahl, Reichsadler, unten
ZWEI MARK · **1895** (53700), **1896** (8950), **1898** (33950),
1899 (53240), **1900** (8950)
Rand geriffelt

Gedenkmünzen

161 (75) 5 Mark (S)   220.–/320.–
400. Geburtstag Philipps des Großmütigen
PHILIPP. LANDGRAF. Z. HESSEN. ERNST= LUDWIG.
GROSSHERZOG. V. HESSEN. U. B. R. · Beider Köpfe
n.l., darunter **13. Nov.** / . **1504. 1904.** Innen: VERBVM.
DNI. MANET. IN. AETERNVM. (Von O. Schultz)
Rs. wie Nr. 158. **1904** (40000)
Rand: GOTT MIT UNS, dazwischen Verzierungen

162 (74) 2 Mark (S)   100.–/150.–
400. Geburtstag Philipps des Großmütigen
PHILIPP. LANDGRAF. Z. HESSEN. ERNST= LUDWIG.
GROSSHERZOG. V. HESSEN · U. B. R. · Beider Köpfe
n.l., darunter **13. Nov.** / . **1504** . **1904**. Innen: VERBVM.
DNI. MANET. IN. AETERNVM. (Von O. Schultz)
Rs. wie Nr. 160. **1904** (100000)
Rand geriffelt

163 (77) 3 Mark (S)   4000.–/7500.–
Regierungsjubiläum
ERNST. LUDWIG. GROSS-HERZOG. VON. HESSEN. ·
Kopf n.l., darunter Lorbeerzweig, Mzz. **A** und ∗ **1892**∗
1917 ∗ (Vermutlich von H. Jobst, Darmstadt, entworfen)
Rs. wie Nr. 159. **1917** (1333)
Rand: GOTT MIT UNS, dazwischen Verzierungen

Hessen, Landgrafschaft

(inoffiziell: Hessen-Homburg)

Größe: 1843: 275 qkm
Einwohner: 1843: 24373
Hauptstadt: Homburg v. d. Höhe (Bad Homburg)
Wappen (1815):
1. Hessisches Stammwappen
2. Hersfeld
3. Ziegenhain
4. Katzenelnbogen
5. Diez
6. Nidda
7. Hanau
8. Schaumburg
9. Isenburg

Nachdem Hessen-Homburg seit 1806 dem Großherzogtum Hessen (Hessen-Darmstadt) unterstanden hatte, erlangte es 1815 seine Unabhängigkeit wieder und gewann die Herrschaft Meisenheim, Kr. Kreuznach, hinzu. 1817 trat es dem Deutschen Bund bei, 1835 dem preußisch-hessischen Zollverein. Die liberale Revolution 1848 erzwang eine Verfassung, die aber 1851 wieder aufgehoben wurde. Nach dem Aussterben der Linie mit dem Landgrafen Ferdinand Heinrich Friedrich 1866 fiel das Land zunächst an das Großherzogtum Hessen, das es jedoch infolge des Krieges im gleichen Jahr an Preußen abtreten mußte.

Die Währung war bis 1866 die gleiche wie im Großherzogtum Hessen. Nach dem Übergang an Preußen führte man die preußische Währung ein.

Münzstätte: Darmstadt

Medailleure:

    C. Voigt   = Carl Friedrich Voigt, * 1800 in Berlin, † 1874 in Triest
    R. S.   = Rudolph Stadelmann, 1817–1845 nachweisbar
    C. Schnitzspahn   = Christian Schnitzspahn, * 1829 in Darmstadt, † 1877 in Darmstadt

Die Ausbringung der wichtigsten Sorten

Nominal	Prägezeit	Metall	Gewicht g	Feingewicht g	Feingehalt ⁰/₀₀	Katalog-Nr.
Vereinstaler	1858–1863	Silber	18,52	16,67	900	172
2 Gulden	1846	Silber	21,21	19,09	900	166
1 Gulden	1838, 1841, 1843–1846	Silber	10,61	9,54	900	164, 167
1/2 Gulden	1838, 1840, 1841, 1843 bis 1846	Silber	5,30	4,77	900	165, 168
6 Kreuzer	1840	Billon	2,43	0,84	343,75	169
3 Kreuzer	1840	Billon	1,38	0,39	281,25	170

LITERATUR:

Jacob C.C. Hoffmeister, Historische und kritische Beschreibung aller bis jetzt bekanntgewordenen hessischen Münzen. Kassel – Paris – Hannover 1857–1880

Kurt Jaeger, Die Münzprägungen der deutschen Staaten vom Ausgang des alten Reiches bis zur Einführung der Reichswährung, Band 2, Baden, Frankfurt, Kurhessen, Hessen-Darmstadt, Hessen-Homburg, 2. Aufl., Basel 1969

Landgraf Ludwig Wilhelm Friedrich **(1829–1839)**

* 29.8.1770 als Sohn des Landgrafen Friedrich V. Ludwig Wilhelm Christian und dessen Gemahlin Caroline, Tochter des Landgrafen Ludwig IX. von Hessen-Darmstadt. ∞ 1804 Auguste, Tochter des Herzogs Friedrich August von Nassau-Usingen. † 19.1.1839.

164 (2) 1 Gulden (S)   280.– /750.–

LUDWIG SOUV. LANDGRAF ZU HESSEN · Brustbild n.l., darunter **VOIGT**
Rs. Im Eichenkranz **1 / GULDEN /** Jahreszahl. **1838** (11 000), **1839** (Probe)
Rand: vertiefte Vierecke

165 (1) 1/2 Gulden (S)   280.– /750.–

LUDWIG SOUV. LANDGRAF ZU HESSEN · Brustbild n.l., darunter **VOIGT**
Rs. Im Eichenkranz **1/2 / GULDEN /** Jahreszahl. **1838** (10 800), **1839** (Probe)
Rand: vertiefte Vierecke

HESSEN

Landgraf Philipp August Friedrich (1839–1846)

* 11.3.1779 in Homburg als Sohn des Landgrafen Friedrich V. und dessen Gemahlin Caroline, Tochter des Landgrafen Ludwig IX. von Hessen-Darmstadt. ∞ 1828 Antonie Rosalie, Tochter von Anton Potoschnigg, Freifrau von Schimmelpfennig, später Gräfin von Naumburg. † 15.12.1846 in Homburg.

166 (8) 2 Gulden (S)   2500.–/5000.–
PHILIPP SOUV. LANDGRAF ZU HESSEN · Kopf n.l., darunter **C.VOIGT**
Rs. **ZWEY GULDEN** · Auf gekröntem Wappenmantel der Wappenschild, unten Jahreszahl. **1846** (10500)
Rand: vertiefte Vierecke

167 (7) 1 Gulden (S)   550.–/1100.–
PHILIPP SOUV. LANDGRAF ZU HESSEN · Kopf n.l., am Halsabschnitt **RS**
Rs. Im Eichenkranz **1 / GULDEN /** Jahreszahl. **1841** (22400), **1843** (6800), **1844, 1845** (zusammen 21780), **1846** (8100)
Rand: vertiefte Vierecke

168 (6) 1/2 Gulden (S)   500.–/1000.–
PHILIPP SOUV. LANDGRAF ZU HESSEN · Kopf n.l., am Halsabschnitt **RS**
Rs. Im Eichenkranz **1/2 / GULDEN /** Jahreszahl. **1840** (10000), **1841** (6560), **1843** (6900), **1844, 1845** (zusammen 17700), **1846** (4300)
Rand: vertiefte Vierecke

169 (5) 6 Kreuzer (B)   200.–/400.–
LANDGRAFTHUM HESSEN · Gekröntes Wappen
Rs. Im Eichenkranz **6 / KREUZER /** Jahreszahl. **1840** (57000)
Rand: vertiefte Vierecke

170 (4) 3 Kreuzer (B)   500.–/1000.–
LANDGRAFTHUM HESSEN · Gekröntes Wappen
Rs. Im Eichenkranz **3 / KREUZER /** Jahreszahl. **1840** (15200), **1856** (Probe)
Rand: vertiefte Vierecke

171 (3) 1 Kreuzer (B) ·   300.–/600.–
LANDGRAFTHUM HESSEN · Gekröntes Wappen
Rs. Im Eichenkranz **1 / KREUZER /** Jahreszahl. **1840** (48000)
Rand: vertiefte Vierecke

Landgraf Ferdinand (1848–1866)

* 26.4.1783 als Sohn des Landgrafen Friedrich V. Ludwig und dessen Gemahlin Caroline, Tochter des Landgrafen Ludwig IX. von Hessen-Darmstadt. Unvermählt. † 24.3.1866.

172 (9) 1 Vereinstaler (S)   240.–/600.–
FERDINAND SOUV. LANDGRAF Z. HESSEN · Kopf n.r., am Halsabschnitt **C.SCHNITZSPAHN**
Rs. **EIN VEREINSTHALER   XXX EIN PFUND FEIN** · Auf gekröntem Wappenmantel das Wappen. Unten Jahreszahl. **1858** (5000), **1859** (6579), **1860** (6593), **1861** (6588), **1862** (6592), **1863** (6575)
Rand: ✿ MÜNZVERTRAG VOM 24 JANUAR 1857
Var. **1862** mit fehlerhafter Randschrift MUNZVFRTRAG
· · ·

Hohenzollern-Hechingen, Fürstentum

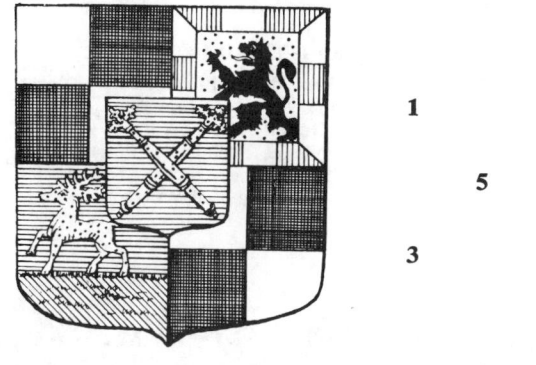

1. und 4. Hohenzollern
2. Burggft. Nürnberg
3. Sigmaringen
5. Reichserbkämmereramt

Größe: 303 qkm
Einwohner: 22 000
Hauptstadt: Hechingen
Wappen:

1806 trat das Fürstentum dem Rheinbund bei, 1813 schloß es sich den Alliierten an, 1815 wurde es souveränes Mitglied des Deutschen Bundes. 1833 erhielt das Land ein Grundgesetz. Unter dem Druck der innerpolitischen Erschütterungen von 1848 sah sich der Fürst gezwungen, 1849 zugunsten des Königs von Preußen abzudanken. Das Münzwesen gründete auf dem Konventionsfuß bzw. dem süddeutschen 24-Gulden-Fuß, nach dem aus der Gewichtsmark Feinsilber (234 g) 10 Konventionstaler zu prägen waren, 1 Taler gerechnet zu 2 Gulden, der Gulden zu 60 Kreuzer, der Kreuzer zu 4 Pfennig. Bewertet wurde der Konventionstaler jedoch mit 2 Gulden 24 Kreuzer, der Konventionsgulden mit 72 Kreuzer. Der Dresdener Münzvertrag von 1838 verband den süddeutschen Guldenfuß mit dem norddeutschen Talerfuß. Diesem Vertrag entsprechend prägte man für Süd- und Norddeutschland die Vereinsmünzen.

Münzstätten:
  Stuttgart
  München (1839–1847)

Medailleure und Münzmeister:
  C.H. = Johann Christian Heuglin, Münzmeister in Stuttgart, ca. 1783–1808
  W., I.L.W. = Johann Ludwig Albert Wagner, Medailleur, * 1773 in Durlach, † 1845 in Stuttgart
  Carl Friedrich Voigt, Medailleur in München, * 1800 in Berlin, † 1874 in Triest

Gesetzliche Ausbringung der wichtigsten Sorten

Nominal	Prägezeit	Metall	Gewicht g	Feingewicht g	Feingehalt $^0/_{00}$	Katalog-Nr.
Doppeltaler	1844–1846	Silber	37,12	33,408	900	2
Konventionstaler	1804	Silber	28,063	23,386	833,33	1
Doppelgulden	1846–1847	Silber	21,211	19,090	900	3
Gulden	1839–1847	Silber	10,606	9,545	900	4
1/2 Gulden	1839–1847	Silber	5,303	4,773	900	5
6 Kreuzer	1840–1847	Billon	2,598	0,866	333,33	6
3 Kreuzer	1845–1847	Billon	1,299	0,433	333,33	7

LITERATUR:
Emil Bahrfeldt, Das Münz- und Geldwesen der Fürstentümer Hohenzollern, Berlin 1900
Kurt Jaeger, Die Münzprägungen der deutschen Staaten vor Einführung der Reichswährung, Band 1: Königreich Württemberg, Fürstentümer Hohenzollern. 2. Aufl. Basel 1966

HOHENZOLLERN

Hermann Friedrich Otto (1798–1810)

* 6.11.1748 in Wien als Sohn des Prinzen Friedrich Xaver und dessen Gemahlin Anna von Hoensbroech. ∞ 1773 in 1. Ehe Luise, Tochter des Grafen Johann Wilhelm von Merode, 1775 in 2. Ehe Maximiliane, Tochter des Fürsten Karl Emanuel von Gavre, 1779 in 3. Ehe Antonie, Tochter des Grafen Franz Ernst von Waldburg-Zeil-Wurzach. † 2.11. 1810.

1 (1) Konventionstaler (S)   2 000.– / 3 500.–
HERMAN · FRIDER · OTTO D · G · PRINC · DE HOHEN-ZOLLERN HECHING · Brustbild n.l., darunter **W.**
Rs. **AD NORMAM CONVENTIONIS** · Zwischen Lorbeer- und Palmzweigen mit dem Fürstenhut gekrönter, gevierter, ovaler Wappenschild mit den Feldern 1. und 4. Hohenzollern, 2. Burggrafschaft Nürnberg, 3. Sigmaringen und dem Mittelschild Reichserzkämmereramt. Im Abschnitt Mmz. **C. 1804. H.** · (2000)
Laubrand
Var.: Vs. mit großem W.; Vs. mit I. L. W.

Friedrich Wilhelm Constantin (1838–1849)

(seit 1834 Mitregent)

* 16.2.1801 in Sagan als Sohn des Fürsten Friedrich und dessen Gemahlin Pauline, Tochter des Herzogs Peter von Kurland. ∞ 1826 in 1. Ehe Prinzessin Hortense Eugenie von Leuchtenberg, 1850 in 2. Ehe Amalie, Tochter des Freiherrn Karl Friedrich Schenk von Geyern. † 8.9.1869 in Polnisch-Netkow.

2 (7) 2 Taler = 3½ Gulden (S)   1 800.– / 3 200.–

FRIEDRICH W.C. FÜRST ZU HOHENZ. HECH. · Kopf n.r., darunter **C. VOIGT**
Rs. **2 THALER + VII EINE F. MARK + 3½ GULDEN / + VEREINS 18 44 MÜNZE +** Auf gekröntem Wappenmantel das mit dem Kreuz des 1841 gestifteten Hohenzollernschen Hausordens behängte Wappen. **1844** (2346), **1845** (1000), **1846** (570)
Rand: CONVENTION ✻ VOM ✻ 30 JULY ✻ 1838 ✻

3 (6) 2 Gulden (S)   1 000.– / 2 000.–
FRIEDRICH W.C. FÜRST ZU HOHENZ. HECH. · Kopf n.r., darunter **C. VOIGT**
Rs. **ZWEY GULDEN** · Auf gekröntem Wappenmantel das mit dem Kreuz des Hohenzollernschen Hausordens behängte Wappen. Unten Jahreszahl **1846** (4300), **1847** (4300)
Rand: vertiefte Vierecke

4 (5) 1 Gulden (S)   500.– / 900.–
FRIEDRICH W. C. FÜRST ZU HOHENZ. HECH. · Kopf n.r., darunter **VOIGT**
Rs. Im Eichenkranz **1 / GULDEN /** Jahreszahl **1839** (15000), **1841** (6000), **1842** (6000), **1843** (8280), **1844** (6000), **1845** (5465), **1846** (5718), **1847** (6324)
Rand: vertiefte Vierecke

5 (4) 1/2 Gulden (S)   250.– / 400.–
FRIEDRICH W. C. FÜRST ZU HOHENZ. HECH. · Kopf n.r., darunter **VOIGT**
Rs. Im Eichenkranz **1/2 / GULDEN /** Jahreszahl **1839** (15000), **1841** (6000), **1842** (5540), **1843** (6000), **1844** (6000), **1845** (6000), **1846** (6000), **1847** (6000)
Rand: vertiefte Vierecke

6 (3) 6 Kreuzer (B) 80.–/160.–
FÜRSTENTH. HOHENZ. HECHING · Gekröntes Stammwappen
Rs. Im Eichenkranz 6 / KREUZER / Jahreszahl **1840**, **1841** (24 160), **1842** (26 270), **1845** (25 000), **1846** (25 000), **1847** (25 670)
Rand: vertiefte Vierecke

7 (2) 3 Kreuzer (B) 60.–/140.–
FÜRSTENTH. HOHENZ. HECHING · Gekröntes Stammwappen
Rs. Im Eichenkranz 3 / KREUZER / Jahreszahl **1845** (30 000), **1846** (30 000), **1847** (8000)
Rand glatt

Hohenzollern-Sigmaringen, Fürstentum

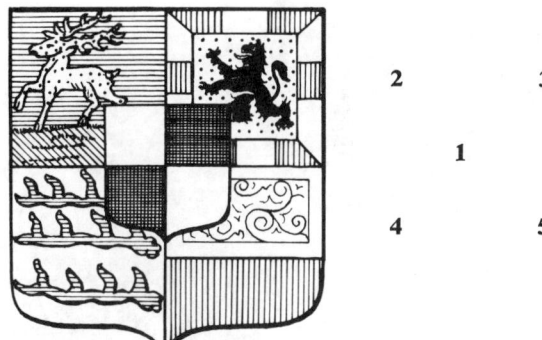

Größe: 870 qkm
Einwohner: 45 000
Hauptstadt: Sigmaringen
Wappen:
1. Hohenzollern
2. Sigmaringen
3. Burggft. Nürnberg
4. Veringen
5. Haigerloch

1806 schloß sich das Fürstentum dem Rheinbund an und erklärte sich für souverän. 1815 trat es dem Deutschen Bund bei. Das Land erhielt 1834 eine landständische Verfassung. Politische Unruhen veranlaßten den Fürsten 1848, zunächst außer Landes zu gehen. Nach seiner Rückkehr kam eine neue Verfassung zustande. Ende 1849 dankte der Fürst zugunsten des Königs von Preußen ab.
Das Münzwesen entsprach dem von Hohenzollern-Hechingen.

Münzstätten:

Wiesbaden (Kreuzer bis 6 Kreuzer); Karlsruhe (ab 1/2 Gulden); Berlin, Mzz. A (1852)

Medailleure:

D = Carl Wilhelm Doell, * 1787 in Suhl, † 1848 in Karlsruhe
Othemar Balbach, * 20. 8. 1810 in Karlsruhe, † 22. 4. 1897 in Karlsruhe

Gesetzliche Ausbringung der wichtigsten Sorten

Nominal	Prägezeit	Metall	Gewicht g	Feingewicht g	Feingehalt $^0/_{00}$	Katalog-Nr.
Doppeltaler	1841–1847	Silber	37,12	33,408	900	8, 9
Doppelgulden	1845–1849	Silber	21,211	19,09	900	10, 18
Gulden	1838–1852	Silber	10,606	9,545	900	11, 12, 19, 20
1/2 Gulden	1838–1852	Silber	5,303	4,773	900	13, 21
6 Kreuzer	1839–1852	Billon	2,598	0,866	333,33	14, 22
3 Kreuzer	1839–1852	Billon	1,299	0,433	333,33	15, 23
Kreuzer	1842–1846	Billon	0,624	0,156	250	16

HOHENZOLLERN 172

LITERATUR:
Emil Bahrfeldt, Das Münz- und Geldwesen der Fürstentümer Hohenzollern, Berlin 1900
Kurt Jaeger, Die Münzprägungen der deutschen Staaten vor Einführung der Reichswährung, Band 1: Königreich Württemberg, Fürstentümer Hohenzollern, 2. Aufl. Basel 1966

Carl (1831–1848)

* 20.2.1785 als Sohn des Fürsten Anton Alois und dessen Gemahlin Amalie, Tochter des Fürsten Philipp Joseph von Salm-Kyburg. ∞ in 1. Ehe 1808 Marie Antoinette, Nichte des Königs Joachim von Neapel, 1848 in 2. Ehe Katharina, Tochter des Fürsten Karl Albrecht von Hohenlohe-Waldenburg-Schillingsfürst. † 11.3.1853.

CARL FÜRST ZU HOHENZOLLERN SIGMARINGEN.
Kopf n. l., darunter DOELL F.
Rs. ✱ 3½ GULDEN VII EINE F. MARK 2 THALER ✱ VEREINS 18 44 MÜNZE · Auf gekröntem Wappenmantel das gekrönte Wappen, umzogen von der Kette des Hohenzollernschen Hausordens, gehalten von zwei Bracken. **1844** (3300), **1846** (6600), **1847** (2000)
Rand: CONVENTION ✱ VOM ✱ 30 JULY ✱ 1838 ✱
Var. **1844**: Randschrift auch ohne Sterne. **1846, 1847**: Randschrift auch ohne Sterne nach CONVENTION

8 (15) 3½ Gulden = 2 Taler (S)   1600.– / 3500.–

CARL FÜRST ZU HOHENZOLLERN SIGMARINGEN. ·
Kopf n. l., darunter DOELL F.
Rs. Im Eichenkranz 3½ / GULDEN / 2 THALER / Jahreszahl
Oben **VEREINSMÜNZE**, unten VII EINE F. MARK · **1841** (2857), **1842** (2857), **1843** (2857)
Rand: CONVENTION VOM ✱ 30 JULY ✱ 1838 ✱

10 (14) 2 Gulden (S)   800.– / 1500.–

CARL FÜRST ZU HOHENZOLLERN SIGMARINGEN ·
Kopf n. l., darunter D
Rs. ZWEI GULDEN · Gekröntes Wappen, gehalten von zwei Bracken über Palmzweigen. Unten Jahreszahl **1845** (9206), **1846** (9206), **1847** (9206), **1848** (6905)
Rand: vertiefte Vierecke

11 (13 a) 1 Gulden (S)   300.– / 600.–

CARL FÜRST ZU HOHENZOLLERN SIGMARINGEN ·
Kopf n. l., am Halsabschnitt D
Rs. Im Eichenkranz 1 / GULDEN / 1838
Rand: vertiefte Vierecke

9 (16) 3½ Gulden = 2 Taler (S)   1600.– / 3500.–

12 (13 b, c) 1 Gulden (S)   400.– / 700.–

CARL FÜRST ZU HOHENZOLLERN SIGMARINGEN. ·
Kopf n. l., am Halsabschnitt **DOELL**
Rs. Im Eichenkranz **1 / GULDEN /** Jahreszahl **1838** (18 000),
1839 (11 600), **1840** (11 600), **1841** (11 600), **1842** (11 600), **1843**
(11 600), **1844** (11 600), **1845** (11 600), **1846** (11 600), **1847**
(11 600), **1848** (3068)
Rand: vertiefte Vierecke
Var. **1842**: mit und ohne DOELL; **1843–1845, 1848**: ohne
DOELL; Interpunktionsvar.

13   (12 a, b) 1/2 Gulden (S)   300.– / 600.–

CARL FÜRST ZU HOHENZOLLERN SIGMARINGEN ·
Kopf n. l., am Halsabschnitt **D**
Rs. Im Eichenkranz **1/2 / GULDEN /** Jahreszahl **1838** (11 800),
1839 (11 600), **1840** (11 600), **1841** (11 600), **1842** (11 600), **1843**
(11 600), **1844** (11 600), **1845** (11 600), **1846** (11 600), **1847**
(3068), **1848**
Rand: vertiefte Vierecke
Var. **1843**: auch ohne D am Halsabschnitt; ab **1845** ohne D

14   (11) 6 Kreuzer (B)   80.– / 150.–

FÜRST:HOHENZ:SIGM: · Gekröntes Stammwappen in
spatenblattförmigem Schild
Rs. Im Eichenkranz **6 / KREUZER /** Jahreszahl **1839** (75 000),
1840 (75 000), **1841** (75 000), **1842** (73 500), **1844** (140 450), **1845**
(208 000), **1846** (208 000), **1847** (Original nicht nachweisbar)
Rand: vertiefte Vierecke

15   (10) 3 Kreuzer (B)   60.– / 130.–

FÜRST:HOHENZ:SIGM · Gekröntes Stammwappen wie
Nr. 14
Rs. Im Eichenkranz **3 / KREUZER /** Jahreszahl **1839** (52 000),
1841 (68 400), **1842** (71 700), **1844** (169 600), **1845** (126 000),
1846 (126 200), **1847** (60 000)
Rand glatt

16   (9) 1 Kreuzer (B)   50.– / 100.–

FÜRST:HOHENZ:SIGM · Gekröntes Stammwappen wie
Nr. 14
Rs. Im Eichenkranz **I / KREUZER /** Jahreszahl **1842** (120 000),
1846 (60 000)
Rand glatt
Var. **1842**: 1 Schriftvar.

17   (8) 1 Kreuzer (K)   35.– / 70.–

FÜRST. HOHENZ. SIGM. · Gekröntes Stammwappen wie
Nr. 14
Rs. Im Eichenkranz **EIN / KREUZER /** Jahreszahl **1842**
(179 520), **1846** (54 900)
Rand glatt

Carl Anton (1848–1849)

* 7.9.1811 als Sohn des Fürsten Carl und dessen Gemahlin
Marie Antoinette. ∞ 1834 Josephine, Tochter des Großherzogs Karl von Baden. † 2.6.1885.

18   (18) 2 Gulden (S)   1 800.– / 3 600.–

CARL ANTON FÜRST ZU HOHENZOLLERN SIGMARINGEN · Kopf n. l., darunter **BALBACH**
Rs. **ZWEI GULDEN** · Gekröntes Wappen, gehalten von
zwei Bracken über Palmzweigen. Unten Jahreszahl **1848**
(Probe), **1849** (1213)
Rand: vertiefte Vierecke

19   (17) 1 Gulden (S)   600.– / 1 200.–

CARL ANTON FÜRST Z. HOHENZOLLERN SIGMARINGEN · Kopf n. l., darunter **BALBACH**
Rs. Im Eichenkranz **1 / GULDEN /** Jahreszahl **1848** (Probe),
1849 (5000)
Rand: vertiefte Vierecke

HOHENZOLLERN

Friedrich Wilhelm IV. (1849 – 1861),
König von Preußen (s. Preußen)

20 (23) 1 Gulden (S)   200.– / 380.–
FRIEDR. WILHELM IV KOENIG V. PREUSSEN · Kopf n. r., darunter Mzz. A
Rs. Im Eichenkranz **1 / GULDEN / 24½ E. F. M. / 1852**
1852 (50 470)
Rand geriffelt

22 (21) 6 Kreuzer (B)   80.– / 150.–
HOHENZOLLERN · Preußischer Adler mit Brustschild Hohenzollern
Rs. Im Eichenkranz **6 / KREUZER / 1852 / A**
1852 (27 440)
Rand geriffelt

23 (20) 3 Kreuzer (B)   80.– / 200.–
HOHENZOLLERN · Adler mit Brustschild wie Nr. 22
Rs. Im Eichenkranz **3 / KREUZER / 1852 / A**
1852 (21 945)
Rand glatt

21 (22) 1/2 Gulden (S)   130.– / 260.–
FRIEDR. WILHELM IV KOENIG V. PREUSSEN · Kopf n. r., darunter Mzz. A
Rs. Im Eichenkranz **1/2 / GULDEN / 49 E. F. M. / 1852**
1852 (52 640)
Rand geriffelt

24 (19) 1 Kreuzer (K)   90.– / 170.–
HOHENZOLLERN · Adler mit Brustschild wie Nr. 22
Rs. Im Eichenkranz **EIN / KREUZER / 1852 / A**
1852 (30 000)
Rand glatt
Doppelseitiger Probeabschlag
(Neusilber): V-St. **2 000.–**

Isenburg, Fürstentum

Größe: 1845: 990 qkm
Einwohner: 1845: 55 000
Hauptstadt: Offenbach
Wappen:
Hauptschild: Isenburg, Mittelschild: Hardeck

Mit dem Beitritt des Fürsten Carl Friedrich Ludwig Moritz von Isenburg-Birstein zum Rheinbund 1806 erhielt der Fürst u. a. auch die Herrschaft über die Gebiete der gräflichen Linie Isenburg-Büdingen. 1815 stellte der Wiener Kongreß das Land unter die Oberhoheit Österreichs. 4 Jahre später überließ es Österreich dem Großherzogtum Hessen, das es seinerseits durch Tausch teilweise an Kurhessen abtrat. Es kam schließlich an Preußen. Die 1811 nach niederrheinischem (bergischem) Münzfuß geprägten Münzen, nach dem 16 Reichstaler auf die Gewichtsmark Feinsilber (234 g) gingen, sind als Repräsentativgepräge anzusehen.

Münzstätte: Frankfurt a. M.   Medailleur: J. Laroque, Paris

LITERATUR:
Kurt Jaeger, Die Münzprägungen der deutschen Staaten vom Ausgang des alten Reiches bis zur Einführung der Reichswährung, Band 2, Baden, Frankfurt, Kurhessen, Hessen-Darmstadt, Hessen-Homburg. 2. Aufl. Basel 1968

Fürst Carl Friedrich Ludwig Moritz (1806–1813)

* 29.6.1766 in Birstein als Sohn des Fürsten Wolfgang Ernst II. und dessen Gemahlin Sophie Charlotte Ernestine, Tochter des Herzogs Victor I. Amadeus von Anhalt-Bernburg. ∞ 1795 Charlotte Auguste Wilhelmine Gräfin von Erbach-Erbach. † 21.3.1820 in Birstein.

1 (5) Dukat (G)   7000.–/14000.–
CARL FÜRST   ZU ISENBURG · Kopf n. l., am Halsabschnitt **J. LAROQUE F.**
Rs. Auf gekröntem Wappenmantel das mit Ordenszeichen des russischen Sankt-Annen-Ordens und der französischen Ehrenlegion an ihren Bändern und des Malteserordens am Rosenkranz behängte Wappen in spatenblattförmigem Schild, darin zusätzlich zum Isenburger Wappen ein Schildhaupt mit dem Kreuz des Malteserordens. Seitlich **18 11** · Unten **DUCAT**.
Rand geriffelt
Nur als Silberabschlag (400/600) bekannt (Jaeger 4 a). In Gold nur auf Doppeldukatenschrötling   400.–

2 (3) Reichstaler (S)   3000.–/5000.–
CARL FÜRST   ZU ISENBURG · Kopf n. l., am Halsabschnitt **J. LAROQUE F.**
Rs. Im Lorbeerkranz **16 / EINE FEINE / MARK / 1811**
Rand glatt
Var. Auch auf Doppeltalerschrötling
Riffelrand: v/ss **75500.–**

3 (2) 12 Kreuzer (S)   300.–/480.–
CARL FÜRST   ZU ISENBURG · Kopf n. l., am Halsabschnitt **J. LAROQUE F.**
Rs. Im Lorbeerkranz **12 / KREU / ZER / 1811**
Rand geriffelt

4 (1) 6 Kreuzer (B)   250.–/450.–
Mit einer Fürstenkrone gekröntes **C**
Rs. Im Lorbeerkranz **6 / KREU / ZER / 1811**
Rand geriffelt

Kniphausen und Varel, freie Herrschaften

Größe: 45 qkm
Einwohner: 3100 (1843)
Residenz: Schloß bei Kniphausen

Wappen:
 1. und 4. Bentincksches Hauswappen
 5. 8. 9 und 12. Sachsenroß
 6. 7. 10. und 11. Oldenburg-Wildeshausen
Mittelschilde: 13. schwarzer zweiköpfiger Adler
 14. Oldenburg

Das Haus Bentinck, 1732 in den Reichsgrafenstand in Person des Wilhelm zu Rhoon und Pendrecht erhoben, hatte durch dessen Heirat mit Gräfin Charlotte Sophie von Aldenburg, der Erbin der Herrschaft Inn- und Kniphausen, die Erbfolge dort angetreten.

Das Recht der Münzprägung, das dem Geschlecht derer von Knyphausen schon 1654 zuteil geworden war, übte der Enkel, Graf Wilhelm Gustav Friedrich, in den Jahren 1806 und 1807 aus. 1818 kamen die Lande unter Oldenburgs Staatshoheit, wurden aber als mediatisierte Gebiete 1825 anerkannt. Die Herrschaft wurde 1854 von Oldenburg um nahezu 2 Millionen Taler Erbstreitigkeiten zufolge angekauft.

Die Stempelherstellung für die geplanten Goldmünzen und etwa 10 Probeabschläge in Gold erfolgten in Sankt Petersburg; die Prägung der Silbermünzen wurde nach einem mißlungenen Versuch (Nr. 4) in Utrecht im Jahre 1808 in berichtigter Form ausgeführt.

LITERATUR:

J. F. L. Th. Merzdorf, Die Münzen und Medaillen Jeverlands, Oldenburg 1862
H. Grote, Münzstudien I, 1857
Kurt Jaeger und Jens-Uwe Rixen, Die Münzprägungen der deutschen Staaten vor Einführung der Reichswährung, Band 6: Nordwestdeutschland, Basel 1971

Wilhelm Gustav Friedrich (1768–1835)

* 21.7.1762 als Sohn des Grafen Anton von Knyphausen und dessen Gemahlin Marie van Tuyl van Serooskerken. ∞ 20.10.1791 in 1. Ehe Ottoline von Reede-Ginkel, 8.9.1816 in 2. Ehe Sara Margarete Gerdes. † 22.10.1835.

1 (III) 10 Taler (G)   LP
GUILIELMUS GUSTAVUS FRIDERICUS BENTINCK ❊ um gekrönten vierfeldigen Wappenschild mit zweifeldigem Mittelschild, umgeben von Ordensband mit Schnalle, darauf CRAIGNEZ HONTE
Rs. SACR. ROM. IMP. COM. & DYN. IN KNIPHAUSEN & c. ❊ um ❊ X ❊ / THALER / ❊ Jahreszahl ❊ / – 1806
Kerbrand

2 (II) 5 Taler (G)   LP
GUILIELMUS GUSTAVUS FRIDERICUS BENTINCK ✱ um gekrönten zweifeldigen Wappenschild, umgeben von Ordensband mit Schnalle, darauf CRAIGNEZ HONTE
Rs. SACR. ROM. IMP. COM. & DYN. IN KNIPHAUSEN & c. ✱ um ❊ V ❊ / THALER / ❊ Jahreszahl ❊ / – 1806
Kerbrand

3 (I) 2½ Taler (G)   LP
Vs. ähnlich wie Nr. 2, doch GUILIEL.
Rs. ähnlich wie Nr. 2, doch S. ROM. IMP. COM. & DYN. IN KNIPHAUSEN & c. und Wert 2½ · 1806 (10)
Kerbrand

4 (1) 9 Grote = 1/8 Taler (S)   2500.– / 4000.–
MON. ARG. AD NORM. IMFERII. Jahreszahl. um doppelköpfigen Reichsadler unter Krone zwischen **9 GR**
Rs. W. G. F. B. S. R. I. COM: DYN: IN KNIPHAUSEN ✱ um ungekrönten Wappenschild ähnlich wie Nr. 1 · 1807
Rand glatt

5 (2) 9 Grote = 1/8 Taler (S)   450.– / 1100.–
G. G. F. BENTINCK S. R. I. COMES um ähnlichen Wappenschild wie Nr. 4 unter Fürstenhut, darunter Jahreszahl
Rs. DYNASTES IN KNIPHAUSEN ❊ um gekrönten Löwen nach l. stehend, darunter **9 grote** · 1807
Rand glatt

Lauenburg, Herzogtum

Größe: 1172 qkm
Einwohner: 45 342 (1840)
Hauptstadt: Ratzeburg
Wappen (1819): In Rot ein goldener Pferdekopf

In Lauenburg regierte bis zu ihrem Erlöschen im Jahre 1689 die sächsische Linie des Askanierhauses. Die anhaltische Linie der Askanier nahm daraufhin Titel und Wappen von Sachsen-Lauenburg an. Das 1705 im Erbgang an das Kurfürstentum Hannover gefallene Herzogtum wurde nach den Napoleonischen Kriegen durch Beschluß des Wiener Kongresses an Preußen abgetreten. Von diesem tauschweise gegen Schwedisch-Pommern mit Rügen an Dänemark abgegeben, blieb es trotzdem im Deutschen Bund. Im Wiener Frieden von 1864 wurde das Herzogtum mit Holstein zusammen an Österreich und Preußen abgetreten. Im Gasteiner Vertrag von 1865 hatte Preußen die Personalunion durch Geldentschädigung in Höhe von 2 500 000 Talern erlangt, es ergriff mit Patent vom 15. 9. 1866 Besitz. Das Herzogtum trat 1866 in den Norddeutschen Bund ein und war seit 1871 Mitglied im Deutschen Reich. 1871 wurde die Domäne Lauenburg Besitz des Fürsten Bismarck, der allerdings den ihm 1890 verliehenen Titel eines Herzogs von Lauenburg nie geführt hat. Zum 1. 7. 1876 wurde das Herzogtum als Kreisgebiet in die preußische Provinz Schleswig-Holstein eingegliedert. Heute gehört es als Landkreis Herzogtum Lauenburg zum Bundesland Schleswig-Holstein.

Das Münzwesen entsprach dem Schleswig-Holsteins. Geprägt wurde unter Friedrich VI. ein einziges Nominal, nämlich 2/3 Taler nach dem Leipziger Fuß, die gesetzlich bei einem Feingehalt von 750 Tausendteilen 17,323 g wiegen und 12,992 g Feinsilber haben sollten. Münzstätte war Altona.

Medailleur:
    F.A. = Hans Frederik Alsing, * 1800 in Svendborg (Fünen), † 1871 in Kopenhagen

Münzmeister:
    F.F. = Johann Friedrich Freund, * 1785 in Uthlede, † 1857 in Altona

LITERATUR:
H. Hede, Danmarks og Norges Mønter, Kopenhagen 1964
Kurt Jaeger und Jens-Uwe Rixen, Die Münzprägungen der deutschen Staaten vor Einführung der Reichswährung, Band 6: Nordwestdeutschland, Basel 1971
H. H. Schou, Beskrivelse af Danske og Norske Mønter, Kopenhagen 1926

Friedrich VI. von Dänemark (1808–1839)

* 28.1.1768 in Christiansborg als Sohn des Königs Christian VII. und dessen Gemahlin Mathilde von Großbritannien. ∞ 31.7.1790 Marie Sophie Friederike, Tochter des Landgrafen Karl von Hessen-Kassel. Durch Beschluß des Wiener Kongresses Herzog von Lauenburg, das ihm am 27.7.1816 übergeben wurde, und trat schon am 14. 7. 1815 in den Deutschen Bund für Holstein als Bundesfürst ein. † 3.12.1839 im Schloß Amalienborg in Kopenhagen.

1 (14) 2/3 Taler   500.–/900.–
FREDERICUS VI D:G:DAN:V:G:REX. um Kopf n.l., am Halsabschnitt **F · A ·**, Perlkreis
Rs. **LAUENBURGISCHE MÜNZE N:D: LEIPZ:FUSS.** um ⅔ zwischen zwei gebundenen Eichenzweigen, darunter Mmz. **F · F ·**, dazwischen Jahreszahl **1830**
Rand geriffelt

Leiningen, Fürstentum

Größe: 1376 qkm (1806)
Einwohner: 112000 (1806)
Hauptstadt: Amorbach
Wappen (1803):
1. Leiningen
2. Pfgft. Mosbach
3. Dagsburg
4. H. Rieneck
5. H. Frankenberg
6. Gft. Dürn
7. H. Amorbach

Nach Verlust der linksrheinischen Stammgebiete wurde das 1779 in den Reichsfürstenstand erhobene Haus der Grafen von Leiningen-Dagsburg-Hartenburg 1803 durch Gebiete im Kurpfälzischen, Mainzischen und Würzburgischen wie Mosbach, Amorbach und Miltenberg entschädigt, und hieraus ein neues Fürstentum Leiningen gebildet. Dieses verlor 1806 seine Souveränität, damals kam es an Baden, 1810 ein Teil davon (Amorbach) zu Bayern. – Die Münzung beschränkte sich auf Landmünzen, d.h. Kleinmünzen, die für den Umlauf im eigenen Land bestimmt waren. Der Gulden wurde zu 60 Kreuzer gerechnet, galt aber 72 oder mehr Kreuzer; 1 Kreuzer = 4 Pfennig.

Münzstätte: Darmstadt
Stempelschneider:
  L = Johann Lindenschmit, * 1771 in Camberg, † 1845; tätig in Mainz, Darmstadt, Wiesbaden

LITERATUR:
P. Joseph, Die Münzen des gräflichen und fürstlichen Hauses Leiningen. In: Numismatische Zeitschrift Bd. XVI, Jg. 1884, Wien 1884, S. 142 ff.

Karl Friedrich Wilhelm (1756–1807)

* 14.8.1724 als Sohn des Grafen Friedrich Magnus von Leiningen-Hartenburg und dessen Gemahlin Anna Christine Eleonore Gräfin von Wurmbrand. ∞ 1749 Gräfin Christine Wilhelmine Luise, Tochter des Grafen Wilhelm Carl von Solms-Rödelheim. † 9.1.1807.

1 VI Kreuzer (B)   300.–/600.–
F. L.   L. M. · Zwischen Lorbeer- und Palmzweig das gekrönte Wappen in spatenblattförmigem Schild. Unten L
Rs. VI / KREUZER / 1804 / Palmzweig
Rand glatt

2 VI Kreuzer (B)   300.–/600.–
Zwischen Lorbeer- und Palmzweig drei Adler, darüber der Fürstenhut; unten L
Rs. FURSTL. LEIN. LAND M. · Im Feld VI / KREUZER / 1805 / Lorbeerzweig
Rand glatt
Var. der Vs.: ohne L; verschiedene Stellung der Adler. Var. der Rs.: FÜRSTL. LEIN. L. M.; verschiedene Zeichnung der Lorbeerzweige

3 III Kreuzer (B)   200.–/400.–

F. L.   L. M. · Zwischen Lorbeer- und Palmzweig das gekrönte Wappen. Unten L
Rs. III / KREUZER / 1804 / Palmzweig
Rand glatt
Var. Verschiedene Zeichnung der Krone und des Lorbeerzweiges
Auch Kupferabschläge

4 III Kreuzer (B)   150.–/300.–
Zwischen Lorbeer- und Palmzweig drei Adler, darüber der Fürstenhut; unten L
Rs. FÜRSTL. LEIN. L. M. · Im Feld III / KREUZER / 1805 / Lorbeerzweig
Rand glatt

5 2 Pfennig (B)   200.–/400.–
F. L. – L. M. · Gekröntes Wappen, darunter L
Rs. 2 PF / 1805 / Palmzweig
Rand glatt

6 1 Pfennig (B)   150.–/300.–
Zwischen Lorbeer- und Palmzweig drei Adler, darüber der Fürstenhut
Rs. 1 / PFENIG / 1805
Rand glatt
Var.: PFENIG

Lippe, Fürstentum

Fläche: 1215 qkm
Einwohner: 108 236 (1846)
Hauptstadt: Detmold
Wappen:
1. Lippisches Stammwappen
2. und 7. Gft. Schwalenberg
3. und 9. H. Vianen
4. und 8. H. Ameiden
5. und 6. Gft. Sternberg

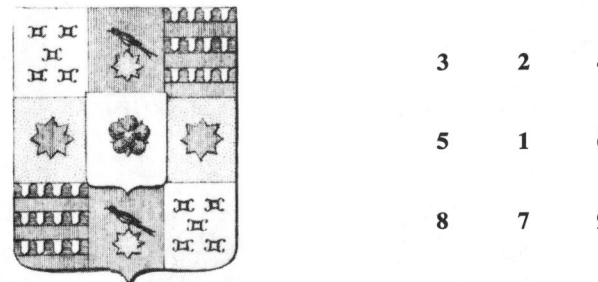

3	2	4
5	1	6
8	7	9

1807 trat das 1720 in den Reichsfürstenstand erhobene Haus dem Rheinbund bei. Seit 1815 Mitglied im Deutschen Bund, seit 18.8.1866 im Norddeutschen Bund. 1842 trat das Land dem Zollverein bei. 1905 starb mit dem Tode des geisteskranken Fürsten Alexander († 13.1.1905) die regierende Linie aus. Nach heftigem Erbfolgestreit wurde das gräfliche Haus Lippe-Biesterfeld durch das Reichsgericht anstelle des Hauses Schaumburg-Lippe für erbberechtigt erklärt. Fürst Leopold IV. verzichtete am 12.11.1918 auf den Thron. Als Freistaat mit einer seit 21.12.1921 geltenden Verfassung bestand das Land bis 1946. Heute im Bundesland Nordrhein-Westfalen aufgegangen.

Münzprägung erfolgte im Konventionsfuß von 1753, d.h. der Taler zu 36 Mariengroschen zu je 8 Pfennig à 2 Heller.

1838 trat das Land der Dresdener Münzkonvention und 1857 dem Wiener Vertrag bei. Die Münzung gemäß diesen Verträgen erfolgte in Berlin, ebenso für die Reichsmünzen.

Münzstätten:
  Detmold: 1803–1812
  Lemgo: 1812–1820 (Mmz. T. = Trebbe)
  Blomberg: 1820–1840 (Mmz. ST. = Strickling)
  Berlin, Mzz. A: 1843–1913

Medailleure:
  C.P. = Christoph Carl Pfeuffer, * 1801 in Suhl, † 1861, tätig in Berlin seit 1821 (bei G. Loos), seit 1840 an der Berliner Münze

Gesetzliche Ausbringung der wichtigsten Sorten vor Einführung der Reichswährung

Nominal	Prägezeit	Metall	Gewicht g	Fein-gewicht g	Fein-gehalt ⁰/₀₀	Katalog-Nr.
Doppeltaler	1843	Silber	37,120	33,408	900	5
Vereinstaler	1860, 1866	Silber	18,519	16,667	900	16
2 1/2 Silbergroschen	1847	Billon	3,248	1,218	375	6
2 1/2 Silbergroschen	1860	Billon	3,221	1,208	375	17
Silbergroschen	1847	Billon	1,559	0,487	312,5	7
Silbergroschen	1860	Billon	2,196	0,483	220	18
1/2 Silbergroschen	1847	Billon	0,974	0,244	250	8

LITERATUR:

Hermann Grote – L. Hölzermann, Lippische Geld- und Münzgeschichte, Münzstudien 5. Bd., Leipzig 1867
Joseph Weingärtner, Beschreibung der Kupfermünzen Westfalens, Paderborn 1872–1881
Kurt Jaeger, Die neueren Münzprägungen der deutschen Staaten vor Einführung der Reichswährung 1806–1871 Band 7, Basel 1969

Paul Alexander Leopold (1802–1851)

* 6.11.1796 als Sohn des Fürsten Friedrich Wilhelm Leopold I. und seiner Gemahlin Pauline von Anhalt-Bernburg. ∞ 23.4.1820 Emilie von Schwarzburg-Sondershausen. † 1.1.1851. Später gezählt als Leopold II.

Unter Vormundschaft seiner Mutter Pauline (1802 bis 1820)

1 2 Pfennig (K)   80.–/150.–
Heraldische Rose
Rs. **II** zwischen zwei Rosetten **/ PFEN= / NING /** Jahreszahl **/** Rosette. **1802** (127008)
Var.: auch mit PFEN= / NING.

2 1 Pfennig (K)   60.–/120.–
Vs. wie Nr. 1
Rs. **I** zwischen zwei Rosetten **/ PFEN= / NING. /** Jahreszahl **/** Rosette. **1802** (119832)

3 (3) 1 Pfennig (K)   50.–/100.–
Vs. wie Nr. 1
Rs. wie Nr. 2, doch Mmz. **T.** statt Rosette unter Jahreszahl. **1818**
Var.: ohne T.

4 (1) 1 Heller (K)   45.–/90.–
Vs. wie Nr. 1
Rs. **I** zwischen zwei Rosetten **/ HELLER /** Jahreszahl. **/** Rosette. **1802** (166369), **1809** (108288), **1812, 1814, 1816**
Var. **1809**: mit Punkt hinter Heller, **1812**: mit Mmz. T statt Rosette (groß und klein) unter Jahreszahl.
Rand glatt

Als selbständiger Fürst (1820–1851)

5 (8) Doppeltaler (S)   1000.–/1800.–
PAUL ALEXANDER LEOPOLD FÜRST ZUR LIPPE um Kopf n. r., darunter Mzz. **A**
Rs. ✣ **2 THALER VII EINE F. MARK 3½ GULDEN** ✣ **VEREINS** Jahreszahl **MÜNZE** um neunfeldiges Wappen auf Hermelinmantel unter Fürstenhut. **1843** (16800)
Randschrift: CONVENTION VOM 30 JULY 1838 ✷

6 (13) 2½ Silbergroschen (B)   60.–/120.–
PAUL ALEX. LEOPOLD FÜRST Z. LIPPE um Kopf n. r.
Rs. **12 EINEN THALER** über und **SCHEIDE MÜNZE** unter **2½ / SILBER / GROSCHEN /** Jahreszahl **/** Mzz. **A · 1847** (363264)
Rand glatt

7 (12) Silbergroschen (B)   40.–/80.–
Vs. wie Nr. 6, doch **PAUL.** usw.
Rs. **30 EINEN THALER** über und **SCHEIDE MÜNZE** unter **1 / SILBER / GROSCHEN /** Jahreszahl **/** Mzz. **A · 1847** (750000)
Rand glatt

8 (11) 1/2 Silbergroschen (B)   60.–/120.–
Vs. wie Nr. 7
Rs. **60 EINEN THALER** über und **SCHEIDE MÜNZE** unter **1/2 / SILBER / GROSCHEN /** Jahreszahl **/** Mzz. **A · 1847** (320580)
Rand glatt

9 (10) 3 Pfennig (K)   30.–/60.–
4 EINEN SILB. GROSCHEN um Schild mit heraldischer Rose unter Fürstenhut
Rs. **SCHEIDE MÜNZE** über **3 / PFENNINGE** / Jahreszahl / – / Mzz. **A** · **1847** (1 019 600)
Rand glatt

10 (7) 1½ Pfennig (K)   45.–/90.–
Heraldische Rose
Rs. **I 1/2** zwischen zwei Rosetten / **PFEN= / NING.** / Jahreszahl / Mmz. **T.** · **1821, 1823, 1824, 1825**
Rand glatt

11 (4) 1 Pfennig (K)   20.–/40.–
Vs. wie Nr. 10
Rs. **I** zwischen zwei Rosetten / **PFEN= / NING** / Jahreszahl / Mmz. **ST.** · **1820, 1821, 1824, 1825**
Var. **1824**: kleine Rosetten, **1825**: große Rosetten
Rand glatt

12 (5) 1 Pfennig (K)   20.–/45.–
Vs. wie Nr. 10
Rs. **1** zwischen zwei Rosetten / **PFENNING** / Jahreszahl / Mmz. **ST.** · **1821, 1824**
Rand glatt

13 (6) 1 Pfennig (K)   30.–/60.–
Vs. wie Nr. 10
Rs. **I** zwischen zwei Rosetten / **PFENNIG** / Jahreszahl / Mmz. **ST.** · **1828, 1829, 1830, 1836, 1840**
Var. **1829**: mit Mmz. ST, **1836**: große und kleine Rosetten, **1840**: ohne Mmz. ST.
Rand glatt

14 (9) 1 Pfennig (K)   12.–/25.–
12 EINEN SILB. GROSCHEN um Schild mit heraldischer Rose unter Fürstenhut
Rs. **SCHEIDE MÜNZE** über **1 / PFENNIG** / Jahreszahl / – / Mzz. **A** · **1847** (972 000)
Rand glatt

15 (1, 2) 1 Heller (K)   35.–/70.–
Heraldische Rose
Rs. **I** zwischen zwei Rosetten / **HELLER** / Jahreszahl. / Mmz. **ST** oder **ST.** · **1821, 1822, 1825, 1826, 1828, 1835, 1836, 1840**
Var. **1822**: große und kleine Rosetten; HELLER und HELLER., sowie Jahreszahl mit und ohne Punkt; auch Mmz. ST, **1826**: HELLER., sowie Wertzahl 1 statt I, **1828**: HELLER. und auch Punkt hinter Jahreszahl, **1836**: große und kleine Rosetten

Paul Friedrich Emil Leopold (1851–1875)
* 1.9.1821 als Sohn des Fürsten Paul Alexander Leopold und dessen Gemahlin Emilie von Schwarzburg-Sondershausen. ∞ 17.4.1852 Elisabeth von Schwarzburg-Rudolstadt. † 8.12.1875. Später gezählt als Leopold III.

16 (16) Vereinstaler (S)   200.–/380.–
PAUL FRIEDRICH EMIL LEOPOLD FÜRST Z. LIPPE um Kopf n. r., am Halsabschnitt **C. P.**, darunter Mzz. **A**
Rs. **EIN VEREINSTHALER XXX EIN PFUND FEIN**, Jahreszahl um neunfeldiges Wappen auf Hermelinmantel unter Fürstenhut. **1860** (25 600), **1866** (17 500)
Randschrift: MÜNZVERTRAG VOM 24 JANUAR 1857

17 (15) 2½ Silbergroschen (B)   80.–/140.–
PAUL FRIEDR. EMIL LEOPOLD FÜRST Z. LIPPE um Kopf n. r.

LIPPE

Rs. 12 EINEN THALER über und SCHEIDE MÜNZE unter 2½ / SILBER / GROSCHEN / Jahreszahl / Mzg. A · 1860 (120000)
Rand glatt

18 (14) 1 Silbergroschen (B)   30.– / 60.–
Vs. wie Nr. 17
Rs. **30 EINEN THALER** über und **SCHEIDE MÜNZE** unter **1 / SILBER / GROSCHEN** / Jahreszahl / Mzz. A · **1860** (432000)
Rand glatt

19 (10) 3 Pfennig (K)   30.– / 60.–
Vs. wie Nr. 9
Rs. wie Nr. 9. **1858** (60000)
Rand glatt

20 (9) 1 Pfennig (K)   9.– / 18.–
Vs. wie Nr. 14
Rs. wie Nr. 14. **1851** (1080000), **1858** (900000)
Rand glatt

Woldemar (1875–1895)

Unter seiner Regierung sind keine lippischen Münzen geprägt worden.

Alexander (1895–1905)

Fürst Alexander stand unter Regentschaft. In dieser Zeit sind keine lippischen Münzen geprägt worden. Regenten waren bis 1897 Prinz Adolf zu Schaumburg-Lippe, 1897–1904 Ernst Graf und Edler Herr zu Lippe-Biesterfeld (* 9.6.1842, † 26.9.1904), 1904–1905 Leopold Graf und Edler Herr zu Lippe-Biesterfeld, seit 1905 Leopold IV.

Leopold IV. (1905–1918)

* 30.5.1871 als Sohn des Grafen Ernst zur Lippe-Biesterfeld und dessen Gemahlin Karoline Gräfin von Wartensleben. ∞ 16.8.1901 in 1. Ehe Bertha Prinzessin von Hessen-Philippsthal-Barchfeld, 26.4.1922 in 2. Ehe Anna von Isenburg-Büdingen. Trat 1904 die Nachfolge seines Vaters und 1905 die Regierung des Fürstentums Lippe als Fürst an. Mit dem Tode des Fürsten Alexander († 13.1.1905) war das Haus Lippe-Detmold erloschen. Verzichtet 1918 auf den Thron.

21 (79) 3 Mark (S)   500.– / 750.–
LEOPOLD IV FÜRST ZUR LIPPE um Kopf n. l., darunter Mzz. A
Rs. **DEUTSCHES REICH** Jahreszahl und ✳ **DREI MARK** ✳ um Reichsadler (Modell 1889–1918). **1913** (15000)
Randschrift: GOTT ~ MIT ~ UNS

22 (78) 2 Mark (S)   400.– / 750.–
Vs. wie Nr. 21
Rs. wie Nr. 21, doch anderer Wert. **1906** (20000)
Rand geriffelt

Lübeck, Freie und Hansestadt

Größe: 1905: 298 qkm
Einwohner: 1905: 105857
Wappen: Die Stadtfarben Weiß-Rot (zugleich die Farben der Hanse) auf der Brust des Reichsadlers, da Lübeck seit 1226 freie Reichsstadt war.

1806 von den Franzosen besetzt, 1810 in das Französische Kaiserreich einverleibt, wurde die Stadt 1813 wieder frei und gewann in der Folgezeit ihre alte Vorrangstellung im norddeutschen Handel zurück. 18.8.1866 Beitritt zum Norddeutschen Bund, 11.8.1868 zum Zollverein.
Die letzten Lübecker Kurantmünzen stammen von 1797, die letzten Dukaten von 1801. Erst 1901 beginnt wieder eine Reihe Lübecker Münzen. Vor Einführung der Reichswährung 1873 galt in Lübeck die der Hamburger Kurantwährung entsprechende Lübecker Kurantwährung, nach der man 1 Mark lübisch Kurant zu 16 Schilling, den Schilling zu 12 Pfennig rechnete und den Taler Kurant zu 2½ Mark Kurant. 1873 wurde 1 Mark Kurant mit 1 Mark 20 Pfennig berechnet.

Münzstätte: A = Berlin

Medailleur: Emil Weigand, * 1837 in Berlin, † 1906 in Berlin

LITERATUR:
Heinrich Behrens, Münzen und Medaillen der Stadt und des Bisthums Lübeck, Berlin 1905
Kurt Jaeger, Die Münzprägungen der deutschen Staaten vor Einführung der Reichswährung. Band 6, K.Jaeger und Jens-Uwe Rixen, Nordwestdeutschland, Basel 1971
S. a. Deutsches Reich

1 (227) 10 Mark (G)   1000.–/1600.–
FREIE UND HANSESTADT LÜBECK · Doppeladler mit getrennten Hälsen und Brustschild. Unten Mzz. A
Rs. **DEUTSCHES-REICH,** Jahreszahl, Reichsadler. Unten **10 MARK** · 1901 (10000), 1904 (10000), 1905 (10000, zusammen mit Nr. 2)
Rand: Ranken und Sterne

2 (228) 10 Mark (G)   1000.–/1600.–
FREIE UND HANSESTADT LÜBECK · Doppeladler mit zusammenhängenden Hälsen und Brustschild. Unten Mzz. A
Rs. wie Nr.1 · 1905 (10000, zusammen mit Nr.1), 1906 (10000), 1909 (10000), 1910 (10000)
Rand: Ranken und Sterne

3 (83) 5 Mark (S)   500.–/800.–
FREIE UND HANSESTADT LÜBECK · Doppeladler mit Brustschild wie Nr.2. Unten Mzz. A
Rs. **DEUTSCHES REICH,** Jahreszahl, Reichsadler. Unten **FÜNF MARK** · 1904 (10000), 1907 (10000), 1908 (10000), 1913 (6000)
Rand: GOTT MIT UNS (dazwischen Verzierungen)

LÜBECK

4 (82) 3 Mark (S)   180.–/280.–
FREIE UND HANSESTADT LÜBECK · Doppeladler mit Brustschild wie Nr. 2. Unten Mzz. **A**
Rs. **DEUTSCHES REICH,** Jahreszahl, Reichsadler. Unten **DREI MARK · 1908** (33334), **1909** (33334), **1910** (33334), **1911** (33334), **1912** (34000), **1913** (15000), **1914** (10000)
Rand: GOTT MIT UNS (dazwischen Verzierungen)
Probeabschlag vom Vs.-Stempel in Aluminium mit Rs. von Großherzogtum Sachsen Nr. 47

5 (80) 2 Mark (S)   340.–/520.–

FREIE UND HANSESTADT LÜBECK · Doppeladler mit Brustschild wie Nr. 1. Unten Mzz. **A**
Rs. **DEUTSCHES REICH,** Jahreszahl, Reichsadler. Unten **ZWEI MARK · 1901** (25000)
Rand geriffelt

6 (81) 2 Mark (S)   170.–/270.–
FREIE UND HANSESTADT LÜBECK · Doppeladler mit Brustschild wie Nr. 2. Unten Mzz. **A**
Rs. wie Nr. 5. **1904** (25000), **1905** (25000), **1906** (25000), **1907** (25000), **1911** (25000), **1912** (25000)
Rand geriffelt
Probeabschlag o. J. vom Vs.-Stempel in Aluminium

Mecklenburg-Schwerin und Mecklenburg-Strelitz, Großherzogtümer

Wappen:
1. Hzm. Mecklenburg
2. H. Rostock
3. Fsm. Schwerin
4. Fsm. Ratzeburg
5. H. Stargard
6. Fsm. Wenden (oder Werle)
7. Gft. Schwerin

```
1   2
3 7 4
5   6
```

Mecklenburg bestand aus den 2 Herzogtümern, seit 1815 Großherzogtümern, Mecklenburg-Schwerin und Mecklenburg-Strelitz, die durch Hausvertrag von 1701 und Erbausgleich vom 18.4.1755 miteinander verbunden waren: im Falle des Erlöschens einer Linie sukzedierte die andere; beim Erlöschen beider sollte die Herrschaft auf das Kgr. Preußen übergehen, das zum Zeichen seiner Anwartschaft die 7 mecklenburgischen Wappen bis 1873 im großen Wappen führte. Gemäß dem Allerhöchsten Erlaß vom 16. August 1873 wurde in das neue große Staatswappen nur noch das Wappen des Stammhauses Mecklenburg übernommen.
Beide Herzogtümer hatten eine einheitliche Ständevertretung, die mit großem Nachdruck allen fürstlichen Teilungsabsichten gegenüber die Einheit des Landes zu wahren wußte.
Die mecklenburgischen Herzöge waren im Hl. Römischen Reich Deutscher Nation Reichsfürsten und wurden nach dessen Auflösung im Jahre 1806 souverän. 1808 traten sie dem Rheinbund bei. 1813 schlossen sie sich der deutschen Erhebung gegen Napoleon I. an. Gemäß der Schlußakte des Wiener Kongresses vom 9.6.1815 wurden sie als Großherzöge Mitglieder des Deutschen Bundes. Der agrarwirtschaftlichen Struktur ihrer Länder entsprechend nahmen sie keinen besonderen Anteil an der wirtschaftlichen Entwicklung Deutschlands und traten weder dem Deutschen Zoll- und Handelsverein noch der Dresdener Münzkonvention und dem Wiener Münzvertrag bei.
Die revolutionären Ereignisse der Jahre 1848/49 lösten auch in Mecklenburg, in dem bis 1820 noch die Leibeigenschaft bestanden hatte, Verfassungsunruhen aus, die Großherzog Friedrich Franz II. von Mecklenburg-Schwerin veranlaßten, am 10.10.1849 das liberale Staatsgrundgesetz zu verkünden. Dagegen erhoben jedoch Großherzog Georg von Mecklenburg-Strelitz und die Ritterschaft Einspruch, so daß die Bundesversammlung der deutschen Fürsten die Aufhebung desselben erwirkte. Die wieder in Kraft getretene altständische Verfassung, die Mecklenburg zum rückständigsten deutschen Land machte, blieb bis 1918 bestehen, weil alle Versuche, die Verfassungsfrage auf liberale Weise zu lösen, am Einspruch der Ritterschaft scheiterten.
Im Deutschen Krieg 1866 ergriffen beide Großherzöge für Preußen Partei und schlossen sich am 21.8.1866 dem Norddeutschen Bund an. Bald danach traten sie auch dem Zollverein bei.
Obwohl der letzte Großherzog zu Strelitz, Friedrich Adolf VI., am 24.2.1918 ohne Nachkommen starb, kam es nicht zu einer Vereinigung beider Länder. Diese bildeten vielmehr seit November 1918 zwei Freistaaten mit eigenen Landtagen und wurden erst durch Reichsgesetz vom 15.12.1933 ab 1.1.1934 vereinigt. Als politische Einheit bestand das Land Mecklenburg (1945 um Vorpommern vergrößert) bis zum Jahre 1952.

LITERATUR:
E. Grimm, Münzen und Medaillen der Stadt Rostock in Berl. Mzbl. III. Bd. 1895/1901
E. Grimm, Münzen und Medaillen der Stadt Wismar, Berlin 1897
K. Jaeger, Die Münzprägungen der deutschen Staaten vor Einführung der Reichswährung, Band 4, Mecklenburg 1763–1872, 3. Auflage, Basel 1971
G. M. C. Masch, Die neueren mecklenburgischen Denkmünzen, Schwerin 1848
G. M. C. Masch, Die neueren mecklenburgischen Münzen, Jhb. des Vereins für mecklenburgische Geschichte und Altertumskunde, 16. Jg., Schwerin 1851, S. 319 ff.
F. Schlessinger, Berlin, Münzen und Medaillen von Mecklenburg (Slg. Gaettens), Auktionskatalog vom 7. XII. 1931
H. Wöhler, Das Münzwesen in Mecklenburg-Schwerin, Schwerin 1842

Mecklenburg-Schwerin, Großherzogtum

Größe: 13127 qkm   Hauptstadt: Schwerin

Obwohl bereits Herzog Christian Ludwig II. (1747–1756) im § 204 des Landesgrundgesetzlichen Erbvergleichs vom 18.4.1755 als neue Landeswährung den lübischen Courant- oder mecklenburgischen »Valeur«-Fuß bestimmt hatte, konnte sein Sohn und Nachfolger Herzog Friedrich diesen erst nach Beendigung des Siebenjährigen Krieges im Jahre 1763 einführen.
Aus der Mark Feinsilber zu ca. 234 g prägte man 17 Zweidritteltaler.
1 Zweidritteltaler = 32 Schillinge = 64 Sechslinge = 128 Dreilinge = 384 Pfennige
          1 Schilling = 2 Sechslinge = 4 Dreilinge = 12 Pfennige
Als Rechnungseinheit lag diesem Währungssystem der Kuranttaler zu 24 Groschen oder 90 Kreuzer zugrunde. Da in der alten Reichswährung 60 Kreuzer einen Gulden oder Guldentaler bildeten, wurde der Zweidritteltaler auch Gulden genannt. 1 Kuranttaler = 3 Mark = 48 Schillinge = 576 Pfennige. Auf die feine Mark kamen somit 11⅓ Kuranttaler. Ab 1789 wurden die Gulden oder ⅔ Taler im Leipziger Fuß, 12 Taler oder 18 Gulden auf die feine Mark, ausgebracht. Als Landeswährung wurde der Leipziger Fuß jedoch erst 1829 eingeführt.
Durch den hohen Umlauf fremden, besonders preußischen Geldes, sah sich die schwerinische Regierung gezwungen, im Münzgesetz vom 12.1.1848 nach preußischem Vorbild den 14-Taler-Fuß als Landeswährung festzulegen.
Aus der feinen Mark wurden 14 Taler = 21 Gulden = 672 Schillinge gemünzt. 1 Taler = 48 Schillinge = 576 Pfennige. Damit galt in Mecklenburg-Schwerin der gleiche Münzfuß wie in den Zollvereinsstaaten, die sich in der Dresdener Münzkonvention 1838 geeinigt hatten, Doppeltaler und Taler nach dem 14-Taler-Fuß auszugeben. Mit Verordnung vom Februar 1858 wurde im Großherzogtum Mecklenburg-Schwerin der 30-Taler-Fuß, 1 Zollpfund (500 g) = 30 Taler, übernommen, den die Zollvereinsstaaten im Wiener Münzvertrag von 1857 beschlossen hatten.
1872 ließ Mecklenburg-Schwerin in Dresden 5-, 2- und 1-Pfennig-Stücke gemäß der neuen Reichswährung prägen, die aber nicht dem Münzgesetz vom 9.7.1873 entsprachen und deshalb mit Bekanntmachung vom 22.2.1878 lt. Artikel 18 des Münzgesetzes außer Kurs gesetzt wurden.
Die in Mecklenburg-Schwerin geprägten Goldmünzen zu 10 Taler (Doppelpistole) und 5 Taler (Pistole) besaßen keinen festbestimmten Wert.
Münzstätten, in denen Mecklenburg-Schwerin prägen ließ:

      bis 1847   Schwerin o. Mmz. Friedrich Heinrich Daniel 1802–1827
                                   Mmz. F. N. Franz Nübell 1827–1848
      1848–1915 Berlin   Mzz. A
      1872   Dresden   Mmz. B. Gustav Julius Buschick

Die Ringprägung wurde zuerst 1828 eingeführt.

Gesetzliche Ausbringung der wichtigsten Sorten vor Einführung der Reichswährung

Nominal	Prägezeit	Metall	Gewicht g	Feingewicht g	Feingehalt °/oo	Katalog-Nr.
10 Taler	1828–1839	Gold	13,319	11,931	895,83	1, 29
5 Taler	1828–1840	Gold	6,659	5,966	895,83	2, 30
Taler	1848	Silber	22,272	16,704	750	37
Taler	1864	Silber	18,519	16,667	900	38
2/3 Taler	1808–1829	Silber	17,323	12,992	750	6, 7, 8, 9, 10, 11
2/3 Taler	1839–1845	Silber	13,175	12,992	986,11	32, 39
8 Schillinge	1827	Silber	5,503	3,439	625	12
8 Schillinge	1848	Silber	5,345	2,784	520,83	40
4 Schillinge	1809, 1826	Silber	3,057	1,720	562,5	13, 14
4 Schillinge	1828–1839	Silber	3,057	1,528	500	15, 33
4 Schillinge	1848	Silber	2,436	1,218	500	41
Schilling	1806–1827	Billon	1,083	0,406	375	16, 17
Schilling	1829–1846	Billon	1,114	0,348	312,5	18, 34, 42
Schilling	1848–1855	Billon	1,299	0,271	208,33	43, 44
Schilling	1858–1866	Billon	1,301	0,271	208	44
Sechsling	1809–1831	Billon	0,769	0,192	250	19, 20, 21, 22
Dreiling	1810–1846	Billon	0,513	0,096	187,5	23, 24, 25, 26, 35, 46

MECKLENBURG

Friedrich Franz I. (1785–1837)

* 10.12.1756 als Sohn des Herzogs Ludwig und seiner Gemahlin Charlotte von Sachsen-Coburg-Saalfeld. ∞ 1.6.1775 Luise von Sachsen-Gotha. 14.6.1815 Annahme des Titels Großherzog. † 1.2.1837.

1 (78, 80) 10 Taler (G)   3 000.– / 6 000.–
FRIEDR. FRANZ V. G. G. GROSSHERZOG V. MECKLENBURG. SCHW. · Kopf n. l.
Rs. ZEHN THALER · Gekröntes, 7 feldiges Wappen mit Stier und Greif als Schildhalter auf gekröntem Hermelinmantel. Unten Jahreszahl **1828** (876), **1831** (1938), **1832** (1667), **1833** (128)
Rand geriffelt
Var. **1828**: GR. statt GROSS.

2 (74, 77) 5 Taler (G)   2 200.– / 4 400.–
FRIEDR. FRANZ V. G. G. GROSSHERZOG V. MECKLENBURG. SCHW. · Kopf n. l.
Rs. FÜNF THALER · Behelmtes, 7 feldiges Wappen auf gekröntem Hermelinmantel. Unten Jahreszahl **1828** (1753), **1831** (3878), **1832** (3334), **1833** (125), **1835** (100)
Rand geriffelt   **1835**: 20 000.–
Var. **1828**: GR. statt GROSS; Probe mit erhöhtem Rand von 6,9 g Gewicht; mit gleicher Wappendarstellung, aber ohne Nominalbezeichnung und statt der Jahreszahl: D. 28. MAERZ 1828 als Gedenkmünze anläßlich des Besuchs von Friedrich Franz I. in der Münze zu Schwerin (5–6 Stück).
V + 30 500.–

3 (79) 2½ Taler (G)   1 500.– / 3 000.–
FRIEDR. FRANZ V. G. G. GROSSHERZOG V. MECKLENBURG. SCHW. · Kopf n. l.
Rs. ZWEI EIN HALB THALER. Gekröntes, 7 feldiges Wappen. Unten Jahreszahl mit Punkt **1831** (7755), **1833** (124), **1835** (195)
Rand geriffelt

4 (76) 2 Taler (G)   LP
FRIEDR. FRANZ. V. G. G. GR. HERZOG V. MECKLENBURG SCHW. · Kopf n. l.
Rs. **2 THALER COURANT** · Gekröntes, 7 feldiges Wappen, umgeben vom dänischen Elephanten- und preußischen Schwarzen-Adler-Orden. Unten Jahreszahl **1830**
Rand geriffelt
Zitat nach Masch: Friedrich Franz Nr. 5 vermutlich nur Probe

5 (75) Dukat (G)   LP
FRIEDR. FRANZ. V. G. G. GR. HERZOG V. MECKLENBURG SCHW. · Kopf n. l.
Rs. Gekröntes, 7 feldiges Wappen, umgeben vom dänischen Elephanten- und preußischen Schwarzen-Adler-Orden, mit Stier und Greif als Schildhalter. Unten Jahreszahl **1830**
Rand geriffelt

6 (20) 2/3 Taler = Gulden (S)   220.– / 440.–
FRIED. FRANZ V. G. G. HERZOG ZU MECKLENB. SCHWERIN Rosette · 7 feldiges Wappen auf gekrönter Kartusche
Rs. **18 : STUCK EINE MARK FEIN** Jahreszahl zwischen 2 Punkten · Im Feld: ⅔ · **1808** (654807), **1810** (337688)
Rand geriffelt
Var. **1808**: 5 Var. **1810**: 2 Var.

7 (21) 2/3 Taler = Gulden (S)   300.– / 600.–
Vs. wie Nr. 6
Rs. **18 : STUCK EINE MARK FEIN 2/3 / DEM VATERLANDE** / Jahreszahl **1813** (9918); sog. Vaterlandsgulden
Rand geriffelt

MECKLENBURG 188

8 (22) 2/3 Taler = Gulden (S) 1500.–/2500.–
FRIEDERICH FRANZ V. G. G. GROSHERZOG / VON MECKLENBURG SCHWERIN · 7 feldiges Wappen auf gekrönter Kartusche
Rs. **18: STUCK EINE MARK FEIN** Jahreszahl zwischen 2 Punkten · Im Feld: ⅔ · **1817** (6783)
Rand geriffelt

11 (31) 2/3 Taler = Gulden (S) 250.–/400.–
FRIEDR. FRANZ V. G. G. GR. HERZOG V. MECKLENBURG SCHW. · Kopf n. l.
Rs. **18 STUCK EINE MARK FEIN.** Jahreszahl, unten Nominalbezeichnung: ⅔ · Behelmtes, 7 feldiges Wappen auf gekröntem Hermelinmantel. **1828** (57401), **1829** (sehr selten)
Rand geriffelt
Var. **1828**: 3 Var.

9 (25) 2/3 Taler = Gulden (S) 240.–/550.–
FRIEDR. FRANZ V. G. G. GR. HERZ. VON MECKLENB. SCHWERIN Rosette · 7 feldiges Wappen auf gekrönter Kartusche
Rs. **18 STUCK EINE MARK FEIN** · Jahreszahl · Im Feld: **2/3** · **1825** (35206)
Rand geriffelt
Var. 2 Var.

12 (30) 8 Schillinge = 1/6 Taler (S) 200.–/350.–
V. G. G. GR. HZ. V. M. S. · Gekröntes Monogramm aus **F F**
Rs. Zwischen 2 Rosetten **8 / SCHILLINGE / MECKL. SCHW. / LAND. MÜNZ. /** Jahreszahl. **1827** (24519)
Rand glatt

13 (16) 4 Schillinge = 1/12 Taler (S) 300.–/600.–
Monogramm aus **F F** auf gekrönter Kartusche
Rs. Zwischen 2 Rosetten **4 / SCHILLINGE / COURANT / MECKL: SCHWER / MUNZE /** Jahreszahl **1809** (1408)
Rand geriffelt

10 (26, 27) 2/3 Taler = Gulden (S) 400.–/700.–
FRIEDR. FRANZ V. G. G. GR. HZ. V. MECKLENB. SCHW. · Brustbild in Uniform mit Hermelinmantel n. l.
Rs. wie Nr. 9. **1825** (42914), **1826** (102854)
Rand geriffelt
Der Vs.-Stempel wurde nach einer Profilzeichnung Prof. Suhrlands von Henri François Brandt, Berlin, geschnitten.
Var. **1826**: 4 Var.; auch Probe mit HERZ. VON MECKLENB. SCHWERIN und kleinerem Brustbild ohne Hermelinmantel n. l. (7 Stück).

14 (29) 4 Schillinge = 1/12 Taler (S) 120.–/240.–
V. G. G. GR. HZ. V. M. S. · Gekröntes Monogramm aus **F F**
Rs. Zwischen 2 Rosetten **4 / SCHILLINGE / MECKL. SCHW. / LAND. MÜNZ. /** Jahreszahl **1826** (621338)
Rand glatt
Var. 3 Var.

15 (32–34) 4 Schillinge = 1/12 Taler (S) 60.–/120.–
FRIEDR. FRANZ V. G. G. GROSSHERZOG V. MECKLENBURG SCHW. · Kopf n. l.
Rs. **12 EINEN THALER LANDES MÜNZE** · Zwischen 2 Rosetten **4** / · **SCHILLINGE** · / Jahreszahl. **1828** (69 884), **1829** (199 560), **1830** (1 792 561), **1831** (475 714), **1832** (121 229), **1833** (48 636)
Rand geriffelt
Var. **1828**: nur mit GR. HERZOG: v-st 300.– und SCH. **1831**: ohne Punkte vor und nach SCHILLINGE

16 (12) Schilling = 1/48 Taler (B) 20.–/50.–
Gekröntes Monogramm aus **F F**
Rs. Zwischen 2 Rosetten **1** / **SCHILLING** / **COURANT** / **MECKLENB:** / **SCHWERIN:** / **MUNZE** / Jahreszahl · **1806** (1 765 509), **1807** (585 268), **1808** (242 992), **1809** (341 816), **1810** (250 353), **1817** (30 984)
Rand glatt
Var. **1806**: 2 Var.; Fälschungen, angeblich aus Birmingham. **1807**: auch mit Stempelfehler 1707; Fälschungen. **1810**: auch Zwitterprägung mit gekröntem F auf Vs. aus der Zeit Herzog Friedrichs

17 (28) Schilling = 1/48 Taler (B) 30.–/70.–
V. G. G. GR. HZ. V. M. S. · Gekröntes Monogramm aus **F F**
Rs. · **I** / **SCHILLING** / **MECKL. SCHW.** / **LAND. MÜNZ** / Jahreszahl **1826** (159 412), **1827** (342 448)
Rand glatt
Var. **1827**: 2 Var.

18 (41) Schilling = 1/48 Taler (B) 25.–/50.–
V. G. G. GR. HERZOG V. MECKLENBURG SCHW. · Gekröntes Monogramm aus **F F**
Rs. **48 EINEN THALER LANDES MÜNZE** · Zwischen 2 Rosetten **1** / · **SCHILLING** · / Jahreszahl. **1829** (54 261), **1830** (501 271), **1831** (528 128), **1832** (118 722), **1833** (91 498), **1834** (117 517), **1835** (108 766), **1836** (163 149), **1837** (81 577)
Rand glatt
Var. **1830, 1831, 1834**: 2 Var. **1836**: 3 Var.

19 (14) Sechsling = 6 Pfennige (B) 50.–/100.–
Gekröntes Monogramm aus **F F**
Rs. Zwischen 2 Rosetten **VI** / **PFEN: MECK:** / **SCHWERIN:** / **SCHEID: M:** / Jahreszahl · **1809** (84 000), **1810** (81 472), **1811** (222 492), **1813** (253 824), **1815** (199 008), **1816** (255 056), **1817** (299 968)
Rand glatt
Var. **1809, 1813, 1817**: 2 Var.

20 (24) Sechsling = 6 Pfennige (B) 40.–/80.–
Vs. wie Nr. 19
Rs. Zwischen 2 Rosetten **I** / **SECHSLING** / Jahreszahl · **1820** (149 548), **1821** (249 280), **1822** (271 768), **1823** (320 248), **1824** (418 528)
Rand glatt
Var. **1822**: 2 Var.

21 (40) Sechsling = 6 Pfennige (B) 40.–/80.–
V. G. G. GR. HERZOG. V. MECKLENBURG SCHW. · Gekröntes Monogramm aus **F F**
Rs. **96 EINEN THALER LANDES MÜNZE**. Im Feld · **1** · / **SECHSLING** / Jahreszahl **1828, 1829**
1828, 1829 wurden 189 632 Stück geprägt
Rand glatt
Var. 2 Var.

22 (36) Sechsling = 6 Pfennige (B) 60.–/120.–
Gekröntes Monogramm aus **F F**
Rs. · **VI** · / **PFENNINGE** / **M. S. L. M.** / Jahreszahl / · **1831** (128 025)
Rand glatt

23 (13) Dreiling = 3 Pfennige (B) 35.–/70.–
Gekröntes Monogramm aus **F F**
Rs. Zwischen 2 Rosetten **III** / **PFEN: MECK:** / **SCHWERIN:** / **SCHEID: M:** / Jahreszahl · **1810** (116 864), **1811** (272 976), **1814** (59 552), **1815** (81 152), **1816** (199 488), **1817** (82 704), **1818** (76 672), **1819** (251 264)
Rand glatt
Var. **1811**: keine Doppelpunkte nach MECK und SCHWERIN. **1814**: PFEN und SCHEID. **1815**: keine Doppelpunkte nach MECK und M. **1819**: 2 Var.

MECKLENBURG

24 (23) Dreiling = 3 Pfennige (B) 20.–/40.–
Vs. wie Nr. 23
Rs. Zwischen 2 Rosetten I / DREILING / Jahreszahl · **1819**
(595 568), **1820** (844 768), **1821** (515 616), **1822** (1 020 832), **1824**
(235 248)
Rand glatt
Var. **1822**: 2 Var.

25 (39) Dreiling = 3 Pfennige (B) 15.–/30.–
V. G. G. GR. HERZOG V. MECKLENBURG SCHW. · Gekröntes Monogramm aus **F F**
Rs. **192 EINEN THALER LANDES MÜNZE** · Im Feld:
· **1** · / DREILING / Jahreszahl **1828** (684 427), **1829** (206 581),
1830 (793 350)
Rand glatt
Var. **1828**: 4 Var. mit ENEN und ohne Punkte vor und nach 1, mit MUNZE, mit Punkten vor und nach DREILING.
1829: 3 Var. **1830**: 3 Var., nur SCH.

26 (35) Dreiling = 3 Pfennige (B) 25.–/50.–
Gekröntes Monogramm aus **F F**
Rs. · **III** · / PFENNINGE / M. S. L. M. / Jahreszahl / · **1831**
(63 804), **1832** (307 783), **1833** (47 716), **1836** (451 656)
Rand glatt
Var. **1833**: 2 Var.

27 (38) 2 Pfennige (K) 15.–/30.–
Gekröntes Monogramm aus **F F** ·
Rs. Zwischen 2 Rosetten **2** / PFENNINGE / Jahreszahl Rosette. **1831** (257 010)
Rand glatt
Var. 2 Var.

28 (37) Pfennig (K) 20.–/45.–
Gekröntes Monogramm aus **F F**
Rs. Zwischen 2 Rosetten **1** / PFENNIG / Jahreszahl / Rosette.
1831 (514 020)
Rand glatt

Paul Friedrich (1837–1842)

* 15.9.1800 als Sohn des Erbgroßherzogs Friedrich Ludwig († 1819) und seiner Gemahlin Helene Großfürstin von Rußland. ∞ 25.5.1822 Alexandrine, Tochter des Königs von Preußen Friedrich Wilhelm III. † 7.3.1842.

29 (83) 10 Taler (G) 2 800.–/4 500.–
PAUL FRIEDR. GROSSHERZOG V. MECKLENBURG SCHWERIN. · Kopf n. r.
Rs. **ZEHN THALER** · Gekröntes, 7feldiges Wappen mit Stier und Greif als Schildhalter auf gekröntem Hermelinmantel. Unten Jahreszahl **1839** (91 613)
Rand geriffelt

30 (82) 5 Taler (G) 2 400.–/4 200.–
PAUL FRIEDR. GROSSHERZOG V. MECKLENBURG SCHWERIN. · Kopf n. r.
Rs. **FÜNF THALER** · Behelmtes, 7feldiges Wappen auf gekröntem Hermelinmantel. Unten Jahreszahl **1840** (1454)
Rand geriffelt

31 (81) 2½ Taler (G) 1 000.–/1 800.–
PAUL FRIEDR. GROSSHERZOG V. MECKLENBURG SCHWERIN. · Kopf n. r.
Rs. **ZWEI EIN HALB THALER** · 7feldiges Wappen auf gekröntem Hermelinmantel. Unten Jahreszahl **1840** (2910)
Rand geriffelt

32 (45) 2/3 Taler = Gulden (S) 150.–/250.–
PAUL FRIEDR. GROSSHERZOG V. MECKLENBURG SCHWERIN · Kopf n. r.

Rs. **XVIII STUCK EINE MARK FEIN SILBER** · Gekröntes, 7feldiges Wappen, umgeben von 2 gekreuzten Lorbeerzweigen. Unten Jahreszahl · **1839** (290 508), **1840** (856 395), **1841** (118 016)
Rand geriffelt
Var. **1839**: 2 Var., auch mit STÜCK. **1840**: 2 Var.

33 (44) 4 Schillinge = 1/12 Taler (S) **100.– / 200.–**
✳ **PAUL FRIEDR V. G. G. GROSSHERZOG V. MECKLENBURG SCHW** ✳ Gekröntes, 7feldiges Wappen, umgeben von 2 gekreuzten Lorbeerzweigen
Rs. **12 EINEN** ✳ **THALER LANDES** ✳ **MÜNZE** · Zwischen 2 Rosetten **4** / ✳ **SCHILLINGE** ✳ / Jahreszahl · **1838** (14 598), **1839** (38 607)
Rand geriffelt
Var. **1838**: 3 Var. ohne Punkte nach V G G

34 (43 a, b) Schilling = 1/48 Taler (B) **40.– / 80.–**
V. G. G. GR. HERZOG. V. MECKLENBURG. SCH. · Gekröntes Monogramm aus **P F**
Rs. **48 EINEN** ✳ **THALER** ✳ **LANDES MÜNZE** · Zwischen 2 Rosetten **1** / **SCHILLING** / Jahreszahl. **1838** (20 510), **1839** (125 458), **1840** (51 678), **1841** (46 421), **1842** (29 617)
Rand glatt
Var. **1838, 1839**: 2 Var.

35 (42) Dreiling = 3 Pfennige (B) **35.– / 60.–**
Gekröntes Monogramm aus **P F**
Rs. · **III** · / **PFENNINGE** / **M. S. L. M.** / Jahreszahl . / . **1838**, **1839** (171 969), **1840** (111 770), **1841** (99 576), **1842** (157 073)
Rand glatt

36 (46, 47) Gedenkmünze (S) 2 ½ Talergr. **140.– / 280.–**
5 Talergr. **200.– / 500.–**
Auf den Tod des Großherzogs am 7. März 1842
PAUL FRIEDR. GROSSHERZOG V. MECKLENBURG SCHWERIN. · Kopf n. r.
Rs. Im Ährenkranz: ✳ / **VOLLENDET** / **D. 7. MAERZ** / **1842**. **1842**: in 2½-Talergröße (5100), in 5-Talergröße (3550)
Rand glatt

Friedrich Franz II. (1842–1883)

* 28.2.1823 als Sohn des Großherzogs Paul Friedrich und seiner Gemahlin Alexandrine von Preußen. ∞ 3.11.1849 in 1. Ehe Auguste von Reuß-Köstritz, 12.5.1864 in 2. Ehe Anna von Hessen-Darmstadt, 4.7.1868 in 3. Ehe Marie von Schwarzburg-Rudolstadt. † 15.4.1883.

37 (55) Taler (S) **240.– / 440.–**
FRIEDRICH FRANZ GROSSH. V. MECKLENB. SCHW. Kopf n. r., darunter Mzz.
Rs. **EIN THALER XIV EINE F. M.** · Gekröntes, 7feldiges Wappen, umgeben von 2 gekreuzten Lorbeerzweigen. Unten Jahreszahl · **A 1848** (528 246)
Rand: Ranken und Kreuze
Auch »Angsttaler« genannt, weil ohne V. G. G.

38 (58) Taler (S) **160.– / 280.–**
FRIEDRICH FRANZ V. G. G. GROSSH. V. MECKLENB. SCHW. · Kopf n. r., darunter Mzz.
Rs. **EIN THALER XXX EIN PF. F.** · Gekröntes, 7feldiges Wappen, umgeben von 2 gekreuzten Lorbeerzweigen. Unten Jahreszahl · **A 1864** (100 000)
Rand: **PER ASPERA** ✳ **AD ASTRA** ✳ ✳ ✳

39 (51) 2/3 Taler = Gulden (S) **1000.– / 2000.–**
FRIEDRICH FRANZ GROSSHERZOG V. MECKLENBURG SCHW. · Kopf n. r.
Rs. **XVIII STÜCK EINE MARK FEIN SILBER** · Gekröntes, 7feldiges Wappen, umgeben von 2 gekreuzten Lorbeerzweigen. Unten Jahreszahl zwischen Punkten. **1845** (1563)
Rand geriffelt
Auch einseitige Abschläge in Blei; nachträglicher Goldabschlag mit glattem Rand
Stempel von H. Lorenz, Berlin

MECKLENBURG   192

40 (54) 1/6 Taler (S)   100.– / 180.–
FRIEDRICH FRANZ GROSSH. V. MECKLENB. SCHW.
Kopf n. r., darunter Mzz.
Rs. **6 EINEN THALER 84 EINE F. MARK** · Gekröntes, 7 feldiges Wappen, umgeben von zwei gekreuzten Lorbeerzweigen. Unten Jahreszahl zwischen Punkten. **A 1848** (136 524)
Rand: Ranken und Kreuze

41 (53) 1/12 Taler (S)   50.– / 100.–
FRIEDRICH FRANZ V. G. G. GROSSHERZOG V. MECKLENB. SCH. · Kopf n. r.
Rs. **. 12 . / EINEN / THALER** / Jahreszahl / Mmz. **F N 1848** (2 047 200)
Rand glatt
Var. 2 Var.

42 (50) Schilling = 1/48 Taler (B)   30.– / 60.–
GROSSHERZOG V. MECKLENBURG SCHWERIN. · Gekröntes Monogramm aus **F F**
Rs. **48 EINEN THALER . LANDES MÜNZE.** · Zwischen 2 Rosetten **1 / SCHILLING** / Jahreszahl · **1842** (107 917), **1843** (138 698), **1844** (115 824), **1845** (246 145), **1846** (154 298)
Rand glatt
Var. 1842: 2 Var.

43 (52) Schilling = 1/48 Taler (B)   20.– / 40.–
V. G. G. GR. HERZOG. V. MECKLENBURG. SCHWE: ·
Gekröntes Monogramm aus **F F**
Rs. **. 48 . / EINEN / THALER** / Jahreszahl / Mmz. **F. N. 1848**
Rand glatt
Var. 6 Var.

44 (57) Schilling = 1/48 Taler (B)   8.– / 20.–
V. G. G. GROSSH. V. MECKLENB. SCHW. · Gekröntes Monogramm aus **F F**

Rs. **48 / EINEN / THALER** / Jahreszahl / Mzz. **A 1852, 1853, 1855** (2 818 704), **1858, 1860, 1861, 1862, 1863, 1864, 1866** (2 034 240)
Rand glatt, Var.: **1866** auch mit Kerbrand

45 (62) 5 Pfennige (K)   10.– / 20.–
V. G. G. GROSSHERZOG V. MECKLENB. SCHWERIN ·
Gekröntes Monogramm aus **F F**
Rs. **ZWANZIG EINE MARK SCHEIDE MÜNZE · 5 / PFENNIGE** / Jahreszahl / Mmz. **B 1872** (458 614)
Rand glatt, Var.: auch mit Kerbrand
Stempel von M. Barduleck, Dresden
Probe in Gold

46 (49) 3 Pfennige (B)   30.– / 60.–
Gekröntes Monogramm aus **F F**
Rs. **. III . / PFENNINGE / M. S. L. M.** / Jahreszahl / · **1846** (202 954), **1843** (230 232), **1844** (124 521), **1845** (170 238), **1842** (76 728)
Rand glatt

47 (48) 3 Pfennige (K)   15.– / 30.–
Gekröntes Monogramm aus **F F**
Rs. Zwischen 2 Rosetten **3 / PFENNINGE** / Jahreszahl / Rosette. **1843** (88 772), **1845** (150 942), **1846** (72 997), **1848**
Rand glatt
Var. 1848: 2 Var.

48 (56) 3 Pfennige (K)   8.– / 15.–
Vs. wie Nr. 47
Rs. **3 / PFENNINGE** / Jahreszahl / Mzz. **A 1852, 1853, 1854, 1855** (1 134 720), **1858, 1859, 1860, 1861, 1863, 1864** (1 075 968)
Rand glatt

49 (61) 2 Pfennige (K)   7.– / 14.–

V. G. G. GROSSH. V. MECKLENB. SCHWERIN · Gekröntes Monogramm aus **F F**
Rs. **FÜNFZIG EINE MARK SCHEIDE MÜNZE** · Im Feld:
2 / PFENNIGE / Jahreszahl / Mmz. **B 1872** (1 155 100)
Rand glatt
Stempel von M. Barduleck, Dresden
Probe in Gold

50 (60) Pfennig (K) 7.– / 14.–

Vs. wie Nr. 49
Rs. **HUNDERT EINE MARK SCHEIDE MÜNZE** · Im Feld: **1 / PFENNIG /** Jahreszahl / Mmz. **B 1872** (2 334 600)
Rand glatt
Stempel von M. Barduleck, Dresden

Nach Einführung der Reichswährung

51 (230) 20 Mark (G) 1 400.– / 2 100.–
FRIEDRICH FRANZ V. G. G. GROSSH. V. MECKLENB. SCHW. · Kopf n. r., darunter Mzz.
Rs. **DEUTSCHES REICH** Eichenzweig. Reichsadler (Modell 1871–1889). Unten r. und l. die Wertangabe: **20 M.**, darunter Jahreszahl · **A 1872** (68 925); ca. 200 mit polierter Platte
Rand: GOTT MIT UNS zwischen den Worten je 1 Stern und 2 Ranken
Vs.-Stempel von Medailleur E. Weigand, Berlin

52 (229) 10 Mark (G) 1 700.– / 3 000.–
Vs. wie Nr. 51
Rs. wie 51, aber Wertbezeichnung: **10 M. A 1872** (15 600); 100 mit polierter Platte
Rand: Ranken und Sterne

53 (231) 10 Mark (G) 1 100.– / 1 700.–
Vs. wie Nr. 51
Rs. **DEUTSCHES REICH** Jahreszahl. Reichsadler (Modell 1871–1889). Unten zwischen Sternen die Wertangabe: **10 MARK · A 1878** (50 000)
Rand: Ranken und Sterne
Vs.-Stempel von Hofmedailleur F. W. Kullrich, Berlin

54 (84) 2 Mark (S) 480.– / 1 400.–
FRIEDRICH FRANZ V. G. G. GROSSH. V. MECKLENB. SCHWER. · Kopf n. r., darunter Mzz.
Rs. wie Nr. 53, aber Wertangabe: **ZWEI MARK · A 1876** (300 000)
Rand geriffelt
Vs.-Stempel von Hofmedailleur F. W. Kullrich, Berlin

Gedenkmünzen

55 (59) Taler (S) 150.– / 350.–
Anläßlich des 25jährigen Regierungsjubiläums am 7. März 1867
FRIEDRICH FRANZ V. G. G. GROSSH. V. MECKLENB. SCHW. · Kopf n. r., darunter Mzz.
Rs. **ZUR FEIER 25 JÄHRIGER REGIERUNG AM 7. MÄRZ 1867** · Gekröntes, 7feldiges Wappen, umgeben von 2 gekreuzten Lorbeerzweigen · **A 1867** (10 000)
Rand: EIN THALER ✶ ✶ 30 EIN PFUND FEIN ✶ ✶

Friedrich Franz III. (1883–1897)

* 19.3.1851 als Sohn des Großherzogs Friedrich Franz II. und seiner Gemahlin Auguste von Reuß-Köstritz. ∞ 24.1.1879 Anastasia Großfürstin von Rußland. † 10.4.1897.

56 (232) 10 Mark (G) 700.– / 1 200.–
FRIEDRICH FRANZ III V. G. G. GROSSH. V. MECKLENB. SCHW. · Kopf n. r., darunter Mzz.
DEUTSCHES REICH Jahreszahl. Reichsadler (Modell

MECKLENBURG

1889–1918). Unten zwischen Sternen die Wertangabe: **10 MARK · A 1890** (100000)
Rand: Ranken und Sterne
Vs.-Stempel von Medailleur O. Schultz, Berlin

Friedrich Franz IV. (1897–1918)

* 9.4.1882 als Sohn des Großherzogs Friedrich Franz III. und seiner Gemahlin Anastasia Großfürstin von Rußland. ∞ 7.6.1904 Alexandra Prinzessin von Großbritannien und Irland, Herzogin zu Braunschweig-Lüneburg. 1897–1901 unter Vormundschaft seines Onkels Johann Albrecht. Übernahm nach dem Tode von Großherzog Adolf Friedrich VI. am 24.2.1918 auch in Mecklenburg-Strelitz die Regierung. Verzichtete am 14.11.1918 auf den Thron.

57 (234) 20 Mark (G) 3000.–/4500.–
FRIEDRICH FRANZ IV V. G. G. GROSSH. V. MECKLENB. SCHW. · Kopf n.r., darunter Mzz.
Rs. **DEUTSCHES REICH** Jahreszahl. Reichsadler (Modell 1889–1918). Unten zwischen Sternen die Wertangabe: **20 MARK · A 1901** (5000); 200 mit polierter Platte
Rand: GOTT MIT UNS zwischen den Worten je 1 Stern und 2 Ranken
Vs.-Stempel von Medailleur O. Schultz, Berlin

58 (233) 10 Mark (G) 2000.–/3200.–
Vs. wie Nr. 57
Rs. wie Nr. 57, aber Wertangabe: **10 MARK · A 1901** (10000); 200 mit polierter Platte
Rand: Ranken und Sterne

59 (85) 2 Mark (S) 550.–/900.–
Vs. wie Nr. 57
Rs. wie Nr. 57, aber Wertangabe: **ZWEI MARK · A 1901** (50000); 1000 mit polierter Platte
Rand geriffelt

Gedenkmünzen

60 (87) 5 Mark (S) 240.–/360.–
Auf die Vermählung des Großherzogs am 7. Juni 1904
FRIEDRICH FRANZ – ALEXANDRA GROSSHERZOG U. GROSSHERZOGIN V. MECKLENB. SCHW. · Beider Köpfe n.l., darunter Mzz. und . 7 VI .
Rs. wie Nr. 57, aber Wertangabe: **FÜNF MARK · A 1904** (40000); 2500 mit polierter Platte
Rand: GOTT MIT UNS zwischen den Worten je 1 Kreuz und 2 Ranken
Vs.-Stempel von Medailleur O. Schultz, Berlin

61 (86) 2 Mark (S) 110.–/160.–
Auf die Vermählung des Großherzogs am 7. Juni 1904
Vs. wie Nr. 60
Rs. wie Nr. 57, aber Wertangabe: **ZWEI MARK · A 1904** (100000); 6000 mit polierter Platte
Rand geriffelt

62 (89) 5 Mark (S) 650.–/1000.–
Anläßlich der Jahrhundertfeier des Großherzogtums 1915
FRIEDR · FRANZ · I · 1815 · FRIEDR · FRANZ · IV · 1915 · GROSSHERZÖGE v MECKLENB · SCHW · Beider Brustbilder n.l., darunter **JAHRHUNDERTFEIER** und Mzz.
Rs. **DEUTSCHES REICH** Jahreszahl ✶ **FÜNF MARK** ✶ Vollständiger Reichsadler, aber im Jugendstil. **A 1915** (10000)
Rand: GOTT MIT UNS zwischen den Worten je 1 Kreuz und 2 Ranken

63 (88) 3 Mark (S) 250.–/350.–
Anläßlich der Jahrhundertfeier des Großherzogtums 1915
Vs. wie Nr. 62
Rs. wie Nr. 62, aber Wertangabe: **DREI MARK · A 1915**
(33 334)
Rand: GOTT MIT UNS zwischen den Worten je 1 Kreuz und 2 Ranken

Mecklenburg-Strelitz, Großherzogtum

Größe: 2929,5 qkm
Hauptstadt: Neustrelitz

Der nicht sehr bedeutenden Münzprägung von Mecklenburg-Strelitz lag bis 1848 der 20-Gulden-Fuß zugrunde. Die feine Mark Silber galt 10 Taler oder 20 Gulden.

    1 Taler = 24 Groschen = 48 Schillinge.
    1 Schilling = 4 Witten = 12 Pfennige.

1848 wurde der preußische 14-Taler-Fuß eingeführt, der auch die Grundlage der Dresdener Münzkonvention von 1838 bildete. Seit 1857 erfolgten die Ausprägung im 30-Taler-Fuß und die Einführung des Zollpfundes = 500 g. Wie Mecklenburg-Schwerin ließ auch Mecklenburg-Strelitz 1872 in Dresden 5-, 2- und 1-Pfennig-Stücke gemäß der neuen Reichswährung prägen. Da dieselben aber nicht dem Münzgesetz vom 9.7.1873 entsprachen, wurden sie mit Bekanntmachung vom 22.2.1878 lt. Artikel 18 des Münzgesetzes außer Kurs gesetzt.
Münzstätten, in denen Mecklenburg-Strelitz prägen ließ:

    bis 1847   Schwerin   Mmz. F. N. Franz Nübell
    1855–1913   Berlin   Mzz. A
    1872   Dresden   Mmz. B. Gustav Julius Buschick

Gesetzliche Ausbringung der wichtigsten Sorten vor Einführung der Reichswährung

Nominal	Prägezeit	Metall	Gewicht g	Fein- gewicht g	Fein- gehalt ⁰/₀₀	Katalog-Nr.
Taler	1870	Silber	18,519	16,667	900	71
4 Schillinge	1846–1849	Billon	3,248	1,218	375	64
Schilling	1838–1859	Billon	1,299	0,271	208,33	65, 66
Schilling	1862–1864	Billon	1,301	0,271	208	72

Georg (1816–1860)

* 12.8.1779 als Sohn des späteren Großherzogs Karl II. (seit 28.6.1815) und seiner Gemahlin Friederike Caroline Louise von Hessen-Darmstadt. ∞ 12.8.1817 Marie Wilhelmine Friederike von Hessen-Kassel. † 6.9.1860.

Rs. **12 EINEN THALER LANDES MÜNZE.** Im Feld: **4 / SCHILLINGE** / Jahreszahl · **1846** (165 626), **1847** (170 003), **1849** (134 562)
Rand glatt
Var.: 1845 2 Kupferproben mit STR. und Strelitz; 1846, 1847, 1849: Dickproben in Kupfer vom Rs.-Stempel, Dickprobe in Kupfer vom Vs.-Stempel

64 (115) 4 Schillinge = 1/12 Taler (B) 40.–/80.–
GEORG V. G. G. GROSSHERZOG V. MECKLENB. STR. · Kopf n. r.

65 (114) 1/48 Taler (B) 45.–/90.–
V. G. G. GR. H. V. M. ST. · Gekröntes G

Rs. . **48** . / **EINEN** / **THALER** / Jahreszahl / · **1838** (144957), **1841** (55084), **1845** (97440), **1847** (230502)
Rand glatt
Var. **1838, 1847**: 2 Var.

66 (117) 1/48 Taler (B)   20.–/40.–
V. G. G. GR. H. V. M. ST. · Gekröntes G
Rs. **48** / **EINEN** / **THALER** / Jahreszahl / Mzz. **A 1855** (633882), **1859**
Die Prägezahl für 1859 ist mit in Nr. 72 enthalten.
Rand glatt
Var. **1859**: 2 Var.

67 (113) 3 Pfennige (K)   16.–/35.–
V. G. G. G. R. H. Z. M. ST. · Gekröntes G, darunter Rosette
Rs. Zwischen 2 Kreuzrosetten III / PFENNIGE / Jahreszahl / Rosette und Mmz. **F N 1832** (289728), **1843** (282884), **1845** (193076), **1847**
Rand glatt
Var. **1832**: 5 Var. mit u. ohne Mmz. **1845**: 2 Var. **1847**: 3 Var.

68 (116) 3 Pfennige (K)   10.–/20.–
V. G. G. GR. H. V. M. ST. · Gekröntes G
Rs. Zwischen 2 Rosetten III / PFENNIGE / Jahreszahl / Mzz. **A 1855** (1501248), **1859**
Die Prägezahl für 1859 ist mit in Nr. 74 enthalten.
Rand glatt

69 (112) 1½ Pfennige (K)   60.–/120.–
Gekröntes G
Rs. **1½** / **PFENNIG** / Jahreszahl / · **1838** (39952)
Rand glatt
Dickproben in Kupfer vom Vs.- und Rs.-Stempel

70 (111) Pfennig (K)   60.–/120.–
Gekröntes G
Rs. **.1.** / **PFENNIG** / Jahreszahl / · **1838** (58032)
Rand glatt
Dickproben in Kupfer vom Vs.- und Rs.-Stempel

Friedrich Wilhelm (1860–1904)

* 17.10.1819 als Sohn des Großherzogs Georg und seiner Gemahlin Marie von Hessen-Kassel. ∞ 28.6.1843 Auguste Karoline Königliche Prinzessin von Großbritannien und von Hannover und Irland, Tochter des Herzogs von Cambridge. † 30.5.1904.

71 (120) Taler (S)   150.–/300.–
FRIEDRICH WILH. V. G. G. GROSSH. V. MECKLENB. STRL. · Kopf n. l., darunter Mzz.
Rs. **EIN THALER XXX EIN PF. F.** · Gekröntes, 7feldiges Wappen, umgeben vom Knieband des Hosenbandordens mit Wahlspruch **HONI SOIT QUI MAL Y PENSE** Unten Jahreszahl **A 1870** (50000)
Rand: GOTT SCHIRME MECKLENBURG
Probeabschläge in Bronze vom Vs.-Stempel

72 (119) 1/48 Taler (B)   20.–/40.–
V. G. G. GR. H. V. M. ST. · Gekröntes Monogramm aus **F W**
Rs. **48** / **EINEN** / **THALER** / Jahreszahl / Mzz. **A 1862, 1864**
1862 und 1864 sowie 1859 (Kat.-Nr. 66) wurden 720000 Stück geprägt.
Rand glatt

73 (123) 5 Pfennige (K)   10.–/20.–
V. G. G. GROSSHERZOG V. MECKLENB. STRELITZ · Gekröntes Monogramm aus **F W**
Rs. **ZWANZIG EINE MARK   SCHEIDE MÜNZE**. Im Feld: **5** / **PFENNIGE** / Jahreszahl / Mmz. **B 1872** (118200)
Rand glatt
Stempel von M. Barduleck, Dresden
Dickprobe in Silber und Kupferabschlag vom Vs.-Stempel

74 (118) 3 Pfennige (K)   12.–/22.–
V. G. G. GR. H. V. M. ST. · Gekröntes Monogramm aus **F W**

Rs. Zwischen 2 Rosetten **III / PFENNINGE** / Jahreszahl / Mzz. **A 1862, 1864**
1862 und 1864 sowie 1859 (Katalog-Nr. 68) wurden 579 840 Stück geprägt.
Rand glatt

75 (122) 2 Pfennige (K)   30.–/60.–
V. G. G. GROSSH. V. MECKLENB. STRELITZ · Gekröntes Monogramm aus **F W**
Rs. **FÜNFZIG EINE MARK SCHEIDE MÜNZE.** Im Feld: **2 / PFENNIGE** / Jahreszahl / Mmz. **B 1872 (203 100)**
Rand glatt
Stempel von M. Barduleck, Dresden
Dickprobe in Silber und Kupferabschlag vom Vs.-Stempel

76 (121) Pfennig (K)   15.–/30.–
Vs. wie Nr. 75
Rs. **HUNDERT EINE MARK SCHEIDE MÜNZE.** Im Feld: **1 / PFENNIG** / Jahreszahl / Mmz. **B 1872 (625 650)**
Rand glatt
Stempel von M. Barduleck, Dresden
Proben in Gold und Dickproben in Silber sowie Kupferabschlag Vs.-Stempel

Nach Einführung der Reichswährung

77 (236) 20 Mark (G)   5 500.–/8 000.–
FRIEDRICH WILH. V. G. G. GROSSH. V. MECKLENB. STREL. · Kopf n.l., darunter Mzz.
Rs. **DEUTSCHES REICH** Eichenzweig. Reichsadler (Modell 1871–1889). Unten r. und l. die Wertangabe: **20 M.**, darunter Jahreszahl **A 1873 (6750)**
Rand: GOTT MIT UNS zwischen den Worten je 1 Stern und 2 Ranken
Vs.-Stempel von Hofmedailleur F. W. Kullrich, Berlin

78 (238) 20 Mark (G)   4 500.–/7 500.–
Vs. wie Nr. 77
Rs. **DEUTSCHES REICH** Jahreszahl. Reichsadler (Modell 1871–1889). Unten zwischen Sternen die Wertangabe: **20 MARK · A 1874 (6000)**
Rand: GOTT MIT UNS zwischen den Worten je 1 Stern und 2 Ranken

79 (235) 10 Mark (G)   8 500.–/14 000.–
Vs. wie Nr. 77
Rs. wie Nr. 77, aber Wertbezeichnung: **10 M. A 1873 (1500)**
Rand: Ranken und Sterne

80 (237) 10 Mark (G)   4 000.–/8 000.–
Vs. wie Nr. 77
Rs. wie Nr. 78, aber Wertbezeichnung: **10 MARK · A 1874 (3000), 1880 (4000)**
Rand: Ranken und Sterne

81 (90) 2 Mark (S)   750.–/2 800.–
Vs. wie Nr. 77
Rs. wie Nr. 78, aber Wertbezeichnung: **ZWEI MARK · A 1877 (100 000)**
Rand geriffelt

Adolf Friedrich V. (1904–1914)

* 22.7.1848 als Sohn des Großherzogs Friedrich Wilhelm und seiner Gemahlin Auguste Karoline Königlicher Prinzessin von Großbritannien und von Hannover und Irland. ∞ 17.4.1877 Elisabeth von Anhalt. † 11.6.1914.

82 (240) 20 Mark (G)   6 500.–/8 500.–
ADOLF FRIEDRICH GROSSH. V. MECKLENBURG STREL. · Kopf n.l., darunter Mzz.
Rs. **DEUTSCHES REICH** Jahreszahl · Reichsadler (Modell

MECKLENBURG

1889–1918). Unten zwischen Sternen die Wertangabe: **20 MARK · A 1905** (1000); 160 mit polierter Platte
Rand: GOTT MIT UNS zwischen den Worten je 1 Stern und 2 Ranken
Vs.-Stempel von Medailleur O. Schultz, Berlin

83 (239) 10 Mark (G)   4500.–/6500.–
Vs. wie Nr. 82
Rs. wie Nr. 82, aber Wertangabe: **10 MARK · A 1905** (1000); 150 mit polierter Platte
Rand: Ranken und Sterne

84 (92) 3 Mark (S)   1200.–/1800.–
ADOLF FRIEDRICH V GROSSHERZOG V. MECKLENBURG STRELITZ · Kopf n.l., darunter Mzz.
Rs. wie Nr. 82, aber Wertangabe: **DREI MARK · A 1913** (7000)
Rand: GOTT MIT UNS zwischen den Worten je 1 Kreuz und 2 Ranken
Vs.-Stempel von Medailleur R. Kullrich, Berlin

85 (91) 2 Mark (S)   750.–/1200.–
Vs. wie Nr. 82
Rs. wie Nr. 82, aber Wertangabe: **ZWEI MARK A 1905** (10000); 2500 mit polierter Platte
Rand geriffelt

Stadt Rostock

Wappen: Greif oder: Geteilt, oben Greif, unten (silbern-rot) geteilt

Im Großherzogtum Mecklenburg-Schwerin gelegen.
Die Münzmeister seit 1815:

Adam Schiller	1815–1842	Mmz. A. S.
Benjamin Steinhorst	1842–1862	Mmz. B. S.
Heinrich Kehr	1862–1864	Mmz. H. K.

Die Rostocker Münze wurde am 14.6.1864 geschlossen.

86 (93) 3 Pfennige (K)   30.–/60.–
ROSTOCKER MÜNZE · Greif n.l. auf Bodenstück schreitend
Rs. Zwischen 2 Rosetten **3 / PFENNING** / Jahreszahl. / Mmz. **A S 1815, 1824**
Rand glatt
Var. **1815:** 3 Var., auch Rosette unter Mmz. **1824:** 4 Var.

87 (93) 3 Pfennige (K)   30.–/60.–
ROSTOCKER MÜNZE · Greif n.l. auf Bodenstück schreitend
Rs. Zwischen 2 Rosetten **3 / PFENNINGE.** / Jahreszahl / Mmz. **B S 1843** (192000)
Rand glatt
Var. 3 Var.

88 (94) 3 Pfennige (K)   10.–/30.–
ROSTOCKER MÜNZE · Quergeteilter Rostocker Wappenschild
Rs. **3 / PFENNIGE** / Jahreszahl / Mmz. **B S 1855**
Rand glatt
Var. 2 Var. mit Punkt nach Jahreszahl und Punkten nach den Buchstaben des Mmz.

89 (95) 3 Pfennige (K)   30.–/60.–
ROSTOCKER MÜNZE · Greif n.l. auf Postament schreitend
Rs. Zwischen 2 Rosetten **3 / PFENNIGE** / Jahreszahl / Mmz. **B S 1859**
Rand glatt
Var. 2 Var.

90 (96) 3 Pfennige (K)   15.–/30.–
ROSTOCKER MÜNZE · Greif n.l. über Arabesken schreitend

Rs. ✲ **3** ✲ **/ PFENNINGE /** Jahreszahl / Mmz. **H K 1862, 1864**
Rand glatt
Var. je 2 Var.

91 (91) Pfennig (K) 8.– / 20.–
ROSTOCKER MÜNZE. Greif n. l. auf Bodenstück schreitend
Rs. Zwischen 2 Rosetten **1 / PFENNING /** Jahreszahl / Mmz.
A S 1815, 1824
Rand glatt
Var. 1815: 4 Var. 1824: 8 Var.

92 (92) Pfennig (K) 30.– / 60.–
Greif n. l. auf geradem Bodenstück schreitend
Rs. Zwischen 2 Rosetten **1 / PFENIG /** Jahreszahl / Mmz.
B S 1848
Rand glatt

Stadt Wismar

Wappen: Gespaltener Schild mit halbem gekrönten Stierkopf und 3 maliger Querteilung.

Im Großherzogtum Mecklenburg-Schwerin gelegen; wurde am 26. 6. 1803 durch den Vertrag von Malmö vom schwedischen König Gustaf IV. Adolf für 1 250 000 Taler Hamb. Banco auf 100 Jahre pfandweise an Mecklenburg-Schwerin abgetreten. 1903 verzichtete Schweden auf den Besitz von Wismar.

Die Münzmeister seit 1824:

F. Lautersack	1824	Mmz. F. L.
(1796–1802 Münzmeister in Rostock)		
Johann Joachim Zeller	1824–1825	Mmz. I. Z.
Joachim Heinrich Meese	1829–1830	Mmz. H. M.
Carl Johann Joachim Mau	1835	Mmz. I. C. M.
Friedrich Schmidt	1840	Mmz. F. S.
Heinrich Schroeder	1845, 1854	Mmz. S.

Die Münze zu Wismar wurde 1854 geschlossen.

93 (97, 98) 3 Pfennige (K) 25.– / 50.–
MONETA NOVA WISMARIENSIS Rosette · Stadtwappen mit einer überzähligen Querteilung
Rs. Im Kreis, umgeben von Arabesken: **III / PFENING /** Jahreszahl / Mmz. **F L 1824, I Z 1824, 1825, H M 1829, 1830, I C M 1835, F S 1840, S 1845**
Rand glatt
Var. 1824 I Z: 2 Var., auch Abschlag in Silber. **1825:** 2 Var. **1829:** 3 Var., auch klippenförmiger Abschlag in Silber. **1830:** 3 Var., auch Abschlag in Silber. **1835:** 4 Var., auch Abschlag in Silber. **1845:** auch Abschlag auf Messing-Jeton

94 (99) 3 Pfennige (K) 40.– / 80.–
MONETA NOVA WISMARIENSIS. · Stadtwappen unter gekröntem Wappenhelm
Rs. **3 / PFENNINGE /** Jahreszahl / Mmz. **S 1854**
Rand glatt
10 Goldabschläge im Auftrag von Bürgermeister Böst anläßlich der Schließung der Münze zu Wismar; auch Abschläge in Silber

Nassau, Herzogtum

Größe: 4708 qkm
Einwohner: 465 636 (1865)
Hauptstadt: Wiesbaden

Wappen (1803):
1. Nassauisches Stammwappen
2. Kurtrier
3. Kurpfalz
4. Gft. Sayn
5. Kurköln
6. Gft. Königstein/Taunus
7. Gft. Diez
8. Gft. Weilnau
9. Gft. Katzenelnbogen
10. Burggft. Hammerstein
11. H. Mahlberg
12. H. Merenberg
13. H. Limburg/Lahn
14. H. Eppstein/Taunus
15. Gft. Wittgenstein
16. H. Homburg bei Gummersbach
17. H. Freusburg/Sieg

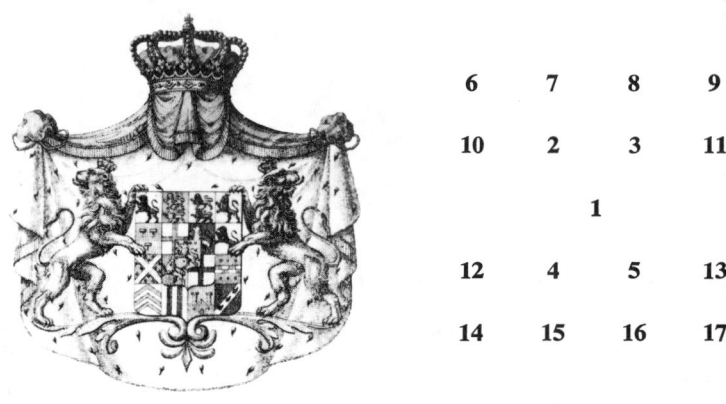

6	7	8	9
10	2	3	11
	1		
12	4	5	13
14	15	16	17

1806 vereinigten die beiden aus dem weitverzweigten Hause Nassau noch bestehenden Linien Nassau-Usingen unter dem Herzog Friedrich August und Nassau-Weilburg unter dem Fürsten Friedrich Wilhelm ihre Lande zu einem unteilbaren Herzogtum Nassau, das von ihnen gemeinsam verwaltet wurde. 1816 mit dem Tode des ohne thronfähige Nachkommen verstorbenen Herzogs Friedrich August erbte die Nassau-Weilburger Linie auch dessen Besitzungen; der Titel Herzog zu Nassau wurde am 24.3.1816 angenommen.
1828 Mitglied des »Mitteldeutschen Handelsvereins«, 1836 Mitglied des Deutschen Zollvereins. Im Kriege 1866 auf seiten Österreichs, daher Annektierung durch Preußen durch Akt vom 6.10.1866. Der entthronte Herzog Adolph konnte 1890 die Erbfolge im Großherzogtum Luxemburg nach dem Tode König Wilhelms III. der Niederlande antreten, da Artikel 71 der Wiener Kongreßakte die Nachfolge der Walramschen Linie dort festgelegt hatte. Prägungen bis 1815 erfolgten nach dem Konventionsfuß von 1753 (20-Gulden-Fuß). Ab 1817 auch Kronentalerprägung. Beitritt zum Münchener, Dresdener und Wiener Münzvertrag von 1837/38 und 1857.

Münzstätten:
  Darmstadt: ab September 1808–1809
  Ehrenbreitstein b. Koblenz: 1809–1815
  Frankfurt: 1822
  Limburg/Lahn: 1815–1828
  Wiesbaden: 1830–1866

Medailleure:
  L = Johann Lindenschmit, tätig bis 1819. * 1771 in Camberg, † 6. 6. 1845 in Mainz
  ZOLLMANN, ZOLLMANN.F; P.Z. oder Z = Johann Philipp Zollmann, tätig 1818–1845
  C.ZOLLMANN., ZOLLMANN, C.ZOLLMANN oder Z = Christian Zollmann, Sohn des Vorigen, tätig 1845 bis 1860
  KORN oder F.KORN. = Ferdinand Korn, tätig 1859–1866. * um 1825 in Mainz
  Springendes Pferdchen = Friedrich Ludy (?)

Münzmeister: C.T. = Christian Teichmann 1808–1852

Gesetzliche Ausbringung der wichtigsten Sorten

Nominal	Prägezeit	Metall	Gewicht g	Fein-gewicht g	Fein-gehalt °/₀₀	Katalog-Nr.
Dukat	1809–1818	Gold	3,49	3,442	986,11	1, 38
Doppeltaler	1840–1854	Silber	37,12	33,408	900	58, 59, 60
Doppeltaler	1860	Silber	37,037	33,333	900	61
Kronentaler	1816–1837	Silber	29,527	25,734	871,53	40, 41, 42, 57, 39
Speciestaler	1809–1815	Silber	28,063	23,386	833,33	22–25, 29–34
Doppelgulden	1846–1847	Silber	21,211	19,09	900	62
Vereinstaler	1859–1864	Silber	18,519	16,667	900	63, 64, 77
1/2 Speciestaler	1809	Silber	14,032	11,692	833,33	26, 35
Gulden	1838–1856	Silber	10,606	9,545	900	43, 65, 66
1/2 Gulden	1838–1856	Silber	5,303	4,773	900	44, 67, 68
1/2 Gulden	1860	Silber	5,291	4,762	900	68
20 Kreuzer	1809–1810	Silber	6,682	3,898	583,33	2–5, 27, 36
10 Kreuzer	1809	Silber	3,898	1,949	500	6, 7, 28, 37
5 Kreuzer	1808–1809	Billon	2,227	0,974	437,5	8, 9
6 Kreuzer	1824–1837	Billon	2,227	0,835	375	46, 47
6 Kreuzer	1838–1855	Billon	2,598	0,866	333,33	47, 69
3 Kreuzer	1824–1837	Billon	1,386	0,39	281,25	49, 50
3 Kreuzer	1839–1855	Billon	1,299	0,433	333,33	70
Kreuzer	1824–1835	Billon	0,532	0,122	229,17	52, 54

LITERATUR:

Julius Isenbeck, Das Nassauische Münzwesen, Annalen für nassauische Altertumskunde und Geschichtsforschung, Wiesbaden 1890
Kurt Jaeger, Die neueren Münzprägungen der deutschen Staaten vor Einführung der Reichswährung 1806–1871, Band 7, 2. Auflage, Basel 1969

Friedrich August und Friedrich Wilhelm
Gemeinschaftsprägungen des Herzogs Friedrich August und des Fürsten Friedrich Wilhelm seit 1808.

1 (64) Dukat (G)   1500.–/3200.–
HERZOGTHUM NASSAU um gekrönten, mit Girlande behangenen, spatenblattförmigen Stammwappenschild
Rs. 1 / DUCAT. / Jahreszahl auf verzierter, quadratischer Tafel. **1809** (3 543)
Kerbrand

2 (10) 20 Kreuzer (S)   1000.–/2000.–
HERZ. NASSAUISCHE CONVENTIONS MÜNZ. um gekrönten, spatenblattförmigen Stammwappenschild, darunter **20**
Rs. 60 / EINE FEINE MARK. / Jahreszahl zwischen zwei gebundenen Eichenzweigen. **1809**

3 (10 b) 20 Kreuzer (S)   350.–/600.–
Vs. wie Nr. 2, doch statt CONVENTIONS nur **CONVENT**.
Rs. wie Nr. 2, doch Medailleursignatur **L · 1809**

4 (11) 20 Kreuzer (S)   800.–/1200.–
Vs. wie Nr. 2
Rs. wie Nr. 3, doch statt Medailleursignatur **L** n.l. springendes Pferd und ohne Schleife. **1809**

5 (12) 20 Kreuzer (S)   700.–/1400.–
HERZ: NASS: CONV: MÜNZ um gekrönten Stammwappenschild wie Nr. 2, darunter **20**
Rs. **60** zwischen zwei Rosetten, darunter bogig **EINE FEINE / MARK /** Jahreszahl zwischen zwei Rosetten / Pferd n. l. springend, das Ganze zwischen zwei gebundenen Eichenzweigen. **1809**
Var.: Spiegelverkehrtes L statt Pferd   **1500.–**

6 (9 a) 10 Kreuzer (S)   1000.–/2000.–
HERZ. NASSAUISCHE CONVENTIONS MÜNZ um gekrönten Stammwappenschild wie Nr. 2, darunter **10**
Rs. **120 / EINE FEINE / MARK. /** Jahreszahl, das Ganze zwischen zwei gebundenen Eichenzweigen, darunter L · **1809**
Kerbrand

7 (9 b) 10 Kreuzer (S)   1000.–/2000.–
HERZ. NASSAU. CONVENT. MÜNZ, sonst wie Nr. 6
Rs. wie Nr. 6, doch ohne L. **1809**
Kerbrand

8 (8 a, b) 5 Kreuzer (B)   400.–/800.–
HERZ. NASSAU. CONVENT. MÜNZ. um gekrönten Stammwappenschild wie Nr. 2, darunter **(5)**
Rs. **240 / EINE FEINE / MARK. /** Jahreszahl, das Ganze zwischen zwei gebundenen Eichenzweigen, darunter L · **1808, 1809** (NASSAU ohne Punkt)
Kerbrand
Var: **1808**: auch mit Vs.: NASSAU sowie MUNZ und Rs.: MARK

9 (8 c) 5 Kreuzer (B)   700.–/1400.–
Vs. wie Nr. 8, doch jetzt **HERZOGL. NASS.** etc.
Rs. wie Nr. 8. **1808** (mit Nr. 8 zusammen 4000)
Kerbrand

10 (13 a) 3 Kreuzer = Groschen (B)   200.–/400.–
HERZ. NASS. SCHEIDE M. um gekrönten Stammwappenschild wie Nr. 2
Rs. **III / KREUZER /** Jahreszahl. **1809** (10000)
Var.: Vs. SCH. M., Rs. KREUZER.

11 (13 b) 3 Kreuzer = Groschen (B)   60.–/120.–
HERZ. NASSAU . SCHEIDE M., ähnlich wie Nr. 10
Rs. ähnlich wie Nr. 10, doch Jahreszahl mit Punkt. **1810** (750000), **1813**   300.–/550.–
Rand glatt
Var.: Vs. HERZ. NASSAU. SCHEID MÜNZ, Rs. Jahreszahl ohne Punkt; HERZ. NASS. SCHEIDE M.; HERZ. NASSAU. SCH. M. Rs.: KREUZER. und Jahreszahl ohne Punkt

12 (13 c) 3 Kreuzer = Groschen (B)   60.–/120.–
Vs. ähnlich wie Nr. 11
Rs. ähnlich wie Nr. 10, doch Jahreszahl ohne Punkt. **1811** (269760)
Rand glatt
Var.: Vs. HERZ. NASSAU. SCHEID MÜNZ. sowie SCHEID MÜNZ und SCHEID MUNZ, auch mit Vs. wie Nr. 14

13 (13 d) 3 Kreuzer = Groschen (B)   90.–/170.–
Vs. ähnlich wie Nr. 11
Rs. ähnlich wie Nr. 10. **1812** (480000)
Rand glatt
Var.: SCHEID. M. und SCHEIDE. M.

14 (13 e) 3 Kreuzer = Groschen (B)   50.–/100.–
Vs. ähnlich wie Nr. 11, doch **SCHEIDE. M.**
Rs. ähnlich wie Nr. 10, Jahreszahl mit und ohne Punkt. **1813** (506240)
Rand glatt
Var.: SCHEID MÜNZ

15 (13 f – h) 3 Kreuzer = Groschen (B)   65.–/130.–
Vs. ähnlich wie Nr. 11, doch **SCHEIDE. M.**
Rs. ähnlich wie Nr. 10, Jahreszahl mit und ohne Punkt. **1814** (843750), **1815** (675000), **1816** (91000)
Rand glatt
Var.: **1814**: Vs. SCHEID MÜNZ, Rs. Jahreszahl ohne Punkt; **1815** und **1816**: Jahreszahl nur ohne Punkt

    120.–/240.–
16 (4) Kreuzer (K) größere Abmessung 22–24 mm
HERZOGL. NASS. SCHEIDE MUNZ um gekrönten Wappenschild
Rs. **1 / KREU= / =ZER. /** Jahreszahl, das Ganze in gebundenem Eichenkranz, darunter L · **1808** (798510 zusammen mit Nr. 17 für 1808)
Kerbrand und Laubrand

Var.: Vs. MÜNZ.; MUNZ. und MÜNZ; ferner Varianten: Vs. HERZOG: NASS:SCHEIDE MÜNZ und MUNZ; HERZ. NASSAU SCHEIDE . MÜNZ . sowie SCHEIDE MÜNZ. und MUNZ; HERZ. NASSAUISCHE SCHEIDE MÜNZ sowie MUNZ oder MÜNZ. auch SCHEID MÜNZ und SCHEID MUNZ;
Rs. auch I / KREU= / =ZER, sowie auch ohne L
Abschlag in Silber   1 300.–

                                                100.– / 200.–
17 (3) Dickkreuzer (K) kleinere Abmessung 19 mm
HERZOGL. NASS. SCHEIDE MÜNZ, sonst wie Nr. 16
Rs. **1 / KREU= / = ZER** / Jahreszahl, sonst wie Nr. 16. **1808, 1809**
Rand glatt und Kerbrand
Var.: **1808**: Vs. MUNZ, Rs. auch KREU= / =ZER. und auch ohne L
Abschlag in Silber   1 300.–

                                                 50.– / 100.–
18 (5, 7) Kreuzer (K) größere Abmessung 22–24 mm
HERZ: NASSAUISCHE SCHEIDE MUNZ, MÜNZ. oder MÜNZ, sonst wie Nr. 17
Rs. ähnlich wie Nr. 17. **1809, 1810, 1813** (130 990)
Rand glatt, Fischgrätenrand oder Kerbrand
Var. **1809**: Vs. HERZ. sowie SCHEID MUNZ.; MÜNZ oder MUNZ; HERZOGL. NASS. SCHEIDE. MUNZ oder SCHEIDE MUNZ sowie HERZ. NASSAU. oder NASSAU SCHEIDE MÜNZ., MÜNZ oder MUNZ; Rs. I und 1 als Zahlzeichen sowie KREU= / = ZER mit und ohne Punkt, Rosette oder mit und ohne L; **1810**: Vs. HERZ. NASSAU-ISCHE SCHEIDE MÜNZ oder MÜNZ., MUNZ oder MÜNZ.; **1813**: nur Vs. HERZ. NASSAUISCHE SCHEIDE MÜNZ, Rs. KREU= / =ZER mit und ohne Punkt

19 (2) 1/2 Kreuzer (K)   50.– / 100.–
HERZ. NASSAUISCHE SCHEID MÜNZ um gekrönten Stammwappenschild wie Nr. 2
Rs. **1/2 / KREUZER** / Jahreszahl, das Ganze in gebundenem Eichenkranz, darunter L · **1813** (444 500)
Rand glatt
Var.: Vs. HERZ ohne Punkt sowie auch MUNZ; Rs. auch ohne L und nach Größe der Jahreszahl

20 (1) 1/4 Kreuzer (K)   50.– / 100.–
HERZOGL: NASS. SCHEIDE MÜNZ um gekrönten Stammwappenschild wie Nr. 2
Rs. **1/4 / KREU= / =ZER** / Jahreszahl, das Ganze in gebundenem Eichenkranz, darunter L · **1808**
Rand glatt
Var.: Vs. HERZOGL. sowie SCHEIDE. MUNZ. und MUNZ; Rs. KREU= /=ZER.

21 (1) 1/4 Kreuzer (K)   20.– / 40.–
HERZ. NASSAUISCHE SCHEIDE MUNZ, sonst wie Nr. 20
Rs. wie Nr. 20, doch auch ohne L. **1808** (448 756) zusammen mit Nr. 20), **1809, 1810, 1811, 1812** (1 470 465), **1813** (279 830), **1814** (278 242)
Var.: **1808**: Vs. SCHEID MUNZ; SCHEID. MUNZ; SCHEID MUNZ.; **1809**: Vs. MÜNZ., MUNZ und MUNZ: sowie SCHEID MUNZ und MUNZ **1810**: Vs. MUNZ., MUNZ und MÜNZ., daneben SCHEIDE MUNZ, MUNZ. oder MÜNZ., MUNZ, ferner NASSAISCHE SCHEIDE MÜNZ., MUNZ., außerdem NASSAU. SCHEID MUNZ; **1811**: Vs. SCHEID MUNZ, MUNZ; NASSAU. SCHEIDE. MÜNZ; NASSAU.SCHEIDE MUNZ; NASSAU SCHEIDE MUNZ; NASS. SCHEIDE MUNZ; NASS. SCHEIDE MUNZ; NASS. SCHEIDE. M., NASS. SCH. M. **1812**: Vs. SCHEIDE MÜNZ; SCHEID MÜNZ, MUNZ sowie SCHEIDE M.; **1813**: MÜNZ sowie SCHEID MUNZ und MUNZ; **1814**: SCHEID MÜNZ und MUNZ sowie NASSAU. SCHEIDE M.; bei allen Jahrgängen Rs. auch KREU= / =ZER.

Friedrich August (1803–1816), Herzog

* 23.4.1738 als Sohn des Fürsten Karl und dessen Gemahlin Christiane Wilhelmine von Sachsen-Eisenach. ∞ 23.4.1775 Luise Prinzessin von Waldeck. Folgte 1803 seinem Bruder in der Regierung des Fürstentums Nassau-Usingen; Annahme des Herzogtitels am 30.8.1806 aufgrund der Rheinbundakte. † 24.3.1816.

22 (17, 17 x, 17 F)   3 000.– / 5 500.–

NASSAU

FRIEDRICH AUGUST HERZOG ZU NASSAU. um Kopf
n.r., am Halsabschnitt L, Perlkreis
Rs. **ZEHN EINE FEINE MARK.** um gekrönten Stammwappenschild wie Nr. 2, zwischen gebundenem Lorbeer- und Eichenzweig, darunter Jahreszahl. **1809**
Randschrift erhaben: UT SIT SUO PONDERE TUTUS, dazwischen Blattwerk
Var.: am Anfang der Randschrift: springendes Pferdchen, ferner MARCK statt MARK.

23 (18 a) Konventionstaler (S)   4000.– / 8000.–
Vs. wie Nr. 22
Rs. wie Nr. 22, doch statt Eichenzweig jetzt Palmzeig und **MARK** ohne Punkt. **1809**
Randschrift wie Nr. 22
Var.: vertiefte Randschrift im Feld   15 000.–

24 (18 b – e) Konventionstaler (S)   700.– / 1 200.–
Vs. wie Nr. 22
Rs. wie Nr. 22. **1809, 1810, 1811, 1812**
Laubrand

25 (19) Konventionstaler (S)   650.– / 1 200.–
Vs. wie Nr. 23
Rs. wie Nr. 23, doch Jahreszahl zwischen Mmz. **C. T.** · **1810, 1811, 1812, 1813** (42273), **1815**
Randschrift wie Nr. 22, aber vertieft
1813: o. Mzz.   3 500.– / 7 000.–

26 (16) 1/2 Konventionstaler (S)   1 600.– / 3 000.–

Vs. wie Nr. 22
Rs. **ZWANZIG EINE FEINE MARK.** um gekrönten Stammwappenschild wie Nr. 2, zwischen gekreuztem Lorbeer- und Palmzweig, darunter Jahreszahl. **1809**
Blattrand
Var.: in Kopfgestaltung: gedrungen sowie länger

27 (15) 20 Kreuzer (S)   1 700.– / 3 000.–
Vs. wie Nr. 22
Rs. **60 STUCK EINE FEINE MARK.** um gekrönten Stammwappenschild wie Nr. 2, zwischen Jahreszahl, darunter **(20)** · **1809**
Blattrand

28 (14) 10 Kreuzer (S)   2 000.– / 4 000.–
Vs. wie Nr. 22
Rs. **120 EINE FEINE MARK.** um gekrönten Stammwappenschild wie Nr. 2, zwischen Jahreszahl, darunter **(10)** · **1809**
Kettenrand

Friedrich Wilhelm (1788–1816), Fürst

* 25.10.1768 als Sohn des Fürsten Karl Christian und dessen Gemahlin Karoline von Nassau-Diez-Oranien. ∞ 31.7.1788 Luise, Tochter des Burggrafen Wilhelm Georg von Kirchberg. Folgte seinem Vater am 28.11.1788, selbständig 1789. † am 9.1.1816 durch Sturz von einer Treppe im Weilburger Schloß.

29 (23) Konventionstaler (S)   3 500.– / 7 500.–
FRIEDRICH WILHELM FÜRST ZU NASSAU. um Kopf
n.r., darunter **L**
Rs. **ZEHN EINE FEINE MARK.** um gekrönten Stammwappenschild wie Nr. 2, zwischen gebundenem Lorbeer- und Eichenzweig, darunter Jahreszahl. **1809**
Randschrift erhaben: UT SIT SUO PONDERE TUTUS, dazwischen Blattwerk
Var.: L am Halsabschnitt, ferner Punkt nach Jahreszahl

30 (24) Konventionstaler (S)   3 500.– / 7 500.–
Vs. wie Nr. 29, **L** am Halsabschnitt
Rs. wie Nr. 29, doch statt Eichen-, Palmzweig. **1809**
Randschrift wie Nr. 29

31 (25) Konventionstaler (S)   3500.– /7500.–
Vs. wie Nr. 30
Rs. wie Nr. 29. **1809, 1810**
Laubrand

32 (26) Konventionstaler (S)   800.– /1600.–
Vs. wie Nr. 29
Rs. wie Nr. 30, doch Jahreszahl zwischen Mmz. **C. T. · 1810, 1811, 1812**
Randschrift wie Nr. 29, aber vertieft
Var.: **1810**: L am Halsabschnitt; **1811**: kleinerer Kopf, nur L am Halsabschnitt; **1812**: NASSAU und L am Halsabschnitt

33 (27) Konventionstaler (S)   1000.– /2600.–
Vs. wie Nr. 30
Rs. wie Nr. 32. **1812**
Laubrand
Var.: 1815, vertiefte Randschrift über Laubrand. Bis jetzt wahrscheinlich nur 2 Exemplare bekannt.   ss 60 000.–

34 (28) Konventionstaler (S)   1000.– /2400.–
Vs. ähnlich wie Nr. 29 (älteres Porträt)
Rs. wie Nr. 32, doch Mmz. .C. Jahreszahl .T. **1813, 1815**
Randschrift wie Nr. 29, aber vertieft

35 (22) 1/2 Konventionstaler (S)   1800.– /4500.–
Vs. ähnlich wie Nr. 29
Rs. **ZWANZIG EINE FEINE MARK** um gekrönten Stammwappenschild wie Nr. 2, zwischen gebundenem Lorbeer- und Palmzweig, darunter Jahreszahl. **1809**
Var.: Kopfgestaltung: schmal, fein bzw. breit, groß
Laubrand

36 (21) 20 Kreuzer (S)   1000.– /1800.–
Vs. wie Nr. 35
Rs. **60 STUCK EINE FEINE MARK.** um gekrönten Stammwappenschild wie Nr. 2, zwischen Jahreszahl, darunter **(20) · 1809, 1810**
Laubrand (1809) Kerbrand (1810)
Var.: **1810**: STÜCK

37 (20) 10 Kreuzer (S)   1000.– /1800.–
Vs. wie Nr. 35, doch L am Halsabschnitt
Rs. **120 EINE FEINE MARK.** um gekrönten Stammwappenschild wie Nr. 2, zwischen Jahreszahl, darunter **(10) · 1809**
Kettenrand

Wilhelm (1816–1839), Herzog

* 14.6.1792 als Sohn des Fürsten Friedrich Wilhelm und dessen Gemahlin Luise. ∞ 24.6.1813 in 1. Ehe Louise Prinzessin von Sachsen-Hildburghausen; 23.4.1829 in 2. Ehe Pauline Prinzessin von Württemberg. † 20.8.1839.

38 (65) Dukat (G)   3500.– /6000.–
WILHELM I. HERZOG ZU NASSAU um Kopf n.r.
Rs. Stammwappenschild wie Nr. 2, auf gekröntem Hermelinmantel, darunter Jahreszahl zwischen Mmz. **C. T. · 1818 (501)**
Kerbrand

39 (29) Kronentaler (S)   LP
WILHELM HERZOG ZU NASSAU um Kopf n.r., darunter **L**
Rs. **KRONEN THALER** um Stammwappenschild wie Nr. 2, auf gekröntem Hermelinmantel, darunter Jahreszahl zwischen Mmz. **C. T. · 1816**
Randschrift wie Nr. 29, aber vertieft

40 (32) Kronentaler (S)   2000.– /3200.–

NASSAU

HERZOGTHUM NASSAU um Stammwappenschild wie Nr. 2, auf gekröntem Wappenmantel, darunter Jahreszahl
Rs. **EIN / KRONEN / THALER** /Mmz. **C. T.**; das Ganze zwischen zwei gebundenen Lorbeerzweigen, darunter **L · 1817** (12 700)
Randschrift wie Nr. 29, aber vertieft
Var.: Jahreszahl groß und klein sowie mit Mmz. C. T, doch ohne L

41 (36) Kronentaler (S) 1600.–/3 200.–

WILHELM HERZOG ZU NASSAU. um Kopf n. r. mit reihenweise geordnetem Haar, am Halsabschnitt **P. Z.**
Rs. **KRONEN THALER** über Stammwappenschild wie Nr. 2, auf gekröntem Hermelinmantel, darunter Jahreszahl zwischen Mmz. **C. T. · 1818** (4500), **1825** (2000)
Randschrift wie Nr. 29, aber vertieft
Var.: 1818: Vs. NASSAU ohne Punkt, Haar ungeordnet

42 (41) Kronentaler (S) 600.–/1 000.–

WILHELM HERZOG ZU NASSAU um Kopf n. r., am Halsabschnitt vertieft **ZOLLMANN. F**, Perlkreis
Rs. **KRONEN THALER** über gekröntem, von zwei gekrönten Löwen gehaltenen Stammwappenschild auf schmalem Postament, darunter Jahreszahl, Perlkreis. **1831, 1832** (567), **1833, 1836, 1837** (26 830)
Randschrift: ✱ ZUR ✱ ✱ SICHERUNG ✱ ✱ ✱ DES ✱ GEWICHTS ✱

43 (44) Gulden (S) 160.–/350.–

WILHELM HERZOG ZU NASSAU um Kopf (älteres Porträt) n. r., am Halsabschnitt **Z**, Perlkreis
Rs. **1 / GULDEN /** Jahreszahl zwischen zwei gebundenen Eichenzweigen, Perlkreis. **1838** (189 749), **1839** (108 109)
Rand: vertiefte Vierecke

44 (43) 1/2 Gulden (S) 120.–/250.–
Vs. wie Nr. 43
Rs. **1/2 / GULDEN /** Jahreszahl, sonst wie Nr. 43. **1838** (108 400), **1839** (108 400)
Rand: vertiefte Vierecke

45 (31) 6 Kreuzer (B) 120.–/250.–
HERZ. NASSAUISCHE SCHEIDMÜNZ um gekrönten Stammwappenschild
Rs. **6 / KREUZER /** Jahreszahl. zwischen zwei gebundenen Lorbeerzweigen. **1817** (108 720), **1818** (262 500), **1819** (378 000)
Rand glatt und schräg gekerbt

46 (35) 6 Kreuzer (B) 50.–/100.–
HERZ. NASSAU SCHEIDE MUNZ um gekrönten Stammwappenschild
Rs. **6 / KREUZER /** Jahreszahl in Lorbeerkranz. **1822** (306 420), **1823** (306 420), **1824** (83 400), **1825** (176 200), **1826** (314 020), **1827** (302 100), **1828** (302 700)
Rand glatt
Var.: **1824:** Vs. HERZ: NASSAU: SCHEIDE MÜNZ, Rs. Z; **1825:** Vs. HERZ. NASS: SCHEIDE MÜNZ; **1826:** Vs. HERZ. NASSAU. SCHEID MÜNZ, HERZ. NASSAU SCHEID MÜNZ oder HERZ. NASS. etc., Rs. Z; **1827** und **1828:** Vs. stets HERZ. NASSAU. SCHEID MÜNZ, Rs. Z
Var.: 400.–

47 (40, 47) 6 Kreuzer (B) 25.–/60.–
HERZOGTHUM NASSAU um gekrönten Stammwappenschild, Perlkreis

Rs. **6 / KREUZER /** Jahreszahl zwischen zwei gebundenen Lorbeerzweigen (1838 und 1839 Eichenzweige wie Nr. 69), Perlkreis. **1831** (1 100 100), **1832** (377 400), **1833** (641 000), **1834** (565 000), **1835** (831 800), **1836** (452 200), **1837** (314 400), **1838** (201 050), **1839** (109 440)
Rand geriffelt

48 (13 i – l) 3 Kreuzer (B) **40.– / 90.–**
HERZ. NASSAU. SCHEIDE. M. um gekrönten Stammwappenschild wie Nr. 2
Rs. **III / KREUZER /** Jahreszahl. **1817** (259 360), **1818** (675 000), **1819** (927 720)
Rand glatt
Var.: **1819**: Vs. HERZ. NASSAU SCHEIDE. M. und HERZ. NASSAU SCHEID MÜNZ

49 (34) 3 Kreuzer (B) **40.– / 90.–**
HERZ: NASS: SCHEID MUNZ um gekrönten Stammwappenschild wie Nr. 2
Rs. **III / KREUZER /** Jahreszahl **1822** (671 070), **1823** (671 070), **1824**, **1825** (192 000), **1826** (351 500), **1827** (308 100), **1828** (307 900)
Rand glatt
Var.: **1825**: Vs. HERZ. NASS. SCHEID MÜNZ **1826**, **1827** und **1828**: Vs. HERZ. NASS. SCHEIDMUNZ
1822: SCH: MUNZ: fvz. **625.–**

50 (39) 3 Kreuzer (B) **40.– / 80.–**
HERZOGTHUM NASSAU um gekrönten Stammwappenschild wie Nr. 2
Rs. **3 / KREUZER /** Jahreszahl. **1831** (508 700), **1832** (387 800), **1833** (41 800), **1834** (292 400), **1836** (339 500)
Kerbrand

51 (5) Kreuzer (K) 22–24 mm **50.– / 100.–**
HERZ. NASSAUISCHE SCHEIDE MÜNZ um gekrönten Stammwappenschild wie Nr. 2
Rs. **1 / KREU= / = ZER. /** Jahreszahl zwischen zwei gebundenen Eichenzweigen, darunter L · **1817** (203 460), **1818** (84 000)
Var. **1817**: KREU= / ZER und auch ohne L · **1818**: SCHEID MÜNZ und SCHEID MUNZ.

52 (30) Kreuzer (B) **50.– / 100.–**
H. N. L. M. um gekrönten Stammwappenschild wie Nr. 2
Rs. **I / KREUZER /** Jahreszahl **1817** (79 200), **1818**, **1823** (544 500). **1824** (564 000), **1828**
Var.: **1823**: H. N. L M, H · N L · M bzw. II. N. L. M.; **1824**: H. N L. M

53 (37 a – e) Kreuzer (K) **18.– / 35.–**
HERZOGTHUM NASSAU um gekrönten Stammwappenschild wie Nr. 2, Perlkreis
Rs. **EIN / KREUZER /** Jahreszahl zwischen zwei gebundenen Eichenzweigen, Perlkreis. **1830** (265 300), **1832** (517 200), **1834** (326 000), **1836** (199 600), **1838** (268 800)
Ringprägung
Rand glatt

54 (38) Kreuzer (B) **30.– / 60.–**
HERZOGTHUM NASSAU um gekrönten Stammwappenschild
Rs. **I / KREUZER /** Jahreszahl zwischen zwei gebundenen Lorbeerzweigen, Perlkreis. **1832** (144 000), **1833** (1 036 600), **1835** (407 500)
Kerbrand

55 (1) 1/4 Kreuzer (K) **20.– / 40.–**
HERZ. NASSAUISCHE SCHEID MÜNZ um gekrönten Stammwappenschild wie Nr. 2
Rs. **1/4 / KREU= / = ZER. /** Jahreszahl mit Punkt zwischen zwei gebundenen Eichenzweigen, darunter L · **1817** (432 900), **1818** (894 480), **1819** (493 392 zusammen mit Nr. 56)
Rand glatt
Var.: **1817**: Vs. KREU= / = ZER / Jahreszahl ohne Punkt und auch ohne L, ferner Vs. HERZ. NASSAU. SCHEIDE. M., Rs. KREU = / = ZER und Jahreszahl mit und ohne Punkt sowie mit und ohne L, ebenso Vs. HERZ: NASS: SCH: MÜNZ, Rs. wie oben; **1818**: Vs. HERZ. NASSAUISCHE SCHEID MUNZ sowie HERZ. NASSAU. SCHEIDE. M., Rs. auch KREU = / = ZER und Jahreszahl stets ohne Punkt; **1819**: Vs. HERZ: NASS: SCH: MÜNZ, Rs. auch KREU = / = ZER und Jahreszahl stets ohne Punkt

NASSAU 208

56 (33) 1/4 Kreuzer (K)   15.– / 30.–
Vs. wie Nr. 55
Rs. wie Nr. 55, doch Jahreszahl ohne Punkt und Mzz. Z · **1819** (493 392 zusammen mit Nr. 55), **1822** (4 210 000)
Rand glatt
Var.: **1819**: Vs. HERZ: NASS: SCH: MÜNZ und MUNZ, Rs. auch KREU= / =ZER; **1822**: Rs. stets KREU= / = ZER, ferner Vs. HERZ. NASSAU. SCHEIDE. M. und HERZ: NASS: SCH: MÜNZ und MUNZ sowie HERZ. usw., Rs. auch KREU / ZER

Gedenkmünze

57 (42) Kronentaler (S)   2 400.– / 3 500.–
Auf den Münzbesuch 1831
Vs. wie Nr. 42
Rs. **BESUCHT / ZUM ERSTENMAL / DIE VON / IHM / ERBAUTE MÜNZSTÄTTE / ZU / WIESBADEN / DEN 28 DEC: 1831.**, Perlkreis
Randschrift wie Nr. 42

Adolph (1839–1866), Herzog

* 24. 7. 1817 als Sohn des Herzogs Wilhelm und seiner Gemahlin Louise Prinzessin von Sachsen - Hildburghausen. ∞ 31. 1. 1844 in 1. Ehe Elisabeth Großfürstin von Rußland, 23. 4. 1851 in 2. Ehe Adelheid Prinzessin von Anhalt - Dessau. Depossediert in Nassau seit 20. 9. 1866. † 17. 11. 1905 als Großherzog von Luxemburg.

58 (51) Doppeltaler (S)   1 000.– / 2 400.–
ADOLPH HERZOG ZU NASSAU um Kopf n. r., am Halsabschnitt erhaben ZOLLMANN., Perlkreis
Rs. **3½ / GULDEN / 2 / THALER /** Jahreszahl innerhalb zweier Eichenzweige, darüber **VEREINSMÜNZE**, darunter **VII EINE F. MARK**, Perlkreis. **1840** (55 787)
Randschrift: CONVENTION VOM ∗ 30 IULY ∗ 1838 ∗

59 (52) Doppeltaler (S)   900.– / 1 800.–
Vs. wie Nr. 58
Rs. ✱ 3½ GULDEN VII EINE F. MARK 2 THALER ✱ über gekröntem, 17feldigen Wappenschild auf gekröntem Wappenzelt, darunter **VEREINS MÜNZE**, Jahreszahl, Perlkreis. **1844** (21 000 zusammen mit Nr. 60), **1847** (Probe)
Randschrift: wie Nr. 58

60 (53) Doppeltaler (S)   900.– / 1 800.–
Vs. wie Nr. 58, doch ohne ZOLLMANN.
Rs. wie Nr. 59. **1844** (21 000 zusammen mit Nr. 59), **1854** (etwa 72 007)
Randschrift: wie Nr. 58

Rs. **EIN VEREINSTHALER ✻ XXX EIN PFUND FEIN**
Jahreszahl um gekrönten Stammwappenschild, gehalten von 2 gekrönten Löwen auf Postament, darunter Arabeske und Jahreszahl, Perlkreis. **1859** (49 780), **1860** (30 030)
Randschrift wie Nr. 61 (1859 auch in Raute gestellte Punkte statt Rosette)
Var.: **1860**: doppeltes Ohr

61 (61) Doppeltaler (S)   600.– / 1 200.–
ADOLPH HERZOG ZU NASSAU um Kopf n.l., am Halsabschnitt **C. ZOLLMANN.**, Perlkreis
Rs. **ZWEI VEREINSTHALER XV EIN PFUND FEIN /** Jahreszahl um gekrönten, 17 feldigen Wappenschild auf gekröntem Wappenzelt, Perlkreis. **1860**
Randschrift: MÜNZVERTRAG VOM 24 JANUAR 1857 ✻
Var.: Rs. Umschrift dicht am bzw. entfernt vom Perlkreis

64 (62) Vereinstaler (S)   180.– / 450.–
Vs. ähnlich wie Nr. 63, doch am Halsabschnitt **F. KORN**
Rs. ähnlich wie Nr. 63. **1863** (145 170)
Randschrift wie Nr. 61

62 (50) Doppelgulden (S)   300.– / 750.–
ADOLPH HERZOG ZU NASSAU um Kopf n.r., am Halsabschnitt **C. ZOLLMANN.**, Perlkreis
Rs. **ZWEY GULDEN** über gekröntem Stammwappenschild, von 2 gekrönten Löwen gehalten, auf Postament, darunter Arabeske und Jahreszahl, Perlkreis. **1846** (176 628), **1847** (88 281)
Rand: Vertiefte Vierecke

65 (49) Gulden (S)   100.– / 200.–
ADOLPH HERZOG ZU NASSAU um Kopf n.r., im Halsabschnitt vertieft **Z**, Perlkreis
Rs. **1 / GULDEN /** Jahreszahl im Eichenkranz, Perlkreis. **1840** (116 514), **1841** (123 900), **1842** (19 617), **1843** (235 841), **1844** (93 366), **1845** (138 249), **1846** (47 646), **1847** (231 381), **1855** (188 074 zusammen mit Nr. 66)
Rand: Vertiefte Vierecke

63 (60) Vereinstaler (S)   180.– / 450.–
ADOLPH HERZOG ZU NASSAU um Kopf n.l., am Halsabschnitt **Z**, Perlkreis

66 (56) Gulden (S)   100.– / 200.–
Legende wie Nr. 65 um Kopf n.l., im Halsabschnitt erhaben **Z**, Perlkreis
Rs. wie Nr. 65. **1855** (188 074 zusammen mit Nr. 65), **1856** (40 301) (200.– / 400.–)
Rand: Vertiefte Vierecke

67 (48) 1/2 Gulden (S) 120.–/220.–
Vs. wie Nr. 65, doch ohne Z
Rs. **1/2 / GULDEN /** Jahreszahl, das Ganze im Eichenkranz, Perlkreis. **1840** (94 674), **1841** (124 924), **1842** (31 074), **1843** (104 036), **1844** (116 966), **1845** (72 424)
Rand: Vertiefte Vierecke

68 (54, 55) 1/2 Gulden (S) 120.–/250.–
Vs. wie Nr. 66
Rs. wie Nr. 66. **1856** (312 698), **1860** (104 090)
Rand: Vertiefte Vierecke
Var.: **1860:** auch Kerbrand

69 (47) 6 Kreuzer (B) 40.–/80.–
HERZOGTHUM NASSAU um gekrönten Stammwappenschild, Perlkreis
Rs. **6 / KREUZER /** Jahreszahl zwischen zwei gebundenen Eichenzweigen, Perlkreis. **1840** (94 140), **1841** (320 750), **1844** (73 280), **1846**, **1847**, **1848** (198 100), **1855** (190 280)
Rand wie Nr. 65

70 (46) 3 Kreuzer (B) 25.–/50.–
HERZOGTHUM NASSAU um gekrönten Stammwappenschild, Perlkreis
Rs. **3 / KREUZER /** Jahreszahl, das Ganze zwischen zwei gebundenen Eichenzweigen, Perlkreis. **1839** (Probe), **1841**, **1842** (112 002), **1844** (56 350), **1845**, **1846**, **1847** (210 040), **1848** (540 760), **1853** (91 230), **1855** (178 550)
Var.: ab **1847** Zweige breiter und Jahreszahl größer
1839: Probe Kerbrand 150.–/300.–

71 (37 f – l) Kreuzer (K) 10.–/20.–

Vs. wie Nr. 53
Rs. wie Nr. 53. **1842** (479 800), **1844** (188 100 mit Variante NASSAU), **1848** (248 500), **1854** (273 600), **1855**, **1856** (356 500) Ringprägung
Rand glatt

72 (58) Kreuzer (K) 6.–/15.–
HERZOGTHUM NASSAU über und **SCHEIDEMÜNZE** unter gekröntem Stammwappenschild, gehalten von 2 gekrönten Löwen auf Postament, darunter Arabeske, Perlkreis
Rs. **1 / KREUZER /** Jahreszahl, das Ganze zwischen zwei gebundenen Eichenzweigen, Perlkreis. **1859** (835 500), **1860** (609 650), **1861** (556 450), **1862** (609 990), **1863** (575 860)
Rand glatt

73 (59) Kreuzer (B) 22.–/45.–
HERZOGTHUM NASSAU über und **SCHEIDEMÜNZE** unter gekröntem Stammwappenschild, Perlkreis
Rs. **1 / KREUZER /** Jahreszahl, das Ganze zwischen zwei gebundenen Eichenzweigen, Perlkreis. **1861** (663 510)
Rand glatt

74 (45) Heller (K) 60.–/120.–
HERZOGTHUM NASSAU um gekrönten Stammwappenschild, Perlkreis
Rs. **1 / HELLER /** Jahreszahl, Perlkreis. **1842** (181 900)
Kerbrand, auch Rand glatt

75 (57) Pfennig (K) 15.–/30.–
NASSAU über und **SCHEIDE- / MÜNZE** unter gekröntem Stammwappenschild von zwei Löwen auf Postament gehalten, Perlkreis
Rs. **1 / PFENNIG /** Jahreszahl, das Ganze zwischen zwei gebundenen Eichenzweigen, Perlkreis. **1859** (220 000), **1860** (580 000), **1862** (490 000)
Rand glatt, Var.: **1860** auch mit Kerbrand

Gedenkmünzen

76 (IV) Taler (S)   **LP**

Auf den Münzbesuch 1861
ADOLPH HERZOG ZU NASSAU um Kopf n.l., am Halsabschnitt **F. KORN**, Perlkreis
Rs. **DEM / EDLEN FÜRSTEN / GEWIDMET / BEI / BESUCH / SEINER MÜNZE**, Perlkreis. **1861** (3)
Rand glatt
»Nach E. Rudolph, Zusammenstellung der Taler im XIV – sowie im XXX-Talerfuße in der Zeit von 1823–1871 sowie der nach dieser Zeit erschienenen Gedenktaler, Dresden 1904, wurden mit den Originalstempeln weitere 25 Exemplare in Silber, 2 Exemplare in Kupfer und 2 Exemplare in Zinn nachgeprägt.«

77 (63) Taler (S)   150.– / 350.–

Zum 25. Regierungsjubiläum
ADOLPH HERZOG ZU NASSAU um Kopf im Lorbeerkranz n.l., am Halsabschnitt **F. KORN**, Perlkreis
Rs. **ZUR FEIER 25 JÄHRIGER SEGENSREICHER REGIERUNG** ✻ um zwei gebundene Eichenzweige, innerhalb deren **DEN / 21 AUGUST / 1864**, Perlkreis. **1864** (6162)
Randschrift: ✳ EIN GEDENKTHALER ✳ ✳ XXX EIN PFUND FEIN ✳

Oldenburg, Großherzogtum

Größe: 6424 qkm einschließlich der Fürstentümer Lübeck (Eutin) und Birkenfeld
Einwohner: 276 291 (1843)
Hauptstadt: Oldenburg

Wappen (1829):
1. Oldenburg
2. Delmenhorst
3. Lübeck
4. Birkenfeld
5. Jever
6. Erbe zu Norwegen
7. Schleswig
8. Holstein
9. Stormarn
10. Dithmarschen
11. Knyphausen

1773 waren die gräflich oldenburgischen Lande dem regierenden Herzog von Holstein-Gottorp, dem nachmaligen Kaiser Paul I. von Rußland, zugesprochen worden. Dieser übergab sie jedoch seinem Vetter Friedrich August, Fürstbischof von Lübeck. 1777 wurden die Lande zum Herzogtum erhoben, ferner 1803 durch Reichsdeputationshauptschluß die Umwandlung Lübecks aus einem geistlichen in ein weltliches Fürstentum vollzogen und die Ämter Wildeshausen sowie Vechta und Cloppenburg dem Lande zugeschlagen. 1808 Beitritt zum Rheinbund, von 1810 bis 1813 ein Teil des französischen Kaiserreiches. 1815 nach Wiederinbesitznahme trat der Herzog dem Deutschen Bunde bei und erhielt durch Beschluß des Wiener Kongresses nebst dem neugebildeten Fürstentum Birkenfeld auch das Recht, den Titel Großherzog zu führen, wovon aber erst 1829 Gebrauch gemacht wurde. 1818 gelangte die bis dahin noch im russischen Besitz befindliche Herrschaft Jever an Oldenburg. 1849 zufolge der Revolution wurde dem Lande eine demokratische, 1852 revidierte Verfassung gegeben. 1854 erfolgte der Beitritt zum Deutschen Zollverein, im gleichen Jahre kaufte das Herrscherhaus die Herrschaften Knyphausen und Varel. Am 18.8.1866 Mitglied des Norddeutschen Bundes. Die Erbfolgeregelung von 1903/04 sah vor, daß anstelle des russischen Zaren der Herzog Friedrich Ferdinand von Schleswig-Holstein-Sonderburg-Glücksburg in die Erbfolge eintreten sollte. Am 11.11.1918 mußte das Herrscherhaus abdanken, das Land wurde Freistaat mit einer am 17.6.1919 gebilligten Verfassung. 1937 trat Oldenburg die abgelegenen »Landesteile« Lübeck (Gebiet um Eutin) und Birkenfeld an Preußen ab. Heute ist Oldenburg zum Land Niedersachsen gehörig.

Die Münzprägung erfolgte im Reichs- und auch Konventionsfuß von 1753, wobei der Taler in 72 Grote zu je 5 Schwaren geteilt wird. Für Birkenfeld, das nach Gulden zu 60 Kreuzern rechnete, trat das Land der Dresdener Münzkonvention von 1838 bei unter Übernahme des 14-Taler-Fußes. Für das Stammland wurde erst ab 1.10.1846 der preußische 14-Taler-Fuß verbindlich. 1858 führte Oldenburg die Prägung nach den Bestimmungen des Wiener Vertrages ein und übernahm die Einteilung des Talers in 30 Groschen zu je 12 Pfennigen. Die Parität zum Gold wurde von Zeit zu Zeit den Erfordernissen entsprechend festgelegt.

Münzstätten:
Berlin, Mzz. A: 1815–1818, 1891, 1900, 1901
Bremen: 1845/46 (Schwaren)
Hannover, Mmz. bzw. Mzz. B: 1835–1869, 1874
Oldenburg: 1830–1845 (bzw. 1846)
Wiesbaden: 1840 (Doppeltaler, nach Merzdorf in Darmstadt geprägt, für Birkenfeld)

Medailleure:
- BREHMER. F. = Heinrich Fr. Brehmer, * in Hannover am 25.11.1815, † in Hannover am 2.2.1889
- ZOLLMANN. = Johann Philipp Zollmann, tätig in Wiesbaden bis 1845

Gesetzliche Ausbringung der wichtigsten Sorten vor Einführung der Reichswährung

Nominal	Prägezeit	Metall	Gewicht g	Feingewicht g	Feingehalt ⁰/₀₀	Katalog-Nr.
Doppeltaler	1840	Silber	37,120	33,408	900	8
Vereinstaler	1846	Silber	22,272	16,704	750	9
Vereinstaler	1858–1866	Silber	18,519	16,667	900	25
1/3 Taler	1816–1818	Silber	7,795	4,872	625	1
12 Grote	1816–1818	Silber	4,862	2,431	500	2
1/6 Taler	1846	Silber	5,345	2,784	520,83	10
6 Grote	1816–1818	Billon	3,579	1,216	340,28	3
2 1/2 Groschen	1858	Billon	3,221	1,208	375	26
4 Grote	1816–1818	Billon	2,386	0,810	340,28	4, 11
3 Grote	1840, 1856	Billon	1,949	0,608	312,5	12, 27
Groschen	1858–1869	Billon	2,196	0,483	220	28, 29
2 Grote	1815	Billon	1,392	0,405	291,67	5
1/2 Groschen	1858–1869	Billon	1,098	0,242	220	30
Grote	1817	Billon	0,974	0,203	208,33	6
Grote	1836–1850	Billon	0,928	0,203	218,75	13, 14, 31
Für Birkenfeld						
2 1/2 Silbergroschen	1848	Billon	3,248	1,218	375	20
2 1/2 Silbergroschen	1858	Billon	3,221	1,208	375	36
Silbergroschen	1848	Billon	2,192	0,487	222,22	21
Silbergroschen	1858	Billon	2,196	0,483	220	37
1/2 Silbergroschen	1858	Billon	1,098	0,242	220	38

LITERATUR:
Kurt Jaeger und Jens-Uwe Rixen, Die Münzprägungen der deutschen Staaten vor Einführung der Reichswährung, Band 6: Nordwestdeutschland, Basel 1971
J.F.L.Th. Merzdorf, Oldenburgs Münzen und Medaillen, Oldenburg 1860

Peter Friedrich Wilhelm (1785–1823)

* 3.1.1754 als Sohn des Grafen Friedrich August von Oldenburg (Fürstbischof von Lübeck) und seiner Gemahlin Friederike von Hessen-Kassel. † 2.7.1823 in Plön/Holstein. Wegen seiner Regierungsunfähigkeit wird er durch seinen Vetter Peter Friedrich Ludwig (Fürstbischof von Lübeck) vertreten; dieser * 17.1.1755 als Sohn des Herzogs Georg Ludwig von Holstein-Gottorp und dessen Gemahlin Sofie von Holstein-Beck. ∞ 26.6.1781 Friederike von Württemberg. In diese Zeit fällt der Erwerb des Fürstentums Birkenfeld am 16.4.1817 und der Erbherrschaft Jever am 18.4.1818. Peter Friedrich Ludwig folgt unter dem Titel »Herzog von Oldenburg« am 2.7.1823. † 21.5.1829.

1 (34) Dritteltaler (S)   500.–/1000.–

Gekrönter, siebenfeldiger, spatenblattförmiger Wappenschild mit Lübecker Mittelschild auf gekröntem Hermelinmantel
Rs. **OLDENB. COUR. MÜNZE** über 3 / EINEN / THALER / Jahreszahl. **1816, 1818**
Perlrand
Var.: **1816**: Auch Abschläge in Gold

2 (33) 12 Grote = 1/6 Taler (S)   280.–/500.–
Vs. ähnlich wie Nr. 1, doch statt Hermelinmantel Girlande
Rs. ✱ **12** ✱ / GROTE / OLD·COUR·MÜNZE / Jahreszahl. **1816, 1818**
Perlrand
Var.: **1816**: Auch Abschläge in Gold

OLDENBURG 214

3 (32) 6 Grote = 1/12 Taler (B) 90.–/180.–
Wappenschild wie Nr. 2
Rs. ✱ 6 ✱ / GROTE / OLD. COUR. MÜNZE / Jahreszahl.
1816, 1818
Rand glatt
Var.: **1816**: Auch Abschläge in Gold

Paul Friedrich August (1829–1853)

* 13.7.1783 als Sohn des Herzogs Peter Friedrich Ludwig und seiner Gemahlin Friederike von Württemberg. ∞ 24.7.1817 in 1. Ehe Adelheid von Anhalt-Bernburg-Schaumburg-Hoym, 24.6.1825 in 2. Ehe deren Schwester Ida von Anhalt-Bernburg-Schaumburg-Hoym. Nimmt am 28.5.1829 den Titel »Großherzog« an. † 27.2.1853.

4 (31) 4 Grote = 1/18 Taler (B) 80.–/160.–
N. D. C. F. um gekrönten, mit Girlande behängten, von Oldenburg und Delmenhorst gespaltenen Wappenschild (kleines Staatswappen)
Rs. ✱ 4 ✱ / GROTE / O. L. M. / Jahreszahl. **1816, 1818**
Rand glatt
Var.: **1816**: Auch Abschläge in Gold, jedoch auf der Rs. ohne Sterne neben der 4

5 (30) 2 Grote = 1/36 Taler (B) 50.–/100.–
N. D. C. F. um Wappenschild wie Nr. 4
Rs. . 2 . / GROTE / O. L. M. / Jahreszahl. **1815**
Rand glatt
Var.: Auch Abschläge in Gold

8 (56) Vereinsdoppeltaler (S) für Birkenfeld 3000.–/6000.–
PAUL FRIEDRICH AUGUST GROSHERZOG VON OLDENBURG um Kopf n.l., darunter ZOLLMANN.
Rs. VEREINS MÜNZE über und VII EINE F. MARK unter zwei gebundenen Eichenzweigen, dazwischen 3½ / GULDEN / 2 / THALER / Jahreszahl **1840** (19 300)
Randschrift: CONVENTION VOM ✱ 30 IULY ✱ 1838 ✱

6 (29) 1 Grote (B) 70.–/140.–
Vs. wie Nr. 5
Rs. . I . / GROTE / O. L. M. / Jahreszahl. **1817**
Rand glatt

9 (43) Vereinstaler (S) 300.–/1250.–
PAUL FRIEDR. AUGUST GR: H. V. OLDENBURG um Kopf n.l., darunter **B**
Rs. EIN THALER XIV EINE F. M. um sechsfeldigen, gekrönten Wappenschild mit gekröntem, fünffeldigem Mittelschild, das Ganze zwischen Lorbeer- und Eichenzweig, darunter Jahreszahl **1846**
Randschrift: EIN GOTT EIN RECHT EINE WAHRHEIT (dazwischen Verzierungen und Sterne)

7 (28 a, b) 1/2 Grote (K) 40.–/80.–
Nur Wappenschild wie Nr. 5
Rs. 1/2 / GROTE / O. L. M. / Jahreszahl. **1802, 1816**
Rand glatt
Var.: **1816**: Auch Abschläge in Silber

10 (42) 1/6 Taler (S) 200.–/350.–

Vs. wie Nr. 9
Rs. LXXXIV EINE FEINE MARK ✳ um 6 / EINEN / THALER / Jahreszahl 1846
Randschrift: EIN GOTT ✳ EIN RECHT ✳ EINE WAHRHEIT ✳

11 (38) 4 Grote = 1/18 Taler (B) 70.–/150.–
GHZ. OLDENB. SCHEIDE-M. um gekrönten, von Oldenburg und Delmenhorst gespaltenen Wappenschild
Rs. **18 EINEN THALER.** über **4 / GROTE** / Jahreszahl. / – / S · **1840**
Rand glatt

12 (37) 3 Grote = 1/24 Taler (B) 70.–/150.–
Vs. wie Nr. 11
Rs. ähnlich wie Nr. 11, doch **24** statt **18** und **3** statt **4** · **1840**
Rand glatt

13 (36) Grote (B) 40.–/80.–
Vs. ähnlich wie Nr. 11, nur **SCHEIDE M.**
Rs. **1 / GROTE** / Jahreszahl / B · **1836** (360 720)
Rand glatt

14 (45) Grote (B) 40.–/80.–
Vs. wie Nr. 11
Rs. **72 EINEN THALER** über **1 / GROTE** / Jahreszahl / B · **1849, 1850**
Rand glatt

15 (28 c, 35) 1/2 Grote (K) 25.–/50.–

Gekrönter, mit Girlande behängter, von Oldenburg und Delmenhorst gespaltener Wappenschild
Rs. **1/2 / GROTE / O. L. M. /** Jahreszahl **1831** (71 568), **1835** (75 024), **1840** (122 256)
Rand glatt
Var.: **1840**: ohne Girlande auf Vs.

16 (41) 1/2 Grote (K) 18.–/35.–
HERZOGTHUM OLDENBURG um Wappen wie Nr. 15
Rs. **1/2 / GROTE /** Jahreszahl in Perlkreis. **1846** (87 552)
Rand glatt

17 (40) 1/4 Grote (K) 35.–/70.–
PFA verschlungen unter Krone
Rs. **1/4 / GROTE /** Jahreszahl in Perlkreis. **1846** (89 856)
Rand glatt

18 (39) Schwaren (K) 30.–/60.–
Vs. wie Nr. 17
Rs. **1 / SCHWAREN /** Jahreszahl in Perlkreis. **1846** (125 640)
Rand glatt

19 (44) Schwaren (K) 30.–/60.–
Vs. wie Nr. 17
Rs. **1 / SCHWAREN /** Jahreszahl / Mmz. **B** in Perlkreis. **1852**
Rand glatt

Prägungen für Birkenfeld

20 (61) 2½ Silbergroschen = 1/12 Taler (B) 150.–/300.–

OLDENBURG 216

GR HZL. OLDENB. FÜRSTTH. BIRKENFELD um gekrönten, spatenblattförmigen, geschachten Wappenschild, Perlkreis
Rs. **2½** / **SILBER** / **GROSCHEN** / Jahreszahl zwischen **12 EINEN THALER** oben und **SCHEIDE MÜNZE** unten, Perlkreis. **1848** (22 776 ?)
Rand glatt

Nicolaus Friedrich Peter (1853–1900)

* 8.7.1827 als Sohn des Großherzogs Paul Friedrich August und seiner Gemahlin Ida Prinzessin von Anhalt-Bernburg-Schaumburg-Hoym. ∞ 10.2.1852 Elisabeth Prinzessin von Sachsen-Altenburg. † 13.6.1900.

21 (60) Silbergroschen (B)   100.– /200.–
Vs. wie Nr. 20, nur **FURSTTH.**, Perlkreis
Rs. **1** / **SILBER** / **GROSCHEN** / Jahreszahl zwischen **30 EINEN THALER** oben und **SCHEIDE MÜNZE** unten, Perlkreis. **1848** (63 000 ?)
Rand glatt

25 (55) Taler (S)   200.– /450.–
NICOLAUS FRIEDR. PETER GR. H. V. OLDENBURG um Kopf n. l., am Halsabschnitt **BREHMER. F.**, darunter **B**
Rs. **EIN VEREINSTHALER XXX EIN PFUND FEIN** um Wappenschild wie auf Nr. 9 zwischen gekreuztem Lorbeer- und Eichenzweig, darunter Jahreszahl. **1858, 1860, 1866**
Randschrift wie Nr. 9, doch statt Sterne **::**

22 (59) 3 Pfennig (K)   60.– /120.–
GR. HZL. OLDENB. über und **FÜRSTTM. BIRKENFELD** unter **PFA** verschlungen unter Krone, Perlkreis
Rs. **SCHEIDE MÜNZE** über **3** / **PFENNIGE** / Jahreszahl / –
Perlkreis. **1848** (120 600)
Rand glatt

26 (54) 2½ Silbergroschen = 1/12 Taler (B)   30.– /70.–
GROSSHERZOGTH. OLDENBURG um gekrönten, fünffeldigen Wappenschild (mittleres Staatswappen)
Rs. **12 EINEN THALER** und **SCHEIDEMÜNZE** unter **2½** / **GROSCHEN** / Jahreszahl / **B**, Perlkreis. **1858**
Rand glatt

23 (58) 2 Pfennig (K)   40.– /80.–
PFA gekrönt, daneben **OLDENBURG BIRKENFELD**
Rs. wie Nr. 22, nur **2** statt **3** · **1848** (115 200)
Rand glatt

27 (46) 3 Grote = 1/24 Taler (B)   65.– /130.–
GHZ. OLDENB. SCHEIDE M. um gekrönten, zweifeldigen Wappenschild
Rs. **24 EINEN THALER** über **3** / **GROTE** / Jahreszahl / **B 1856**
Rand glatt

24 (57) Pfennig (K)   60.– /120.–
Vs. wie Nr. 23
Rs. **SCHEIDE MÜNZE** über **1** / **PFENNIG** / Jahreszahl **1848** (158 400)
Rand glatt

28 (52) Silbergroschen (B)   25.– /50.–
Vs. wie Nr. 27
Rs. **30 EINEN THALER** über **1** / **GROSCHEN** / Jahreszahl / **B**, Perlkreis. **1858**
Rand glatt

29 (53) Silbergroschen (B)   20.– / 40.–
G.H. OLDENB. SCHEIDE M. um gekrönten, fünffeldigen Wappenschild
Rs. wie Nr. 28. **1858, 1864, 1865, 1866, 1869**
Rand glatt, Var.: **1866** auch mit Kerbrand

34 (47) Schwaren (K)   25.– / 50.–
Vs. wie Nr. 33
Rs. **1 / SCHWAREN / Jahreszahl / B · 1854, 1856**
Rand glatt

30 (51) 1/2 Groschen (B)   15.– / 35.–
Vs. wie Nr. 27
Rs. **60 EINEN THALER** über **1/2 / GROSCHEN / Jahreszahl / B · 1858, 1864, 1865, 1866, 1869**
Rand glatt, Var.: **1866** auch mit Kerbrand

35 (49) Schwaren (K)   10.– / 25.–
Vs. wie Nr. 32
Rs. wie Nr. 34, doch unten **SCHEIDEMÜNZE · 1858, 1859, 1860, 1862, 1864, 1865, 1866, 1869**
Rand glatt, Var.: **1858** und **1869** auch mit Kerbrand

31 (45) Grote (B)   25.– / 50.–
Vs. wie Nr. 27
Rs. **72 EINEN THALER** über **1 / GROTE / Jahreszahl / B · 1853, 1856, 1857**
Rand glatt

Prägungen für Birkenfeld

36 (67) 2½ Silbergroschen (B)   200.– / 400.–
G. H. OLDENB. F. BIRKENF. um gekrönten, fünffeldigen Wappenschild
Rs. **12 EINEN THALER** über und **SCHEIDEMÜNZE** unter **2½ / SILBER / GROSCHEN / Jahreszahl / B · 1858** (36 000)
Rand glatt

32 (50) 3 Schwaren (K)   25.– / 45.–
HRZGTH. OLDENB. um **NFP** verschlungen unter Krone, Perlkreis
Rs. **3 / SCHWAREN / Jahreszahl / B**, darunter **SCHEIDE-MÜNZE**, Perlkreis. **1858, 1859, 1860, 1862, 1864, 1865, 1866, 1869**
Rand glatt, Var.: **1858** und **1859** auch mit Kerbrand

37 (66) Silbergroschen (B)   200.– / 400.–
Vs. wie Nr. 36
Rs. **30 EINEN THALER** über und **SCHEIDEMÜNZE** unter **1 / SILBER / GROSCHEN / Jahreszahl / B · 1858** (60 000)
Rand glatt

33 (48) 1/2 Grote (K)   20.– / 40.–
NFP verschlungen unter Krone
Rs. **1/2 / GROTE / Jahreszahl / B**, Perlkreis. **1853, 1856**
Rand glatt

38 (65) 1/2 Silbergroschen (B)   180.– / 350.–
Vs. wie Nr. 36
Rs. **60 EINEN THALER** über und **SCHEIDEMÜNZE** unter **1/2 / SILBER / GROSCHEN / Jahreszahl / B · 1858** (60 000)
Rand glatt

OLDENBURG

39 (64) 3 Pfennige (K)   70.– / 150.–
G.H.OLDENB. F. BIRKENF. um **NFP** verschlungen unter Krone
Rs. **SCHEIDEMÜNZE** über **3 / PFENNIGE** / Jahreszahl / **B · 1858** (72000)
Rand glatt

40 (63) 2 Pfennige (K)   120.– / 240.–
Vs. wie Nr. 39
Rs. wie Nr. 39, doch **2** statt **3**. **1858** (72000)
Rand glatt

41 (62) Pfennig (K)   120.– / 240.–
Vs. ähnlich wie Nr. 39, doch **GH**.
Rs. wie Nr. 39, doch **1** statt **2**. **1859** (72000)
Rand glatt

Nach Einführung der Reichswährung

42 (241) 10 Mark (G)   4500.– / 8000.–
NICOLAUS FRIEDR. PETER GR. H. V. OLDENBURG
um Kopf n. l., darunter Mzz. **B**
Rs. **DEUTSCHES REICH** Eichenzweig über Reichsadler (Modell 1871–1889), darunter **10 MARK**, Jahreszahl **1874** (15000)
Rand: Ranken und Sterne

43 (93) 2 Mark (S)   450.– / 850.–
NICOLAUS FRIEDR. PETER GR. H. V. OLDENBURG
um Kopf n. l., darunter Mzz. **A**
Rs. **DEUTSCHES REICH** über und ✶ **ZWEI MARK** ✶ unter Reichsadler (Modell 1889–1918), Jahreszahl **1891** (100000)
Rand geriffelt

Friedrich August (1900–1918)

* 16.11.1852 als Sohn des Großherzogs Nicolaus Friedrich Peter und dessen Gemahlin Ida. ∞ 18.2.1878 in 1. Ehe Elisabeth Prinzessin von Preußen, 24.10.1896 in 2. Ehe Elisabeth Herzogin zu Mecklenburg. Verzichtet auf den Thron 1918. † 24.2.1931.

44 (95) 5 Mark (S)   1000.– / 1300.–
FRIEDRICH AUGUST GROSSHERZOG V. OLDENBURG um Kopf n. l., darunter Mzz. **A**
Rs. **DEUTSCHES REICH** über und ✶ **FÜNF MARK** ✶ unter Reichsadler (Modell 1889–1918), Jahreszahl **1900** (20000), **1901** (10000)
Randschrift: GOTT ~ MIT ~ UNS ~

45 (94) 2 Mark (S)   400.– / 850.–
Vs. wie Nr. 44
Rs. wie Nr. 44, doch anderer Wert. **1900** (50000), **1901** (75000)
Rand geriffelt

Preußen, Königreich

Größe: 1806 314 000 qkm
1807 158 000 qkm
1815 277 000 qkm
1876 348 339 qkm

Hauptstadt: Berlin

Wappen (1817):
1. Kgr. Preußen
2. Mgft. Brandenburg
3. Bgft. Nürnberg
4. Fsm. Hohenzollern
5. Hzm. Schlesien
6. Ghzm. Niederrhein
7. Ghzm. Posen
8. Hzm. Sachsen
9. Hzm. Pommern
10. Hzm. Magdeburg
11. Hzm. Kleve
12. Hzm. Jülich
13. Hzm. Berg
14. Hzm. Westfalen

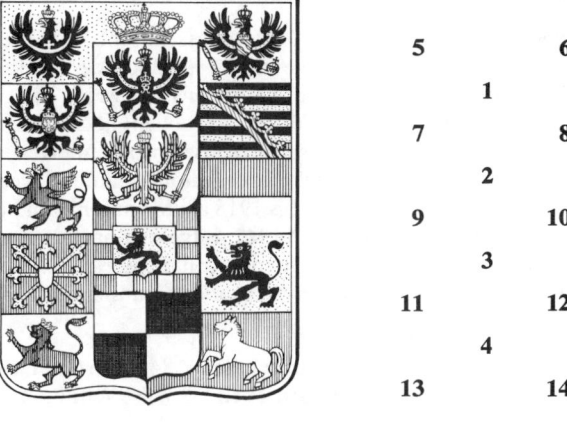

Der gekrönte Wappenadler des Königreichs Preußen hält in der Regel im rechten Fang ein Zepter, im linken einen Reichsapfel; deswegen ist dies im allgemeinen nicht erwähnenswert. Der gekrönte Namenszug auf seiner Brust ist korrekt aus FR gebildet. Abweichungen – mit dem Monogramm des regierenden Königs – sind nicht selten.

Das Kgr. Preußen mit seiner Hauptstadt Königsberg lag außerhalb des Hl. Römischen Reiches Deutscher Nation. Als Markgrafen von Brandenburg waren die preußischen Könige jedoch Reichsfürsten und hatten die Kurwürde des Erzkämmerers (Archicamerarius) inne. Als solche führten sie das Reichszepter im Wappen.

Unter König Friedrich Wilhelm III. befolgte Preußen anfangs gegenüber Frankreich eine Neutralitätspolitik, erklärte dann aber 1806 Napoleon I. den Krieg, in dessen Verlauf es mit Sachsen, seinem Verbündeten, am 14.10.1806 die entscheidende Schlacht bei Jena und Auerstedt verlor und trotz russischer Unterstützung völlig unterlag. Im Frieden zu Tilsit (9.7.1807) mußte es 146 000 qkm Land abtreten und sich zur Zahlung hoher Kriegskontributionen verpflichten. Durch Steins und Hardenbergs Reformen sowie die von Scharnhorst durchgeführte Reorganisation des Heeres wurde Preußen in den Befreiungskriegen neben Österreich die führende deutsche Macht. Im Wiener Kongreß (1815) konnten 158 000 qkm Land zurück- bzw. neugewonnen werden. Es waren vor allem 20 000 qkm sächsisches Gebiet, Vorpommern mit Rügen, das Ghzm. Berg, die Erzbistümer Köln und Trier sowie das Saargebiet.

Trotz der restaurativen Innenpolitik entwickelte sich Preußen durch die industrielle Revolution zur ersten Wirtschaftsmacht innerhalb des Deutschen Bundes. Seine weitgehend die Ideen des Freihandels verwirklichende Zollpolitik und die Bemühungen, weitere deutsche Staaten zu einem einheitlichen Zollgebiet zusammenzuschließen, führten über den Zollvertrag von 1828/29 mit Bayern, Hessen und Württemberg schließlich 1834 zum Deutschen Zollverein, dem mit Ausnahme Österreichs die Mehrzahl der deutschen Staaten beitrat.

Erst Friedrich Wilhelm IV. gab Preußen im Vereinigten Landtag die erste Landesvertretung (3.2.1847), die allerdings in keiner Weise den berechtigten Forderungen nach einer echten Volksvertretung entsprach. Im Verlauf der revolutionären Ereignisse von 1848 sah sich der König dann gezwungen, die sogenannte freisinnige Verfassung zu verkünden und ein Parlament, bestehend aus Herrenhaus und aus dem nach Dreiklassenwahlrecht gewählten Abgeordnetenhaus, einzuberufen.

Die wirtschaftliche und politische Stellung Preußens innerhalb des Deutschen Bundes zwang Friedrich Wilhelm IV. auch zu einem Eingreifen in die vom Frankfurter Parlament befolgte Einigungspolitik. Er erklärte sich in der Proklamation vom 21.3.1848 bereit, zum Wohle Deutschlands an die Spitze der gesamten Nation zu treten. Als er aber am 28.3.1849 vom Frankfurter Parlament in der Paulskirche zum Kaiser der Deutschen erwählt wurde, bestand er auf die Zustimmung aller Bundesfürsten und lehnte schließlich ab.

In der Folgezeit baute Preußen seine Hegemoniestellung in Deutschland weiter aus. Mit Staatsvertrag vom 7.12.1849 verzichteten die Fürsten von Hohenzollern zugunsten der Krone Preußen auf ihre politische Landeshoheit. Am 20.7.1853 erwarb Preußen vom Ghzm. Oldenburg den Jadebusen, um einen Kriegshafen zu errichten (Wilhelmshaven: 17.6.1869). Unter dem Ministerpräsidenten und späteren Reichskanzler Otto von Bismarck, den König Wilhelm I. 1862 berief, verfolgte es eine auf Österreichs Ausschluß aus dem Deutschen Bund gerichtete Politik. Nach den Kriegen gegen Dänemark (1864) und Österreich sowie die mit ihm verbündeten deutschen Fürsten (1866) konnte es seinen Umfang durch Einverleibung folgender Gebiete beträchtlich erweitern: Kgr. Hannover, Kfm. Hessen, Hzm. Nassau, Hzm. Schleswig-Holstein, Freie Stadt Frankfurt/M. sowie kleine Teile des Kgr. Bayern und des Ghzm. Hessen. Am 18.8.1866 erfolgte die Gründung des Norddeutschen Bundes, dem unter Preußens Hegemonie die 22 nördlich des Mains gelegenen Staaten teils sofort, teils im Laufe des Jahres beitraten. Der Widerstand Napoleons III. gegen die preußische Einigungspolitik wurde schließlich im Deutsch-Französischen Krieg (1870/71) gebrochen, nach dessen siegreicher Beendigung die deutschen Fürsten in Versailles Wilhelm I. zum Deutschen Kaiser proklamierten.

Im Deutschen Reich spielte Preußen nicht zuletzt wegen seiner Größe an Fläche und Bevölkerung die vorherrschende Rolle. Es bestand bis 1918 als Monarchie und danach als Freistaat. Formell wurde es durch das Kontrollratsgesetz Nr. 46 vom 25.2.1947 aufgelöst, nachdem es bereits 1945 aufgeteilt worden war.

1750 führte Philipp Graumann, von Friedrich II. zum Vorsteher des preußischen Münzwesens berufen, den 14-Taler- oder 21-Gulden-Fuß, auch Graumannscher Fuß genannt, ein. Danach wurden seit 1763 aus der feinen Mark = 233,856 g Silber geprägt:

14 Taler = 42 Dritteltaler = 84 Sechsteltaler = 168 Zwölfteltaler, außerdem bis 1766 ½ und ¼ Taler.
1 Taler = 24 Groschen = 288 Pfennige.

In den einzelnen Provinzen galten teilweise andere Münzsysteme. Des weiteren gab es Goldmünzen im Wert von 10 Talern = Doppelfriedrich d'or, 5 Talern = Friedrich d'or und 2½ Talern = ½ Friedrich d'or.

Infolge des verlorenen Krieges gegen Frankreich und der im Frieden zu Tilsit festgelegten hohen Kriegskontributionen sowie der Abtretung nahezu der Hälfte des Landes kam es zu einer finanziellen Krise. Diese Kontributionen zwangen Preußen im Februar 1806 zur Ausgabe von Papiergeld, den sog. Tresorscheinen zu 5, 10, 100 und 250 Talern im Gesamtwert von 2267705 Talern, nachdem ursprünglich 5000000 geplant waren. 1822 konnten diese endgültig wieder aus dem Verkehr gezogen werden. Dadurch, daß aus den abgetretenen Gebieten die Scheidemünzen nach Preußen zurückströmten und außerdem in der unter französischer Verwaltung stehenden Berliner sowie in der Glatzer Münze zuviel Scheidemünzen geschlagen wurden, entstand ein hoher Überschuß an Scheidegeld. Die Regierung sah sich deshalb zur Reduktion der Scheidemünzen veranlaßt und legte im Edikt vom 13.12.1811 das Verhältnis 1 Taler = 42 Groschen oder 52½ Böhm fest. Die preußische Finanzverwaltung und besonders der Staatsminister Freiherr vom Stein bemühten sich um eine Lösung und schlugen dem König die Einführung eines für alle Provinzen einheitlichen Münzfußes auf der Grundlage des Dezimalsystems vor. Das Münzgesetz vom 30.9.1821 bestimmt daraufhin: die feine Mark = 14 Taler bzw. für die im 16-Taler-Fuß ausgebrachten Billonscheidemünzen = 480 Silbergroschen, 1 Taler = 30 Silbergroschen = 360 Pfennige.

Friedrich Wilhelm III. hatte sich – eine für ihn typische Verhaltensweise – nicht zur konsequenten Einführung des Dezimalsystems entschließen können. Um die neuen Pfennige zu $1/360$ Taler von den alten zu $1/288$ Taler zu unterscheiden, wurden sie Pfenninge genannt.

Bereits 1812 war die Einführung der sog. Ausgleichungsmünzen beschlossen worden, die anzunehmen niemand gezwungen sein sollte, wenn der zu bezahlende Betrag mit einem Kurantstück beglichen werden konnte. Diese Ausgleichungsmünzen, die eine für alle Provinzen einheitliche Scheidemünze darstellten, sind jedoch nicht ausgegeben worden.

Auf dem preußischen 14-Taler-Fuß basierte auch die Dresdener Münzkonvention der Zollvereinsstaaten vom 30.7.1838, in der beschlossen wurde, als einheitliche Vereinsmünze den Doppeltaler zu prägen. Der Dresdener Münzkonvention folgte am 24.1.1857 der Wiener Münzvertrag, in dem die Zollvereinsstaaten mit Österreich und Liechtenstein vereinbarten, gemeinsame Vereinstaler auszugeben und als Münzgrundgewicht das Zollpfund = 500 g einzuführen. Aus einem Pfund Silber wurden geprägt: 15 Doppeltaler = 30 Taler.

Der Umrechnungswert der seit 1857 ausgegebenen Handelsgoldmünzen zu 1 Krone und ½ Krone richtete sich nach dem jeweiligen Verhältnis von Gold:Silber. Dieser Münzfuß galt bis zur Einführung der Reichswährung.

Die technische Entwicklung im Münzwesen führte auch in Preußen zur Ringprägung, die seit 1816 angewendet wurde. Nach dem Münzgesetz von 1821 wurden dann ausnahmslos die Gold-, Silber- sowie Billonmünzen und seit 1847 auch alle Kupfermünzen im Ring geprägt.

Die Mzz. der preußischen Münzstätten:

A	Berlin	
B	Breslau	1799–1825
	Glatz	1813
	Hannover	1866–1878
C	Frankfurt/M.	1866–1879
D	Düsseldorf	1817–1848
G	Glatz	1807–1809

Von 1905–1912 prägte außerdem die Münze der Freien und Hansestadt Hamburg mit dem Mzz. J 20-Mark-Stücke für Preußen.

Die Medailleure an der Berliner Münze:

> Brandt, Henri François (1789–1845)
> Francke, Wilhelm (1793–1859)
> Götze, Heinrich Gottlieb Erdmann (1794–1864)
> Held, August Ludwig (1805-1839)
> Hoffmann, Johann Andreas (1776–1856)
> König, Anton Friedrich I (1756–1838)
> König, Anton Friedrich II (1793–1844)
> Kullrich, Friedrich Wilhelm (1821–1887)
> Kullrich, Reinhard (seit 1911 als Nachfolger von O. Schultz)
> Loos, Daniel Friedrich (1735–1819)
> Pfeuffer, Christoph Karl (1801–1861)
> Schultz, Otto (1848–1911)
> Sturm, Paul (1859–1919)
> Weigand, Emil (1837–1906)

Gesetzliche Ausbringung der wichtigsten Sorten vor Einführung der Reichswährung

Nominal	Prägezeit	Metall	Gewicht g	Feingewicht g	Feingehalt °/oo	Katalog-Nr.
Doppelfriedrich d'or	1806–1855	Gold	13,363	12,064	902,78	1, 2, 61, 62
Krone	1858–1870	Gold	11,111	10	900	67, 93
Friedrich d'or	1806–1855	Gold	6,682	6,032	902,78	3, 4, 5, 63, 64
1/2 Krone	1858–1869	Gold	5,556	5	900	68, 94
1/2 Friedrich d'or	1806–1853	Gold	3,341	3,016	902,78	6, 7, 8, 65, 66
Doppeltaler	1839–1856	Silber	37,120	33,408	900	9, 69, 70
Doppeltaler	1858–1871	Silber	37,037	33,333	900	71, 95, 96
Taler	1806–1856	Silber	22,272	16,704	750	10–18, 60, 72–77
Vereinstaler	1857–1871	Silber	18,519	16,667	900	78, 79, 97, 98, 99, 116–118
Gulden	1810	Silber	17,323	12,992	750	19
1/3 Taler	1807–1809	Silber	8,352	5,568	666,67	20, 21
18 Kreuzer	1808	Silber	5,939	3,341	562,5	46
1/6 Taler	1806–1856	Silber	5,345	2,784	520,83	23–26, 80–81
1/6 Taler	1858–1868	Silber	5,342	2,778	520	82, 100, 101
2 1/2 Silbergroschen	1842–1856	Billon	3,248	1,218	375	83, 84
2 1/2 Silbergroschen	1857–1873	Billon	3,221	1,208	375	84, 102
Silbergroschen	1806–1808	Billon	1,641	0,433	263,89	36
Silbergroschen	1821–1856	Billon	2,192	0,487	222,22	27, 85, 86
Silbergroschen	1857–1873	Billon	2,196	0,483	220	86, 103
1/2 Silbergroschen	1821–1856	Billon	1,096	0,244	222,22	30, 87, 88
1/2 Silbergroschen	1858–1872	Billon	1,098	0,242	220	88, 104

LITERATUR:

E. Bahrfeldt, Die Münzen- und Medaillensammlung in der Marienburg, Bd. I–VII, Halle a. d. Saale – Danzig – Königsberg 1901 ff
D. A. Gehrke, Die Münzen des Königreiches Preußen 1797–1871, HOBRIA Deutsche Münzen Bd. 2, Berlin 1967
K. Jaeger, Die Münzprägungen der deutschen Staaten vor Einführung der Reichswährung, Band 9, Königreich Preußen 1797–1873, 2. Auflage, Basel 1970
Fr. Freiherr von Schrötter, Das preußische Münzwesen 1806–1873, Beschreibender Teil, Berlin 1925
Fr. Freiherr von Schrötter, Das preußische Münzwesen 1806–1873, Bd. 1 und 2, Berlin 1926
A. Weyl, Paul Henckel'sche Sammlung, Brandenburg-Preußische Münzen und Medaillen, Berlin 1876

PREUSSEN

Friedrich Wilhelm III. (1797–1840)

* 3.8.1770 als Sohn des späteren Königs Friedrich Wilhelm II. und seiner Gemahlin Friederike von Hessen-Darmstadt. ∞ Luise von Mecklenburg-Strelitz. † 7.6.1840.

1 (105) Doppelfriedrich d'or (G) 1400.–/2800.–
FRIEDR. WILHELM III KŒNIG VON PREUSSEN · Brustbild in Uniform n.l.; im Armabschnitt Sign. L = Münzgraveur Daniel Friedrich Loos
Rs. Gekrönter Adler auf Waffen mit Zepter und Reichsapfel in den Fängen. Unten Jahreszahl und Mzz. **A 1806, 1811 1813, 1814**
Kettenrand
Var. **1811**: 2 Var. mit unterschiedlicher Stellung des N in PREUSSEN

2 (110) Doppelfriedrich d'or (G) 1100.–/2200.–
FRIEDR. WILH. III KOENIG V. PREUSSEN · Kopf n.r., darunter Mzz.
Rs. Gekrönter Adler auf Kanonenrohr, dahinter Standarte und Fahnen. Unten Jahreszahl **A 1825, 1826, 1827, 1828, 1829, 1830, 1831, 1832, 1836, 1837, 1838, 1839, 1840**
Kettenrand
1822, 1823, 1824, 1825: einseitige Proben in Zinn zur Rs.
1824: 2 unterschiedliche Probeabschläge in Zinn und Kupfer

3 (104) Friedrich d'or (G) 900.–/1800.–
FRIEDR. WILHELM III KŒNIG VON PREUSSEN · Brustbild in Uniform n.l.
Rs. Gekrönter Adler auf Waffen mit Zepter und Reichsapfel in den Fängen. Darunter Jahreszahl und Mzz. **A 1806, 1807, 1808, 1809, 1810, 1811, 1812, 1813, 1816**
Kettenrand
1809: Probeabschlag mit Schrift auf Rs. **1810**: 2 unterschiedliche Probeabschläge. **1811**: 2 unterschiedliche Probeabschläge in Messing. **1814**: Probeabschläge in Silber, Kupfer und Eisen mit gekröntem, vierfeldigem Wappen und 5 THALER auf Rs. **1815**: Probeabschläge in Silber, Kupfer, Goldbronze und Zinn mit lorbeerbekränztem Kopf n.r. auf Vs. und Adler sowie 5 THALER auf Rs. **O.J.**: 2 unterschiedliche Probeabschläge in Gold und Kupfer, 1. mit gekröntem Monogramm auf Vs. und ZUR / NEUEN / GOLDPRÄ= / GUNG

auf Rs., 2. Kopf n.r. auf Vs. und Adler auf Kanonenrohr vor Fahnen auf Rs.
Var. **1807**: 2 Var.; **1809**: 4 Var.; **1816**: 2 Var. mit Ketten- und Kerbrand

4 (107) Friedrich d'or (G) 1400.–/2800.–
FRIEDR. WILH. III KOENIG V. PREUSSEN · Brustbild in Uniform mit Hermelinmantel n.l.
Rs. Gekrönter Adler auf Kanonenrohr und Pauken vor Fahnen. Unten Jahreszahl und Mzz. **A 1817, 1818, 1819, 1822**
Kettenrand

5 (109) Friedrich d'or (G) 900.–/1800.–
FRIEDR. WILH. III KOENIG V. PREUSSEN · Kopf n.r., darunter Mzz.
Rs. Gekrönter Adler auf Kanonenrohr, dahinter Standarte und Fahnen. Unten Jahreszahl **A 1825, 1827, 1828, 1829, 1830, 1831, 1832, 1833, 1834, 1836, 1837, 1838, 1839, 1840**
Kettenrand
1822: Probeabschlag in Kupfer. **1822, 1823, 1825, 1827**: einseitige Probeabschläge in Zinn und Lack zur Rs.
1824: Probe von Henri François Brandt mit Büste des Königs im drapierten Gewand auf Vs.
Var. **1840**: 2 Var. mit unterschiedlichem Porträt auf Vs.

6 (103) 1/2 Friedrich d'or (G) 1100.–/2200.–
FRIEDR. WILH. III KŒNIG V. PREUSSEN · Brustbild in Uniform n.l.
Rs. Gekrönter Adler auf Waffen mit Zepter und Reichsapfel in den Fängen. Darunter Jahreszahl und Mzz. **A 1806, 1814, 1816**
Kettenrand
1814: auch Probeabschlag in Kupfer
Var. **1814, 1816**: auch mit Kerbrand

7 (106) 1/2 Friedrich d'or (G) 1100.–/2200.–
FRIEDR. WILHELM III KOENIG V. PREUSSEN · Brustbild in Uniform mit Hermelinmantel n.l.
Rs. Gekrönter Adler auf Kanonenrohr und Pauken vor Fahnen. Unten Jahreszahl und Mzz. **A 1817**
Kettenrand

O.J.: Probeabschlag in Kupfer mit Kopf n.r. auf Vs. **1815:** Probeabschlag in Silber mit Kopf n.r. auf Vs. und Rs.: VERSUCH / ZUM / KLIPWERK / 1815 / ✻ / 2 Palmzweige

8 (108) 1/2 Friedrich d'or (G)   800.– / 1 400.–

FRIEDR. WILH. III KOENIG V. PREUSSEN · Kopf n.r., darunter Mzz.
Rs. Gekrönter Adler auf Kanonenrohr, dahinter Standarte und Fahnen. Unten Jahreszahl **A** 1825, 1827, 1828, 1829, 1832, 1833, 1837, 1838, 1839, 1840
Kettenrand
1824: unterschiedliche Probeabschläge in Gold und Kupfer mit Kopf n.r. auf Vs. **1825:** Abschlag in Kupfer mit glattem Rand
Var. 1840: 2 Var. mit unterschiedlichem Porträt auf Vs.

9 (64) Doppeltaler (S)   350.– / 600.–

FRIEDR. WILHELM III KOENIG V. PREUSSEN · Kopf n.r., darunter Mzz.
Rs. **2 THALER VII EINE F. MARK 3½ GULDEN** · zwischen 2 Rosetten: **VEREINSMÜNZE** · Behelmtes, 14feldiges Wappen auf gekröntem Wappenzelt, umzogen von der Kette des Schwarzen-Adler-Ordens, r. und l. davon die Jahreszahl. Auf den untersten Mantelfalten Signatur des Stempelschneiders Ludwig Held: **L H · A** 1839 (172 098), **1840** (789 245), **1841** (selten, irrtümlich geprägt)   20 000.–
Rand: GOTT MIT UNS dazwischen Ranken und Kreuze
1819: Probeabschlag in Zinn mit Kopf n.r. auf Vs. und gekröntem Adlerschild auf Rs. **1821:** einseitiger Probeabschlag in Zinn mit gekröntem Adler auf Rs. **1837:** Probeabschläge in Silber und Zinn mit Randschrift und Kopf n.r. auf Vs. **1838:** 2 unterschiedliche Probeabschläge in Silber, auch Abschläge der Rs. in Zinn und Blei. **1840:** Fälschungen

10 (29, 30) Taler (S)   220.– / 600.–

FRIEDR. WILHELM III KŒNIG VON PREUSSEN · Brustbild in Uniform n.l.; im Armabschnitt Sign. **L** = Münzgraveur Daniel Friedrich Loos
Rs. Gekröntes Wappen mit gekröntem Adler, flankiert von zwei wilden Männern als Schildhaltern. Auf der Brust des Adlers das gekrönte Monogramm des Königs. Unten **EIN THALER /** Jahreszahl / Mzz. **A** 1806, 1807, 1808, 1809. **G 1808** (32 653), **1809**
Kettenrand
Var. 1807: 2 Var. mit VON und V. auf der Vs. **1808 A:** nur mit V. auf der Vs. **1808 G, 1809 G:** Mzz. zwischen Sternen

11 (33) Taler (S)   150.– / 350.–

FRIEDR. WILHELM III KŒNIG VON PREUSSEN · Kopf n.r.
Rs. **VIERZEHN EINE FEINE MARK** · Im Eichenkranz: **EIN / REICHS / THALER /** Jahreszahl /Mzz. **A** 1809, 1810, 1811, 1812, 1813, 1814, 1815, 1816. **B** 1812, 1813, 1815, 1816
Kettenrand
Var. 1809: 3 Var.; auch mit VIERZEH. **1810:** 2 Var.; auch mit THAELR. **1812 A:** 2 Var. **1812 B:** Unikum, Probeabschlag. **1813 A:** 2 Var.; auch Probeabschläge mit Laubrand. **1813 B:** 2 Var. **1814:** 3 Var.; auch mit WILHLEM, FREIDR., VIREZEHN, VIREZENN, VIERZHHN; auch ohne Mzz. **1815 A:** 4 Var.; auch Kupferabschläge und Fälschungen mit MARH; Probeabschläge mit Randschrift: GOTT MIT UNS. **1815 B:** 2 Var. **1816 A:** auch Fälschung. O.J. und ohne Mzz.: Fehlprägung und Fälschungen

12 (35) Taler (S)   1100.– / 4 000.–

FR. WILH. III K. V. PREUSS. · Brustbild in Uniform und Hermelinmantel n.l.
Rs. **EIN THALER** · Gekrönter Adler auf Kanonenrohr und Pauken, dahinter Fahnen. Unten Jahreszahl und Mzz. **A** 1816, **1817** (sog. Kammerherrentaler, vom König mit der Bemerkung, er sei nicht Kammerherr von Preuss, abgelehnt)
Rand: GOTT MIT UNS dazwischen Ranken und Kreuze
Var. 1816: Probe mit FRIEDR. WILH. III KOEN. V. PREUSS. auf Vs.; 3 Var.; auch Kupferabschlag

PREUSSEN

13 (37) Taler (S)   180.– /420.–
FRIEDR. WILHELM III KOENIG VON PREUSSEN
Brustbild in Uniform und Hermelinmantel n.l.
Rs. wie Nr.12. A 1816, 1817, 1818, 1819, 1820, 1821, 1822.
D 1818, 1819, 1820, 1821, 1822
Rand: GOTT MIT UNS dazwischen Ranken und Kreuze
Var. **1818 A**: 2 Var.; Proben mit Brustbild n.l. auf Vs. und 5 unterschiedlichen Rs. **1818 D**: 2 Var. der Rs.; Fälschungen in Kupfer und versilbertem Kupfer. **1820 A**: 2 Vs.-Var. **1821 A**: 2 Rs.-Var.

14 (59) Taler (S)   180.– /400.–
FRIEDR. WILHELM III KOENIG V. PREUSSEN · Kopf n.r., darunter Mzz.
Rs. **EIN THALER XIV. EINE F. M.** · Gekröntes, 14feldiges Wappen auf Lorbeerkranz, umzogen von der Kette des Schwarzen-Adler-Ordens, r. und l. davon die Jahreszahl A 1823, 1824, 1825, 1826. D 1823, 1824 (15650), 1825 (36477)
Rand: GOTT MIT UNS dazwischen Ranken und Kreuze
Var. **1823**: 2 Var., auch mit erhabener Randschrift. **1823, 1824, 1825, 1826**: 2 Var. mit Mzz. A und Λ.
1818 A: Proben mit Kopf n.r. auf Vs. und 5 unterschiedlichen Rs. **1819 A**: Proben mit Kopf n.r. auf Vs. und dem gekrönten 48feldigen Wappen oder dem Adlerschild auf Rs. (4 Var.).
1822 A: Proben mit Kopf n.r. auf Vs. und dem gekrönten 14feldigen Wappen oder dem Adlerschild auf Rs. (5 Var.).
1823 A: 5 unterschiedliche Proben. **1824 A**: auch Fälschung in Blei mit glattem Rand
1821 D: anläßlich des Besuches von Friedrich Wilhelm III. in der Düsseldorfer Münze wurde zu dieser Vs. folgende Rs. geprägt: Doppelfüllhorn, darüber: 3 Sterne / GOTT / SEGNE DEN / KOENIG, darunter: DIE MÜNZE ZU DÜSSELDORF / DEN 3. JULY 1821

15 (60) Taler (S)   200.– /600.–
Vs. wie Nr.14
Rs. wie Nr.14, aber das Wappen nach ein wenig anderer Zeichnung. A 1827, 1828, D 1828 (11608)
Rand: GOTT MIT UNS dazwischen Ranken und Kreuze
Var. **1828 A**: 2 Var. mit Mzz. A und Λ

16 (61) Ausbeutetaler (S)   200.– /700.–
Vs. wie Nr.14
Rs. **EIN THALER. XIV. EINE FEINE MARK** · Jahreszahl · SEGEN DES / MANSFELDER / BERGBAUES A 1826 (50000), 1827 (50000), 1828 (50000)
Rand: GOTT MIT UNS dazwischen Ranken und Kreuze
Var. **1826, 1827**: 2 Var. mit Mzz. A und Λ

17 (62) Taler (S)   130.– /250.–
Vs. wie Nr.14, aber älteres Porträt
Rs. wie Nr.15. A 1828, 1829, 1830, 1831, 1832, 1833, 1834, 1835, 1836, 1837, 1838, 1839, 1840. D 1829 (277328), 1830 (650676), 1831 (45127), 1832 (27839), 1833 (18798). 1834 (21439), 1835 (16243), 1836 (20251), 1837 (15412), 1838 (24702), 1839 (11745), 1840 (11399)
Rand: GOTT MIT UNS dazwischen Ranken und Kreuze
1828: Probeabschlag in Zinn von der Vs. **1829 D**: Fälschung aus versilbertem Messing. **1830 A, 1831 A**: Fälschungen. Ab **1832 D** und **1833 A** ohne Punkt nach XIV. Ab **1833 A**: Mzz. A größerer Typ
Var. **1832 A**: 2 Var. mit und ohne Punkt nach XIV

18 (63) Ausbeutetaler (S)   140.– /320.–

Vs. wie Nr. 17
Rs. wie 16. A **1829, 1830, 1831, 1832, 1833, 1834, 1835, 1836, 1837, 1838, 1839, 1840**
Rand: GOTT MIT UNS dazwischen Ranken und Kreuze
Ab **1832** ohne Punkt nach XIV. Ab **1833**: Mzz. A größerer Typ

19 (187) 2/3 Taler = Gulden (S)   300.– / 600.–
FRIEDRICH WILHELM III KOENIG VON PREUSSEN · Ovaler, gekrönter Wappenschild mit gekröntem, in den Fängen Zepter und Reichsapfel haltendem Adler, umgeben von 2 Lorbeerzweigen; über der Krone Rosette
Rs. **18 STÜCK EINE MARK FEIN** · Jahreszahl · Im Feld: ⅔ · O. Mzz. **1810** (Berlin)
Kettenrand

20 (28) 1/3 Taler (S)   120.– / 250.–
FRIEDR. WILHELM II KOENIG VON PREUSSEN · Brustbild in Uniform n. l., am Armabschnitt Signatur des Münzgraveurs Loos: **L**
Rs. **DREI EINEN R. THALER** · Gekrönter Wappenschild mit gekröntem, in den Fängen Zepter und Reichsapfel haltendem Adler, unten umgeben von 2 Lorbeerzweigen; darunter Mzz. R. und l. die Jahreszahl **A 1807 – G 1809**: Wappen umgeben von Lorbeer- und Eichenzweig
Kettenrand

21 (32) 1/3 Taler (S)   450.– / 900.–
FRIEDR. WILHELM III KOENIG VON PREUSSEN · Kopf n. r.
Rs. **ZWEI UND VIERZIG EINE FEINE MARK** · Im Eichenkranz: 3 / EINEN / REICHS / THALER / Jahreszahl / Mzz.
A 1809. G 1809
Kettenrand
Var. Je 2 Var.

22 1/5 Taler = 6 Silbergroschen (S)   **LP**
FRIEDR. WILH. III KOENIG V. PREUSSEN · Brustbild in Uniform und Hermelinmantel n. l.
Rs. **FÜNF EINEN THALER · SECHS / SILBER / GROSCHEN / 1819 /** Mzz. **A 1819**
Rand glatt
Var. 2 Var.: 24 und 21 mm ⌀
Nur Probe, sehr selten

23 (27) 1/6 Taler = 4 Groschen (S)   60.– / 140.–
FRIDERICUS WILHELM. III BORUSS. REX · Brustbild in Uniform n. l., im Armabschnitt Signatur L = Münzgraveur Loos
Rs. **84 EX MARCA PURA COLON.** · Gekrönter Wappenschild mit gekröntem, in den Fängen Zepter und Reichsapfel haltendem Adler; r. und l. Jahreszahl, unten: **4. GR.** und Mzz. A **1806, 1807, 1808, 1809.** G **1808, 1809**
Kettenrand
Var. **1808** G: 2 Var. **1809** G: auch Fälschungen in Zinn

24 (31) 1/6 Taler = 4 Groschen (S)   60.– / 140.–
FRIEDR. WILHELM III KOENIG VON PREUSSEN · Kopf n. r.
Rs. **VIER UND ACHTZIG EINE FEINE MARK** · Im Eichenkranz: **6 / EINEN / REICHS / THALER /** Jahreszahl / Mzz.
A 1809, 1810, 1811, 1812, 1813, 1814, 1815, 1816. B 1812, 1813, 1814, 1815, 1816, 1817. D 1817 1818
Kettenrand
Var. **1809**: Probe. **1810**: 8 Var. **1811**: 2 Var. **1812** A: 8 Var., auch mit ACHTIZG. **1812** B: auch Zinnabschlag als Klippe.
1813 A: 8 Var. **1814** A: 9 Var., Abschlag in Zink. **1814** B: 2 Var. **1815** B: 3 Var. **1816** A: 10 Var. **1817** B: 2 Var. **1817** D: 2 Var. Abschlag vom Vs.-Stempel

25 (36) 1/6 Taler = 4 Groschen (S)   180.– / 600.–
FRIEDR. WILHELM III KOENIG V. PREUSSEN · Brustbild in Uniform und Hermelinmantel n. l.
Rs. **SECHS EINEN THALER · VIER / GROSCHEN /** Jahreszahl / Mzz. A **1816, 1817, 1818.** D **1818**
Rand: GOTT MIT UNS dazwischen Ranken und Sterne

PREUSSEN

Var. 1816: Probe mit Nominalbezeichnung im Eichenkranz auf Rs. und ohne Randschrift; auch mit Randschrift: GOTT M UNS, dazwischen Ranken und Rosetten. 1817: 2 Var., auch 5 Proben mit unterschiedlicher Rs. und Randverzierungen. 1818 D: auch Abschlag in Kupfer
1819 D: mit Rs.: F.W.L. / WILLKOMMEN / THEURER / KOENIGS /SOHN /AN DER /DÜSSEL /1819

26 (57, 58) 1/6 Taler = 4 Groschen (S)   50.– / 120.–
FRIEDR. WILH. III KOENIG V. PREUSSEN · Kopf n. r. darunter Mzz.
Rs. VI. EINEN THALER LXXXIV. EINE F. M. · Jahreszahl · Gekrönter Wappenschild mit gekröntem, in den Fängen Zepter und Reichsapfel haltendem Adler, umzogen von der Kette des Schwarzen-Adler-Ordens · A 1822, 1823, 1824, 1825, 1826, 1827, 1835, 1837, 1838, 1839, 1840. D 1823, 1826, 1827, 1828, 1840
Rand: GOTT MIT UNS dazwischen Ranken und Sterne
Var. 1822: 2 Var.: »Hundesechstel«, weil die vom Wappenschild verdeckten oberen Kettenglieder wie kleine Hunde aussehen. 1823 A: auch in Neusilber. 1825 A: Fälschung mit glattem Rand. 1826 D: Fälschung in versilbertem Kupfer. 1827 D, 1828: auch Abschläge in Kupfer

27 (56) Silbergroschen (B)   30.–/60.–
FRIEDR. WILH. III KOENIG V. PREUSSEN · Kopf n.r.
Rs. 30 EINEN THALER SCHEIDE MÜNZE · Im Feld: 1 / SILBER / GROSCHEN / Jahreszahl / Mzz. A 1821, 1822, 1823, 1824, 1825, 1826, 1827, 1828, 1829, 1830, 1831, 1832, 1833, 1834, 1835, 1836, 1837, 1838, 1839, 1840. D 1821, 1822, 1823, 1824, 1825, 1826, 1827, 1828, 1830, 1832, 1833, 1834, 1837, 1839, 1840
Rand glatt
1818 A: 3 Proben mit Adlerschild auf Vs. 1819 A: 4 Proben. 1819 D: Probe. 1821 A: Probe: 2 Var. 1822 A: Probe; auch Abschlag in Feinsilber. 1823 A: auch Abschlag in Kupfer. 1825 A: auch auf Schrötling von ½ Sgr. 1838 A: auch Abschlag in Blei. 1840 A: auch Vs. auf Rs. vertieft (Fehlprägung).
1821 D, 1824 D, 1826 D: auch Fälschungen in Kupfer. 1824 D: auch einseitige Abschläge in Blei. 1839 A: Dickprobe, Zinnabschlag vom Vs.-Stempel

28 5/6 Silbergroschen = 10 Pfennige (B)   LP
Gekrönter Wappenschild mit gekröntem, in den Fängen Zepter und Reichsapfel haltendem Adler
Rs. 5/6 / SILBER / GROSCHEN / 1818 / Mzz. A 1818
Rand glatt
Nur Probe, sehr selten

29 2/3 Silbergroschen = 8 Pfennige (B)   LP
Vs. wie Nr. 28
Rs. Zwischen 2 Rosetten 45 / EINEN / THALER /1818 / Mzz. A 1818

Rand glatt
Var. 2 Var.; auch mit Rs.: 2/3 / SILBER GROSCHEN / 1818 / Mzz. Nur Proben, sehr selten

30 (55) 1/2 Silbergroschen (B)   30.– / 60.–
FRIEDR. WILH. III KOENIG V. PREUSSEN · Kopf n.r.
Rs. 60 EINEN THALER · SCHEIDE MÜNZE · 1/2 / SILBER / GROSCHEN / Jahreszahl / Mzz. A 1821, 1822, 1823, 1824, 1825, 1826, 1827, 1828, 1829, 1830, 1831, 1832, 1833, 1834, 1835, 1836, 1837, 1838, 1839, 1840. D 1824, 1825, 1826, 1828
Rand glatt
1821: Punkt unter dem Kopf; auch Probe mit Mzz. unter dem Kopf. O. J.: Vs. auf Rs. vertieft (Fehlprägung)
1822: Punkt unter Kopf: ss/vz   675.–

31 5 Pfennige (K)   LP
60 EINEN THALER · Gekrönter Wappenschild mit Adler
Rs. SCHEIDE MÜNZE · 5 / PFENNIGE / 1820 / Leiste / Mzz. A 1820
Kettenrand, auch glatter Rand
Nur Probe, sehr selten

32 (45) 4 Pfennige (K)   70.– / 140.–
90 EINEN THALER · Gekrönter Wappenschild mit Adler
Rs. SCHEIDE MÜNZE · 4 / PFENNIGE / Jahreszahl / Leiste / Mzz. A 1821, 1822, 1825, 1826, 1827, 1829, 1830, 1832, 1836, 1837, 1838, 1839, 1840. B 1821, 1822, 1825. D 1823, 1824, 1825, 1826, 1828, 1829, 1831, 1832, 1833, 1834, 1836, 1837, 1838, 1839
Kettenrand
1819 A: 3 Proben mit Vs.: 75 EINEN THALER, Rs.: AUSGLEICHUNGS MÜNZE bzw. SCHEIDE MÜNZE

33 (44) 3 Pfennige (K)   40.– / 80.–
120 EINEN THALER · Gekrönter Wappenschild mit Adler
Rs. SCHEIDE MÜNZE · 3 / PFENNIGE /. Jahreszahl / Leiste / Mzz. A 1821, 1822, 1825, 1826, 1827, 1828, 1829, 1830, 1831, 1832, 1833, 1835, 1836, 1837, 1838, 1839, 1840. B 1821, 1822. D 1823, 1824, 1825, 1826, 1827, 1828, 1829, 1830, 1831, 1832, 1833, 1834, 1835, 1836, 1837, 1838, 1839, 1840
Kettenrand
1819 A: Probe mit 100 EINEN THALER. 1830 A: auch Silberabschlag. O.J. und ohne Mzz.: Vs. auf Rs. vertieft (Fehlprägung)

34 (43) 2 Pfennige (K) 30.–/60.–
180 EINEN THALER · Gekrönter Wappenschild mit Adler
Rs. SCHEIDE MÜNZE 2 / PFENNINGE Jahreszahl / Leiste / Mzz. A 1821, 1822, 1825, 1826, 1827, 1828, 1830, 1832, 1833, 1835, 1836, 1837, 1838, 1839, 1840. B 1821, 1822. D 1823, 1824, 1825, 1826, 1827, 1828, 1829, 1830, 1831, 1832, 1833, 1834, 1835, 1836, 1837, 1838, 1839
Rand glatt B: 150.–/300.–
1819 A: Probe mit 150 EINEN THALER. 1827 A: Vs. auf Rs. vertieft (Fehlprägung). 1833 D: Probe, im Ring geprägt

35 (42) Pfennig (K) 20.–/50.–
360 EINEN THALER · Gekrönter Wappenschild mit Adler
Rs. SCHEIDE MÜNZE 1 / PFENNING / Jahreszahl / Leiste / Mzz. A 1821, 1822, 1825, 1826, 1827, 1828, 1832, 1833, 1835, 1836, 1837, 1838, 1839, 1840. B 1821, 1822, 1826. D 1821, 1822, 1823, 1824, 1825, 1826, 1827, 1828, 1829, 1830, 1831, 1832, 1833, 1834, 1835, 1836, 1837, 1838, 1839, 1840
Rand glatt 130.–/200.–
1819 A: Probe mit 300 EINEN THALER

Provinzialprägungen Brandenburg

36 (16) Silbergroschen (B) 30.–/75.–
FRID · WILHELM · III BORUSS · REX · Brustbild in Uniform n.l.
Rs. MON · ARGENT · Gekrönter, fliegender Adler, Zepter und Reichsapfel haltend, darunter: III / Jahreszahl / Mzz. A 1806, 1807. G 1807, 1808
Rand glatt
Var. 1806: 10 Var. 1807 A: 4 Var. 1807 G: 7 Var. 1808: 2 Var., auch Goldabschlag
Diese Silbergroschen galten in Schlesien 3 Kreuzer = Böhm und in Ostpreußen 3 Gröschel = Düttchen. Im Volksmund wurden sie auch Fledermäuse genannt. Zahlreiche Fälschungen.

37 (3 b) 3 Pfennige (B) 50.–/100.–
Gekröntes Monogramm aus F W R
Rs. Zwischen 2 Rosetten 3 / PFENNIGE / Jahreszahl / Mzz. A 1806
Rand glatt

38 (5) 2 Pfennige (K) 50.–/100.–
Ovaler, gekrönter Wappenschild mit Zepter, umgeben von zwei gekreuzten Eichenzweigen
Rs. 2 / PFENNIGE / Jahreszahl / Mzz. A 1810, 1814, 1816
Rand glatt
Var. 1810: 4 Var., auch beidseitig mit Rs.-Stempel beprägt

39 (2 b) Pfennig (B) 100.–/200.–
Vs. wie Nr. 37
Rs. Zwischen 2 Rosetten I / PFENNIG / Jahreszahl / Mzz. A 1806
Rand glatt
Var.: Monogramm mit breitem W 400.–/900.–

40 (4) Pfennig (K) 25.–/60.–
Vs. wie Nr. 38
Rs. 1 / PFENNIG / Jahreszahl / Mzz. A 1810, 1811, 1814, 1816
Rand glatt
Var. 1810, 1811: 5 Var.

Westfalen

41 (1) Pfennig (K) 45.–/90.–
Vs. Gekröntes Monogramm aus F W
Rs. Zwischen 2 Sternen I / PFENN: / SCHEIDE / MÜNZE / Jahreszahl / Mzz. zwischen 2 Sternen. A 1806
Rand glatt

PREUSSEN

Ost- und Westpreußen

42 (20) Groschen (K)   120.–/240.–
Ovaler, gekrönter Wappenschild mit Adler, von zwei gekreuzten Eichenzweigen umgeben
Rs. NEUNZIG EINEN REICHS THALER · 1 / GROSCHEN / PREUSS: / Jahreszahl / Mzz. **A 1810, 1811**
Kettenrand
Var. 1810: 6 Var. 1811: 3 Var.

43 (19) 1/2 Groschen (K)   50.–/100.–
Vs. wie Nr. 42
Rs. 180 EINEN REICHS THALER · ½ / GROSCHEN / PREUSS: / Jahreszahl / Mzz. **A 1811**
Rand glatt
Var. 5 Var., auch Probeabschlag der Rs. in Zinn

44 (18 b) Schilling (K)   110.–/220.–
Gekröntes Monogramm aus **F W**
Rs. Zwischen 2 Sternen I / SCHILLING / PR: SCHEIDE / MÜNZE / Jahreszahl / Mzz. zwischen 2 Punkten **A 1806**
Rand glatt
Var. 13 Var.

45 (18 c) Schilling (K)   60.–/120.–
Vs. wie Nr. 44
Rs. 1 / SCHILLING / PREUSS. / Jahreszahl / Mzz. **A 1810**
Rand glatt
Var. 6 Var., auch mit PREUS:; Fehlprägungen; Probe mit gekröntem, von Eichenzweigen umgebenem Adlerwappen auf der Vs.

Schlesien

46 (14) 18 Kreuzer (S)   800.–/1600.–
FRIED. WILHELM III KŒNIG V. PREUSS. · Brustbild in Uniform n. l.
Rs. SCHLES. L. M. · Gekrönter, fliegender Adler, in den Fängen Zepter und Reichsapfel haltend, darunter: **18 / KREUZER** / Jahreszahl / Mzz. **G 1808**
Rand glatt
Var. 2 Var. zur Vs.; auch mit Sign. L im Armabschnitt

47 (13) 9 Kreuzer (B)   200.–/400.–
Vs. wie Nr. 46
Rs. SCHLES. L. M. · Gekrönter, fliegender Adler, in den Fängen Zepter und Reichsapfel haltend, darunter: **9 / KREUZER** / Jahreszahl / Mzz. **G 1808**
Var. 1807: Proben mit kleinerem Brustbild. 1808: auch mit FRID., unterschiedlichem Brustbild und mit gekröntem Monogramm F W auf Vs.; Dickproben

48 (11 b, c) Kreuzer (B)   130.–/260.–
FRIED: WILH: KOEN: V: PREUSS: · Brustbild in Uniform n. l.
Rs. Gekrönter Wappenschild mit Adler, r. und l. davon: **1 KR.** / Jahreszahl; unten zwischen 2 Sternen Mzz. **A 1806. G 1808**
Rand glatt
Var. 1806: Punkte statt Doppelpunkte. 1808: Mzz. auch zwischen Punkten; Goldabschlag, auch Abschlag auf Platte von 1/6 Taler mit Kettenrand

49 (12) Kreuzer (K)   180.–/350.–
Ovaler, gekrönter Wappenschild mit Adler, von 2 gekreuzten Eichenzweigen umgeben
Rs. NEUNZIG EINEN REICHS THALER · 1 / KREUTZER / SCHLES: / Jahreszahl / Mzz. **A 1810** (54 630)
Kettenrand
Var. 2 Var.

50 (10 b) Gröschel (B) 100.–/200.–
Gekröntes Monogramm aus **F W R**
Rs. Zwischen 2 Rosetten **1** / **GRÖSCHEL** / Jahreszahl / zwischen 2 Sternen Mzz. **A 1806**. **G 1808, 1809**
Rand glatt
Var. **1806**: 3 Var. **1808**: 7 Var.; Goldabschlag. **1809**: 3 Var.; Mzz. zwischen Rosetten

51 (9) 1/2 Kreuzer (K) 140.–/260.–
Gekröntes Monogramm aus **F W**
Rs. ½ / **KREUZER** / **SCHLES: LAND** / **MÜNZE** / Jahreszahl / Mzz. **A 1806**
Rand glatt
Var. 4 Var.

Ghzm. Posen

52 (162) 3 Groschen (K) 120.–/240.–
Ovaler, gekrönter Wappenschild mit Adler, umgeben von zwei gekreuzten Eichenzweigen
Rs. **60 EINEN THALER · 3** / **GROSCHEN** / **GR. HERZ.** / **POSEN** / Jahreszahl / Mzz. **A 1816, 1817. B 1816**
Kettenrand
Var. **1816 A u. B**: Fehlprägungen mit PREUS: statt GR. HERZ. POSEN, außerdem auch mit 1 statt 3. **1816 B**: 3 Var **1817**: 3 Var.

53 (161) Groschen (K) 50.–/100.–
Vs. wie Nr. 52
Rs. **180 EINEN THALER · 1** / **GROSCHEN** / **GR. HERZ.** / **POSEN** / Jahreszahl / Mzz. **A 1816, 1817. B 1816**
Rand glatt
Var. **1816 A**: 6 Var., auch mit HREZ:. **1816 B**: 5 Var. **1817**: 2 Var., auch mit GR: HERZ: SS 325.–

Ausgleichungsmünzen (Proben)

54 10 Pfennige (K) 500.–/900.–
Borussia, mit Modius auf dem Kopf, sitzt n. l. gewendet auf einem Stein, der die kgl. Initialen F W R trägt; die Rechte ist segnend ausgestreckt, der linke Arm auf den neben ihr sitzenden, gekrönten preußischen Adler gestützt. Am Boden liegen Früchte. Die Darstellung wird von einem Eichenkranz umgeben.
Rs. **30 EIN THALER** Rosette **10 PFENNIGE** Rosette, auf schraffiertem Grund. Im Feld: **1** / **ZEHNER** / Jahreszahl / Mzz. **A 1812**
Rand: IEDEM ✱ ✱ ✱ DAS ✱ ✱ ✱ SEINIGE ✱ ✱ ✱

55 5 Pfennige (K) 300.–/700.–
Vs. wie Nr. 54
Rs. **60 EIN THALER** Rosette **2 EIN ZEHNER** Rosette, auf schraffiertem Grund. Im Feld: **5** / **PFENNIGE** / Jahreszahl / Mzz. **A 1812**
Rand: IEDEM ✱ ✱ ✱ DAS ✱ ✱ ✱ SEINIGE ✱ ✱ ✱
Var. Auch mit Kettenrand

56 5 Pfennige (K) 200.–/400.–
KOENIGL. PREUSS. SCHEIDE MÜNZE Rosette · Gekröntes Monogramm aus **FW**, darunter Jahreszahl
Rs. wie Nr. 55. **A 1812**
Rand: IEDEM ✱ ✱ ✱ DAS ✱ ✱ ✱ SEINIGE ✱ ✱ ✱
Var. **O. J.**: auf der Vs.: Rosette und AUSGLEICHUNGSMÜNZE. Auch mit Kettenrand, auch mit Monogramm von anderer Gestaltung

PREUSSEN

57 2 Pfennige (K) 120.–/280.–
Vs. wie Nr. 54
Rs. **150 EIN THALER** ❊ **5 EIN ZEHNER** ❊ Im Feld: **2 / PFENNINGE** / Jahreszahl / Mzz. **A 1812**
Rand glatt

58 Pfennig (K) 180.–/380.–
Vs. wie Nr. 54
Rs. **300 EIN THALER** ❊ **10 EIN ZEHNER** ❊ Im Feld: **1 / PFENNING** / Jahreszahl / Mzz. **A 1812**
Rand glatt

59 Pfennig (K) 150.–/300.–
Gekröntes Monogramm aus **FW**
Rs. wie Nr. 58. **A 1812**
Rand glatt

Gedenkmünzen

60 (34) Taler (S) 6000.–/14000.–
Anläßlich des Besuches der Berliner Münze durch Kronprinz Friedrich Wilhelm (IV.) 1812
FRIEDR. WILHELM III KOENIG VON PREUSSEN. Kopf n. r.
Rs. **UND DEN THEUREN ERBEN SEINES THRONS** · Zwischen Rosetten **14 EINE FEINE M.** Im Eichenkranz: **GOTT / SCHÜTZE / IHN** / Leiste / **1 THALER /** Jahreszahl / Mzz. **A 1812** (sog. Kronprinzentaler)
Kettenrand
Var. 2 Var.

Friedrich Wilhelm IV. (1840–1861)

* 15.10.1795 als Sohn des späteren Königs Friedrich Wilhelm III. und seiner Gemahlin Luise von Mecklenburg-Strelitz. ∞ Elisabeth, einer Tochter des Königs von Bayern Max Joseph. 9.10.1858 Übernahme der Regentschaft durch seinen jüngeren Bruder Prinz Wilhelm. † 2.1.1861.

61 (113) Doppelfriedrich d'or (G) 1200.–/2200.–
FRIEDR. WILH. IV KOENIG V. PREUSSEN · Kopf n. r., darunter Mzz.
Rs. Gekrönter Adler auf Kanonenrohr, dahinter Standarte und Fahnen. Unten Jahreszahl **A 1841, 1842, 1843, 1844, 1845, 1846, 1848, 1849, 1852**
Kettenrand
Ab **1845** größere Jahreszahl

62 (116) Doppelfriedrich d'or (G) 2800.–/6000.–
FRIEDR. WILHELM IV KOENIG V. PREUSSEN · Kopf n. r., darunter Mzz.
Rs. wie Nr. 61. **A 1853 1854, 1855**
Kettenrand

63 (112) Friedrich d'or (G) 1100.–/2000.–
FRIEDR. WILH. IV KOENIG V. PREUSSEN · Kopf n. r., darunter Mzz.
Rs. Gekrönter Adler auf Kanonenrohr, dahinter Standarte und Fahnen. Unten Jahreszahl **A 1841, 1842, 1843, 1844, 1845, 1846, 1847, 1848, 1849, 1850, 1851, 1852**
Kettenrand
Ab **1845** größere Jahreszahl

64 (115) Friedrich d'or (G) 1400.–/2800.–

PREUSSEN

FRIEDR. WILHELM IV KOENIG V. PREUSSEN · Kopf n.r., darunter Mzz.
Rs. wie Nr. 63. **A 1853, 1854, 1855**
Kettenrand

65 (111) 1/2 Friedrich d'or (G)   1 000.– / 1 900.–

FRIEDR. WILH. IV KOENIG V. PREUSSEN · Kopf n.r., darunter Mzz.
Rs. Gekrönter Adler auf Kanonenrohr, dahinter Standarte und Fahnen. Unten Jahreszahl **A 1841, 1842, 1843, 1844, 1845, 1846, 1849**
Kettenrand

69 (71, 74) Doppeltaler (S)   350.– / 550.–

FRIEDR. WILHELM IV KOENIG V. PREUSSEN · Kopf n.r., darunter Mzz.
Rs. **2 THALER VII EINE F. MARK 3½ GULDEN · VEREINSMÜNZE** zwischen 2 Rosetten · 14feldiges Wappen mit gekröntem Helm auf gekröntem Hermelinmantel, umzogen von der Kette des Schwarzen-Adler-Ordens. Unten Jahreszahl. Auf den untersten Falten des Wappenmantels Signatur **LH** = Held. **A 1841** (4 307 143), **1842** (1 249 479), **1843** (192 722), **1844** (1 068 838), **1845** (961 247), **1846** (1 472 233), **1847** (232 493), **1848** (4 147), **1850** (221 129), **1851** (378 546)
Rand: GOTT MIT UNS dazwischen Ranken und Kreuze
Ab **1843**: die Kronen oben und auf dem mittleren obersten Feld schmaler. **1842**: Abschlag vom Vs.-Stempel. **1845**: einseitige Abschläge vom Vs.- und Rs.-Stempel

66 (114) 1/2 Friedrich d'or (G)   1 800.– / 3 600.–

FRIEDR. WILH. IV KOENIG V. PREUSSEN · Kopf n.r. darunter Mzz.
Rs. wie Nr. 65. **A 1853**
Kettenrand

67 (118) Krone (G)   2 800.– / 5 200.–

FRIEDR. WILHELM IV KOENIG V. PREUSSEN · Kopf n.r., darunter Mzz.
Rs. **VEREINSMÜNZE** zwischen 2 Rosetten, **50 EIN PFUND FEIN** · Im Eichenkranz: **1 / KRONE /** Jahreszahl **A 1858** (6320), **1859** (34 345), **1860** (16 382)
Rand: GOTT MIT UNS dazwischen Ranken und Kreuze

70 (82) Doppeltaler (S)   350.– / 550.–

FRIEDR. WILHELM IV KOENIG V. PREUSSEN · Kopf n.r., darunter Mzz.
Rs. wie Nr. 69. **A 1853** (2500), **1854** (146 692), **1855** (100 045), **1856** (627 340)
Rand: GOTT MIT UNS, dazwischen Ranken und Kreuze

68 (117) 1/2 Krone (G)   2 800.– / 5 200.–

FRIEDR. WILHELM IV KOENIG V. PREUSSEN · Kopf n.r., darunter Mzz.
Rs. **VEREINSMÜNZE** zwischen 2 Rosetten, **100 EIN PFUND FEIN** · Im Eichenkranz: **½ / KRONE /** Jahreszahl **A 1858** (2036)
Rand: GOTT MIT UNS dazwischen Ranken und Kreuze

71 (86) Doppeltaler (S)   850.– / 1 600.–

PREUSSEN

Vs. wie Nr. 70
Rs. **ZWEI VEREINSTHALER XV EIN PFUND FEIN** · Adler unter schwebender Krone, Zepter und Reichsapfel haltend mit der um den Hals gehängten Kette des Schwarzen-Adler-Ordens sowie auf Leib und Flügeln belegt mit zehn Wappenschilden (auf dem Leib oben Preußen, darunter Brandenburg, daneben Nürnberg und Hohenzollern, auf dem rechten Flügel Niederrhein, Posen, Westfalen, auf dem linken Flügel Sachsen, Schlesien, Pommern). Unten Jahreszahl **A 1858** (16 569), **1859** (173 528)
Rand: GOTT MIT UNS dazwischen Ranken und Kreuze
1857: einseitiger Probeabschlag der Rs. in Zinn mit Monogramm F R auf der Brust des Adlers

72 (69) **Taler** (S) 240.– / 750.–
FRIEDR. WILHELM IV KOENIG V. PREUSSEN · Kopf n.r., darunter Mzz.
Rs. **EIN THALER XIV EINE F. M.** · Gekröntes 14feldiges Wappen auf Lorbeerkranz, umzogen von der Kette des Schwarzen-Adler-Ordens. Unten Jahreszahl **A 1841** (2 279 754)
Rand: GOTT MIT UNS dazwischen Ranken und Kreuze
Var. auch mit fehlerhaftem Mzz.

73 (70) **Ausbeutetaler** (S) 280.– / 900.–
Vs. wie Nr. 72
Rs. **EIN THALER. XIV EINE FEINE MARK** Jahreszahl · **SEGEN DES / MANSFELDER / BERGBAUES** · **A 1841** (50 000)
Rand: GOTT MIT UNS dazwischen Ranken und Kreuze

74 (73) **Taler** (S) 120.– / 300.–
FRIEDR. WILHELM IV KOENIG V. PREUSSEN · Kopf n.r., darunter Mzz.
Rs. wie Nr. 72, aber andere Krone · **A 1842, 1843, 1844, 1845, 1846, 1847, 1848, 1849, 1850, 1851, 1852**
Rand: GOTT MIT UNS dazwischen Ranken und Kreuze
1842: 4 unterschiedliche Proben. Ab **1847:** leicht verändertes Wappen. **1848, 1850, 1854:** Fälschungen in versilbertem Zinn

75 (75) **Ausbeutetaler** (S) 160.– / 350.–
Vs. wie Nr. 74
Rs. wie Nr. 73. **A 1842, 1843, 1844, 1845, 1846, 1847, 1848, 1849, 1850, 1851, 1852**
Rand: GOTT MIT UNS dazwischen Ranken und Kreuze
Ab **1847:** ohne Punkt nach THALER

76 (80) **Taler** (S) 140.– / 280.–
FRIEDR. WILHELM IV KOENIG V. PREUSSEN · Kopf n.r., darunter Mzz.
Rs. wie Nr. 74. **A 1853** (300 000), **1854** (3 500 000), **1855** (7 300 000), **1856** (940 000)
Rand: GOTT MIT UNS dazwischen Ranken und Kreuze
1855: Fälschung in versilbertem Kupfer
Var. **1854:** 2 Var. mit unterschiedlichem Porträt

77 (81) **Ausbeutetaler** (S) 130.– / 300.–
Vs. wie Nr. 76
Rs. wie Nr. 73. **A 1853, 1854, 1855, 1856**
Rand: GOTT MIT UNS dazwischen Ranken und Kreuze
Var. **1854:** 2 Var. mit unterschiedlichem Porträt

78 (84) Taler (S)   90.– / 180.–
Vs. wie Nr. 76
Rs. **EIN VEREINSTHALER XXX EIN PFUND FEIN** · Adler unter schwebender Krone, Zepter und Reichsapfel haltend mit der um den Hals gehängten Kette des Schwarzen-Adler-Ordens, auf der Brust Monogramm aus **FR**. Unten Jahreszahl **A 1857** (836494), **1858** (1 120495), **1859** (17600000), **1860** (17428876), **1861** (10000)
Rand: GOTT MIT UNS dazwischen Ranken und Kreuze
1861: Sterbetaler genannt. Auch Fälschungen vorkommend, die durch Umgravierung von 1860 in 1861 oder durch Zusammenlöten mit der Rs. von Talern 1861 König Wilhelms I. verfertigt sind   **(180.–/360.–)**

81 (79) 1/6 Taler (S)   600.– / 1 200.–
FRIEDR. WILHELM IV KOENIG V. PREUSSEN · Kopf n. r., darunter Mzz.
Rs. wie Nr. 80. **A 1853** (216000), **1854** (116000), **1855** (30000), **1856** (51000)
Rand: GOTT MIT UNS dazwischen Ranken und Kreuze
Var. **1854**: auch mit verkehrt stehender Randschrift.

82 (83) 1/6 Taler (S)   500.– / 900.–
Vs. wie Nr. 81
Rs. **VI EINEN THALER CLXXX EIN PF. F.** Adler wie Nr. 78. Unten Jahreszahl. **A 1858** (96000), **1859** (32334), **1860** (128496)
Rand: GOTT MIT UNS dazwischen Ranken und Kreuze

79 (85) Ausbeutetaler (S)   120.– / 350.–
Vs. wie Nr. 76
Rs. **EIN THALER XXX EIN PFUND FEIN** Jahreszahl · **SEGEN DES / MANSFELDER / BERGBAUES**. **A 1857** (47000), **1858** (95000), **1859** (94000), **1860** (297577)
Rand: GOTT MIT UNS dazwischen Ranken und Kreuze

83 (67) 2½ Silbergroschen (B)   15.– / 45.–
FRIEDR. WILH. IV KOENIG V. PREUSSEN · Kopf n.r.
Rs. **12 EINEN THALER SCHEIDE MÜNZE** · Im Feld: 2½ / SILBER / GROSCHEN / Jahreszahl / Mzz. **A 1842, 1843, 1844, 1848, 1849, 1850, 1851, 1852**
Rand glatt
1848: Fälschung in Kupfer

80 (68, 72) 1/6 Taler (S)   75.– / 150.–
FRIEDR. WILH. IV KOENIG V. PREUSSEN · Kopf n.r., darunter Mzz.
Rs. **VI EINEN THALER LXXXIV EINE F. M.** · Gekröntes Wappen mit Adler, umgeben vom Schwarzen-Adler-Orden. Unten Jahreszahl **A 1841, 1842, 1843, 1844, 1845, 1846, 1847, 1848, 1849, 1850, 1852. D 1841, 1842, 1843, 1844, 1845**
Rand: GOTT MIT UNS dazwischen Ranken und Kreuze
Ab **1843**: veränderte Krone; **1849 A**: Goldprobe

84 (78) 2½ Silbergroschen (B)   35.– / 70.–
FRIEDR. WILHELM IV KOENIG V. PREUSSEN · Kopf n.r.
Rs. wie Nr. 83. **A 1853, 1854, 1855, 1856, 1857, 1858, 1859, 1860**
Rand glatt
1857: Proben mit gekerbtem Rand und nur 21 mm ∅

PREUSSEN

85 (66) Silbergroschen (B) 20.–/40.–
FRIEDR. WILH. IV KOENIG V. PREUSSEN · Kopf n. r.
Rs. 30 EINEN THALER SCHEIDE MÜNZE · 1 / SILBER / GROSCHEN / Jahreszahl / Mzz. A 1841, 1842, 1843, 1844, 1845, 1846, 1847, 1848, 1849, 1850, 1851, 1852. D 1841, 1842, 1843, 1844, 1845, 1847, 1848   D: 50.–/100.–
Rand glatt

86 (77) Silbergroschen (B) 15.–/35.–
FRIEDR. WILHELM IV KOENIG V. PREUSSEN · Kopf n. r.
Rs. wie Nr. 85. A 1853, 1854, 1855, 1856, 1857, 1858, 1859, 1860
Rand glatt

87 (65) 1/2 Silbergroschen (B) 35.–/100.–
FRIEDR. WILH. IV KOENIG V. PREUSSEN · Kopf n. r.
Rs. 60 EINEN THALER SCHEIDE MÜNZE · 1/2 / SILBER / · GROSCHEN · / Jahreszahl / Mzz. A 1841, 1842, 1843, 1844, 1845, 1846, 1847, 1848, 1849, 1850, 1851, 1852
Rand glatt

88 (76) 1/2 Silbergroschen (B) 70.–/150.–
FRIEDR. WILH. IV KOENIG V. PREUSSEN · Kopf n. r.
Rs. wie Nr. 87. A 1853 1854, 1855, 1856, 1858, 1860
Rand glatt

89 (45, 49, 53) 4 Pfennige (K) 22.–/45.–
90 EINEN THALER · Gekrönter Wappenschild mit Adler
Rs. SCHEIDE MÜNZE · 4 / PFENNIGE / Jahreszahl / Leiste / Mzz. A 1841, 1842, 1843, 1844, 1845, 1846, 1847, 1848, 1850, 1851, 1852, 1853, 1854, 1855, 1856, 1857, 1858, 1860. D 1841, 1842, 1846, 1847, 1848
Kettenrand; ab 1846 glatter Rand (Ringprägung)
Ab **1843**: Krone und Monogramm verändert. 1855 A: Goldabschlag

90 (44, 48, 52) 3 Pfennige (K) 12.–/30.–
120 EINEN THALER · Gekrönter Wappenschild mit Adler
Rs. SCHEIDE MÜNZE · 3 / PFENNIGE / Jahreszahl / Leiste / Mzz. A 1841, 1842, 1843, 1844, 1845, 1846, 1847, 1848, 1849, 1850, 1851, 1852, 1853, 1854, 1855, 1856, 1857, 1858, 1859, 1860. D 1841, 1842, 1843, 1844, 1846, 1847, 1848
Kettenrand; ab 1846 glatter Rand (Ringprägung)
Ab **1843**: Krone und Monogramm verändert. 1850: auch mit PFENNIGE (Rs.-Stempel vom Dreier für das Fsm. Reuß j. L.)   (600.–/1 200.–)
1854 A: Goldabschlag

91 (43, 47, 51) 2 Pfennige (K) 10.–/25.–
180 EINEN THALER · Gekrönter Wappenschild mit Adler
Rs. SCHEIDE MÜNZE · 2 / PFENNIGE / Jahreszahl / Leiste / Mzz. A 1841, 1842, 1843, 1844, 1845, 1846, 1847, 1848, 1849, 1850, 1851, 1852, 1853, 1854, 1855, 1856, 1857, 1858, 1859, 1860. D 1841, 1842, 1844, 1846, 1847, 1848
Rand glatt
Var. Ab **1843**: Krone und Monogramm verändert

92 (42, 46, 50) Pfennig (K) 10.–/20.–
360 EINEN THALER · Gekrönter Wappenschild mit Adler
Rs. SCHEIDE MÜNZE · 1 / PFENNIG / Jahreszahl / Leiste / Mzz. A 1841, 1842, 1843, 1844, 1845, 1846, 1847, 1848, 1849, 1850, 1851, 1852, 1853, 1854, 1855, 1856, 1857, 1858, 1859, 1860. D 1841, 1842, 1844, 1845, 1846, 1847, 1848
Rand glatt
Ab **1843**: Krone und Monogramm verändert

Wilhelm I. (1861–1888)

Jüngerer Bruder Friedrich Wilhelms IV. * 22.3.1797 als Sohn des späteren Königs Friedrich Wilhelm III. und seiner Gemahlin Luise von Mecklenburg-Strelitz. ∞ 11.6.1829 Augusta von Sachsen-Weimar-Eisenach. 9.10.1858 Übernahme der Regentschaft für seinen an Gehirnwassersucht leidenden älteren Bruder Friedrich Wilhelm IV. 18.1.1871 Proklamation zum Deutschen Kaiser im Spiegelsaal des Schlosses zu Versailles. † 9.3.1888.

93 (120) Krone (G) 2 400.– / 4 800.–

WILHELM KOENIG VON PREUSSEN · Kopf n.r., darunter Mzz.
Rs. **VEREINSMÜNZE** zwischen 2 Rosetten **50 EIN PFUND FEIN** · Im Eichenkranz: **1 / KRONE /** Jahreszahl **A 1861** (2488), **1862** (5558), **1863** (2653), **1864** (792), **1866** (720), **1867** (4087), **1868** (97364), **1869**, **1870** (1764). **B 1867** (39796), **1868**
Rand: GOTT MIT UNS zwischen den Worten je 1 Kreuz und 2 Ranken
1866: Probe zum Friedrich d'or (Vs.: WILHELM KOENIG VON PREUSSEN, Kopf n.r., darunter Mzz. A, Rs.: Gekrönter Adler auf Kanonenrohr, dahinter Standarte und Fahnen, unten Jahreszahl)

94 (119) 1/2 Krone (G) 1 800.– / 3 300.–

WILHELM KOENIG VON PREUSSEN · Kopf n.r., darunter Mzz.
Rs. **VEREINSMÜNZE** zwischen 2 Rosetten **100 EIN PFUND FEIN** · Im Eichenkranz: **½ / KRONE /** Jahreszahl **A 1862** (6365), **1863** (3642), **1864** (4840), **1866** (14338), **1867** (5711), **1868** (91794), **1869**. **B 1868** (3718)
Rand: GOTT MIT UNS zwischen den Worten je 1 Kreuz und 2 Ranken

95 (94) Doppeltaler (S) 1 300.– / 3 200.–

WILHELM KOENIG VON PREUSSEN · Kopf n.r., darunter Mzz.
Rs. **ZWEI VEREINSTHALER XV EIN PFUND FEIN** · Adler unter schwebender Krone, Zepter und Reichsapfel haltend, wie Nr. 71. Unten Jahreszahl **A 1861** (9490), **1862** (52779), **1863** (337)
Rand: GOTT MIT UNS zwischen den Worten je 1 Kreuz und 2 Ranken

96 (97) Doppeltaler (S) 700.– / 1 400.–

Vs. wie Nr. 95, aber größerer Kopf
Rs. wie Nr. 95, aber gekrönter Adler mit Monogramm aus FR auf der Brust und den 10 Wappenschilden an den Flügeln (die vorher auf dem Leib stehenden an die oberen Flügelenden versetzt), die Krone auf dem Haupt ruhend. **A 1865** (23462), **1866** (5110), **1867** (1195), **1868** (1584), **1869** (1901), **1870** (3155), **1871** (1134). **C 1866** (226123), **1867** (1048836)
Rand: GOTT MIT UNS zwischen den Worten je 1 Kreuz und 2 Ranken
1866 A: mit aufgelöteten Brustbildern des Kronprinzen und des Prinzen Friedrich Karl

97 (92) Taler (S) 80.– / 200.–

WILHELM KOENIG VON PREUSSEN · Kopf n.r., darunter Mzz.
Rs. **EIN VEREINSTHALER XXX EIN PFUND FEIN** Adler unter schwebender Krone, Zepter und Reichsapfel haltend, wie Nr. 78. Unten Jahreszahl **A 1861** (13716253), **1862** (6057150), **1863** (1667570)
Rand: GOTT MIT UNS zwischen den Worten je 1 Kreuz und 2 Ranken
1864: unterschiedliche Proben mit Vs.-Stempeln von Kullrich und von Mertens. Der von Mertens entspricht den seit 1864 geprägten Talern

98 (93) Ausbeutetaler (S) 140.– / 380.–

PREUSSEN

Vs. wie Nr. 97
Rs. **EIN THALER XXX EIN PFUND FEIN** Jahreszahl ·
SEGEN DES / MANSFELDER / BERGBAUES · A **1861**
(69 930), **1862** (145 000)
Rand: GOTT MIT UNS zwischen den Worten je 1 Kreuz
und 2 Ranken
Stempel von Hofmedailleur Christoph Pfeuffer

99 (96) Taler (S) 90.– / 180.–

Vs. wie Nr. 97, aber größerer Kopf
Rs. wie Nr. 97, aber der Adler von anderer Gestaltung; die
Krone auf dem Haupte ruhend. A **1864** (1 379 059), **1865**
(2 583 732), **1866** (24 409 072), **1867** (31 390 303), **1868**
(6 286 186), **1869** (3 630 189), **1870** (3 139 987), **1871** (7 600 109),
B **1866** (33 999), **1867** (593 095), **1868** (48 297), **1869** (370 375),
1870 (611 475), **1871** (245 077). C **1867** (179 482), **1868** (5 139),
1869 (44 219), **1870** (190 461), **1871** (28 289)
Rand: GOTT MIT UNS zwischen den Worten je 1 Kreuz
und 2 Ranken
1870 A: Fälschung in Zinn. **1871** A: Abschlag in Zinn; ein-
seitiger Zinnabschlag der Vs.

100 (91) 1/6 Taler (S) 70.– / 150.–
WILHELM KOENIG VON PREUSSEN · Kopf n. r., dar-
unter Mzz.
Rs. **VI EINEN THALER CLXXX EIN PF. F.** · Adler unter
schwebender Krone, Zepter und Reichsapfel haltend, wie
Nr. 78. Unten Jahreszahl A **1861** (249 270), **1862** (1 180 266),
1863 (412 962), **1864** (440 730)
Rand: GOTT MIT UNS zwischen den Worten je 1 Kreuz
und 2 Ranken
Stempel von Hofmedailleur Christoph Pfeuffer

101 (95) 1/6 Taler (S) 80.– / 200.–
Vs. wie Nr. 100, aber größerer Kopf
Rs. wie Nr. 100, aber gekrönter Adler wie Nr. 99 A **1865**
(194 100), **1867** (148 392), **1868** (128 112)
Rand: GOTT MIT UNS zwischen den Worten je 1 Kreuz
und 2 Ranken

102 (90) 2 1/2 Silbergroschen (B) 25.– / 50.–
WILHELM KOENIG VON PREUSSEN · Kopf n. r.
Rs. **12 EINEN THALER SCHEIDE MÜNZE** · **2½ / SIL-
BER / GROSCHEN /** Jahreszahl / Mzz. A **1861, 1862, 1863,
1864, 1865, 1866, 1867, 1868, 1869, 1870, 1871, 1872, 1873.**
B **1869, 1870, 1871, 1872, 1873.** C **1867, 1868, 1869, 1870,
1871, 1872, 1873**
Rand: glatt bzw. feinst gerillt
1861: Fälschung in Kupfer

103 (89) Silbergroschen (B) 12.– / 25.–
WILHELM KOENIG VON PREUSSEN · Kopf n. r.
Rs. **30 EINEN THALER SCHEIDE MÜNZE** · **1 / SILBER /
GROSCHEN /** Jahreszahl / Mzz. A **1861, 1862, 1863, 1864,
1865, 1866, 1867, 1868, 1869, 1870, 1871, 1872, 1873.** B **1866,
1867, 1868, 1869, 1870, 1871, 1872, 1873.** C **1867, 1868, 1869,
1870, 1871, 1872, 1873**
Rand: glatt bzw. feinst gerillt
1864 A: Goldabschlag

104 (88) 1/2 Silbergroschen (B) 25.– / 45.–
WILHELM KOENIG VON PREUSSEN · Kopf n. r.
Rs. **60 EINEN THALER SCHEIDEMÜNZE** · **1/2 / SILBER /
· GROSCHEN** · **/** Jahreszahl / Mzz. A **1861, 1862, 1863, 1864,
1865, 1866, 1867, 1868, 1869, 1870, 1871, 1872.** B **1866, 1867,
1868, 1869, 1870, 1871, 1872, 1873.** C **1867, 1868, 1872**
Rand glatt

105 (53) 4 Pfennige (K) 22.– / 45.–
90 EINEN THALER · Gekrönter Wappenschild mit Adler
Rs. **SCHEIDE MÜNZE** · **4 / PFENNINGE /** Jahreszahl
Leiste / Mzz. A **1861, 1862, 1863, 1864, 1865, 1866, 1867, 1868,
1869, 1870, 1871.** C **1867, 1868, 1871**
Rand glatt
1871 C: Abschlag in Silber

106 (52) 3 Pfennige (K) 5.–/12.–
120 EINEN THALER · Gekrönter Wappenschild mit Adler
Rs. **SCHEIDE MÜNZE** · 3 / PFENNINGE / Jahreszahl / Leiste / Mzz. **A** 1861, 1862, 1863, 1864, 1865, 1866, 1867, 1868, 1869, 1870, 1871, 1872, 1873. **B** 1867, 1868, 1869, 1870, 1871, 1872, 1873. **C** 1867, 1868, 1869, 1870, 1871, 1872, 1873
Rand glatt
1871 C und **1873 A**: Abschläge in Silber

107 (51) 2 Pfennige (K) 4.–/10.–
180 EINEN THALER · Gekrönter Wappenschild mit Adler
Rs. **SCHEIDE MÜNZE** · 2 / PFENNINGE / Jahreszahl / Leiste / Mzz. **A** 1861, 1862, 1863, 1864, 1865, 1866, 1867, 1868, 1869, 1870, 1871. **B** 1867, 1868, 1869, 1870, 1871, 1873. **C** 1867, 1868, 1871, 1872, 1873
Rand glatt
1871 C: Abschlag in Silber

108 (50) Pfennig (K) 4.–/10.–
360 EINEN THALER · Gekrönter Wappenschild mit Adler
Rs. **SCHEIDE MÜNZE** · 1 / PFENNING / Jahreszahl / Leiste / Mzz. **A** 1861, 1862, 1863, 1864, 1865, 1866, 1867, 1868, 1869, 1870, 1871, 1872, 1873. **B** 1867, 1868, 1869, 1870, 1871, 1872, 1873. **C** 1867, 1868, 1870, 1871, 1872, 1873
Rand glatt
1863 A: Abschlag in Gold. **1868 A**: auch als Schraubmünze mit dem Bild von Bismarck
1865 A: Probe in Nickel (bronzefarben) 100.–/200.–

Nach Einführung der Reichswährung

109 (243) 20 Mark (G) 250.–/330.–
WILHELM DEUTSCHER KAISER KÖNIG V. PREUSSEN · Kopf n. r., darunter Mzz.
Rs. **DEUTSCHES REICH** Eichenzweig · Gekrönter Reichsadler mit großem Brustschild, dieser umzogen von der Kette des Schwarzen-Adler-Ordens (Modell 1871–1889). Unten r. und l. Wertangabe: **20 M.**, darunter Jahreszahl **A 1871** (502 462), **1872** (7 717 323), **1873** (9 062 648). **B 1872** (1 917 993), **1873** (3 441 178). **C 1872** (3 056 432), **1873** (5 227 636)
Rand: GOTT MIT UNS zwischen den Worten je 1 Stern und 2 Ranken
Stempel von Hofmedailleur W. Kullrich. **1872 A**: 2491 mit polierter Platte

110 (246) 20 Mark (G) 230.–/320.–
Vs. wie Nr. 109
Rs. **DEUTSCHES REICH** Jahreszahl · Reichsadler (Modell 1871–1889). Unten zwischen Sternen die Wertbezeichnung: **20 MARK**. **A 1874** (762 332), **1875** (4 203 301), **1876** (2 672 895), **1877** (1 250 306), **1878** (2 174 688), **1879** (1 023 136), **1881** (427 556), **1882** (655 102), **1883** (4 283 131), **1884** (224 422), **1885** (407 456), **1886** (175 977), **1887** (5 645 176), **1888** (533 854). **B 1874** (824 336), **1875**, **1877** (501 159). **C 1874** (88 205), **1876** (423 088), **1877** (6384), **1878** (82 430)
Rand: GOTT MIT UNS zwischen den Worten je 1 Stern und 2 Ranken
Stempel von Hofmedailleur W. Kullrich

111 (242) 10 Mark (G) 180.–/240.–
Vs. wie Nr. 109
Rs. wie Nr. 109, aber Wertangabe: **10 M. A 1872** (3 123 322), **1873** (3 016 467). **B 1872** (1 417 782), **1873** (2 272 663). **C 1872** (1 747 280), **1873** (2 294 599)
Rand: Ranken und Sternchen
Vs.-Stempel von E. Weigand, Rs.-Stempel von Hofmedailleur W. Kullrich

112 (245) 10 Mark (G) 180.–/280.–
Vs. wie Nr. 109
Rs. wie Nr. 110, aber Wertbezeichnung: **10 MARK** · **A 1874** (832 876), **1875** (2 430 057), **1877** (851 185), **1878** (1 126 313), **1879** (1 011 923), **1880** (1 761 673), **1882** (8382), **1883** (13 213),

PREUSSEN

1886 (14 498), **1888** (189 125). **B 1874** (1 028 320), **1875** (455 763), **1876** (2800), **1877** (246 694), **1878** (14 588). **C 1874** (321 374), **1875** (1 532 469), **1876** (27 418), **1877** (328 211), **1878** (516 471), **1879** (281 579)
Rand: Ranken und Sternchen
Rs.-Stempel von Hofmedailleur W. Kullrich

Gedenkmünzen

116   (87) Taler (S)   60.– / 85.–
Auf die Krönung zu Königsberg am 18.10.1861
WILHELM KOENIG AUGUSTA KOENIGIN V. PREUSSEN · Beider Brustbilder im Krönungsornat n. r., unten Mzz.
Rs. SUUM CUIQUE KROENUNGS THALER 1861 · Gekrönter Adler mit Zepter und Reichsapfel, umgeben oben und unten von gekröntem W, r. und l. von gekröntem A, dazwischen 4 R (Rex und Regina). **A 1861** (1 000 000)
Rand: GOTT MIT UNS zwischen den Worten je 1 Kreuz und 2 Ranken

113   (244) 5 Mark (G)   350.– / 500.–
Vs. wie Nr. 109
Rs. wie Nr. 110, aber Wertbezeichnung: **5 MARK** · **A 1877** (1 216 782), **1878** (502 138). **B 1877** (516 600). **C 1877** (688 400)
Rand glatt

117   (98) Taler (S)   100.– / 150.–
Auf den Sieg von 1866 über Österreich
WILHELM KOENIG VON PREUSSEN · Kopf mit Lorbeerkranz n. r., darunter Mzz.
Rs. EIN VEREINSTHALER XXX EIN PFUND FEIN · Gekrönter Adler, Zepter und Reichsapfel haltend, wie Nr. 99. Unten Jahreszahl **A 1866**
Rand: GOTT MIT UNS zwischen den Worten je 1 Kreuz und 2 Ranken
Probeabschlag ohne Legenden: sogenannter Sieges-Diner-Taler mit aufgelöteten Köpfen des Kronprinzen und des Prinzen Friedrich Karl

114   (97) 5 Mark (S)   75.– / 650.–
Vs. wie Nr. 109
Rs. wie Nr. 110, aber Wertbezeichnung: **FÜNF MARK** · **A 1874** (837 546), **1875** (852 836), **1876** (2 041 407). **B 1875** (919 482), **1876** (2 098 368). **C 1876** (812 361)
Rand: GOTT MIT UNS zwischen den Worten je 1 Kreuz und 2 Ranken

115   (96) 2 Mark (S)   65.– / 400.–
Vs. wie Nr. 109
Rs. wie Nr. 110, aber Wertbezeichnung: **ZWEI MARK** · **A 1876** (13 369 896), **1877** (3 633 572), **1879** (29 260), **1880** (664 715), **1883** (164 472), **1884** (140 168). **B 1876** (3 985 119), **1877** (1 301 471). **C 1876** (5 233 403), **1877** (1 306 501)
Rand geriffelt

118   (99) Taler (S)   60.– / 85.–
Auf den Sieg von 1871 über Frankreich
WILHELM KOENIG VON PREUSSEN · Kopf n. r., darunter Mzz.
Rs. SIEGES THALER · Thronende Borussia mit Krone, Schwert und preußischem Adlerschild. Im Abschnitt: **1871** · **A 1871** (879 665)

Rand: GOTT MIT UNS zwischen den Worten je 1 Kreuz und 2 Ranken
Probe mit erhaben geprägtem Kopf; Vs.: entworfen und modelliert von Prof. Drake, Stempel von E. Weigand. Rs.: gezeichnet von Prof. Grosse, Stempel von F. W. Kullrich

Friedrich III. (9.3.–15.6.1888)

* 18.10.1831 als Sohn des späteren Kaisers Wilhelm I. und seiner Gemahlin Augusta von Sachsen-Weimar-Eisenach. ∞ Victoria Königliche Prinzessin von Großbritannien und Irland. † 15.6.1888.

119   (248) 20 Mark (G)   240.–/320.–
FRIEDRICH DEUTSCHER KAISER KÖNIG V. PREUSSEN · Kopf n. r., darunter Mzz.
Rs. **DEUTSCHES REICH** Jahreszahl · Reichsadler (Modell 1871–1889). Unten zwischen 2 Sternen die Wertbezeichnung: **20 MARK · A 1888** (5 363 501)
Rand: GOTT MIT UNS zwischen den Worten je 1 Stern und 2 Ranken
Vs.-Stempel von E. Weigand nach der Büste und dem Reliefbildnis von R. Begas

120   (247) 10 Mark (G)   200.–/250.–
Vs. wie Nr. 119
Rs. wie Nr. 119, aber Wertbezeichnung: **10 MARK · A 1888** (876 224)
Rand: Ranken und Sterne

121   (99) 5 Mark (S)   180.–/280.–
Vs. wie Nr. 119
Rs. wie Nr. 119, aber Wertbezeichnung: **FÜNF MARK · A 1888** (200 000)
Rand: GOTT MIT UNS zwischen den Worten je 1 Kreuz und 2 Ranken
Erst nach des Kaisers Tod ausgeprägt

122   (98) 2 Mark (S)   85.–/150.–
Vs. wie Nr. 119
Rs. wie Nr. 119, aber Wertbezeichnung: **ZWEI MARK · A 1888** (500 000)
Rand geriffelt
Erst nach des Kaisers Tod ausgeprägt
Gedenkmedaille in Silber auf geriffeltem 2 Markschrötling vom gleichen Vs.-Stempel, aber mit Rosette statt Mzz. und folgendem Text auf Rs.: SEINEN FRITZ WIRD DEUTSCHLAND NIE VERGESSEN LERNE / LEIDEN / OHNE ZU / KLAGEN / 15 JUNI 1888.

Wilhelm II. (1888–1918)

* 27.1.1859 als Sohn des späteren Kaisers Friedrich III. und seiner Gemahlin Victoria von Großbritannien und Irland. ∞ 27.2.1881 Auguste Victoria von Schleswig-Holstein. 9. bzw. 28.11.1918 Verzicht auf den Thron. † 4.6.1941.

123   (250) 20 Mark (G)   260.–/330.–
WILHELM II DEUTSCHER KAISER KÖNIG V. PREUSSEN · Kopf n. r., darunter Mzz.
Rs. **DEUTSCHES REICH** Jahreszahl · Reichsadler (Modell 1871–1889). Unten zwischen Sternen die Wertbezeichnung: **20 MARK · A 1888** (755 512), **1889** (10 885 270)
Rand: GOTT MIT UNS zwischen den Worten je 1 Stern und 2 Ranken
Vs.-Stempel von E. Weigand nach der Büste von R. Begas

124   (252) 20 Mark (G)   200.–/250.–
Vs. wie Nr. 123
Rs. **DEUTSCHES REICH** Jahreszahl · Gekrönter Reichsadler mit kleinem Brustschild und der um den Hals gelegten Kette des Schwarzen-Adler-Ordens (Modell 1889–1918). Unten zwischen Sternen die Wertbezeichnung: **20 MARK · A 1890** (3 694 754), **1891** (2 752 452), **1892** (1 814 821), **1893** (3 171 741), **1894** (5 814 982), **1895** (4 134 809), **1896** (4 238 568), **1897** (5 393 628), **1898** (6 592 219), **1899** (5 873 229), **1900** (5 162 616), **1901** (5 188 340), **1902** (4 138 128), **1903** (2 870 073), **1904** (3 452 625), **1905** (4 220 793), **1906** (7 788 122), **1907** (2 576 286), **1908** (3 274 168), **1909** (5 212 836), **1910** (8 645 549), **1911** (4 745 790), **1912** (5 569 398), **1913** (vgl. Nr. 125). J 1905

PREUSSEN

(920 784), **1906** (101 808), **1909** (350 128), **1910** (753 217), **1912** (502 530)
Rand: GOTT MIT UNS zwischen den Worten je 1 Stern und 2 Ranken
Ab **1906**: Verbreiterung des Randstabs der Vs. **1906 A**: 124 mit polierter Platte. **1908 J**: 14 Probeabschläge. **1913 A**: Emissionshöhe in Nr. 125 enthalten.
Wachsmodell zur Rs. von Medailleur Otto Schultz

125 (253) 20 Mark (G) 200.– / 250.–
WILHELM II DEUTSCHER KAISER KÖNIG VON PREUSSEN · Brustbild in Uniform n. r., darunter Mzz.
Rs. wie Nr. 124. **A 1913** (6 101 730), **1914** (2 136 861), **1915** (1 268 055)
Rand: GOTT MIT UNS zwischen den Worten je 1 Stern und 2 Ranken
1915: Ausgabe unterblieb wegen des Weltkrieges; erst später sind Exemplare im Handel erschienen

126 (249) 10 Mark (G) 4000.– / 7500.–
Vs. wie Nr. 123
Rs. wie Nr. 123, aber Wertbezeichnung: **10 MARK · A 1889** (23 942)
Rand: Ranken und Sterne

127 (251) 10 Mark (G) 180.– / 280.–
Vs. wie Nr. 123
Rs. wie Nr. 124, aber Wertbezeichnung: **10 MARK · A 1890** (1 512 091), **1892** (34 633), **1893** (368 291), **1894** (17 560), **1895** (28 949), **1896** (1 080 816), **1897** (114 004), **1898** (2 279 986), **1899** (300 000), **1900** (741 818), **1901** (701 930), **1902** (270 911), **1903** (1 684 979), **1904** (1 178 129), **1905** (1 072 513), **1906** (541 970), **1907** (812 698), **1909** (531 934), **1910** (803 111), **1911** (270 798), **1912** (542 372)
Rand: Ranken und Sterne
1900: Nickelabschlag. **1905**: 117 mit polierter Platte. **1906**: 150 mit polierter Platte. **1913**: Probe mit Vs. wie 125 und glattem Rand

128 (101) 5 Mark (S) 900.– / 1800.–

Vs. wie Nr. 123
Rs. wie Nr. 123, aber Wertbezeichnung: **FÜNF MARK · A 1888** (56 204)
Rand: GOTT MIT UNS zwischen den Worten je 1 Kreuz und 2 Ranken

129 (104) 5 Mark (S) 50.– / 150.–
Vs. wie Nr. 123
Rs. wie Nr. 124, aber Wertbezeichnung: **FÜNF MARK · A 1891** (130 261), **1892** (224 009), **1893** (215 300), **1894** (440 203), **1895** (831 025), **1896** (45 925), **1898** (1 133 590), **1899** (528 960), **1900** (1 079 874), **1901** (667 990), **1902** (1 950 840), **1903** (3 855 795), **1904** (2 060 410), **1906** (230 963), **1907** (2 102 338), **1908** (2 230 579)
Rand: GOTT MIT UNS zwischen den Worten je 1 Kreuz und 2 Ranken
Var. **1906**: 415 mit polierter Platte. **1901, 1902, 1903, 1904**: auch OTT statt GOTT in der Randschrift

130 (114) 5 Mark (S) 45.– / 90.–
WILHELM II DEUTSCHER KAISER KÖNIG VON PREUSSEN · Brustbild n. r. in Kürassieruniform mit der Kette des Schwarzen-Adler-Ordens und dem Protektorkreuz des Johanniterordens am Halse. Darunter Mzz.
Rs. wie Nr. 124, aber Wertbezeichnung: **FÜNF MARK · A 1913** (1 961 712), **1914** (1 587 179)
Rand: GOTT MIT UNS zwischen den Worten je 1 Kreuz und 2 Ranken

131 (103) 3 Mark (S) 30.– / 50.–

Vs. wie Nr. 123
Rs. wie Nr. 124, aber Wertbezeichnung: **DREI MARK** ·
A 1908 (2858666), **1909** (6343745), **1910** (5790624), **1911**
(3241710), **1912** (4626390)
Rand: GOTT MIT UNS zwischen den Worten je 1 Kreuz
und 2 Ranken
Var. 1911: auch mit Gegenstempel M (Moçambique)

Gedenkmünzen

135 (106) 5 Mark (S)   90.–/150.–
Anläßlich des 200jährigen Bestehens des Kgr. Preußen
+ FRIEDRICH · I · 1701 · WILHELM · II · 1901 · Beider
Brustbilder n. l.
Rs. wie Nr. 124, aber Wertbezeichnung: **FÜNF MARK** ·
A 1901 (460000)
Rand: GOTT MIT UNS zwischen den Worten je 1 Kreuz
und 2 Ranken

132 (113) 3 Mark (S)   35.–/65.–
Vs. wie Nr. 130
Rs. wie Nr. 124, aber Wertbezeichnung: **DREI MARK** ·
A 1914 (2022000)
Rand: GOTT MIT UNS zwischen den Worten je 1 Kreuz
und 2 Ranken

136 (105) 2 Mark (S)   30.–/45.–
Anläßlich des 200jährigen Bestehens des Kgr. Preußen
Vs. wie Nr. 135
Rs. wie Nr. 124, aber Wertbezeichnung: **ZWEI MARK** ·
A 1901 (2600000)
Rand geriffelt
Vs.-Stempel von O. Schultz nach Zeichnung von Prof. Döpler
jun.

133 (100) 2 Mark (S)   550.–/800.–
Vs. wie Nr. 123
Rs. wie Nr. 123, aber Wertbezeichnung: **ZWEI MARK** ·
A 1888 (140512)
Rand geriffelt

137 (107) 3 Mark (S)   90.–/170.–
Anläßlich des 100jährigen Bestehens der Universität Berlin
FRIEDRICH WILHELM III · WILHELM II ✶ UNIVER-
SITÄT BERLIN ✶ Beider Köpfe n. l., daneben: 1810 1910,
unten vertieft Mzz.
Rs. DEUTSCHES REICH 1910 ✶ DREI MARK ✶ Voll-
ständiger Reichsadler, aber im Jugendstil. A 1910 (200000);
2000 mit polierter Platte
Rand: GOTT MIT UNS zwischen den Worten je 1 Kreuz
und 2 Ranken
Entwurf u. Stempel von Prof. Amberg, Berlin

134 (102) 2 Mark (S)   35.–/70.–
Vs. wie Nr. 123
Rs. wie Nr. 124, aber Wertbezeichnung: **ZWEI MARK** ·
A 1891 (543962), **1892** (181713), **1893** (948325), **1896**
(1771855), **1898** (1042187), **1899** (2350920), **1900** (2681537),
1901 (398486), **1902** (3948323), **1903** (4078709), **1904**
(9981031), **1905** (6423135), **1906** (4000000), **1907** (8085264),
1908 (2388550), **1911** (1181475), **1912** (732813)
Rand geriffelt
1905: 620 mit polierter Platte. **1906:** 85 mit polierter Platte

PREUSSEN

138 (108) 3 Mark (S) 70.–/110.–
Anläßlich des 100jährigen Bestehens der Universität Breslau
FRIEDRICH WILHELM III   WILHELM II · 1811 UNIVERSITÄT BRESLAU 1911 · Beider Köpfe n. l., rechts Mzz.
Rs. **DEUTSCHES REICH 1911** zwischen Rosetten **DREI MARK** · Vollständiger Reichsadler, ähnlich wie Nr. 137, aber mit plastischerem Relief. **A 1911 (400000)**
Rand: GOTT MIT UNS zwischen den Worten je 1 Kreuz und 2 Ranken
Stempel von Prof. P. Sturm und Medailleur O. Schultz, Berlin, nach Modell von Prof. Amberg

141 (112) 3 Mark (S) 30.–/50.–
Anläßlich des 25jährigen Regierungsjubiläums
WILHELM II DEUTSCHER KAISER KÖNIG VON PREUSSEN · Brustbild n. r. in Kürassieruniform mit der Kette des Schwarzen-Adler-Ordens und dem Protektorkreuz des Johanniterordens am Halse. Darunter: **1888–1913**, Lorbeerzweig und Mzz.
Rs. wie Nr. 124, aber Wertbezeichnung: **DREI MARK**.
A 1913 (1 000 000); 7000 mit polierter Platte
Rand: GOTT MIT UNS zwischen den Worten je 1 Kreuz und 2 Ranken

139 (110) 3 Mark (S) 40.–/50.–
Anläßlich der Jahrhundertfeier der Befreiungskriege
DER KÖNIG RIEF UND ALLE ALLE KAMEN · Friedrich Wilhelm III. zu Pferde, umringt von jubelndem Volk. Im Abschnitt: **MIT GOTT FÜR KÖNIG / UND VATERLAND / 17 · 3 · 1813**
Rs. **DEUTSCHES REICH 1913 ✶ DREI MARK ✶** Adler n. l., mit den Fängen eine Schlange niedertretend. **A 1913 (1 000 000)**
Rand: GOTT MIT UNS zwischen den Worten je 1 Kreuz und 2 Ranken
Stempel von R. Kullrich nach Modell von Prof. P. Sturm
Probe mit anderer Vs.: WILHELM II DEUTSCHER KAISER KÖNIG VON PREUSSEN n. l. reitend; unter dem Pferd: 17.3.1813 und Eichenblatt

142 (111) 2 Mark (S) 30.–/45.–
Anläßlich des 25jährigen Regierungsjubiläums
Vs. wie Nr. 141
Rs. wie Nr. 124, aber Wertbezeichnung: **ZWEI MARK**.
A 1913 (1 500 000); 7000 mit polierter Platte
Rand geriffelt

143 (115) 3 Mark (S) 500.–/900.–
Anläßlich der 100jährigen Zugehörigkeit der Gft. Mansfeld zum Kgr. Preußen
Zwischen gekreuzten Berghämmern: **BEI GOTT IST RAT UND TAT · SEGEN DES MANSFELDER BERGBAUES** ·
Im Kreis: St. Georg als Drachentöter; auf der Satteldecke seines Pferdes das mansfeldische Wappen. Unten Mzz.
Rs. sehr ähnlich wie Nr. 138. **A 1915 (30 000)**; 550 mit polierter Platte
Rand: GOTT MIT UNS zwischen den Worten je 1 Kreuz und 2 Ranken
Von den 700 000 geplanten Exemplaren konnten infolge des Weltkrieges nur 30 000 geprägt werden, von denen 25 000 der mansfeldischen Gewerkschaft für ihre Beamten und Arbeiter übergeben wurden. Modell von Prof. P. Sturm nach einem Entwurf von Bergrat Dr. Vogelsang

140 (109) 2 Mark (S) 35.–/50.–
Anläßlich der Jahrhundertfeier der Befreiungskriege
Vs. wie 139
Rs. wie 139, aber Wertbezeichnung: **ZWEI MARK. A 1913 (1 500 000)**
Rand geriffelt

PREUSSEN

Prägungen für Ansbach-Bayreuth

Größe: 3579 qkm
Einwohner: 267000

1791 hatte der kinderlose Markgraf von Brandenburg-Ansbach (seit 1757) und Brandenburg-Bayreuth (seit 1769) Karl Alexander seine Lande seinem Agnaten König Friedrich Wilhelm II. von Preußen abgetreten. 1806 besetzten die Franzosen Ansbach, später auch Bayreuth, und übergaben die beiden Fürstentümer Bayern als Entschädigung für das Herzogtum Berg. Geprägt wurden nur Landmünzen, d.h. Kleinmünzen, die vorwiegend für den Gebrauch im eigenen Land bestimmt waren. Man rechnete mit dem Gulden zu 60 Kreuzer, den Kreuzer zu 4 Pfennig.
Münzstätte: B = Bayreuth

LITERATUR:
K. Jaeger, Die Münzprägungen der deutschen Staaten vor Einführung der Reichswährung, Band 9, Königreich Preußen 1797–1873, 2. Auflage, Basel 1970
D.A. Gehrke, Die Münzen des Königreichs Preußen 1797–1871, Hobria Berlin 1967 (Deutsche Münzen Band 2)

König Friedrich Wilhelm III. von Preußen (1797–1840)

144 (207) VI Kreuzer (B) 100.–/200.–
Ovaler Wappenschild, darin der preußische Adler, zwischen gebundenen Lorbeerzweigen
Rs. **ANSB: BAYR: LAND MUNZ.** · Im Feld ❀ **VI** ❀ / **KREUZER** / Jahreszahl / Mzz. ❀ **B** ❀ 1797, 1798, 1799, 1800, 1801, 1802
Rand: schräg geriffelt
Var.: Interpunktion; **1802** mit ANSB: BAIR: LAND MÜNZ

145 (206) III Kreuzer (B) 70.–/150.–
Über Fahnen und Standarten gekrönter Adler mit Monogramm aus **FWR** auf der Brust. Unten Jahreszahl
Rs. **K:PR:ANSB:BAYR:L:M:** · Im Feld **III** / **KREUZER** / Lorbeer- und Palmzweig / Mzz. **B** · 1798, 1799, 1800, 1801, 1802
Rand glatt
Var.: **1800, 1802** Interpunktion; **1802** auch mit anderer Krone und BAIR

146 (203) 1 Kreuzer (B) 100.–/200.–

Gekrönter Adler mit Zepter und Reichsapfel, auf der Brust Monogramm aus **FWR** in ovalem Schildchen
Rs. In Zierrahmen **1** / **KREUZ** / Jahreszahl / Mzz. **B** · 1798, 1799, 1800
Rand glatt
Var.: **1800** Rs. mit veränderter Zeichnung

147 (204) 1 Kreuzer (B) 70.–/130.–
Gekrönter Adler mit Zepter und Reichsapfel, auf der Brust Monogramm aus **FWR** in ovalem Schildchen
Rs. Zwischen Girlande **1** / **KREU** / **ZER** / Jahreszahl / Mzz. **B** · 1802, 1803, 1804
Rand glatt

148 (202) 1 Pfennig (B) 50.–/100.–
Gekröntes Monogramm aus **FWR**, seitlich Jahreszahl
Rs. · **1** · / **PFEN** = / **NIG** / Mzz. · **B** · 1799, 1801, 1803
Rand glatt
Var.: Interpunktion

Gedenkmünze

149 (209) Dukat (G) LP
Wappenschild zwischen Lorbeerzweigen, wie Nr. 144
Rs. **FEINES GOLD** · Im Feld: **AUS DER** / **FÜRSTEN**= / **ZECHE** · / **1803** · / Mzz. **B** · Unten Palm- und Eichenzweig.
1803 Auch als Silberabschlag

Reuß älterer und Reuß jüngerer Linie, Fürstentümer

Größe: 1142 qkm
Wappen (1561):
1 und 4: Grafen Reuß zu Plauen
2 und 3: H. Kranichfeld
Außerdem erscheint auf den Münzen der Linie Ebersdorf ein Brackenrumpf, die Helmzier des reußischen Stammwappens.

1	2
3	4

Die reußischen Fürstentümer zerfielen in die ältere und in die jüngere Linie, die beide 1673 in den Reichsgrafenstand erhoben wurden. Der älteste Fürst beider Linien leitete als Senior des Hauses Reuß alle gemeinsamen Haus- und Familienangelegenheiten. Nach einem Beschluß von 1681 wurde 1690 die Primogenitur eingeführt. Nach alter Tradition führen alle männlichen Mitglieder des Hauses Reuß den Namen Heinrich. Auf Grund des Nebenrezeß vom 13.11.1668 war festgelegt worden, in der älteren Linie die männlichen Mitglieder, auch die nicht regierenden, in der Reihenfolge ihrer Geburt bis zur Nummer 100 (C) zu zählen und danach wieder mit 1 (I) zu beginnen, während die jüngere Linie die Zählung jeweils am Beginn eines Jahrhunderts wieder mit 1 (I) begann. Diese Zählung trat 1693 in Kraft und führte in der älteren Linie tatsächlich nur bis zu Heinrich XXIV. († 13.10.1927).
1763 schlossen sich die Grafen Reuß dem Konventionsmünzfuß an und prägten aus der feinen Mark zu ca. 234 g Silber: 10 Speciestaler = 20 Gulden ($\frac{2}{3}$ Taler) = 40 Halbgulden ($\frac{1}{3}$ Taler) = 80 Sechsteltaler. Gerechnet wurde in Konventionskurant (vgl. Sachsen, Königreich):
1 Reichstaler = 24 Groschen = 288 Pfennige
1 Groschen = 12 Pfennige = 24 Heller
Zusammen mit den anderen thüringischen Staaten traten die reußischen Fürsten 1828 dem Mitteldeutschen Handelsverein bei und waren seit 1.1.1834 Mitglieder des Deutschen Zoll- und Handelsvereins. Als solche unterzeichneten sie auch die Dresdener Münzkonvention von 1838 und prägten lt. Münzgesetz vom 1.1.1841 nach dem 14-Taler-Fuß aus der feinen Mark 7 Doppeltaler oder Vereinsmünzen = 14 Taler.

1 Taler = 30 Silbergroschen = 360 Pfennige.

1857 wurde gemäß dem Wiener Münzvertrag der 30-Taler-Fuß eingeführt, nach dem die reußischen Fürsten bis zur Einführung der Reichswährung prägten.

1 Zollpfund (= 500 g Feinsilber) = 15 Doppeltaler = 30 Taler.

1831 führte Münzmeister Löwel in der Saalfelder Münze die Ringprägung ein. Seit 1840 sind alle Silber- und Billonmünzen und seit 1847 auch alle Kupfermünzen im Ring geprägt.
Münzstätten, in denen die reußischen Fürsten prägen ließen:

Saalfeld	Mzz. S	vor 1840, auch mit dem Mmz. L des Münzmeisters Löwel (1803–1835)
Berlin	Mzz. A	seit 1840
Hannover	Mzz. B	1875 und 1877 für Reuß ä. L.

Für die reußischen Fürsten tätige Medailleure und Graveure:

H. F. Brandt, Berlin
H. F. Brehmer, Hannover
J. V. Döll, Suhl
J. A. Hoffmann, Berlin
W. Kullrich, Berlin

K. Pfeuffer, Berlin
P. F. Stockmar, Saalfeld
C. Walther, Coburg
G. Wiskemann, Saalfeld

LITERATUR:
Kurt Jaeger, Die Münzprägungen der deutschen Staaten vor Einführung der Reichswährung. Band 12: Mitteldeutsche Kleinstaaten, Basel 1972
B. Schmidt und C. Knab, Reußische Münzgeschichte, Dresden 1907, 1.–4. Nachtrag, Dresden 1909ff.

Gesetzliche Ausbringung der wichtigsten Sorten vor Einführung der Reichswährung

Nominal	Prägezeit	Metall	Gewicht g	Feingewicht g	Feingehalt ⁰/₀₀	Katalog-Nr.
Doppeltaler	1840–1854	Silber	37,119	33,408	900	13, 26, 35, 56, 61
Speciestaler	1806–1812	Silber	28,063	23,386	833,33	1, 2, 3, 48
Vereinstaler	1858–1868	Silber	18,519	16,667	900	14, 15, 36, 41
1/3 Taler	1809	Silber	7,016	5,846	833,33	4
1/6 Taler	1808	Silber	5,397	2,923	541,67	5
2 Silbergroschen	1835, 1850	Billon	3,118	0,975	312,5	27, 37
Silbergroschen	1841–1855	Billon	2,192	0,487	222,22	28, 29, 38, 57
Silbergroschen	1868	Billon	2,196	0,483	220	16
1/2 Silbergroschen	1841	Billon	1,096	0,244	222,22	58

Reuß älterer Linie

Größe: 316 qkm
Hauptstadt: Greiz

Die ältere Linie Reuß bestand bis 1768 aus den Speziallinien zu Unter- und Obergreiz, die 1768, als Reuß-Untergreiz erlosch, unter Heinrich XI. wiedervereinigt wurden. Dieser erhielt 1778 die Reichsfürstenwürde. Sein Sohn, Heinrich XIII., trat nach Auflösung des Hl. Römischen Reiches Deutscher Nation als souveräner Fürst 1807 dem Rheinbund bei und wurde 1815 Mitglied des Deutschen Bundes. 1848 gab Heinrich XX. dem Land eine Verfassung, die allerdings von der konservativen Fürstin Caroline, die für ihren Sohn, Heinrich XXII., von 1859–1867 die Regierung führte, weitgehend umgangen wurde. Erst am 28.3.1867 bekam das Land eine neue Verfassung. Im Deutschen Krieg wurde es wegen seiner preußenfeindlichen Politik am 12.8.1866 von preußischen Truppen besetzt und mußte im Vertrag vom 26.9.1866 seinen Beitritt zum geplanten Norddeutschen Bund zusagen. Innerhalb des Deutschen Reiches bestand Reuß älterer Linie bis 1918 als Fürstentum und vereinigte sich 1919 mit Reuß jüngerer Linie zum Volksstaat Reuß, der am 1.5.1920 in Thüringen aufging.

Heinrich XIII. (1800–1817)
Kaiserlicher Generalfeldzeugmeister. * 16.2.1747 als Sohn des späteren Fürsten Heinrich XI. und seiner ersten Gemahlin Konradine Gräfin Reuß zu Köstritz. ∞ Wilhelmine von Nassau-Weilburg. † 29.1.1817.

1 (38) Taler (S)   3000.–/8000.–
D · G · HENR · XIII · S · L · RVTH · S · R · I · PRINC · COM · E · DOM · PLAV Rosette · Brustbild in Uniform n.r., am Armabschnitt sign.: DOELL F., unten Mmz.
Rs. X EINE FEINE MARK · Spatenblattförmiger, vierfeldiger Wappenschild vor dem Stern und umzogen von Kette und Kleinod des ungarischen Sankt-Stephans-Ordens auf Hermelinmantel unter Fürstenhut. L **1806** (ca. 345), **1807** (200) Laubrand
Var. **1806**: 2 Var., 1: Vs.- u. Rs.-Stempel von Hofmedailleur Johann Veit Döll, Suhl, davon 240 Stück, 2: Vs. wie 1, Rs.-Stempel von Graveur Philipp Friedrich Stockmar, Saalfeld, davon ca. 105 Stück, auch ohne Laubrand. **1807**: Vs.- und Rs.-Stempel von Hofmedailleur Johann Veit Döll, Suhl

2 (39) Taler (S)   2 000.– / 4 000.–

V · G · G · HEINRICH · D · XIII · AELT · REUSS · G · U · H · V · P · REG · F · Z · GREIZ ✻ Brustbild in Uniform n.r., darunter Mmz., am Armabschnitt signiert: D · F · (Doell fecit)
Rs. wie Nr. 1. L **1807** (ca. 300), **1812** (2275)
Laubrand
1807: Stempel von Hofmedailleur Johann Veit Döll, Suhl.
1812: ohne Signatur; Stempel von Graveur Philipp Friedrich Stockmar, Saalfeld

3 (40) Taler (S)   1 500.– / 3 000.–

V · G · G · HEINRICH · D · XIII · AELT · REUSS · G · U · H · V · P · REG · F · Z · GREIZ Rosette · Brustbild in Uniform n.r., darunter Mmz.
Rs. X EINE FEINE MARK CONVENTIONSMÜNZE · Umgeben von 2 gebundenen Eichenzweigen: EIN / SPE- / CIES / THALER / Jahreszahl, unten Mmz. L **1812**
Laubrand
Stempel von Graveur Philipp Friedrich Stockmar, Saalfeld. Emissionshöhe in Nr. 2 enthalten

4 (37) 1/3 Taler (S)   350.– / 650.–

V · G · G · HEINR · D · XIII · AELT · REUSS · G · U · H · V · P · REG · F · Z · GREIZ Rosette · Wappen wie bei Nr. 1
Rs. XL EINE FEINE MARK · Umgeben von 2 gebundenen Eichenzweigen: 3 / EINEN / THALER / Jahreszahl, unten Mmz. L **1809** (1500)
Laubrand

5 (36) 1/6 Taler (S)   400.– / 800.–

V · G · G · HEINR · D · XIII · AELT · REUSS · G · U · H · V · P · REG · F · Z · GREIZ Rosette · Wappen wie bei Nr. 1
Rs. LXXX · EINE FEINE MARK · Umgeben von 2 gebundenen Eichenzweigen: 6 / EINEN / THALER / Jahreszahl, unten Mmz. L **1808** (9000)
Laubrand
Var. 3 Var.

6 (35) Groschen (B)   200.– / 400.–

Spatenblattförmiger Wappenschild mit dem gekrönten Löwen unter Fürstenhut
Rs. I / GROSCHEN / F · R · P · / GREIZER / L · M · / Jahreszahl **1812**
Rand glatt
Var. 6 Var.

7 (34 a) 3 Pfennige (K)   20.– / 40.–

Spatenblattförmiger Wappenschild mit dem gekrönten Löwen auf einen Sockel tretend, unter Fürstenhut
Rs. 3 / PFENNIG / F · R · P · / GREIZER / L · M · / Jahreszahl **1808, 1810, 1812, 1813, 1814, 1815, 1816**
Rand glatt
Var. **1808**: 6 Var. **1810**: 7 Var. **1812**: 6 Var. **1813**: 4 Var. **1814**: 5 Var. **1815**: 6 Var. **1816**: 5 Var.

8 (32, 33 a) Pfennig (K)   30.– / 60.–

Spatenblattförmiger Wappenschild mit dem gekrönten Löwen unter Fürstenhut
Rs. I / PFENNIG / F · R · P · / GREIZER / L · M · / Jahreszahl **1806, 1808, 1810, 1812, 1813, 1814, 1815, 1816**
Rand glatt
Var. **1806**: 3 Var.; **1808**: auch ovaler Wappenschild, 5 Var. **1810**: 7 Var. **1814, 1816**: 3 Var.

9 (31) Heller (K)   40.– / 80.–

Ovaler Wappenschild mit dem gekrönten Löwen auf Sockel
tretend wie bei Nr. 7 unter Fürstenhut
Rs. I / HELLER / F · R · P · / GREIZER / L · M · / Jahreszahl
1812, 1815
Rand glatt
Var. **1812**: 2 Var.

Heinrich XIX. (1817–1836)

* 1.3.1790 als Sohn des Fürsten Heinrich XIII. und seiner
Gemahlin Wilhelmine von Nassau-Weilburg. ∞ 7.1.1822
Gasparine von Rohan-Rochefort-Montauban. † 31.10.1836.

10   (34 a, b, 42) 3 Pfennige (K)   20.– / 40.–

Wappen wie bei Nr. 7
Rs. **3 / PFENNIG / F · R · P · / GREIZER / L · M · /** Jahreszahl **1817, 1819, 1820, 1821, 1822, 1823, 1824, 1825, 1826, 1827, 1828, 1829, 1830, 1831. L 1831, 1832, 1833**
Rand glatt
Var. **1817**: 6 Var. **1819**: 8 Var. **1820**: 4 Var. **1821**: 5 Var. **1822, 1824**: 3 Var. **1825, 1826**: 2 Var. **1827**: 3 Var., auch Fehlprägung mit vertiefter Vs. auf Rs. Ab **1828**: 1 mit glattem, ungeteiltem Fuß. **1829**: 3 Var. mit unterschiedlichen Fürstenhüten und Löwen, auch mit kleiner Jahreszahl und ohne Punkt nach M. Ab **1831**: Mmz. L unter Jahreszahl und Ringprägung. 6 Var. **1832, 1833**: 4 Var.

11   (33 a, b, 41) Pfennig (K)   30.– / 60.–

Wappen wie bei Nr. 9
Rs. I / PFENNIG / F · R · P · / GREIZER / L · M · / Jahreszahl **1817, 1819, 1820, 1821, 1822, 1823, 1824, 1825, 1826, 1827, 1828, 1829, 1830, 1831. L 1831, 1832**
Rand glatt
Var. **1817**: 4 Var. **1819**: 2 Var. **1824**: 2 Var. Ab **1828**: 1 statt I auf Rs. **1829**: 4 Var. **1830**: 2 Var. Ab **1831**: Mmz. **L** unter Jahreszahl und Ringprägung

12   (31) Heller (K)   40.– / 80.–

Wappen wie bei Nr. 9
Rs. I / HELLER / F · R · P · / GREIZER / L · M · / Jahreszahl **1819**
Rand glatt

Heinrich XX. (1836–1859)

Jüngerer Bruder von Heinrich XIX. * 29.6.1794 als Sohn des Fürsten Heinrich XIII. und seiner Gemahlin Wilhelmine von Nassau-Weilburg. ∞ 25.11.1834 in 1. Ehe Sophie Therese von Löwenstein-Wertheim-Rosenberg, 1.10.1839 in 2. Ehe Caroline von Hessen-Homburg. † 8.11.1859.

13   (43) Doppeltaler (S)   1000.– / 2000.–

HEINRICH XX. V. G. G. AELT. LIN. SOUVERAIN. FÜRST REUSS ✶ Kopf n. l., darunter Mzz.
Rs. **2 THALER VII EINE F. MARK 3½ GULDEN VEREINSMÜNZE** zwischen 2 Rosetten · 4feldiges Wappen auf königlich gekröntem Hermelinmantel. Unten Jahreszahl **A 1841** (2400), **1844** (2400), **1848** (2400), **1851** (2400)
Rand: OMNIA CUM DEO zwischen den Worten je 1 Kreuz und 2 Ranken

14   (44) Taler (S)   240.– / 480.–

HEINRICH XX V. G. G. AELT. L. SOUV. FÜRST REUSS · Kopf n. l., darunter Mzz.
Rs. **EIN VEREINSTHALER XXX EIN PFUND FEIN** · 4feldiges Wappen auf Hermelinmantel unter Fürstenhut. Unten Jahreszahl **A 1858** (9500)
Rand: OMNIA CUM DEO zwischen den Worten je 1 Kreuz und 2 Ranken
Vs.-Stempel von Medailleur Karl Pfeuffer, Berlin

Heinrich XXII. (1859–1902)

* 28.3.1846 als Sohn Heinrichs XX. und seiner Gemahlin Caroline von Hessen-Homburg. 1859–1867 unter Vormundschaft seiner Mutter. ∞ 8.10.1872 Ida von Schaumburg-Lippe. † 19.4.1902.

15   (50) Taler (S)   240.– / 480.–

HEINRICH XXII V. G. G. ÄLT. L. SOUV. FÜRST
REUSS · Kopf n. r., darunter Mzz.
Rs. **EIN VEREINSTHALER XXX EIN PFUND FEIN** ·
Wappen wie Nr. 14. Unten Jahreszahl **A 1868** (7100)
Rand: OMNIA CUM DEO zwischen den Worten je 1 Kreuz
und 2 Ranken

16 (49) Silbergroschen (B)   40.–/80.–

FÜRSTENTHUM REUSS ÄLTERER LINIE ✱ Mit einem
Fürstenhut gedeckter Wappenschild, darin der gekrönte
Löwe auf eine Stufe tretend
Rs. **30 EINEN THALER SCHEIDE MÜNZE 1 / SILBER /
GROSCHEN** / Jahreszahl / Mzz. **A 1868** (90000)
Rand glatt

17 (46, 48) 3 Pfennige (K)   9.–/22.–

FÜRSTENTHUM REUSS ÄLTERER LINIE ✱ Wappen
wie Nr. 16, aber mit Herzogshut
Rs. **SCHEIDE MÜNZE 3 / PFENNIGE** / Jahreszahl /
Leiste / Mzz. **A 1864** (360000), **1868** (240000)
Rand glatt
Var. **1868**: statt Herzogshut Fürstenhut

18 (45, 47) Pfennig (K)   15.–/32.–

FÜRSTENTHUM REUSS ÄLTERER LINIE ✱ Wappen
wie Nr. 17
Rs. **SCHEIDE MÜNZE 1 / PFENNIG** / Jahreszahl / Leiste /
Mzz. **A 1864** (360000), **1868** (360000)
Rand glatt
Var. **1868**: statt Herzogshut Fürstenhut

Nach Einführung der Reichswährung

19 (254) 20 Mark (G)   20 000.–/30 000.–

HEINRICH XXII v. G. G. ÄLT. L. SOUV. FÜRST REUSS ·
Kopf n. r., darunter Mzz.
Rs. **DEUTSCHES REICH** Jahreszahl · Reichsadler (Modell
1871–1889). Unten zwischen Sternen die Wertangabe: **20
MARK · B 1875** (1510)
Rand: GOTT MIT UNS zwischen den Worten je 1 Stern
und 2 Ranken
Vs.-Stempel von H. F. Brehmer, Hannover

20 (116) 2 Mark (S)   750.–/2 200.–

Vs. wie Nr. 19
Rs. wie Nr. 19, aber Wertangabe: **ZWEI MARK · B 1877**,
(20000)
Rand geriffelt

21 (117) 2 Mark (S)   700.–/1 400.–

Vs. wie Nr. 19
Rs. **DEUTSCHES REICH** Jahreszahl · Reichsadler (Modell
1889–1918). Unten zwischen Sternen die Wertangabe: **ZWEI
MARK · A 1892** (10000)
Rand geriffelt

22 (118) 2 Mark (S)   350.–/600.–

HEINRICH XXII v. G. G. ÄLT. L. SOUV. FÜRST REUSS ·
Kopf n. r., darunter Mzz.
Rs. wie Nr. 21. **A 1899** (10000), 120 mit polierter Platte; **1901**
(10000)
Rand geriffelt
Vs.-Stempel von Medailleur O. Schultz, Berlin, nach Modell
von Prof. Josef Echteler, München

Heinrich XXIV. (1902–1918)

* 20.3.1878 als Sohn des Fürsten Heinrich XXII. und seiner Gemahlin Ida von Schaumburg-Lippe. Wegen der Regierungsunfähigkeit des Fürsten führte Fürst Heinrich XXVII. Reuß jüngerer Linie die Regentschaft bis zum November 1918.

HEINRICH XXIV. FÜRST REUSS AELTERER LINIE · Kopf n. r., darunter Mzz.
Rs. **DEUTSCHES REICH** Jahreszahl · Reichsadler (Modell 1889–1918). Unten zwischen Sternen die Wertangabe: **DREI MARK · A 1909** (10000); 400 mit polierter Platte
Rand: GOTT MIT UNS zwischen den Worten je 1 Kreuz und 2 Ranken
Vs. nach Entwurf von Prof. Paul Sturm, Berlin
Probe mit Kopf n. l. und ohne Punkt nach XXIV

23   (119) 3 Mark (S)   550.–/900.–

Reuß jüngerer Linie

Die jüngere Linie des Hauses Reuß zerfiel in die drei Speziallinien zu Gera, Schleiz und Lobenstein, von denen die erstere bereits 1802 mit Heinrich XXX. erlosch. Schleiz und Lobenstein verwalteten daraufhin den Geraer Anteil gemeinsam.
Die über 200jährige Zersplitterung des Landes, die auf die Teilung von 1647 zurückgeht, wurde am 1.10.1848 beendet, als Heinrich LXXII. zu Lobenstein-Ebersdorf zugunsten Heinrichs LXII. zu Schleiz auf die Regierung und sein Land verzichtete. Beide Fürstentümer vereinigten sich zum Fürstentum Reuß j. L.

Fürstentum Reuß jüngerer Linie zu **Schleiz**, seit 1848 Fürstentum Reuß **jüngerer Linie**

Größe: 829 qkm (seit 1848)
Hauptstädte: Schleiz
             Gera (seit 1848)

Reichsgraf Heinrich XLII. wurde am 9.4.1806 zum Fürsten des Hl. Römischen Reiches Deutscher Nation erhoben und trat nach dessen Auflösung als souveräner Fürst dem Rheinbund bei. 1815 nahm ihn der Deutsche Bund als Mitglied auf. Sein Sohn, Heinrich LXII., seit 1824 Senior des Gesamthauses Reuß, wurde nach dem Verzicht Heinrichs LXXII. zu Lobenstein-Ebersdorf alleiniger Fürst der jüngeren Linie. Er gab dem Land im Staatsgrundgesetz vom 14.4.1852 eine Verfassung. Unter seinem Bruder, Heinrich LXVII., setzte daraufhin eine reaktionäre Politik ein. Im Deutschen Krieg 1866 unterstützte Heinrich LXVII. Preußen und erklärte im Vertrag vom 26.6.1866 seine Zustimmung zum Norddeutschen Bund, dem er bei der Gründung am 18.8.1866 beitrat. Innerhalb des Deutschen Reiches bestand Reuß jüngerer Linie bis 1918 als Fürstentum. Der letzte Fürst, Heinrich XXVII. prägte keine Münzen; er verzichtete am 10.11.1918 auf die Regierung. Nach Ausrufung der Republik wurde durch Gesetz vom 4.4.1919 der gemeinsame Volksstaat Reuß gebildet, der am 1.5.1920 als Gebiet Gera-Greiz in Thüringen aufging.

Heinrich XLII. (1784–1818)

* 27.2.1752 als Sohn des Grafen Heinrich XII. und seiner Gemahlin Christine von Erbach-Schönberg. ∞ 10.6.1779 Caroline Henriette von Hohenlohe-Kirchberg. 9.4.1806 Erhebung in den Reichsfürstenstand. † 17.4.1818.

24   (122 a – c) Groschen (B)   150.–/300.–

Ovaler, von Reuß und Kranichfeld geteilter Wappenschild unter Fürstenhut

Rs. I / GROSCHEN / F · R · / SCHLEIZER / L · M · / Jahreszahl · **1815. S 1816**
Rand glatt
Var. 1816: 2 Var. mit Mzz. unter Jahreszahl

25   (121) 3 Pfennige (K)   150.–/300.–

Ovales Wappen mit dem gekrönten Löwen unter Fürstenhut
Rs. 3 / PFENNIG / F · R · P / SCHLEIZER / L · M · / Jahreszahl **1815, 1816**
Rand glatt
Var. 1815: 4 Var. 1816: 6 Var.

Heinrich LXII. (1818–1854)

* 31.5.1785 als Sohn des späteren Fürsten Heinrich XLII· und seiner Gemahlin Caroline Henriette von Hohenlohe-Kirchberg. 1.10.1848 nach Abdankung des Fürsten Heinrich LXXII. Reuß zu Ebersdorf alleiniger Fürst der jüngeren Linie. † 19.6.1854.

26 (127) Doppeltaler (S)   1000.–/2000.–
HEINRICH LXII IÜNG. LIN. UND STAMM. ÄLTEST. FÜRST REUSS Rosette · Kopf n.r., darunter Mzz.
Rs. **2 THALER VII EINE F. MARK 3½ GULDEN VER-EINSMÜNZE** zwischen 2 Rosetten · 3fach behelmtes, 4feldiges Wappen mit 2 gekrönten Löwen als Schildhaltern vor königlich gekröntem Hermelinmantel. Unten Jahreszahl **A** **1840** (2650), **1844** (3000), **1846** (2650), **1853**, **1854** (5400)
Rand: ICH BAU AUF GOTT zwischen den Worten je 1 Kreuz und 2 Ranken

27 (132) 2 Silbergroschen (B)   100.–/200.–
FÜRSTENTHUM REUSS IÜNGERER LINIE ✳ Mit einer Herzogskrone gedeckter, rechteckiger Wappenschild, darin der gekrönte Löwe auf eine Stufe tretend
Rs. **15 EINEN THALER SCHEIDE MÜNZE 2 / SILBER / GROSCHEN /** Jahreszahl / Mzz. **A 1850** (63535)
Rand gerieffelt

28 (126) Silbergroschen (B)   70.–/140.–
FÜRSTENTHUM REUSS – SCHLEIZ ✳ Wappen wie Nr. 27
Rs. **30 EINEN THALER SCHEIDE MÜNZE 1 / SILBER / GROSCHEN /** Jahreszahl / Mzz. **A 1841** (63821), **1844** (92402), **1846** (62373)
Rand glatt

29 (131) Silbergroschen (B)   20.–/40.–
FÜRSTENTHUM REUSS IÜNGERER LINIE ✳ Wappen wie Nr. 27
Rs. **30 EINEN THALER SCHEIDE MÜNZE 1 / SILBER / GROSCHEN /** Jahreszahl / Mzz. **A 1850** (62049)
Rand gerieffelt, auch Rand glatt

30 (125) 3 Pfennige (K)   25.–/50.–
FÜRSTENTHUM REUSS – SCHLEIZ ✳ Wappen wie Nr. 27
Rs. **SCHEIDE MÜNZE 3 / PFENNIGE /** Jahreszahl — / Mzz. **A 1841, 1844** (69700)
Kettenrand
1841 wurden für 2087 Thaler, 3 Silbergroschen Kupfermünzen zu 3, 1 und ½ Pfennig geprägt. **1844**: nach den Akten des Hausarchivs Schleiz sind 1847 Dreier geprägt worden. Da aber keine mit der Jahreszahl 1847 existieren, vermuteten Schmidt und Knab, daß diese mit dem Stempel von 1844 geprägt seien. In diesem Falle würde die o. g. Stückzahl, die nur für 1844 zutrifft, zu niedrig sein.

31 (130) 3 Pfennige (K)   18.–/32.–
FÜRSTENTHUM REUSS IÜNGERER LINIE ✳ Wappen wie Nr. 27
Rs. **SCHEIDE MÜNZE 3 / PFENNIGE /** Jahreszahl / — / Mzz. **A 1850** (241920)
Rand gerieffelt
Mit dem Rs.-Stempel wurden versehentlich auch preußische Dreier geprägt, die eigentlich die Aufschrift PFENNINGE haben müßten.

32 (124) Pfennig (K)   35.–/70.–
FÜRSTENTHUM REUSS – SCHLEIZ ✳ Wappen wie Nr. 27

Rs. SCHEIDE MÜNZE 1/ PFENNIG / Jahreszahl / — /
Mzz. **A 1841, 1847**
Rand glatt
1841: Stückzahl vgl. Nr. 30. **1847:** wurden für 3161 Thaler,
12 Silbergroschen Kupfermünzen geprägt, vgl. Nr. 30, 1844

33 (129) Pfennig (K)   15.– / 30.–

FÜRSTENTHUM REUSS IÜNGERER LINIE ✻ Wappen
wie Nr. 27
Rs. SCHEIDE MÜNZE 1 / PFENNIG / Jahreszahl / — /
Mzz. **A 1850** (362 160)
Rand glatt

34 (123) 1/2 Pfennig = Heller (K)   90.– / 180.–

Wappen wie Nr. 27
Rs. **1/2 / PFENNIG** / Jahreszahl / — / Mzz. **A 1841** (Stückzahl
vgl. Nr. 30
Rand glatt
Probe in Messing

Gedenkmünzen

35 (128) Doppeltaler (S)   1750.– / 3500.–

Anläßlich des 25 jährigen Regierungsjubiläums am 17.4.1843
**HEINRICH LXII IÜNG. LIN. UND STAMM. ÄLTEST.
FÜRST REUSS** Rosette · Kopf n. r., darunter Mzz.
Rs. **ZUR FEIER XXV IAEHRIGER REGIERUNG** · 3fach
behelmtes, 4feldiges Wappen wie Nr. 26. Unten zwischen 2
Rosetten: **D · 17 APRIL 1843 · A 1843** (500)
Rand: ZWEI THALER ✻ VII E · F · M · · ✻ DREI EIN-
HALB GULDEN ✻
Von der Ritter- und Landschaft des Fsm. Gera dem Fürsten
zum Regierungsjubiläum als Geschenk überreicht

Heinrich LXVII. (1854–1867)

Jüngerer Bruder von Heinrich LXII. * 20.10.1789 als Sohn
des späteren Fürsten Heinrich XLII. und seiner Gemahlin
Caroline Henriette von Hohenlohe-Kirchberg. ∞ 18.4.1820
Adelheid Prinzessin Reuß zu Ebersdorf. † 11.7.1867.

36 (133) Taler (S)   180.– / 450.–
HEINRICH LXVII V. G. G. REG. FÜRST REUSS I. L.
Kopf n. r., darunter Mzz.
Rs. **EIN VEREINSTHALER XXX EIN PFUND FEIN** ·
4feldiges Wappen unter Fürstenhut mit 2 Löwen als Schild-
haltern, umgeben von einem Band mit der Devise: **ICH BAU
AUF GOTT** · Unten Jahreszahl **A 1858** (10000), **1862** (10000)
Rand: MÜNZVERTRAG VOM 24 JANUAR 1857 **+**
Stempel von Medailleur Karl Pfeuffer, Berlin

37 (132) 2 Silbergroschen (B)   90.– / 180.–

FÜRSTENTHUM REUSS IÜNGERER LINIE ✻ Wappen
wie Nr. 27
Rs. **15 EINEN THALER SCHEIDE MÜNZE 2 / SILBER /
GROSCHEN** / Jahreszahl / Mzz. **A 1855** (30750)
Rand geriffelt

38 (131) 2 Silbergroschen (B)   100.– / 200.–

FÜRSTENTHUM REUSS IÜNGERER LINIE ✻ Wappen
wie Nr. 27
Rs. **30 EINEN THALER SCHEIDE MÜNZE 1 / SILBER /
GROSCHEN** / Jahreszahl / Mzz. **A 1855** (33900)
Rand geriffelt

39 (130) 3 Pfennige (K)   18.– / 32.–

FÜRSTENTHUM REUSS IÜNGERER LINIE ✻ Wappen wie Nr. 27
Rs. **SCHEIDE MÜNZE · 3 / PFENNIGE /** Jahreszahl / — / Mzz. **A 1855, 1858** (360 000), **1862** (124 800), **1864** (120 000)
Rand glatt
1855: wurden für 2016 Taler Kupfermünzen zu 3 und 1 Pfennig geprägt

40 (129) Pfennig (K)   15.– / 30.–

FÜRSTENTHUM REUSS IÜNGERER LINIE ✻ Wappen wie Nr. 27
Rs. **SCHEIDE MÜNZE   1 / PFENNIG /** Jahreszahl / – / Mzz. **A 1855, 1858** (360 000), **1862** (201 600), **1864** (360 000)
Rand glatt
1855: Emissionshöhe vgl. Nr. 39. **1864:** Abschlag in Gold

Heinrich XIV. (1867–1913)

* 28.5.1832 als Sohn des späteren Fürsten Heinrich LXVII. und seiner Gemahlin Adelheid Prinzessin Reuß zu Ebersdorf. ∞ 6.2.1858 in 1. Ehe Pauline Luise Agnes von Württemberg, 14.2.1890 in 2. Ehe Friederike Graetz, 1890 Frau von Saalburg. † 29.3.1913.

41 (136) Taler (S)   200.– / 380.–
HEINRICH XIV V. G. G. REG. FÜRST REUSS I. L. Kopf n. r., darunter Mzz.
Rs. **EIN VEREINSTHALER XXX EIN PFUND FEIN** · 4feldiges Wappen wie Nr. 36. Unten Jahreszahl **A 1868** (14 000)
Rand: **MÜNZVERTRAG VOM 24 JANUAR 1857 +**
Stempel von Hofmedailleur W. Kullrich, Berlin

42 (135) 3 Pfennige (K)   20.– / 45.–
FÜRSTENTHUM REUSS IÜNGERER LINIE ✻ Wappen wie Nr. 27, aber mit Fürstenhut
Rs. **SCHEIDE MÜNZE · 3 / PFENNIGE /** Jahreszahl / — / Mzz. **A 1868** (120 000)
Rand glatt

43 (134) Pfennig (K)   22.– / 35.–
FÜRSTENTHUM REUSS IÜNGERER LINIE ✻ Wappen wie Nr. 42
Rs. **SCHEIDE MÜNZE · 1 / PFENNIG /** Jahreszahl / —
Mzz. **A 1868** (360 000)
Rand glatt

Nach Einführung der Reichswährung

44 (256) 20 Mark (G)   2 500.– / 4 400.–
HEINRICH XIV J. L. REG. FÜRST REUSS · Kopf n. l., darunter Mzz.
Rs. **DEUTSCHES REICH** Jahreszahl · Reichsadler (Modell 1871–1889). Unten zwischen Sternen die Wertangabe: **20 MARK · A 1881** (12 500); 500 mit polierter Platte
Rand: GOTT MIT UNS zwischen den Worten je 1 Stern und 2 Ranken
Vs.-Stempel von Hofmedailleur W. Kullrich, Berlin

45 (255) 10 Mark (G)   4 000.– / 6 500.–
Vs. wie Nr. 44
Rs. wie Nr. 44, aber Wertangabe: **10 MARK · A 1882** (5000); 200 mit polierter Platte
Rand: Ranken und Sterne

46 (120) 2 Mark (S)   480.– / 1 200.–
Vs. wie Nr. 44
Rs. wie Nr. 44, aber Wertangabe: **ZWEI MARK · A 1884** (100 000)
Rand gerifelt

Reuß jüngerer Linie zu Lobenstein-Selbitz, Fürstentum

Die Herrschaft Selbitz erwarb Heinrich XXVI. Graf Reuß zu Lobenstein durch seine Heirat am 31.3.1715 mit Juliane Rebecca Gräfin von Tättenbach. Reichsgraf Heinrich LIV. konnte nach dem Erlöschen des älteren Zweiges zu Lobenstein am 30.3.1805 die Herrschaft Lobenstein mit Selbitz vereinigen. Am 9.4.1806 wurde er zum Fürsten des Hl. Römischen Reiches Deutscher Nation erhoben; er trat nach dessen Auflösung 1807 als souveräner Fürst dem Rheinbund bei 1815 wurde er Mitglied im Deutschen Bund. Da Heinrich LIV. am 7.5.1824 starb, ohne Nachkommen zu hinterlassen, fiel sein Besitz an Fürst Heinrich LXXII. zu Lobenstein-Ebersdorf.

Heinrich LIV. (1805–1824)

* 8.10.1767 als Sohn des Grafen Heinrich XXV. und seiner Gemahlin Marie Elisabeth Gräfin Reuß zu Ebersdorf. ∞ 20.6.1803 in 1. Ehe Marie von Stolberg-Wernigerode, 31.5.1811 in 2. Ehe Franziska Prinzessin Reuß zu Köstritz. 9.4.1806 Erhebung in den Reichsfürstenstand. † 7.5.1824.

F · R · P · LOB · S · M · Gekrönter Löwe
Rs. **3** / PFENIGE / Jahreszahl **1807**
Rand glatt
Var. 3 Var., unterschiedliche Stellung des Löwen, Löwe auch ungekrönt, auch PFEÑIGE

47 (72 a, b) 3 Pfennige (B) 150.– / 300.–

Reuß jüngerer Linie zu Lobenstein-Ebersdorf, Fürstentum

Die Herrschaft Lobenstein-Ebersdorf gründete 1678 Heinrich X. Am 9.4.1806 wurde Heinrich LI. zum Fürsten des Hl. Römischen Reiches Deutscher Nation erhoben; er trat nach dessen Auflösung als souveräner Fürst 1807 dem Rheinbund bei. 1815 wurde er Mitglied im Deutschen Bund. Sein Sohn, Heinrich LXXII., konnte nach dem Tod seines Onkels Heinrich LIV. die Herrschaft Lobenstein erwerben und wieder mit Ebersdorf vereinigen. Mit Heinrich LXXII., der kinderlos am 1.10.1848 zugunsten Heinrichs LXII. zu Schleiz verzichtete, erlosch die jüngere Linie Reuß zu Lobenstein.

Heinrich LI. (1779–1822)

* 16.5.1761 als Sohn des Grafen Heinrich XXIV. und seiner Gemahlin Caroline Ernestine von Erbach-Schönberg. 13.5.1779–16.5.1782 unter Vormundschaft seiner Mutter. 26.4.1802 Mitregent in Gera und Saalburg. ∞ 16.8.1791 Luise Gräfin von Hoym. † 10.7.1822.

48 (98) Taler (S) 1 200.– / 2 400.–
HEINRICH D · LI · IÜNG · LINIE FÜRST REUSS VON EBERSDORF · Spatenblattförmiger, vierfeldiger Wappenschild auf Hermelinmantel unter Fürstenhut
Rs. X EINE FEINE MARK CONVENTIONSMÜNZE Rosette EIN / SPECIES / THALER / Jahreszahl / —·— / Mmz. L **1812** (1575)
Laubrand

49 (97) Groschen (B) 80.– / 150.–
HEINRICH LI · I · L · F · REUSS EBERSDORF Rosette · Spatenblattförmiger, vierfeldiger Wappenschild unter Fürstenhut
Rs. * I * / GROSCHEN / Jahreszahl / —·— **1812, 1814**
Rand glatt
Var. **1814**: 2 Var.

50 (96) 8 Pfennige (B) 90.– / 180.–
Schaufelförmiger Wappenschild unter Fürstenhut mit dem Brackenrumpf, r. und l. davon Jahreszahl
Rs. **8** / PFENNIG / F · R · P / EBERSDORF / L · M · / —·— / **1812**
Rand glatt

51 (95) 6 Pfennige (B)   50.–/100.–
Wappen wie Nr. 50, r. und l. davon Jahreszahl
Rs. 6 / PFENNIG / F · R · P · / EBERSDORF / L · M · / — · —
1812
Rand glatt

52 (94) 4 Pfennige (K)   80.–/150.–
Wappen wie Nr. 50, r. und l. davon die Jahreszahl
Rs. ✶ 4 ✶ / PFENNIG / F · R · P · / EBERSDORF / L · M · /
—✶— 1812 (2 Var.)
Laubrand

53 (93) 3 Pfennige (K)   60.–/110.–
Wappen wie Nr. 50, r. und l. davon Jahreszahl
Rs. 3 / PFENNIG / F · R · P · / EBERSDORF / L · M · / —✶—
1812
Rand glatt

54 (92) 2 Pfennige (K)   100.–/180.–
Wappen wie Nr. 50, r. und l. davon Jahreszahl
Rs. 2 / PFENNIG / F · R · P · / EBERSDORF / L · M · / — · —
1812
Rand glatt

55 (91) Pfennig (K)   90.–/180.–
Wappen wie Nr. 50, r. und l. davon Jahreszahl
Rs. ✶ 1 ✶ / PFENNIG / F · R · P · / EBERSDORF / L · M · /
— · — 1812
Rand glatt
Var. 2 Var.

Heinrich LXXII. (1822–1848)

* 27.3.1797 als Sohn des späteren Fürsten Heinrich LI. und seiner Gemahlin Luise Gräfin von Hoym. Erbte nach dem Tode Heinrichs LIV. (7.5.1824) auch Lobenstein-Selbitz. Dankte am 1.10.1848 zugunsten des Fürsten Heinrich LXII. zu Schleiz ab. † 17.2.1853.

56 (103) Doppeltaler (S)   1000.–/2000.–
HEINRICH LXXII JÜNG. LIN. FÜRST REUSS · Kopf n. l., darunter Mzz.
Rs. 2 THALER VII EINE F · MARK 3½ GULDEN · VEREINSMÜNZE zwischen 2 Rosetten · 3fach behelmtes, 4feldiges Wappen wie Nr. 26. A 1840 (2750), **1847** (5500)
Rand: ICH BAU AUF GOTT zwischen den Worten je 1 Kreuz und 2 Ranken
Stempel von H. F. Brandt, Berlin

57 (102) Silbergroschen (B)   60.–/120.–
FÜRSTENTH. REUSS LOBENST. EBERSD. Wappen wie Nr. 27
Rs. 30 EINEN THALER SCHEIDE MÜNZE · 1 / SILBER / GROSCHEN / Jahreszahl / Mzz. A 1841 (58710), **1844** (87358)
Rand glatt
1841: auch Fälschungen aus englischem Zinn und Kupfer

58 (101) 1/2 Silbergroschen (B)   70.–/160.–
FÜRSTENTH. REUSS LOBENST. EBERSD. · Wappen wie Nr. 27
Rs. 60 EINEN THALER · SCHEIDE MÜNZE · 1/2 / SILBER / GROSCHEN / Jahreszahl / Mzz. A 1841 (69800)
Rand glatt

Gedenkmünze

59 (100) 3 Pfennige (K)   40.–/80.–
FÜRSTENTH. REUSS LOBENST. EBERSD. · Wappen wie Nr. 27
Rs. **SCHEIDE MÜNZE 3 / PFENNIGE /** Jahreszahl / Leiste / Mzz. **A 1841** (106 536) **1844** (180 104)
Kettenrand

60 (99) Pfennig (K)   30.–/60.–
FÜRSTENTH. REUSS LOBENST. EBERSD. · Wappen wie Nr. 27
Rs. **SCHEIDE MÜNZE 1 / PFENNIG /** Jahreszahl / Leiste / Mzz. **A 1841** (315 684), **1844** (381 444)
Rand glatt
1841: Probe in Gold   1 500.–

61 (104) Doppeltaler (S)   1 750.–/3 500.–
Anläßlich des 25jährigen Regierungsjubiläums am 10. Juli 1847
HEINRICH LXXII JÜNG. LIN. FÜRST REUSS · Kopf n. l., darunter Mzz.
Rs. **ZUR FEIER FÜNF UND ZWANZIG JÄHRIGER REGIERUNG DEN 10 JULI 1847** zwischen 2 Rosetten · 3fach behelmtes, 4feldiges Wappen wie Nr. 26. **A 1847** (500)
Rand: ✶ ZWEI THALER ✶ VII E · F · M · ✶ DREI EIN HALB GULDEN
Von der Ritter- und Landschaft des Fsm. Gera dem Fürsten zum Regierungsjubiläum als Geschenk überreicht

Sachsen, Königreich

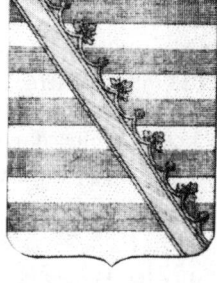

Größe: Bis 1815 ca. 35 000 qkm
  Seit 1815 ca. 15 000 qkm

Hauptstadt: Dresden

Wappen: 5 schwarze Balken auf goldenem Grund mit grünem Rautenkranz, bedeckt von der Königskrone (Generale vom 29. 12. 1806, abgedruckt im Codex Augusteus 3. Fortsetzung erste Abteilung S. 10).
In der Verordnung, das Majestätswappen betreffend vom 7. 6. 1889, abgedruckt im Gesetz- und Verordnungsblatt für das Königreich Sachsen vom Jahre 1889, S. 47 ff. wird das Wappen des Herzogtums Sachsen als neunmal in Schwarz und Gold geteilt beschrieben.

Sachsen war bis zur Auflösung des Hl. Römischen Reiches Deutscher Nation (6. 8. 1806) ein Kurfürstentum. Der Kurfürst von Sachsen hatte das Amt des Erzmarschalls (Archimarschallus) inne. Er führte daher die gekreuzten Kurschwerter im Wappen. Kurfürst Friedrich August III. beteiligte sich 1806 am Kriege gegen Napoleon I. und verlor mit seinem Verbündeten Preußen die entscheidende Schlacht bei Jena und Auerstedt (14.10.1806). Die entgegenkommende, auf Trennung Sachsens von Preußen bedachte Politik Napoleons I. erleichterte es Friedrich August, mit dem Kaiser in Posen (11.12.1806) ein Bündnis zu schließen, den Königstitel anzunehmen und als souveräner Fürst dem unter französischem Protektorat stehenden Rheinbund beizutreten. Mit Proklamation vom 20.12.1806 und Generale vom 29.12.1806 wurden die Annahme der kgl. Würde, die neue Titulatur und das kgl. Wappen verkündet. Im Frieden von Tilsit (1807) erhielt das neue Königreich von Preußen den Cottbuser Kreis in der Niederlausitz. Preußen mußte auch den größten Teil seiner polnischen Besitzungen abtreten, aus denen Napoleon das Herzogtum Warschau bildete, das im Frieden von Wien (1809) noch um die polnischen Besitzungen Österreichs, Galizien und Krakau, vergrößert wurde. Herzog dieses neuen Staates wurde der sächsische König. Er mußte sich dafür völlig dem Willen Napoleons unterwerfen und die Kräfte seines Landes an Menschen und Geld in dessen Eroberungskriegen aufopfern. In der Wiener Kongreßakte vom 9.6.1815 wurde die Auflösung des Herzogtums Warschau und die Abtretung des größten Teiles der sächsischen Länder an Preußen beschlossen. Das Königreich Sachsen verlor dadurch ca. 20000 qkm mit 864000 Einwohnern, übrig blieben 15000 qkm mit 1185000 Einwohnern. In den 1815 festgelegten Grenzen bestand Sachsen bis 1918 als Königreich, danach als Freistaat und bis 1952 als Land. Am 4.9.1831 erhielt das Königreich Sachsen seine erste Verfassung und wurde eine konstitutionelle Monarchie. Aus handelspolitischen Gründen trat es 1833 dem preußischen Zollverein bei und gehörte zu den Mitgliedern des Deutschen Zoll- und Handelsvereins (1.1.1834). 1866 kämpfte es auf Seiten Österreichs gegen Preußen und mußte dafür 10 Mill. Taler Kontributionsgelder bezahlen, wurde aber in seinen Grenzen belassen. Am 21.10.1866 trat es dem unter preußischer Hegemonie stehenden Norddeutschen Bund bei und schloß sich 1871 mit den übrigen deutschen Staaten zum Deutschen Reich zusammen.

Mit Verordnung vom 14.5.1763 führte Sachsen den Konventionsmünzfuß ein und prägte aus der Mark Feinsilber zu ca. 234 g: 10 Konventionsspeciestaler = $20\tfrac{2}{3}$-Taler = $40\tfrac{1}{3}$-Taler = $80\tfrac{1}{6}$-Taler = $160\tfrac{1}{12}$-Taler (Doppelgroschen) = $320\tfrac{1}{24}$-Taler (Groschen) = $960\tfrac{1}{48}$-Taler (Halbgroschen). Gerechnet wurde jedoch in Konventionskurant:

1 Reichstaler = 24 Groschen = 288 Pfennige = 576 Heller
1 Groschen = 12 Pfennige = 24 Heller
1 Pfennig = 2 Heller

Umrechnung der geprägten Konventionsmünzen in Konventionskurant

Nominale des Konventionsmünzfuß	Wert im 20-Guldenfuß Gulden = Kreuzer		Wert in Konventionskurant Reichstaler = Groschen	
Konventionsspeciestaler	2	120	1 1/3	32
1/2 Konventionstaler	1	60	2/3	16
1/4 Konventionstaler	1/2	30	1/3	8
1/8 Konventionstaler	1/4	15	1/6	4
1/16 Konventionstaler	1/8	7 1/2	1/12	2
1/32 Konventionstaler	1/16	3 3/4	1/24	1

An Goldmünzen wurden Dukaten (= $2\tfrac{5}{6}$ Taler), 5 Taler und 10 Taler geprägt. Die Kupfermünzen wurden bis 1833 mit 97 Talern, 18 Groschen und 9 Pfennigen und ab 1833 mit 100 Talern vom Zentner Kupfer ausgebracht. 1838 schloß sich das Königreich Sachsen der Dresdener Münzkonvention an und prägte aus der feinen Mark zu 233,855 g Silber im 14-Taler-Fuß:

7 Doppeltaler = 14 Vereinstaler   1 Vereinstaler = 30 Neugroschen = 300 Pfennige
1 Neugroschen = 10 Pfennige

Am 24.1.1857 einigten sich die Zollvereinsstaaten mit Österreich und Liechtenstein, einen gemeinsamen Vereinstaler auszugeben. Als Münzgrundgewicht wurde das Zollpfund = 500 g eingeführt, daraus wurden 30 Vereinstaler geprägt. Nach diesem Münzfuß wurden in Sachsen bis zur Reichswährung die Münzen geschlagen.
Die technische Entwicklung im Münzwesen brachte auch in Sachsen die entscheidende Verbesserung durch die Ringprägung. Mittels eines Ringes wurde der Schrötling auf dem Unterstempel festgehalten, so daß eine zentrierte und kreisrunde Prägung möglich war. Die Ringprägung wurde eingeführt: 1816 für Taler, 1817 für Ausbeutetaler, 1818 für 1/3 Taler, 1821 für 2/3 Taler, 1824 für Dukaten, 1825 für 10, 5 und 1/6 Taler, 1833 für 3 Pfennige und ab 1859 für sämtliche Nominale.

Münzstätten:	Dresden (1556) bis 1886, ab 1872 Mzz.: E	
	Grünthal 1804–1825 (Ausprägung der Kupfermünzen)	
	Muldenhütten bei Freiberg 1887 bis 1953 Mzz.: E	
Münzmeister:	Samuel Gottlieb Helbig 1804–1813 Mmz.: SGH, H	
	Johann Gotthelf Studer 1812–1832 Mmz.: IGS, GS, S	
	Johann Georg Grohmann 1833–1844 Mmz.: G	
	Gustav Theodor Fischer 1845–1860 Mmz.: F	
	Gustav Julius Buschick 1860–1887 Mmz.: B	
	Die Saigerhütte Grünthal verwaltete von 1806–1815 Faktor Carl Benjamin Marhold. Die Münzprägung unterstand allerdings dem Dresdener Münzmeister.	
Münzgraveure:	Friedrich Heinrich Krüger	1787–1805
	Christian Joseph Krüger	1790–1814
	Johann Veit Stadelmann (1814)	1817–1824
	Karl Reinhard Krüger (1814)	1817–1857
	Friedrich Anton König	1824–1844
	Karl Christian Friedrich Ulbricht (1846)	1848–1860
	Ernst Wilhelm Ulbricht (1857)	1861–1864
	Alois Stanger	1864–1868
	Max Barduleck (1865)	1871–1911
	Friedrich Wilhelm Hörnlein	1911–1945

Gesetzliche Ausbringung der wichtigsten Sorten vor Einführung der Reichswährung

Nominal	Prägezeit	Metall	Gewicht g	Feingewicht g	Feingehalt $^0/_{00}$	Katalog-Nr.
10 Taler	1806–1854	Gold	13,364	12,064	902,78	1, 2, 3, 58, 59, 88, 89
Krone	1857–1871	Gold	11,111	10	900	122
5 Taler	1806–1854	Gold	6,682	6,032	902,78	4, 5, 6, 60, 61, 90, 91
1/2 Krone	1857–1870	Gold	5,556	5	900	124
Dukat	1806–1838	Gold	3,490	3,442	986,11	7, 8, 9, 10, 11, 53, 62, 63, 92
Sophiendukat	bis 1873	Gold	3,490	3,442	986,11	192
2 1/2 Taler	1842–1859	Gold	3,341	3,016	902,78	93
Doppeltaler	1839–1856	Silber	37,120	33,408	900	94, 116, 125
Doppeltaler	1857–1861	Silber	37,037	33,333	900	126, 127, 157, 160
Speciestaler	1806–1838	Silber	28,063	23,386	833,33	12–31, 54–56, 64 bis 68, 81–86, 95–98
Vereinstaler	1839–1856	Silber	22,272	16,704	750	99–102, 117, 118, 128–131, 156
Vereinstaler	1857–1871	Silber	18,519	16,667	900	132–137, 159
2/3 Taler	1806–1829	Silber	14,031	11,693	833,33	32–34, 69, 70
1/3 Taler	1806–1821	Silber	7,016	5,846	833,33	35, 36
1/3 Taler	1827–1830	Silber	8,254	5,846	708,33	71, 72
1/3 Taler	1852–1856	Silber	8,352	5,568	666,67	103, 119, 138
1/3 Taler	1858–1860	Silber	8,329	5,556	667	139, 140
1/6 Taler	1806–1829	Silber	5,397	2,923	541,67	37, 38, 57, 73, 74, 87
1/6 Taler	1841–1856	Silber	5,345	2,784	520,83	104, 120, 141
1/6 Taler	1860–1871	Silber	5,342	2,778	520	142
1/12 Taler	1806–1836	Billon	3,341	1,462	437,5	39–41, 75, 76, 105
2 Neugroschen	1841–1856	Billon	3,118	0,974	312,5	106, 143
2 Neugroschen	1863–1873	Billon	3,221	0,967	300	144, 145
1/24 Taler	1806–1828	Billon	1,986	0,731	368,06	42, 43, 44, 77
Neugroschen	1841–1856	Billon	2,126	0,487	229,17	107, 146
Neugroschen	1861–1873	Billon	2,100	0,483	230	146, 147, 148
8 Pfennige	1808, 1809	Billon	1,299	0,325	250	45
1/48 Taler	1806–1815	Billon	0,974	0,244	250	46
1/2 Neugroschen	1841–1856	Billon	1,063	0,244	229,17	108, 149

SACHSEN

LITERATUR:

P. Arnold, *Die Brakteatenbücher der ehemaligen sächsischen Staatsmünze* in: Katalog der Zentralen Münzausstellung der DDR, Leipzig 1979, S. 8–15
M. Barduleck, *Die letzten Jahre der Münze in Dresden mit Werksverzeichnis 1865 bis 1911*, hrsg. von P. Arnold, Berlin 1980
J. und A. Erbstein, *Erörterungen auf dem Gebiete der Sächsischen Münz- und Medaillengeschichte bei Verzeichnung der Hofrath Englhardt'schen Sammlung Teil V*, Leipzig 1909
W. Haupt, *Tabellen zur sächsischen Münzkunde* in: Arbeits- und Forschungsberichte zur sächsischen Bodendenkmalpflege Beiheft 3, Berlin 1963
V. Hohlfeld, *Tabellarische Übersicht der nach dem Conventions-, dem XIV-Thaler- und dem XXX-Thaler-Fuße geschlagenen Courant-Münzen des Königreichs Sachsen nebst einem Anhang von Probemünzen und Abschlägen aus der Zeit von 1806–1873*, in Bl. f. Mzfr. Bd. V 1882/1884 Sp. 985 ff.
K. Jaeger, *Die Münzprägungen der deutschen Staaten vor Einführung der Reichswährung, Band 10: Königreich Sachsen 1806–1873 und Herzogtum Warschau 1810–1815*, Basel 1969
R. Lorenz, *Die Münzen des Königreiches Sachsen 1806–1871*, HOBRIA Deutsche Münzen, Band 3, Berlin 1968
F. Redder, Leipzig, *Verzeichnis 58: Münzen und Medaillen von Sachsen Albertinische Linie*, Leipzig 1935
Zschiesche & Köder, Leipzig, *Katalog der Slg. Otto Merseburger, umfassend Münzen und Medaillen von Sachsen Albertinische und Ernestinische Linie*, Leipzig 1894
Numismatische Gesellschaft in Dresden Nr. 5 1901, Verkaufskatalog

Friedrich August I. (1806–1827)

als Friedrich August III. Kurfürst von 1763–1806, 1763–1768 unter Vormundschaft seines Onkels Xaver.
* 23.12.1750 als Sohn des späteren Kurfürsten Friedrich Christian und seiner Gemahlin Maria Antonia, einer Tochter Kaiser Karls VII. ∞ 29.1.1769 Amalie von Pfalz-Zweibrücken. † 5.5.1827.

1 200.– / 2 200.–
1 (153, 156) 10 Taler = Doppelaugust d'or (G)
FRID · AVGVST · D · G · REX SAXONIÆ · Kopf n. r.
Rs. **ZEHN THALER** · Ovaler, gekrönter, mit einer Lorbeergirlande behängter Wappenschild, umgeben von zwei gekreuzten Palmzweigen. Oben Jahreszahl, unten Mmz.: **SGH 1806, 1807, 1808, 1809, 1810, 1811, 1812, 1813, IGS 1813, 1815, 1816, 1817**
Ausprägung in Nr. 4 enthalten
Laubrand

2 (158) 10 Taler = Doppelaugust d'or (G)   9 000.– / 15 000.–
FRIEDRICH AUGUST KOENIG V. SACHSEN · Brustbild in Uniform n. l.
Rs. **ZEHN THALER** wie Nr. 1. **IGS 1818**
Ausprägung in Nr. 5 enthalten
Rand glatt

3 (163) 10 Taler = Doppelaugust d'or (G)   3 500.– / 7 000.–
FRIEDR. AUGUST KOENIG V. SACHSEN · Büste in Uniform mit Hermelinmantel n. l.
Rs. **ZEHN THALER** · Geschweifter, gekrönter Wappenschild. Unten Jahreszahl, dazwischen Mmz.: **S 1825, 1826, 1827** (9520)
Ausprägung in Nr. 6 enthalten
Rand geriffelt

4 (152, 155) 5 Taler = Doppelaugust d'or (G)
1 800.– / 3 600.–
FRID · AVGVST · D · G · REX SAXONIÆ · Kopf n. r.
Rs. **FÜNF THALER** · Wappen wie Nr. 1. Oben Jahreszahl, unten Mmz.: **SGH 1806** (43 995), **1807** (152 145), **1808** (134 750), **1809** (53 620), **1810** (234 710), **1811** (51 065), **1812** (97 895), **1813** (117 765). **IGS 1814** (80 955), **1815** (20 405), **1816** (29 400), **1817** (65 240)
Laubrand

5 (157) 5 Taler = Doppelaugust d'or (G)   LP
FRIEDRICH AUGUST KOENIG V. SACHSEN · Büste in Uniform n. l.
Rs. **FÜNF THALER** wie Nr. 4. **IGS 1818** (24 220), **1819** (44 275), **1820** (3 640), **1821** (3 255), **1822** (10 535)
Rand glatt

6 (162) 5 Taler = Doppelaugust d'or (G) 2 500.– / 4 000.–
FRIEDR. AUG. KOENIG V. SACHSEN · Büste in Uniform mit Hermelinmantel n. l.
Rs. **FÜNF THALER** · Wappen wie Nr. 3. Unten Jahreszahl, dazwischen Mmz.: **S 1824** (117 565), **1825** (59 745), **1826** (2 590), **1827** (700)
Rand geriffelt

10 (160) Dukat (G) 1 200.– / 2 200.–
FRIEDR. AUG. KOEN. V. SACHSEN · Brustbild in Uniform n. l.
Rs. Wappen wie Nr. 3. R. und l. Jahreszahl, unten Mmz.: **IGS 1824**
Rs. Geschweiftes, gekröntes Wappen; rechts und links Jahreszahl, unten Mmz.: **IGS 1824** (1 911)
Rand geriffelt

7 Dukat (G) **LP**
FRID · AVGVST · D · G · REX SAXONIÆ · Kopf n. r.
Rs. Mit dem Kurhut bedeckter, ovaler, gespaltener Wappenschild, darin vorn das Zeichen des Reichserzmarschallamtes, das sogen. Kurwappen, hinten das sächsische Wappen, umgeben von zwei gekreuzten Palmzweigen. Unten Jahreszahl, dazwischen Reichsapfel, darunter Mmz.: **SGH 1806** (Probe)
Rand geriffelt

11 (161) Dukat (G) 1 900.– / 3 600.–
FRIEDR. AUG. KOEN. V. SACHSEN · Brustbild in Uniform mit Hermelinmantel n. l.
Rs. wie Nr. 10. **IGS 1825** (740), **1826** (1 425), **1827** (386)
Rand geriffelt

8 (151, 154) Dukat (G) 900.– / 1 800.–
FRID · AVGVST · D · G · REX SAXONIÆ · Kopf n. r.
Rs. Wappen wie Nr. 1. Oben Jahreszahl, unten Mmz.: **SGH 1806, 1807** (2 094), **1808** (2 010), **1809** (1 277), **1810** (746), **1811** (243), **1812** (50), **1813. IGS 1813, 1814** (134), **1815** (804), **1816** (1 508), **1817** (1 307), **1818** (1 039), **1819** (891), **1820** (1 543), **1821** (1 191), **1822** (1 024)
Rand geriffelt
Var. **1806**: 2 Var. mit unterschiedlicher Rs., auch ohne D · G.
IGS 1813: 2 Var. **1817**: 2 Var. mit unterschiedlicher Rs.

Napoleonrand: 300.– / 600.–

12 (1, 12, 22, 22 F, 23) Speciestaler (S)
FRID · AVGVST · D · G · REX SAXONIÆ · Kopf n. r.
Rs. **ZEHN EINE FEINE MARK** · Jahreszahl · Wappen wie Nr.1. Unten Mmz.: **SGH 1806, 1807** (660 901), **1808** (1 563 918), **1809** (562 913), **1810** (368 061), **1811** (394 822), **1812** (705 277), **SGH** und **IGS 1813** (773 313), **IGS 1814** (585 795), **1815** (510 387), **1816** (481 358), **1817** (441 722)
Laubrand
Var. **1806**: Goldabschlag im Wert von 12 Dukaten. **SGH 1810**: auch mit »Napoleonrand«. **SGH 1812** und **SGH 1813**: auch mit stilisiertem Laubrand, der wie aneinandergereihte Buchstaben N (oder M ?) wirkt und als »Napoleonrand« bezeichnet wurde. **1813**: SGH-Rs.-Stempel mit 3 über 2 geschnitten; IGS-Rs.-Stempel mit ZEHN ENIE (1814 unter dem kaiserlich russischen Gouvernement in Sachsen geschlagen). **1815**: Goldabschlag im Wert von 12 Dukaten; Rs.-Stempel mit 5 über 3 geschnitten. **1816**: auch mit vertiefter Randschrift auf dem Laubrand: GOTT SEGNE SACHSEN. **1816** auch Abschlag in Holz

9 (159) Dukat (G) 2 600.– / 4 000.–
FRIEDR. AUGUST KOENIG V. SACHSEN · Brustbild in Uniform n. l.
Rs. wie Nr. 8. **IGS 1823** (722)
Rand geriffelt

1806: 2 000.– / 6 000.–

SACHSEN

13 (13, 14, 24) Ausbeutespeciestaler (S)   440.– /980.–
Vs. wie Nr. 12
Rs. **DER SEEGEN DES BERGBAUES / ZEHN · EINE FEINE MARK** · Jahreszahl · Wappen wie Nr. 1. Unten Mmz.: **SGH 1807, 1808, 1809, 1810, 1811, 1812, 1813. IGS 1813, 1815, 1816, 1817**
Ausprägung in Nr. 12 enthalten
Laubrand
1811, 1813 (SGH und IGS) **1815, 1816:** innere Umschrift der Rs. beginnt rechts. Var. **SGH 1811:** auch mit »Napoleonrand«

16 (I) Ausbeutespeciestaler (S)   LP
FRID · AVGVST · D · G · DVX SAX · ELECTOR · Brustbild n. r.
Rs. **DER SEEGEN DES BERGBAUES** · Jahreszahl · **ZEHN EINE FEINE MARK** · Ovales sächsisches Kurwappen wie Nr. 7, auf viereckiger, an den oberen Ecken eingerollter und mit Lorbeer verzierter Kartusche. Darüber Kurhut, unten Mzz.: **SGH 1807** (Probe: Stempel sind vor Annahme des Königstitels geschnitten)
Laubrand, Abschlag in Kupfer

14 (III) Speciestaler (S)   LP
FRID · AVGVST · D · G · REX SAXONIÆ · Kopf n. r. mit geschlossenem Mund
Rs. **ZEHN EINE FEINE MARK** · Jahreszahl · Wappen wie Nr. 1. Unten Mmz.: **SGH 1808** (Probe)
Laubrand

17 (IV) Speciestaler (S)   LP
FRID · AVGVST · D · G · REX SAXONIÆ · Kopf n. r.
Rs. **ZEHN EINE FEINE MARK** · Ovales sächsisches Wappen auf Kartusche wie Nr. 16, aber darüber Königskrone und Jahreszahl, unten Mmz.: **IGS 1813** (Probe)
Laubrand

15 (II) Speciestaler (S)   LP
Vs. wie Nr. 14, doch geöffneter Mund und anderer Halsabschnitt
Rs. wie Nr. 14. **SGH 1808** (Probe)
Laubrand

18 (VII) Speciestaler (S)   LP

FRID · AVGVST · D · G · REX SAXONIÆ · Kopf n.r.
Rs. **ZEHN EINE FEINE MARK**. Rechteckiger, gekrönter sächsischer Wappenschild, umgeben von zwei gekreuzten Palmzweigen. Darunter Jahreszahl; ohne Mmz. **1814** (Probe: auch einseitige Abschläge der Rs. in Silber und Zinn)
Laubrand

19 (V) Speciestaler (S) **LP**
Vs. wie Nr. 18
Rs. wie Nr. 18, aber der Wappenschild von zwei gekreuzten Eichenzweigen umgeben. Unter dem Wappen: **THOMAS. F: · 1814** (Probe)
Laubrand
Den Rs.-Stempel schnitt der Dresdener Medailleur Adolph Thomas

20 (VI) Speciestaler (S) **LP**
FRIEDR. AUGUST KOENIG VON SACHSEN · Kopf n.r.
Rs. **ZEHN EINE FEINE MARK** Jahreszahl · Wappen wie Nr. 1. Darunter Mmz.: **IGS 1816** (Probe, 4)
Rand: Schnürchen

21 (26) Speciestaler (S) **2 800.– /5 500.–**
FRIEDR. AUGUST KOENIG VON SACHSEN · Brustbild n.r. in Uniform ohne Epauletten mit Ordenskreuz am Großen Bande
Rs. wie Nr. 20. **IGS 1816** (Probe: sog. Schlafrocktaler)
Rand: **GOTT SEGNE SACHSEN**

22 (30) Speciestaler (S) **120.– /240.–**
FRIEDRICH AUGUST KOENIG VON SACHSEN · Brustbild in Uniform mit dem Orden der Rautenkrone n. l.
Rs. **ZEHN EINE FEINE MARK** · Wappen wie Nr. 1. Unten Mmz. und Jahreszahl **IGS 1817, 1818** (405 494), **1819** (424 485), **1820** (404 015), **1821** (407 673)
Ausprägung 1816 und 1817 mit in Nr. 12 enthalten.
Rand: **GOTT SEGNE SACHSEN**
Var. **1816**: Probe. **1817**: auch OTT statt GOTT in der Randschrift. **1821**: 2 Var.

23 (31) Ausbeutespeciestaler (S) **300.– /600.–**
Vs. wie Nr. 22
Rs. **DER SEGEN DES BERGBAUES / ZEHN EINE FEINE MARK** · Jahreszahl · Wappen wie Nr. 1. Unten Mmz. **IGS 1817, 1818, 1819, 1820, 1821**
Rand: **GOTT SEGNE SACHSEN**
Var. **1820**: Randschrift auch mit GOTT SEGNE SACHSAN und GOTTO SEGNE SACHSAN
Var. **1821**: auch Rs.-Stempel mit 1 über 0 geschnitten

24 (33) Speciestaler (S) **160.– /320.–**
FRIEDR. AUGUST KOENIG V. SACHSEN · Brustbild in Uniform n. l.
Rs. **ZEHN EINE FEINE MARK** · Wappen wie Nr. 1. Unten Jahreszahl und Mmz.: **IGS 1822** (611 567), **1823** (511 926)
Rand: **GOTT SEGNE SACHSEN**

SACHSEN

25 (34) Ausbeutespeciestaler (S)   350.– / 600.–
Vs. wie Nr. 24
Rs. **DER SEGEN DES BERGBAUES / ZEHN EINE FEINE MARK** · Jahreszahl · Wappen wie Nr. 1. Unten Mmz.: **IGS 1822, 1823**
Ausprägung für 1823 in Nr. 24 enthalten
Rand: GOTT SEGNE SACHSEN

28 (VIII) Speciestaler (S)   **LP**
FRIEDRICH AUGUST KOENIG VON SACHSEN · Kopf n. r.
Rs. **ZEHN EINE FEINE MARK** Jahreszahl, dazwischen Mmz. Rechteckiges, gekröntes Wappen, umgeben von gebundenen Lorbeerzweigen. **S 182** (Probe mit unvollständiger Jahreszahl)
Rand: GOTT SEGNE SACHSEN

26 Speciestaler (S)   **LP**
FRIEDR. AUGUST KOENIG V. SACHSEN · Büste n. l. mit geradem Büstenabschnitt
Rs. **ZEHN EINE FEINE MARK** zwischen 2 Rosetten, unten Mmz. Im Kreis: Wappen wie Nr. 3. R. und l. Jahreszahl **IGS 1824** (Probe)
Rand: GOTT SEGNE SACHSEN

29 (VIII) Speciestaler (S)   **LP**
Vs. wie Nr. 28
Rs. wie Nr. 28, aber Wappen von gebundenen Eichenzweigen umgeben. **S 182** (Probe mit unvollständiger Jahreszahl)
Rand: GOTT SEGNE SACHSEN

27 (35) Ausbeutespeciestaler (S)   1 000.– / 2 000.–
Vs. wie Nr. 26
Rs. wie Nr. 26, aber: **DER SEGEN DES BERGBAUES ZEHN EINE F. M.** · Mmz. unter dem Wappen im Kreis. **GS 1824**
Rand: GOTT SEGNE SACHSEN

30 (41) Speciestaler (S)   130.– / 260.–
FRIEDR. AUGUST KOENIG V. SACHSEN · Brustbild in Uniform mit Hermelinmantel n. l.
Rs. **ZEHN EINE FEINE MARK** · Wappen wie Nr. 3. Unten Jahreszahl, dazwischen Mmz.: **S 1824** (545820), **1825** (545640), **1826** (545894), **1827** (422886)
Rand: GOTT SEGNE SACHSEN
Var. **1826**: 2 Var.

31 (42) Ausbeutespeciestaler (S) 220.– / 600.–

Vs. wie Nr. 30
Rs. **DER SEGEN DES BERGBAUS ZEHN EINE FEINE MARK** · Wappen wie Nr. 3. R. und l. davon die Jahreszahl, unten Mmz.: **S 1824, 1825, 1826, 1827** (13 071)
Ausprägung in Nr. 30 enthalten
Rand: GOTT SEGNE SACHSEN

34 1/3 Taler (S) LP

Vs. Wappen wie Nr. 1
Rs. **WIENER KUNSTNACHAHMUNG** · Der römisch-deutsche Doppeladler (Modell 1804) mit Schwert und Zepter im rechten, dem Reichsapfel im linken Fang, von der sogenannten Reichskrone überhöht, mit einem von der Kette des Ordens vom Goldenen Vlies umzogenen und mit der österreichischen Kaiserkrone gekrönten Brustschild, darin aber anstelle des österreichischen Doppeladlers das 1806 geschaffene »Genealogische Wappen des Allerhöchsten Kaiserhauses«, bestehend aus den Feldern Habsburg, Österreich und Lothringen. Unten in Einfassung zwischen Lorbeer- und Palmzweig: **1806,** darunter **K · 1806** (Probe)
Laubrand

32 (11, 21) 2/3 Taler = Gulden (S) 110.– / 220.–

FRID · AVGVST · D · G · REX SAXONIÆ · Kopf n. r.
Rs. **ZWANZIG · EINE FEINE MARK** · Jahreszahl · Wappen wie Nr. 1. Unten Wertangabe ⅔, darüber Mmz.: **SGH 1806, 1807** (75 224), **1808** (171 038), **1809** (164 588), **1810** (164 846), **1811** (161 237), **1812** (85 800), **IGS 1813, 1814** (75 484), **1815** (47 815), **1816** (54 990), **1817** (60 387), 1818 (62 769), 1819 (54 066), 1820 (41 982). Die Jahrgänge 1818–1820 existieren nicht. Wahrscheinlich ist in diesen Jahren mit älteren Stempeln geprägt worden.
Laubrand
Var. Ab **1808**: Mmz. durch Wertangabe geteilt. **1817**: auch mit Randschrift: GOTT SEGNE SACHSEN

35 (10, 20) 1/3 Taler (S) 60.– / 120.–

FRID · AVGVST · D · G · REX SAXONIÆ · Kopf n. r.
Rs. **VIERZIG EINE FEINE MARK** · Jahreszahl · Wappen wie Nr. 1. Unten Wertangabe ⅓, darüber Mmz.: **SGH 1806, 1807** (27 406), **1808** (276 585), **1809** (303 333), **1810** (295 299), **1811** (277 500), **1812** (80 424). **IGS 1815** (5 739), **1816** (9 049), **1817** (8 929)
Laubrand
Var. **1808**: Rs.-Stempel mit FEIN statt FEINE und ACHTZIG statt VIERZIG

36 (29) 1/3 Taler (S) 200.– / 400.–

FRIEDRICH AUGUST KOENIG V. SACHSEN · Brustbild in Uniform n. l.
Rs. wie Nr. 35. **IGS 1818** (19 494), **1821**. 1821 wurden in der Dresdner Münze lt. Abrechnungsbeleg keine 1/3 Taler geprägt.
Rand glatt

33 (32) 2/3 Taler = Gulden (S) 650.– / 1 300.–

FRIEDR. AUGUST KOENIG V. SACHSEN · Brustbild in Uniform n. l.
Rs. **ZWANZIG EINE FEINE MARK** · Wappen wie Nr. 1. Unten Jahreszahl, dazwischen Wertangabe ⅔ und darüber Mmz.: **GS 1821** (Probe), **1822** (22 643)
Rand: GOTT SEGNE SACHSEN

37 (9, 19) 1/6 Taler (S) 60.– / 120.–

SACHSEN

FRID · AVGVST · D · G · REX SAXONIÆ · Kopf n.r.
Rs. ACHTZIG EINE FEINE MARK · Jahreszahl · Wappen wie Nr. 1. Unten Wertangabe ¹/₆ zwischen Mmz.: **SGH 1806, 1807** (317 382), **1808** (2 421 360), **1809** (3 607 812), **1810** (2 404 890), **1813** (228 667). **IGS 1817** (118 662), **1818** (240 750)
Laubrand
Var. **1817**: 3 Var.

38 (40) 1/6 Taler (S)   160.– /300.–

FRIEDR. AUG. KOENIG V. SACHSEN · Brustbild in Uniform mit Hermelinmantel n.l.
Rs. **ACHTZIG EINE FEINE MARK** · Wappen wie Nr. 3. R. und l. davon die Jahreszahl. Unten Mmz., dazwischen Wertangabe **1/6** · **GS 1825** (68 202)
Rand glatt (auch gerippt)

39 (8, 18) 1/12 Taler = Doppelgroschen (B)   40.– /80.–

FRID · AVGVST · D · G · REX SAXONIÆ · Wappen wie Nr. 1. Unten Mmz.
Rs. Rosette **CLX · EINE FEINE MARK 12 / EINEN / THALER /** Jahreszahl **SGH 1806, 1807** (37 543), **1808** (139 686), **1809** (1 071 378), **1810** (514 560), **1811, SGH und IGS 1812** (5 172 077), **SGH und IGS 1813** (2 055 410), **IGS 1814** (62 966), **1816** (45 532), **1817** (197 676), **1818** (1 171 326)
Rand glatt oder gerieffelt
Var. **1806**: Goldabschläge im Wert von 1 Doppeldukat. **1809**: Vs.-Stempel mit VGVST / **SGH 1811** sind Fälschungen

40 (28) 1/12 Taler = Doppelgroschen (B)   40.– /80.–

FRIED. AUGUST KOENIG V. SACHSEN · Wappen wie Nr. 1. Unten Mmz.
Rs. **160 EINE FEINE MARK** Rosette **12 / EINEN / THALER /** Jahreszahl **IGS 1819** (2 331 995), **1820** (2 762 624), **1821** (3 887 422), **1822** (2 667 572), **1823** (1 623 963)
Rand glatt
Var. **1820 und 1822**: Goldabschläge im Wert von 1 Doppeldukat. **1823**: auch mit FRIEDR.

41 (39) 1/12 Taler = Doppelgroschen (B)   60.– /120.–

FRIEDR. AUGUST KOENIG V. SACHSEN · Wappen wie Nr. 3. Darunter Mmz.
Rs. **160 EINE FEINE MARK 12 / EINEN / THALER /** Jahreszahl **S 1824** (2 469 923), **1825** (1 721 344), **1826** (762 650), **1827** (563 854)
Rand glatt
Var. **1824**: Goldabschläge im Wert von 1 Dukat. **1827**: 2 Var.

42 (17) 1/24 Taler = Groschen (B)   30.– /60.–

FRID · AVGVST · D · G · REX SAXONIÆ · Wappen wie Nr. 1. Unten Mmz.
Rs. Rosette **CCCXX · EINE FEINE MARK 24 / EINEN / THALER /** Jahreszahl **IGS 1816** (145 712), **1817** (252 185), **1818** (165 582)
Rand glatt
1816: Goldabschläge im Wert von 1 Dukat

43 (27) 1/24 Taler = Groschen (B)   40.– /80.–

FRIED. AUGUST KOENIG V. SACHSEN · Wappen wie Nr. 1. Unten Mmz.
Rs. **320 EINE FEINE MARK** Rosette **24 / EINEN / THALER /** Jahreszahl **IGS 1819** (336 880), **1820** (267 696), **1821** (320 808), **1822** (438 720), **1823** (367 626)
Rand glatt
Var. **1820**: 2. Rs.-Stempel mit 20 über 19 geschnitten. **1823**: FRIEDR., Goldabschläge im Wert von 1 Dukat

44 (38) 1/24 Taler = Groschen (B)   40.– /80.–

FRIEDR. AUGUST KOENIG V. SACHSEN · Wappen wie Nr. 3. Darunter Mmz.
Rs. **320 EINE FEINE MARK** Rosette **24 / EINEN / THALER /** Jahreszahl **S 1824** (331 548), **1825** (262 484), **1826** (311 136), **1827** (66 753)
Rand glatt
1824: Goldabschläge im Wert von 1 Dukat. **1825**: Goldabschläge im Wert von 1/2 Dukat. **1826 und 1827**: Goldabschläge im Wert von 1 Dukat

45 (7) 8 Pfennige (B)
Wappen wie Nr. 1. Unten Mmz.   60.– /120.–

Rs. **8 / PFENNIGE** / Jahreszahl **H 1808** (2 604 237), **1809** (4 732 341). Rand glatt
1808 und **1809**: Goldabschlag im Wert von 1/2 Dukat; auch Probeabschlag mit ACHT in Feinsilber
Mit **1810** existieren Fälschungen

46 (6) 1/48 Taler (B)   30.– / 60.–
Wappen wie Nr. 1. Unten Mmz.
Rs. **48 / EINEN / THALER** / Jahreszahl **H 1806, 1807** (2 989 572), **1808** (1 822 574), **1811** (4 241 736), **H** und **S 1812** (5 382 310), **H** und **S 1813** (729 704), **S 1814** (2 871 234), **1815** (1 068 584), **1816** (10 624)
1806, 1807 und **1815**: Goldabschlag im Wert von 1/2 Dukat

47 (5) 4 Pfennige (K)   25.– / 50.–
Wappen wie Nr. 1
Rs. **4** zwischen Sternen / **PFENNIGE** / Jahreszahl / Mmz. **H 1808** (1 548 000), **1809** (1 054 800), **1810** (885 600), **1811** (608 400) mit der Jahreszahl 1810 geprägt.
Laubrand
Var. **1808**: 2 Var. **1809**: 2 Var. auch Rs.-Stempel mit 9 über 8 geschnitten

48 (4, 16) 3 Pfennige (K)   50.– / 100.–
Wappen wie Nr. 1
Rs. **III / PFENNIGE** / Jahreszahl / Mmz. **H 1807** (316 800), **1808, 1809** (4 800), **1811, 1812** (96 000). **S 1814** (211 200), **1815** (432 000), **1822** (81 600), **1823** (19 200), **1824** (122 856)
Laubrand
Var. **1811**: 2 Var.

49 (37) 3 Pfennige (K)   150.– / 300.–
Wappen wie Nr. 3
Rs. **3 / PFENNIGE** / Jahreszahl / Mmz.: **S 1825** (167 828), **1826** (31 536)
Laubrand
Auch Probeabschläge in Silber und Kupfer

50 (3 a–c, 15) Pfennig (K)   40.– / 80.–
Wappen wie Nr. 1
Rs. **I / PFENNIG** / Jahreszahl / Mmz.: **H 1807** (691 200), **1808** (4 766 400), **1811** (1 267 200). **S. 1815, 1816, 1822** (81 600), **1823** (230 400)
1817 wurden lt. Abrechnungsbeleg für 16 631 Taler 7 Groschen 7 Pfennige Kupfermünzen geprägt
Rand geriffelt
1807: Goldabschlag im Wert von 1 Dukat; Vs. u. Rs. mit Punktkreis. **1808**: Goldabschlag im Wert von 1 Dukat; Vs. von einer Bogeneinfassung umgeben. **1811**: Kupferabschlag. **1816**: Goldabschlag im Wert von 1 Dukat, außerdem Silberabschlag

51 (36) Pfennig (K)   40.– / 80.–
Wappen wie Nr. 3
Rs. **1 / PFENNIG** / Jahreszahl / Mmz.: **S 1824** (148 499), **1825** (446 400), **1826** (680 706)
Rand geriffelt
Goldabschlag im Wert von 1 Dukat

52 (2) Heller = 1/2 Pfennig (K)   45.– / 90.–
Wappen wie Nr. 1
Rs. **I / HELLER** / Jahreszahl / Mmz.: **H 1813** (561 600)
Rand glatt
Var. 3 Var. auch mit Mmz. auf beiden Seiten. Goldabschlag im Wert von ½ Dukat

Gedenkmünzen

53 (151 I) Dukat (G)   2800.– / 5600.–
Auf das 400jährige Jubiläum der Universität Leipzig am 4. Dezember 1809
FR · BELLIC · E · S · CONDITOR ACAD · LIPS · Brustbild von Kurfürst Friedrich I. (dem Streitbaren) im Kurornat, mit geschultertem Kurschwert, n. r.
Rs. Chronogramm: sALVa / sIt / ACaDeMIa / LIpsICa / D. **IV. DECEMB**
Von Christian Joseph Krüger, unsigniert und signiert (KR.)
Unsignierte Probe in Kupfer

SACHSEN

54 (25) Prämien-Speciestaler (S)   3500.– / 5500.–
Für die Bergakademie Freiberg
FRIEDRICH AUGUST KOENIG VON SACHSEN · Kopf
n.r., darunter STAD:
Rs. K. S. BERGAKADEMIE ZU FREIBERG im Eichenkranz: DEM / FLEISSE darunter gekreuzte Berghämmer und Gabel. Unter dem Eichenkranz die Jahreszahl **1815**, (1816 und 1822 wurden insgesamt 201 Exemplare geprägt) Laubrand Var. auch ohne Gabel zwischen den Berghämmern (Probe).
Das Porträt schnitt Johann Veit Stadelmann
Entwurf der Rs. von Abraham Gottlob Werner, Professor an der Bergakademie Freiberg

57 (43) 1/6 Taler (S)   50.– / 90.–
Auf des Königs Tod am 5. Mai 1827
Vs. wie Nr. 55
Rs. wie Nr. 55, aber unter den Zweigen die Wertangabe: **1/6** und **LXXX. E. F. M. · S 1827** (48426)
Rand glatt

Anton (1827–1836)
Jüngerer Bruder Friedrich Augusts I.
* 27.12.1755 als Sohn des späteren Kurfürsten Friedrich Christian und seiner Gemahlin Maria Antonia, einer Tochter Kaiser Karls VII. ∞ 24.10.1781 in 1. Ehe Charlotte Prinzessin von Sardinien, 18.10.1787 in 2. Ehe Therese, eine Tochter Kaiser Leopolds II. † 6.6.1836.

55 (44) Speciestaler (S)   220.– / 480.–
Auf des Königs Tod am 5. Mai 1827
FRIEDRICH AUGUST ✱ KOENIG VON SACHSEN · Kopf n.r.
Rs. **VOLLENDET / DEN 5. MAI 1827** / Leiste / **PSALM 91 V. 14–16**, umgeben von gekreuzten Zypressenzweigen. Darunter Mmz. und die Wertangabe: **X E. F. M. · S 1827** (13950)
Rand: GOTT SEGNE SACHSEN
Vs. von A. F. König Rs. von K. R. Krüger

58 (166) 10 Taler = Doppelanton d'or (G)   4500.– / 9000.–
ANTON V. G. G. KOENIG VON SACHSEN · Kopf n.r.
Rs. **ZEHN THALER** · Wappenschild unter Königskrone wie Nr. 3, umgeben von zwei gekreuzten Zweigen der Mauerraute. Darüber die Jahreszahl, unten Mmz.: **S 1827** (875), **1828** (5530)
Rand geriffelt

59 (169) 10 Taler = Doppelanton d'or (G)   2800.– / 5600.–
ANTON V. G. G. KOENIG VON SACHSEN · Kopf n.r.
Rs. wie Nr. 58. **S 1829** (3010), **1830** (17955), **1831** (3255), **1832** (2625). **G 1834** (3080), **1835** (2715), **1836** (4655)
Rand geriffelt

56 (45) Ausbeutespeciestaler (S)   280.– / 600.–
Auf des Königs Tod am 5. Mai 1827
Vs. wie Nr. 55
Rs. wie Nr. 55. **S 1827** (4357)
Rand: SEGEN DES BERGBAUS

60 (165) 5 Taler = Anton d'or (G)   14000.– / 28000.–

ANTON V. G. G. KOENIG VON SACHSEN · Kopf n. r.
Rs. **FÜNF THALER** · Wappen wie Nr. 58. Darüber die Jahreszahl, unten Mmz.: **S 1827** (405), **1828** (855)
Rand geriffelt

61 (168) 5 Taler = Anton d'or (G) 2 400.– / 4 800.–

ANTON V. G. G. KOENIG VON SACHSEN · Kopf n. r.
Rs. wie Nr. 60. **S 1829** (385), **1830** (2800), **1831** (245), **1832** (175). **G 1834** (490), **1835** (380), **1836** (455)
Rand geriffelt
1832: Silberabschlag

62 (164) Dukat (G) 1 200.– / 2 400.–

ANTON V. G. G. KOENIG VON SACHSEN · Kopf n. r.
Rs. Wappen wie Nr. 58. Unten Jahreszahl und darüber Mmz.:
S 1827 (587), **1828** (771)
Rand geriffelt

63 (167) Dukat (G) 1 000.– / 2 000.–

ANTON V. G. G. KOENIG VON SACHSEN · Kopf n. r.
Rs. wie Nr. 62. **S 1829** (1408), **1830** (1274), **1831** (470), **1832** (839) · **G 1833** (564), **1834** (1582), **1835** (119), **1836** (804)
Rand geriffelt

64 (54) Speciestaler (S) 160.– / 360.–

ANTON V. G. G. KOENIG VON SACHSEN · Kopf n. r.
Rs. **ZEHN EINE FEINE MARK** · Wappen wie Nr. 58. Darunter Mmz. und Jahreszahl **S 1827** (106 527), **1828** (608 839)
Rand: GOTT SEGNE SACHSEN

65 (55) Ausbeutespeciestaler (S) 1 000.– / 2 400.–
Vs. wie Nr. 64
Rs. **SEGEN DES BERGBAUS X. EINE F. MARK** · Wappen wie Nr. 58. Darunter Mmz. und Jahreszahl **S 1828** (17 812)
Rand: GOTT SEGNE SACHSEN

66 (60) Speciestaler (S) 130.– / 240.–
ANTON V. G. G. KOENIG VON SACHSEN · Kopf n. r.
Rs. **ZEHN EINE FEINE MARK** · Wappen wie Nr. 58. Darunter Mmz. und Jahreszahl **S 1829** (534 004), **1830** (620 171), **1831** (697 332), **1832** (979 375), **G 1833** (189 605), **1834** (486 494), **1835** (457 958), **1836** (585 028)
Rand: GOTT SEGNE SACHSEN

67 (61) Ausbeutespeciestaler (S) 480.– / 1 200.–
Vs. wie Nr. 66
Rs. **SEGEN DES BERGBAUS X. EINE F. MARK** · Wappen wie Nr. 58. Darunter Mmz. und Jahreszahl **S 1829** (18 590), **1830** (18 865), **1831** (18 881), **1832** 12 857). **G 1833** (3000), **1834** (5500), **1835** (4986), **1836** (4836)
Rand: GOTT SEGNE SACHSEN

68 (IX) Speciestaler (S) **LP**
ANTON V. G. G. KOENIG VON SACHSEN · Kopf n.r.
Rs. **ZEHN EINE FEINE MARK** · Wappen ähnlich Nr.28.
Darunter unvollständige Jahreszahl und Mmz.: **S 182** (Probe)
Rand: GOTT SEGNE SACHSEN
Var. 3 verschiedene Rs.-Stempel: Eichen-, Lorbeer- oder Rautenzweige

69 (53) 2/3 Taler = Gulden (S) 650.– / 1 300.–
ANTON V. G. G. KOENIG VON SACHSEN · Bildnis n.r.
Rs. **ZWANZIG EINE FEINE MARK** · Wappen wie Nr. 58.
Darunter Mmz. und Jahreszahl. Zwischen den Ziffern die Wertangabe **2/3** · **S 1827** (10950), **1828** (12434)
Rand: GOTT SEGNE SACHSEN

70 (59) 2/3 Taler = Gulden (S) 550.– / 1 100.–
ANTON V. G. G. KOENIG VON SACHSEN · Bildnis n.r.
Rs. wie Nr. 69. **S 1829** (12984)
Rand: GOTT SEGNE SACHSEN

71 (52) 1/3 Taler (S) 400.– / 800.–
ANTON V. G. G. KOENIG VON SACHSEN · Kopf n.r.
Rs. **VIERZIG EINE FEINE MARK** · Wappen wie Nr. 58.
Darunter Mmz. und Jahreszahl. Zwischen den Ziffern die Wertangabe **1/3** · **S 1827** (8700), **1828** (10150)
Rand glatt

72 (58) 1/3 Taler (S) 250.– / 500.–
ANTON V. G. G. KOENIG VON SACHSEN · Kopf n.r.
Rs. wie Nr. 71. **S 1829** (20957), **1830** (97039)
Rand glatt

73 (51) 1/6 Taler (S) 350.– / 1 000.–
ANTON V. G. G. KOENIG VON SACHSEN · Kopf n.r.
Rs. **ACHTZIG EINE FEINE MARK** · Wappen wie Nr. 58.
Darunter Mmz. und Jahreszahl. Zwischen den Ziffern die Wertangabe **1/6** · **S 1827** (18524), **1828** (18000)
Rand glatt

74 (57) 1/6 Taler (S) 150.– / 300.–
ANTON V. G. G. KOENIG VON SACHSEN · Kopf n.r.
Rs. wie Nr. 73. **S 1829** (123720)
Rand glatt

75 (50) 1/12 Taler = Doppelgroschen (B) 100.– / 180.–
ANTON V. G. G. KOEN. V. SACHS. · Wappen wie Nr. 58.
Darunter Mmz.
Rs. **160 EINE FEINE MARK 12 / EINEN / THALER** / Jahreszahl, unten Rosette · **S 1827** (60000), **1828** (256454)
Rand glatt

80 (46) Pfennig (K)   20.–/40.–
Wappen wie Nr. 3
Rs. **1 / PFENNIG /** Jahreszahl / Mmz.: **S 1831** (1153924), **1832** (576312) · **G 1833** (1152198)
Rand glatt und geriffelt
Var. **1832**: 2 Var. **1833**: Goldabschläge im Wert von 1 Dukat, außerdem Silberabschläge

76 (56) 1/12 Taler = Doppelgroschen (B)   60.–/120.–
ANTON V. G. G. KOEN. V. SACHS. · Wappen wie Nr. 3. Darunter Mmz.
Rs. wie Nr. 75. **S 1829** (1431154), **1830** (1684339), **1831** (206189), **1832** (881695)
Rand glatt

77 (49) 1/24 Taler = Groschen (B)   50.–/100.–
ANTON V. G. G. KOEN. V. SACHS. · Wappen wie Nr. 58. Darunter Mmz.
Rs. **320 EINE FEINE MARK 24 / EINEN / THALER /** Jahreszahl, unten Rosette · **S 1827** (66000), **1828** (99774)
Rand glatt

Gedenkmünzen

81 (62) Prämien-Speciestaler (S)   4000.–/7000.–
Für die Bergakademie Freiberg
ANTON V. G. G. KOENIG VON SACHSEN · Kopf n. r.
Rs. **K. S. BERGAKADEMIE ZU FREIBERG** · Im Eichenkranz **DEM / FLEISSE,** darunter gekreuzte Berghämmer. Unter dem Eichenkranz die Jahreszahl **1829** (200)
Rand: **GOTT SEGNE DEN BERGBAU**
Für die Vs. wurde der Talerstempel verwendet. Den Rs.-Stempel schnitt der Münzgraveur Krüger.

78 (47) 3 Pfennige (K)   50.–/100.–
Wappen wie Nr. 3
Rs. **3 / PFENNIGE /** Jahreszahl, unten Mmz.: **S 1831** (76800), **1832** (225950), **1832** (19200). **G 1833** (69120)
Rand glatt
1831: Probeabschlag zu 26 mm Ø. **1832** (19200): im 100-Taler-Fuß. **1832**: Silberabschlag

79 (48) 3 Pfennige (K)   50.–/100.–
KOEN. SAECHS. SCHEIDE-M. · Wappen wie Nr. 3
Rs. wie Nr. 78. **G 1834** (499550)
Rand glatt
Var. Auch Abschläge in Silber. 3 Proben mit unvollständiger Jahreszahl 183 auf Rs. und 3 unterschiedlichen Vs.-Legenden: 1) 96 EINEN THALER und K.S.S.M 2) KOENIGL. SAECHS. 3) KOEN. SAECHS. SCHEIDE-M. Von 3) auch Silberabschlag

82 (64) Prämien-Speciestaler (S)   LP
Für das Forstinstitut Tharant
Vs. wie Nr. 81
Rs. **K. S. FORSTINSTITUT ZU THARANT** · Im Eichenkranz **DEM / FLEISSE / UND / GESITTETEN / BETRAGEN** · Unter dem Eichenkranz die Jahreszahl **1830** (25)
Rand: **GOTT SEGNE SACHSEN**
Für die Vs. wurde der Talerstempel verwendet. Den Rs.-Stempel schnitt F. A. König.

SACHSEN

83 (63) Prämien-Speciestaler (S) **LP**
Für die Landwirtschaftliche Lehranstalt Tharant
Vs. wie Nr. 81
Rs. **K. S. LANDWIRTSCHAFTL. LEHRANSTALT ZU THARANT** · Im Eichenkranz **DEM / FLEISSE / UND / GESITTETEN / BETRAGEN** · Unter dem Eichenkranz die Jahreszahl **1830** (25)
Rand: GOTT SEGNE SACHSEN
Für die Vs. wurde der Talerstempel verwendet. Den Rs.-Stempel schnitt F. A. König.

84 (65) Speciestaler (S) **220.– / 400.–**
Auf die Verfassung vom 4. September 1831
ANTON KOENIG UND FRIEDRICH AUGUST MITREGENT VON SACHSEN · Beider Köpfe n. r.
Rs. **VEREINTEN SICH MIT DEN GETREUEN STÆNDEN ZU NEUER VERFASSUNG DES STAATS** · Verfassungsrolle mit der Aufschrift **AM 4. SEPTBR. / 1831**, umgeben von gekreuztem Eichen- und Lorbeerzweig, darunter Mmz.: **S 1831** (14409)
Rand: ZEHN EINE FEINE MARK

85 (67) Speciestaler (S) **240.– / 480.–**
Auf den Tod des Königs am 6. Juni 1836
ANTON KOENIG ✳ VON SACHSEN + DEN 6 IUNI 1836 · Kopf n. r.
Rs. **ZEHN EINE FEINE MARK** · Wappen wie Nr. 3 vor gesenkten, gekreuzten Fackeln, umgeben von gekreuzten Zypressenzweigen, darunter Mmz.: **G 1836** (12487)
Rand: GOTT SEGNE SACHSEN
Stempel nach eigenem Entwurf von Friedrich Anton König

86 (86) Ausbeutespeciestaler (S) **600.– / 1 200.–**
Auf den Tod des Königs am 6. Juni 1836
Vs. wie Nr. 85
Rs. wie Nr. 85. **G 1836** (2500)
Rand: SEGEN DES BERGBAUS
Stempel nach eigenem Entwurf von Friedrich Anton König

87 (66) 1/6 Taler (S) **80.– / 150.–**
Auf den Tod des Königs am 6. Juni 1836
Vs. wie Nr. 85
Rs. **ACHTZIG EINE FEINE MARK** · Wappen wie Nr. 85. Darunter Mmz. und die Wertangabe **1/6 · G 1836** (45659)
Rand glatt
Auch Probeabschläge in Kupfer
Stempel nach eigenem Entwurf von Friedrich Anton König

Friedrich August II. (1836–1854)

Neffe Friedrich Augusts I. und Antons.
* 18.5.1797 als Sohn des Prinzen Maximilian und seiner ersten Gemahlin Karoline von Parma. ∞ 7.10.1819 in 1. Ehe Karoline, eine Tochter des Kaisers von Österreich Franz I., 24.4.1833 in 2. Ehe Maria, ein Tochter des Königs von Bayern Max Joseph. 1830 zum Mitregenten ernannt, nachdem sein Vater auf den Thron verzichtet hatte. † 9.8.1854.

88 (172) 10 Taler = Doppelaugust d'or (G) **4000.– / 7000.–**
FRIEDRICH AUGUST V. G. G. KOENIG V. SACHSEN · Kopf n. r.
Rs. **ZEHN THALER** · Rechteckiger, gekrönter Wappenschild, umgeben von zwei gekreuzten Zweigen der Mauerraute. Darüber die Jahreszahl, darunter Mmz.: **G 1836** (1100), **1837** (2400), **1838** (1750), **1839** (1855)
Rand: GOTT SEGNE SACHSEN

89 (175) 10 Taler = Doppelaugust d or (G) 2 800.– / 5 600.–
FRIEDR. AUG. V. G. G. KOENIG V. SACHSEN · Kopf
n. r., darunter Mmz.
Rs. **ZEHN THLR.** · Wappenschild auf gekröntem Wappenzelt, umzogen vom Band des Ordens der Rautenkrone mit anhängendem Kleinod; r. und l. davon die Jahreszahl F **1845** (2100), **1848** (4761), **1849** (1928), **1853** (1038), **1854** (1620)
Rand: GOTT SEGNE SACHSEN

90 (171) 5 Taler = August d'or (G) 3 200.– / 5 600.–
FRIEDRICH AUGUST V. G. G. KOENIG V. SACHSEN ·
Kopf n. r.
Rs. **FÜNF THALER** · Wappen wie Nr. 88. Darüber die Jahreszahl, darunter Mmz.: G **1837** (490), **1838** (175), **1839** (210)
Rand: GOTT SEGNE SACHSEN

91 (174) 5 Taler = August d'or (G) 1 400.– / 2 800.–
FRIEDR. AUG. V. G. G. KOENIG V. SACHSEN · Kopf n. r.,
darunter Mmz.
Rs. **FÜNF THLR.** · Wappen wie Nr. 89. Darunter Jahreszahl G **1842** (4445) · F **1845** (1483), **1848** (1964), **1849** (1110), **1853** (511), **1854** (4570)
Rand: GOTT SEGNE SACHSEN

92 (170) Dukat (G) 2 000.– / 4 000.–
FRIEDRICH AUGUST V. G. G. KOENIG V. SACHSEN ·
Kopf n. r.
Rs. Wappen wie Nr. 88. Darunter Mmz. und Jahreszahl G
1836 (100), **1837** (168), **1838** (637)
Rand geriffelt

93 (173) 2½ Taler = 1/2 August d'or (G) 1 200.– / 2 400.–
FRIEDR. AUG. V. G. G. KOENIG V. SACHSEN · Kopf
n. r., darunter Mmz.
Rs. **ZWEI UND EIN HALB. THALER** · Wappen wie Nr. 89.
Darunter Jahreszahl G **1842** (560) · F **1845** (420), **1848** (82), **1854** (308)
Rand geriffelt

94 (78) Doppeltaler (S) 220.– / 400.–
FRIEDRICH AUGUST V. G. G. KOENIG V. SACHSEN ·
Kopf n. r., darunter Mmz.
Rs. **2 THALER VII EINE F. MARK 3½ GULDEN VEREINS MÜNZE** zwischen 2 Rosetten. Wappen wie Nr. 89, aber die Seitenteile des Mantels stärker gefaltet. Darunter Jahreszahl G **1839** (20107), **1840** (68 200), **1841** (39 397), **1842** (71 314), **1843** (58 718) · F **1847** (146 967), **1848** (77 875), **1849** (15 000), **1850** (113 086), **1851** (246 345), **1852** (209 233), **1853** (303 119), **1854** (885 829)
Rand: GOTT SEGNE SACHSEN
Var. **1853**: auch mit über 1852 geschnittener Jahreszahl.
Probe o. J.

95 (72) Speciestaler (S) 550.– / 1 400.–
FRIEDRICH AUGUST V. G. G. KŒNIG V. SACHSEN ·
Kopf n. r.
Rs. **ZEHN EINE FEINE MARK** · Wappen wie Nr. 88. Darunter Mmz. und Jahreszahl G **1836** (33 728), **1837** (30 646)
Rand: GOTT SEGNE SACHSEN

96 (73) Ausbeutespeciestaler (S) 3 000.– / 6 000.–
Vs. wie Nr. 95
Rs. **SEGEN DES BERGBAUS · X. EINE F. MARK** · Wappen wie Nr. 88. Darunter Mmz. und Jahreszahl **G 1836** (3262)
Rand: GOTT SEGNE SACHSEN

99 (76) Taler (S) 120.– / 250.–
FRIEDRICH AUGUST V. G. G. KOENIG V. SACHSEN · Kopf n. r., darunter Mmz.
Rs. **EIN THALER XIV EINE F. M.** · Wappen wie Nr. 94. Darunter Jahreszahl **G 1839** (643 258), **1840** (1 405 968), **1841** (2 505 188), **1842** (974 467), **1843** (1 250 548), **1844** (1 025 601) · **F 1845** (973 340), **1846** (860 042), **1847** (677 164), **1848** (1 592 470), **1849** (1 367 977)
Rand: GOTT SEGNE SACHSEN
Var. **1841**: auch ohne Perle unter Mmz. **1842**: auch ohne Perle unter Mmz. und mit breiter Ziffer 2 in Jahreszahl. **1843**: auch ohne Perle unter Mmz., mit längerer linker Wappenquaste. **1844**: auch mit Punkt nach dem Mmz. G. Dieser sogen. »Kummertaler« wurde nach dem Tode des Münzmeisters Grohmann von dem Münzbeamten Kummer geprägt. **1845**: auch mit A ohne Querstrich in THALER. **1848** und **1849**: verschiedene Ziffernstellung

97 (74) Speciestaler (S) 180.– / 400.–
FRIEDRICH AUGUST V. G. G. KOENIG V. SACHSEN · Kopf n. r.
Rs. **ZEHN EINE FEINE MARK** · Wappen wie Nr. 88. Darunter Mmz. und Jahreszahl **G 1837** (93 513), **1838** (138 997)
Rand: GOTT SEGNE SACHSEN

100 (77) Ausbeutetaler (S) 350.– / 900.–
Vs. wie Nr. 99
Rs. **SEGEN DES BERGBAUS XIV EINE F. MARK** · Wappen wie Nr. 94. Darunter Jahreszahl **G 1841** (11 300), **1842** (16 800), **1843** (16 588), **1844** (11 060) · **F 1845** (18 704), **1846** (21 760), **1847** (40 252), **1848** (20 554), **1849** (37 608)
Rand: GOTT SEGNE SACHSEN
Var. **1843**: auch ohne Perle unter Mzz. **1849**: verschiedene Ziffernstellung

98 (75) Ausbeutespeciestaler (S) 350.– / 800.–
Vs. wie Nr. 97
Rs. **SEGEN DES BERGBAUS X. EINE F. MARK** · Wappen wie Nr. 88. Darunter Mmz. und Jahreszahl **G 1837** (5770), **1838** (36 409)
Rand: GOTT SEGNE SACHSEN

101 (87) Taler (S) 110.– / 280.–

FRIEDRICH AUGUST V. G. G. KOENIG V. SACHSEN ·
Kopf n. r., darunter Mmz.
Rs. **EIN THALER XIV EINE F. M.** · Wappen wie Nr. 94.
Darunter Jahreszahl **F 1850** (1074422), **1851** (1351465), **1852**
(1105097), **1853** (1171381), **1854** (1074598)
Rand: GOTT SEGNE SACHSEN
Var. **1851**: 2 Var., verschiedene Ziffernstellung. **1854**: auch
mit fehlerhafter Randschrift S SACHSEN

102   (88) Ausbeutetaler (S)   320.–/850.–
Vs. wie Nr. 101
Rs. **SEGEN DES BERGBAUS XIV EINE F. MARK** · Wappen wie Nr. 94. Darunter Jahreszahl **F 1850** (33808), **1851** (33000), **1852** (46500), **1853** (54500), **1854** (37000)
Rand: GOTT SEGNE SACHSEN

103   (86) 1/3 Taler (S)   75.–/200.–
FRIEDRICH AUGUST V. G. G. KOENIG V. SACHSEN ·
Kopf n. r., darunter Mmz.
Rs. **3 EINEN THALER 42 EINE F. MARK** · Wappen wie
Nr. 94. Darunter Jahreszahl **F 1852** (193938), **1853** (403152),
1854 (1156468)
Rand: GOTT SEGNE SACHSEN

104   (84) 1/6 Taler (S)   60.–/120.–
FRIEDR. AUG. V. G. G. KOENIG V. SACHSEN · Kopf
n. r., darunter Mmz.
Rs. **FÜNF NGR. 6 EINEN THLR. 84 EINE F.M.** · Wappen
wie Nr. 94. Darunter Jahreszahl **G 1841** (450210), **1842**
(1321894), **1843** (655382) · **F 1846** (601250), **1847** (366412),
1848 (270354), **1849** (448554), **1850** (133590), **1851** (228144),
1852 (340028)
Rand: GOTT SEGNE SACHSEN

Var. **1840**: Probeabschläge mit und ohne Randschrift, auch in Nickel und Gold. **1841**: 2 Var. mit unterschiedlicher Ziffernstellung. **1842**: 2 Var. mit unterschiedlicher Ziffernstellung.
1846: 3 Var. mit unterschiedlicher Stellung der Ziffern und des Mmz. **1847**: 2 Var. mit unterschiedlicher Stellung der Mmz.
1850: Nickelabschläge. **1851** und **1852**: Rs.-Legende links unten beginnend
Kat. Schulman, Amsterdam, 22./24.1.1929, Nr. 3761/62:
1/6 Taler 1844 und 1845, obwohl lt. Bracteatenbuch der Kgl. Münze in Dresden keine 1/6 Taler geprägt wurden.

105   (71) 1/12 Taler = Doppelgroschen (B)   40.–/80.–
FRIEDRICH AUGUST KOENIG V. SACHSEN · Wappen
wie Nr. 3. Darunter Mmz.
Rs. **160 EINE FEINE MARK 12 / EINEN / THALER /** Jahreszahl **G 1836** (690055)
Rand glatt

106   (83) 2 Neugroschen (B)   12.–/30.–
K. S. SCHEIDE=MÜNZE zwischen 2 Rosetten · Rechteckiger, gekrönter Wappenschild. Darunter Jahreszahl
Rs. **2 / NEU= / GROSCHEN / Leiste / 20 / PFENNIGE /** Mmz.
G 1841 (3124672), **1842** (1413398), **1844** (1477128) · **F 1846**
(516075), **1847** (425278), **1848** (1062142), **1849** (656278), **1850**
(380375), **1851** (587602), **1852** (973661), **1853** (604222), **1854**
(790293)
Rand glatt; ab **1847** vertiefte Vierecke
Var. **1842, 1850, 1851** und **1852**: je 2 Var. und **1844**: 3 Var. mit unterschiedlicher Ziffernstellung. **1847**: 2 Var. mit unterschiedlicher 4. **1848**: Nickelabschläge

107   (82) Neugroschen (B)   25.–/50.–
K. S. SCHEIDE=MÜNZE zwischen 2 Rosetten · Wappen
wie Nr. 106. Darunter Jahreszahl
Rs. **1 / NEU= / GROSCHEN /** Leiste **/ 10 / PFENNIGE /** Mmz.
G 1841 (4500017), **1842** (2463393) · **F 1845** (456625), **1846**
(1655616), **1847** (1532375), **1848** (105411), **1849** (1048510),
1850 (504760), **1851** (675584), **1852** (949334), **1853** (797864), **1854** (443197)
Rand: glatt; ab **1847** vertiefte Vierecke
Var. **1845** und **1851**: je 2 Var. und **1846**: 3 Var. mit unterschiedlicher Ziffernstellung

SACHSEN

108 (81) 1/2 Neugroschen (B) 12.–/25.–
K. S. SCHEIDE=MÜNZE zwischen 2 Rosetten · Wappen wie Nr. 106. Darunter Jahreszahl
Rs. **1/2** / **NEU=** / **GROSCHEN** / Leiste / **5** / **PFENN.** / Mmz. **G 1841** (2247890), **1842** (2844668), **1843** (3552471), **1844** (1354456) · **F 1848** (500319), **1849** (579103), **1851** (505800), **1852** (496612), **1853** (256031), **1854** (107460)
Rand glatt
Var. **1842, 1849, 1851** und **1853**: je 2 Var. und **1843** und **1852**: je 3 Var. mit unterschiedlicher Ziffernstellung

109 (70) 3 Pfennige (K) 25.–/50.–
KÖNIGL. SÄCHS. SCHEIDE-MÜNZE · Wappen wie Nr. 106. Darunter Rosette
Rs. **3** / **PFENNIGE** / Jahreszahl / Mmz. **G 1836** (39377), **1837** (541869)
Rand glatt
Var. **1837**: Silberabschläge

110 (80) 2 Pfennige (K) 7.–/15.–
K. S. S. M. · Wappen wie Nr. 106
Rs. **2** / **PFENNIGE** / Jahreszahl / Mmz. **G 1841** (1262868), **1843** (111980) · **F 1846** (90224), **1847** (400587), **1848** (518482), **1849** (364797), **1850** (646879), **1851** (271200), **1852** (361050), **1853** (575700), **1854** (56250)
Rand glatt
Var. **1841**: mit unterschiedlichem Ø: 21 u. 19,7 mm. **1847**: 2 Var. mit unterschiedlicher Ziffernstellung. **1850**: 2 Var. mit unterschiedlicher Ziffernstellung

111 (69) Pfennig (K) 30.–/60.–
Wappen wie Nr. 106
Rs. **1** / **PFENNIG** / Jahreszahl / Mmz. **G 1836** (225604), **1837** (939632), **1838** (1473048)
Rand glatt
Var. **1837**: Silberabschläge. **1838**: Silberabschläge

112 (79) Pfennig (K) 10.–/18.–
K. S. S. M. · Wappen wie Nr. 106
Rs. **1** / **PFENNIG** / Jahreszahl / Mmz. **G 1841** (492000), **1842** (322689), **1843** (1115108) · **F 1846** (449842), **1847** (546000), **1848** (1447241), **1849** (782508), **1850** (814800), **1851** (1555800), **1852** (918300), **1853** (1164000), **1854** (547600)
Rand glatt
Var. **1841, 1843, 1849, 1850, 1851** und **1853**: je 2 Var. **1848**: 4 Var. und **1854**: 3 Var. mit unterschiedlicher Ziffernstellung. **1842**: Goldabschläge im Gewicht von 2,4 g. **1852**: Silberabschläge

Gedenkmünzen

113 (89) Münzbesuchstaler (S) 4000.–/7500.–
Anläßlich des Besuches der Dresdener Münze durch die Prinzen Albert, Ernst und Georg und Prinzessin Elisabeth
FRIEDRICH AUGUST V. G. G. KOENIG V. SACHSEN · Kopf n. r., darunter Mmz.
Rs. **DEM PRINZEN** / **ALBERT ERNST** / **GEORG** / **UND DER PRINZESSINN** / **ELISABETH V. SACHS.** / **BEI IHREM BESUCHE** / **IN DER MÜNZE** / **ZU DRESDEN** / **IM JAHRE** / **1839** · **G 1839**
Rand: GOTT SEGNE SACHSEN
Vs. vom Talerstempel. 4 Stücke ohne Randschrift
Abschläge in Gold, versilb. Kupfer und Zinn. Abschlag in Kupfer von Rs.

114 (90) Prämiendoppeltaler (S) 3500.–/7000.–

Für die Bergakademie Freiberg
FRIEDRICH AUGUST V. G. G. KOENIG V. SACHSEN
Kopf n.r., darunter Mmz.
Rs. **K. S. BERGAKADEMIE ZU FREIBERG   DEM /
FLEISSE /** gekreuzte Berghämmer, umgeben von gekreuzten Eichenzweigen, darunter die Jahreszahl **G 1841** (200)
Rand: GOTT + SEGNE + DEN + BERGBAU gekreuzte Hämmer
Vs. vom Doppeltalerstempel

117 (94) Taler (S)   120.– / 240.–
Auf des Königs Tod am 9. August 1854
Vs. wie Nr. 116
Rs. wie Nr. 116. **F 1854** (15683)
Rand: XIV + EINE + FEINE + MARK Mmz. zwischen Kronen und Zweigen / Vs.-Stempel von K. R. Krüger, Rs.-Stempel von F. Ulbricht nach dem Modell von Prof. E. Hähnel, Dresden

115 (91) Prämiendoppeltaler (S)   25 000.–
Für die Akademie für Forst- und Landwirte in Tharant
FRIEDRICH AUGUST V. G. G. KOENIG V. SACHSEN ·
Kopf n.r., darunter Mmz.
Rs. **K. S. ACADEMIE FÜR FORST= UND LANDWIRTHE DEM / FLEISSE / UND / GESITTETEN / BETRAGEN** umgeben von gekreuzten Eichenzweigen, darunter die Jahreszahl **F 1847** (50)
Rand glatt
Vs. vom Doppeltalerstempel. Abschlag in Cu mit Kopf König Johanns auf Vs. vom Vs.-Stempel Nr. 157

118 (95) Ausbeutetaler (S)   140.– / 280.–
Auf des Königs Tod am 9. August 1854
Vs. wie Nr. 116
Rs. wie Nr. 116. **F 1854** (8829)
Rand: SEGEN DES BERGBAUS gekreuzte Berghämmer XIV E. F. M. Mmz. zwischen Kronen
Vs.-Stempel von K. R. Krüger, Rs.-Stempel von F. Ulbricht nach dem Modell von Prof. E. Hähnel, Dresden

119 (93) 1/3 Taler (S)   60.– / 100.–
Auf des Königs Tod am 9. August 1854
Vs. wie Nr. 116
Rs. Umgeben von gekreuzten Zypressenzweigen: **ER / SÆETE / GERECHTIG= / KEIT / UND ERNTETE / LIEBE / HOS. X. 12. · F 1854** (28 502)
Rand: XLII + EINE + FEINE + MARK Mmz. zwischen Kronen und Zweigen
Rs.-Stempel von Ferdinand Helfricht, Gotha.

116 (96) Doppeltaler (S)   300.– / 600.–
Auf des Königs Tod am 9. August 1854
FRIEDRICH AUGUST II. ∗ KOENIG VON SACHSEN ·
Kopf n.r., darunter: + D. 9. AUG. 1854
Rs. **ER SÆETE GERECHTIGKEIT UND ERNTETE LIEBE. HOSEA X. 12. ·** Zwei Frauengestalten, die Personifikationen von Gerechtigkeit und Liebe, einander gegenübersitzend; zwischen ihnen oben vor zwei gekreuzten, gesenkten Fackeln das sächsische Wappen in spatenblattförmigem Schild · **F 1854** (6148)
Rand: VII + EINE + FEINE + MARK Mmz. zwischen Kronen und Zweigen
Vs.-Stempel von K. R. Krüger, Rs.-Stempel von F. Ulbricht nach dem Modell von Prof. E. Hähnel, Dresden

120 (92) 1/6 Taler (S)   55.– / 110.–

SACHSEN

Auf des Königs Tod am 9. August 1854
Vs. wie Nr. 116
Rs. wie Nr. 119. **F 1854** (34 569)
Rand: LXXXIV EINE F. MARK Mmz. zwischen Kronen und Zweigen
Auch Goldabschläge

Johann (1854–1873)

Jüngerer Bruder Friedrich Augusts II.
* 12.12.1801 als Sohn des Prinzen Maximilian und seiner ersten Gemahlin Karoline von Parma. ∞ 21.11.1822 Amalie, eine Tochter des Königs von Bayern Max Joseph. † 29.10.1873.

121 (258, 259) 20 Mark = Doppelkrone (G)   220.– / 400.–
IOHANN V. G. G. KOENIG VON SACHSEN · Kopf n. l., darunter **E**
Rs. **DEUTSCHES REICH** Eichenzweig · Reichsadler (Modell 1871–1889). Unten r. und l. Wertangabe: **20 M.**, darunter Jahreszahl: **1872** (889 932), **1873** (1 084 927)
Rand: GOTT MIT UNS zwischen den Worten je 1 Stern und 2 Ranken
1873: Vs.-Umschrift größere Buchstaben als 1872. Probe in Kupfer mit leerem Brustschild auf Rs. und Mk. statt M. Abschlag in Nickel von Vs. zusammen mit Vs. Nr. 162

122 (177) Krone (G)   2 200.– / 3 800.–
IOHANN V. G. G. KOENIG V. SACHSEN · Kopf n. l., darunter Mmz.
Rs. **VEREINS MÜNZE** zwischen 2 Rosetten, **50 EIN PFUND FEIN** · Im Eichenkranz: **1 / KRONE /** Jahreszahl **F 1857** (3580), **1858** (4610), **1859** (9040) · **B 1860** (5067), **1861** (3908), **1862** (3229), **1863** (3538), **1865** (4371), **1867** (2155), **1868** (5262), **1870** (2700), **1871** (2140)
Rand: GOTT SEGNE SACHSEN
1857: Abschlag in Zinn von Rs.

123 (257) 10 Mark = Krone (G)   280.– / 480.–

IOHANN V. G. G. KOENIG VON SACHSEN · Kopf n. l., darunter **E**
Rs. **DEUTSCHES REICH** Eichenzweig · Reichsadler (Modell 1871–1889). Unten r. und l. Wertangabe: **10 M.**, darunter Jahreszahl: **1872** (339 405), **1873** (715 494)
Rand: Ranken und Sternchen

124 (176) 1/2 Krone (G)   1 800.– / 3 500.–
IOHANN V. G. G. KOENIG V. SACHSEN · Kopf n. l., darunter Mmz.
Rs. **VEREINS MÜNZE** zwischen 2 Rosetten, **100 EIN PFUND FEIN** · Im Eichenkranz: **1/2 / KRONE /** Jahreszahl **F 1857** (4831), **1858** (2455) · **B 1862** (2177), **1866** (1559), **1868** (1516), **1870** (1740)
Rand: GOTT SEGNE SACHSEN
1857: Abschlag in Zinn von Rs.

125 (104) Doppeltaler (S)   250.– / 500.–
IOHANN V. G. G. KOENIG VON SACHSEN · Kopf n. l., darunter Mmz.
Rs. **2 THALER VII EINE F. MARK 3½ GULDEN** · Zwischen 2 Rosetten: **VEREINS MÜNZE** · Wappen wie Nr. 94. Darunter Jahreszahl **F 1855** (462 138), **1856** (90 788)
Rand: GOTT SEGNE SACHSEN

126 (109, 110, 112) Doppeltaler (S)   220.– / 450.–

Vs. wie Nr. 125
Rs. **ZWEI VEREINSTHALER XV EIN PFUND FEIN** ·
Gekrönter Wappenschild auf gekröntem Hermelinmantel,
umzogen vom Band des Ordens der Rautenkrone mit anhängendem Kleinod; r. und l. davon die Jahreszahl **F 1857**
(350 594), **1858** (454 245), **1859** (322 606)
Rand: GOTT SEGNE SACHSEN
Var. **1858**: auch mit VEREINSTHALER   300.– / 600.–
Rs. auch mit gewölbtem Wappenschild
Stempel von F. Helfricht, Gotha.

Vs. wie Nr. 128
Rs. **SEGEN DES BERGBAUS XIV EINE F. MARK** · Wappen wie Nr. 94. Darunter Jahreszahl **F 1854** (27 000)
Rand: GOTT SEGNE SACHSEN

130   (102) Taler (S)   110.– / 220.–

IOHANN V. G. G. KOENIG VON SACHSEN · Kopf n. l.,
darunter Mmz.
Rs. **EIN THALER XIV EINE F. M.** · Wappen wie Nr. 94.
Darunter Jahreszahl **F 1855** (863 463), **1856** (1 089 474)
Rand: GOTT SEGNE SACHSEN

127   (120) Doppeltaler (S)   300.– / 600.–

Vs. wie Nr. 125
Rs. **ZWEI VEREINSTHALER** Arabeske **XV EIN PFUND
FEIN** · Unten zwischen 2 Rosetten Jahreszahl. Im Kreis:
gekrönter Wappenschild mit zwei auf Arabesken stehenden
Löwen als Schildhaltern, umzogen vom Band des Ordens
der Rautenkrone mit anhängendem Kleinod. Darunter
Schriftband: **PROVIDENTIAE MEMOR · B 1861** (729 906)
Rand: GOTT SEGNE SACHSEN

131   (103) Ausbeutetaler (S)   350.– / 900.–

Vs. wie Nr. 130
Rs. **SEGEN DES BERGBAUS XIV EINE F. MARK** · Wappen wie Nr. 94. Darunter Jahreszahl **F 1855** (56 200), **1856**
(56 000)
Rand: GOTT SEGNE SACHSEN

128   (97) Taler (S)   160.– / 350.–

IOHANN V. G. G. KOENIG V. SACHSEN · Kopf n. l.,
darunter Mmz.
Rs. **EIN THALER XIV EINE F. M.** · Wappen wie Nr. 94.
Darunter Jahreszahl **F 1854** (524 530)
Rand: GOTT SEGNE SACHSEN
Var.: 2 Var. mit unterschiedlicher Stellung der 4 in Jahreszahl

132   (107, 111) Taler (S)   100.– / 220.–

Vs. wie Nr. 130
Rs. **EIN VEREINS THALER XXX EIN PFUND FEIN** ·
Wappen wie Nr. 126. Darunter Jahreszahl **F 1857** (969 375),
1858 (1 626 140), **1859** (2 490 337)

129   (98) Ausbeutetaler (S)   400.– / 1 200.–

Rand: GOTT SEGNE SACHSEN
Var. **1857**: auch mit GOTT sEGNE sACHsEN. Ab **1858**:
2. Stempel mit weniger Hermelinschwänzen auf dem Wappenmantel; mit diesem Stempel wurden 1858 200000 Taler geprägt. **1858** und **1859**: Rs. auch mit gewölbtem Wappenschild
Stempel von F. Helfricht, Gotha

(130000), **1862** (145000), **1863** (135000), **1864** (120000), **1865** (221000), **1866** (185000), **1867** (175143), **1868** (181000), **1869** (190000), **1870** (235700), **1871** (203000)
Rand: GOTT SEGNE SACHSEN
Var. **1863, 1865, 1866, 1867**: unterschiedliche Größe des Mmz. **1867**: auch Mmz. B über F geschnitten

133 (108) Ausbeutetaler (S) 300.– / 1000.–
Vs. wie Nr. 130
Rs. **SEGEN DES BERGBAUS XXX EIN PFUND F.** ·
Wappen wie Nr. 126. Darunter Jahreszahl **F 1857** (35000), **1858** (34000)
Rand: GOTT SEGNE SACHSEN
Var. **1857**: auch mit GOTT sEGNE sACHsEN. **1858**: auch mit GOIT in Randschrift
Stempel von F. Helfricht, Gotha

136 (117 – 119) Taler (S) 100.– /200.–
Vs. wie Nr. 130
Rs. **EIN VEREINSTHALER XXX EIN PFUND FEIN** ·
Wappen wie Nr. 127, aber die Löwen auf einer gestuften Platte stehend. Darunter Schriftband: **PROVIDENTIAE MEMOR,** unten Jahreszahl **B 1860** (2669127), **1861** (1408523)
Rand: GOTT SEGNE SACHSEN
Var. **1861**: 2 Rs.-Stempel

134 (115) Ausbeutetaler (S) 130.–/250.–
Vs. wie Nr. 130
Rs. **SEGEN DES BERGBAUS EIN THALER XXX EIN PFD. F.** · Gekröntes Wappen mit 2 Schildhaltern: l. Bergmann, r. Hüttenmann. Unten Jahreszahl **F 1858** (61000), **1859** (94000) · **B 1860** (297577), **1861** (16000)
Rand: GOTT SEGNE SACHSEN
Var. **1861**: 2 Var. mit unterschiedlichen Buchstaben

137 (126) Taler (S) 100.– /200.–
Vs. wie Nr. 130
Rs. **EIN VEREINSTHALER** Arabeske **XXX EIN PFUND FEIN** · Unten zwischen 2 Rosetten Jahreszahl. Im Kreis: Wappen wie Nr. 127. Darunter Schriftband: **PROVIDENTIAE MEMOR** · **B 1861** (1070376), **1862** (2134477), **1863** (1471370), **1864** (1904418), **1865** (1334620), **1866** (1181268), **1867** (2020476), **1868** (1683062), **1869** (1622153), **1870** (1693112), **1871** (1687284)
Rand: GOTT SEGNE SACHSEN
Var. **1861**: 2 Vs.-Stempel mit unterschiedlichen Buchstaben in der Legende. **1863, 1864, 1865, 1866, 1867**: auch mit A ohne Querstrich in THALER. **1867**: auch mit VERRINSTHALER (SS-V **450.**–)

135 (116, 127, 128) Ausbeutetaler (S) 100.– /200.–
Vs. wie Nr. 130
Rs. **SEGEN DES BERGBAUES EIN THALER XXX EIN PF. F.** · Wappen wie Nr. 134. Unten Jahreszahl **B 1861**

138 (101) 1/3 Taler (S) 120.– /240.–

IOHANN V. G. G. KOENIG VON SACHSEN · Kopf n.l., darunter Mmz.
Rs. **3 EINEN THALER 42 EINE F. MARK** · Wappen wie Nr. 94. Unten zwischen 2 Sternen die Jahreszahl **F 1856** (307 782)
Rand: GOTT SEGNE SACHSEN

139 (114) 1/3 Taler (S)   120.– / 240.–

IOHANN V. G. G. KOENIG VON SACHSEN · Kopf n.l., darunter Mmz.
Rs. **3 EINEN THALER 90 EIN PFUND F.** · Wappen wie Nr. 126. Darunter Jahreszahl **F 1858** (326 234), **1859** (616 781)
Rand: GOTT SEGNE SACHSEN

140 (114) 1/3 Taler (S)   150.– / 300.–

Vs. wie Nr. 139
Rs. **3 EINEN THALER 90 EIN PFUND F.** · Gekrönter mit Rollwerk umrahmter Wappenschild, umschlungen vom Band des Ordens der Rautenkrone mit anhängendem Kleinod. Darunter Jahreszahl **B 1860** (345 289)
Rand: GOTT SEGNE SACHSEN

141 (100) 1/6 Taler (S)   70.– / 140.–

IOHANN V. G. G. KOENIG VON SACHSEN · Kopf n.l., darunter Mmz.
Rs. **6 EINEN THALER 84 EINE F. MARK** · Wappen wie Nr. 94. Darunter zwischen 2 Sternen die Jahreszahl **F 1855** (476 074), **1856** (1 528 727)
Rand: GOTT SEGNE SACHSEN
Var. **1856:** 2 Var. mit unterschiedlicher Ziffernstellung. Auch Probeabschlag mit unvollständiger Jahreszahl: 185

142 (113) 1/6 Taler (S)   35.– / 70.–

Vs. wie Nr. 141
Rs. **6 EINEN THALER 180 EIN PFUND F.** · Wappen wie Nr. 140. Darunter Jahreszahl **F 1860** (52 200) · **B 1860** (871 322), **1861** (1 099 275), **1863** (588 785), **1864** (161 345), **1865** (682 606), **1866** (475 205), **1869** (626 148), **1870** (279 678), **1871** (293 264)
Rand: GOTT SEGNE SACHSEN
Var. **1861** und **1869**: je 3 Rs.-Stempel, **1863**: 2 Rs.-Stempel und **1865**: 4 Rs.-Stempel mit unterschiedlicher Ziffernstellung. **1866**: auch mit Jahreszahl 6 über 5 geschnitten.

143 (83) 2 Neugroschen (B)   12.– / 25.–

K. S. SCHEIDE = MÜNZE zwischen 2 Rosetten · Wappen wie Nr. 106. Darunter Jahreszahl
Rs. **2 / NEU= / GROSCHEN /** Leiste **/ 20 / PFENNIGE /** Mmz. **F 1855** (921 134), **1856** (2 207 130)
Rand: vertiefte Vierecke
Var. **1856**: 4 Var. mit unterschiedlicher Ziffernstellung

144 (125) 2 Neugroschen (B)   20.– / 40.–

KOENIGREICH SACHSEN zwischen 2 Rosetten, unten Jahreszahl. Im Kreis: gekröntes, ovales Wappenfeld auf ornamentaler Kartusche
Rs. **SCHEIDE MÜNZE** zwischen 2 Rosetten **20 PFENNIGE** · Im Kreis: **2 / NEU= / GROSCHEN /** Zierstab / Mmz. **B 1863** (557 379), **1864** (446 895), **1865** (371 040), **1866** (448 368)
Rand: vertiefte Vierecke

145 (130) 2 Neugroschen (B)   25.– / 50.–

IOHANN V. G. G. KOENIG V. SACHSEN · Kopf n.l., darunter Mmz.

Rs. **SCHEIDE MÜNZE 20 PFENNIGE 2 / NEU- / GROSCHEN /** Jahreszahl · **GROSCHEN** flankiert von 2 Rosetten. **B 1868** (419 371), **1869** (598 807), **1871** (245 423), **1873** (468 231)
Rand: vertiefte Vierecke
Einseitige Proben von Vs. und Rs. in Blei mit oktogonalem Rand, auf der Rs. unvollständige Jahreszahl 186
Stempel von M. Barduleck

146 (82) Neugroschen (B)   18.– / 35.–
K. S. SCHEIDE = MÜNZE zwischen 2 Rosetten · Wappen wie Nr. 106. Darunter Jahreszahl
Rs. **1 / NEU= / GROSCHEN /** Leiste **/ 10 / PFENNIGE /** Mmz. **F 1855** (1 106 294), **1856** (1 188 386) · **B 1861** (394 755)
Rand: vertiefte Vierecke
Var. **1856** und **1861**: 2 Var. mit unterschiedlicher Ziffernstellung

147 (124) Neugroschen (B)   20.– / 35.–
KOENIGREICH SACHSEN zwischen 2 Rosetten, unten Jahreszahl · Im Kreis: Wappen wie Nr. 144
Rs. **SCHEIDE MÜNZE** zwischen 2 Rosetten **10 PFENNIGE** · Im Kreis: **1 / NEU= / GROSCHEN /** Zierstab /Mmz. **B 1863** (1 514 309), **1865** (556 656), **1867** (295 837)
Rand: vertiefte Vierecke
Var. **1867**: 2 Var. mit unterschiedlicher Ziffernstellung

148 (129) Neugroschen (B)   18.– / 35.–
IOHANN V. G. G. KOENIG V. SACHSEN · Kopf n.l., darunter Mmz.
Rs. **SCHEIDE MÜNZE 10 PFENNIGE 1 / NEU=/ GROSCHEN /** Jahreszahl · **GROSCHEN** flankiert von 2 Rosetten. **B 1867** (897 278), **1868** (608 110), **1870** (907 517), **1871** (292 973), **1873** (420 290)
Rand: vertiefte Vierecke
Var. **1867**: 2 Var. mit unterschiedlicher Ziffernstellung
Einseitige Proben von Vs. und Rs. in Blei, auf der Rs. unvollständige Jahreszahl 186
Stempel von M. Barduleck

149 (81) 1/2 Neugroschen (B)   12.– / 25.–
K. S. SCHEIDE = MÜNZE zwischen 2 Rosetten · Wappen wie Nr. 106

Rs. **1/2 / NEU= / GROSCHEN /** Leiste **/ 5 / PFENN. /** Mmz. **F 1855** (443 932), **1856** (713 000)
Rand glatt
Var. **1856**: 3 Var. mit unterschiedlicher Ziffernstellung

150 (XI) 5 Pfennige (K)   450.–
K. S. SCHEIDE= MÜNZE unten Rosette · Im Perlkreis: Wappen wie Nr. 106
Rs. **PROBE-STÜCK** zwischen 2 Rosetten, unten Jahreszahl · Im Perlkreis: **5 / PFENN. /** Leiste **/** Mmz. **F 1857** (Probe)
Rand: glatt oder GOTT SEGNE SACHSEN

151 (123) 5 Pfennige (K)   4.– / 9.–
KOENIGREICH SACHSEN zwischen 2 Rosetten, unten Arabesken · Im Kreis: Wappen wie Nr. 144
Rs. **SCHEIDE MÜNZE** zwischen 2 Rosetten, unten Rosette zwischen 2 Arabesken. Im Kreis: **5 / PFENNIGE /** Jahreszahl **/** Zierstab **/** Mmz. **B 1862** (2 467 794), **1863** (693 425), **1864** (1 089 851), **1866** (140 826), **1867** (443 500), **1869** (860 176)
Rand glatt
Var. **1863**: 2 Var. und **1867** und **1869**: je 3 Var. mit unterschiedlicher Ziffernstellung. **1869** auch mit Kerbrand

152 (80) 2 Pfennige (K)   6.– / 15.–
K. S. S. M. · Wappen wie Nr. 106
Rs. **2 / PFENNIGE /** Jahreszahl / Mmz. **F 1855** (535 575), **1856** (2 181 535), **1859** (1 102 688) · **B 1861** (162 918)
Rand glatt
1856 und **1861**: je 2 Var. mit unterschiedlicher Ziffernstellung

153 (122) 2 Pfennige (K)   4.– / 9.–
KOENIGREICH SACHSEN zwischen 2 Rosetten, unten Arabesken · Im Kreis: Wappen wie Nr. 144

Rs. **SCHEIDE MÜNZE** zwischen 2 Rosetten, unten Rosette zwischen 2 Arabesken. Im Kreis: **2 / PFENNIGE / Jahreszahl / Zierstab / Mmz. B 1862** (739448), **1863** (455842), **1864** (3138629), **1866** (551307), **1869** (2220230), **1873** (262218)
Rand glatt
Var. **1863** und **1864**: je 2 Var. mit unterschiedlicher Ziffernstellung
1864: Goldabschlag

154 (79) Pfennig (K)   8.– / 18.–
K. S. S. M. · Wappen wie Nr. 106
Rs. **1 / PFENNIG / Jahreszahl / Mmz. F 1855** (657000), **1856** (3456615), **1859** (2341039) · **B 1861** (338383)
Rand glatt
Var. **1856**: 5 Var., **1859**: 3 Var. und **1861**: 2 Var. mit unterschiedlicher Ziffernstellung

155 (121) Pfennig (K)   5.– / 10.–
KOENIGREICH SACHSEN zwischen 2 Rosetten, unten Arabesken · Im Kreis: Wappen wie Nr. 144
Rs. **SCHEIDE MÜNZE** zwischen 2 Rosetten, unten Rosette zwischen 2 Arabesken. Im Kreis: **1 / PFENNIG / Jahreszahl / Zierstab / Mmz. B 1862** (1094204), **1863** (4484253), **1865** (3877372), **1866** (1129107), **1868** (2083581), **1871** (330530), **1872** (591150), **1873** (548650)
Rand glatt
Var. **1863** und **1865**: je 3 Var. und **1868**: 2 Var. mit unterschiedlicher Ziffernstellung

Gedenkmünzen

156 (99) Münzbesuchstaler (S)   150.– / 350.–
Anläßlich des Besuches der Dresdener Münze durch den König
IOHANN V. G. G. KOENIG V. SACHSEN · Kopf n.l., darunter Mmz.

Rs. **EIN THALER** Krone XIV EINE F. M. · Im Kreis: **GEPRAEGT / IN GEGENWART / S.M. DES KOENIGS / Leiste / DRESDEN / D. 24. APRIL / 1855 · F 1855** (5250)
Rand: GOTT SEGNE SACHSEN
Vs. vom Talerstempel. Probeabschlag in Gold und Zinn mit glattem Rand

157 (105) Prämiendoppeltaler (S)   3200.– / 7000.–
Für die Bergakademie Freiberg
IOHANN V. G. G. KOENIG VON SACHSEN · Kopf n.l., darunter Mmz.
Rs. **K. S. BERGAKADEMIE ZU FREIBERG** · Im Eichenkranz: **DEM / FLEISSE** / gekreuzte Berghämmer. Unten Jahreszahl **F 1857** (100) · **B 1857** (206)
Rand: GOTT ✶ SEGNE ✶ DEN ✶ BERGBAU gekreuzte Hämmer
B 1857: Proben in Kupfer und Zinn. Vs. auch mit Rs. Nr. 115 in Kupfer

158a Doppeltaler (S)   LP
Auf die 100-Jahrfeier der Bergakademie Freiberg
JOHANN V.G.G. KOENIG V. SACHSEN XAVER HERZOG Z. SACHSEN ADMINIST. Oben Rosette, unten Mmz.
Im Kreis: beider Brustbilder n.l., am Armabschnitt König Johanns die Künstlersignatur: **A. ST.** (= Alois Stanger)
Rs. Rosette **ZUR – EINHUNDERTJÄHRIGEN – JUBELFEIER – D. BERGACADEMIE – FREIBERG** Rosette **ZWEI – VEREINSTHALER XV EIN – PFUND – F**
Im Kreis: Allegorische Frauengestalt mit Blattkranz im Haar, Sinnbild der Bergakademie und der Wissenschaft, sitzt lehrend zwischen zwei Jünglingen. Der linke, als Bergmann gekleidet, ist mit einem Theodoliten beschäftigt; zwischen seinen Füßen liegen Eisen und Schlägel. Der rechte, als Hüttenmann gekleidet, schmilzt mit dem Lötrohr eine Probe; zwischen seinen Füßen steht eine gefüllte Erzmulde. Im Hintergrund r. ein rauchender Schornstein. Im Abschnitt: **MDCCCLXVI**
B 1866 (ausgeprägt wurden höchstens 3 Exemplare)
Rand: Eisen und Schlägel GOTT SEGNE DEN BERGBAU (zwischen den Worten je ein Stern)

SACHSEN

Da Medailleur Stanger das Relief der Stempel zu hoch geschnitten hatte, zersprang beim Prägen der Maschinenhebel, so daß auf die Ausprägung der Doppeltaler verzichtet und neue Stempel angefertigt werden mußten, mit denen dann 1867 Medaillen geprägt worden sind.

158 b (131) Medaille im Gewicht eines Doppeltalers (S)   900.– / 1 800.–
Auf die 100-Jahrfeier der Bergakademie Freiberg
Vs. wie Nr. 158a, aber ohne Signatur und mit geringfügigen Unterschieden in der Wiedergabe von Haar, Gesicht und Kleidung.
Rs. **ZUR EINHUNDERT JÄHRIGEN JUBELFEIER DER BERGACADEMIE Z: FREIBERG**. Worte durch Rosetten getrennt. Darstellung wie Nr. 158a, aber mit geringfügigen Unterschieden.
B 1866 (704)
Rand glatt
Auch Zinnabschläge

160 (133) Doppeltaler (S)   140.– / 280.–
Auf die Goldene Hochzeit des Kgl. Paares
IOHANN KOENIG AMALIE KOENIGIN V. SACHSEN unten Arabeske · Im Kreis: beider Brustbilder n. r., der König in Uniform mit dem Orden vom Goldenen Vlies am Hals, zwei Ordenssternen und dem Großen Band des Ordens der Rautenkrone
Rs. **1822 / 10. NOVEMBER / 1872** umgeben von gekreuztem Eichen- und Myrtenzweig, darüber Krone, unten Mmz. **B 1872** (48 585)
Rand: XV EIN PFUND FEIN
Var. lt. Münzakten »32 ungerändert«. Die Stempel von Prof. J. Schilling entworfen; außer den 48 585 sind mit glattem Rand 86 Abschläge in Gold zu 14 Dukaten **(7 000.–)** und 92 Abschläge in Silber ausgeprägt und in Etuis an die königlichen Hofbeamten vergeben worden. Auch Abschläge in Kupfer.

159 (132) Siegestaler (S)   120.– / 220.–
IOHANN V. G. G. KOENIG VON SACHSEN · Kopf n. l., darunter Mmz.
Rs. **EIN THALER XXX EIN PF. F.** · Geflügelter Genius mit der deutschen Adlerfahne n. l. reitend. Im Hintergrund 11 Fahnen, darunter Jahreszahl und Palmzweige mit Lorbeerkranz. **B 1871** (44 844)
Rand: GOTT SEGNE SACHSEN
Rs.-Stempel wurde von Prof. J. Schilling entworfen. Im Bracteatenbuch der Kgl. Münze in Dresden als »Friedensthaler« bezeichnet; auch Rs.-Stempel mit LIEB VATERLAND MAGST RUHIG SEIN
Probe in Gold mit glattem Rand; Probe in Silber mit Reichsadler auf Vs. und statt Nominalbezeichnung GOTT SCHÜTZE UNSER SACHSEN auf Rs. sowie glattem Rand; Probe in Silber vom Rs.-Stempel mit Legende ZUM RUHME DEUTSCHLANDS und glattem Rand

161 Taler (S)   LP
Auf den Tod des Königs am 29. Oktober 1873
IOHANN V. G. G. KOENIG VON SACHSEN · Kopf n. l., darunter Mmz.
Rs. Kartusche vor 2 gekreuzten, gesenkten Fackeln, umgeben von Zweigen, mit vertiefter Inschrift: **VOLLENDET / 29. OCTOBER 1873** · Darunter Buch, Krone und Zepter. Unten M B · **B 1873** (1 Probestück)
Rand: GOTT SEGNE SACHSEN Krone zwischen 2 Ranken.
Probestück mit gravierter Rs. im MK Dresden, kam nicht zur Ausführung
Vs. vom Talerstempel, Rs. von M. Barduleck entworfen und graviert. Das sächsische Finanzministerium lehnte die Ausprägung des von König Albert angenommenen Gedenktalers ab.
Rand: GOTT MIT UNS zwischen den Worten je 1 Stern und 2 Ranken

SACHSEN

Albert (1873–1902)

* 23.4.1828 als Sohn des späteren Königs Johann und seiner Gemahlin Amalie von Bayern. ∞ 18.6.1853 Caroline, Tochter des Prinzen Gustav von Wasa aus dem Hause Holstein-Gottorp. † 19.6.1902.

Nach Einführung der Reichswährung

162 (262) 20 Mark (G) 260.–/450.–
ALBERT KOENIG VON SACHSEN · Kopf n. r., darunter E
Rs. **DEUTSCHES REICH** Jahreszahl · Reichsadler (Modell 1871–1889). Unten zwischen Sternen die Wertbezeichnung:
20 MARK · **1874** (152 522), **1876** (481 989), **1877** (1181), **1878** (1564)
Rand: GOTT MIT UNS zwischen den Worten je 1 Stern und 2 Ranken
Abschlag der Vs. in Nickel zusammen mit der Vs. Nr. 122

163 (264) 20 Mark (G) 260.–/400.–
Vs. wie Nr. 162
Rs. **DEUTSCHES REICH** Jahreszahl · Reichsadler (Modell 1889–1918). Unten zwischen Sternen die Wertbezeichnung:
20 MARK · **1894** (638 833), **1895** (113 150)

164 (261) 10 Mark (G) 220.–/350.–
Vs. wie Nr. 162
Rs. wie Nr. 162, aber Wertbezeichnung: **10 MARK** · **1874** (47 567), **1875** (423 467), **1876** (104 455), **1877** (201 324), **1878** (225 184), **1879** (181 981), **1881** (240 426), **1888** (149 001)
Rand: Ranken und Sternchen
Einseitige Probe von Vs.; **1876**: Abschlag in Silber

165 (263) 10 Mark (G) 220.–/350.–
Vs. wie Nr. 162
Rs. wie Nr. 163, aber Wertbezeichnung: **10 MARK** · **1891** (223 534), **1893** (223 585), **1896** (149 558), **1898** (312 508), **1900** (74 226), **1901** (74 767), **1902** (37 413)
Rand: Ranken und Sternchen

166 (260) 5 Mark (G) 400.–/600.–
Vs. wie Nr. 162
Rs. wie Nr. 162, aber Wertbezeichnung: **5 MARK** · **1877** (401 768)
Rand glatt

167 (122) 5 Mark (S) 180.–/1 200.–
Vs. wie Nr. 162
Rs. wie Nr. 162, aber Wertbezeichnung: **FÜNF MARK** · **1875** (493 869), **1876** (635 240), **1889** (36 397)
Rand: GOTT MIT UNS zwischen den Worten je 1 Kreuz und 2 Ranken
1875: Abschlag in Zinn. **1876**: Abschlag in Kupfer

168 (125) 5 Mark (S) 85.–/500.–
Vs. wie Nr. 162
Rs. wie Nr. 163, aber Wertbezeichnung: **FÜNF MARK** · **1891** (52 150), **1893** (52 150), **1894** (74 616), **1895** (89 483), **1898**

SACHSEN

(160 348), **1899** (74 260), **1900** (156 706), **1901** (156 450), **1902** (168 200)
Rand: GOTT MIT UNS zwischen den Worten je 1 Kreuz und 2 Ranken

169 (121) 2 Mark (S) 190.–/800.–
Vs. wie Nr. 162
Rs. wie Nr. 162, aber Wertbezeichnung: ZWEI MARK · **1876** (1 613 185), **1877** (796 246), **1879** (36 110), **1880** (57 509), **1883** (55 700), **1888** (90 995)
Rand geriffelt
1876: Abschlag in Kupfer

170 (124) 2 Mark (S) 110.–/200.–
Vs. wie Nr. 162
Rs. wie Nr. 163, aber Wertbezeichnung: ZWEI MARK · **1891** (130 375), **1893** (130 375), **1895** (116 622), **1896** (144 180), **1898** (106 669), **1899** (401 330), **1900** (383 564), **1901** (439 724), **1902** (542 762)
Rand geriffelt

Gedenkmünzen

171 a (123) Medaille in 5-Mark-Größe (S) 2 000.–/3 000.–

171 b (123 a) Medaille in 5-Mark-Größe (K) 300.–/450.–
Anläßlich der 800-Jahr-Feier des Hauses Wettin
ALBERT KOENIG VON SACHSEN · Kopf n. r., darunter E
Rs. Thronende Saxonia mit Schwert und Wappenschild, vom Volk bejubelt. Vor dem Thron im Kranz: **1089/1889** · **1889** (706 in Silber), (4310 in bronziertem Kupfer)
Rand glatt

Vs. vom 5 Markstempel; Rs. nach Modell von Prof. J. Schilling. Diese offizielle Denkmünze wurde ausschließlich bei den Festlichkeiten verliehen, wobei die Ausführung in Silber als 1. Klasse und die in bronziertem Kupfer als 2. Klasse galt; Goldabschlag (nicht im Bracteatenbuch der Kgl. Münze in Muldenhütten verzeichnet)
2 Var. zur Rs. mit unterschiedlicher Stellung und Anzahl der Punkte in der Wappentingierung

172 (126) Medaille auf 2-Markschrötling (S) 900.–/1 800.–
Anläßlich des Besuches der Münze durch den König
ALBERT KOENIG VON SACHSEN · Kopf n. r., darunter E
Rs. **GEPRÄGT / IN GEGENWART / S. M. DES KÖNIGS /** Querstrich / **MÜNZSTÄTTE / MULDNER HÜTTE / D. 16. JULI / 1892** · **1892** (1004)
Rand geriffelt
Vs. vom 2 Markstempel. Abschläge in Kupfer

173 (128) 5 Mark (S) 180.–/300.–
Auf des Königs Tod am 19. Juni 1902
ALBERT KOENIG VON SACHSEN · Kopf n. r., darunter E und Lebensdaten: ✶ **23. IV. 1828** † **19. VI. 1902**
Rs. wie Nr. 163, aber Wertbezeichnung: **FÜNF MARK · 1902** (100 000)
Rand: GOTT MIT UNS zwischen den Worten je 1 Kreuz und 2 Ranken
250 mit polierter Platte

174 (127) 2 Mark (S) 80.–/140.–
Auf des Königs Tod am 19. Juni 1902
Vs. wie Nr. 173, aber nur ✶ 1828 † 1902

Rs. wie Nr. 163, aber Wertbezeichnung: **ZWEI MARK · 1902**
(167625)
Rand geriffelt
250 mit polierter Platte

Georg (1902–1904)
Jüngerer Bruder Alberts
* 8.8.1832 als Sohn des späteren Königs Johann und seiner Gemahlin Amalie von Bayern. ∞ 11.5.1859 Maria Anna von Portugal. † 15.10.1904.

175 (266) 20 Mark (G)   **280.–/450.–**
GEORG KOENIG VON SACHSEN · Kopf n. r., darunter E
Rs. **DEUTSCHES REICH** Jahreszahl · Reichsadler (Modell 1889–1918). Unten zwischen Sternen die Wertbezeichnung: **20 MARK · 1903** (250000)
Rand: GOTT MIT UNS zwischen den Worten je 1 Stern und 2 Ranken

176 (265) 10 Mark (G)   **260.–/380.–**
Vs. wie Nr. 175
Rs. wie Nr. 175, aber Wertbezeichnung: **10 MARK · 1903** (283822), **1904** (149260)
Rand: Ranken und Sternchen
1903: 100 mit polierter Platte

Vs. wie Nr. 175
Rs. wie Nr. 175, aber Wertbezeichnung: **FÜNF MARK · 1902** (3 Probeabschläge, Stempel wurde vernichtet), **1903** (536298), **1904** (290643)
Rand: GOTT MIT UNS zwischen den Worten je 1 Kreuz und 2 Ranken
1903: 50 mit polierter Platte

178 (129) 2 Mark (S)   **90.–/330.–**
Vs. wie Nr. 175
Rs. wie Nr. 175, aber Wertbezeichnung: **ZWEI MARK · 1903** (745551), **1904** (1265533)
Rand geriffelt
1903: 50 mit polierter Platte

Gedenkmünzen

179 (131) Medaille auf 2-Markschrötling (S)   **900.–/1800.–**
Anläßlich des Besuches der Münze durch den König
GEORG KOENIG VON SACHSEN · Kopf n. r., darunter E
Rs. **GEPRÄGT / IN GEGENWART / S. M. DES KÖNIGS /** Querstrich **/ MÜNZSTÄTTE / MULDNER HÜTTE / D. 7.MAI / 1903** · 1903 (1004; da der Rs.-Stempel beim Härten sprang, tragen alle Stücke den Stempelsprung)
Rand geriffelt

177 (130) 5 Mark (S)   **90.–/360.–**

180 (133) 5 Mark (S)   **250.–/380.–**

Auf des Königs Tod am 15. Oktober 1904
GEORG KOENIG VON SACHSEN · Kopf n. r., darunter E,
r. und l.: ✱ **8. VIII. 1832**   † **15. X. 1904**
Rs. wie Nr. 175, aber Wertbezeichnung: **FÜNF MARK · 1904**
(37 200)
Rand: GOTT MIT UNS zwischen den Worten je 1 Kreuz
und 2 Ranken

181   (132) 2 Mark (S)   80.–/140.–
Auf des Königs Tod am 15. Oktober 1904
Vs. wie Nr. 180
Rs. wie Nr. 175, aber Wertbezeichnung: **ZWEI MARK · 1904**
(150 000)
Rand geriffelt

Friedrich August III. (1904–1918)

* 25.5.1865 als Sohn des späteren Königs Georg und seiner
Gemahlin Maria Anna von Portugal. ∞ 21.11.1891 Luise
von Habsburg-Lothringen-Toskana, geschieden 1903 (Gräfin
von Montignoso). Verzichtete am 13.11.1918 auf den Thron.

182   (268) 20 Mark (G)   260.–/360.–
FRIEDRICH AUGUST KÖNIG V. SACHSEN · Kopf n. r.,
darunter E
Rs. **DEUTSCHES REICH** Jahreszahl · Reichsadler (Modell
1889–1918). Unten zwischen Sternen die Wertbezeichnung:
20 MARK · 1905 (500 173, davon 86 mit polierter Platte),
1913 (121 002), **1914** (325 246)
Rand: GOTT MIT UNS zwischen den Worten je 1 Stern
und 2 Ranken
Probeabschläge vom neuen Vs.-Stempel nach einem Entwurf von F. Hörnlein mit dem Bildnis des Königs nach links
als Generalfeldmarschall. Dieser Stempel, 1916 fertiggestellt,
wurde in Folge des Ersten Weltkrieges nicht mehr verwendet.

183   (267) 10 Mark (G)   280.–/360.–
Vs. wie Nr. 182
Rs. wie Nr. 182, aber Wertbezeichnung: **10 MARK · 1905**
(111 994), **1906** (75 093), **1907** (111 878), **1909** (112 070), **1910**
(75 185), **1911** (37 622), **1912** (75 252)
Rand: Ranken und Sternchen
1905: 100 mit polierter Platte

184   (136) 5 Mark (S)   90.–/190.–
Vs. wie Nr. 182
Rs. wie Nr. 182, aber Wertbezeichnung: **FÜNF MARK · 1907**
(398 043), **1908** (317 301), **1914** (298 000)
Rand: GOTT MIT UNS zwischen den Worten je 1 Kreuz
und 2 Ranken
Probeabschläge vom neuen Vs.-Stempel nach einem Entwurf von F. Hörnlein mit dem Bildnis des Königs nach links
als Generalfeldmarschall. Dieser Stempel, 1916 fertiggestellt,
wurde in Folge des Ersten Weltkrieges nicht mehr verwendet.

185   (135) 3 Mark (S)   40.–/65.–
Vs. wie Nr. 182
Rs. wie Nr. 182, aber Wertbezeichnung: **DREI MARK · 1908**
(276 073), **1909** (1 196 719), **1910** (745 000), **1911** (581 250), **1912**
(378 750), **1913** (306 500)
Rand: GOTT MIT UNS zwischen den Worten je 1 Kreuz
und 2 Ranken
Probeabschläge vom neuen Vs.-Stempel nach einem Entwurf von F. Hörnlein mit dem Bildnis des Königs nach links
als Generalfeldmarschall. Dieser Stempel, 1916 fertiggestellt,
wurde in Folge des Ersten Weltkrieges nicht mehr verwendet.
Probeabschlag 1917 in Aluminium.

186   (134) 2 Mark (S)   90.–/150.–

Vs. wie Nr. 182
Rs. wie Nr. 182, aber Wertbezeichnung: **ZWEI MARK · 1905**
(558 951), **1906** (558 750), **1907** (1 117 519), **1908** (335 689), **1911**
(186 250), **1912** (167 625), **1914** (298 000)
Rand geriffelt
1905: 100 mit polierter Platte
Probeabschläge vom neuen Vs.-Stempel nach einem Entwurf von F. Hörnlein mit dem Bildnis des Königs nach links als Generalfeldmarschall. Dieser Stempel, 1916 fertiggestellt, wurde in Folge des Ersten Weltkrieges nicht mehr verwendet.
Probeabschlag mit unvollständiger Jahreszahl 1 in Aluminium.

Gedenkmünzen

187 (137) Medaille auf 2-Markschrötling (S) **900.– / 1 800.–**
Anläßlich des Besuches der Münze durch den König
FRIEDRICH AUGUST KÖNIG V. SACHSEN · Kopf n. r.,
darunter E
Rs. **ZUR / ERINNERUNG / AN DEN BESUCH / SEINER MAJESTÄT DES KÖNIGS / FRIEDRICH AUGUST / AUF DER MULDNER HÜTTE / AM 6. APRIL 1905 · 1905**
(1000)
Rand geriffelt
Vs. vom 2 Markstempel; 200 mit polierter Platte; Probeabschlag in Kupfer

188 (139) 5 Mark (S) **190.– / 300.–**
Anläßlich der 500-Jahr-Feier der Universität Leipzig
FRIEDRICH DER STREITBARE Ranke **FRIEDRICH AUGUST** zwischen Sternen: **1409 UNIVERSITÄT LEIPZIG 1909** · Beider Brustbilder n. l.
Rs. wie Nr. 182, aber Wertbezeichnung: **FÜNF MARK · 1909**
(50 000)
Rand: GOTT MIT UNS zwischen den Worten je 1 Kreuz und 2 Ranken
300 mit polierter Platte

189 (138) 2 Mark (S) **100.– / 150.–**
Anläßlich der 500-Jahr-Feier der Universität Leipzig
Vs. wie Nr. 188
Rs. wie Nr. 182, aber Wertbezeichnung: **ZWEI MARK · 1909**
(125 000)
Rand geriffelt
300 mit polierter Platte

190 (140) 3 Mark (S) **35.– / 55.–**
Anläßlich der 100-Jahr-Feier der Völkerschlacht bei Leipzig
18. OKTOBER zwischen 2 Sternchen. **1813 = 1913.** Völkerschlachtdenkmal, darunter E
Rs. wie Nr. 182, aber Wertbezeichnung: **DREI MARK · 1913**
(999 999)
Rand: GOTT MIT UNS zwischen den Worten je 1 Kreuz und 2 Ranken
Vs.-Stempel von Fr. Hörnlein
Probe mit anderer Vs.: Völkerschlachtdenkmal zwischen Eichen- und Ölzweig, darunter: JAHRHUNDERTFEIER / DER SCHLACHT BEI / LEIPZIG / DER PATRIOTENBUND (nicht im Bracteatenbuch der Kgl. Münze Muldenhütten verzeichnet)

191 (141) 3 Mark (S) **180 000.–**
Anläßlich der 400. Wiederkehr der Reformation
EIN FESTE BVRG IST UNSER GOTT 1517 1917 · Zwischen den Jahreszahlen der sächsische Wappenschild. Im Kreis: **FRIEDRICH DER WEISE** · Brustbild in Klappmütze und Schaube n. r.
Rs. wie Nr. 182, aber Wertbezeichnung: **DREI MARK · 1917**
(100)
Rand: GOTT MIT UNS zwischen den Worten je 1 Kreuz und 2 Ranken
Vs.-Stempel von Fr. Hörnlein

192 Sophiendukat (G) 300.– / 500.–
WOL DEM DER FREVD AN SEIN KIND ERLEBT · Monogramm CS unter Kurhut vor gekreuzten Kurschwertern
Rs. HILF DV HEILIGE DREYFALTIGKEIT 1616 · Symbolische Darstellung der Hl. Dreifaltigkeit: Auge Gottvaters / IHS / Taube (Hl. Geist)
Von 1806–1822 sind keine Prägezahlen nachweisbar. Von 1827–1838 werden sie in den Bracteatenbüchern der Kgl. Münze zu Dresden unter Münzen, ab 1846 unter Medaillen geführt. Neue Stempel wurden 1828 und 1830 geschnitten.
1806–1812 (2 028), **1816–1826** (3 333), **1827–1838** (2 551), **1846–1873** (2 879)
Rand: schräg gerieffelt
Von Kurfürstin Sophia, der Gemahlin Kurfürst Christians I., erstmalig im Jahre 1616 geprägt, erfreuten sich die Sophiendukaten bald großer Beliebtheit, vor allem als Patengeschenke; sie wurden in der Dresdener Münze offiziell nachgeprägt.

Sächsische Herzogtümer

Größe: 9343,11 qkm
Wappen: Als Stammwappen führten die sächsischen Herzöge der ernestinischen Linie des Hauses Wettin das herzoglich-sächsische Wappen, bestehend aus 5 schwarzen Balken auf goldenem Grund mit darübergelegtem grünen Rautenkranz.

Die sächsischen Herzogtümer umfaßten die thüringischen Besitzungen, die der ernestinischen Linie des Hauses Wettin nach der Schlacht bei Mühlberg und dem Verlust der Kurwürde im Jahre 1546 noch verblieben waren sowie einige Ämter, auf welche Kurfürst August von Sachsen im Naumburger Vertrag vom 24.2.1554 zugunsten der Ernestiner verzichtete. Hinzu kamen 1555 durch Tausch von den mansfeldischen Grafen die Herrschaft Römhild und nach dem Aussterben der gefürsteten Grafen von Henneberg 7/12 der hennebergischen Besitzungen, die aber bis 1660 mit den übrigen 5/12 der Albertiner in gemeinsamer Verwaltung waren.
Die einzelnen Herzogtümer entstanden infolge verschiedener Teilungen, von denen die bedeutendste zwischen den Herzögen Wilhelm und Ernst dem Frommen im Erbvertrag vom 21.9.1641 festgelegt wurde. Danach stifteten beide Herzöge die Hauptlinien zu Weimar und Gotha. Die Weimarische zerfiel nach Wilhelms Tod 1662 in die 3 Linien zu Weimar, Eisenach und Jena, von denen Jena bereits 1690 und Eisenach 1741 wieder erloschen. Die Linie zu Gotha dagegen zerfiel beim Tod Ernsts des Frommen 1675 in die 7 Linien zu Gotha, Coburg, Meiningen, Römhild, Eisenberg, Hildburghausen und Saalfeld. Da es nach dem Erlöschen der Linien zu Coburg 1699, Eisenberg 1707 und Römhild 1710 zu langen Erbstreitigkeiten kam, wurden diese Länder durch die kaiserliche Entscheidung von 1735 an die übrigen 4 Linien verteilt. Um weitere Teilungen, die letztlich die politische Schwächung der Fürstentümer zur Folge hatten, zu verhindern, führten Friedrich I. zu Gotha und Altenburg 1685, Ernst zu Hildburghausen 1702, Ernst August zu Weimar 1719, Franz Josias zu Coburg und Saalfeld 1746 und Georg I. zu Meiningen 1803 die Primogenitur ein.
Infolge der Auflösung des Hl. Römischen Reiches Deutscher Nation am 6.8.1806 erlangten die ernestinischen Herzöge die volle Souveränität und traten am 15.12.1806 dem Rheinbund bei, trennten sich jedoch von ihm sogleich nach der Schlacht bei Leipzig 1813. 1815 wurden sie Mitglieder des Deutschen Bundes. Als 1825 die Linie zu Gotha erlosch, teilten die Herzöge zu Coburg-Saalfeld, Hildburghausen und Meiningen die Fürstentümer neu auf, so daß Coburg mit Gotha, Meiningen mit Hildburghausen und Saalfeld vereinigt wurden und der Herzog zu Hildburghausen Altenburg erhielt.
Seit 1828 gehörten die ernestinischen Herzogtümer dem Mitteldeutschen Handelsverein an; sie gründeten 1833 den Thüringischen Handelsverein und wurden 1834 Mitglieder des Deutschen Zoll- und Handelsvereins.
Die Erbfolge war im Haus Wettin so geregelt, daß beim Erlöschen der ernestinischen Linie die albertinische oder Kurlinie in den ernestinischen Ländern sukzedierte und beim Erlöschen der albertinischen Linie Kursachsen an die Ernestiner fallen sollte.
Nach der Abdankung der Herzöge im November 1918 wurden die ernestinischen Herzogtümer Freistaaten und legten im Gemeinschaftsvertrag vom 4.1.1920 die Grundlage für den thüringischen Einheitsstaat. Mit Ausnahme des Hzm. Sachsen-Coburg, das sich Bayern anschloß, wurden die ehemaligen ernestinischen Länder zusammen mit Schwarzburg und Reuß durch Reichsgesetz vom 30.4.1920 mit Wirkung vom 1.5.1920 zum Freistaat Thüringen vereinigt. Als politische Einheit bestand das Land Thüringen bis 1952.

LITERATUR: S. Seite 456

Sachsen, Großherzogtum

(bis 1877 Sachsen-Weimar-Eisenach, Großherzogtum)

Größe: 3594,86 qkm
Hauptstadt: Weimar
Wappen:
1. Hzm. Sachsen
2. Lgft. Thüringen
3. Mgft. Meißen
4. gefürstete Gft. Henneberg
5. Arnshaugk
6. H. Blankenhain
7. H. Tautenburg

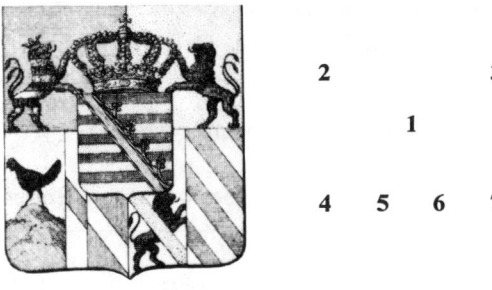

```
      2         3
         1
   4  5  6  7
```

Sachsen-Weimar-Eisenach entstand durch den Erbvertrag vom 21.9.1641 und durch den Anfall des Fsm. Eisenach nach dem Erlöschen der Nebenlinie zu Eisenach im Jahre 1741. Herzog Carl August, der 1806 als preußischer General gegen Napoleon I. kämpfte, erlangte am 21.4.1815 den Großherzogtitel und erhielt in der Wiener Kongreßakte vom 9.6.1815 als Kriegsentschädigung vom Kgr. Sachsen den größeren Teil des Neustädter Kreises mit den Ämtern Neustadt und Weida sowie kleinere Gebiete von Fulda, Kurhessen und Kurmainz. Am 5.5.1816 gab er als erster deutscher Fürst seinem Land eine freisinnige Verfassung, die er Mühe hatte, gegen Metternichs Reaktionsbestrebungen zu verteidigen. Da sich Sachsen-Weimar-Eisenach trotzdem den Bundesbeschlüssen gegen die Universitäten und die Pressefreiheit anschließen mußte, kam es in Weimar 1848 zu revolutionären Erhebungen, denen Großherzog Carl Friedrich mit großem Verständnis zu begegnen wußte. Unter seiner Regierung wurde mit dem Grundgesetz vom 15.3.1850 die Verfassung von 1816 revidiert. Sein Nachfolger Großherzog Carl Alexander unterstützte im Deutschen Krieg 1866 Preußen, trat am 18.8.1866 dem Norddeutschen Bund bei und schloß am 22.2.1867 eine Militärkonvention mit Preußen.

Im Deutschen Reich bestand Sachsen-Weimar-Eisenach bis 1918 als Großherzogtum, führte aber seit 1877 die amtliche Bezeichnung Ghzm. Sachsen.

Herzogin Anna Amalia, die von 1758–1775 für ihren Sohn Carl August die Vormundschaftsregierung führte, prägte seit 1763 nach dem Konventionsmünzfuß aus der feinen Mark Silber zu ca. 234 g: 10 Speciestaler = $20 \frac{2}{3}$ Taler oder Gulden = $40 \frac{1}{3}$ Taler = $80 \frac{1}{6}$ Taler
1 Speciestaler = 32 Groschen = 384 Pfennige

Gerechnet wurde in Konventionskurant (vgl. Sachsen, Königreich):
    1 Reichstaler = 24 Groschen = 288 Pfennige = 576 Heller
    1 Groschen = 12 Pfennige = 24 Heller
    1 Speciestaler galt somit $1 \frac{1}{3}$ Taler bzw. Reichstaler

Nachdem sich Sachsen-Weimar-Eisenach der Dresdener Münzkonvention vom 30.7.1838 angeschlossen hatte, münzte es im 14-Taler-Fuß aus der feinen Mark Silber zu 233,855 g:
    7 Doppeltaler = 14 Taler
    1 Taler = 30 Silbergroschen = 360 Pfennige

Gemäß dem Wiener Münzvertrag vom 24.1.1857 wurden im 30-Taler-Fuß aus dem Zollpfund zu 500 g 30 Taler ausgeprägt.

SÄCHSISCHE HERZOGTÜMER

Münzstätten, in denen Sachsen-Weimar-Eisenach prägen ließ:

Eisenach bis 1830 Mmz. J.L.ST. ⎫
                          L.S.   ⎬ = Johann Leonhard Stockmar (1790–1835)
                          ST   ⎭

Berlin   1840–1915 Mzz. A

Gesetzliche Ausbringung der wichtigsten Sorten vor Einführung der Reichswährung

Nominal	Prägezeit	Metall	Gewicht g	Fein- gewicht g	Fein- gehalt °/oo	Katalog-Nr.
Doppeltaler	1840–1855	Silber	37,120	33,408	900	20, 32
Speciestaler	1813–1815	Silber	28,063	23,386	833,33	1, 2
Vereinstaler	1841	Silber	22,272	16,704	750	21
Vereinstaler	1858–1870	Silber	18,519	16,667	900	33
Gulden	1813	Silber	14,031	11,693	833,33	3
1/24 Taler	1808–1830	Billon	2,126	0,487	229,17	4, 5, 6, 22
Silbergroschen	1840	Billon	2,192	0,487	222,22	24
Silbergroschen	1858	Billon	2,196	0,483	220	34
1/48 Taler	1808–1831	Billon	1,063	0,244	229,17	7, 8, 23
1/2 Silbergroschen	1840	Billon	1,096	0,244	222,22	25
1/2 Silbergroschen	1858	Billon	1,098	0,242	220	36

Carl August (1775–1828)

* 3.9.1757 als Sohn des Herzogs Ernst August Constantin und seiner Gemahlin Anna Amalie von Braunschweig-Wolfenbüttel. 28.5.1758–3.9.1775 unter Vormundschaft seiner Mutter. 1797 preußischer Generalleutnant. 1815 Großherzog. ∞ 3.10.1775 Luise von Hessen-Darmstadt. † 14.6.1828.

2 (518) Taler (S) 1300.– /3000.–
Rosette **GROSHERZOGTHUM SACHSEN** Rosette 10 **EINE FEINE MARK** · Königlich gekrönter, spatenblattförmiger Wappenschild
Rs. Umgeben von 2 gekreuzten Eichenzweigen: Rosette / **DEM / VATERLANDE** / Jahreszahl / Rosette · **1815** (5273)
Laubrand, auch kettenähnlicher Rand
Var. 2 Var.

1 (515) Taler (S) 750.– /1500.–
CARL AUGUST. H. Z. S. WEIMAR U. EISENACH. ·
Mit Herzogshut bedeckter, spatenblattförmiger Wappenschild, umrahmt von zwei gebundenen Zweigen, l. Palme, r. Lorbeer; unten Mmz.
Rs. Zwischen 2 Rosetten X / **EINE FEINE / MARK** / Jahreszahl / Rosette · **LS 1813**
Laubrand

3 (514) Gulden = 2/3 Taler (S) 250.– /500.–

CARL AUGUST. H. Z. S. WEIMAR U. EISENACH.
Wappen wie Nr. 1; unten Mmz.
Rs. Zwischen 2 Rosetten **XX / EINE FEINE / MARK /** Jahreszahl. / Rosette · **LS 1813**
Laubrand

4 (513) 1/24 Taler (B) 50.– / 100.–
S.W. u. E. · Herzoglich sächsischer Wappenschild
Rs. **24 / EINEN / THALER / S. M. /** Jahreszahl **1808** (199 027), **1810** (451 677), **1813**, **1814**
Rand geriffelt
Var. **1810**: 2 Var. **1813**: 3 Var.

5 (517) 1/24 Taler (B) 100.– / 200.–
G. H. S.W. E. · Wappen wie Nr. 4
Rs. wie Nr. 4. **1815**
Laubrand und geriffelter Rand
Var. 2 Var.

6 (525) 1/24 Taler (B) 50.– / 100.–
S.W. E. · Wappen wie Nr. 4
Rs. wie Nr. 4. **1821** (492 572), **1824**, **1826**
Rand geriffelt
Var. **1821**: auch mit Stempelfehler ENIEN vz +525.– statt EINEN; Fälschungen in Kupfer. **1824**: 3 Var. **1826**: 2 Var.

7 (512) 1/48 Taler (B) 30.– / 60.–
S.W. u. E. · Wappen wie Nr. 4
Rs. **48 / EINEN / THALER / S. M. /** Jahreszahl **1808** (286 252), **1810** (326 954), **1813**, **1814**
Rand glatt
Var. **1808**, **1810**: 2 Var. **1813**: 3 Var., auch ohne Punkt nach E

8 (524) 1/48 Taler (B) 50.– / 100.–
S.W. E. · Wappen wie Nr. 4
Rs. wie Nr. 7. **1821** (242 901), **1824**, **1826**
Rand glatt
Var. **1824**: 2 Var.

9 (510) 4 Pfennige (K) 60.– / 120.–
S.W. u. E. · Wappen wie Nr. 4
Rs. **4 / PFENNIGE /** Jahreszahl / – · **1810** (146 344), **1812**, **1813**
Laubrand
Var. **1810**: 2 Var. mit Punkt nach Jahreszahl, aber auch ohne Strich. **1812**, **1813**: 2 Var. **1813**: statt Strich Rosette

10 (523) 4 Pfennige (K) 40.– / 80.–
S.W. E. · Wappen wie Nr. 4
Rs. **4 / PFENNIGE /** Jahreszahl / Rosette · **1821** (92 029), **1826**
Laubrand, **1826**: geriffelter Rand
Var. **1821**: 2 Var. mit unterschiedlicher Ziffer 1 auf Rs. **1826**: 2 Var.

11 (507) 3 Pfennige (K) 50.– / 110.–
S.W. u. E. · Wappen wie Nr. 4
Rs. **3 / PFENNIGE /** Jahreszahl / – · **1807** (48 951)
Laubrand, geriffelter, aber auch glatter Rand
Var. 2 Var.

12 (522) 3 Pfennige (K) 40.– / 80.–

SÄCHSISCHE HERZOGTÜMER

S.W. E. · Wappen wie Nr. 4
Rs. wie Nr. 11. **1824**
Laubrand und geriffelter Rand
Var. 2 Var.
Laubrand: fstgl. 250.–

13 (506) 2 Pfennige (K)   30.– / 60.–
S.W. u. E. · Wappen wie Nr. 4
Rs. **2 / PFENNIGE /** Jahreszahl / – · **1807** (72 643), **1813**
Laubrand und geriffelter Rand
Var. **1807:** 6 Var. mit unterschiedlichen Buchstaben auf Vs. und ohne Strich auf Rs. **1813:** statt Strich Rosette auf Rs.

14 (521 a) 2 Pfennige (K)   50.– / 100.–
S. W. E. · Wappen wie Nr. 4
Rs. **2 / PFENNIGE /** Jahreszahl / Rosette · **1821** (68 058), **1826**
Rand geriffelt
Var. **1821, 1826:** 3 Var.

15 (503) 1½ Pfennige (K)   50.– / 100.–
S.W. u. E. · Wappen wie Nr. 4
Rs. **1½ / PFENNIG /** Jahreszahl / – · **1807** (33 925)
Rand glatt
Var. 2 Var.

16 (520) 1½ Pfennige (K)   40.– / 80.–
S. W. E. · Wappen wie Nr. 4
Rs. wie Nr. 15. **1824**
Rand glatt
Var. 2 Var.

17 (502, 509) Pfennig (K)   40.– / 80.–
S.W. u. E. · Wappen wie Nr. 4
Rs. **1 / PFENNIG /** Jahreszahl / – · **1807** (29 678), **1810** (79 673), **1813**
Rand glatt
Var. **1807, 1810, 1813:** je 2 Var.; **1810** und **1813** auch mit 1810 bzw. 1813

18 (519) Pfennig (K)   40.– / 90.–
S. W. E. · Wappen wie Nr. 4
Rs. **1 / PFENNIG. /** Jahreszahl / – · **1821** (100 247), **1824**, **1826**
Rand glatt
Var. **1821:** 3 Var., auch ohne Punkt nach PFENNIG. **1824:** 2 Var.

19 (508) Heller (K)   30.– / 60.–
S.W. u. E. · Wappen wie Nr. 4
Rs. **1 / HELLER /** Jahreszahl / – · **1813**
Rand glatt

Carl Friedrich (1828–1853)

* 2.2.1783 als Sohn des späteren Großherzogs Carl August und seiner Gemahlin Luise von Hessen-Darmstadt. ∞ 3.8.1804 Maria Paulowna, Großfürstin von Rußland. † 8.7.1853.

20 (532) Doppeltaler (S)   750.– / 1750.–
CARL FRIEDR. GROSSHERZOG ZU SACHSEN WEIM. EIS. · Kopf n.l., darunter Mzz.
Rs. **2 THALER VII EINE F. MARK 3½ GULDEN · VEREINSMÜNZE** zwischen 2 Rosetten · 6feldiger Wappenschild mit gekröntem herzoglich sächsischem Herzschild unter gekröntem Wappenzelt, umzogen von der Kette des Ordens vom Weißen Falken; unten Jahreszahl **A 1840** (19 000), **1842** und **1843** (38 000), **1848** (19 000)

Rand: GOTT UND RECHT zwischen den Worten je 1 Kreuz
und 2 Ranken
1842 und 1843 wurden insgesamt 38 000 Stück geprägt
1842: Abschlag in Zinn mit glattem Rand
Stempel von Henri François Brandt, Berlin

21 (531) Taler (S)   200.– / 450.–
CARL FRIEDRICH GROSSHERZOG Z. SACHSEN W. E. · Kopf n.l., darunter Mzz.
Rs. **EIN THALER XIV EINE F. M.** Gekrönter, 6 feldiger Wappenschild mit gekröntem herzoglich sächsischem Herzschild, umzogen von der Kette des Ordens vom Weißen Falken; unten Jahreszahl **A 1841** (203 000)
Rand GOTT UND RECHT zwischen den Worten je 1 Kreuz und 2 Ranken
Abschlag in Kupfer mit glattem Rand
Stempel von Henri François Brandt, Berlin

22 (525) 1/24 Taler (B)   50.– / 110.–
S. W. E. · Wappen wie Nr. 4
Rs. **24 / EINEN / THALER / S. M. /** Jahreszahl **1830**
Rand geriffelt
Var. 2 Var. mit und ohne Punkt nach Jahreszahl

23 (524) 1/48 Taler (B)   40.– / 80.–
S. W. E. · Wappen wie Nr. 4
Rs. **48 / EINEN / THALER / S. M. /** Jahreszahl **1831**
Rand glatt
Var.: 2 Var. mit unterschiedlicher 1 in Jahreszahl

24 (530) Silbergroschen (B)   20.– / 40.–
GROSSHERZOGTH. SACHSEN W. E. · Königlich gekrönter herzoglich sächsischer Wappenschild, darunter ✳
Rs. **30 EINEN THALER SCHEIDEMÜNZE · 1 / SILBER / GROSCHEN /** Jahreszahl / Mzz. **A 1840** (2 407 524)
Rand glatt
Var.: Probeabschlag auf Schrötling von 22 mm ⌀ (1/6 Talergröße) mit 30 EINEN THALER SCHEIDEMÜNZE SILBER / GROSCHEN / 1840 / A

25 (529) 1/2 Silbergroschen (B)   50.– / 100.–
GROSSHERZOGTH. SACHSEN W. E. · Wappen wie Nr. 24, darunter ✳
Rs. **60 EINEN THALER SCHEIDEMÜNZE · 1/2 / SILBER / · GROSCHEN ·** / Jahreszahl / Mzz. **A 1840** (2 399 722)
Rand glatt

26 (522) 3 Pfennige (K)   30.– / 60.–
S. W. E. · Wappen wie Nr. 4
Rs. **3 / PFENNIGE /** Jahreszahl / – · **1830**
Rand geriffelt
Var. 2 Var.

27 (528) 3 Pfennige (K)   30.– / 60.–
GROSSHERZOGTH. SACHSEN W. E. · Wappen wie Nr. 24, darunter ✳
Rs. **SCHEIDEMÜNZE · 3 / PFENNIGE /** Jahreszahl / Leiste / Mzz. **A 1840** (375 668)
Kettenrand

28 (521 b) 2 Pfennige (K)   40.– / 80.–
S. W. E. · Wappen wie Nr. 4
Rs. **2 / PFENNIGE /** Jahreszahl / – · **1830**
Rand geriffelt
Var. 2 Var.

29 (520) 1½ Pfennige (K)   40.– / 80.–

S. W. E. · Wappen wie Nr. 4
Rs. **1½ / PFENNIG /** Jahreszahl / – · **1830**
Rand glatt
Var. 2 Var.

30 (519) Pfennig (K) 30.–/60.–
S. W. E. · Wappen wie Nr. 4
Rs. **1 / PFENNIG /** Jahreszahl / – · **1830**
Rand glatt

31 (527) Pfennig (K) 20.–/40.–
GROSSHERZOGTH. SACHSEN W. E. · Wappen wie Nr. 24, darunter ✶
Rs. **SCHEIDEMÜNZE · 1 / PFENNIG /** Jahreszahl / Leiste / Mzz. **A 1840, 1841, 1844, 1851** (insgesamt wurden 1 480 824 Stück geprägt)
Rand glatt
In Berlin wurden für 5242 Taler 1840 3- und 1-Pfennigstücke sowie 1841, 1844, 1851 1-Pfennigstücke geprägt

Carl Alexander (1853–1901)

✶ 24.6.1818 als Sohn des späteren Großherzogs Carl Friedrich und seiner Gemahlin Maria Paulowna, Großfürstin von Rußland. ∞ 8.10.1842 Sophie, Tochter des Königs der Niederlande Wilhelm II. † 5.1.1901.

32 (536) Doppeltaler (S) 1110.–/2 400.–
CARL ALEXANDER GROSSHERZOG VON SACHSEN · Kopf n. l., darunter Mzz.
Rs. **2 THALER VII EINE F. MARK 3½ GULDEN · VEREINSMÜNZE** zwischen 2 Rosetten · Wappen wie Nr. 20; unten Jahreszahl **A 1855** (19 000)
Rand: GOTT UND RECHT zwischen den Worten je 1 Kreuz und 2 Ranken

33 (535) Taler (S) 160.–/320.–
CARL ALEXANDER GROSSHERZOG VON SACHSEN · Kopf n. l., darunter Mzz.
Rs. **EIN VEREINSTHALER XXX EIN PFUND FEIN** · Gekrönter herzoglich sächsischer Wappenschild auf gekröntem Hermelinmantel, umzogen von der Kette des Ordens vom Weißen Falken; unten Jahreszahl **A 1858** (63 000), **1866** (44 000), **1870** (45 000)
Rand: GOTT UND RECHT zwischen den Worten je 1 Kreuz und 2 Ranken

34 (530) Silbergroschen (B) 40.–/80.–
GROSSHERZOGTH. SACHSEN W. E. · Wappen wie Nr. 24, darunter ✶
Rs. **30 EINEN THALER SCHEIDEMÜNZE · 1 / SILBER / GROSCHEN /** Jahreszahl / Mzz. **A 1858** (300 000)
Rand glatt

35 (529) ½ Silbergroschen (B) 35.–/70.–
GROSSHERZOGTH. SACHSEN W. E. · Wappen wie Nr. 24, darunter ✶
Rs. **60 EINEN THALER SCHEIDEMÜNZE · 1/2 / SILBER / · GROSCHEN · /** Jahreszahl / Mzz. **A 1858** (300 000)
Rand glatt

36 (534) 2 Pfennige (K) 9.–/22.–
GROSSHERZOGTH. SACHSEN W. E. · Wappen wie Nr. 24, darunter ✶
Rs. **SCHEIDEMÜNZE · 2 / PFENNIGE /** Jahreszahl / Leiste / Mzz. **A 1858** (540 000), **1865** (540 000)
Rand glatt

37 (533) Pfennig (K)   8.–/16.–
GROSSHERZOGTH. SACHSEN W. E. · Wappen wie Nr. 24, darunter ✳
Rs. SCHEIDEMÜNZE · 1 / PFENNIG / Jahreszahl / Leiste / Mzz. A **1858** (720000), **1865** (720000)
Rand glatt

Nach Einführung der Reichswährung

38 (282) 20 Mark (G)   1700.–/2800.–
CARL ALEXANDER GROSSHERZOG V. SACHSEN · Kopf n.l., darunter Mzz.
Rs. DEUTSCHES REICH Jahreszahl · Reichsadler (Modell 1889–1918). Unten zwischen Sternen die Wertangabe: 20 MARK · A **1892** (5000), **1896** (15000)
Rand: GOTT MIT UNS zwischen den Worten je 1 Stern und 2 Ranken
1896: 380 mit polierter Platte. Vs.-Stempel von Medailleur O. Schultz, Berlin

39 (156) 2 Mark (S)   320.–/600.–
Vs. wie Nr. 38
Rs. wie Nr. 38, aber Wertangabe: ZWEI MARK · A **1892** (50000), **1898** (100000)
Rand geriffelt

Wilhelm Ernst (1901–1918)

* 10.6.1876 als Sohn des Erbgroßherzogs Carl August und seiner Gemahlin Pauline Prinzessin von Sachsen-Weimar-Eisenach, Herzogin zu Sachsen. ∞ 30.4.1903 in 1. Ehe Caroline Prinzessin Reuß ä.L., 4.1.1910 in 2. Ehe Feodora von Sachsen-Meiningen. Verzichtete am 9.11.1918 auf den Thron. † 24.4.1923.

40 (283) 20 Mark (G)   2400.–/4000.–
WILHELM ERNST GROSSHERZOG V. SACHSEN · Kopf n.l., darunter Mzz.
Rs. DEUTSCHES REICH Jahreszahl · Reichsadler (Modell 1889–1918). Unten zwischen Sternen die Wertangabe: 20 MARK · A **1901** (5000)
Rand: GOTT MIT UNS zwischen den Worten je 1 Stern und 2 Ranken
Vs.-Stempel von Medailleur O. Schultz, Berlin

41 (157) 2 Mark (S)   450.–/800.–
Vs. wie Nr. 40
Rs. wie Nr. 40, aber Wertangabe: ZWEI MARK · A **1901** (100000)
Rand geriffelt

Gedenkmünzen

42 (159) 5 Mark (S)   270.–/420.–
Auf die Vermählung des Großherzogs mit Prinzessin Caroline Reuß älterer Linie am 30. April 1903
WILHELM ERNST – CAROLINE GROSZHERZOG U. GROSZHERZOGIN V. SACHSEN · Beider Köpfe n.l., darunter Mzz. und · 30 IV ·
Rs. wie Nr. 40, aber Wertangabe: FÜNF MARK · A **1903** (24000)
Rand: GOTT MIT UNS zwischen den Worten je 1 Kreuz und 2 Ranken
Stempel von Medailleur O. Schultz, Berlin

43 (158) 2 Mark (S)   120.–/180.–
Auf die Vermählung des Großherzogs mit Prinzessin Caroline Reuß älterer Linie am 30. April 1903

SÄCHSISCHE HERZOGTÜMER

Vs. wie Nr. 42
Rs. wie Nr. 40, aber Wertangabe: **ZWEI MARK · A 1903**
(40 000)
Rand geriffelt

44 (161) 5 Mark (S)   250.–/380.–

Auf die 350-Jahr-Feier der Universität Jena 1908
JOH · FRIED · D · GROSZMÜT · KURF · V · SACHSEN · STIFTER · D · UNIV · JENA · Brustbild Johann Friedrichs im Kurornat mit dem Kurschwert. Rechts: **1558 / – / 1908;** r. u. l. vertieft: **SPES MEA IN DEO**
Rs. wie Nr. 40, aber Wertangabe: **FÜNF MARK · A 1908**
(40 000)
Rand: **GOTT MIT UNS** zwischen den Worten je 1 Kreuz und 2 Ranken
Vs.-Stempel von Prof. P. Sturm, Berlin
Probe: Johann Friedrich ohne Kurschwert

45 (160) 2 Mark (S)   130.–/220.–

Auf die 350-Jahr-Feier der Universität Jena 1908
Vs. wie Nr. 44
Rs. wie Nr. 40, aber Wertangabe: **ZWEI MARK · A 1908**
(50 000)
Rand geriffelt

46 (162) 3 Mark (S)   100.–/160.–

Auf die Vermählung des Großherzogs mit Herzogin Feodora von Sachsen-Meiningen am 4. Januar 1910
WILHELM ERNST – FEODORA GROSZHERZOG VND GROSZHERZOGIN VON SACHSEN · Beider Köpfe n. l., darunter Mzz. und **· IV · I ·**
Rs. wie Nr. 40, aber Wertangabe: **DREI MARK · A 1910**
(133 000)
Rand: **GOTT MIT UNS** zwischen den Worten je 1 Kreuz und 2 Ranken
Probe mit V. statt VON sowie Zweig mit Blüten und Blättern statt **· IV · I ·**

47 (163) 3 Mark (S)   200.–/280.–

Anläßlich der Jahrhundertfeier des Großherzogtums 1915
WILHELM ERNST MCMXV CARL AUGUST MDCCCXV · Beider Brustbilder in Uniform n. r., darunter Mzz.
Rs. **DEUTSCHES REICH** ✶ Jahreszahl · Reichsadler in formaler Anlehnung an die Münzadler der Stadt Frankfurt. Darunter zwischen 2 Eichenzweigen die Wertangabe: **DREI MARK · A 1915** (50 000); 200 mit polierter Platte
Probeabschlag vom Rs.-Stempel in Aluminium mit Vs. von Lübeck Nr. 4
Rand: **GOTT MIT UNS** zwischen den Worten je 1 Kreuz und 2 Ranken

Sachsen-Altenburg, Herzogtum

Größe: 1323,75 qkm
Hauptstadt: Altenburg
Wappen: Auf Münzen führten die Herzöge zu Sachsen-Altenburg nur das hzgl. sächsische Stammwappen.

Sachsen-Altenburg entstand durch den Erbteilungsvertrag vom 12.11.1826, hierbei fiel es an Herzog Friedrich, der dafür Hildburghausen an Meiningen abtrat. Im Staatsgrundgesetz vom 29.4.1831 gab er dem Land eine ständische Verfassung. Unter seinem Sohn und Nachfolger Joseph kam es 1848 in Altenburg zu revolutionären Unruhen. Der Landtag verabschiedete am 10.4.1848 ein neues Wahlgesetz auf der Grundlage direkter allgemeiner Wahlen, hob die Zensur auf und ließ das Militär auf die Verfassung vereidigen. Als der Herzog jedoch zögerte, den neugewählten Landtag einzuberufen, drohten revolutionäre Aufstände, gegen die er sächsische Truppen aus

Leipzig zu Hilfe rief. Am 30.11.1848 dankte er zugunsten seines Bruders Georg ab, der 1850 ein neues, auf dem Dreiklassenwahlrecht beruhendes Wahlgesetz einführen ließ, das sein Sohn Ernst I. mit Verordnung vom 12.3.1855 wieder aufhob. Nachdem Sachsen-Altenburg bereits 1862 mit Preußen eine Militärkonvention abgeschlossen hatte, beteiligte es sich am Deutschen Krieg 1866 auf preußischer Seite und wurde am 18.8.1866 Mitglied des Norddeutschen Bundes. Im Deutschen Reich bestand Sachsen-Altenburg bis 1918 als Herzogtum.
Nach der Dresdener Münzkonvention vom 30.7.1838 münzte Sachsen-Altenburg seit 1841 aus der feinen Mark Silber zu 233,855 g:

    7 Doppeltaler = 14 Taler = 84 $^1/_6$ Taler oder 5 Neugroschen
    1 Taler = 30 Neugroschen = 300 Pfennige

Nach dem Wiener Münzvertrag vom 24.1.1857 wurden im 30-Taler-Fuß aus dem Zollpfund zu 500 g geprägt:

    30 Taler = 180 $^1/_6$ Taler oder 5 Neugroschen

Münzstätten, in denen Sachsen-Altenburg prägen ließ:

Dresden	1841–1869	Mmz. G	=	Johann Georg Grohmann (1833–1844)
		F	=	Gustav Theodor Fischer (1845–1860)
		B	=	Gustav Julius Buschick (1860–1887)
Berlin	1887–1903	Mzz. A		

Gesetzliche Ausbringung der wichtigsten Sorten vor Einführung der Reichswährung

Nominal	Prägezeit	Metall	Gewicht g	Fein-gewicht g	Fein-gehalt $^0/_{00}$	Katalog-Nr.
Doppeltaler	1841–1852	Silber	37,120	33,408	900	48, 58
Vereinstaler	1841	Silber	22,272	16,704	750	49
Vereinstaler	1858–1869	Silber	18,519	16,667	900	61
1/6 Taler	1841–1842	Silber	5,345	2,784	520,83	50
2 Neugroschen	1841	Billon	3,118	0,974	312,5	51
Neugroschen	1841–1842	Billon	2,126	0,487	229,17	52
1/2 Neugroschen	1841–1842	Billon	1,063	0,244	229,17	53

Joseph (1834–1848)

* 27.8.1789 als Sohn des 1834 gestorbenen Herzogs Friedrich zu Sachsen-Hildburghausen, seit 12.11.1826 Herzogs zu Sachsen-Altenburg, und seiner Gemahlin Charlotte von Mecklenburg-Strelitz. ∞ 24.4.1817 Amalie von Württemberg. Verzichtete zugunsten seines Bruders Georg am 30.11.1848 auf die Regierung. † 25.11.1868.

Rs. **2 THALER VII EINE F. MARK 3½ GULDEN · VEREINSMÜNZE** zwischen 2 Rosetten · Herzoglich sächsischer Wappenschild unter gekröntem Wappenzelt; unten Jahreszahl **G 1841** (9400), **1842** (4700), **1843** (4700) · **F 1847** (9400)
Rand: ✱ GOTT SEGNE SACHSEN ✱ zwischen den Worten je 1 Krone mit 2 Zweigen
Stempel von A. König
Einseitige vergoldete Probe der Vs.; **1841**: Abschlag in Zinn mit glattem Rand; **1847**: 2 Var. mit unterschiedlicher Stellung der 4 in 1847

48 (108) Doppeltaler (S)   **1100.– / 2400.–**
IOSEPH HERZOG ZU SACHSEN ALTENBURG · Kopf n.l., darunter Mmz.

49 (107) Taler (S)   **350.– / 1000.–**
IOSEPH HERZOG ZU SACHSEN ALTENBURG · Kopf n.l., darunter Mmz.

SÄCHSISCHE HERZOGTÜMER

Rs. **EIN THALER XIV EINE F. M.** · Wappen wie Nr. 48, darunter zwischen 2 Rosetten Jahreszahl **G 1841** (20000)
Rand: ✻ GOTT ✻ SEGNE ✻ SACHSEN ✻ Krone zwischen 2 Zweigen
Stempel von A. König

50   (106) 1/6 Taler (S)   **180.– /350.–**
IOSEPH HERZOG ZU SACHSEN ALTENBURG · Kopf n. l., darunter Mmz.
Rs. **84 EINE F.M.** ✻ **FÜNF NGR.** ✻ **6 EINEN THLR.** · Wappen wie Nr. 48; unten ✻ Jahreszahl ✻ **G 1841** (60000), **1842** (60000)
Rand: ✻ GOTT ✻ SEGNE ✻ SACHSEN ✻ Krone zwischen 2 Zweigen
Stempel von A. König

51   (105) 2 Neugroschen = 20 Pfennige (B)   **60.– /120.–**
H. S. ALTENB. SCHEIDE M. · Königlich gekrönter herzoglich sächsischer Wappenschild; unten ✻ Jahreszahl ✻
Rs. **2** / NEU= / GROSCHEN / – / 20 / PFENNIGE / Mmz. **G 1841** (231000)
Rand glatt
Stempel von A. König
Probe o. J. (siehe Abb.)

52   (104) Neugroschen = 10 Pfennige (B)   **50.– /100.–**
H. S. ALTENB. SCHEIDE M. · Wappen wie Nr. 51; unten ✻ Jahreszahl ✻
Rs. **1** / NEU= / GROSCHEN / – / 10 / PFENNIGE / Mmz. **G 1841** (145800), **1842** (64800)
Rand glatt

53   (103) 1/2 Neugroschen = 5 Pfennige (B)   **80.– /150.–**
H. S. ALTENB. SCHEIDE M. · Wappen wie Nr. 51; unten ✻ Jahreszahl ✻
Rs. **1/2** / NEU= / GROSCHEN / – / 5 / PFENN. / Mmz. **G 1841** (97200), **1842** (129600)
Rand glatt

54   (102) 2 Pfennige (K)   **30.– /60.–**
H. S. ALTENB. SCHEIDE M. · Wappen wie Nr. 51
Rs. **2** / PFENNIGE / Jahreszahl / Mmz. **G 1841** (150000)
Rand glatt

55   (111) 2 Pfennige (K)   **40.– /80.–**
H. S. ALTENB. SCHEIDE M. · Königlich gekrönter, spatenblattförmiger herzoglich sächsischer Wappenschild
Rs. **II** / PFENNIGE / Jahreszahl / Mmz. **G 1843** (45750)
Rand glatt

56   (101) Pfennig (K)   **30.– /60.–**
H. S. ALTENB. SCHEIDE M. · Wappen wie Nr. 51
Rs. **1** / PFENNIG / Jahreszahl / Mmz. **G 1841** (220000)
Rand glatt
Stempel von A. König

57   (109) 1 Pfennig (K)   **30.– /60.–**
H. S. ALTENB. SCHEIDE M. · Wappen wie Nr. 55
Rs. **I** / PFENNIG / Jahreszahl / Mmz. **G 1843** (88500)
Rand glatt

Georg (1848–1853)

Jüngerer Bruder Josephs
* 24.7.1796 als Sohn des Herzogs Friedrich zu Sachsen-Hildburghausen, seit 12.11.1826 Herzogs zu Sachsen-Altenburg,

und seiner Gemahlin Charlotte von Mecklenburg-Strelitz. ∞ 7.10.1825 Marie von Mecklenburg-Schwerin. Übernahm am 30.11.1848 nach dem Thronverzicht seines Bruders Joseph die Regierung. † 3.8.1853.

58 (112) Doppeltaler (S) 1000.– / 2000.–
GEORG HERZOG ZU SACHSEN ALTENBURG · Kopf n. r., darunter Mmz.
Rs. **2 THALER VII EINE F. MARK 3½ GULDEN VEREINSMÜNZE** zwischen 2 Rosetten · Wappen wie Nr. 48; unten Jahreszahl **F 1852** (9400)
Rand: ✳ GOTT SEGNE SACHSEN ✳ zwischen den Worten je 1 Krone mit 2 Zweigen

59 (111) 2 Pfennige (K) 40.– / 80.–
H. S. ALTENB. SCHEIDE M. · Wappen wie Nr. 55
Rs. II / PFENNIGE / Jahreszahl / Mmz. **F 1852** (60000)
Rand glatt
Probe in Gold

60 (109) Pfennig (K) 40.– / 80.–
H. S. ALTENB. SCHEIDE M. · Wappen wie Nr. 55
Rs. I / PFENNIG / Jahreszahl / Mmz. **F 1852** (120000)
Rand glatt
Probe in Gold

Ernst I. (1853–1908)
* 16.9.1826 als Sohn des Herzogs Georg und seiner Gemahlin Marie von Mecklenburg-Schwerin. ∞ 28.4.1853 Agnes von Anhalt. † 7.2.1908.

61 (113) Taler (S) 180.– / 350.–
ERNST HERZOG VON SACHSEN ALTENBURG · Kopf n. r., darunter Mmz.
Rs. **EIN VEREINSTHALER XXX EIN PFUND FEIN** · Wappen wie Nr. 48; unten Jahreszahl **F 1858** (31872), **B 1864** (22200), **1869** (22700)
Rand: ✳ GOTT ✳ SEGNE ✳ SACHSEN ✳ Krone zwischen 2 Zweigen

62 (111) 2 Pfennige (K) 35.– / 70.–
H. S. ALTENB. SCHEIDE M. · Wappen wie Nr. 55
Rs. II / PFENNIGE / Jahreszahl / Mmz. **F 1856** (28500)
Rand glatt

63 (109, 110) Pfennig (K) 16.– / 30.–
H. S. ALTENB. SCHEIDE M. · Wappen wie Nr. 55
Rs. I / PFENNIG / Jahreszahl / Mmz. **F 1856** (40600), **1858** (129150) · o. Mmz. **1857** · **B 1861** (162900), **1863** (301500), **1865** (150000)
Rand glatt

Nach Einführung der Reichswährung

64 (269) 20 Mark (G) 2000.– / 3200.–
ERNST HERZOG VON SACHSEN ALTENBURG · Kopf n. r., darunter Mzz.

Rs. **DEUTSCHES REICH** Jahreszahl · Reichsadler (Modell 1871–1889). Unten zwischen Sternen die Wertangabe: **20 MARK · A 1887** (15000)
Rand: GOTT MIT UNS zwischen den Worten je 1 Stern und 2 Ranken
Vs.-Stempel von Hofmedailleur E. Weigand, Berlin

Vs. wie Nr. 64
Rs. wie Nr. 65, aber Wertangabe: **ZWEI MARK · A 1901** (50000); 500 mit polierter Platte
Rand geriffelt

Gedenkmünze

65   (143) 5 Mark (S)   750.–/1500.–

Vs. wie Nr. 64
Rs. **DEUTSCHES REICH** Jahreszahl · Reichsadler (Modell 1889–1918). Unten zwischen Sternen die Wertangabe: **FÜNF MARK · A 1901** (20000); 500 mit polierter Platte
Rand: GOTT MIT UNS zwischen den Worten je 1 Kreuz und 2 Ranken

66   (142) 2 Mark (S)   500.–/800.–

67   (144) 5 Mark (S)   300.–/550.–
Anläßlich des 50jährigen Regierungsjubiläums am 3.8.1903
ERNST HERZOG VON SACHSEN ALTENBURG · Kopf n. r., darunter Lorbeerzweig, Mzz. und: **1853 1903**
Rs. wie Nr. 65. **A 1903** (20000); 300 mit polierter Platte
Rand: GOTT MIT UNS zwischen den Worten je 1 Kreuz und Ranken
Vs. von Medailleur O. Schultz, Berlin

Sachsen-Coburg und Gotha, Herzogtum

Größe: 1956,5 qkm
Hauptstädte: Coburg, Gotha
Wappen:

1. Hzm. Sachsen
2. Hzm. Jülich
3. Hzm. Cleve
4. Hzm. Berg
5. Hzm. Engern
6. Hzm. Westfalen
7. Hzm. Coburg
8. Lgft. Thüringen: Hzm. Gotha
9. Mgft. Meißen
10a. H. Römhild
10b. gefürstete Gft. Henneberg
11. Fsm. Lichtenberg
12. Pfgft. Sachsen
13. Pfgft. Thüringen
14. Mgft. Landsberg
15. Gft. Brena
16. Gft. Orlamünde
17. H. Pleißen
18. Burggft. Altenburg
19. H. Eisenberg
20. Gft. Mark
21. Gft. Ravensburg
22. Regalienfeld
23. H. Tonna
24. H. Ravenstein

	2	3	4	5
	6	7	8	9
		1		
	10	11	12	13
	a	b		
	14	15	16	17
	18	19	20	21
	22	23	24	

Die Felder 10a und 10b, bzw. 22 und 24 sind hier gegenüber den Darstellungen auf den Münzen vertauscht.

Nachdem Herzog Friedrich IV. zu Gotha und Altenburg, ohne Erben zu hinterlassen, am 11.2.1825 gestorben war, fiel das Hzm. Gotha im Erbteilungsvertrag vom 12.11.1826 an Herzog Ernst zu Coburg-Saalfeld, der dafür Saalfeld an Sachsen-Meiningen abtreten mußte. Die beiden Hzm. Coburg und Gotha wurden jedoch nicht vereinigt, sondern waren lediglich durch Personalunion miteinander verbunden. Da bereits Herzog Ernst I. 1821 seinem Land eine liberale Verfassung gegeben hatte und auch sein Nachfolger Herzog Ernst II. durch ein neues Wahlgesetz sowie Reformen wie Pressefreiheit, Petitions- und Versammlungsrecht usw. den liberalen Forderungen entgegengekommen war, blieben die Herzogtümer von den revolutionären Ereignissen 1848 verschont. Am 3.5.1852 wurde für beide Herzogtümer ein gemeinschaftliches Staatsgrundgesetz erlassen und seit 1874 fanden auch gemeinsame Landtage statt. Unter Herzog Ernst II. betrieb Sachsen-Coburg und Gotha eine auf die Wiederherstellung der deutschen Einheit gerichtete Politik. Im Krieg des Deutschen Bundes gegen Dänemark kommandierte Ernst II. die thüringischen Bundeskontingente. Im Deutschen Krieg 1866 stellte er sich auf preußische Seite und trat am 18.8.1866 dem Norddeutschen Bund bei. Innerhalb des Deutschen Reiches bestand Sachsen-Coburg und Gotha bis zum November 1918 als Herzogtum.

Sachsen-Coburg und Gotha prägte bis 1838 nach dem Konventionsmünzfuß aus der feinen Mark Silber zu ca. 234 g:

10 Speciestaler = 20 Gulden = 60 20-Kreuzer = 120 10-Kreuzer

Gerechnet wurde im Hzm. Gotha in Konventionskurant (vgl. Sachsen, Königreich):

    1 Reichstaler = 24 Groschen = 288 Pfennige

und im Hzm. Coburg nach dem 24-Gulden-Fuß:

    24 Gulden auf die feine Mark
    1 Gulden = 60 Kreuzer = 240 Pfennige

1 Speciestaler galt in Gotha 1⅓ Taler bzw. Reichstaler und in Coburg 2 Gulden 24 Kreuzer.

Nach der Dresdener Münzkonvention vom 30.7.1838 münzte Sachsen-Coburg und Gotha im 14-Taler-Fuß aus der feinen Mark Silber zu 233,855 g:

    7 Doppeltaler = 14 Taler = 84 $^1/_6$ Taler
    1 Taler = 30 Groschen = 300 Pfennige

Im Hzm. Coburg wurde gemäß der süddeutschen Münzkonvention vom 25.8.1837 der 24½-Gulden-Fuß eingeführt und wie folgt gerechnet:

    1 Doppeltaler = 3½ Gulden
    1 Taler = 1¾ Gulden
    $^1/_6$ Taler = 17 Kreuzer 2 Pfennige

Gemäß dem Wiener Münzvertrag vom 24.1.1857 wurden im 30-Taler-Fuß aus dem Zollpfund zu 500 g 30 Taler = 180 $^1/_6$ Taler geprägt.

Die 1827 geprägten Kronentaler – 9,1345 Stück auf die feine Mark Silber – wurden im 24½-Gulden-Fuß mit 2 Gulden 41 Kreuzer und 3,7 Pfennigen berechnet.

Münzstätten, in denen Sachsen-Coburg und Gotha prägen ließ:

Saalfeld	1826–1828	Mmz. G	= Bergrichter Graupner
		Mmz. ST	= Commissionär und Kammerrevisor Strebel
Gotha	1828–1838	Mmz. E.K.	= Ernst Kleinsteuber (1828–1832)
		o. Mmz.	= von Heldritt (1832–1834)
		o. Mmz.	= C.H. Hasenstein (1835–1836)
		o. Mmz.	= C.F.H. Credner (1837–1838)
Dresden	1826–1827	o. Mmz. und	
		o. Mzz.	= Münzmeister Johann Gotthelf Studer (1812–1832)
	1841–1872	Mmz. G	= Johann Georg Grohmann (1833–1844)
		F	= Gustav Theodor Fischer (1845–1860)
		B	= Gustav Julius Buschick (1860–1887)
		Mzz. E	
Berlin	1886–1911	Mzz. A	

Die Münzstempel hat zum größten Teil der Gothaer Medailleur und Hofgraveur Prof. Ferdinand Helfricht nach eigenen Entwürfen geschnitten. Von ihm stammen die Stempel zu folgenden Nummern: 69, 72 (1835 Vs.), 85 (1838), 89, 93, 95, 96, 98 (Vs.), 99, 100 (Vs.), 103, 104, (Vs.), 106 (1855), 107–118 und die Entwürfe für Nr. 68, 74, 101, 102, 105 und 106.

SÄCHSISCHE HERZOGTÜMER

Gesetzliche Ausbringung der wichtigsten Sorten vor Einführung der Reichswährung

Nominal	Prägezeit	Metall	Gewicht g	Fein-gewicht g	Fein-gehalt °/₀₀	Katalog-Nr.
Dukat	1831–1842	Gold	3,490	3,418	979,17	68, 69
Doppeltaler	1841–1854	Silber	37,120	33,408	900	70, 98, 99
Krontaler	1827	Silber	29,375	25,601	871,53	71
Speciestaler	1829–1833	Silber	28,063	23,386	833,33	72
Vereinstaler	1841–1852	Silber	22,272	16,704	750	73, 100, 101, 102
Vereinstaler	1862–1870	Silber	18,519	16,667	900	103, 117
Gulden	1830	Silber	14,031	11,693	833,33	74
20 Kreuzer	1827–1836	Silber	6,682	3,898	583,33	76, 77, 78
1/6 Taler	1841–1855	Silber	5,345	2,784	520,83	75, 104, 105, 106
1/6 Taler	1864	Silber	5,342	2,778	520	107, 118
10 Kreuzer	1831–1837	Silber	3,898	1,949	500	79, 80
2 Groschen	1841–1855	Billon	3,118	0,974	312,5	88, 108
2 Groschen	1858–1870	Billon	3,221	0,967	300	108, 109
6 Kreuzer	1827–1838	Billon	2,733	0,835	305,56	81, 82
Groschen	1837	Billon	1,986	0,731	368,06	89
Groschen	1841–1855	Billon	2,126	0,487	229,17	90, 110
Groschen	1858–1870	Billon	2,100	0,483	230	110, 111
3 Kreuzer	1827–1838	Billon	1,503	0,365	243,06	83, 84, 85
1/2 Groschen	1841–1855	Billon	1,063	0,244	229,17	91, 112
1/2 Groschen	1858–1870	Billon	1,050	0,242	230	112
Kreuzer	1827–1837	Billon	0,799	0,100	125	86, 87

Ernst I. (1806–1844)
* 2.1.1784 als Sohn des Herzogs Franz zu Sachsen-Coburg-Saalfeld und seiner Gemahlin Auguste Gräfin Reuß j. L. zu Ebersdorf. ∞ 31.7.1817 in 1. Ehe Luise von Sachsen-Gotha-Altenburg, geschieden 1826, 23.12.1832 in 2. Ehe Marie von Württemberg. 9.12.1806 Herzog zu Sachsen-Coburg-Saalfeld. 12.11.1826 Herzog zu Sachsen-Coburg und Gotha. † 29.1.1844.

68 (274) Dukat (G)   4000.–/7000.–
ERNST HERZOG Z. S. COBURG U. GOTHA F. Z. LICHTENB. · Kopf n. l.
Rs. **EIN DUCATEN** · Herzoglich sächsischer Wappenschild unter einer Königskrone, umgeben von 2 gebundenen Lorbeerzweigen, darunter zwischen Mmz. die Jahreszahl E K
1831 (600)
Rand: vertiefte Vierecke
Entwurf von F. Helfricht, Gotha

69 (275) Dukat (G)   3200.–/6000.–
ERNST HERZOG ZU SACHSEN COBURG – GOTHA · Kopf n. l.
Rs. **EIN DUCATEN** ✳ Jahreszahl ✳ Königlich gekrönter, 24 feldiger Wappenschild mit aufgelegtem herzoglich sächsischem Wappenschild, umzogen von der Kette des 1833 gestifteten Ernestinischen Hausordens mit anhängendem Kleinod. **1836** (1600), **1842** (508)
Rand geriffelt

70 (273) Doppeltaler (S)   1200.–/2500.–
ERNST HERZOG ZU SACHSEN COBURG – GOTHA · Kopf n. l., darunter Mmz.
Rs. **2 THALER VII EINE F. MARK 3½ GULDEN · VEREINSMÜNZE** zwischen 2 Rosetten · 24 feldiger Wappenschild mit aufgelegtem herzoglich sächsischem Wappenschild auf gekröntem Hermelinmantel, umzogen von der Kette des Ernestinischen Hausordens mit anhängendem Kleinod; unten Jahreszahl G **1841** (10700), **1842** (5350), **1843** (5350)
Rand: NACH DER CONVENTION VOM 30 JULY 1838 Kreuzblüte zwischen Arabesken
Stempel vom 1. Graveur der Dresdener Münze, Anton Friedrich König
1843: Abschlag der Vs.

SÄCHSISCHE HERZOGTÜMER

71 (250) Krontaler (S) 1 800.– / 3 600.–
ERNST HERZOG Z. S. COBURG U. GOTHA F. Z. LICHTENB. · Brustbild im Küraß mit umgelegtem Hermelinmantel und mit der Kette des ihm 1820 verliehenen ungarischen Sankt-Stephans-Ordens um den Hals n. l.
Rs. Umgeben von 2 gebundenen Lorbeerzweigen: Krone / Zepter und Schwert, gekreuzt / Jahreszahl **1827**; 2 Var. zur Vs.
Rand glatt
Zusammen mit Nr. 127 wurden in der Dresdner Münzstätte 2002 Exemplare geprägt

72 (251, 255, 263) Taler (S) 2 000.– / 4 000.–
ERNST HERZOG Z. S. COBURG U. GOTHA F. Z. LICHTENB. · Kopf n. l.
Rs. **ZEHN EINE MARK FEIN** · Unter Königskrone herzoglich sächsischer Wappenschild, umgeben von 2 gebundenen Lorbeerzweigen; unten Jahreszahl zwischen Mmz. **E K 1829** (1095), ohne Mmz. **1832, 1833, 1835**
Rand: punktiert, glatt, auch geriffelt; ab **1832:** + EIN CONVENTIONSTHALER
Ohne Mmz. **1828:** 31 Probeabschläge; **1832** und **1833** wurden zusammen 304 Stück geprägt; **1835** Vs.-Stempel mit neuem, von Helfricht mit HF signiertem Kopf und der Legende ERNST HERZOG ZU SACHSEN COBURG-GOTHA

73 (272) Taler (S) 300.– / 900.–
ERNST HERZOG ZU SACHSEN COBURG – GOTHA · Kopf n. l. darunter Mmz.
Rs. **EIN THALER XIV EINE F. M.** · Herzoglich sächsischer Wappenschild auf gekröntem Hermelinmantel, umzogen von der Kette des Ernestinischen Hausordens mit anhängendem Kleinod; unten Jahreszahl **G 1841** (16000), **1842** (16000)
Rand: ✶ NACH DER CONVENTION VOM 30 JULY 1838
Stempel vom 2. Graveur der Dresdener Münze, Karl Reinhard Krüger

74 (254, 262) 1/2 Taler = Gulden (S) 300.– / 600.–
ERNST HERZOG Z. S. COBURG U. GOTHA F. Z. LICHTENB. · Kopf n. l.
Rs. **ZWANZIG EINE FEINE MARK** · Wappen wie Nr. 72; unten Jahreszahl zwischen Mmz. **E K 1830** · ohne Mmz. **1831, 1832, 1834, 1835**
Rand geriffelt
Stempel von F. Helfricht, Gotha; mit H. F. = Helfricht fecit signiert! **1835** Vs.-Stempel mit neuem, von Helfricht mit HF signiertem Kopf und der Legende ERNST HERZOG ZU SACHSEN COBURG GOTHA

75 (271) 1/6 Taler (S) 100.– / 200.–
ERNST HERZOG Z. SACHSEN COBURG–GOTHA · Kopf n. l., darunter Mmz.
Rs. **6 EINEN THALER 84 EINE F. MARK** · Königlich gekrönter herzoglich sächsischer Wappenschild, umzogen von der Kette des Ernestinischen Hausordens mit anhängendem Kleinod; unten Jahreszahl **G 1841** (48000), **1842** (48000), **1843** (48000)
Rand: ✶ NACH DER CONVENTION VOM 30 JULY 1838
Stempel vom 2. Graveur an der Dresdner Münze, Karl Reinhard Krüger

76 (248, 249) 20 Kreuzer (S) 200.– / 400.–
✶ **ERNST HERZOG Z · S · COBURG UND GOTHA F · Z · LICHTENB.** Mit Herzogshut gekrönter herzoglich sächsischer Wappenschild
Rs. **NACH DEM CONVENTIONS FUS.** · Umgeben von 2 gekreuzten Palmzweigen: **20 / KREUZER /** Jahreszahl; unten Mmz. **ST 1827, 1828 · EK 1828, 1830**
Laubrand
1827 auch & statt UND (abgebildet); **1828** auch U. statt UND; ab **1828** auch Rs.: FUSS

SÄCHSISCHE HERZOGTÜMER

77 (253) 20 Kreuzer (S)   120.–/240.–
ERNST HERZOG Z. S. COBURG U. GOTHA F. Z. LICHTENB. · Kopf n. l.
Rs. **60 EINE F. MARK** · Wappen wie Nr. 72; unten Jahreszahl und dazwischen Wertangabe: **20** · **1831, 1834**
Rand: vertiefte Vierecke

78 (261) 20 Kreuzer (S)   120.–/240.–
ERNST HERZOG ZU SACHSEN COBURG–GOTHA · Kopf n. l.
Rs. wie Nr. 77. **1835, 1836**
Rand: vertiefte Vierecke

79 (252) 10 Kreuzer (S)   100.–/200.–
ERNST HERZOG Z. S. COBURG U. GOTHA F. Z. LICHTENB. · Kopf n. l.
Rs. **120 EINE F. MARK** · Wappen wie Nr. 72; unten Jahreszahl und dazwischen Wertangabe: **10** · **1831, 1833, 1834**
Rand: vertiefte Vierecke

80 (260) 10 Kreuzer (S)   80.–/160.–
ERNST HERZOG ZU SACHSEN COBURG-GOTHA · Kopf n. l.
Rs. wie Nr. 79. **1835, 1836, 1837**
Rand: vertiefte Vierecke

81 (243) 6 Kreuzer (B)   50.–/100.–
Mit Herzogshut gekröntes **E**, umgeben von Palm- und Lorbeerzweig; unten Mmz.
Rs. **H · S · C · G · LAND MÜNZE · 6 / KREUZER /** Konsole / Jahreszahl **G 1827; ST 1827, 1828; EK 1828, 1830**
Rand glatt

82 (246, 265) 6 Kreuzer (B)   30.–/60.–
HERZOGTHUM S. COBURG GOTHA · Wappen wie Nr. 72; unten Jahreszahl
Rs. **LAND MÜNZE KREUZER** · Im Feld: **6.** · **1831, 1832, 1833, 1834, 1835, 1836, 1837, 1838** (209 360)
Rand: feinst gerillt, auch glatt
1838 neue Stempel: Vs. ohne Lorbeerzweige und mit COBURG-GOTHA; Rs. mit Eichenkranz und 6 / KREUZER / 1838; Rand: vertiefte Vierecke

83 (240) 3 Kreuzer (B)   100.–/200.–
Gekröntes **E** wie Nr. 81; unten Mmz.
Rs. **H · S · C · G · LANDMUNZ · 3 / KREUZER /** Jahreszahl **ST 1827; G 1827**
Rand glatt

84 (242) 3 Kreuzer (B)   70.–/140.–
Vs. wie Nr. 83
Rs. **H. S. C. G. LANDMÜNZE · 3 / KREUZER /** Konsole / Jahreszahl **S 1829; ST 1827, 1828, 1829; EK 1828, 1830, 1831**
Rand glatt
Var. **ST 1828**: 2 Var.

85 (245, 264) 3 Kreuzer (B)   25.–/50.–
HERZOGTHUM S. COBURG GOTHA · Wappen wie Nr. 72; unten Jahreszahl

Rs. **LANDMÜNZE KREUZER** · Im Feld: **3** · **1831, 1832, 1833, 1834, 1835, 1836, 1837, 1838** (357 972)
Rand glatt
Var. **1836, 1837**: Rand auch vertiefte Vierecke
1838 neue Stempel: Vs. ohne Lorbeerzweige und mit COBURG-GOTHA; Rs. mit Eichenkranz und 3 / KREUZER / 1838; Rand: vertiefte Vierecke

86   (239, 241) Kreuzer (B)   60.– / 120.–
Gekröntes E wie Nr. 81; unten Mmz.
Rs. **H · S · C · G · LANDMÜNZE · 1 / KREUZER /** Konsole / Jahreszahl **ST 1827, 1828 · EK 1828, 1829, 1830**
Rand glatt
1827: 2 Var., auch mit LANDMÜNZ und Kreuzer in Kursivschrift sowie ohne Konsole

87   (244) Kreuzer (B)   40.– / 80.–
HERZOGTHUM S. COBURG GOTHA · Wappen wie Nr. 72; unten Jahreszahl
Rs. **LANDMÜNZE KREUZER** · Im Feld: **1** · **1831, 1832, 1833, 1834, 1836, 1837**
Rand glatt

88   (270) 2 Groschen (B)   120.– / 250.–
HERZOGTH. S. COB.-GOTHA · Königlich gekrönter herzoglich sächsischer Wappenschild, umgeben von 2 gebundenen Lorbeerzweigen; unten Mmz.
Rs. **SCHEIDE = MÜNZE 15 EINEN THALER · 2 / GROSCHEN /** Jahreszahl **G 1841** (214 800), **1844** (32 400)
Rand glatt
Stempel von K. R. Krüger

89   (247) Groschen (B)   60.– / 110.–
HERZOGTHUM SACHS. GOTHA · Wappen wie Nr. 88; unten Jahreszahl
Rs. **24 EINEN THALER LANDMÜNZE · 1 / GROSCHEN /** Leiste · **1837**
Rand: feinst gerillt
Nur für das Hzm. Gotha

90   (269) Groschen (B)   70.– / 140.–
HERZOGTH. S. COB.-GOTHA · Wappen wie Nr. 88; unten Mmz.
Rs. **SCHEIDE = MÜNZE 30 EINEN THALER · 1 / GROSCHEN /** Jahreszahl **G 1841** (354 600)
Rand glatt

91   (268) 1/2 Groschen (B)   90.– / 180.–
HERZOGTH. S. COB.-GOTHA · Wappen wie Nr. 88; unten Mmz.
Rs. **SCHEIDE = MÜNZE 60 EINEN THALER · 1/2 / GROSCHEN /** Jahreszahl **G 1841** (247 200), **1844** (64 800)
Rand glatt

92   (259) 3 Pfennige (K)   30.– / 60.–
HERZOGTHUM S · COBURG GOTHA · Königlich gekrönter herzoglich sächsischer Wappenschild
Rs. **SCHEIDEMÜNZE   3 / PFENNIGE /** Jahreszahl / Leiste · **1834**
Rand: vertiefte Vierecke
Var. 2 Var.

93   (258) 2 Pfennige (K)   30.– / 60.–
HERZOGTHUM S. COBURG GOTHA · Wappen wie Nr. 92
Rs. **SCHEIDEMÜNZE   2 / PFENNIGE /** Jahreszahl / Leiste · **1834, 1835**
Rand: vertiefte Vierecke
1835: COBURG - GOTHA

94   (267) 2 Pfennige (K)   30.– / 60.–

SÄCHSISCHE HERZOGTÜMER

HERZOGTH. S. COB.-GOTHA · Wappen wie Nr. 88;
unten Mmz.
Rs. **SCHEIDE = MÜNZE 5 EINEN GROSCHEN · 2 /
PFENNIGE /** Jahreszahl **G 1841** (333334)
Rand glatt
Stempel von K. R. Krüger
2 Var. mit unterschiedlicher 4 in der Jahreszahl

95 (257) 1½ Pfennige (K)   25.– / 50.–

HERZOGTHUM S. COBURG GOTHA · Wappen wie
Nr. 92
Rs. **SCHEIDEMÜNZE 1½ / PFENNIGE /** Jahreszahl /
Leiste · **1834, 1835**
Rand glatt
Var. **1835**: COBURG-GOTHA; 2 Var.

96 (256) Pfennig (K)   45.– / 90.–

HERZOGTHUM S. COBURG GOTHA · Wappen wie Nr. 92
Rs. **SCHEIDEMÜNZE 1 / PFENNIG /** Jahreszahl / Leiste ·
1833, 1834, 1835, 1836, 1837
Rand glatt
Var. **1834, 1835**: 2 Var. **1835, 1836, 1837**: COBURG-GOTHA

97 (266) Pfennig (K)   40.– / 80.–

HERZOGTH. S. COB.-GOTHA · Wappen wie Nr. 88; unten
Mmz.
Rs. **SCHEIDE = MÜNZE 10 EINEN GROSCHEN · 1 /
PFENNIG /** Jahreszahl **G 1841** (333333)
Rand glatt
Stempel von K. R. Krüger

Ernst II. (1844–1893)

* 21. 6. 1818 als Sohn des Herzogs Ernst I. zu Sachsen-Coburg-
Saalfeld, seit dem 12. 11. 1826 Herzogs zu Sachsen-Coburg
und Gotha, und seiner ersten Gemahlin Luise von Sachsen-
Gotha-Altenburg. ∞ 3. 5. 1842 Alexandrine von Baden.
† 22. 8. 1893.

98 (283) Doppeltaler (S)   1600.– / 3500.–
ERNST HERZOG ZU SACHSEN COBURG – GOTHA ·
Kopf n. l., darunter Mmz.
Rs. **2 THALER VII EINE F. MARK 3½ GULDEN VER-
EINSMÜNZE** zwischen 2 Rosetten · 24feldiges Wappen wie
Nr. 70; unten Jahreszahl **F 1847** (10700)
Rand: NACH DER CONVENTION VOM 30 IULY 1838
Kreuzblüte zwischen Arabesken

99 (288) Doppeltaler (S)   1100.– / 2200.–
ERNST HERZOG ZU SACHSEN COBURG – GOTHA ·
Kopf n. l., darunter Mmz.; am Halsabschnitt: **HELFRICHT**
Rs. wie Nr. 98, aber Krone breiter ausladend. **F 1854** (16050)
Rand: NACH DER CONVENTION VOM 30 IULY 1838
Kreuzblüte zwischen Arabesken

100 (282) Taler (S)   260.– / 850.–
ERNST HERZOG ZU SACHSEN COBURG – GOTHA ·
Kopf n. l., darunter Mmz.
Rs. **EIN THALER XIV EINE F. M.** · Wappen wie Nr. 73;
unten Jahreszahl **F 1846** (32000)

Rand: ✱ NACH DER CONVENTION VOM 30 IULY 1838
Stempel von K. R. Krüger

101 (285) Taler (S) **250.– / 850.–**
ERNST HERZOG ZU SACHSEN COBURG – GOTHA ·
Kopf n. l., darunter Mmz.
Rs. wie Nr. 100, aber Krone ausladend wie Nr. 99, Wappenschild vergrößert. **F 1848** (16000)
Rand: ✱ NACH DER CONVENTION VOM 30 IULY 1838

102 (287) Taler (S) **300.– / 900.–**
ERNST HERZOG ZU SACHSEN COBURG – GOTHA ·
Kopf n. l., darunter Mmz.
Rs. wie Nr. 101. **F 1851, 1852** (1851 und 1852 wurden 16000 Stück geprägt)
Rand: ✱ NACH DER CONVENTION VOM 30 IULY 1838
Jaeger Nr. 287 zeigt den Taler von 1851. Dieser Jahrgang ist nicht im Brakteatenbuch der Kgl. Münze in Dresden verzeichnet. Wahrscheinlich wurde 1852 auch ein Teil der Emission mit 1851 ausgeprägt.

103 (296) Taler (S) **220.– / 450.–**
ERNST HERZOG V. SACHSEN COBURG U. GOTHA ·
Kopf n. l., darunter Mmz.
Rs. **EIN VEREINSTHALER XXX EIN PFUND FEIN** ·
Herzoglich sächsischer Wappenschild, von Rollwerkkartusche umschlossen, auf gekröntem Hermelinmantel, umzogen von der Kette des Ernestinischen Hausordens mit anhängendem Kleinod; unten Jahreszahl **B 1862** (40000), **1864** (40000), **1870** (21 500)

Rand: FIDELITER ✱ ET ✱ CONSTANTER · Punkt zwischen Verzierungen
Nach Kat. Schulman, Amsterdam, 22./24.1.1929, Nr. 4250a: auch von 1860 (nicht im Brakteatenbuch der Kgl. Münze in Dresden verzeichnet).

104 (281) 1/6 Taler (S) **180.– / 320.–**
ERNST HERZOG Z. SACHSEN COBURG – GOTHA ·
Kopf n. l., darunter Mmz.
Rs. **6 EINEN THALER 84 EINE F. MARK** · Wappen wie Nr. 75; unten Jahreszahl **F 1845** (122604)
Rand: ✱ NACH DER CONVENTION VOM 30 IULY 1838
Stempel von K. R. Krüger

105 (284) 1/6 Taler (S) **80.– / 150.–**
ERNST HERZOG ZU SACHSEN COBURG – GOTHA ·
Kopf n. l., darunter Mmz.
Rs. **6 EINEN THALER 84 EINE F. MARK** · Barocker herzoglich sächsischer Wappenschild, umzogen von einem Schnallenband in der Art des Kniebandes des Hosenbandordens, auf dem die ausladende Krone wie bei Nr. 99 ruht. Auf dem Band die Devise des Ernestinischen Hausordens: **FIDELITER ET CONSTANTER** · **F 1848** (130338)
Rand: ✱ NACH DER CONVENTION VOM 30 IULY 1838
Probe in Gold

106 (286, 289) 1/6 Taler (S) **100.– / 200.–**
ERNST HERZOG ZU SACHSEN COBURG – GOTHA ·
Kopf n. l., darunter Mmz.
Rs. wie Nr. 105. **F 1852** (47550), **1855** (60450)
Rand: ✱ NACH DER CONVENTION VOM 30 IULY 1838
1855: Vs.-Stempel mit neuem, am Halsabschnitt HELFRICHT signiertem Kopf

107 (295) 1/6 Taler (S) **50.– / 100.–**

SÄCHSISCHE HERZOGTÜMER

ERNST HERZOG V. SACHSEN COBURG U. GOTHA · Kopf n. l., darunter Mmz.
Rs. **6 EINEN THALER 180 EIN PFUND F.** · Wappen wie Nr. 103; unten Jahreszahl **B 1864** (60000)
Rand: FIDELITER ✳ ET ✳ CONSTANTER · Stern zwischen Verzierungen

108 (280) 2 Groschen (B) **40.– / 80.–**
HERZOGTH. S. COB.-GOTHA · Königlich gekrönter herzoglich sächsischer Wappenschild; darunter Mmz.
Rs. **SCHEIDE – MÜNZE 15 EINEN THALER · 2 / GROSCHEN /** Jahreszahl **F 1847** (97200), **1851** (32400), **1855** (81000), **1858** (55016)
Rand: vertiefte Vierecke

109 (294) 2 Groschen (B) **40.– / 80.–**
ERNST HERZOG V. SACHS. COB. U. GOTHA · Kopf n. l., darunter Mmz.
Rs. **15 EINEN THALER SCHEIDE MÜNZE 2 / GROSCHEN /** Jahreszahl **B 1865** (70000), **1868** (30000), **1870** (30894)
Rand: vertiefte Vierecke

110 (279) Groschen (B) **40.– / 80.–**
HERZOGTH. S. COB.-GOTHA · Wappen wie Nr. 108, darunter Mmz.
Rs. **SCHEIDE – MÜNZE 30 EINEN THALER · 1 / GROSCHEN /** Jahreszahl **F 1847** (129600), **1851** (48600), **1855** (129600), **1858** (33375)
Rand: vertiefte Vierecke

111 (293) Groschen (B) **35.– / 75.–**
ERNST HERZOG V. SACHS. COB. U. GOTHA · Kopf n. l., darunter Mmz.
Rs. **30 EINEN THALER SCHEIDE MÜNZE 1 / GROSCHEN /** Jahreszahl **B 1865** (70000), **1868** (31020), **1870** (30495)
Rand: vertiefte Vierecke

112 (278, 292) 1/2 Groschen (B) **45.– / 90.–**
HERZOGTH. S. COB.-GOTHA · Wappen wie Nr. 108, darunter Mmz.
Rs. **SCHEIDE – MÜNZE 60 EINEN THALER · 1/2 / GROSCHEN /** Jahreszahl **F 1851** (32400), **1855** (129600), **1858** (60038) · **B 1868** (32040), **1870** (52276)
Rand glatt
Var. **Ab 1868:** waagerechter Bruchstrich bei ½

113 (277, 291) 2 Pfennige (K) **8.– / 18.–**
HERZOGTH. S. COB.-GOTHA · Wappen wie Nr. 88; darunter Mmz. und Jahreszahl
Rs. **SCHEIDE – MÜNZE ◆ 5 EINEN GROSCHEN ◆ 2 / PFENNIGE ·** **F 1847** (129648), **1851** (124500), **1852** (145500), **1856** (600000) · **B 1868** (133500), **1870** (118050)
Rand glatt

114 (276, 290) Pfennig (K) **8.– / 18.–**
HERZOGTH. S. COB.-GOTHA · Wappen wie Nr. 88; darunter Mmz. und Jahreszahl
Rs. **SCHEIDE – MÜNZE ◆ 10 EINEN GROSCHEN ◆ 1 / PFENNIG ·** **F 1847** (207369), **1851** (58500), **1852** (201000), **1856** (600000) · **B 1865** (150000), **1868** (199500), **1870** (96000)
Rand glatt

Nach Einführung der Reichswährung

115 (270) 20 Mark (G) **32000.– / 42000.–**
ERNST HERZOG V. SACHS. COBURG. U. GOTHA · Kopf n. l., darunter Mmz.
Rs. **DEUTSCHES REICH** Eichenzweig · Reichsadler (Modell 1871–1889). Unten r. und l. Wertangabe: **20 M.**, darunter Jahreszahl · **E 1872** (1000)
Rand: GOTT MIT UNS zwischen den Worten je 1 Stern und 2 Ranken

116 (271) 20 Mark (G)   1900.–/2900.–
Vs. wie Nr. 115
Rs. **DEUTSCHES REICH** Jahreszahl · Reichsadler (Modell 1871–1889). Unten zwischen Sternen die Wertangabe: **20 MARK · A 1886** (20000)
Rand: GOTT MIT UNS zwischen den Worten je 1 Stern und 2 Ranken

119 (272) 20 Mark (G)   2200.–/3300.–
ALFRED HERZOG V. SACHSEN COBURG U. GOTHA · Kopf n. r., darunter Mzz.
Rs. **DEUTSCHES REICH** Jahreszahl · Reichsadler (Modell 1889–1918). Unten zwischen Sternen die Wertangabe: **20 MARK · A 1895** (10000); 225 mit polierter Platte
Rand: GOTT MIT UNS zwischen den Worten je 1 Stern und 2 Ranken
Vs. von E. Helfricht, London

Gedenkmünzen

117 (298) Taler (S)   180.–/400.–
Auf das 25jährige Regierungsjubiläum am 29. Januar 1869
ERNST HERZOG V. SACHSEN COBURG U. GOTHA · Kopf n. l., darunter Mmz.
Rs. **EIN VEREINSTHALER XXX EIN PFUND FEIN** ✳ **DEN / 29 IANUAR / 1869 · B 1869** (6000)
Rand: FIDELITER ✳ ET ✳ CONSTANTER · Punkt zwischen Verzierungen
Var. mit Randschrift: GOTT SEGNE SACHSEN

120 (146) 5 Mark (S)   2600.–/4400.–
ALFRED HERZOG VON SACHSEN COBURG UND GOTHA · Kopf n. r., darunter Mzz.
Rs. wie Nr. 119, aber Wertangabe: **FÜNF MARK · A 1895** (4000)
Rand: GOTT MIT UNS zwischen den Worten je 1 Kreuz und 2 Ranken
Vs. von E. Helfricht, London

118 (297) 1/6 Taler (S)   110.–/200.–
Auf das 25jährige Regierungsjubiläum am 29. Januar 1869
Vs. wie Nr. 117
Rs. **6 EINEN THALER 180 EIN PFUND F.** ✳ **DEN / 29 IANUAR / 1869 · B 1869** (12100)
Rand: FIDELITER ✳ ET ✳ CONSTANTER · Stern zwischen Verzierungen

121 (145) 2 Mark (S)   1000.–/1800.–
Vs. wie Nr. 120
Rs. wie Nr. 120, aber Wertangabe: **ZWEI MARK · A 1895** (15000)
Geriffelter Rand

Alfred (1893–1900)

* 6. 8. 1844 als 2. Sohn der Königin Victoria von Großbritannien und Irland und ihres Gemahls, des Prinzen Albert von Sachsen-Coburg und Gotha. ∞ 23. 1. 1874 Maria, Tochter des Kaisers Alexander II. von Rußland. † 30. 7. 1900.

Carl Eduard (1900–1918)

* 19. 7. 1884 als Sohn des Prinzen Leopold, Herzogs von Albany, und seiner Gemahlin Helene von Waldeck. 1900–1905 unter Vormundschaft des Fürsten Ernst zu Hohenlohe-Langenburg. ∞ 11. 10. 1905 Victoria Adelheid von Schleswig-Holstein-Sonderburg-Glücksburg. Verzichtete am 14. 11. 1918 auf den Thron.

SÄCHSISCHE HERZOGTÜMER

122 (274) 20 Mark (G)   1500.–/2500.–
CARL · EDVARD · HERZOG · V · SACHSEN · COBVRG · V · GOTHA · Kopf n.r., darunter Mzz.
Rs. **DEUTSCHES REICH** Jahreszahl · Reichsadler (Modell 1889–1918). Unten zwischen Sternen die Wertangabe: **20 MARK** · A 1905 (10000); 484 mit polierter Platte
Rand: GOTT MIT UNS zwischen den Worten je 1 Stern und 2 Ranken
Stempel von Hofmedailleur Max von Kawaczynski, Berlin

124 (148) 5 Mark (S)   1400.–/2400.–
Vs. wie Nr. 122
Rs. wie Nr. 122, aber Wertangabe: **FÜNF MARK** · A 1907 (10000)
Rand: GOTT MIT UNS zwischen den Worten je 1 Kreuz und 2 Ranken

123 (273) 10 Mark (G)   1500.–/2300.–
Vs. wie Nr. 122
Rs. wie Nr. 122, aber Wertangabe: **10 MARK** · A 1905 (10000); 489 mit polierter Platte
Rand: Ranken und Sterne

125 (147) 2 Mark (S)   650.–/1200.–
Vs. wie Nr. 122
Rs. wie Nr. 122, aber Wertangabe: **ZWEI MARK** · A 1905 (10000), **1911** (100)
Rand geriffelt
1905: 2000 mit polierter Platte

Sachsen-Coburg-Saalfeld, Herzogtum

Größe: 980 qkm
Hauptstadt: Coburg
Wappen: Auf Münzen führen die Herzöge zu Sachsen-Coburg-Saalfeld das herzoglich sächsische Stammwappen.

Sachsen-Coburg-Saalfeld entstand definitiv 1735, als durch kaiserliche Entscheidung Coburg mit dem Fsm. Sachsen-Saalfeld vereinigt wurde. Die Landeshoheit in Saalfeld übte allerdings der Herzog zu Gotha und Altenburg aus. Erst durch den Rezeß von 1805 konnte Saalfeld vom Nexus Gothanus befreit und der coburgischen Landeshoheit unterstellt werden. Außerdem wurde Themar gegen Abtretung der H. Römhild von Sachsen-Gotha-Altenburg erworben.
Die zahlreichen Prozesse, die Herzog Franz Josias (1729–1764) mit Gotha, Meiningen und Schwarzburg führte, brachten dem Land eine nicht zu deckende Schuldenlast; um diese zu beheben, wurde eine kaiserliche Debitkommission eingesetzt, deren Bemühen jedoch erfolglos war. Erst dem letzten Herzog, Ernst I., gelang es, durch eine gerechte Besteuerung die Finanzen seines Landes in Ordnung zu bringen. Da er beim Tode seines Vaters 1806 im preußischen Heer diente, stellte Napoleon I. das Herzogtum unter Sequester. Nur unter der Bedingung, dem Rheinbund beizutreten, konnte Ernst I. sein Land zurückerhalten. Er schloß sich 1813 den Verbündeten an und führte ein Armeekorps gegen Napoleon I. Für seine aktive Teilnahme erhielt er das Fsm. Lichtenberg im Rheinland, welches er 1834 für 2 Mill. Taler an Preußen verkaufte. 1821 gab er seinem Land eine liberale Verfassung. Im Erbteilungsvertrag vom 12.11.1826 erhielt er das Hzm. Gotha, mußte aber dafür Saalfeld und Themar an Sachsen-Meiningen abtreten.
Nach dem Konventionsmünzfuß wurden aus der feinen Mark Silber zu ca. 234 g geprägt:
    10 Speciestaler = 60 20-Kreuzer = 120 10-Kreuzer
    1 Gulden = 60 Kreuzer = 240 Pfennige

Gerechnet wurde in Coburg nach dem 24-Gulden-Fuß: 24 Gulden auf die feine Mark Silber, so daß 1 Speciestaler 2 Gulden 24 Kreuzer galt. In Saalfeld wurde in Konventionskurant gerechnet (vgl. Sachsen, Königreich):

1 Reichstaler = 24 Groschen = 288 Pfennige

1 Saalfelder Groschen wurde in Coburg mit 4⅕ Kreuzern berechnet.

Münzstätten Saalfeld 1803–1816 Mmz. L = Georg Christoph Loewel
1816–1826 Mmz. S = Münzwardein Laurentius Theodor Sommer
1826 Mmz. G = Bergrichter Graupner
Dresden 1826 o. Mmz. und o. Mzz. = Münzmeister Johann Gotthelf Studer

Gesetzliche Ausbringung der wichtigsten Sorten

Nominal	Prägezeit	Metall	Gewicht g	Fein-gewicht g	Fein-gehalt ⁰/₀₀	Katalog-Nr.
Krontaler	1825	Silber	29,375	25,601	871,53	127
Speciestaler	1817	Silber	28,063	23,386	833,33	126
20 Kreuzer	1807–1826	Silber	6,682	3,898	583,33	128–131
10 Kreuzer	1820–1824	Silber	3,898	1,949	500	132, 133
6 Kreuzer	1808–1826	Billon	2,733	0,835	305,56	134, 135
1/24 Taler	1808–1820	Billon	1,986	0,731	368,06	145
3 Kreuzer	1808–1826	Billon	1,503	0,365	243,06	136, 137
6 Pfennige	1808–1820	Billon	1,299	0,298	229,17	146
Kreuzer	1808–1826	Billon	0,799	0,100	125	138, 139

Ernst (1806–1826)

* 2.1.1784 als Sohn des Herzogs Franz und seiner Gemahlin Auguste Gräfin Reuß j. L. zu Ebersdorf. ∞ 31.7.1817 in 1.Ehe Luise von Sachsen-Gotha-Altenburg, geschieden 1826, 23.12.1832 in 2. Ehe Marie von Württemberg, 12.11.1826 Herzog zu Sachsen-Coburg und Gotha. † 29.1.1844.

126 (232, 233) Speciestaler (S) 750.– / 1500.–
ERNST HERZOG ZU SACHSEN COBURG UND SAALFELD · Brustbild in ordensgeschmückter Uniform mit umgelegtem Hermelinmantel n.l., darunter Jahreszahl
Rs. **FÜR GOTT UND VATERLAND** zwischen 2 Ranken **ZEHN EINE FEINE MARK** · Unter Königskrone herzoglich-sächsischer Wappenschild. **1817** (2083) Dieser sog. Vaterlandstaler wurde anläßlich der Vermählung des Herzogs ausgegeben. Die Stempel schnitt Johann Veit Döll in Suhl. Laubrand; auch mit vertiefter Randschrift: EIN SPECIES THALER

127 (238) Krontaler (S) 6000.– / 12000.–
ERNST HERZOG Z · S · COBURG SAALF · F · Z · LICHTENB · Brustbild im Küraß mit umgelegtem Hermelinmantel und mit der Kette des ihm 1820 verliehenen ungarischen Sankt-Stephans-Ordens um den Hals n.l.
Rs. Umgeben von 2 gebundenen Lorbeerzweigen: Krone / Zepter und Schwert, gekreuzt / Jahreszahl **1825**
Rand: EIN KRONTHALER ~; auch ohne Randschrift
Zinnmedaille vom gleichen Stempel mit Künstlersignatur RWS auf der Vs. im Münzkabinett Dresden.
Zusammen mit Nr. 71 wurden in der Dresdner Münzstätte 2002 Exemplare geprägt

SÄCHSISCHE HERZOGTÜMER

Für Coburg

128 (229) 20 Kreuzer (S)   200.–/400.–
∴ ERNST HERZOG Z · SACHSEN SOUVERAINER
FURST Z · COBURG · Spatenblattförmiger herzoglich
sächsischer Wappenschild, darüber Herzogshut
Rs. NACH DEM CONVENTIONS FUS   Jahreszahl · Im
Eichenkranz **XX / KREUZER / Rosette 1807**
Laubrand
Var. 2 Var.: auch SACHEN statt SACHSEN
1808/09 wurden 9273 Stück geprägt

131 (237) 20 Kreuzer (S)   150.–/300.–
ERNST HERZOG z: SACHS: COBURG SAALF. F. Z.
LICHTENBERG · Wappen wie Nr. 130
Rs. wie Nr. 130. **S 1823, 1824, 1825** (2063), **1826**
Laubrand

129 (230) 20 Kreuzer (S)   180.–/360.–
Vs. wie Nr. 128
Rs. **NACH DEM CONVENTIONS FUS**   Im Eichenkranz
XX / KREUZER / Jahreszahl / Rosette; unter der Schleife
Mmz. **L 1807**
Laubrand
Var. 2 Var.: auch mit SACHS. SOUV.
Ausprägung für 1808/09 vgl. Nr. 128

132 (234) 10 Kreuzer (S)   350.–/700.–
ERNST HERZOG · Z · SACHS · SOUV · FURST · Z ·
COBURG · Wappen wie Nr. 130
Rs. **NACH DEM CONVENTIONS FUS** · Umgeben von
2 gebundenen Palmzweigen **10 / KREUZER / Jahreszahl**;
darunter Mzz. **S 1820**
Laubrand

133 (236) 10 Kreuzer (S)   300.–/600.–
ERNST HERZOG Z. SACHS. COBURG SAALF. F. Z.
LICHTENBERG. Wappen wie Nr. 130
Rs. wie Nr. 132. **S 1824**
Laubrand

130 (231, 235) 20 Kreuzer (S)   120.–/250.–
ERNST HERZOG Z · SACHS · SOUV · FURST Z ·
COBURG · Mit Herzogshut gekrönter herzoglich sächsischer
Wappenschild
Rs. **NACH DEM CONVENTIONS FUS** · Umgeben von
2 gebundenen Palmzweigen **20 / KREUZER / Jahreszahl**;
darunter Mmz. oder Mzz. **L 1812** (30099), **1813** (46490), · **S
1819, 1820**
Laubrand
Var. **1812**: 2 Var. **1813**: 2 Var.: unterschiedliche Kronen auf
Vs. **1820**: 3 Var.; unterschiedliche Wappendarstellung, auch
ohne Punkt nach FUS.

134 (224) 6 Kreuzer (B)   60.–/120.–
Gekröntes E wie Nr. 81
Rs. H · S · C · LAND · MÜNZE · **6 / KREUZER / Konsole /
Jahreszahl L 1808** (75228), **1810** (56075), **1812** (88939), **1813**
(41652), **1814** (49803), **1815** (10660) · **S 1816, 1817, 1818,
1819, 1820**
Rand glatt
Var. **1814**: 2 Var.
Außerdem wurden in den Rechnungsjahren 1809/10: 38306
und 1811/12: 133242 Stück geprägt.

135 (226) 6 Kreuzer (B) 50.–/100.–
Vs. wie Nr. 134
Rs. H · S · C · S · LAND MÜNZE · 6 / KREUZER / Konsole / Jahreszahl **S 1821, 1822, 1823, 1824, 1825** (1 500), **1826**
Rand glatt; **1823, 1825** und **1826**: Rand geriffelt
Var. **1824**: 2 Var.

136 (223) 3 Kreuzer (B) 50.–/100.–
Gekröntes E wie Nr. 81; darunter Mmz. oder Mzz.
Rs. H · S · C · LAND · MÜNZE · 3 / KREUZER / Konsole / Jahreszahl o. Mmz. **1808**. **L 1808** (137 171), **1810** (151 090), **1812** (196 155), **1813** (143 184), **1814** (115 734), **1815** (26 414) · **S 1816, 1817, 1818, 1819**
Rand glatt
Var. **1808**: LAND · MUNZE. **1814**: 2 Var., auch ohne Mmz.
Außerdem wurden in den Rechnungsjahren 1809/10: 72 276 und 1811/12: 145 381 Stück geprägt.

137 (225) 3 Kreuzer (B) 35.–/70.–
Vs. wie Nr. 136
Rs. H · S · C · S · LAND MÜNZE · 3 / KREUZER / Konsole / Jahreszahl **S 1818, 1820, 1821, 1822, 1823, 1824, 1825** (83 000), **1826**; **G 1826**
Rand glatt

138 (222) Kreuzer (B) 50.–/100.–
Gekröntes E wie Nr. 81
Rs. H · S · C · LANDMÜNZE · 1 / KREUZER / – / Jahreszahl **1808** (58 081), **1812** (17 930), **1813** (18 389), **1815** (20 910), **1817, 1818, 1820**
Rand glatt
Var. **1808**: 2 Var.: Punkt nach MUNZE, MUNZE statt MÜNZE

139 (222 S) Kreuzer (B) 40.–/80.–
Vs. wie Nr. 138, aber mit Mzz.
Rs. H · S · C · S · LANDMÜNZE · 1 / KREUZER / – / Jahreszahl **S 1824** (53 300), **1825, 1826**
Rand glatt

140 (221) Pfennig (B) 50.–/100.–
H · S · C · L · M Rosette · Spatenblattförmiger herzoglich sächsischer Wappenschild, darüber Herzogshut, umgeben von gekreuztem Palm- und Lorbeerzweig
Rs. 1 / PFENIG / Jahreszahl **1808** (1 201 832)
Rand glatt
Die Ausprägung erstreckte sich über die Rechnungsjahre 1808/09, 1809/10 und 1810/11.

141 (219) Pfennig (K) 18.–/35.–
H · S · C · S · M · Ovales herzoglich sächsisches Wappenfeld in biedermeierlicher Kartusche, darüber Herzogshut
Rs. Zwischen 2 Rosetten I / PFENNIG / Jahreszahl / Konsole mit Festons. **1808** (103 448), **1809** (68 826), **1814** und **1815** (43 300), **1817, 1819, 1820, 1821, 1822, 1823, 1824, 1826**
Rand glatt
Var. **1817**: 2 Var. **1819**: 4 Var. **1820**: 6 Var.; auch ohne Rosetten auf Rs. **1821**: 2 Var. **1822**: 8 Var. **1823**: 3 Var.
In den Rechnungsjahren 1810/11, 1811/12 und 1812/13 wurden außerdem insgesamt 250 360 Stück geprägt.

142 (215) Pfennig (K) 60.–/120.–
Mit Herzogshut gekröntes E, umgeben von 2 gekreuzten Lorbeerzweigen
Rs. H · S · C · S · M · 1 / PFENNIG / Konsole / Jahreszahl **1809**
Rand glatt
Die Prägezahl ist in Nr. 141 mit enthalten.

143 (214) Heller (K) 50.–/100.–
Gekröntes E wie Nr. 142
Rs. H · S · C · S · S · M · 1 / HELLER / – / Jahreszahl **1809**
Rand glatt
Die Prägezahl ist in Nr. 144 mit enthalten.

144 (218) Heller (K) 30.–/60.–
Wappen wie Nr. 141
Rs. H · S · C · S · S · M · 1 / HELLER / Leiste oder Doppelleiste / Jahreszahl **1809** (139 660), **1810** (88 000), **1814** und **1815** (62 160), **1817, 1818, 1819, 1824**
Rand glatt

SÄCHSISCHE HERZOGTÜMER

Var. **1809, 1810**: 2 Var. **1818**: 3 Var. **1819, 1824**: 2 Var.
In den Rechnungsjahren 1811/12 und 1812/13 wurden außerdem insgesamt 176 640 Stück geprägt.

Für Saalfeld

145 (228) 1/24 Taler = Groschen (B)   70.– / 140.–
Mit Herzogshut gekröntes E, umgeben von 2 gekreuzten Eichenzweigen
Rs. **H · S · C · S · LANDMUNZE · 1 / GROSCHEN / – /** Jahreszahl **1808** (25 937), **1810 · S 1818**
Rand glatt
Var. **1810**: 2 Var. **1818**: mit Mzz. auf Vs.
In den Rechnungsjahren 1809/10, 1810/11, 1811/12 und 1812/13 wurden insgesamt 261 640 Stück geprägt.

146 (227) 6 Pfennige (B)   60.– / 120.–
Gekröntes E wie Nr. 145
Rs. **H · S · C · S · LANDMUNZE · 6 / PFENNIG / – /** Jahreszahl **1808** (59 293), **1810 · S 1818, 1820**
Rand glatt
1820: mit Mzz. auf Vs.
In den Rechnungsjahren 1809/10, 1810/11, 1811/12 und 1812/13 wurden insgesamt 237 162 Stück geprägt.

147 (217) 4 Pfennige (K)   70.– / 130.–
Gekröntes E wie Nr. 142

Rs. **H · S · C · S · S · M ·** Zwischen 2 Rosetten **4 / PFENNIGE /** Konsole / Jahreszahl **1809** (33 348), **1810** (10 123), **1818, 1820**
Laubrand; **1818** schräg gerieffelt; **1820** glatt
Var. **1809**: 2 Var.
In den Rechnungsjahren 1811/12 und 1812/13 wurden insgesamt 58 643 Stück geprägt.

148 (202) 3 Pfennige (K)   40.– / 90.–
H · S · C · S · S · M · Wappen wie Nr. 141
Rs. **III / PFENNIG /** Jahreszahl / Leiste mit Festons. **1807, 1808** (79 173)
Rand glatt

149 (220) 3 Pfennige (K)   40.– / 80.–
Vs. wie Nr. 148
Rs. **3 / PFENNIG /** Jahreszahl / Leiste mit Festons **1821, 1822, 1823, 1824, 1825, 1826**
Rand glatt
Var. **1822, 1824, 1826**: 2 je Var.

150 (216) 2 Pfennige (K)   40.– / 80.–
Gekröntes E wie Nr. 147
Rs. **H · S · C · S · S · M ·** Zwischen 2 Rosetten **2 / PFENNIGE /** Konsole / Jahreszahl **1810** (154 898), **1817, 1818**
Rand glatt; **1817** schräg gerieffelt; **1818** Laubrand
Var. **1810**: 2 Var.; auch ohne Rosetten auf Vs.

Sachsen-Hildburghausen, Herzogtum

Größe: 780 qkm
Hauptstadt: Hildburghausen
Wappen: Auf Münzen führten die Herzöge zu Sachsen-Hildburghausen nur das herzoglich sächsische Stammwappen.

Sachsen-Hildburghausen war durch den Erbteilungsvertrag vom 24. 2. 1680 entstanden. Die vollen Hoheitsrechte wurden Herzog Ernst (1680–1715) jedoch erst 1702 von seinem ältesten Bruder Herzog Friedrich I. zu Gotha und Altenburg eingeräumt. Unter Herzog Friedrich (1779–1826) wurde erfolgreich die ungeheure Schuldenlast behoben, die seine Vorgänger durch eine verschwenderische, die finanziellen Möglichkeiten des kleinen Fürstentums weit übersteigende Hofhaltung hervorgerufen hatten.
Im Erbteilungsvertrag vom 12. 11. 1826 verzichtete Herzog Friedrich zugunsten von Sachsen-Meiningen und Sachsen-Coburg und Gotha auf Hildburghausen, um dafür das Hzm. Altenburg zu erhalten.

Sachsen-Hildburghausen prägte nach dem Konventionsmünzfuß aus der feinen Mark Silber zu ca. 234 g:
  10 Speciestaler = 60 20-Kreuzer = 120 10-Kreuzer

Gerechnet wurde nach dem 24-Gulden-Fuß:
  24 Gulden auf die feine Mark Silber
  1 Gulden = 60 Kreuzer = 240 Pfennige

Unter Herzog Friedrich münzte Sachsen-Hildburghausen nur Scheidemünzen.

Münzstätte: Hildburghausen. Die Münzstätte Hildburghausen wurde auf Schatullrechnung des Herzogs betrieben.

Gesetzliche Ausbringung der 6 Kreuzer

Nominal	Prägezeit	Metall	Gewicht g	Feingewicht g	Feingehalt °/₀₀	Katalog-Nr.
6 Kreuzer	1808–1825	Billon	2,436	0,812	333,33	151, 152

Friedrich (1786–1826)

* 29.4.1763 als Sohn des Herzogs Ernst Friedrich Carl und seiner dritten Gemahlin Ernestine von Sachsen-Weimar-Eisenach. 22.9.1780 bis 4.1.1787 unter Vormundschaft des kaiserlichen Generalfeldmarschalls Prinz Joseph Friedrich von Sachsen-Hildburghausen. ∞ 3.9.1785 Charlotte von Mecklenburg-Strelitz. 12.1.1826 Herzog zu Sachsen-Altenburg. † 29.9.1834.

151 (306) 6 Kreuzer (B) 100.–/200.–
HERZOG ZU SACHS · HILDBURGHAUSEN · Im Lorbeerkranz unter Fürstenhut: F
Rs. **LAND = MÜNZE** zwischen 2 Punktkreisen, Jahreszahl, darüber r. u. l. Lorbeerzweig; 6 / KREUZER · **1808, 1811, 1812, 1815, 1816, 1817, 1818**
Rand glatt
Var. **1808**: 2 Var.; **1811** 2 Var., auch LANDMUNZE

152 (314) 6 Kreuzer (B) 60.–/120.–
F unter Krone, umgeben von gekreuztem Palm- und Lorbeerzweig
Rs. **H . S . H . H . LANDMÜNZE 6 / KREUZER** / Leiste / Jahreszahl **1820, 1821, 1823, 1824, 1825**
Rand glatt
1824: 3 Var.; **1825**: 2 Var.

153 (305) 3 Kreuzer (B) 80.–/150.–
HERZOG ZU SACHS. HILDBURGHAUSEN · Im Lorbeerkranz unter Fürstenhut: **F**, wie Nr. 151
Rs. **LANDMUNZE** zwischen 2 Punktkreisen, Jahreszahl, darüber r. u. l. Lorbeerzweig; 3 / KREUZER · **1808, 1810, 1811, 1812, 1815, 1816, 1817, 1818, 1820**
Rand glatt
1808, 1810: 2 Var., auch mit LANDMÜNZE; **1811** und **1815**: 2 Var., auch ohne Punkt nach SACHS

154 (302) Kreuzer (B) 200.–/400.–
H. H. · Ovaler herzoglich sächsischer Wappenschild, auf dem Herzogshut ruht, umgeben von 2 Palmzweigen, darunter Podest mit **1 · K**, r. und l. Jahreszahl
Rs. Zwischen 2 Rosetten **1 / KREUZER / LAND / MUNTZ /** Rosette. **1806, 1811**
Rand glatt

155 (304) 1/2 Kreuzer (K) 60.–/120.–
S · H · Gekrönter herzoglich sächsischer Wappenschild
Rs. **1/2 / KREUZER / L. M. /** Jahreszahl **1808, 1809**
Rand glatt
Var. **1809**: 2 Var.

156 (309) 1/2 Kreuzer (K) 80.–/150.–
HERZ · Z · S · HILDBURGHAUSEN · Gekrönter, spatenblattförmiger herzoglich sächsischer Wappenschild
Rs. wie Nr. 155. **1823**
Rand glatt

SÄCHSISCHE HERZOGTÜMER

157 (308) 1/2 Kreuzer (K)   100.– / 200.–
HERZOGTHUM HILDBURGHAUSEN · Wappen wie Nr. 156
Rs. wie Nr. 155. **1823**
Rand glatt

158 (310) 1/2 Kreuzer (K)   100.– / 200.–
Vs. wie Nr. 157
Rs. KREUZER LANDMUNZE. **1/2 /** Jahreszahl **1823**
Rand glatt

159 (316) 1/4 Kreuzer (K)   60.– / 120.–
F unter Krone, wie Nr. 152
Rs. KREUZER LANDMÜNZE · **1/4 /** · Jahreszahl **1825**
Rand glatt

160 (317) 1/4 Kreuzer (K)   80.– / 150.–
H · S · H · H · Wappen wie Nr. 156
Rs. KREUZER LANDMÜNZE · **1/4 /** · Jahreszahl · **1825**
Rand glatt

161 (311, 312) Pfennig (K)   40.– / 80.–
H · S · HHAEUSI · S · M · Wappen wie Nr. 156
Rs. Zwischen 2 Rosetten **I / PFENNIG /** Jahreszahl / Leiste mit Festons. **1823, 1825, 1826**
Rand glatt
Var. **1823**: 3 Var. **1826**: 1 statt I; 3 Var.

162 (313) Pfennig (K)   120.– / 250.–
H · S · H H · Wappen wie Nr. 155
Rs. **1 · / PFENNIG /** Jahreszahl · / Leiste. **1826**
Rand glatt

163 (315) 1/8 Kreuzer (K)   40.– / 80.–
F unter Krone, wie Nr. 152
Rs. KREUZER LANDMÜNZE · **1/8 /** · Jahreszahl **1825**
Rand glatt

164 (301) Heller (K)   20.– / 40.–
Wappen wie Nr. 154
Rs. ✱ **1** ✱ **/ H H / HELLER /** Jahreszahl / ✱ **1806**
Rand glatt
Var. 2 Var.

165 (303) Heller (K)   25.– / 50.–
S · H · Wappen wie Nr. 155
Rs. Zwischen 2 Rosetten **1 / HELLER /** Jahreszahl **1808, 1809, 1811, 1812, 1816, 1817, 1818**
Rand glatt
Var. **1809, 1811, 1816, 1817, 1818**: je 2 Var.

166 (307) Heller (K)   20.– / 40.–
F unter Krone, wie Nr. 152
Rs. Zwischen 2 Rosetten **1 / HELLER /** Leiste / Jahreszahl **1820, 1821, 1822, 1823, 1824, 1825**
Rand glatt
Var. **1820, 1821, 1823, 1824**: 2 Var.
Mit der Jz. **1821** existieren zeitgenössische Fälschungen

Sachsen-Meiningen, Herzogtum

Größe: 2468 qkm (seit 1826)
Hauptstadt: Meiningen
Wappen:
1. Hzm. Sachsen
2. Lgft. Thüringen
3. Mgft. Meißen
4. Hzm. Cleve
5. Hzm. Jülich
6. Hzm. Berg
7. Pfgft. Sachsen
8. Pfgft. Thüringen
9. Mgft. Landsberg
10. Gft. Orlamünde
11. H. Pleißen
12. H. Eisenberg
13. Burggft. Altenburg
14. Gft. Brena
15. Regalienfeld
16. Gft. Mark
17. Gft. Ravensburg
18. H. Römhild
19. gefürstete Gft. Henneberg
20. H. Homburg
21. H. Freusburg

2	4	3
5	1	6
7	9	8
10	12	11
13	15	14
16	18 19	17
	20 21	

Die Felder 20 und 21 standen nur bis etwa 1842 im großen Staatswappen.

Sachsen-Meiningen war durch die Erbteilungsverträge vom 24.2.1680 und vom 24.9.1681 entstanden. Nach dem Erlöschen der Linie zu Coburg beanspruchte Herzog Bernhard (1680–1706) das volle Erbe und führte fortan den Titel Herzog zu Sachsen-Coburg-Meiningen. Er mußte sich allerdings mit den Ämtern Sonneberg und Neuhaus begnügen, die definitiv erst durch den kaiserlichen Machtspruch von 1735 meiningisch wurden.
Herzog Ernst Ludwig I. (1706–1724) konnte außerdem nach Erlöschen der Linien zu Eisenberg 1707 und Römhild 1710 zwei Drittel von Römhild erwerben.
Unter Herzog Bernhard Erich Freund, für den von 1803–1821 seine Mutter Luise Eleonore die Vormundschaftsregierung führte, erhielt das Land am 25.11.1823 eine ständische Verfassung. Auf Grund der sog. Lineal-Gradualsukzession erhob Herzog Bernhard Erich Freund bei Aussterben der Linie zu Gotha und Altenburg 1825 als Nachkomme des zweitältesten Sohnes von Ernst dem Frommen Anspruch auf das ganze Erbe, bekam aber im Erbteilungsvertrag vom 12.11.1826 nur das Hzm. Hildburghausen, das Fsm. Saalfeld, die Gft. Camburg, die H. Kranichfeld sowie das Amt Themar und die volle Landeshoheit über Römhild zugesprochen.
Er nannte sich seitdem Herzog zu Sachsen-Meiningen-Hildburghausen. Mit dem Grundgesetz vom 23.8.1829 erhielten alle Landesteile eine neue einheitliche landständische Verfassung. Der Streit um die Domänenverwaltung zwischen Herzog und Landtag führte 1848 zu revolutionären Unruhen, in deren Verlauf Hildburghausen von bayerischen, sächsischen und sachsen-weimarischen Truppen besetzt wurde. Am 4.8.1849 schloß sich Sachsen-Meiningen dem reaktionären Dreikönigsbündnis an.
Als einziger der ernestinischen Herzöge ergriff Bernhard Erich Freund im Deutschen Krieg 1866 für Österreich Partei. Da er sich nach der Niederlage Österreichs weigerte, dem Norddeutschen Bund beizutreten, besetzte Preußen Camburg und Meiningen, so daß er sich am 20.9. zum Rücktritt zugunsten seines Sohnes Georg II. gezwungen sah. Unter Georg II. schloß Sachsen-Meiningen am 8.10.1866 mit Preußen Frieden und trat dem Norddeutschen Bund bei. Im Deutschen Reich bestand Sachsen-Meiningen bis 1918 als Herzogtum.
Seit 1763 prägte Sachsen-Meiningen im Konventionsmünzfuß aus der feinen Mark Silber zu ca. 234 g:

10 Speciestaler = 20 Gulden = 60 20-Kreuzer

Gerechnet wurde im 24-Gulden-Fuß:

24 Gulden auf die feine Mark Silber
1 Gulden = 60 Kreuzer = 240 Pfennige

Seit 1830 münzte Sachsen-Meiningen rheinische Gulden – $24^{3}/_{10}$ auf die feine Mark Silber. Sie entsprachen fast dem 24½-Gulden-Fuß, den Sachsen-Meiningen durch seinen Beitritt zur süddeutschen Münzkonvention vom 25.8.1837 und zur Dresdener Münzkonvention vom 30.7.1838 einführte. Es prägte danach aus der feinen Mark Silber zu 233,855 g:

SÄCHSISCHE HERZOGTÜMER

7   3½ Gulden oder Doppeltaler = 12¼ Doppelgulden =
    24½ Gulden = 49 ½ Gulden
    1 Gulden = 60 Kreuzer = 240 Pfennige

Mit dem Beitritt zum Wiener Münzvertrag vom 24.1.1857 wurden nach dem 52½-Gulden- oder 30-Taler-Fuß aus dem Zollpfund zu 500 g 30 1¾ Gulden oder Taler gemünzt.

Münzstätten, in denen Sachsen-Meiningen prägen ließ:

Eisenach	1808–1824	Mzmstr. Johann Leonhard Stockmar
Hildburghausen	1827–1829	verwaltet von Kanzleirat Vogel
Saalfeld	1812–1813, 1828–1835	Mmz. L = Georg Christoph Loewel
	1835–1846	Mmz. K = Georg Krell
München	1854–1915	Mzz. D

Für Sachsen-Meiningen tätige Medailleure: G. Loos, Berlin; C.F. Voigt, München; F. Helfricht, Gotha; J.A. Ries, München; O. Schultz, Berlin; A. Börsch, München.

Gesetzliche Ausbringung der wichtigsten Sorten vor Einführung der Reichswährung

Nominal	Prägezeit	Metall	Gewicht g	Feingewicht g	Feingehalt ⁰/₀₀	Katalog-Nr.
Doppeltaler	1841–1854	Silber	37,120	33,408	900	180, 181, 182
Doppelgulden	1854	Silber	21,211	19,090	900	183
Vereinstaler	1859–1867	Silber	18,519	16,667	900	184, 219
Rhein. Gulden	1830–1837	Silber	12,832	9,624	750	186
Ausbeutegulden	1829	Silber	11,816	11,693	989,58	185
Gulden	1838–1854	Silber	10,606	9,545	900	187, 188, 189
1/2 Gulden	1838–1854	Silber	5,303	4,773	900	190, 191, 192
20 Kreuzer	1812	Silber	6,682	3,898	583,33	167 b
6 Kreuzer	1808–1813	Billon	2,436	0,812	333,33	168, 169
6 Kreuzer	1827–1837	Billon	2,449	0,850	347,22	193, 194
6 Kreuzer	1840	Billon	2,598	0,866	333,33	195
3 Kreuzer	1827–1837	Billon	1,367	0,418	305,56	196, 197
3 Kreuzer	1840	Billon	1,299	0,433	333,33	198
Kreuzer	1828–1836	Billon	0,731	0,122	166,67	199, 200
Kreuzer	1839	Billon	0,835	0,139	166,67	201
Kreuzer	1864–1866	Billon	0,842	0,139	165	202

Bernhard II. Erich Freund (1803–1866)

* 17.12.1800 als Sohn des Herzogs Georg I. und seiner Gemahlin Luise Eleonore von Hohenlohe-Langenburg. 1803 bis 1821 unter Vormundschaft seiner Mutter. ∞ 23.3.1825 Marie von Hessen-Kassel. 20.9.1866 Rücktritt zugunsten seines Sohnes Georg II. † 3.12.1882.

Unter Vormundschaft von Herzogin Luise Eleonore

167a (401) Konventionsspeziestaler (S) **LP**
LOUISE ELEONORE HERZ. Z. S. C. MEIN. GEB. FÜRST. Z. HOHENL. Rosette. Brustbild l.

Rs. **GEORG HERZOG ZU SACHSEN COBURG MEININGEN** Rosette. Brustbild l., darunter Wertangabe: **X EINE F. MARK** und Mmz. **L**
Laubrand
L o.J. (1812) (120)
Stempel von Johann Veit Döll, Suhl

167b (405) 20 Kreuzer (S) **LP**
* **LOUISE ELEONORE HERZOGIN Z. S. C. MEININGEN O. u. L.** · Brustbild n.r.
Rs. **LX EINE FEINE MARK** · Im viereckigen Rahmen, mit Blumen umwunden: **20 / KREUZER /** Jahreszahl
1812 (4?)

168 (404) 6 Kreuzer (B) 100.–/200.–
S. COB. MEIN. · Mit Herzogshut gekrönter herzoglich sächsischer Wappenschild auf Hermelinmantel
Rs. **240 EINE FEINE MARK** · Im Eichenkranz: **6**, darunter Jahreszahl **1808**
Rand glatt

169 (404) 6 Kreuzer (B) 100.–/200.–
S. COB. MEIN. · Wappen wie Nr. 168, aber Schild freier stehend
Rs. **KREUZER LAND MÜNZE** · Im Eichenkranz: **6**, darunter Jahreszahl **1812, 1813**
Rand glatt
Var. **1812**: 2 Var., auch ohne Punkt nach COB
Es wurden 302 Mark 12 Lot 14 Grän Feinsilber ausgeprägt

170 (403) 3 Kreuzer (B) 150.–/300.–
S. COB · MEIN. · Wappen wie Nr. 168
Rs. **480 EINE FEINE MARK** · Im Eichenkranz: **3**, darunter Jahreszahl **1808**
Rand glatt

171 (403) 3 Kreuzer (B) 100.–/200.–
S · COB · MEIN · Wappen wie Nr. 169
Rs. **KREUZER LAND MÜNZE** · Im Eichenkranz: **3**, darunter Jahreszahl **1812, 1813**
Rand glatt
Var. **1812**: 2 Var., auch ohne Punkt nach COB; Krone und Wappen unterschiedlich. **1813**: 2 Var.
Es wurden 438 Mark 14 Lot 13 Grän Feinsilber ausgeprägt

172 (402) Kreuzer (B) 70.–/140.–
H · S · C · M · · Wappen wie Nr. 168
Rs. **I / KREUZER / LANDMÜNZ** / Jahreszahl / Rosette · **1808**
Rand glatt

173 (402) Kreuzer (B) 100.–/200.–
H · S · C · M · Wappen wie Nr. 169
Rs. wie Nr. 172. **1812**
Rand glatt
Var. 2 Var., auch mit verkehrtem Z auf Rs.
Es wurden 142 Mark 12 Lot 10 Grän Feinsilber ausgeprägt

174 (409) Kreuzer (K) 30.–/60.–
HERZ . S . C . MEININGEN . Mit Herzogshut gekrönter, spatenblattförmiger herzoglich sächsischer Wappenschild
Rs. **1 / KREUZER** / Jahreszahl / Leiste mit Festons. **1814, 1818** (90026)
Laubrand
Var. **1814**: 3 Var., mit glattem, auch mit schräg geriffeltem Rand und ohne Punkt nach MEININGEN **1818**: 3 Var., auch schräg geriffelter und glatter Rand

175 (408) ½ Kreuzer (K) 30.–/60.–
HERZ . S . C . MEININGEN · Wappen wie Nr. 174
Rs. **KREVZER LANDMVNZE** Jahreszahl. Wertangabe: **1/2** · **1812, 1814, 1818** (101 672)
Rand glatt
Var. **1812**: 4 Var. **1814**: 3 Var. **1818**: 2 Var. Ab **1814**: KREUZER

176 (407) 1/4 Kreuzer (K) 30.–/60.–
HERZ . S . C . MEININGEN · Wappen wie Nr. 174
Rs. **KREUZER LANDMUNZE** Jahreszahl. Wertangabe: **1/4** · **1812, 1814, 1818** (66 473)
Rand glatt
Var. **1812**: 2 Var. **1814**: 2 Var. **1818**: 3 Var., auch 17 statt 19 mm Ø

177 (410) Pfennig (K) 50.–/100.–
HERZ . S . C . MEININGEN · Wappen wie Nr. 174
Rs. Zwischen 2 Rosetten **1 / PFENNIG** / Jahreszahl / Leiste mit Festons. **1818** (89 542)
Rand glatt
Var. 2 Var., auch mit Punkt nach Jahreszahl

SÄCHSISCHE HERZOGTÜMER

178 (406 b) Heller (K)   50.–/100.–
H. S. C. MEININGEN · Wappen wie Nr. 174
Rs. **1 / HELLER** / Jahreszahl / Rosette. **1814**
Rand glatt

179 (406 a) Heller (K)   50.–/100.–
HERZ . S . C . MEININGEN · Wappen wie Nr. 174
Rs. wie Nr. 179. **1814**
Rand glatt

Seit dem Regierungsantritt am 17. 12. 1821

180 (435) Doppeltaler (S)   1400.–/3000.–
BERNHARD HERZOG ZU SACHSEN MEININGEN ·
Kopf n. l., darunter **VOIGT**
Rs. **VEREINSMÜNZE   VII EINE F. MARK** · Im Eichen-
kranz: **3½ / GULDEN / 2 / THALER** / Jahreszahl **1841**
(11 760)
Rand: ❊ CONVENTION ❊ VOM ❊ 30 IULY ❊ 1838
Stempel von C. F. Voigt, München

181 (439) Doppeltaler (S)   750.–/1500.–
Vs. wie Nr. 180
Rs. **3½ GULDEN VII EINE F. MARK 2 THALER VER-
EINSMÜNZE** zwischen 2 Rosetten · 6fach behelmtes,
18feldiges Wappen mit gekröntem herzoglich sächsischem
Herzschild vor Hermelinmantel statt Helmdecken, behängt
mit dem Ernestinischen Hausorden am Bande; unten Jahres-
zahl **1843** (10893), **1846** (14853)
Rand: ❊ CONVENTION ❊ VOM ❊ 30 IULY ❊ 1838

182 (446) Doppeltaler (S)   900.–/1800.–
BERNHARD HERZOG ZU SACHSEN MEININGEN
Kopf n. l., darunter **HELFRICHT**
Rs. wie Nr. 181. **1853, 1854**
Rand: ❊ CONVENTION ❊ VOM ❊ 30 IULY ❊ 1838
1853 und **1854** wurden insgesamt 20994 Stück geprägt
Stempel von F. Helfricht, Gotha

183 (445) Doppelgulden (S)   240.–/480.–
BERNHARD HERZOG ZU SACHSEN MEININGEN ·
Kopf n. l., darunter **HELFRICHT**
Rs. **ZWEY GULDEN** · Wappen wie Nr. 181, aber die Felder
18 und 19 in ein Feld zusammengezogen; unten Jahreszahl
1854 (166898)
Rand: vertiefte Vierecke

184 (450) Taler (S)   150.–/300.–
BERNHARD HERZOG ZU SACHSEN MEININGEN ·
Kopf n. l., am Halsabschnitt: **HELFRICHT F.**
Rs. **EIN VEREINSTHALER   XXX EIN PFUND FEIN** ·
Herzoglich sächsischer Wappenschild vor gekröntem Her-
melinmantel, die Kette des Ernestinischen Hausordens aus
den Mantelfalten hervorkommend; unten Jahreszahl **1859**
(39864), **1860** (40356), **1861** (40356), **1862** (40356), **1863**
(40356), **1864** (40356), **1865** (40356), **1866** (40356)
Rand: FIDELITER + ET + CONSTANTER +
1830: Probetaler in versilbertem Kupfer. Vs.: PROBEMÜN-
ZE EINES THALERPRÄGEWERKS VON / T. ERTEL /
IN / MÜNCHEN / 1830; Rs.: FÜR DIE HERZOGL. S.
MEINING. MÜNZE ZU SAALFELD Rosette, Wappen im

Lorbeerkranz; Rand: gekerbt. Auch Kupferabschlag in Guldengröße
Var. **1863** und **1866** je 2 Var.

185 (419) Gulden (S)   300.–/600.–
BERNHARD ERICH FREUND HERZOG ZU SACHSEN MEININGEN ETC. Rosette · Kopf n. l.
Rs. ZWANZIG EINE FEINE MARK FEIN SILBER SEGEN DES / SAALFELDER / BERGBAUES / 1829 · **1829** (1 000); »Ausbeutegulden«
Rand geriffelt
Kupferabschlag vom Vs.- und Rs.-Stempel: **1 000.–**
Bei Loos, Berlin, geprägt, von den Münzämtern Hildburghausen und Saalfeld verteilt. Das Silber stammte nicht aus dem Saalfelder Bergbau, sondern von der Fa. Sillem Comp. Hamburg, wurde aber aus den Erträgnissen des Saalfelder Bergbaus bezahlt. Die im 20-Gulden-Fuß ausgebrachten Ausbeutegulden wurden nach dem im Hzm. Meiningen geltenden 24-Gulden-Fuß mit 1 fl. 12 Kreuzer berechnet.

186 (425, 426) Gulden (S)   220.–/450.–
BERNH. ERICH FREUND HERZOG Z. SACHS. MEININGEN ETC Rosette · Kopf n. l.
Rs. **EIN GULDEN RHEIN.** · Zwei gebundene Eichenzweige, darüber Jahreszahl, Fürstenhut und Mmz. L **1830** (9118), **1831** (5511), **1832** (4688), **1833** (10482) · K **1835** (2015), **1836** (2028), **1837** (2148)
Rand geriffelt
Stempel von Loos, Berlin. Ab **1836**: Mmz. unter der Schleife

187 (434) Gulden (S)   160.–/320.–
BERNHARD HERZOG ZU SACHSEN MEININGEN · Kopf n. l., darunter Rosette
Rs. Im Eichenkranz: **1 / GULDEN /** Jahreszahl **1838** (71114), **1839** (70823), **1840** (32243), **1841** (30757)
Rand: vertiefte Vierecke
Vs.-Stempel von Loos, Berlin; Rs.-Stempel von Voigt, München

188 (438) Gulden (S)   200.–/350.–
BERNHARD HERZOG ZU SACHSEN MEININGEN .
Kopf n. l., darunter **HELFRICHT**
Rs. wie Nr. 187. **1843** (133297), **1846** (149377)
Rand: vertiefte Vierecke

189 (444) Gulden (S)   150.–/300.–
BERNHARD HERZOG ZU SACHSEN MEININGEN · Kopf n. l., darunter **HELFRICHT**
Rs. wie Nr. 187. **1854** (108390)
Rand: vertiefte Vierecke

190 (433) 1/2 Gulden (S)   150.–/300.–
BERNHARD HERZOG ZU SACHSEN MEININGEN · Kopf n. l., darunter Rosette
Rs. Im Eichenkranz: **½ / GULDEN /** Jahreszahl **1838** (71 000), **1839** (44 538), **1840** (31 765), **1841** (57 315)
Rand: vertiefte Vierecke
Vs.-Stempel von Loos, Berlin

191 (437) 1/2 Gulden (S)   100.–/200.–
BERNHARD HERZOG ZU SACHSEN MEININGEN · Kopf n. l., darunter **HELFRICHT**
Rs. wie Nr. 190. **1843** (133135), **1846** (105812)
Rand: vertiefte Vierecke

SÄCHSISCHE HERZOGTÜMER

192 (443) 1/2 Gulden (S) 140.– / 280.–
BERNHARD HERZOG ZU SACHSEN MEININGEN ·
Kopf n. l., darunter **HELFRICHT**
Rs. wie Nr. 190. **1854** (108 390)
Rand: vertiefte Vierecke

193 (418) 6 Kreuzer (B) 40.– / 80.–
S . M . · Mit Herzogshut gekrönter herzoglich sächsischer Wappenschild; unten Jahreszahl
Rs. **LANDMÜNZE / 6 / KREUZER · 1826, 1827** (485 758), **1828** (178 934), **1829 · L 1829** (1 512 522), **1830** (747 397), **1836**, L zwischen zwei Rosetten
Die Prägezahl für 1829 ist mit in L 1829 enthalten
Rand: gekerbt, ab 1829 glatt
Var. **1826** mit LAND MUNZE; **1828**: 3 Var. mit unterschiedlichen Kronen und Wappen; Rand auch mit vertieften Vierecken. **1829**: 2 Var.; **L 1829** und **1830** mit Mmz. zwischen der Jahreszahl; 2 Var. mit L, L.; **L 1830** mit Mmz. zwischen 2 Rosetten
1829/30 auch zeitgenössische Fälschungen mit M statt M und Σ statt Z in LANDMÜNZE.

194 (422) 6 Kreuzer (B) 25.– / 50.–
SACHSEN MEININGEN · Mit Herzogshut gekrönter herzoglich sächsischer Wappenschild, umgeben von 2 gebundenen Eichenzweigen; unter der Schleife Mmz.
Rs. **LAND MÜNZE 6 / KREUZER / Jahreszahl / Arabesken.
L 1831** (684 264), **1832** (658 003), **1833** (722 952), **1834** (409 113) · **K 1835** (512 250), **1836** (431 920), **1837** (253 165)
Rand glatt

195 (432) 6 Kreuzer (B) 80.– / 160.–
HERZOGTHUM S. MEININGEN · Gekrönter herzoglich sächsischer Wappenschild
Rs. Umgeben von 2 Eichenzweigen: **6 / KREUZER / Jahreszahl 1840** (97 380)
Rand: vertiefte Vierecke

196 (417) 3 Kreuzer (B) 60.– / 120.–
S . M . · Wappen wie Nr. 193; darunter Jahreszahl
Rs. **LANDMÜNZE / 3 / KREUZER · 1827** (170 754), **1828** (77 047), **1829 · L 1829** (1 262 986), **1830** (532 714)
Die Prägezahl für 1829 ist mit in L 1829 enthalten
Rand glatt

197 (421) 3 Kreuzer (B) 25.– / 50.–
SACHSEN MEININGEN · Wappen wie Nr. 194; unter der Schleife Mmz.
Rs. **LANDMÜNZE 3 / KREUZER / Jahreszahl / Arabesken
L 1831** (539 700), **1832** (917 999), **1833** (1 283 533), **1834** (187 200) · **K 1835** (800 260), **1836** (399 220), **1837** (246 140)
Rand glatt

198 (431) 3 Kreuzer (B) 50.– / 100.–
HERZOGTHUM S. MEININGEN · Wappen wie Nr. 195
Rs. Umgeben von 2 gebundenen Eichenzweigen: **3 / KREUZER / Jahreszahl 1840** (206 960)
Rand: vertiefte Vierecke

199 (416) Kreuzer (B) 30.– / 60.–
S . M . · Wappen wie Nr. 193; darunter Jahreszahl
Rs. **LANDMÜNZE / 1 / KREUZER · 1828** (211 426), **1829 · L 1829** (254 651), **1830** (92 160)
Die Prägezahl für 1829 ist mit in L 1829 enthalten
Rand glatt
Ab **1829**: Mmz. zwischen Jahreszahl

200 (420) Kreuzer (B) 40.– / 80.–
SACHSEN MEININGEN · Wappen wie Nr. 194; unter der Schleife Mmz.
Rs. **LANDMÜNZE 1 / KREUZER / Jahreszahl / Arabesken. L 1831** (212 040), **1832** (348 340), **1833** (272 220), **1834** (161 940), **K 1835** (58 680), **1836** (55 020), **1837** (48 780)
Rand glatt
Var. **1833**: 2 Var.

201 (430) Kreuzer (B)   30.–/60.–
HERZOGTH. S. MEINING. · Wappen wie Nr. 195
Rs. Umgeben von 2 Eichenzweigen: **1 / KREUZER /** Jahreszahl **1839** (347 700)
Rand glatt
Var. 2 Var.

202 (449) Kreuzer (B)   25.–/50.–
HERZ. S. MEINING. SCHEIDEMÜNZE · Wappen wie Nr. 195
Rs. Umgeben von 2 Eichenzweigen: **1 / KREUZER /** Jahreszahl **1864** (240 000), **1866** (240 000)
Rand: vertiefte Vierecke, auch glatt

203 (415 a) Kreuzer (K)   40.–/80.–
HERZ: S. MEININGEN · Wappen wie Nr. 193
Rs. **1 / KREUZER /** Jahreszahl / Leiste mit Festons. **1828**, **1829** (143 754), **1830** (118 303), **1831** (Prägezahl unter Nr. 204)
Rand gekerbt
Var. **1829**: auch Laubrand; 6 Var.: unterschiedliche Krone, auch mit S: und HERZ. **1831**: HERZ: S:
1827/28 und 1828/29 wurden in den Münzstätten zu Hildburghausen und Saalfeld für 4223 Gulden und 11¼ Kreuzer 1-, ½-, ¼- und ⅛-Kreuzerstücke geprägt.

204 (415 b) Kreuzer (K)   20.–/40.–
HERZOG: S: MEININGEN · Wappen wie Nr. 193
Rs. **1 / KREUZER /** Jahreszahl / Leiste mit Festons. **1831** (165 540), **1832** (31 650), **1833** (104 100), **1834** (177 000), **1835** (34 800)
Rand glatt
Var. **1831, 1832, 1833**: 2 Var. **1834**: 4 Var. **1835**: 2 Var.

205 (436) Kreuzer (K)   30.–/60.–
Wappen wie Nr. 194, die Buchstaben **S. M.** jeweils zwischen Schild und gebundenen Eichenzweigen
Rs. **1 / KREUZER /** Jahreszahl **1842** (180 000)
Rand: vertiefte Vierecke

206 (442) Kreuzer (K)   30.–/60.–
HERZOGTHUM SACHSEN MEININGEN · Wappen wie Nr. 195, darunter ✻
Rs. **1 / KREUZER /** Jahreszahl **1854** (201 540)
Rand: glatt und geriffelt

207 (414) 1/2 Kreuzer (K)   20.–/40.–
HERZ: S. MEININGEN · Wappen wie Nr. 193
Rs. **KREUZER LANDMÜNZE** Jahreszahl. Wertangabe: **1/2 · 1828, 1829** (120 898) · L **1830** (143 654), **1831** (341 340), **1832** (45 000)
Rand glatt
Var. **1829**: Kerbrand; 5 Var., auch mit HERZ. Ab **1830** Mmz. zwischen Jahreszahl. **1830**: 2 Var. **1831**: 3 Var.; **1831** und **1832** ohne Mmz.; **1830** und **1832** auch mit HERZ: S: MEININGEN
Ausprägung 1828/29 vgl. Nr. 203.

208 (441) 1/2 Kreuzer (K)   20.–/40.–
HERZOGTHUM SACHSEN MEININGEN · Wappen wie Nr. 195, darunter ✻
Rs. **1/2 / KREUZER /** Jahreszahl **1854** (240 000)
Rand glatt
Var. 2 Var.

209 (407 b) 1/4 Kreuzer (K)   30.–/60.–
HERZ. S. C. MEININGEN. · Wappen wie Nr. 174
Rs. **KREUZER LANDMUNZE.** Jahreszahl. Wertangabe: **1/4 · 1823**
Rand glatt
Var. 2 Var.: auch ohne Punkt nach LANDMUNZE

SÄCHSISCHE HERZOGTÜMER

210 (413) 1/4 Kreuzer (K) 20.–/40.–
HERZ. S. MEININGEN · Wappen wie Nr. 193
Rs. **KREUZER LANDMÜNZE.** Jahreszahl. Wertangabe: **1/4** · **1828**, **1829** (167 632), **1830** (160 860), **1831** (320 580), **1832** (62 520)
Rand glatt
Var. **1828, 1829**: 5 Var. **1831**: 3 Var. **1831** und **1832**: nach Grobe HERZOG: S: auf Vs.
Ausprägung 1828/29 vgl. Nr. 203

211 (440) 1/4 Kreuzer (K) 20.–/50.–
HERZOGTHUM SACHSEN MEININGEN · Wappen wie Nr. 195, darunter ✳
Rs. **1/4 / KREUZER /** Jahreszahl **1854** (240 000)
Rand glatt

212 (412) 1/8 Kreuzer (K) 30.–/60.–
HERZ · S · MEININGEN · Wappen wie Nr. 193
Rs. **KREUZER LANDMÜNZE** · Jahreszahl. Wertangabe: **1/8** · **1828**
Rand glatt
Ausprägung 1828/29 vgl. Nr. 203

213 (424) 2 Pfennige (K) 20.–/40.–
HERZ: S: MEININGEN · Wappen wie Nr. 193
Rs. **2 / PFENNIG /** Jahreszahl / Leiste mit Festons. **1832** (201 660), **1833** (101 160), **1835** (35 520)
Rand glatt
Var. **1832, 1833, 1835**: 2 Var. **1835**: auch mit HERZ. S.

214 (428, 429) 2 Pfennige (K) 20.–/50.–
Wappen wie Nr. 205, aber **S** und **M**
Rs. **2 / PFENNIGE /** Jahreszahl **1839** (74 580), **1842**
Rand vertiefte Vierecke
1842: Eichenzweige mit Schleife

215 (448) 2 Pfennige (K) 6.–/12.–
HERZOGTHUM SACHSEN MEININGEN · Wappen wie Nr. 195, darunter ✳
Rs. **SCHEIDEMÜNZE 2 / PFENNIGE /** Jahreszahl **1860** (361 200), **1862** (357 480), **1863** (120 000), **1864** (480 000), **1865** (240 000), **1866** (480 000)
Rand glatt

216 (423) Pfennig (K) 25.–/50.–
HERZ: S: MEININGEN · Wappen wie Nr. 193
Rs. **1 / PFENNIG /** Jahreszahl / Leiste mit Festons. **1832** (275 100), **1833** (92 580), **1835** (34 080)
Rand glatt
Var. **1832, 1833, 1835**: 2 Var. **1835**: auch mit HERZ. S.

217 (427) Pfennig (K) 25.–/50.–
Wappen wie Nr. 205
Rs. **1 / PFENNIG /** Jahreszahl **1839** (79 200), **1842** (132 240)
Rand: **1839** gekerbt; **1842**: glatt, auch vertiefte Vierecke
Var. **1839**: 2 Var.

218 (447) Pfennig (K) 10.–/20.–
HERZOGTHUM SACHSEN MEININGEN · Wappen wie Nr. 195, darunter ✳
Rs. **SCHEIDEMÜNZE · 1 / PFENNIG /** Jahreszahl **1860** (240 000), **1862** (242 880), **1863** (240 000), **1865** (240 000), **1866** (480 000)
Rand glatt

Georg II. (1866–1914)

* 2.4.1826 als Sohn des Herzogs Bernhard Erich Freund und seiner Gemahlin Marie von Hessen-Kassel. ∞ 18.5.1850 in 1. Ehe Charlotte von Preußen, 23.10.1858 in 2. Ehe Feodora von Hohenlohe-Langenburg, 18.3.1873 in 3. Ehe Helene Franz, seit 1873 Freifrau von Heldburg. † 25.6.1914.

219 (451) Taler (S)   500.–/1 000.–
GEORG HERZOG ZU SACHSEN MEININGEN · Kopf n.r., am Halsabschnitt: **HELFRICHT**
Rs. **EIN VEREINSTHALER   XXX EIN PFUND FEIN** · Wappen wie Nr. 184; unten Jahreszahl **1867** (6644)
Rand: **+ FIDELITER + ET + CONSTANTER**

220 (448) 2 Pfennige (K)   8.–/12.–
HERZOGTHUM SACHSEN MEININGEN ✳ Wappen wie Nr. 195
Rs. **SCHEIDEMÜNZE   2 / PFENNIGE /** Jahreszahl **1867** (480000), **1868, 1869, 1870** (720000)
Rand glatt
1868 und **1869** wurden insgesamt 480 000 Stück geprägt

221 (447) Pfennig (K)   12.–/25.–
HERZOGTHUM SACHSEN MEININGEN ✳ Wappen wie Nr. 195
Rs. **SCHEIDEMÜNZE   1 / PFENNIG /** Jahreszahl **1867** (240000), **1868** (480000)
Rand glatt

Nach Einführung der Reichswährung

222 (275) 20 Mark (G)   9 000.–/15 000.–
GEORG HERZOG ZU SACHSEN MEININGEN · Kopf n.r., darunter Mzz.
Rs. **DEUTSCHES REICH** Eichenzweig · Reichsadler (Modell 1871–1889). Unten r. und l. Wertangabe: **20 M.**, darunter Jahreszahl **D 1872** (3000)

Rand: GOTT MIT UNS zwischen den Worten je 1 Stern und 2 Ranken
Stempel von Johann Adam Ries nach Modell von F. Helfricht, Gotha

223 (276) 20 Mark (G)   5 500.–/9 000.–
Vs. wie Nr. 222
Rs. **DEUTSCHES REICH** Jahreszahl · Reichsadler (Modell 1871–1889). Unten zwischen Sternen die Wertangabe: **20 MARK · D 1882** (3061)
Rand: GOTT MIT UNS zwischen den Worten je 1 Stern und 2 Ranken

224 (277) 20 Mark (G)   5 200.–/8 500.–
GEORG HERZOG VON SACHSEN MEININGEN · Kopf n.l., darunter Mzz.
Rs. wie Nr. 223. **D 1889** (4032)
Rand: GOTT MIT UNS zwischen den Worten je 1 Stern und 2 Ranken
Stempel von O. Schultz, Berlin, nach Entwurf von Prof. Schaper, Berlin

225 (279) 20 Mark (G)   4 800.–/8 000.–
Vs. wie Nr. 224
Rs. **DEUTSCHES REICH** Jahreszahl · Reichsadler (Modell 1889–1918). Unten zwischen Sternen die Wertangabe: **20 MARK · D 1900** (1005), **1905** (1000)
Rand: GOTT MIT UNS zwischen den Worten je 1 Stern und 2 Ranken

226 (281) 20 Mark (G)   4 000.–/6 000.–
GEORG II HERZOG VON SACHSEN-MEININGEN · Kopf n.l., darunter Mzz.

SÄCHSISCHE HERZOGTÜMER

Rs. wie Nr. 225. **D 1910** (1004), **1914** (1001)
Rand: GOTT MIT UNS zwischen den Worten je 1 Stern und 2 Ranken
Vs.-Stempel von A. Börsch, München, nach Entwurf von Prof. K. von Zumbusch, Wien

227 (278) 10 Mark (G)   3 500.– / 5 000.–
Vs. wie Nr. 224
Rs. wie Nr. 225, aber Wertangabe: **10 MARK · D 1890** (2000), **1898** (2000)
Rand: Ranken und Sterne

231 (151 a, b) 2 Mark (S)   400.– / 650.–
Vs. wie Nr. 226
Rs. wie Nr. 225, aber Wertangabe: **ZWEI MARK · D 1902** (20 000), **1913** (5000)
Rand geriffelt
Var. **1902**: 2 Var. wie 229

228 (280) 10 Mark (G)   3 000.– / 4 600.–
Vs. wie Nr. 226
Rs. wie Nr. 225, aber Wertangabe: **10 MARK · D 1902** (2000), **1909** (2000), **1914** (1002)
Rand: Ranken und Sterne

Gedenkmünzen

232 (150) 5 Mark (S)   430.– / 750.–
Auf des Herzogs 75. Geburtstag am 2. April 1901
Kleiner Blütenzweig **GEORG II HERZOG V. SACHSEN-MEININGEN** · Kopf n. r., darunter Mzz.
Rs. wie Nr. 225, aber Wertangabe: **FÜNF MARK · D 1901** (20 000)
Rand: GOTT MIT UNS zwischen den Worten je 1 Kreuz und 2 Ranken
Vs.-Stempel von A. Börsch, München, nach Modell von Prof. A. Hildebrandt, München
Proben von **1900**: 1) Vs.: ·: GEORG :· Herzog SACHSEN-MEININGEN ·: – 1900 – Brustbild im Hermelinmantel n. r. Rs.: wie Nr. 232. 2) Vs.: wie 1. Rs.: AMICIS und symbolische Darstellung. 3) wie Nr. 232, aber mit Jahreszahl 1900

229 (153 a, b) 5 Mark (S)   260.– / 550.–
Vs. wie Nr. 226
Rs. wie Nr. 225, aber Wertangabe: **FÜNF MARK · D 1902** (20 000), **1908** (60 000)
Rand: GOTT MIT UNS zwischen den Worten je 1 Kreuz und 2 Ranken
Var. **1902**: 2 Var. zur Vs. mit unterschiedlichem Abstand zwischen Bart und Perlkreis

230 (152) 3 Mark (S)   180.– / 280.–
Vs. wie Nr. 226
Rs. wie Nr. 225, aber Wertangabe: **DREI MARK · D 1908** (35 000), **1913** (30 000)
Rand: GOTT MIT UNS zwischen den Worten je 1 Kreuz und 2 Ranken

233 (149) 2 Mark (S)   450.– / 800.–
Auf des Herzogs 75. Geburtstag am 2. April 1901
Vs. wie Nr. 232
Rs. wie Nr. 225, aber Wertangabe: **ZWEI MARK · D 1901** (20 000)
Rand geriffelt
Probe mit Jahreszahl 1900

234 (155) 3 Mark (S)   160.–/300.–

Auf des Herzogs Tod am 25. Juni 1914
GEORG II HERZOG V. SACHSEN-MEININGEN · Kopf n. l., darunter ✶ 1826 + 1914; ohne Mzz.
Rs. wie Nr. 225, aber Wertangabe: **DREI MARK · D 1915**
(30 000)
Rand: GOTT MIT UNS zwischen den Worten je 1 Kreuz und 2 Ranken

235 (154) 2 Mark (S)   160.–/280.–

Auf des Herzogs Tod am 25. Juni 1914
Vs. wie Nr. 234, aber **VON**
Rs. wie Nr. 225, aber Wertangabe: **ZWEI MARK · D 1915**
(30 000)
Rand geriffelt
Diese Gedenkmünzen sind die einzigen Gepräge, die der Nachfolger Georgs II., Herzog Bernhard III., prägen ließ.

Schaumburg-Lippe, Fürstentum

Fläche: 340 qkm
Einwohner: 31 870 (1846)
Hauptstadt: Bückeburg
Wappen (1643):
1. Schaumburgisches Stammwappen
2. und 5. Gft. Lippe
3. und 4. Gft. Schwalenberg

Graf Georg Wilhelm nahm beim Eintritt in den Rheinbund am 18.4.1807 den Fürstentitel an. Das Land trat am 18.8.1866 dem Norddeutschen Bund bei. Der letzte Fürst, Adolph, dankte am 16.11.1918 ab. Der Freistaat gab sich am 24.2.1922 eine Verfassung und blieb trotz zweier Anschlußversuche an Preußen selbständig bis 1946. Danach wurde das Land Niedersachsen eingegliedert.

Münzprägung erfolgt im Konventionsfuß von 1753 in Talern zu 24-Gute-Groschen à 12 Pfennig oder 36-Marien-Groschen zu je 8 Pfennig und ab 1857 gemäß den Abmachungen des Wiener Vertrages. Dem Dresdener Münzvertrag trat Schaumburg-Lippe nicht bei und übte während dieser Zeit sein Münzrecht nicht aus.

Münzstätten:

    Hannover, Mmz. bzw. Mzz. B: 1802, 1857, 1860, 1865, 1874
    Braunschweig, Mzz. H: 1821
    Arolsen: 1824, 1826, 1828
    Altona: 1829
    Berlin, Mzz. A: 1858, 1898, 1904, 1911

Medailleure:

    BREHMER · F · = Heinrich Friedrich Brehmer, * 25.11.1815 in Hannover, † 2.2.1889 in Hannover
    ALSING = Hans Frederik Alsing, * 8.9.1800 in Svendborg (Fünen), † 31.12.1871 in Kopenhagen

Gesetzliche Ausbringung der wichtigsten Sorten vor Einführung der Reichswährung

Nominal	Prägezeit	Metall	Gewicht g	Feingewicht g	Feingehalt $^0/_{00}$	Katalog-Nr.
10 Taler	1829	Gold	13,284	11,900	895,83	4
Doppeltaler	1857	Silber	37,037	33,33	900	18
Speciestaler	1802	Silber	28,063	23,386	833,33	1
Vereinstaler	1860, 1865	Silber	18,519	16,667	900	5, 19
Gulden	1821	Silber	14,031	11,693	833,33	6
2 1/2 Silbergroschen	1858	Billon	3,221	1,208	375	7
1/24 Taler	1821, 1826	Billon	1,875*	0,585*	312*	8
Silbergroschen	1858	Billon	2,196	0,483	220	9
Mariengroschen	1821, 1828	Billon	1,55*	0,388*	250*	10
1/2 Silbergroschen	1858	Billon	1,098	0,242	220	11
4 Pfennige	1821, 1828	Billon	0,755*	0,189*	250*	12

* Berechnung erfolgte nach dem Befund

LITERATUR:

Kurt Jaeger, Die Münzprägungen der deutschen Staaten vom Ausgang des alten Reiches bis zur Einführung der Reichswährung, Band 7: Herzogtum Nassau, Königreich Westfalen, Fürstentümer Waldeck und Pyrmont, Lippe-Detmold und Schaumburg-Lippe mit Wallmoden-Gimborn, 2. Auflage, Basel 1969
Paul Weinmeister, Schaumburg-Lippische Münzgeschichte, Blätter für Münzfreunde 1907

Georg Wilhelm (1807–1860)

* 20.12.1784 als Sohn des Grafen Philipp Ernst und dessen 2. Gemahlin Juliane von Hessen-Philippsthal. ∞ 23.6.1816 Ida von Waldeck und Pyrmont. † 21.11.1860. Georg Wilhelm stand nach dem frühen Tode seines Vaters von 1787–1807 unter der Vormundschaft seiner Mutter († 9.11.1799) sowie des Grafen Johann Ludwig von Wallmoden-Gimborn.

Unter Vormundschaft

1 Konventionstaler (S) 750.–/1 500.–
GRÄFL: SCHAUMBURG LIPP: VORMUNDSCHAFTL: MÜNZE um zwei fünffeldige Wappenschilde (Schaumburg-Lippe und Wallmoden-Gimborn) auf Konsole unter englischem Viscount-Coronet
Rs. **X** zwischen zwei Rosetten / **EINE FEINE** / **MARK** / Jahreszahl / – auf mit Girlande behängtem Tableau. **1802** (4000)
Laubrand

2 Mariengroschen (B) 80.–/160.–
Zerschnittenes Nesselblatt im spatenblattförmigen Wappenschild mit lippischer Rose in der Mitte, unter Viscount-Coronet mit Girlande behängt
Rs. **GR: SCH: LIPP: VORM: LAND MÜNZ** um **I** zwischen zwei Rosetten / **MARIEN** / **GROS:** / Jahreszahl. **1802** (144 000)

3 4 Pfennige (B) 80.–/160.–
Zerschnittenes Nesselblatt mit lippischer Rose in der Mitte unter Viscount-Coronet
Rs. **GR. SCH. LIPP. VORM. LAND MÜNZ** ❀ um **IIII** / **PFEN** / Jahreszahl **1802** (288 000)

Als selbständiger Fürst

4 (6) **10 Taler (G)** LP
GEORG WILH. R. FÜRST Z. SCH. LIPPE &. &. um drapierte Büste n.l., am Büstenabschnitt **ALSING**
Rs. **ZEHN THALER** über und Jahreszahl zwischen Mmz. F. F. unter fünffeldigem Wappenschild auf Hermelinmantel unter Fürstenhut. **1829**
Var.: ohne Mmz. F. F.

5 (15) **Vereinstaler (S)** 280.–/550.–
GEORG WILHELM FÜRST ZU SCHAUMBURG-LIPPE um Kopf n.r., darunter Mmz. B; am Halsabschnitt **BREHMER · F ·**
Rs. **EIN VEREINSTHALER – XXX EIN PFUND FEIN** Jahreszahl um fünffeldiges, von zwei Engeln mit je einem Palmzweig gehaltenes Wappen auf Hermelinmantel unter Fürstenkrone. **1860** (8356)
Randschrift: WIENER-MÜNZVERTRAG ~ 24 ~ JAN. ~ 1857 ~

6 (5) **1/2 Konventionstaler (S)** 450.–/900.–
GEORG WILH · REG · FÜRST ZU SCHAUMB · LIPPE ETC. um Kopf n.l., am Halsausschnitt Mmz. H ·
Rs. **XX** zwischen zwei Rosetten / **EINE MARK** / **FEIN** / Jahreszahl zwischen zwei Rauten / Raute. **1821**
Laubrand

7 (14) **1/12 Taler = 2½ Silbergroschen (B)** 80.–/160.–
GEORG WILHELM FÜRST ZU SCHAUMB. LIPPE um Kopf n.r.
Rs. **2½ SILBER GROSCHEN** über und **SCHEIDE MÜNZE**

unter 12 / EINEN / THALER / Jahreszahl / Mzz. A · 1858
(61 200)
Rand glatt

8 (4) 1/24 Taler (B)   80.– / 160.–
Spatenblattförmiger Nesselblattwappenschild mit lippischer Rose in einem auf den geteilten Mittelschild aufgelegten Herzschild unter Fürstenhut
Rs. FÜRSTL. SCHAUMB. LIPP. LANDMÜNZE ❂ um 24 zwischen zwei Rosetten / EINEN / THALER / Jahreszahl zwischen zwei Rauten / Raute. 1821, 1826

9 (13) Silbergroschen = 1/30 Taler (B)   35.– / 70.–
FÜRSTENTHUM SCHAUMB. LIPPE um Nesselblatt mit der lippischen Rose in der oberen Hälfte des quergeteilten Mittelschildes unter fürstlicher Krone ohne Blätter auf dem Stirnreif
Rs. 30 EINEN THALER über und SCHEIDE MÜNZE unter 1 / SILBER / GROSCHEN / Jahreszahl / Mzz. A · 1858 (210 000)
Rand glatt

10 (3) Mariengroschen (B)   35.– / 70.–
Vs. ähnlich wie Nr. 8
Rs. FÜRSTL. SCHAUMB. LIPP. LAND MÜNZE ❂ um 1 zwischen zwei Rosetten / MARIEN / GROSCH · / Jahreszahl zwischen zwei Rosetten / Raute. 1821, 1828

11 (12) 1/2 Silbergroschen = 1/60 Taler (B)   35.– / 70.–
Vs. wie Nr. 7
Rs. · 60 EINEN THALER · über und SCHEIDE MÜNZE unter 1/2 / SILBER / GROSCHEN / Jahreszahl / Mzz. A · 1858 (120 000)
Rand glatt

12 (2) 4 Pfennig (B)   30.– / 60.–
Vs. ähnlich wie Nr. 8
Rs. FÜRSTL. SCHAUMB. LIPP. LANDMÜNZE ❂ um 4 zwischen zwei Rosetten / PFENN / Jahreszahl zwischen zwei Rosetten / Raute. 1821, 1828

13 (11) 4 Pfennige (K)   20.– / 50.–
90 EINEN THALER um Monogramm unter fürstlicher Krone wie Nr. 9
Rs. SCHEIDEMÜNZE über 4 / PFENNIGE / Jahreszahl / – / Mzz. A · 1858 (180 000)
Rand glatt

14 (10) 3 Pfennige (K)   15.– / 30.–
Vs. wie Nr. 13, doch 120 statt 90
Rs. wie Nr. 13, doch andere Wertzahl. 1858 (360 000)

15 (9) 2 Pfennige (K)   12.– / 25.–
Vs. wie Nr. 13, doch 180 statt 90
Rs. wie Nr. 13, doch andere Wertzahl. 1858 (360 000)
Rand glatt

16 (8) Pfennig (K)   6.– / 16.–
Vs. wie Nr. 13, doch PFENNIG und 360 statt 90
Rs. wie Nr. 13, doch andere Wertzahl. 1858
Rand glatt

17 (1) Guter Pfennig (K)   20.– / 45.–
Vs. wie Nr. 8, aber Mittelschild »rot« schraffiert
Rs. 1 zwischen zwei Rosetten / GUTER / PFENNIG / Jahreszahl / Raute. 1824, 1826
Var.: Große und kleine Krone, Wappenschild ohne Rand

Gedenkmünze

18 (7) Doppeltaler (S)   550.– / 1100.–
Zum 50. Regierungsjubiläum
Vs. wie Nr. 5
Rs. **EIN DOPPELTHALER ❀ XV EIN PFUND FEIN** um
NACH / FÜNFZIG- / JÄHRIGER / REGIERUNG / Jahreszahl zwischen zwei mit Schleife gebundenen Eichenzweigen. **1857**
Randschrift: MIT ~ GOTTES ~ HÜLFE

Adolf Georg (1860–1893)

* 1.8.1817 als Sohn des Fürsten Georg Wilhelm und dessen Gemahlin Ida von Waldeck und Pyrmont. ∞ 25.10.1844 Hermine von Waldeck und Pyrmont. † 8.5.1893.

19 (16) Taler (S)   200.– / 400.–
ADOLF GEORG FÜRST ZU SCHAUMBURG-LIPPE um Kopf n. l., am Halsabschnitt **BREHMER · F ·**, darunter Mmz. **B**
Rs. **EIN VEREINSTHALER XXX EIN PFUND FEIN** Jahreszahl um fünffeldigen, von zwei Engeln mit je einem Palmzweig gehaltenen Wappenschild mit 3 Helmen auf Leiste, unten Devisenband mit **NOLI ME TANGERE · 1865** (7000)
Randschrift: WIENER - MÜNZVERTRAG ~ 24 ~ JAN. ~ 1857 ~

Nach Einführung der Reichswährung

20 (284) 20 Mark (G)   8000.– / 12000.–
ADOLF GEORG FÜRST Z. SCHAUMBURG-LIPPE um Kopf n. l., darunter Mzz. **B**
Rs. **DEUTSCHES REICH** Jahreszahl ✶ **20 MARK** ✶ um Reichsadler (Modell 1871–1889). **1874** (3000)
Randschrift: GOTT MIT UNS, dazwischen Verzierungen

Georg (1893–1911)

Jüngerer Bruder Adolf Georgs.
* 10.10.1846 als Sohn des Fürsten Adolf Georg und dessen Gemahlin Ida von Waldeck und Pyrmont. ∞ 16.4.1882 mit Marie Anna von Sachsen-Altenburg. † 29.4.1911.

21 (285) 20 Mark (G)   1700.– / 2500.–
GEORG FÜRST ZU SCHAUMBURG-LIPPE um Kopf n. l., darunter Mzz. **A**
Rs. ähnlich wie Nr. 20, doch Reichsadler (Modell 1889–1918). **1898** (5000), **1904** (5500)
Randschrift: GOTT MIT UNS, dazwischen Verzierungen
Vs.-Stempel von Otto Schultz, Berlin nach einem Modell von Prof. Karl Gundelach, Hannover

22 (165) 5 Mark (S)   1500.– / 2500.–
Vs. ähnlich wie Nr. 21
Rs. ähnlich wie Nr. 21, doch anderer Wert. **1898** (3000), **1904** (3000)
Randschrift: GOTT MIT UNS, dazwischen Verzierungen

SCHAUMBURG-LIPPE

Gedenkmünze

23 (164) 2 Mark (S) 550.–/1 250.–
Vs. ähnlich wie Nr. 22
Rs. ähnlich wie Nr. 22, doch anderer Wert. **1898** (5000), **1904** (5000)
Rand geriffelt

24 (166) 3 Mark (S) 150.–/240.–
Auf den Tod des Fürsten
GEORG FÜRST ZU SCHAUMBURG LIPPE über und ✶ **10 X 1846 + 29 IV 1911** unter Kopf n. l., darunter Mzz. A
Rs. ähnlich wie Nr. 23, doch anderer Wert. **1911** (50000)
Randschrift: GOTT MIT UNS, dazwischen Verzierungen

Schleswig-Holstein, Herzogtümer

Größe: Schleswig: 8964 qkm
Holstein: 8617 qkm
Einwohner: Schleswig: 348526 (1840)
Holstein: 455093 (1840)
Wappen (1848):
1. und 4. Oldenburg
2. und 3. Delmenhorst
5. Schleswig
6. Holstein
7. Stormarn
8. Dithmarschen
9. Sachsen für Lauenburg

```
5   9   6
―――――――――
5       6
    1 2
    3 4
7       8
    9
```

Mit dem Vertrag von Zarskoje Selo (1773) hatte das auf den russischen Kaiserthron gelangte Haus Holstein-Gottorp seine Rechte am Herzogtum Holstein der dänischen Krone übertragen, während das Herzogtum Schleswig schon seit 1720 dem dänischen Königshaus eng verbunden war. Die Verwaltung des Gebietes lag bei der »deutschen Kanzlei« in Kopenhagen, so daß beide Herzogtümer trotzdem eine relative Selbständigkeit genossen. Der Wiener Kongreß trug den besonderen Umständen auch insofern Rechnung, als nur Holstein als Mitglied des Deutschen Bundes anerkannt wurde. Die Bestrebungen des dänischen Königshauses, die weibliche Erbfolge in Schleswig durchzusetzen und die Einverleibung des Herzogtums in den dänischen Gesamtstaat führte zum Aufstand der Schleswig-Holsteiner und zur Einsetzung einer »Provisorischen Regierung« im Jahre 1848. Diese Selbständigkeitsbestrebungen waren indessen nicht von dauerhaftem Erfolg begleitet; doch konnte im Jahre 1852 im Londoner Protokoll eine den Erfordernissen entsprechende Erbfolgeregelung für Dänemark und die Herzogtümer erreicht werden. Doch schon wenige Jahre später brach zufolge der erneuten Bemühung des dänischen Königs Christian IX., Schleswig Dänemark einzuverleiben, Krieg aus. Entscheidend geschlagen, mußten die Dänen die Herzogtümer sowie das Herzogtum Lauenburg einer gemeinsamen Verwaltung von Österreich und Preußen unterstellen. Schon zwei Jahre später wurden die Herzogtümer Schleswig und Holstein preußisch, da Österreich im Krieg gegen Preußen unterlegen war. Die Personalunion mit Lauenburg hatte Preußen schon 1865 im Vertrag von Gastein gegen Geldentschädigung von Österreich erworben.
Die Fürsten von Augustenburg und Oldenburg wurden von Preußen entschädigt, das aus den sogenannten Elbherzogtümern die preußische Provinz Schleswig-Holstein bildete. 1891 wurde der Provinz noch die von Großbritannien erworbene Insel Helgoland zugeschlagen. Seit dem 23.8.1946 gilt das Gebiet als »Land« und später als eines der Länder der am 24.5.1949 entstandenen Bundesrepublik Deutschland.
Die Münzprägung erfolgte in der Münzstätte Altona. Es wurden dort für die Herzogtümer Speciestaler mit Unterwerten, der Taler zu 60 Schilling schleswig-holsteinisch Courant, geprägt. Mit Verordnung vom 5./6.1.1813 ließ Friedrich VI. zum 1.2.1813 den Münzfuß ändern. Es wurde der dänische, in 96 Schillinge geteilte Rigsbankdaler = 1/2 Speciestaler bzw. 30 Schilling schleswig-holsteinisch Courant als Münzeinheit festgesetzt. Die Verrechnung mit den bisher geläufigen Speciestalern und ihren Unterwerten gestaltete sich den nicht glatten Wertverhältnissen zufolge schwierig, daher wurden die kleinen Münzsorten für die Herzogtümer unter Friedrich VI. noch mit ausschließlich deutscher Legende geprägt; seit Christian VIII. wurden die Münzen bis zum 4 Rigsbankskillingstück abwärts mit deutscher Wertangabe in heimischem Courant zusätzlich versehen.

Medailleure:
P.G. = Peter Leonardo Gianelli, * 1761 in Kopenhagen, † 1807 in Kopenhagen
B oder · B · = Georg Valentin Bauert, * 1765 in Kopenhagen, † 1841 in Altona
H.L. = Carl Heinrich Lorenz, * 1810 in Berlin, † 1888 in Hamburg
F.K. = Frederik Christopher Krohn, * 4.8.1806, tätig bis 30.4.1873

Münzmeister:

MF, M.F, M.F. oder M · F · = Michael Flor, * 1752, † 1816 in Altona
C · B · (ab 1817 in Altona Münzmeister) = Caius Branth, † 1819 in Altona
I.F.F. oder F.F. = Johann Friedrich Freund, * 1785 in Uthlede, † 1857 in Altona
T.A. = Theodor C.W. Andersen, * 1813, † 1888 in Westerland/Sylt
V.S. = Georg Vilhelm Svendsen, * unbekannt, † 4.6.1861

Münzstättenzeichen:

♂ = Altona 1841–1863
♡ (Herz) = Kopenhagen
♛ (Krone) = Kopenhagen

Die Ausbringung der Sorten

Nominal	Prägezeit	Metall	Gewicht g	Fein- gewicht g	Fein gehalt °/₀₀	Katalog-Nr.
Species-Taler	1800, 1801, 1804, 1807, 1808	Silber	28,893	25,282	875	1, 3
2/3 Species-Taler	1808	Silber	19,263	16,855	875	4
1/3 Species-Taler	1808	Silber	9,631	8,427	875	5
1/12 Species-Taler	1800, 1801	Silber	4,214	2,107	500	6
1/24 Species-Taler = 2 1/2 Schilling (Courant)	1800, 1801, 1809, 1812	Billon	2,809	1,053	375	7, 11
2 Sechsling	1800	Billon	1,499	0,375	250	8
16 Reichsbankschilling	1816, 1818, 1831, 1839	Silber	4,214	2,107	500	9
8 Reichsbankschilling	1816, 1818, 1819	Billon	2,809	1,053	375	10
Schilling (Probe)	1851	Billon	1,462	0,37	250	12
Sechsling	1850, 1851	Kupfer	4,872	–	–	13
Dreiling	1850	Kupfer	2,436	–	–	14
Rigsbankdaler	1842–1849, 1851	Silber	14,447	12,640	875	15, 20
32 Rigsbankskilling	1842, 1843	Silber	6,129	4,214	687	16
16 Rigsbankskilling	1842, 1844	Silber	4,214	2,106	500	17
8 Rigsbankskilling	1843	Billon	2,809	1,053	375	18
4 Rigsbankdaler	1841, 1842	Billon	1,856	0,464	250	19

LITERATUR:

H. Hede, *Danmarks og Norges Mønter,* Kopenhagen 1964
Kurt Jaeger und Jens-Uwe Rixen, *Die Münzprägungen der deutschen Staaten vor Einführung der Reichswährung,* Band 6: Nordwestdeutschland, Basel 1971
Chr. Lange, *Chr. Lange's Sammlung schleswig-holsteinischer Münzen und Medaillen I,* Berlin 1908
H.H. Schou, *Beskrivelse af Danske og Norske Mønter,* Kopenhagen 1926

SCHLESWIG-HOLSTEIN

Christian VII. von Dänemark (1784–1808)

* 29.1.1749 in Schloß Christiansborg als Sohn Friedrichs V. und dessen erster Gemahlin Luise von Großbritannien. ∞ 8.11. 1766 Karoline Mathilde Prinzessin von Großbritannien, geschieden 1772. † 13.3.1808 in Rendsburg.

1 (10 e) Species-Taler (S)   600.– / 1 200.–

CHRISTIANUS. VII. D. G. DAN. NORV. V. G. REX . um kleinen Kopf n. r., darunter **P.G.**
Rs. **60. SCHILLING. SCHLESW. HOLST. COURANT ·** um dreifeldigen Ovalschild mit den Feldern Dänemark, Norwegen und Schweden (bzw. Kalmarer Union), das sog. Kabinettswappen, unter Krone zwischen **I. SP.**, unten Jahreszahl geteilt von Mmz. **M. F. · 1800**
Rand scharf mit tiefen Einprägungen
Var.: auch ohne Punkt hinter 60 und mit Punkt hinter Jahreszahl

2 (10 IV) Species-Taler-Probe (S)   LP

CHRISTIANUS · VII · D · G · DAN · NORV · V · G · REX · um großen Kopf mit in Schleife gebundenem langen Haar, unter dem Halsabschnitt **B**
Rs. **60 · SCHILLING. SCHLESW. HOLST. COURANT ·** um großen dreifeldigen Ovalschild wie Nr. 1 unter verbreiterter Krone zwischen **1. SP.**, unten Jahreszahl geteilt von Mmz. **MF · 1800, 1805**
Rand glatt
Var.: **1800**: Kupferabschlag; sowie auch ohne B auf Vs.
1805: Zinnabschlag

3 (10 a) Species-Taler (S)   450.– / 900.–

CHRISTIANUS · VII · D · G · DAN · NORV · V · G · REX · um Kopf mit in Schleife gebundenem Haar n. r., darunter · **B** ·
Rs. **60 · SCHILLING. SCHLESW · HOLST · COURANT ·** um dreifeldigen Ovalschild wie Nr.1 unter Krone zwischen **1 · SP ·**, unten Jahreszahl geteilt von Mmz. **M · F · 1800, 1801, 1804, 1807, 1808**
Kettenrand

4 (9) 2/3 Species-Taler (S)   350.– / 700.–

CHRISTIANUS · VII · D · G · DAN · NORV · V · G · REX · um Kopf mit in Schleife gebundenem Haar n. r., unter Halsabschnitt · **B** ·
Rs. **40 · SCHILLING · SCHLESW · HOLST · COURANT ·** um dreifeldigen Ovalschild unter Krone zwischen ⅔ **SP.**, unten Jahreszahl geteilt von Mmz. **M · F · 1808**

5 (8 a) 1/3 Species-Taler (S)   250.– / 500.–

Vs. wie Nr. 4
Rs. wie Nr. 4, jedoch Wert **20 · 1808**

6 (6) 1/12 Species-Taler (S)   160.– / 320.–

Verschlungenes Monogramm aus **CR** unter Krone, darin **VII** zwischen ¹/₁₂ **SP.**
Rs. **5** zwischen zwei Rosetten / **SCHILLING** / **SCHLESW. HOLST** / **COURANT.** / Jahreszahl. / Mmz. **M. F. · 1800, 1801**
Var.: **1800**: Buchstabengröße variierend. **1801**: COURANT ohne Punkt

SCHLESWIG-HOLSTEIN

80.– /150.–

7 (5) 1/24 Species-Taler = 2½ Schilling Courant (B)
Verschlungenes Monogramm aus **CR** unter Krone, darin **VII** zwischen ¹/₂₄ **SP** ·
Rs. **2 ½ / SCHILLING / SCHLESW · HOLST · / COURANT · / Jahreszahl · / Mmz. M · F · 1800, 1801** (auch Goldabschlag)
Rand glatt

8 (4 a) 2 Sechsling (B)   120.– /250.–
Verschlungenes Monogramm aus **CR** unter Krone, darin **VII**
Rs. **2** zwischen zwei Rosetten **/ SECHSLING / SCHLESW · / HOLST · SCHEIDE / MÜNZE · / Jahreszahl. / Mmz. F · M · 1800**
Rand glatt

Friedrich VI. von Dänemark (1808–1839)

* 28.1.1768 in Christiansborg als Sohn des Königs Christian VII. und dessen Gemahlin Mathilde von Großbritannien. ∞ 31.7.1790 Marie Sophie Friederike, Tochter des Landgrafen Karl von Hessen-Kassel. Trat schon am 14.7.1815 in den Deutschen Bund für Holstein als Bundesfürst ein und wurde durch Beschluß des Wiener Kongresses Herzog von Lauenburg, das ihm am 27.7.1816 übergeben wurde. † 3.12.1839 im Schloß Amalienborg in Kopenhagen.

9 (13 a, b, 14) 16 Reichsbank-Schilling (S)   120.– /250.–
Verschlungenes Monogramm aus **FR** unter dänischer Königskrone, darin **VI**
Rs. **16** zwischen zwei Rosetten **/ REICHS= / BANK / SCHILLING · / Jahreszahl ·**, darunter variables Mmz. **1816** (Mmz. **M · F ·**), **1818** (Mmz. **C · B**), **1831** Vs. ¹/₁₂ **SP.** zusätzlich (Mmz. **I.F.F.**), **1839** Vs. ¹/₁₂ **SP.** zusätzlich (Mmz. **I.F.F.**)
Kerbrand

10 (12 a – c) 8 Reichsbank-Schilling (B)   100.– /200.–

Vs. wie Nr. 9, aber mit Schemakrone
Rs. ähnlich wie Nr. 9, jedoch Wert **8 SCHILLING** sowie variables Mmz. **1816** (Mmz. **M.F.**), **1818** (Mmz. **C · B ·**), **1819** (Mmz. **I.F.F.**)
Kerbrand

11 (11) 2½ Schilling Courant (B)   80.– /150.–
Vs. ähnlich wie Nr. 10, jedoch zusätzlich ¹/₂₄ **SP**.
Rs. **2½ / SCHILLING / SCHLESW · HOLST · / COURANT · / Jahreszahl · / Mmz. M · F · 1809, 1812** (Rs. HOLST ohne Punkt)
Rand glatt

Unter Statthalterschaft (1848–1851)

12 (16 V) Schilling (B)   LP
Aus Schleswig und Holstein gespaltener Wappenschild unter Herzogskrone zwischen zwei gekreuzten Eichenzweigen, darunter **H.L.**, Perlkreis
Rs. **SCHLESW. HOLST.** über und **SCHEIDEMÜNZE** unter **1 / SCHILLING / Jahreszahl**, darunter Mmz. **T. A.**, dazwischen Mzz. Reichsapfel. **1851**
Probe

13 (16) Sechsling (K)   50.– /100.–
Wappen zwischen zwei gekreuzten Eichenzweigen wie Nr. 12, darunter **H.L.**, Perlkreis
Rs. **SCHLESW. HOLSTEIN. SCHEIDEMÜNZE** um **1 / SECHSLING / Jahreszahl**, darunter **T. A.** und Mzz. Reichsapfel, Perlkreis. **1850, 1851** (zusammen 400 000)
Rand glatt

14 (15) Dreiling (K)   30.– /55.–
Vs. wie Nr. 13
Rs. ähnlich wie Nr. 13, jedoch **1 / DREILING · 1850** (200000)
Rand glatt

Münzen mit Wertangabe in dänischer und schleswig-holsteinischer Währung

Christian VIII. von Dänemark (1839–1848)

* 18.9.1786 als Sohn des Prinzen Friedrich und dessen Gemahlin Sofie, Tochter des Herzogs Ludwig von Mecklenburg-Schwerin. ∞ 21.6.1806 in 1. Ehe Charlotte, Tochter des Großherzogs Friedrich Franz I. von Mecklenburg-Schwerin, 22.5.1815 in 2. Ehe Karoline, Tochter des Herzogs Friedrich Christian von Holstein-Sonderburg-Augustenburg. † 20.1.1848.

15 1 Rigsbankdaler (30 Schilling Courant) (S) 250.–/500.–
CHRISTIANVS VIII D: G: DANIÆ V: G: REX um Kopf n.r., darunter **F. K.** sowie variable Mzz. und Mmz. nebst Jahreszahl
Rs. ✶ **1 RIGSBANKDALER** ✶ über und **30 SCHILL: COURANT** unter Reichswappen, behängt mit der Kette des Elefantenordens auf Draperie mit Krone
1842: Mzz. Krone, Mmz. V.S. **1843:** Mzz. Krone, Mmz. V.S. **1844:** Mzz. Reichsapfel, Mmz. F.F. **1845:** Mzz. Krone, Mmz. F.F. **1846:** Mzz. Krone, Mmz. V.S. **1847:** Mzz. Krone, Mmz. V.S. **1847:** Mzz. Reichsapfel, Mmz. Krone, Mmz. V.S. sowie **REX**.
Rand geriffelt

16 32 Rigsbankskilling (10 Schilling Courant) (S) 200.–/400.–
Vs. ähnlich wie Nr. 15
Rs. ähnlich wie Nr. 15, doch anderer Wert
1842: Mzz. Reichsapfel, Mmz. F.F. **1843:** Mzz. Reichsapfel, Mmz. F.F., Var.: 1843 F.F. als Medailleurzeichen statt F.K.
Rand geriffelt

17 16 Rigsbankskilling (5 Schilling Courant) (S) 150.–/300.–
Vs. ähnlich wie Nr. 15
Rs. ähnlich wie Nr. 15, doch anderer Wert und **SCHILLING COURANT**.
1842, 1844: Mzz. Krone, Mmz. V.S.
Rand geriffelt

100.–/200.–
18 8 Rigsbankskilling (2 1/2 Schilling Courant) (B)
Vs. ähnlich wie Nr. 15
Rs. ähnlich wie Nr. 15, doch anderer Wert
1843: Mzz. Reichsapfel, Mmz. F.F.
Rand geriffelt

100.–/200.–
19 4 Rigsbankskilling (1 1/4 Schilling Courant) (B)
Vs. ähnlich wie Nr. 15, doch Jahreszahl durch Mzz. getrennt
Rs. **4 RIGSBANKSKILLING** über und **1 1/4 SCH: C:** unter Krone über Schwert und Zepter gekreuzt
1841: Mzz. Herz (trennt Jahreszahl). **1842:** Mzz. Krone, Mmz. V.S. (getrennt neben Jahreszahl). **1842:** Mzz. Reichsapfel, Mmz. F.F. (getrennt neben Jahreszahl).
Rand glatt

Friedrich VII. von Dänemark (1848–1863)

* 6.10.1808 als zweiter Sohn des Königs Christian VIII. von Dänemark. ∞ 1.11.1828 in 1. Ehe Wilhelmine, Tochter des Königs Friedrich VI. von Dänemark, 30.6.1841 in 2. Ehe Karoline, Tochter des Großherzogs Georg von Mecklenburg-Strelitz, 7.8.1850 in 3. Ehe Luise Christiane Rasmussen, Gräfin von Danner. † 15.11.1863.

20 1 Rigsbankdaler (30 Schilling Courant) (S)
FRIDERICVS VII D: G: DANIÆ V: G: REX. um Kopf n.r., darunter **F.K.** sowie Mzz. Krone, Jahreszahl und Mmz. **V.S.**
Rs. ✶ **1 RIGSBANKDALER** ✶ über sowie **30 SCHILL: COURANT** unter Reichswappen, behängt mit der Kette des Elefantenordens auf Draperie mit Krone
1849, 1851
Rand geriffelt

Schwarzburg-Rudolstadt u. Schwarzburg-Sondershausen, Fürstentümer

Größe: 1802,53 qkm
Wappen:

1. und 4. H. Arnstadt
2. und 3. H. Sondershausen
5. Gft. Schwarzburg
6. und 9. Gft. Hohenstein
7. und 8. Gft. Lauterberg
10. H. Klettenberg
11. Regalienschild wegen des Bergregals und der eigenen Silbergewinnung in der H. Leutenberg
12. kaiserliches Gnadenzeichen anläßlich der Erhebung in den Reichsfürstenstand.

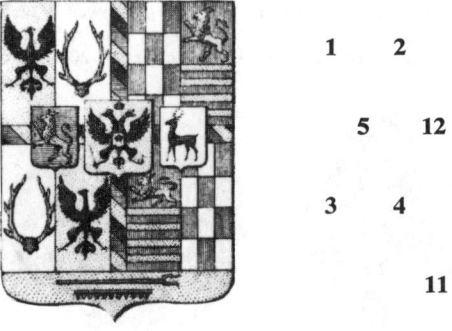

```
1   2   6   7
5   12  10
3   4   8   9
    11
```

Im Wappen von Schwarzburg-Rudolstadt ist Feld 11 silbern statt golden.
Das Wappen wird von einem blau, schwarz und gold schräggestreiften Kreuz quadriert, das sich auf den Titel eines Viergrafen des Reiches bezieht, den die Grafen von Schwarzburg angeblich seit dem 25.2.1356 führen und der von den deutschen Kaisern 1518, 1566, 1576, 1612 und 1638 erneuert bzw. bestätigt worden ist. 12 und 11 bilden das kleine Wappen.

Die Grafschaften zu Sondershausen und Rudolstadt entstanden in der Hauptteilung von 1599. In den Reichsfürstenstand wurden die Grafen zu Sondershausen 1697 und zu Rudolstadt 1710 erhoben. Nach Auflösung des Hl. Römischen Reiches Deutscher Nation am 6.8.1806 traten sie als souveräne Fürsten am 18.4.1807 dem Rheinbund bei. 1815 wurden sie Mitglieder des Deutschen Bundes. Beide Fürstentümer gehörten dem 1828 gegründeten Mitteldeutschen Handelsverein und seit 1834 dem Deutschen Zollverein an.

LITERATUR:

E.H. von Bethe, Schwarzburger Münzen und Medaillen-Sammlung des Schloßmuseums in Rudolstadt, Halle 1930
E. Fischer, Die Münzen des Hauses Schwarzburg, Heidelberg 1904
Kurt Jaeger, Die Münzprägungen der deutschen Staaten vor Einführung der Reichswährung, Band 12: Mitteldeutsche Kleinstaaten, Basel 1972

Schwarzburg-Rudolstadt, Fürstentum

Größe: 940,42 qkm
Hauptstadt: Rudolstadt

Fürst Friedrich Günther erlangte 1816 von Preußen, 1823 von Sachsen-Gotha-Altenburg und 1825 von Sachsen-Coburg-Saalfeld durch Gebietsabtretungen und Tausch die Aufhebung der alten Lehensverhältnisse und damit die volle Landeshoheit in seinen Landesteilen.
Mit Publicandum vom 8.1.1816 gab er dem Land eine ständische Verfassung. Die revolutionären Ereignisse von 1848 zwangen ihn jedoch, freisinnigeren Gesetzen zuzustimmen. Im Deutschen Krieg 1866 unterstützte Schwarzburg-Rudolstadt Preußen und trat am 18.8.1866 dem Norddeutschen Bund bei. Im Deutschen Reich bestand es bis 1918 als Fürstentum und bis zu seinem Anschluß an den Freistaat Thüringen im Jahre 1920 als selbständiger Freistaat.
Seit 1768 wurden in Schwarzburg-Rudolstadt nach dem Konventionsmünzfuß aus der feinen Mark Silber zu ca. 234 g gemünzt:

       10 Speciestaler = 20 Zweidritteltaler oder Gulden
       1 Speciestaler = 32 Groschen = 384 Pfennige

Gerechnet wurde in Konventionskurant (vgl. Sachsen, Königreich):

  1 Reichstaler = 24 Groschen = 288 Pfennige
  1 Speciestaler galt 1 ⅓ Reichstaler

Gemäß der Süddeutschen Münzkonvention vom 25.8.1837 und der Dresdener Konvention vom 30.7.1838 wurden für die Unterherrschaft der 14-Taler-Fuß und für die Oberherrschaft der 24½-Gulden-Fuß eingeführt. Danach prägte Schwarzburg-Rudolstadt aus der feinen Mark Silber zu 233,855 g für die Unterherrschaft:

  7 Doppeltaler = 14 Taler
  1 Taler = 30 Silbergroschen = 360 Pfennige

und für die Oberherrschaft:

  12¼ Doppelgulden = 24½ Gulden = 49 Halbgulden
  1 Gulden = 60 Kreuzer

Nach dem Wiener Münzvertrag vom 24.1.1857 wurden im 30-Taler-Fuß aus dem Zollpfund zu 500 g 30 Taler geprägt.

Münzstätten, in denen Schwarzburg-Rudolstadt prägen ließ:

  Saalfeld   bis 1841.   Mmz. L = Georg Christoph Loewel (1803–1835)
  München   1841–1868
  Berlin   1841–1898   Mzz. A

Gesetzliche Ausbringung der wichtigsten Sorten vor Einführung der Reichswährung

Nominal	Prägezeit	Metall	Gewicht g	Fein-gewicht g	Fein-gehalt ⁰/₀₀	Katalog-Nr.
Doppeltaler	1841–1845	Silber	37,120	33,408	900	11
Speciestaler	1812–1813	Silber	28,063	23,386	833,33	1
Doppelgulden	1846	Silber	21,211	19,090	900	19
Vereinstaler	1858–1867	Silber	18,519	16,667	900	12, 13, 31, 32
Gulden	1841–1846	Silber	10,606	9,545	900	20
1/2 Gulden	1841–1846	Silber	5,303	4,773	900	21
6 Kreuzer	1840–1846	Billon	2,598	0,866	333,33	22
6 Kreuzer	1866	Billon	2,463	0,862	350	23
Silbergroschen	1841	Billon	2,192	0,487	222,22	14
3 Kreuzer	1839–1846	Billon	1,299	0,433	333,33	24
3 Kreuzer	1866	Billon	1,232	0,431	350	25
1/2 Silbergroschen	1841	Billon	1,096	0,244	222,22	15

Friedrich Günther (1807–1867)

* 6.11.1793 als Sohn des Fürsten Ludwig Friedrich II. und seiner Gemahlin Caroline von Hessen-Homburg. 1807–1814 unter Vormundschaft seiner Mutter. ∞ 15.4.1816 in 1. Ehe Amalie Auguste von Anhalt-Dessau, 7.8.1855 in 2. Ehe Helene Gräfin von Reina, Tochter des Prinzen Georg von Anhalt-Dessau, 24.9.1861 in 3. Ehe Marie Schultze (1864 Gräfin von Brockenburg). † 28.6.1867.

1 (32, 32 P) Taler (S) 400.–/800.–
FRIEDRICH GÜNTHER FÜRST ZU SCHWARZBURG RUDOLSTADT Stern · Kopf n. r.
Rs. X EINE FEINE MARK CONVENTIONS MÜNZE ·
Im Eichenkranz: EIN / SPECIES / THALER / Jahreszahl / Mmz. **L 1812, 1813**
Laubrand
1812 und 1813 wurden insgesamt 16 795 Stück geprägt.
Var. **1812**: 7 Var. mit unterschiedlicher Stellung und Anzahl der Eicheln im Eichenkranz, auch mit kleinerem Kopf auf Vs., auch mit unterschiedlichen Sternen nach RUDOLSTADT; auch Probe mit Brustbild auf Vs. **1813**: 2 Var. mit Laubrand und mit glattem Rand

SCHWARZBURG

2 (25) Groschen (B)   80.– / 160.–
SCHWARZB · / RUD · L · M ·
Rs. **I / GROSCHEN** / Jahreszahl / Rosette. **1808**
Rand glatt
Ausprägung vgl. Nr. 3

3 (31) Groschen (B)   80.– / 160.–
Rosette / **SCHWARZB · / RUD · L · M ·** / Leiste mit Blattverzierung
Rs. Zwischen 2 Rosetten **I / GROSCHEN** / Jahreszahl / Rosette. **1812**
Rand glatt
1808 und 1812 wurden 412 Mark 8 Lot 3 Grän ausgeprägt

4 (24) 6 Pfennige (B)   80.– / 160.–
SCHWARZB / RUD · L · M ·
Rs. **6 Pf.** / – / Jahreszahl **1808**
Rand glatt

5 (30) 6 Pfennige (B)   50.– / 90.–
Vs. Rosette / **SCHWARZB / RUD · L · M ·** / Blattverzierung
Rs. wie Nr. 4. **1808, 1812, 1813**
Rand glatt
1812: auch Probe auf Schrötling von 21 mm Ø.
1812: 2 Var. mit unterschiedlicher Größe der Blattverzierung;
1813: 2 Var. mit unterschiedlichem Abstand zwischen RUD · L ·
1812 und 1813 wurden 603 Mark 11 Lot ausgeprägt

6 (29) 4 Pfennige (K)   60.– / 120.–
Monogramm aus **F G**, umgeben von 2 gekreuzten Palmzweigen
Rs. **F · S · R · S · M ·** Zwischen 2 Rosetten **4 / PFENNIGE** / Leiste mit Blattverzierung und Jahreszahl **1812, 1813**
Laubrand; auch Kerbrand
1813: 2 Var. mit unterschiedlicher Größe des Monogramms

7 (28) 3 Pfennige (K)   50.– / 120.–
Monogramm aus **F G**, umgeben von 2 gekreuzten Palmzweigen
Rs. **F · S · R · S · M ·** Zwischen 2 Rosetten **3 / PFENNIGE** / Leiste mit Blattverzierung und Jahreszahl **1813**
Rand glatt

8 (34) 3 Pfennige (K)   50.– / 100.–
Monogramm aus **F G** unter Kaiserkrone, umgeben von 2 gekreuzten Lorbeerzweigen
Rs. **3 / PFENNIGE** / Jahreszahl / – · **1825**
Rand glatt

9 (27) 2 Pfennige (K)   50.– / 100.–
Monogramm aus **F G**, umgeben von 2 gekreuzten Palmzweigen
Rs. **F · S · R · S · M ·** Zwischen 2 Rosetten **2 / PFENNIGE** / Leiste mit Blattverzierung und Jahreszahl **1812**
Rand glatt

10 (33) Pfennig (K)   40.– / 80.–
Monogramm aus **F G** unter Kaiserkrone, umgeben von 2 gekreuzten Lorbeerzweigen
Rs. **I / PFENNIG** / Jahreszahl / – · **1825**
Rand glatt

Für die **Unterherrschaft** (Frankenhausen)

11 (40) Doppeltaler (S)   600.– / 1 200.–

FRIEDR. GÜNTHER FÜRST ZU SCHWARZBURG · Kopf n. r., am Halsabschnitt: **VOIGT**; darunter Mzz.
Rs. **2 THALER VII EINE F. MARK 3½ GULDEN VEREINSMÜNZE** zwischen 2 Rosetten · 6 fach behelmtes Gesamtwappen mit dem Doppeladler im Herzschild, flankiert von wildem Mann und wilder Frau als Schildhaltern. Unten Jahreszahl **A 1841** (10 200), **1845** (5100)
Rand: GOTT MIT UNS zwischen den Worten je 1 Kreuz und 2 Ranken
Die Stempel schnitt Carl Friedrich Voigt, München

12 (53, 54) Taler (S)   180.– / 350.–

FRIEDR. GÜNTHER FÜRST ZU SCHWARZBURG · Kopf n. r.
Rs. **EIN VEREINSTHALER XXX EIN PFUND FEIN** Jahreszahl · Doppeladler mit Fürstenhut im Brustschild, Zepter und Reichsapfel haltend, unter Fürstenkrone. **1858/59** (16 560), **1862** (47 859), **1863** (11 000)
Rand: GOTT MIT UNS zwischen den Worten je 1 Stern und 2 Ranken
1858 und **1862** auch einseitige Zinnabschläge der Rs. **1859**: auch Einschlag: ChW
Geprägt in München; 1858–1862 wurden insgesamt 36 000 Taler geprägt

13 (56) Taler (S)   150.– / 300.–

Vs. wie Nr. 12
Rs. **EIN VEREINSTHALER XXX EIN PFUND FEIN** Jahreszahl · Nimbierter Doppeladler mit Fürstenhut im Brustschild, Zepter und Reichsapfel haltend, unter Kaiserkrone. **1866** (26 303)
Rand: GOTT MIT UNS zwischen den Worten je 1 Stern und 2 Ranken
Geprägt in München

14 (39) Silbergroschen (B)   60.– / 120.–

FÜRSTENTH. SCHWARZBURG R. · Mit Fürstenkrone gekrönter Schild des kleinen Staatswappens
Rs. **30 EINEN THALER SCHEIDEMÜNZE 1 / SILBER / GROSCHEN** / Jahreszahl / Mzz. **A 1841**
Rand glatt
1841 wurden für 4014 Taler 27 Silbergroschen ganze und halbe Silbergroschen geprägt

15 (38) 1/2 Silbergroschen (B)   80.– / 150.–

FÜRSTENTH. SCHWARZBURG R. · Wappen wie Nr. 14
Rs. **60 EINEN THALER SCHEIDE MÜNZE 1/2 / SILBER /** · **GROSCHEN** · / Jahreszahl / Mzz. **A 1841**
Rand glatt
Ausprägung vgl. Nr. 14

16 (37) 3 Pfennige (K)   50.– / 100.–

FÜRSTENTH. SCHWARZBURG R. · Wappen wie Nr. 14
Rs. **SCHEIDE MÜNZE 3 / PFENNINGE** / Jahreszahl / Leiste / Mzz. **A 1842**
Kettenrand
1842 wurden für 1105 Taler 19 Silbergroschen 3-, 2- und 1-Pfennigstücke geprägt

17 (36) 2 Pfennige (K)   45.– / 90.–

FÜRSTENTH. SCHWARZBURG R. · Wappen wie Nr. 14
Rs. **SCHEIDE MÜNZE 2 / PFENNINGE** / Jahreszahl / Leiste / Mzz. **A 1842**
Rand glatt
Ausprägung vgl. Nr. 16

18 (35) Pfennig (K)   40.– / 80.–

FÜRSTENTH. SCHWARZBURG R. · Wappen wie Nr. 14
Rs. **SCHEIDE MÜNZE 1 / PFENNING** / Jahreszahl / Leiste / Mzz. **A 1842**
Rand glatt
Ausprägung vgl. Nr. 16

SCHWARZBURG

Für die **Oberherrschaft** (Rudolstadt)

19 (48) Doppelgulden (S) 1 000.– / 2 000.–
FRIEDR · GÜNTHER FÜRST ZU SCHWARZBURG ·
Kopf n. r., darunter: **C. VOIGT**
Rs. **ZWEY GULDEN** · Mit Fürstenkrone gekrönter Schild des kleinen Staatswappens, flankiert von wildem Mann und wilder Frau als Schildhaltern. Unten Jahreszahl **1846** (500)
Rand: vertiefte Vierecke
Einseitige Zinnabschläge von Vs. und Rs.
Die Stempel schnitt Carl Friedrich Voigt, München

20 (47) Gulden (S) 150.– / 300.–
FRIEDR. GÜNTHER FÜRST ZU SCHWARZBURG ·
Kopf n. r., darunter: **VOIGT**
Rs. Im Eichenkranz: **1 / GULDEN** / Jahreszahl **1841, 1842, 1843, 1846**
Rand: vertiefte Vierecke
1841: auch Abschlag in Bronze
Die Stempel schnitt Carl Friedrich Voigt, München
1841–1846 wurden insgesamt 163 500 Gulden geprägt

21 (46) 1/2 Gulden (S) 100.– / 200.–
FRIEDR. GÜNTHER FÜRST ZU SCHWARZBURG ·
Kopf n. r., darunter: **VOIGT**
Rs. Im Eichenkranz: ½ / **GULDEN** / Jahreszahl **1841, 1842, 1843, 1846**
Rand: vertiefte Vierecke
Die Stempel schnitt Carl Friedrich Voigt, München
1841–1846 wurden insgesamt 156 680 ½ - Gulden geprägt

22 (45) 6 Kreuzer (B) 80.– / 150.–

FÜRSTENTHUM SCHWARZBURG R. · Wappen wie Nr. 14
Rs. Im Eichenkranz: **6 / KREUZER** / Jahreszahl **1840, 1842, 1846**
Rand: vertiefte Vierecke
1840: Probe in Gold 2 500.–
1840–1846 wurden insgesamt 164 500 6 - Kreuzerstücke geprägt

23 (52) 6 Kreuzer (B) 90.– / 180.–
F. SCHWARZB. R. SCHEIDE MÜNZE · Wappen wie Nr. 14
Rs. wie Nr. 22. **1866** (10000)
Rand: vertiefte Vierecke

24 (44) 3 Kreuzer (B) 50.– / 100.–
FÜRSTENTHUM SCHWARZBURG R. · Wappen wie Nr.14
Rs. Im Eichenkranz: **3 / KREUZER** / Jahreszahl **1839, 1840, 1841, 1842, 1846**
Rand glatt
1839–1846 wurden insgesamt 155 000 3 - Kreuzerstücke geprägt

25 (51) 3 KREUZER (B) 100.– / 200.–
F. SCHWARZB. R. SCHEIDEMÜNZE · Wappen wie Nr.14
Rs. wie Nr. 24. **1866** (10000)
Rand: vertiefte Vierecke

26 (43) Kreuzer (K) 40.– / 80.–
Wappen wie Nr.14, umgeben von zwei gebundenen Eichenzweigen
Rs. **1 / KREUZER** / **Jahreszahl 1840** (480000)
Rand: vertiefte Vierecke
In Saalfeld geprägt; die Stempel schnitt Mechanikus Georg Wiskemann

27 (50) Kreuzer (K) 15.– / 30.–
Vs. wie Nr. 26
Rs. **SCHEIDEMÜNZE 1 / KREUZER /** Jahreszahl **1864, 1865, 1866**
Rand glatt
1865: Probe in Silber
1864–1866 wurden insgesamt 129 120 Kreuzerstücke geprägt

28 (42) 1/4 Kreuzer (K) 15.– / 30.–
Wappen wie Nr. 26, umgeben von 2 Eichenzweigen
Rs. **¼ / KREUZER /** Jahreszahl **1840, 1852, 1853, 1856**
Rand: vertiefte Vierecke; ab **1852** glatt
Var. **1840:** 2 Var.
1856: Probe in Gold
1840–1866 wurden insgesamt 2 939 760 ¼-Kreuzerstücke geprägt

29 (49) 1/4 Kreuzer (K) 8.– / 18.–
Vs. wie Nr. 28
Rs. **SCHEIDEMÜNZE ¼ / KREUZER /** Jahreszahl **1857, 1859, 1860, 1861, 1863, 1865, 1866**
Rand glatt
Ausprägung vgl. Nr. 28

30 (41) 1/8 Kreuzer (K) 25.– / 50.–
Wappen wie Nr. 26, umgeben von 2 Eichenzweigen
Rs. **⅛ / KREUZER /** Jahreszahl **1840, 1855**
Rand glatt
Var. **1855:** 2 Var.
1840 und 1855 wurden insgesamt 24 000 ⅛-Kreuzerstücke geprägt

Gedenkmünzen

31 (55) Taler (S) 180.– / 350.–

Anläßlich des 50jährigen Regierungsjubiläums am 6. November 1864
FRIEDR. GÜNTHER FÜRST ZU SCHWARZBURG · Kopf n. r.
Rs. **ZUR FEIER 50 JÆHRIGER REGIERUNG D. 6 NOV. 1864 ·** Doppeladler wie Nr. 13. **1864** (4000)
Rand: ✶ **EIN VEREINSTHALER** ✶ **XXX EIN PFUND FEIN**
Probe in Gold; einseitige Probe in Zinn von der Rs.
Geprägt in München

Albert (1867–1869)

Jüngerer Bruder Friedrich Günthers.
* 30. 4. 1798 als Sohn des Fürsten Ludwig Friedrich II. und seiner Gemahlin Caroline von Hessen-Homburg. ∞ 26. 7. 1827 Auguste von Solms-Braunfels. † 26. 11. 1869.

32 (57) Taler (S) 190.– / 400.–
ALBERT FÜRST ZU SCHWARZBURG · Kopf n. r.
Rs. **EIN VEREINSTHALER XXX EIN PFUND FEIN ·** Doppeladler wie Nr. 13. **1867** (13 151)
Rand: **GOTT MIT UNS** zwischen den Worten je 1 Stern und 2 Ranken
Einseitiger Zinnabschlag
Geprägt in München
Die Stempel schnitt Johann Adam Ries

33 (50) Kreuzer (K) 45.– / 90.–
Wappen wie Nr. 26, umgeben von 2 Eichenzweigen
Rs. **SCHEIDEMÜNZE 1 / KREUZER /** Jahreszahl **1868**
(36 600) Rand glatt

34 (49) 1/4 Kreuzer (K) 10.– / 20.–
Wappen wie Nr. 26, umgeben von 2 Eichenzweigen
Rs. **SCHEIDEMÜNZE ¼ / KREUZER /** Jahreszahl **1868**
(96 000) Rand glatt

Günther Viktor (1890–1918)

* 21. 8. 1852 als Sohn des Prinzen Franz Friedrich Adolf und seiner Gemahlin Mathilde von Schönburg-Waldenburg. ∞ 9. 12. 1891 Anna Luise von Schönburg-Waldenburg. Verzichtete am 22./25. 11. 1918 auf den Thron. † 16. 4. 1925.

SCHWARZBURG

35 (286) 10 Mark (G) 2200.–/3000.–
GÜNTHER FÜRST ZU SCHWARZBURG RUDOL-
STADT · Kopf n. l., darunter Mzz.
Rs. DEUTSCHES REICH Jahreszahl · Reichsadler (Modell
1889–1918). Unten zwischen Sternen die Wertangabe: **10
MARK · A 1898** (10000); 700 mit polierter Platte
Rand: Ranken und Sterne
Vs.-Stempel von Medailleur O. Schultz, Berlin

36 (167) 2 Mark (S) 400.–/800.–
Vs. wie Nr. 35
Rs. wie Nr. 35, aber Wertangabe: **ZWEI MARK · A 1898**
(100000); 375 mit polierter Platte
Rand geriffelt
Kat. Schulman, Amsterdam, 22./24.1.1929, Nr. 4438: auch
von 1901

Schwarzburg-Sondershausen, Fürstentum

Größe: 862,11 qkm
Hauptstadt: Sondershausen

Fürst Günther Friedrich Carl I. (1794–1835) erlangte 1816 die volle Souveränität über alle Landesteile. Da die ständische Verfassung, die er am 25.9.1830 dem Land gegeben hatte, wegen öffentlicher Mißbilligung 1831 wieder aufgehoben werden mußte, verzichtete er am 19.8.1835 auf die Regierung. Sein Sohn und Nachfolger Günther Friedrich Carl II. gab dem Land am 24.9.1841 eine neue Verfassung. Während der revolutionären Ereignisse von 1848 besetzten sächsische und preußische Truppen das Fürstentum. Am 12.12.1849 erhielt das Land eine freisinnige Verfassung. Im Deutschen Krieg 1866 unterstützte Schwarzburg-Sondershausen Preußen und trat am 18.8.1866 dem Norddeutschen Bund bei. Im Deutschen Reich bestand Schwarzburg-Sondershausen bis 1909 als selbständiges Fürstentum, wurde nach dem Tode von Karl Günther in Personalunion mit Schwarzburg-Rudolstadt verbunden und bildete von 1918 bis zu seinem Anschluß an den 1920 gegründeten Freistaat Thüringen einen unabhängigen Freistaat.
Schwarzburg-Sondershausen hat von 1765–1840 keine eigenen Münzen geprägt. Erst 1841 münzte es gemäß der Dresdener Konvention vom 30.7.1838 aus der feinen Mark Silber zu 233,855 g:

  7 Doppeltaler = 14 Taler
  1 Taler = 30 Silbergroschen = 360 Pfennige

Nach dem Wiener Münzvertrag vom 24.1.1857 prägte es im 30-Taler-Fuß aus dem Zollpfund zu 500 g 30 Taler.
Münzstätte: Berlin 1841–1909 Mzz. A

Gesetzliche Ausbringung der wichtigsten Sorten vor Einführung der Reichswährung

Nominal	Prägezeit	Metall	Gewicht g	Fein- gewicht g	Fein- gehalt ⁰/₀₀	Katalog-Nr.
Doppeltaler	1841–1854	Silber	37,120	33,408	900	37
Vereinstaler	1859–1870	Silber	18,519	16,667	900	38
Silbergroschen	1846, 1851	Billon	2,192	0,487	222,22	39
Silbergroschen	1858, 1870	Billon	2,196	0,483	220	39
1/2 Silbergroschen	1846, 1851	Billon	1,096	0,244	222,22	40
1/2 Silbergroschen	1858	Billon	1,098	0,242	220	40

Günther Friedrich Carl II. (1835–1880)

* 24.9.1801 als Sohn des Fürsten Günther Friedrich Carl I. und seiner Gemahlin Caroline von Schwarzburg-Rudolstadt. ∞ 12.3.1827 in 1. Ehe Caroline Irene Marie von Schwarzburg-Rudolstadt, 29.5.1835 in 2. Ehe Mathilde von Hohenlohe-Oehringen, geschieden 5.5.1852. Verzichtet am 17.7.1880 zugunsten seines Sohnes auf die Regierung. † 15.9.1889.

37 (74) Doppeltaler (S) 550.– / 1100.–
GÜNTH. FRIEDR. CARL FÜRST Z. SCHWARZB. SONDERSH. · Kopf n. l., darunter Mzz.
Rs. **2 THALER VII EINE F. MARK 3½ GULDEN VEREINSMÜNZE** zwischen 2 Rosetten · 6fach behelmtes Gesamtwappen mit dem Doppeladler im Herzschild, flankiert von wildem Mann und wilder Frau als Schildhaltern. Unten Jahreszahl **A 1841** (4300), **1845** (8600), **1854** (8600)
Rand: GOTT MIT UNS zwischen den Worten je 1 Kreuz und 2 Ranken

38 (75) Taler (S) 220.– / 380.–
GÜNTHER FR. C. II FÜRST Z. SCHWARZB. SONDERSH. · Kopf n. l., darunter Mzz.
Rs. **EIN VEREINSTHALER XXX EIN PFUND FEIN** · Nimbierter Doppeladler mit Fürstenhut im Brustschild, Zepter und Reichsapfel haltend, unter Kaiserkrone, überhöht von Fürstenkrone. **A 1859** (15000), **1865** (10400), **1870** (11000)
Rand: GOTT MIT UNS zwischen den Worten je 1 Kreuz und 2 Ranken
1865: Kupferabschlag mit glattem Rand

39 (73) Silbergroschen (B) 30.– / 60.–
FÜRSTENTH. SCHWARZB. SOND. · Mit Fürstenkrone gekrönter Schild des kleinen Staatswappens
Rs. **30 EINEN THALER SCHEIDEMÜNZE 1 / SILBER / GROSCHEN / Jahreszahl / Mzz. A 1846 und 1851** (584481), **1858** (150000), **1870** (120000)
Rand glatt

40 (72) 1/2 Silbergroschen (B) 20.– / 50.–
FÜRSTENTH. SCHWARZB. SOND. · Wappen wie Nr. 39
Rs. **60 EINEN THALER SCHEIDEMÜNZE 1/2 / SILBER / · GROSCHEN ·** / Jahreszahl / Mzz. **A 1846 und 1851** (656680), **1858** (180000)
Rand glatt

41 (71) 3 Pfennige (K) 10.– / 25.–
FÜRSTENTH. SCHWARZB. SONDERSH. · Wappen wie Nr. 39
Rs. **SCHEIDEMÜNZE 3 / PFENNIGE** / Jahreszahl / Leiste / Mzz. **A 1846** (681760), **1858** (360000), **1870** (120000)
Rand glatt

42 (70) Pfennig (K) 8.– / 18.–
FÜRSTENTH. SCHWARZB. SOND. · Wappen wie Nr. 39
Rs. **SCHEIDEMÜNZE 1 / PFENNIG /** Jahreszahl / Leiste / Mzz. **A 1846** (1612584), **1858** (360000)
Rand glatt

Karl Günther (1880–1909)

* 7.8.1830 als Sohn des Fürsten Günther Friedrich Carl II. und seiner Gemahlin Marie von Schwarzburg-Rudolstadt. ∞ 12.6.1869 Marie von Sachsen-Altenburg. † 28.3.1909.

43 (287) 20 Mark (G) 2500.– / 4000.–
KARL GÜNTHER FÜRST Z. SCHWARZB. SONDERSH. · Kopf n. r., darunter Mzz.
Rs. **DEUTSCHES REICH** Jahreszahl · Reichsadler (Modell 1889–1918). Unten zwischen Sternen die Wertangabe: **20 MARK · A 1896** (5000)
Rand: GOTT MIT UNS zwischen den Worten je 1 Stern und 2 Ranken
Vs.-Stempel von Medailleur O. Schultz, Berlin

SCHWARZBURG

44 (168) 2 Mark (S) 400.–/820.–
Vs. wie Nr. 43
Rs. wie Nr. 43, aber Wertangabe: ZWEI MARK · A 1896
(50 000); 190 mit polierter Platte
Rand geriffelt

Gedenkmünzen

45 (169 a, b) 2 Mark (S) 130.–/190.–

Anläßlich des 25 jährigen Regierungsjubiläums am 17. Juli 1905
KARL GÜNTHER FÜRST Z. SCHWARZB. SONDERSH. ·
Kopf n. r., darunter Lorbeerzweig und: **1880 1905**
Rs. wie Nr. 43, aber Wertangabe: ZWEI MARK · A 1905
(75 000); 10 000 mit polierter Platte
Rand geriffelt
Var. 2 Var.: 12 500 mit breitem, 62 500 mit schmalem Randstäbchen

46 (170) 3 Mark (S) 140.–/220.–
Auf des Fürsten Tod am 28. März 1909
KARL GÜNTHER FÜRST Z. SCHWARZB. SONDERSH. ·
Kopf n. r., darunter Mzz. und: ✴ **1830 † 1909**
Rs. wie Nr. 43, aber Wertangabe: DREI MARK · A 1909
(70 000); 200 mit polierter Platte
Rand: GOTT MIT UNS zwischen den Worten je 1 Kreuz und 2 Ranken

Stolberg-Wernigerode, Grafschaft

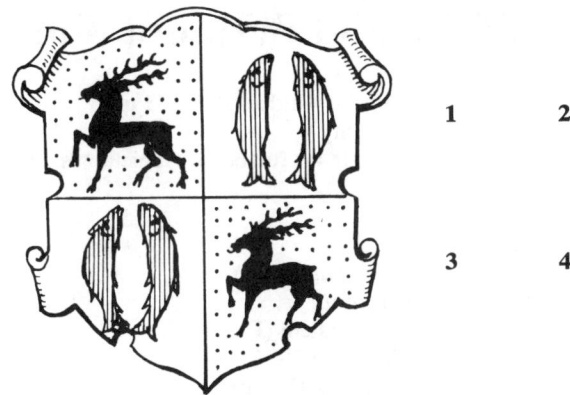

Größe: 278 qkm
Residenz: Wernigerode
Wappen:
1. und 4. Stolberg
2. und 3. Wernigerode

Die standesherrliche Grafschaft Stolberg-Wernigerode bildete seit 1826 einen Kreis im preußischen Regierungsbezirk Magdeburg. Sie entstand in der Hauptteilung vom 31.5.1645, als Heinrich Ernst die ältere Linie Stolberg-Wernigerode und Johann Martin die jüngere Linie Stolberg-Stolberg stifteten, und umfaßte die Gft. Wernigerode, den oberen Teil der Gft. Hohenstein sowie Gedern und Schwarza. Nachdem gemäß der Rheinbundakte die reichsständische H. Gedern an das Ghzm. Hessen-Darmstadt und durch ein Dekret Napoleons I. vom 7.12.1807 die Gft. Wernigerode an das Kgr. Westfalen gekommen waren, blieben den Grafen von Stolberg nur noch die Rechte eines Großgrundbesitzers. Zwar wurde Stolberg durch den Vertrag mit Preußen vom 12.5.1814 und den Artikel 23 der Wiener Kongreßakte vom 9.6.1815 in seinen alten Rechten wiederhergestellt, aber die Landeshoheit blieb bei Preußen. Die Stellung des gräflichen Hauses zur Krone Preußens regelte der Rezeß vom 13./28.8. und 17.9.1822, in dem den Grafen auch ihr Münzprivileg faktisch bestätigt wurde.

LITERATUR:

K. Friedrich, Die Münzen und Medaillen des Hauses Stolberg, Dresden 1911
Kurt Jaeger, Die Münzprägungen der deutschen Staaten vor Einführung der Reichswährung, Band 12: Mitteldeutsche Kleinstaaten, Basel 1972

Christian Friedrich (1778–1824)

* 8.1.1746 als Sohn des Grafen Henrich Ernst und seiner zweiten Gemahlin Anna Agnes von Anhalt-Köthen. ∞ 11.11.1768 Auguste Eleonore von Stolberg-Stolberg. 15.6.1809 Abdankung im Harzstammland zugunsten seines Sohnes Henrich. † 26.5.1824.

Gedenkmünze

1 (4) Dukat (G)   1800.–/3500.–
Anläßlich der Goldenen Hochzeit am 11.11.1818
CHRISTIAN FRID: GRAF ZU STOLBERG WERNIGERODE Rosette · 12endiger Hirsch auf Bodenstück n.l.
Rs. Im Efeukranz: I. / DUCAT. / – / D. XI. NOV. / 1818. · **1818** (308)
Kerbrand
Von Münzmeister H. W. Lunde in Clausthal geprägt
Probe in Silber

Henrich XII. (1824–1854)

* 25.12.1772 als Sohn des Grafen Christian Friedrich und seiner Gemahlin Auguste Eleonore von Stolberg-Stolberg. ∞ 4.7.1799 in 1.Ehe Jenny von Schönburg-Waldenburg, 30.12.1810 in 2.Ehe Eberhardine von der Recke. † 16.2.1854.

2 (5) Dukat (G)   1500.–/3000.–
HENR. GR. Z. STOLBERG WERNIGERODE · Brustbild in Uniform n.l.
Rs. **EIN DUCAT.** · 12endiger Hirsch n.l.; unter der Standlinie Jahreszahl **1824**
Kerbrand
In der Dresdner Münzstätte geprägt

Waldeck und Pyrmont, Fürstentum

Größe: 1055 qm (Waldeck) und 65 qkm (Pyrmont)
Einwohner: 58 753 (1846) für beide Gebiete zusammen
Residenz: Arolsen
Wappen:
1. Waldecksches Stammwappen
2. und 9. Gft. Pyrmont
3. und 8. Gft. Rappoltstein (Elsaß)
4. und 7. H. Hohenack (Elsaß)
5. und 6. H. Geroldseck (Elsaß)

2	3	4
5	1	6
7	8	9

In Feld 5 kann anstelle des Wappens von Geroldseck auch als Wappen der H. Tonna das Wappen der Grafen von Gleichen (in Blau ein golden gekrönter silberner Löwe) stehen.

Das 1712 in den erblichen Reichsfürstenstand erhobene Herrscherhaus schloß sich 1807 dem Rheinbund, 1815 dem Deutschen Bund an. 1816 gab der Fürst Georg Heinrich dem vereinigten Lande eine ständische Verfassung; er trat 1832 auch dem deutschen Zollverein bei. Die durch den Beitritt zum Norddeutschen Bunde am 18.7.1867 entstandenen Lasten überforderten das Land, so daß der Fürst mit dem 1.1.1868 die Verwaltung an Preußen übergab, doch formal Souverän blieb und auch den Ertrag der Domänen ungeschmälert nutzen konnte. Die Revolution von 1918 enthob das Haus seiner Regierungsrechte, und der Freistaat gab sich unter dem 15.4.1919 eine vorläufige Verfassung. 1922 wurde Pyrmont mit der preußischen Provinz Hannover vereinigt; nach Abstimmung folgte am 1.4.1929 auch Waldeck, das dem preußischen Bezirk Kassel zugeschlagen wurde. Seit 1946 gehört folglich Pyrmont zu Niedersachsen, Waldeck zu Hessen.

Geprägt wurde nach dem Konventionsfuß von 1753, der Taler zu 36 Mariengroschen = 288 Pfennige. Daneben wurden auch Kronentaler in Umlauf gebracht. Der Dresdener Münzkonvention von 1838 trat das Land bei, wobei das Münzwesen analog dem preußischen geordnet wurde. 1857 wurden auch die Bestimmungen des Wiener Münzvertrages für die Münzung als Norm angenommen, wonach aus dem Zollpfund von 500 g Feinsilber 30 Taler zu prägen seien.

Münzstätten:
    Arolsen: 1824–1840
    Berlin, Mzz. A: 1842–1867, 1903
    Hannover, Mzz. B: 1867

Münzmeister:
    F.W. bzw. F ✶ W und W oder.W.
    = Friedrich Welle, –1826
    A.W. = Albert Welle, 1827–1840

Medailleur:
    L = Johann Lindenschmit, * 1771 in Camberg, † 6.6.1845 in Mainz

Gesetzliche Ausbringung der wichtigsten Sorten vor Einführung der Reichswährung

Nominal	Prägezeit	Metall	Gewicht g	Feingewicht g	Feingehalt $^0/_{00}$	Katalog-Nr.
Doppeltaler	1842, 1845 1847, 1856	Silber	37,120	33,408	900	17, 43, 44
Speciestaler	1810–1813	Silber	28,063	23,386	833,33	1, 2, 11, 13
Kronentaler	1813	Silber	29,517	25,622	868,06	14
Kronentaler	1824	Silber	29,459	25,572	868,06	18
Vereinstaler	1859, 1867	Silber	18,519	16,667	900	45
1/3 Taler	1824	Silber	8,80*	5,091*	620*	19–21
1/6 Taler	1837–1845	Silber	5,345	2,784	520,83	22, 23
Silbergroschen	1842–1855	Billon	2,192	0,487	222,22	25, 46
Silbergroschen	1867	Billon	2,196	0,483	220	47

* Berechnung erfolgte nach dem Befund

LITERATUR:

Kurt Jaeger, Die Münzprägungen der deutschen Staaten vom Ausgang des alten Reiches bis zur Einführung der Reichswährung, Band 7: Herzogtum Nassau, Königreich Westfalen, Fürstentümer Waldeck und Pyrmont, Lippe-Detmold und Schaumburg-Lippe mit Wallmoden-Gimborn, 2. Auflage, Basel 1969

Carl August **Friedrich** (1763–1812)

* 25.10.1743 als zweiter Sohn des Fürsten Carl. Er blieb unvermählt. 1805 trat der Fürst seinem jüngeren Bruder Georg die Grafschaft Pyrmont ab; in dieser regierte Georg ab 1807 als Fürst; er erbte nach seines Bruders Tod (1812) auch Waldeck. † 24.9.1812.

1 (8) Konventionstaler (S) 1500.–/3000.–
FRIDERICUS PR. WALDECCIAE COM. PYR. um den von Waldeck und Pyrmont gespaltenen, spatenblattförmigen Wappenschild, überhöht vom Fürstenhut, umgeben von zwei gebundenen Lorbeerzweigen
Rs. **VIRTUTE VIAM DIMETIAR.** um **X** zwischen zwei Rauten / **EINE FEINE / MARK.** / Jahreszahl. / – / Mmz. F.W., das Ganze im Perlkreis. **1810**
Kettenrand

2 (9) Konventionstaler (S) 3000.–/6000.–
FRIDERICUS D.G.PR.WALDECCIAE COM. PYR., sonst wie Nr.1
Rs. wie Nr.1
Kettenrand

3 (7 a) 1/4 Taler (S) 250.–/500.–
FRIDERICUS. PR. WALDECCIAE. COM. PYR., sonst wie Nr.1
Rs. **53⅓ STUCK EINE MARK FEIN.** um **IV** zwischen zwei Rosetten / **EINEN / THALER** / Jahreszahl. / – / Mmz. F.W., darunter bogig **IUSTIRT.** · **1810**
Kettenrand, Laubrand, Kerbrand

4 (7 b) 1/4 Taler (S) 250.–/500.–
Vs. wie Nr.3
Rs. ähnlich wie Nr.3, doch **STÜCK** und Jahreszahl formal geändert. **1810**
Kettenrand, Laubrand, Kerbrand

5 (5) 1/2 Groschen (K) 50.–/100.–
FÜRST. WALDECK. LAND MÜNZE. um den mit dem Fürstenhut besetzten Waldecker Wappenschild
Rs. **1/2. / GROSCHEN** / Jahreszahl. / – / Mmz. · F.W. · **1809**

6 (2) 3 Pfennig (K) 40.–/90.–
FÜRSTL. WALDECK. SCH. MÜNZ um F unter Fürstenhut
Rs. **III / PFENNIGE** / Jahreszahl. / – / Mmz. F.W. · **1809** (kopfwendig geprägt), **1810** (seitwendig geprägt)
Var.: **1809, 1810**: FURSTL. und MUNZ

7 (4) 3 Pfennig (K) 50.–/100.–
FÜRSTL · WALDECK · SCH · MÜNZ · um Wappen wie Nr. 5
Rs. **III / PFENNIGE** / Jahreszahl / – / Mmz. F.W. · **1809**

WALDECK UND PYRMONT 350

8 (6) 3 Pfennig (K) 50.–/100.–
Wappen wie Nr. 5, Perlkreis
Rs. **III** / **PFENNIGE** / Jahreszahl. / – / Mmz. **F.W.** · **1810**
(kopf- und seitwendig geprägt)
Var.: Stempelvarianten

9 (1) Pfennig (K) 40.–/80.–
F unter Fürstenhut
Rs. **I** zwischen zwei Sternen / **PFENNING** / Jahreszahl /
Mmz. **F ✶ W** · **1809, 1810**
Stempelvarianten

10 (3) Pfennig (K) 40.–/80.–
Vs. ähnlich wie Nr. 7, doch **MÜNZ** ✸
Rs. **I** zwischen zwei Rosetten / **PFENNING** / Jahreszahl /
Mmz. **F W** · **1809, 1810**
Var. 1810: jedoch stets Pfennig statt Pfenning
1809: Silberabschlag 800.–

Georg (1807–1813)
Jüngerer Bruder des Fürsten Friedrich.
* 6.5.1747. ∞ 12.9.1784 Auguste, Tochter des Prinzen August von Schwarzburg-Sondershausen. Er folgte seinem Bruder in Waldeck am 24.9.1812 als Fürst zu Pyrmont. † 9.9.1813.

Als Fürst von Pyrmont (1807–1812)

11 (11) Konventionstaler (S) 2700.–/6000.–
GEORG PRINZ Z. WALDECK FÜRST Z. PYRMONT um Kopf n.r., am Halsabschnitt Medailleursignatur **L**
Rs. **ZEHN EINE FEINE MARK**, Jahreszahl. Über dem von Waldeck und Pyrmont gespaltenen Wappenschild auf Hermelinmantel unter Krone, darunter Mmz. **F.W.** · **1811**
Kettenrand

12 (10) 1/24 Taler (B) 800.–/1500.–
G. F. Z. W. R. F. Z. P. über zwei gegeneinander gelehnten Wappenschilden von Waldeck und Pyrmont auf Hermelinmantel unter Fürstenhut, darunter **LANDMÜNZ** ·
Rs. **24** zwischen zwei Sternen / **EINEN** / **THALER** / Jahreszahl / – / Mmz. **F.W.** · **1806, 1807**
Kerbrand
Var.: **1806** Vs. G. F. Z. W. R. G. Z. P.

Als Fürst zu Waldeck und Pyrmont (1812–1813)

13 (13) Konventionstaler (S) 4000.–/8000.–
GEORG FÜRST ZU WALDECK UND PYRMONT & c. um Kopf n.l.
Rs. **CONCORDIA PATRIAE NUTRIX** über neunfeldigem Wappenschild auf Hermelinmantel unter Krone, darunter Jahreszahl, dahinter Punkt, zwischen Mmz. **F.W.** · **1813**
Randschrift a) X. EINE ✚✚✚✚ FEINE ✚✚✚ MARCK ✚✚✚✚ b) .X. EINE – FEINE – MARK c) X EINE FEINE MARK mit 34 Rosetten

14 (14) Kronentaler (S) 5000.–/10000.–
Vs. wie Nr. 13
Rs. wie Nr. 13. **1813**
Randschriften: a) ✚ K ✚ R ✚ O ✚ N ✚ E ✚ N ✚ T ✚ H ✚ A ✚ L ✚ E ✚ R ✚ b) ✚✚ WALDECKISCHER ✚✚✚ KRONTHALER c) . KRONTHALER (38, 45 oder 46 Rosetten) d) . 52 Sterne e) .✚ WALDECKISCHER ✚ KRONTHALER ✚ FEINSILBER (mit und ohne Stern am Ende) f) .✚ WALDECKISCHER ✚ KRONTHALER ✚ F. ✚ SILB. g) ✸ K ✸ R ✸ O ✸ O ✸ N ✸ T ✸ H ✸ A ✸ L ✸ E ✸ R ✸✸

15 (12) 1/4 Taler (S)   1 500.–/3 000.–
GEORG FÜRST ZU WALDECK UND PYRMONT. &.
um Wappen wie Nr. 11
Rs. **53⅓ STUCK EINE MARK FEIN.** um **IV** zwischen zwei Rosetten / **EINEN** / **THALER** / Jahreszahl. / – / Mmz. **F.W.**, darunter bogig **IUSTIRT · 1812**
Kerbrand

18 (32) Kronentaler (S)   1 000.–/2 000.–
GEORG HEINR: FÜRST Z. WALDECK U. PYRMONT.
um **EIN** / **KRONEN** / **THALER** / Jahreszahl / Mmz. **F.W.** unter Fürstenhut, das Ganze zwischen zwei gebundenen Palmzweigen; darunter Waldecker Stern
Rs. **PALMA SUB PONDERE CRESCIT** · um Palme in der Wüste, Gewicht in der Krone, am Stamm der von Waldeck und Pyrmont gespaltene Wappenschild, das Ganze in Fadenkreis. **1824**

16 (12) 1/4 Taler (S)   1 500.–/3 000.–
Vs. wie Nr. 15, doch statt & jetzt **EC**.
Rs. wie Nr. 15, doch andere Jahreszahl. **1813**

Georg Heinrich (1813–1845)

* 20.9.1789 als Sohn des Fürsten Georg. ∞ 26.6.1823 mit Emma Prinzessin von Anhalt-Bernburg-Schaumburg-Hoym.
† 15.5.1845.

19 (29) 1/3 Taler (S)   120.–/250.–
Ovaler, neunfeldiger Wappenschild in Rokokokartusche auf Hermelinmantel unter Fürstenhut
Rs. **3** zwischen zwei Rauten / **EINEN** / **THALER** / Jahreszahl / Mmz. **F.W.** · **1824**

20 (30) 1/3 Taler (S)   120.–/250.–
GEORG HEINRICH FÜRST Z. WALDECK U. PYRMONT. um Wappen wie Nr. 11, aber unter Fürstenhut
Rs. wie Nr. 19. **1824**
Kerbrand

17 (40) Vereinsdoppeltaler (S)   1 600.–/3 000.–
GEORG HEINRICH FÜRST ZU WALDECK U. PYRMONT um neunfeldigen Wappenschild auf Hermelinmantel unter Fürstenhut, darunter Mzz. **A**, Perlkreis
Rs. **VEREINSMÜNZE** über und **VII EINE F. MARK** unter **2** / **THALER** / **3½** / **GULDEN** / Jahreszahl zwischen zwei gebundenen Eichenzweigen, Perlkreis. **1842** (4500), **1845** (4500)
Randschrift: **MÜNZCONVENTION VOM 30 IULY 1838** ✱

21 (31) 1/3 Taler (S)   100.–/200.–

Vs. wie Nr. 20
Rs. **XLII STÜCK EINE MARK FEIN.** über Legende wie Nr. 20. **1824**

22 (35) 1/6 Taler (S)   120.– / 250.–
GEORG HEINRICH FÜRST Z. WALDECK U. P. um Wappen wie Nr. 20, Perlkreis
Rs. **LXXXIV EINE FEINE MARK.** um 6 / EINEN / THALER / Jahreszahl / Mmz. **A.W.**, Perlkreis. **1837** (33 936)
Rand glatt

23 (39) 1/6 Taler (S)   90.– / 180.–
GEORG HEINRICH FÜRST Z. WALDECK U. P. ❀ um Wappen wie Nr. 20, Perlkreis
Rs. **LXXXIV EINE FEINE MARK.** um 6 / EINEN / THALER / Jahreszahl / Mzz. **A**; Perlkreis. **1843** (37 756), **1845** (37 608)
Rand glatt

24 (34) Silbergroschen (B)
GEORG HEINRICH FÜRST Z. WALDECK U. P. um Wappen wie Nr. 12
Rs. **30 EINEN THALER** über und **SCHEIDE MÜNZE** unter 1 / SILBER / GROSCHEN / Jahreszahl / Mmz. **A.W.**, Perlkreis. **1836** (164 160), **1839** (46 169)
Rand glatt

25 (38 A) Silbergroschen (B)   30.– / 60.–
FÜRSTENTHUM WALDECK U. PYRMONT Kreuzblüte, um Wappen wie Nr. 20, Perlkreis
Rs. **30 EINEN THALER** über 1 / SILBER / GROSCHEN / Jahreszahl / Mzz. **A**; Perlkreis. **1842** (309 750), **1843** (191 100), **1845** (181 830)
Rand glatt

26 (28) 2 Mariengroschen (B)   80.– / 160.–
Wappen wie Nr. 20
Rs. **2** zwischen zwei Rauten / **MARIEN** / **GROSCH.** / Jahreszahl. / Mmz. **F.W.** · **1820, 1822, 1823, 1824, 1825**
Var.: **1823**: mit spitzer und runder 3, **1824**: mit offener und geschlossener 4, **1825**: geändert und mit GROSCH:

27 (33) 2 Mariengroschen (B)   100.– / 200.–
Vs. ähnlich wie Nr. 26
Rs. ähnlich wie Nr. 26, doch statt Mmz. F.W. jetzt Mmz. **A.W.** · **1827, 1828**

28 (27) 1/24 Taler = Groschen (B)   200.– / 400.–
Vs. ähnlich wie Nr. 26
Rs. **24** / EINEN / THALER / Jahreszahl. / – / Mmz. **F.W.** · **1818, 1819**
Rand glatt

29 (24) Mariengroschen (B)   100.– / 200.–
FÜRSTL. WALD. SCHEID. MÜNZ Kreuzblüte, um den von Waldeck und Pyrmont gespaltenen Wappenschild unter Fürstenhut
Rs. **I** zwischen zwei Rosetten / **MARIEN** / **GROSCH.** / Jahreszahl / – / Mmz. **F.W.** · **1814, 1820**

30 (25) Mariengroschen (B)   LP
Waldecker Sternwappen ohne Umschrift
Rs. wie Nr. 29. **1820**

31 (26) Mariengroschen (B)   80.– / 160.–
Wappen wie Nr. 20

Rs. wie Nr. 29. **1820, 1823**
Var.: **1820, 1823:** Wappenmantel mit und ohne Hermelinschwänzchen

32   (23) 1/2 Mariengroschen = 4 Pfennig (K)   100.–/200.–
FÜRSTL. WALDECK. LAND MÜNZE. um Wappen wie Nr. 20
Rs. **1/2 / MARIEN / GROSCHEN** / Jahreszahl / – / Mmz. **F.W. · 1825**

33   (17) 3 Pfennige (K)   100.–/200.–
Wappen wie Nr. 20
Rs. **III** zwischen zwei Rosetten / **PFENNIGE** / Jahreszahl. / – / Mmz. **F.W. · 1819**
Var.: 7 Stempel
Laubrand

34   (18) 3 Pfennige (K)   120.–/250.–
Vs. wie Nr. 33
Rs. **III** zwischen zwei Rosetten / **PFENNIGE / SCHEIDE / MÜNZE.** / Jahreszahl. / Mmz. **F.W. · 1819**
Var.: 7 Stempel

35   (19) 3 Pfennige (K)   200.–/400.–
Vs. wie Nr. 33
Rs. wie Nr. 33, doch **PFENNIG · 1819**
Var.: 7 Stempel

36   (22) 3 Pfennige (K)   70.–/140.–
Vs. wie Nr. 33
Rs. **3** zwischen zwei Rauten bzw. Sternen / **PFENNIGE / SCHEIDE / MÜNZE.** / Jahreszahl. / Mmz. **F.W. · 1824** (Rs. Rauten), **1825** (Rs. Sterne)

37   (37) 3 Pfennige (K)   60.–/120.–
120 EINEN THALER um Wappen wie Nr. 29
Rs. **3 / PFENNIGE** / Jahreszahl / – / Mzz. **A. 1842** (247 320), **1843** (113 880), **1845** (249 360)
Kettenrand

38   (15) Pfennig (K)   50.–/100.–
Monogramm **GH** unter Fürstenhut
Rs. **I** zwischen zwei Rosetten / **PFENNIG** / Jahreszahl. / Mmz. **F.W · 1816, 1817**
Var.: **1817:** mit W; 1817 / W.; 1817. / .W. in größeren und kleineren Buchstaben; 1817. / F.W.; 1817. W

39   (16) Pfennig (K)   100.–/200.–
FÜRST. WALDECK. SCHEIDE MÜNZ Rosette um Wappen wie Nr. 5
Rs. **I** zwischen zwei Rosetten / **PFENNIG** / Jahreszahl / Mmz. **W · 1816, 1817**
Var. **1817:** auch mit Mmz. .W.

40   (20) Pfennig (K)   60.–/120.–
Wappen wie Nr. 29
Rs. **I** zwischen zwei Rosetten / **PFENNIG** / Jahreszahl. / – / Mmz. **F.W. · 1821**
Var.: auch mit Vs. im Perlkreis und kleinerer Wappenschild

41   (21) Pfennig (K)   50.–/100.–

WALDECK UND PYRMONT

F.W.S.M. um Wappen wie Nr. 20
Rs. **I** zwischen zwei Rauten / **PFENNIG** / Jahreszahl / – / Mmz. **F.W.** · **1825**

42 (36) Pfennig (K)   40.–/80.–
360 EINEN THALER um Wappen wie Nr. 29
Rs. **1** / **PFENNIG** / Jahreszahl / – / Mzz. **A** · **1842** (352 360), **1843** (219 600), **1845** (383 760)
Rand glatt

Georg Victor (1852–1893)

* 14.1.1831 als Sohn des Fürsten Georg Heinrich und dessen Gemahlin Emma Prinzessin von Anhalt-Bernburg-Schaumburg-Hoym. ∞ 26.9.1853 in 1. Ehe Helene Prinzessin von Nassau, 29.4.1891 in 2. Ehe Luise, Tochter des Herzogs Friedrich von Holstein-Glücksburg. † 12.5.1893.

Unter Vormundschaft seiner Mutter Emma (1845 bis 1852)

43 (41) Vereinsdoppeltaler (S)   3500.–/5500.–
EMMA FÜRSTIN REGENT. U. VORMÜND. ZU WALDECK U.P. um neunfeldiges Wappen wie Nr. 17, unten Mzz. **A**, Perlkreis
Rs. wie Nr. 17. **1847** (1000)
Randschrift: wie Nr. 17

Selbständige Regierung (1852–1893)

44 (44) Vereinsdoppeltaler (S)   1200.–/2500.–
GEORG VICTOR FÜRST ZU WALDECK U. PYRMONT um Kopf n. l., darunter Mzz. **A**, Perlkreis
Rs. **2 THALER VII EINE F. MARK 3½ GULDEN ✱** über und **VEREINS** Jahreszahl **MÜNZE** unter neunfeldigem Wappenschild wie Nr. 17, Perlkreis. **1856** (11 375)
Randschrift wie Nr. 17

45 (45) Vereinstaler (S)   250.–/500.–
Vs. wie Nr. 44
Rs. **EIN VEREINSTHALER XXX EIN PFUND FEIN** um neunfeldiges Wappen wie Nr. 17, darunter Jahreszahl, Perlkreis. **1859** (14 304), **1867** (18 926)
Randschrift: MÜNZVERTRAG VOM 24 JANUAR 1857 +

46 (38 A) Silbergroschen (B)   50.–/100.–
Vs. wie Nr. 25
Rs. wie Nr. 25. **1855** (156 000)
Rand glatt

47 (38 B) Silbergroschen (B)   30.– / 60.–
Vs. wie Nr. 25
Rs. wie Nr. 25, doch Mzz. **B** statt **A. 1867** (180 000)
Rand glatt

48 (43 A) 3 Pfennige (K)   20.– / 40.–
120 EINEN THALER um Wappen wie Nr. 29, Perlkreis
Rs. **3 / PFENNIGE** / Jahreszahl / – / Mzz. **A**, Perlkreis. **1855**
(243 000)
Rand glatt

49 (43 B) 3 Pfennige (K)   12.– / 25.–
Vs. wie Nr. 48
Rs. wie Nr. 48, doch Mzz. **B** statt **A. 1867** (420 000)
Rand glatt, Var. auch mit Kerbrand

50 (42 A) Pfennig (K)   10.– / 20.–
360 EINEN THALER um Wappen wie Nr. 29, Perlkreis
Rs. **1 / PFENNIG** / Jahreszahl / – / Mzz. **A**, Perlkreis. **1855**
(365 760)
Rand glatt

51 (42 B) Pfennig (K)   10.– / 20.–
Vs. wie Nr. 50
Rs. wie Nr. 50, doch Mzz. **B** statt **A. 1867** (540 000)
Rand glatt

Friedrich (1893–1918)

* 20. 1. 1865 als Sohn des Fürsten Georg Victor und seiner Gemahlin Helene Prinzessin von Nassau. ∞ 9. 8. 1895 Bathildis Prinzessin von Schaumburg-Lippe. Thronverlust am 13. 11. 1918. † 26. 5. 1946 in Arvesen.

52 (288) 20 Mark (G)   3 200.– / 5 000.–
FRIEDRICH FÜRST ZU WALDECK UND PYRMONT
um Kopf n. l., darunter Mzz. **A**
Rs. **DEUTSCHES REICH**, Jahreszahl über und ✶ **20 MARK** ✶ unter Reichsadler (Modell 1889–1918). **1903** (2000)
Randschrift: GOTT MIT UNS, dazwischen Verzierungen
Vs.-Stempel von Emil Weigand, Berlin

53 (171) 5 Mark (S)   3 000.– / 5 000.–
Vs. wie Nr. 52
Rs. **DEUTSCHES REICH**, Jahreszahl über und ✶ **FÜNF MARK** ✶ unter Reichsadler (Modell 1889–1918). **1903** (2000)
Randschrift: GOTT MIT UNS, dazwischen Verzierungen
Vs.-Stempel von Emil Weigand, Berlin

Wallmoden-Gimborn, Grafschaft

Größe: 275 qkm
Einwohner: 15000 (1850)
Residenz: Gimborn
Wappen:
1. und 4. von Wallmoden
2. Gimborn
3. Neustadt/Wied
5. Earl-Coronet und von Wendt (Mutter des Grafen)

1	2
5	
3	4

Das Geschlecht von Wallmoden, als niedersächsischer Uradel im Kreise Goslar ansässig, wurde am 17.1.1783 in Person des Generals der Kavallerie Johann Ludwig von Wallmoden in den Reichsgrafenstand erhoben, nachdem dieser von den Fürsten Schwarzenberg 1782 die reichsunmittelbaren, 1806 mediatisierten Herrschaften Gimborn (bei Gummersbach) und Neustadt/Wied käuflich erworben hatte. In dieser Eigenschaft ließ Graf Johann Ludwig nach dem am 9.11.1799 eingetretenen Tode der Juliane von Schaumburg-Lippe, der Mutter seines Mündels (von 1787–1807) Georg Wilhelm von Schaumburg-Lippe, im eigenen Namen für seine Lande in Hannover prägen.

Münzprägung im Konventionsfuß von 1753 in der Münzstätte Hannover.

LITERATUR:

Kurt Jaeger, Die Münzprägungen der deutschen Staaten vom Ausgang des alten Reiches bis zur Einführung der Reichswährung, Band 7: Herzogtum Nassau, Königreich Westfalen, Fürstentümer Waldeck und Pyrmont, Lippe-Detmold und Schaumburg-Lippe mit Wallmoden-Gimborn, 2. Auflage, Basel 1969

Johann Ludwig (1782–1806)

* 22.4.1736 als natürlicher Sohn Georgs II. von Großbritannien und der Amalie Sofie Marianne von Wendt, seit 8.4.1739 Gräfin von Yarmouth, Gemahlin des Adam Gottlob von Wallmoden. Am 17.1.1783 unter dem Namen Wallmoden-Gimborn in den Reichsgrafenstand erhoben. ∞ 18.4.1766 in 1. Ehe Charlotte Christine von Wangenheim, 3.8.1788 in 2. Ehe Christiane von Lichtenstein. † 10.10.1811 zu Hannover.

2 1/2 Konventionstaler (S) 600.–/1300.–
LUDOV · S · R · I · COMES A WALLMODEN GIMBORN um fünffeldigen Wappenschild unter Viscount-Coronet, behängt mit Girlande
Rs. **MONETA GIMBORNENSIS** über **XX** zwischen zwei Rauten / **EINE FEINE / MARK** / Jahreszahl / –. **1802**
Laubrand

1 Dukat (G) 7500.–/15000.–
MONETA GIMBORNENSIS um Monogramm aus **LW** unter englischem Viscount-Coronet
Rs. **I** zwischen zwei Rosetten / **DUCAT** / Jahreszahl zwischen zwei Rosetten / –. **1802** (400)
Var.: Silberabschlag

3 1/24 Taler (B) 200.–/400.–
Vs. ähnlich wie Nr. 1
Rs. **24 / EINEN / THALER /** Jahreszahl **1802**

Westfalen, Königreich

Größe: 45 000 qkm (1810)
Einwohner: ca. 2 612 000 (1810)
Hauptstadt: Kassel
Wappen:
1. Kfm. Hannover, Hzm. Westfalen
2a. Hessischer Löwe
2b. Gft. Diez
2c. H. Nidda
2d. Gft. Katzenelnbogen
3. Magdeburg
4a. Hzm. Braunschweig
4b. Gft. Diepholz
4c. Hzm. Lüneburg
4d. Gft. Lauterberg
5. Dynastie Bonaparte (Prinz von Frankreich)

1	2b	2c
	2a	
	2c	2d
	5	
3	4a	4b
	4c	4d

Mit Dekret vom 18.8.1807 war nach dem Frieden von Tilsit das Gebiet des neu zu schaffenden Königreichs Westfalen festgesetzt worden. Es bestand aus ehemals preußischem Besitz, nämlich:
    a) der Altmark,
    b) dem linkselbischen Herzogtum Magdeburg,
    c) Hildesheim, Paderborn, Minden, Ravensberg, Halberstadt, Hohenstein, Mansfeld, dem Eichsfelde, dem Gebiet von Quedlinburg, der Grafschaft Stolberg-Wernigerode sowie den ehemaligen Reichsstädten Goslar, Mühlhausen (Thür.), Nordhausen sowie der Grafschaft Kaunitz-Rietberg,
ferner: d) dem Herzogtum Braunschweig-Wolfenbüttel,
    e) dem größten Teil des Kurfürstentums Hessen-Kassel (ausgenommen die Grafschaften Hanau und Katzenelnbogen) samt einigen kleineren Herrschaften sowie sächsischen Gebietsteilen,
    f) für die Dauer etwa eines Jahres nahezu dem gesamten Kurfürstentum Hannover (teilweise erst mit kaiserlichem Dekret vom 1.3.1810) (ausgenommen ein Teil des Herzogtums Lauenburg).

Zum König wurde Napoleons Bruder Hieronymus am 18.8.1807 eingesetzt. Dieser zog am 10.12.1807 in die Hauptstadt seines Landes, Kassel, ein. Nach nicht ganz sechsjährigem Bestand zerbrach die Neuschöpfung, die dem Rheinbund von Anbeginn an angehört hatte, zufolge der Ereignisse des Jahres 1813. Hieronymus war gezwungen, das Land am 26.10.1813 zu verlassen.
Das Königreich Westfalen wurde aufgelöst, und durch entsprechende Beschlüsse des Wiener Kongresses wurden die ehemaligen Landesherren wieder in ihre alten Rechte eingesetzt.
Das Münzwesen des neugeschaffenen Landes sollte nach französischem Vorbild (Dekret vom 16.10.1809) gestaltet werden, d.h. im Dezimalsystem des Kaiserreichs. Daneben wurde aber in den im Lande befindlichen Münzstätten Kassel, Clausthal und Braunschweig gemäß dem Konventionsfuß (20-Gulden) von 1753 sowie nach dem Leipziger oder 18-Gulden-Fuß gemünzt.

Münzstätten:
    1. Kassel = Mzz.: Adlerkopf und C für Gepräge in französischer Währung
        Mmz.: F.
        Mzz.: C. oder C für Gepräge im Konventionsfuß (stets auf der Rückseite angebracht)
    2. Clausthal = Mzz. C. oder C (stets auf der Vorderseite angebracht) für Gepräge in Feinsilber und nach dem Reichsfuß
    3. Braunschweig = Mzz. B.
Die Gepräge französischer Währung mit Mzz. Pferdekopf und J können ebensogut in Kassel wie in Paris, wo die Stempel verfertigt wurden, geprägt worden sein.

Medailleur:
: Tiolier = Pierre Josèphe Tiolier, * 1763 in London, † 1819 in Bourbonne-les-Bains

Münzmeister:
: F. = Dietrich Heinrich Fulda, 1783–1831 in Kassel

Die Ausbringung der wichtigsten Sorten

Nominal	Prägezeit	Metall	Gewicht g	Fein-gewicht g	Fein-gehalt °/₀₀	Katalog-Nr.
Deutsche Währung						
X Taler	1810–1813	Gold	13,27	11,88	895	1–3
V Taler	1810–1813	Gold	6,64	5,94	895	4–6
Konventionstaler	1810–1813	Silber	28,06	23,38	833,3	7–9, 24
2/3 Taler (Feinsilber)	1808–1813	Silber	13,08	13	993,6	10, 11, 25
XXIIII Mariengroschen (2/3 Taler)	1810	Silber	17,32	12,99	750	12
1/6 Taler	1808, 1809, 1810, 1812, 1813	Silber	5,85	2,92	500	13, 14, 16
1/6 Taler (Feinsilber)	1808, 1810, 1812	Silber	3,18	3,16	993,6	15
Französische Währung						
40 Franken	1813	Gold	12,90	11,61	900	27
20 Franken	1808, 1809, 1811	Gold	6,45	5,81	900	28–30
10 Franken	1813	Gold	3,23	2,91	900	31
5 Franken	1813	Gold	1,62	1,46	900	32
5 Franken	1808, 1809	Silber	25	22,50	900	33
2 Franken	1808	Silber	10	9	900	34
1 Franken	1808	Silber	5	4,5	900	35
1/2 Franken	1808	Silber	2,5	2,25	900	36
20 Centimes	1808, 1810, 1812	Billon	3,87	0,77	200	37
10 Centimes	1808, 1810, 1812	Billon	1,97	0,39	200	38
5 Centimes	1808, 1809, 1812	Kupfer	7,5	–	–	40
3 Centimes	1808, 1809, 1810, 1812	Kupfer	4,5	–	–	41
2 Centimes	1808, 1809, 1810, 1812	Kupfer	3	–	–	42
1 Centime	1809, 1812	Kupfer	1,5	–	–	43

LITERATUR:

Kurt Jaeger, Die Münzprägungen der deutschen Staaten vom Ausgang des alten Reiches bis zur Einführung der Reichswährung, Band 7: Herzogtum Nassau, Königreich Westfalen, Fürstentümer Waldeck und Pyrmont, Lippe-Detmold und Schaumburg-Lippe mit Wallmoden-Gimborn, 2. Auflage, Basel 1969
Günther Freiherr Probszt von Ohstorff, Münzen und Medaillen des Königreichs Westfalen, Numismatische Zeitschrift, N.F. 4, Wien 1911 sowie Nachtrag ebendort Band 76, Wien 1955

Hieronymus Napoleon (1807–1813)

* 15.11.1784 als Sohn des Carlo Buonaparte und dessen Gemahlin Maria Laetitia, geb. Ramolino zu Ajaccio, Korsika. ∞ 24.12.1803 in 1. Ehe Elisabeth Patterson, geschieden 1805, 23.8.1807 in 2. Ehe Friederike Katharina Sophie Dorothea Prinzessin von Württemberg. Nach Verlust seiner Lande 1815 zum Pair de France ernannt, focht er bei Ligny und Waterloo und lebte nach dem Zusammenbruch der napoleonischen Monarchie bis 1847 als Fürst von Montfort (württembergische Verleihung vom 31.7.1816) teils in Deutschland, teils in Italien. Nach seiner Rückkehr nach Frankreich wurde er als französischer Prinz von Geblüt am 18.12.1852 zum eventuellen Thronerben ausersehen. † 24.6.1860 auf Schloß Villegenis bei Massy und liegt im Invalidendom zu Paris begraben.

a) Prägungen in deutscher Währung

1 (24) 10 Taler (G) 2800.–/5500.–
HIERONYMUS NAPOLEON. um mit Ordenskette der Ehrenlegion behängten, gekrönten, fünffeldigen Wappenschild.
Rs. **KOENIG VON WESTPHALEN FR. PR.**, Raute, um **X** zwischen zwei Rosetten / **THALER** / Jahreszahl zwischen zwei Rauten / Mzz. B. · **1810**
Kerbrand
Var. **1810**: Silberabschlag

2 (26) 10 Taler (G) 2200.–/4500.–
HIERONYMUS NAPOLEON., bzw. ohne Punkt, um Büste mit Lorbeerkranz n.l.
Rs. wie Nr. 1, doch andere Jahreszahl. **1811, 1812, 1813**
Kerbrand
Var. **1812**: Rs. ohne Punkte nach FR PR

3 (28) 10 Taler (G) 4500.–/7000.–
Vs. ähnlich wie Nr. 2, doch Büste ohne Lorbeerkranz.
Rs. wie Nr. 1. **1811**
Kerbrand

4 (23) 5 Taler (G) 2400.–/4800.–
Vs. wie Nr. 1
Rs. wie Nr. 1, doch anderer Wert. **1810**
Kerbrand

5 (25) 5 Taler (G) 2400.–/4800.–
Vs. wie Nr. 2
Rs. wie Nr. 2, doch anderer Wert. **1811, 1812, 1813**
Kerbrand

6 (27) 5 Taler (G) 4500.–/7000.–
Vs. ähnlich wie Nr. 5, doch Büste ohne Lorbeerkranz
Rs. wie Nr. 5. **1811**
Kerbrand

7 (6) Konventionstaler (S) LP
HIERONYMUS NAPOLEON um fünffeldigen, gekrönten Wappenschild, behängt mit Ketten der Orden der westfälischen Krone und der Ehrenlegion, dahinter gekreuzt Zepter der »grâce« (r.) und der »main de justice« (l.)
Rs. **KOENIG VON WESTPHALEN FR. PR.** um X, zwischen zwei Rauten / **EINE FEINE / MARK** / Jahreszahl zwischen zwei Rauten / – / Mzz. C. · **1810**
Laubrand

8 (7) Konventionstaler (S) 500.–/1000.–
HIERONYMUS NAPOLEON um Büste mit Lorbeerkranz n.r.
Rs. wie Nr. 7, doch andere Jahreszahl. **1810, 1811, 1812**
Laubrand

9 (8) Konventionstaler (S) 500.–/1000.–
Vs. wie Nr. 8, doch veränderte Büste
Rs. wie Nr. 8, doch andere Jahreszahl. **1811, 1812, 1813**
Laubrand

10 (15) 2/3 Taler (S) 280.–/500.–

HIERONYMUS NAPOLEON. um Büste n. l., darunter Mzz. **C**
Rs. **KOENIG. VON. WESTPHALEN. F. P.** Jahreszahl mit Punkt, Rosette um **2/3**, darunter bogig **N. D. REICHS FUSS FEIN SILBER.** · **1808, 1810**
Kettenrand

11 (16) 2/3 Taler (S)   220.– / 450.–
Vs. ähnlich wie Nr. 10, doch Legende beginnt 1. und Mzz. **C**.
Rs. wie Nr. 10. **1809, 1810**
Kettenrand
Var. **1809**: Rs. bogige Legende beginnt unter 8 der Jahreszahl; ferner hinter jedem Wort der Legende ein Punkt.

12 (22) 2/3 Taler = 24 Mariengroschen (S)   250.– / 500.–
HIERONYMUS NAPOLEON. um fünffeldigen, gekrönten Wappenschild, behängt mit Ordenskette der Ehrenlegion, 1. davon ⅔, r. davon **ST**:
Rs. **KOENIG VON WESTPHALEN FR. PR.** um **XXIIII / MARIEN / GROSCH. / – /** Jahreszahl, darunter bogig **NACH D. LEIPZ. FUS**, darunter Mzz. **B.** · **1810**
Kerbrand
Var. Rs. auch FUS.

13 (3, 4) 1/6 Taler (S)   120.– / 220.–
HIERONYMUS NAPOLEON. um fünffeldigen, gekrönten Wappenschild, behängt mit Ordenskette der Ehrenlegion
Rs. **80 STÜCK EINE MARK FEIN** um **VI** zwischen zwei Rosetten / **EINEN / THALER /** Jahreszahl. / – / Mmz. **F.**, darunter bogig **IUSTIRT.** · **1808, 1809, 1810**
Laubrand
Var.: **1809**: Kerbrand; **1810**: ohne Punkt hinter IUSTIRT
Probe: 1809 Laubrand: VZ **320.–**

14 (14) 1/6 Taler (S)   150.– / 350.–
Vs. wie Nr. 13
Rs. **KOENIG. VON. WESTPHALEN. F. P.** Jahreszahl mit Punkt, Rosette um ¹/₆, darunter bogig **N. D. R. F. F. SILB.** · **1808, 1810, 1812**
Kerbrand
Var. **1810**: Vs.: NAPOLEON.

15 (21) 1/6 Taler (S)   100.– / 200.–
Vs. wie Nr. 13, doch **NAPOLEON**
Rs. ähnlich wie Nr. 13, doch Jahreszahl ohne Punkt und Mzz. **B.** · **1808, 1809, 1810, 1812, 1813**
Kerbrand
Var. **1808**: NAPOLEON ohne Punkt; **1809** Punkt hinter FEIN; IUSTIRT ohne Punkt; Mzz. ohne Punkt. **1810**: Punkt hinter FEIN; IUSTIRT ohne Punkt. **1812**: stets Punkt hinter FEIN sowie IUSTIRT ohne Punkt. **1813**: stets wie 1812; ferner Rs. ohne Rosetten neben Wert

16 (21) 1/6 Taler (S)   100.– / 200.–
Vs. wie Nr. 13
Rs. wie Nr. 13, doch Mzz. **C.** und andere Rosetten um Wert. **1809, 1810, 1813**
Laubrand (1809), Kerbrand (1810, 1813). ferner ohne Rosetten um Wert, glatt (1810)
Var. **1809**: Vs. mit Punkt hinter NAPOLEON; **1810**: Vs. mit Punkt hinter NAPOLEON, Rs. mit Punkt hinter FEIN und ohne Punkt hinter Mzz. C
1813: Probe in Kupfer

17 (13) 1/12 Taler (S)   75.– / 150.–
Monogramm **HN** unter Krone, darunter Mzz. **C**
Rs. **NACH DEM REICHS FUSS** Rosette um **12 / EINEN / THALER /** Jahreszahl. **1808, 1809, 1810**
Rand glatt
Var. **1809**: Mzz. C.

18 (1) 1/24 Taler (B)   75.– / 150.–

Monogramm HN unter Krone mit Bändern
Rs. **24 / EINEN / THALER /** Jahreszahl. / – / Mmz. F. · **1807, 1808, 1809**
Rand glatt
Var. **1808** und **1809**: Jahreszahl ohne Punkt

19 (2) 1/24 Taler (B)   80.– / 160.–
Vs. wie Nr. 18, doch Krone ohne Bänder
Rs. wie Nr. 18, doch Mzz. **C** (ohne Punkt). **1809**
Rand glatt

20 (12) Mariengroschen (B)   120.– / 250.–
Monogramm HN unter Krone ohne Bänder, darunter Mzz. C
Rs. **NACH DEM REICHS FUSS.** um **I / MARIEN- / GROS. /** Jahreszahl. **1808, 1810**
Rand glatt

21 (11) 4 Pfennige (B)   100.– / 200.–
Vs. wie Nr. 20
Rs. **NACH DEM REICHS FUSS** · um **IIII / PFENN** · / Jahreszahl. · **1808, 1809**
Rand glatt
Var. **1808**: Rs. FUSS · und PFEN ·

22 (10) 2 Pfennige (K)   100.– / 200.–
Vs. wie Nr. 20, doch Mzz. **C**.
Rs. **II / PFENNING / SCHEIDE- / MÜNTZ** · / Jahreszahl. · **1808, 1810**
Rand glatt
Var. **1808**: PFENNING · und Jahreszahl ohne Punkt

23 (9) Pfennig (K)   60.– / 120.–
Vs. wie Nr. 20, doch Mzz. **C**.
Rs. **I / PFENNING / SCHEIDE- / MÜNTZ /** Jahreszahl. · **1808**
Rand glatt
Var. Vs. Mzz. C ohne Punkt

Ausbeutemünzen

24 (19, 20) Konventionstaler (S)   1 200.– / 3 000.–
HIERONYMUS NAPOLEON um Büste mit Lorbeerkranz n. r.
Rs. **KOENIG VON WESTPHALEN FR. PR.** über und **10 ST. EINE MARK F.** unter **SEEGEN / DES / MANSFELDER / BERGBAUES /** Jahreszahl zwischen zwei Rauten / Mzz. **C.** · **1811**
Laubrand
Var. Vs. mit größerem Lorbeerkranz und kleinerem Backenbart

25 (17) 2/3 Taler (S)   280.– / 500.–
HIERONYMUS NAPOLEON · um Büste mit Lorbeerkranz n. r., darunter Mzz. **C**.
Rs. **KOENIG · VON · WESTPHALEN · F · P ·** Jahreszahl · Rosette um **2/3**, darunter bogig **N · D · LEIPZIGER · FUSS · FEIN · SILBER · 1811, 1812, 1813**
Kettenrand

250.– / 550.–
26 (18) Konventionsausbeutegulden (Medaille) (S)
Vs. wie Nr. 25
Rs. **GLÜCK AUF / CLAUSTHAL / IM AUGUST / 1811.** zwischen zwei gebundenen Lorbeerzweigen. **1811**
(100 in S; ferner 22 in G zu 6 Dukaten und 8 in G zu 25 Louis d'or)
Kettenrand   65 000.–

WESTFALEN

b) Prägungen in französischer Währung

27 (44) 40 Franken (G)
HIERONYMUS NAPOLEON · um Büste mit Lorbeerkranz
n.l., darunter Tiolier (kursiv), Perlkreis
Rs. **KOENIG V. WESTPHALEN FR · PR** · um **40 / FRANK.**
in zwei gebundenen Lorbeerzweigen, darunter Jahreszahl
zwischen Adlerkopf (l.) und C (r.), Perlkreis. **1813** (5465)
Randschrift: ○ + GOTT ○ ERHALTE ○ DEN ○ KOENIG
Var. ohne Randschrift (1867 in etwa 80 Exemplaren geprägt),
ferner Zinnabschläge   (200.–)

28 (41) 20 Franken (G)   600.– / 1 200.–
Vs. wie Nr. 27
Rs. **KOENIG V · WESTPH · FR · PR** · um **20 FRANK.** in
zwei gebundenen Lorbeerzweigen, darunter Jahreszahl mit
Punkt, zwischen Adlerkopf (l.) und Mzz. C (r.), Perlkreis.
1808 (13 450), **1809** (9104), **1811** (18 903), **1813** (2)
Randschrift wie Nr. 27
Var. **1808**: ohne Randschrift; ferner nur 180 (unvollständige
Jahreszahl) und ohne Mzz. und Adlerkopf (Kupferabschlag),
1809: Kupferabschlag

29 (40) 20 Franken (G)   600.– / 1 200.–
Vs. wie Nr. 28
Rs. wie Nr. 28, jedoch Mzz. Pferdekopf (l.) und Mzz. **J** (r.),
1808, 1809
Randschrift wie Nr. 27
Var. **1808**: mit glattem Rand, da Probe; ferner Adlerkopf (l.)
und J (r.) in Weißmetall, Rand glatt, **1809**: mit Randschriftfehler ERHALT und DE EN statt DEN; außerdem nur mit
180. (unvollständige Jahreszahl) ohne Mzz. und Randschrift
in Messing bzw. vergoldeter Bronze

30 (39) 20 Franken (G)   700.– / 1 300.–
Vs. wie Nr. 28
Rs. ähnlich wie Nr. 28, jedoch Mzz. Pferdekopf (l.) und Mzz.
C (r.) sowie Jahreszahl ohne Punkt. **1809**
Randschrift wie Nr. 27

31 (43) 10 Franken (G)   850.– / 1 600.–
HIERON · NAPOL · um Büste mit Lorbeerkranz n.l., darunter Tiolier (kursiv), Perlkreis
Rs. **KOEN. V. WESTPH. FR. PR.** um **10 / FRANK.** über
Adlerkopf (l.) und Mzz. C (r.), darunter Jahreszahl, Perlkreis.
1813
Rand glatt
Abschläge in Bronze und Gelbkupfer

32 (42) 5 Franken (G)   850.– / 1 600.–
Vs. wie Nr. 31
Rs. wie Nr. 31, jedoch anderer Wert. **1813** (zusammen mit
Nr. 31: 2045)
Rand glatt
Neuabschläge in Silber und Bronze (1865); ferner in Nickel,
Zinn, Gelbkupfer etc. (VZ - stgn 750.–)

33 (38) 5 Franken (S)   1 500.– / 3 000.–
HIERONYMUS NAPOLEON. um Büste mit Lorbeerkranz
n.r., darunter Tiolier (kursiv), Perlkreis
Rs. **KOENIG VON WESTPHALEN FR. PR.** um **5 / FRANK.**
zwischen zwei gebundenen Lorbeerzweigen, darunter Jahreszahl mit Punkt zwischen Pferdekopf (l.) und Mzz. J (r.), Perlkreis. **1808, 1809**
Randschrift: ○ + GOTT ○ ERHALTE ○ DEN ○ KOENIG
Var. ohne Randschrift, Mzz. und nur mit 18.. (unvollständige Jahreszahl) in Silber, Bronze, Nickel, **1809**: Rs. mit
Adlerkopf und C, ohne Randschrift in Zinn   (400.–)

34 (37) 2 Franken (S)   550.– / 1 200.–
Vs. wie Nr. 33
Rs. ähnlich wie Nr. 33, jedoch anderer Wert. **1808**
Randschrift wie Nr. 33
Var. ohne Randschrift, Mzz. und Jahreszahl 18 · (unvollständige Jahreszahl) in Nickel und Bronze
Abschlag in Zinn   400.–

35 (36) Franken (S)   350.– / 750.–
Vs. wie Nr. 33
Rs. wie Nr. 34, jedoch andere Wertzahl und Legende **KOENIG
V. WESTPH. FR. PR.** · **1808**
Randschrift wie Nr. 33
Var. Jahreszahl nur 180 (unvollständige Jahreszahl), ohne
Mzz. in Silber, Nickel sowie Bronze (VZ 2 500.–)

36 (35) 1/2 Franken (S)   280.– / 550.–
HIERONYMUS NAPOLEON. um Büste mit Lorbeerkranz
n.l., darunter Tiolier (kursiv), Perlkreis

Rs. **KOENIG V. WESTPH. FR. PR.** um ½ / **FRANK.** zwischen zwei gebundenen Lorbeerzweigen, darunter Jahreszahl mit Punkt zwischen Pferdekopf (l.) und Mzz. **J** (r.). **1808** Rand glatt
Proben in Silber, Bronze, Neusilber; ferner mit Mzz. Adlerkopf und Mzz. **C** in Zinn, Kupfer und Nickel

37 (34, 34 P) 20 Centimes (B)   70.– / 140.–

Monogramm **HN** unter Krone mit Bändern in vertieftem Feld, umgeben von zwei gekreuzten Lorbeerzweigen auf erhöhter Randleiste
Rs. Auf erhöhter Randleiste in vertiefter Schrift **HIERONYMUS NAPOLEON KOEN.** Jahreszahl um **20 / CENT.** / Adlerkopf (l.) und Mzz. **C** (r.), darunter Tiolier (kursiv) im vertieften Feld. **1808, 1810, 1812**
Rand glatt
Var. **1808**: Rs. Mzz. Pferdekopf (l.) und Mzz. **J** (r.), Probe **1810**: Probe   350.–

38 (33, 33 P) 10 Centimes (B)   70.– / 140.–

Vs. ähnlich wie Nr. 37, jedoch **HIERON.** statt HIERONYMUS
Rs. ähnlich wie Nr. 37, jedoch anderer Wert. **1808, 1809** (fraglich, ob existent), **1810, 1812**
Rand glatt
Var. **1808**: Rs. Mzz. Pferdekopf (l.) und Mzz. **J** (r.), Probe; ferner Neuabschläge in Kupfer und Nickel   400.–

39 10 Centimes (B)   LP

Monogramm **HN** unter Krone mit Bändern
Rs. **10 / CENT.** / Adlerkopf (l.) und Mzz. **C** (r.) Tiolier (kursiv). **1808** (Probe)
Rand glatt

40 (32, 32 P) 5 Centimes (K)   20.– / 50.–

Vs. ähnlich wie Nr. 39, jedoch ohne Krone
Rs. **KOEN. V. WESTPH. FR. PR.** Jahreszahl auf erhöhter Randleiste um **5 / CENT.** / Adlerkopf (l.) und **C** (r.) / Tiolier (kursiv). **1808, 1809, 1812**, Rand glatt
Var. **1808**: Rs. Mzz. Pferdekopf (l.) und Mzz. **J** (r.), Probe **1809**: wie vor; ferner Dickabschlag des Normaltyps   300.–

41 (31, 31 P) 3 Centimes (K)   20.– / 50.–

Vs. wie Nr. 40
Rs. ähnlich wie Nr. 40, jedoch anderer Wert. **1808, 1809, 1810, 1812**
Rand glatt
Var. **1808, 1809**: Rs. Mzz. Pferdekopf (l.) und Mzz. **J** (r.), Probe **1809, 1810**: Dickabschläge   100.– / 200.–

42 (30, 30 P) 2 Centimes (K)   40.– / 80.–

Vs. wie Nr. 40
Rs. ähnlich wie Nr. 40, jedoch anderer Wert. **1808, 1809, 1810, 1812**
Rand glatt
Var. **1808, 1809**: Rs. Mzz. Pferdekopf (l.) und Mzz. **J** (r.), Probe (**250.–**), **1809, 1810**: Dickabschläge (**350.–**), **1810**: Rs. Legende wie üblich um **2 / CENT.** / Tiolier (kursiv), Probe von unfertigem Stempel

43 (29) Centimes (K)   35.– / 70.–

Vs. wie Nr. 40
Rs. ähnlich wie Nr. 40, jedoch anderer Wert. **1809, 1812**
Rand glatt
Var. **1809**: Probe in Bronze sowie Dickabschlag   600.–

Württemberg, Herzogtum, 1803 Kurfürstentum, 1806 Königreich

1   2

Größe: 1843: 19 499 qkm; 1905: 19 512 qkm
Einwohner: 1843: 1 725 167; 1905: 2 302 179
Hauptstadt: Stuttgart

Wappen (1818):
1. Württemberg
2. Schwaben

Die Revolutionskriege hatten seit dem ausgehenden 18. Jahrhundert Württemberg stark in Mitleidenschaft gezogen. Durch die 1803 zur Entschädigung der Reichsfürsten gebildete Reichsdeputation erhielt das Land eine Reihe geistlicher und weltlicher Gebiete und wurde zum Kurfürstentum erhoben. 1806 nahm der Kurfürst die Königswürde an und trat dem Rheinbund bei; 1813 schloß er sich den Alliierten an. Der Staat bekam 1819 eine Verfassung. Der Zollverein mit Bayern und der Zusammenschluß mit dem preußisch-hessischen Verein führte 1833 zur Gründung des Deutschen Zollvereins. Innerpolitische Unruhen erschütterten 1848–1850 das Land. In der deutschen Frage lehnte Württemberg die preußische Führung ab und suchte eine Bundesreform zugunsten des österreichischen Einflusses zustande zu bringen. 1871 wurde es deutscher Bundesstaat. Der König dankte am 29.11.1918 ab. Württemberg wurde Freistaat und erhielt 1919 eine neue Verfassung.

Grundlage des Münzwesens war die Münzkonvention von 1753, nach der aus der Gewichtsmark Feinsilber (234 g) – Silber war das Währungsmetall – 10 Konventionstaler zu prägen waren, der Taler zu 2 Gulden gerechnet, der Gulden zu 60 Kreuzer, der Kreuzer zu 4 Pfennig, der Pfennig zu 2 Heller. Aus dem 10-Taler- oder 20-Gulden-Fuß wurde jedoch bald ein 24-Gulden-Fuß; d. h. der Konventionstaler wurde in Wirklichkeit höher bewertet als es seinem Nominalwert entsprach, nämlich mit 2 Gulden 24 Kreuzer, der Gulden demnach mit 72 Kreuzer. Der Dresdener Münzvertrag von 1838 verband nun diesen süddeutschen 24-Gulden-Fuß, seit etwa 1800 ein 24½-Gulden-Fuß, mit dem norddeutschen 14-Taler-Fuß in der Vereinsmünze, dem 3½-Gulden- bzw. 2-Taler-Stück. Der Wiener Münzvertrag von 1857 setzte an Stelle der Gewichtsmark das Zollpfund von 500 g, demgemäß aus dem Pfund Feinsilber 30 Vereinstaler zu prägen waren.

Außer den Konventionsmünzen lief in den süddeutschen Ländern während der 1. Hälfte des 19. Jahrhunderts der Kronentaler um, eine ursprünglich österreichisch-niederländische Münze, die von mehreren Staaten übernommen wurde, so auch von Württemberg, das ihn bis 1837 prägte.

Für die 1812/1813 in Rußland stehenden Truppen stellte die Münze in Stuttgart niederländische Dukaten her. Sie entsprachen genau dem Vorbild mit der Schrifttafel auf der einen und dem stehenden Ritter auf der anderen Seite und trugen die Jahreszahlen 1788, 1795, 1800, 1802. Die reguläre Dukatenprägung endete in Württemberg 1848. Gold wurde dann erst wieder seit 1872 vermünzt.

Mit dem Münzgesetz von 1873 trat an Stelle der Landeswährung die Reichswährung, eine Goldwährung mit der Rechnungseinheit der Goldmark zu 100 Pfennig.

Bewertungen:

1 Karolin = 11 Gulden
1 Dukat = 5 Gulden 45 Kreuzer
1 Kronentaler = 2 Gulden 42 Kreuzer

1 Konventionstaler = 2 Gulden 24 Kreuzer
1 Vereinstaler = 1 Gulden 45 Kreuzer
1 Gulden = 1,71 Mark (ab 1871)

Münzstätte: F = Stuttgart

Medailleure, Münzmeister:

C.H. = Johann Christian Heuglin, Münzmeister in Stuttgart, um 1783–1808
W., L.W., J.L.W. = Johann Ludwig Wagner, * 1773 in Durlach, † 1845 in Stuttgart
P.B. = unbekannter Medailleur (Doppelgulden 1824, Nr. 73, und Guldenprobe 1823, Nr. 78)
D = Carl Wilhelm Doell, * 1787 in Suhl, † 1848 in Karlsruhe
A.D. = Gottlob August Dietelbach, * 1806 in Stetten im Remstal, † 1870 in Stuttgart
Carl Friedrich Voigt, * 1800 in Berlin, † 1874 in Triest
Joseph Losch d.J., * 1804 in München, † 1843 in München
C.S., C.Sch.F. = Christian Schnitzspahn, * 1829 in Darmstadt, † 1877 in Darmstadt
Karl Schwenzer, * 1843 in Löwenstein, † 1904 in Stuttgart
Ludwig Habich, * 1872 in Darmstadt, † 1949 in Jugenheim a.d.B. (Modell für 3 Mark 1911)

Die Ausbringung der wichtigsten Sorten vor Einführung der Reichswährung

Nominal	Prägezeit	Metall	Gewicht g	Feingewicht g	Feingehalt ⁰/₀₀	Katalog-Nr.
4 Dukaten	1841, 1844	Gold	13,96	13,76	986	119, 120
Karolin (Friedrich d'or)	1810	Gold	7,63	6,84	896	28
10 Gulden	1824, 1825	Gold	6,68	5,98	896	58, 121
Dukat	1803, 1804, 1808, 1813, 1818, 1840 bis 1842, 1848	Gold	3,49	3,44	986	17, 29, 30, 56, 57, 59, 60
5 Gulden	1824, 1825, 1835, 1839	Gold	3,34	2,99	896	61
2 Konventionstaler	1798	Silber	50	41,67	833,3	1
Doppeltaler	1840, 1842, 1843, 1846, 1854, 1855	Silber	37,12	33,41	900	62, 122
Doppeltaler	1869, 1871	Silber	37,04	33,33	900	131
Kronentaler	1810–1812, 1817, 1818, 1825–1835, 1837	Silber	29,49	25,60	868	31–37, 63–69
Konventionstaler	1798, 1803, 1806, 1809, 1817, 1818	Silber	28,06	23,38	833,3	2, 3, 18, 38–42, 70, 71
2 Gulden	1824, 1825	Silber	25,45	19,09	750	73–75
2 Gulden	1845–1856	Silber	21,21	19,09	900	76
Vereinstaler	1857–1871	Silber	18,52	16,67	900	77, 126, 132
1/2 Konventionstaler	1805	Silber	14,03	11,69	833,3	19
1 Gulden	1824, 1825	Silber	12,72	9,55	750	79, 80
1 Gulden	1837–1856	Silber	10,61	9,55	900	84, 85, 123–125
1/2 Gulden	1838–1841, 1844–1850, 1852–1856, 1858–1871	Silber	5,29	4,76	900	86, 127

WÜRTTEMBERG

Nominal	Prägezeit	Metall	Gewicht g	Feingewicht g	Feingehalt ⁰/₀₀	Katalog-Nr.
24 Kreuzer	1824, 1825	Silber	6,68	3,89	583	87
20 Kreuzer	1807–1810, 1812, 1818, 1823	Silber	6,68	3,89	583,3	43–46, 88, 89
12 Kreuzer	1824, 1825	Silber	3,90	1,95	500	90, 91
10 Kreuzer	1808, 1809, 1812, 1818, 1823	Silber	3,90	1,95	500	47, 48, 92, 93
6 Kreuzer	1838–1856	Billon	2,598	0,866	333,33	99, 100
3 Kreuzer	1839–1856	Billon	1,299	0,433	333,33	105, 106
Kreuzer	1839–1857	Billon	0,624	0,156	250	109, 110
Kreuzer	1857–1864	Billon	0,837	0,139	166,67	111

LITERATUR:
Christian Binder – Julius Ebner, Württembergische Münz- und Medaillenkunde, Stuttgart 1910
Kurt Jaeger, Die Münzprägungen der deutschen Staaten vor Einführung der Reichswährung, Band 1: Königreich Württemberg, Fürstentümer Hohenzollern. 2. Auflage, Basel 1966
Hans Schwenke, Die Münzen des Königreichs Württemberg 1806–1871, Hobria, Deutsche Münzen, Band 4, Berlin 1968
S. a. Deutsches Reich

Friedrich II. (1797–1805), Herzog, als Kurfürst 1803 bis 1805, als König Friedrich I. 1806–1816

* 6.11.1754 in Treptow a. d. Rega als Sohn des Herzogs Friedrich Eugen und dessen Gemahlin Sophie Dorothea, Prinzessin von Brandenburg-Schwedt. ∞ 15.10.1780 in 1. Ehe Auguste, Tochter des Herzogs Karl II. Wilhelm Ferdinand von Braunschweig-Wolfenbüttel, 18.5.1797 in 2. Ehe Charlotte, Tochter des Königs Georg III. von Großbritannien. † 30.10.1816 in Stuttgart.

1 Doppelter Konventionstaler (S)   6 000.– / 12 000.–
FRIDERICUS. II. D. G. DUX. WIRTEMB &. T. · Brustbild n.l.
Rs. **CUM · DEO · ET · IURE AD · NORMAM.   . CONVENTION.** Spatenblattförmiger, sechsfeldiger Wappenschild mit württembergischem Mittelschild, umzogen von der Kette des württembergischen Großen Jagdordens, besetzt mit einer Königskrone. Unten **17–98**
Rand glatt
Var. mit W unter dem Brustbild

2 Konventionstaler (S)   2 500.– / 5 000.–
FRIDERICUS. II. D: G. DUX WIRTEMB &. T. · Brustbild n.l.
Rs. **CUM DEO ET IURE. AD NORMAM CONVENTION.** Wappen wie Nr. 1. Unten **.17–98.**
Laubrand
Proben mit glattem Rand, geändertem Stempel in Silber, Zinn und Blei

3 Konventionstaler (S)   3 000.– / 6 000.–
Vs. wie Nr. 2, jedoch mit W unter dem Brustbild
Rs. **CUM DEO ET IURE ✸ AD NORMAM   CONVENTION ·** Wappen wie Nr. 1. Unten **C–H** und **17–98**
Laubrand

4 20 Kreuzer (S) 400.–/800.–
FRIDERICUS II. D. G. DUX WIRTEMB. & T · Brustbild n.l., darunter · **W** ·
Rs. **CUM DEO ET IURE ✽ AD NORMAM CONVENTIONIS ✽** Wappen wie Nr. 1. Unten **17–98**
Laubrand

8 6 Kreuzer (B) 250.–/500.–
WIRTEMB. SCHEIDEMUNZE · Unter Herzogshut F. II., darunter **(6)**
Rs. In spatenblattförmigem Schild die drei Hirschstangen des Wappens von Württemberg, umzogen von einem Ordensband mit anhängendem Ordenskreuz, überhöht von Herzogshut. Unten **17–99**
Rand glatt

5 20 Kreuzer (S) 300.–/600.–
Vs. wie Nr. 4
Rs. **CUM DEO ET IURE ✶ AD NORMAM CONVENTI:** · Wappen wie Nr. 1. Unten **17–98** und **(20)**
Laubrand

9 3 Kreuzer (B) 250.–/500.–
WIRTEMB. SCHEIDEMUNZE · Unter Herzogshut **F II.**, darunter **3**
Rs. Wappen wie Nr. 8, aber ohne Orden und zwischen zwei Palmzweigen, darunter **17–98**
Rand glatt

10 3 Kreuzer (B) 150.–/300.–
WIRTEMB. SCHEIDEMUNZE · Unter Krone F. II., darunter **3** in ovaler Einfassung
Rs. Wappen wie Nr. 9, darunter **17–99**
Rand glatt

6 20 Kreuzer (S) 800.–/1600.–
Vs. wie Nr. 4
Rs. ✽ **CUM DEO ET IURE AD NORMAM CONVENT:** · Wappen wie Nr. 1. Unten **17–99** und **(20)**
Laubrand

11 3 Kreuzer (B) 100.–/200.–
Vs. wie Nr. 10
Rs. Wappen wie Nr. 9, aber in ovalem Schild zwischen zwei Palmzweigen, darunter **18–W–00**
Rand glatt

12 3 Kreuzer (B) 100.–/200.–
Vs. wie Nr. 10, jedoch **3** zwischen runden Klammern
Rs. wie Nr. 11. **1800**
Rand glatt

7 10 Kreuzer (S) 400.–/800.–
FRIDERICUS II. D. G. DUX WIRTEMB. & T. · Brustbild n.l.
Rs. ✽ **CUM DEO ET IURE AD NORMAM CONVENT:** · Wappen wie Nr. 1. Unten **17–99** und **(10)**
Laubrand

13 3 Kreuzer (B) 100.–/200.–
Vs. wie Nr. 10
Rs. wie Nr. 11, jedoch **18–01**
1801, 1802
Rand glatt
Var.: I8–0I

WÜRTTEMBERG 368

14 I Kreuzer (B)   120.–/250.–
F II. unter Herzogshut
Rs. **I / KREUTZER** / zwei Lorbeerzweige und **1798**
Rand glatt

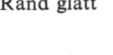 

15 I Kreuzer (B)   200.–/400.–
F II. unter Herzogshut
Rs. **I. / KREUTZER /** Jahreszahl, darunter Palm- und Lorbeerzweig. **1799, 1800, 1801, 1802**
Rand glatt

16 1/2 Kreuzer (B)   200.–/400.–
F. II. unter Herzogshut, darunter **1798**
Rs. Wertangabe: **1/2**
Rand glatt
Var.: 4 (Buchstaben, Interpunktion)

Friedrich II. (1803–1805), Herzog und Kurfürst; als Herzog seit 1797, als König Friedrich I. 1806–1816

17 Dukat (G)   **LP**
FRID. II. HERZ. V. WURT. U. CHURFURST · Brustbild n.r., darunter **I. L. W.**
Rs. **CUM DEO ET IURE** · Ovaler, von »Reichssturmfahne« und Württemberg gespaltener Wappenschild, oben mit Girlande behängt und mit dem Kurhut besetzt, zwischen zwei gebundenen Palmzweigen, darunter Mmz. **C. 18–04 H.**
Rand schräg geriffelt

18 Konventionstaler (S)   3 500.–/7 000.–
FRIDERICUS II. D:G. DUX WURT. S. R. I. AR. VEX. ET ELECTOR. · Brustbild n.l.
Rs. **CUM DEO ET IURE** · Wappen wie Nr. 17. Im Abschnitt: **AD NORM. CONV. / 1803**
Laubrand

19 Halber Konventionstaler (S)   1 500.–/3 200.–
FRID. II. D. G. DUX WURT. S. R. I. AR. VEX. ET ELECT. · Brustbild n.l., darunter **I. L. W.**
Rs. **CUM DEO ET IURE** · Wappen wie Nr. 17. Unten **18–05**. Im Abschnitt: **AD NORM. CONV.**
Laubrand

20 20 Kreuzer (S)   400.–/800.–
FRID. II. D. G. DUX. WURT. S. R. I. AR. VEX. ET ELECTOR · Brustbild n.l., darunter **I.L.W.**
Rs. **CUM DEO ET IURE** · Wappen wie Nr. 17. Unten **1805**. Im Abschnitt: **20**
Laubrand

21 10 Kreuzer (S)   400.–/800.–
FRID. II. D. G. DUX WURT. S. R. I. AR. VEX. ET ELECT. · Brustbild n.l., darunter **I.L.W.**
Rs. **CUM DEO ET IURE** · Wappen wie Nr. 17. Unten **18–05**. Im Abschnitt **10**
Laubrand

22 VI Kreuzer (B)   200.–/400.–

CHURF. WURT. SCHEIDE MUNZE · Im Feld F. II., im Abschnitt: **VI / KREUZER / W.**
Rs. Ovales Wappenfeld wie Nr.17, in viereckiger, an den oberen Ecken eingerollter und mit Festons behängter Kartusche, oben mit einer Königskrone besetzt, beiderseits **18–03**
Rand glatt

23 VI Kreuzer (B) 150.–/300.–

CHURF. WURT. SCHEIDEMUNZ · Im Feld F. II., im Abschnitt: **VI / KREUZER**
Rs. Wappen wie Nr.22, beiderseits Jahreszahl **1804, 1805**
Rand glatt
Var. **1804**: mit W unter KREUZER. 3 weitere Schriftvar.
1805: Var. in der Interpunktion

24 III Kreuzer (B) 100.–/200.–

CHURF. WURT. SCHEIDEMUNZE · Im Feld F. II., im Abschnitt **III / KREUZER / W.**
Rs. Wappen wie Nr.22, beiderseits **18–03**
Rand glatt
Var.: ohne W.

25 III Kreuzer (B) 120.–/250.–

CHURF. WURT. SCHEIDEMUNZ · Im Feld F. II., im Abschnitt **III / KREUZER**
Rs. Wappen wie Nr.22, aber Innenfeld wappenschildförmig, beiderseits Jahreszahl **1804, 1805, 1806**
Rand glatt
Var. **1804**: Schriftvar., **1805**: 1 Var. in der Interpunktion

26 1 Kreuzer (B) 120.–/250.–

CHURF. WURT. SCHEIDEMUNZE ❋ · Im Feld F. II., im Abschnitt **1 / KR.**
Rs. Wappen wie Nr.25, beiderseits Jahreszahl **1803, 1804**
Rand glatt

27 1 Kreuzer (B) 200.–/400.–
Gekröntes F. II
Rs. **I / KREUZER / I805** · Darunter Palm- und Lorbeerzweig
Rand glatt

Friedrich I. (1806–1816), König, als Herzog 1797 bis 1805, als Kurfürst 1803–1805

28 (27) Karolin = Friedrich d'or (G) 12000.–/22000.–
FRIDERICUS WÜRTEMB: REX. · Kopf n.r., darunter **I.L.W.**
Rs. Gekröntes, aus Württemberg und Schwaben gespaltenes Wappen, gehalten von einem gekrönten, hersehenden Löwen und einem Hirsch auf Bodenlinie, beide mit einer Reichssturmfahne ausgestattet. Im Abschnitt unter zwei gekreuzten Zweigen **18–10**
Rand glatt
Var.: 1 Schriftvar.

29 (21) Dukat (G) 12000.–/22000.–
FRIDERICUS D. G. REX WURTEMB. · Brustbild n.l.
Rs. Wappen wie Nr.28, aber Löwe im Profil und am Wappenschild der Orden wie bei Nr.8. Im Abschnitt **18–08 / C. H.**
Rand schräg geriffelt
Auch Silberabschlag

30 (26) Dukat (G) 8000.–/15000.–
FRIDERICUS WÜRTEMB. REX · Kopf n.r., darunter **I.L.W**
Rs. Wappen wie Nr.28, aber Löwe im Profil. Im Abschnitt **18–13**
Rand schräg geriffelt

31 (19) Kronentaler (S) LP
FRIDERICUS D. G. REX WÜRTTEMBERGIAE · Brustbild n.l., darunter **I.L.W.**

WÜRTTEMBERG 370

Rs. Wappen wie Nr. 28, aber statt der Zweige ein reiches Stützornament als Postament. Im Abschnitt **18–10**.
Rand: KOENIGL: WURTTEMB: KRONENTHALER (Rosetten)

32 (20) Kronentaler (S)   20 000.– / 30 000.–
FRIDERICH I. KOENIG VON WÜRTTEMBERG · Brustbild n.l., darunter **I. L. W.**
Rs. wie Nr. 31. **1810**
Rand: KOENIGL: WURTTEMB: KRONENTHALER (Rosetten)

33 (22) Kronentaler (S)   1 250.– / 4 800.–
FRIDERICH I. KOENIG VON WÜRTTEMBERG · Kopf n.l., darunter **I. L. W.**
Rs. wie Nr. 31, leicht verändert. **1810**
Rand: KOENIGL: WURTTEMB: KRONENTHALER (Rosetten)
Var.: 1 Var. der Randschrift

34 (22) Kronentaler (S)   1 250.– / 4 800.–
Vs. wie Nr. 33, aber der Kopf schmäler und mit längerem Hals.
Rs. wie Nr. 33. **1810**
Rand: KOENIGL: WURTTEMB: KRONENTHALER (Rosetten)
Var.: 1 Var. mit leicht veränderter Rs. (Quasten an den Fahnen)

35 (23) Kronentaler (S)   1 600.– / 6 500.–
FRIDERICH I. KOENIG VON WÜRTTEMBERG · Kopf n.l., erheblich kleiner als vorher, darunter **I. L. W.**
Rs. wie Nr. 33 **1810**
Rand: KOENIGL: WURTTEMB: KRONENTHALER (Rosetten)

36 (24) Kronentaler (S)   7 500.– / 15 000.–
FRIDERICH I. KOENIG VON WÜRTTEMBERG · Kopf n.l., darunter **I.L.W**
Rs. Wappen wie Nr. 28. Im Abschnitt **18-11**
Rand: KOENIGL: WURTTEMB: KRONENTHALER (Rosetten)

37 (25) Kronentaler (S)   1 200.– / 3 200.–

FRIDERICUS WÜRTEMBERGIAE REX · Kopf n.r., darunter **I.L.W.**
Rs. Wappen wie Nr.30, aber die Fahnenstücke verlängert und aufeinander zuwehend. Im Abschnitt **18–12** (15000)
Rand: KOENIGL: WURTTEMB: KRONENTHALER (Rosetten)
Var.: 1 Var. mit leicht veränderter Rs.

38   (1) Konventionstaler (S)   LP
FRIDERICUS D:G. REX WÜRT. S. R. I. AR. VEXILL. ET ELECT. · Brustbild n.l.
Rs. **AD NORMAM CONVENTION.** Wappen wie Nr.18, aber mit Königskrone. Im Abschnitt **1806**
Laubrand

39   (4) Konventionstaler (S)   18000.– / 28000.–
FRIDERICUS D. G. REX WURTEMBERGIAE · Brustbild n.l.
Rs. wie Nr.38. **1806**
Laubrand

40   (5) Konventionstaler (S)   18000.– / 28000.–
FRIDERICUS D. G. REX WURTEMBERG. · Brustbild n.l., darunter **I.L.WAGNER F.**
Rs. wie Nr.38, jedoch größere Schrift · **1806**
Laubrand

41   (17) Konventionstaler (S)   15000.– / 24000.–
FRIDERICUS D: G. REX WÜRTEMBERG. · Brustbild n.l., darunter **I.L.WAGNER F.**
Rs. **AD NORMAM CONVENTION** · Wappen ähnlich Nr.38, aber im Schild wie Nr.28. Im Abschnitt **1809** (zusammen mit Nr.42 höchstens 3000)
Laubrand

42   (18) Konventionstaler (S)   18000.– / 28000.–
FRIDERICUS D. G. REX WÜRTTEMBERGIAE · Brustbild n.l., darunter **I.L.W.**
Rs. wie Nr.41. **1809** (zusammen mit Nr.41 höchstens 3000)
Laubrand

43   (11) 20 Kreuzer (S)   240.– / 600.–
FRIDERICUS D. G. REX WÜRTTEMB. · Brustbild n.l., darunter **I.L.W.**
Rs. **AD NORMAM CONVENTION.** · Wappen wie Nr.41. Unten Jahreszahl, im Abschnitt **20.** · **1807, 1808, 1809, 1810**
Laubrand
Var. **1807**: 3, **1808**: 4 (Schrift und Interpunktion); **1809**: 1 Schriftvar.

44   (13) 20 Kreuzer (S)   300.– / 600.–
FRIDERICH I. KOENIG VON WÜRTTEMB. · Kopf n.l., darunter **I.L.W.**
Rs. **NACH DEM CONV. FUSS.** · Wappen wie Nr.41. Unten Jahreszahl, im Abschnitt **20.** · **1810, 1812**
Laubrand
Var. **1810**: 1 Interpunktionsvar.

45   (12) 20 Kreuzer (S)   4000.– / 7000.–
FRIDERICH I. KOENIG VON WÜRTTEMB: · Großer Kopf n.l.

Rs. **AD NORMAM CONVENTION.** · Wappen wie Nr. 41.
Unten Jahreszahl, im Abschnitt **20.** · **1810**
Laubrand

46 (16) 20 Kreuzer (S)   **400.– / 800.–**
FRIDERICH KOENIG VON WÜRTTEMB. · Kopf n.r.,
darunter **I.L.W.**
Rs. **NACH DEM CONV. FUSS** · Wappen wie Nr. 41. Unten
Jahreszahl, im Abschnitt **20.** · **1812** (105 000)
Laubrand

47 (10) 10 Kreuzer (S)   **1 000.– / 2 400.–**
FRIDERICUS D. G. REX WURTTEMB. · Brustbild n.l.
Rs. **AD NORMAM CONVENTION.** · Wappen wie Nr. 41.
Unten Jahreszahl, im Abschnitt **10** · **1808** (25 000), **1809**
(10 000)
Laubrand

48 (14, 15) 10 Kreuzer (S)   **850.– / 2 200.–**
FRID. KOENIG VON WÜRTEMB. · Kopf n.r., darunter
I.L.W.
Rs. **NACH DEM CONV. FUSS** · Wappen wie Nr. 41. Unten
Jahreszahl, im Abschnitt **10** · **1812** (26 000)
Laubrand
Var.: Vs. mit FRIDERICH

49 (3 a) VI Kreuzer (B)   **240.– / 480.–**
KONIGL: WURT: SCHEIDE MUNZ: · Monogramm aus
FR, im Abschnitt **VI / KREUZER**
Rs. Wappen wie Nr. 38. Im Abschnitt Jahreszahl **1806**
Rand glatt
Var.: Vs. mit SCHEIDEMUNZE; 2 weitere Interpunktionsvar.

50 (3 b) VI Kreuzer (B)   **1 000.– / 2 000.–**
Vs. wie Nr. 49
Rs. Wappen wie Nr. 38, beiderseits vom Wappen Jahreszahl
1806
Rand glatt

51 (9) VI Kreuzer (B)   **30.– / 100.–**
KONIGL. WURT. SCHEIDEMUNZ. · Monogramm aus
FR, im Abschnitt **VI / KREUZER**
Rs. Wappen wie Nr. 41. Im Abschnitt Jahreszahl **1806, 1807,
1808, 1809, 1810, 1811, 1812, 1814**
Rand glatt
Var. **1806** und **1807**: je 1 Interpunktionsvar. **1808**: 5 Var.
(Interpunktion und Schrift). **1809**: 5 Var. (Interpunktion,
Schrift, Wappenbild). **1810**: 2 Interpunktionsvar. **1811** und
1812: je 1 Interpunktionsvar.

52 (2) III Kreuzer (B)   **320.– / 750.–**
KONIGL. WURT. SCHEIDEMUNZ. · Monogramm aus
FR, im Abschnitt **III / KREUZER**
Rs. Wappen wie Nr. 38. Im Abschnitt Jahreszahl **1806**
Rand glatt
Var.: 1 Interpunktionsvar.

53 (8) III Kreuzer (B)   **100.– / 200.–**
Vs. wie Nr. 52
Rs. Wappen wie Nr. 41. Im Abschnitt Jahreszahl **1807, 1808,
1809, 1810, 1811, 1812, 1813, 1814** (160 000)
Rand glatt
Var. **1807**: 1 Interpunktionsvar.; **1808**: mit KÖNIGL. und
3 weitere Var. (Interpunktion und Schrift); **1809**: 2 Var.
(Interpunktion und Schrift); **1811**: mit KÖNIGL.; **1812**:
1 Interpunktionsvar.

54 (7) I Kreuzer (B)   120.– / 250.–

Gekröntes Monogramm aus **FR**
Rs. **I / KREUZER /** Jahreszahl **1807, 1808, 1809, 1810, 1811, 1812, 1813** (530 000), **1814, 1816** (630 000)
Rand glatt

55 (6) 1/2 Kreuzer (B)   120.– / 250.–

Gekröntes Monogramm aus **FR**, seitlich Jahreszahl
Rs. Wertangabe **1/2**, ohne Jahreszahl, **1812, 1813** (470 000), **1816** (126 000)
Rand glatt

Gedenkmünzen

56 Dukat (G)   LP

Auf den Münzbesuch 1803
FRID. II. HERZ. V. WURT. U. CHURFURST · Brustbild n.r., darunter **I. L. W.**
Rs. Im Lorbeerkranz: **IN / HÖCHST / EIGENER / GEGEN-WART / 1803**
Rand geriffelt

57 Dukat (G)   LP

Auf den Münzbesuch 1804
Vs. wie Nr. 56
Rs. Im Lorbeerkranz: **IN / HÖCHST / EIGENER / GEGEN-WART / DEN 9. IAN / 1804**
Rand geriffelt

Wilhelm I. (1816–1864)

* 27.9.1781 in Lüben, Schlesien, als Sohn Friedrichs I. und dessen erster Gemahlin Auguste. ∞ 8.6.1808 in 1. Ehe Charlotte Auguste, Tochter des Königs Maximilian I. Joseph von Bayern, geschieden 1814, 24.1.1816 in 2. Ehe Katharina Pawlowna, Tochter des Zaren Paul I. von Rußland, 15.4.1820 in 3. Ehe Pauline, Tochter des Herzogs Ludwig von Württemberg. † 25.6.1864 in Stuttgart.

58 (58) 10 Gulden (G)   6 500.– / 12 000.–

WILHELM KOENIG V. WÜRTTEMB. · Kopf n.r., darunter **W.**
Rs. **ZEHN GULDEN** · Zwischen Eichen- und Lorbeerzweig, beide gekreuzt und zusammengebunden, das gekrönte Wappen in spatenblattförmigem Schild. Unten Jahreszahl **1824** (1896), **1825** (1240)
Rand: FURCHTLOS UND TREU
Auch Silber- und Zinnabschläge

59 (38) Dukat (G)   9 000.– / 16 000.–

WILHELM KOENIG VON WÜRTTEMB: · Kopf n.r., darunter **W.**
Rs. Gekrönter, ovaler Wappenschild, von einem gekrönten Löwen und einem Hirsch, beide auf einem Postament wie bei Nr. 31 stehend, gehalten. Im Abschnitt **18–18**
Rand schräg geriffelt

60 (73) Dukat (G)   800.– / 1 200.–

WILHELM KÖNIG V. WÜRTTEMBERG · Kopf n.l., darunter **A D**
Rs. **1 DUCATEN. 67 EINE M. Z. 23 2/3 K.** · Vollständiges Wappen mit Helm und Krone, gehalten von einem Löwen und einem Hirsch über Spruchband, darauf »furchtlos und treu«, nach dem Modell vom 30.12.1817. Unten Jahreszahl **1840** (81 000), **1841** (232 000), **1842** (25 000), **1848** (62 000)
Rand geriffelt
Var. **1841**: 2 Var. ohne A D

61 (57) 5 Gulden (G)   2 400.– / 3 500.–

WILHELM KOENIG V. WÜRTTEMB. · Kopf n.r., darunter **W.**
Rs. **FÜNF GULDEN.** · Wappen wie Nr. 58. Unten Jahreszahl **1824** (2 282), **1825** (5 956), **1835** (1 443), **1839** (822)
Rand: FURCHTLOS UND TREU

WÜRTTEMBERG 374

62 (71) 3½ Gulden = 2 Taler (S) 500.– / 1000.–
WILHELM KÖNIG V. WÜRTTEMBERG · Kopf n. l., darunter **VOIGT**
Rs. Im Eichenkranz **3½ / GULDEN / 2 / THALER /** Jahreszahl · Oben: **VEREINSMÜNZE** · Unten: **VII EINE F. MARK** · **1840** (161 867), **1842** (50 669), **1843** (245 049), **1854**, **1855** (1854/55: 168 352)
Rand: CONVENTION ✻ VOM ✻ 30 JULY ✻ 1838 ✻

WILHELM KOENIG VON WÜRTEMBERG · Kopf n. r.
Rs. Im Lorbeerkranz eine Krone, darunter **EIN / KRONEN / THALER / 1818.** (zusammen mit Nr. 63: 43 785)
Laubrand
Var.: 1 Var. der Rs.

63 (33) Kronentaler (S) 1 800.– / 3 800.–
WILHELM KOENIG VON WÜRTTEMBERG · Kopf n.l., darunter **WAGNER F.**
Rs. Im Lorbeerkranz eine Krone, darunter **EIN / KRONEN / THALER / 1817.** (zusammen mit Nr. 64: 43 785)
Laubrand

65 (55) Kronentaler (S) 250.– / 500.–
WILHELM KOENIG VON WÜRTTEMBERG. · Kopf n. r., darunter **WAGNER F.**
Rs. **KRONEN THALER** · Wappen wie Nr. 58. Unten Jahreszahl **1825.** (225 814)
Rand: FURCHTLOS ✻ UND ✻ TREU ✻
Var.: ohne Name des Stempelschneiders; 2 weitere Var. mit W. über der Jahreszahl

66 (55) Kronentaler (S) 300.– / 1000.–
WILHELM KOENIG VON WÜRTTEMBERG. · Kopf n. r.
Rs. **KRONEN THALER** · Wappen wie Nr. 58. Unten W. und Jahreszahl **1826**, **1827**, **1828**, **1829**, **1830** (6695), **1831** (9074), **1832**, **1833**
Rand: FURCHTLOS ✻ UND ✻ TREU ✻
Var. **1826**: 1 Interpunktionsvar.; **1827**: 1 Interpunktionsvar. und 1 Var. mit Rs. Nr. 65; **1828**: Rs. wie Nr. 65 und 1 Interpunktionsvar.; **1829**: mit W. unter dem Kopf und 1 Schriftvar.; **1830**: mit W. unter dem Kopf; **1831**: mit W. unter dem Kopf und 1 Var. mit geändertem Kopf; **1832, 1833**: mit W. unter dem Kopf

64 (37) Kronentaler (S) 2 000.– / 4 000.–

67 (56) Kronentaler (S) 250.– / 500.–
WILHELM KOENIG VON WÜRTTEMBERG · Kopf n. r.,
darunter W.
Rs. HANDELSFREIHEIT DURCH EINTRACHT · Stehende Frau mit Merkurstab und Urkunde zwischen Flußgott und Füllhorn. Im Abschnitt **1833** und **D**
Rand: ✶ KRONENTHALER ✶
Var.: 3 Var. in Zeichnung, Schrift und Interpunktion. Probe mit glattem Rand

68 Kronentalerprobe (S) **LP**
WILHELM KOENIG VON WÜRTTEMBERG · Kopf n. r.,
darunter W. mit Laubverzierung
Rs. HANDELSFREYHEIT DURCH EINTRACHT BEWIRKT · Stehende Frau mit Merkurstab und Urkunde zwischen Flußgott und Füllhorn. Im Abschnitt **1833**
Rand glatt
Var.: dsgl., jedoch Rs. HANDELSFREYHEIT DURCH VERTRAG BEWIRKT; 1 weitere, leicht veränderte Var.

69 (55) Kronentaler (S) 250.– / 500.–
WILHELM KOENIG VON WÜRTTEMBERG · Kopf n. r.,
darunter W.
Rs. KRONEN THALER · Wappen wie Nr. 58. Unten Jahreszahl **1834, 1835, 1837** (170000)
Rand: FURCHTLOS ✶ UND ✶ TREU ✶
Var. **1834**: 1 Schriftvar.; **1837**: 1 Schriftvar.

70 (32) Konventionstaler (S) **LP**
WILHELM KOENIG VON WÜRTTEMBERG · Kopf n. l.,
darunter WAGNER F.
Rs. Im Lorbeer- und Eichenkranz **EIN | CONVENTIONS | THALER / 1817**.
Laubrand

71 (36) Konventionstaler (S) 6000.– / 12000.–
WILHELM KOENIG VON WÜRTTEMBERG · Kopf n. r.
Rs. wie Nr. 70, jedoch **1818**.
Laubrand
Var.: 1 Var. der Rs.

72 2 Guldenprobe (S) **LP**
❀ WILHELM KOENIG VON WÜRTTEMBERG ❀ · Kopf n. r., darunter **1823**
Rs. FURCHTLOS UND TREU · Im Eichenkranz gekröntes Wappen, darunter W. Unten 2. GULDEN.
Rand verziert

73 (49) 2 Gulden (S) 1600.– / 4800.–
WILHELM KOENIG VON WÜRTTEMBERG. · Kleiner Kopf n. r., darunter P.B.
Rs. KÖN. WÜRTTEMB. ZWEI-GULDEN-ST. · Im Eichenkranz gekrönter, kreisförmiger Wappenschild, unten **1824**.
(zusammen mit Nr. 74: 15 467)
Rand: ✶ FURCHTLOS ✶ UND ✶ TREU
Var.: Probe mit glattem Rand; W. unter dem Wappen; Vs. ohne P. B. (1000.– / 3000.–) und in der Randschrift statt Sterne Laubwerk; Schriftvar.

WÜRTTEMBERG

74 (50) 2 Gulden (S)   10 000.– / 16 000.–
WILHELM KOENIG VON WÜRTTEMBERG. · Großer Kopf n. r.
Rs. **KÖN. WÜRTTEMB. ZWEI-GULDEN-ST.** · Wappen wie Nr. 73, darunter **W** und **1824.** (selten; zusammen mit Nr. 73: 15 467)
Rand: ✳ FURCHTLOS ✳ UND ✳ TREU

(225 000), **1853** (175 000), **1854** (73 830), **1855** (133 000), **1856** (267 267)
Rand: vertiefte Vierecke

77 (83) Vereinstaler (S)   120.– / 200.–
WILHELM KÖNIG V. WÜRTTEMBERG · Kopf n. l.
Rs. **EIN VEREINSTHALER ✱ XXX EIN PFUND FEIN** · Jahreszahl; Wappen wie Nr. 60, aber der Schild mit geraden Flanken. **1857** (451 752), **1858** (644 104), **1859** (1 332 661), **1860** (645 388), **1861** (753 945), **1862** (648 216), **1863** (620 843), **1864** (532 897)
Rand: ✳ MÜNZVERTRAG VOM 24 JANUAR 1857

75 (54) 2 Gulden (S)   3 000.– / 6 000.–
WILHELM KOENIG VON WÜRTTEMB. · Kopf n. r., darunter **WAGNER F.**
Rs. **ZWEI GULDEN** · Wappen wie Nr. 58. Unten **1825. W.** (9934)
Rand: ✳ FURCHTLOS ✳ UND ✳ TREU
Var.: ohne WAGNER F.; Stempelkopplung Vs. Nr. 73 mit Rs. Nr. 75

78 Guldenprobe (S)   LP
WILHELM KOENIG V. WÜRTTEMBERG · Kopf n. r., darunter **P B**
Rs. **EIN GULDEN** · Wappen wie Nr. 73, unten **1823**
Rand glatt

79 (48) Gulden (S)   480.– / 1 000.–
WILHELM KOENIG VON WÜRTTEMBERG. · Kopf n. r., darunter **W.**
Rs. **KÖN. WÜRTTEMB. EIN-GULDEN-ST.** · Wappen wie Nr. 73, darunter **1824.** (21 158)
Rand: FURCHTLOS ✳ UND ✳ TREU ✳
Var.: 2 Proben mit glattem Rand und veränderter Schrift. 1 Interpunktionsvar.

76 (72) 2 Gulden (S)   150.– / 320.–
WILHELM KÖNIG V. WÜRTTEMBERG · Kopf n. l., darunter **C. VOIGT**
Rs. **ZWEY GULDEN** · Wappen wie Nr. 60. Unten Jahreszahl **1845** (562 216), **1846** (621 259), **1847** (1 160 000), **1848** (336 000), **1849** (486 000), **1850** (280 000), **1851** (140 000), **1852**

80 (53) Gulden (S)   800.– / 2 500.–
WILHELM KOENIG VON WÜRTTEMBERG · Kopf n. r., darunter **W.**

Rs. **EIN GULDEN** · Wappen wie Nr. 58, darunter **1825**.
Rand: FURCHTLOS ✳ UND ✳ TREU ✳
Var. der Vs.: V. statt VON

81   Guldenprobe (S)   **LP**
WILHELM KOENIG VON WÜRTTEMBERG · Kopf n. l., darunter **A. DIETELB:**
Rs. **EIN / GULDEN / 1837**
Rand geriffelt

82   Guldenprobe (S)   **LP**
WILHELM KOENIG VON WÜRTTEMBERG · Kopf n. r., darunter **W.**
Rs. wie Nr. 81. **1837**
Rand geriffelt

83   Guldenprobe (S)   **LP**
WILHELM KOENIG VON WÜRTTEMBERG · Kopf n. r., darunter **W.**
Rs. Im Eichenkranz **1 / GULDEN / 1837**
Rand geriffelt
Var.: 2 Var. der Vs.

84   (63) Gulden (S)   240.– / 450.–
WILHELM KOENIG VON WÜRTTEMBERG · Kopf n. l., darunter **A. DTLBCH.**
Rs. Im Eichenkranz **1 / GULDEN / Jahreszahl 1837, 1838** (zusammen 443 000)
Rand: vertiefte Vierecke
Var. **1837**: Var. mit A. D. unter dem Kopf. **1838**: mit A. D.

85   (70) Gulden (S)   80.– / 240.–
WILHELM KÖNIG V. WÜRTTEMBERG · Kopf n. l., darunter **VOIGT**
Rs. wie Nr. 84. **1838** (712 000), **1839** (365 000), **1840** (2 561 000), **1841** (zusammen mit Nr. 123: 1 626 700), **1842** (2 493 000), **1843** (1 983 000), **1844** (379 000), **1845** (44 000), **1846** (42 000), **1847** (56 000), **1848** (58 000), **1849** (129 000), **1850** (114 000), **1851** (96 000), **1852** (32 000), **1853** (235 000), **1854** (90 000), **1855** (223 000), **1856**
Rand: vertiefte Vierecke
Var. **1839, 1840, 1841**: auch ohne VOIGT   100.– / 300.–

86   (69) 1/2 Gulden (S)   60.– / 120.–
WILHELM KÖNIG V. WÜRTTEMBERG · Kopf n. l., darunter **VOIGT**
Rs. Im Eichenkranz **1/2 / GULDEN / Jahreszahl 1838** (823 666), **1839** (464 000), **1840** (516 000), **1841** (412 000), **1844** (154 000), **1845** (280 000), **1846** (338 000), **1847** (682 000), **1848** (498 000), **1849** (312 000), **1850** (286 000), **1852** (228 000), **1853** (192 000), **1854** (140 000), **1855** (112 000), **1856** (108 000), **1858** (219 017), **1859** (71 724), **1860** (298 839), **1861** (693 020), **1862** (148 671), **1863** (vermutlich wenige), **1864** (160 806)
Rand: vertiefte Vierecke
Var. **1838**: 2 Var. der Vs.; **1858–1864**: ohne VOIGT

87   (47) 24 Kreuzer (S)   450.– / 900.–
WILHELM KOENIG V. WÜRTTEMB. · Kopf n. r., darunter **W.** und Jahreszahl
Rs. **LX. EINE F. MARK.** · Wappen wie Nr. 73, darunter **24. K.** · **1824, 1825**
Rand geriffelt
1825: Rs. mit 24. K

88   (35) 20 Kreuzer (S)   300.– / 600.–
WILHELM KOENIG VON WÜRTTEMBERG · Kopf n. r., darunter **W.**
Rs. Im Lorbeerkranz **20 / KREUZER / Jahreszahl 1818** (180 000)
Laubrand
Var. der Rs.: Lorbeerkranz mit 4 Rosetten besetzt

89   (46) 20 Kreuzer (S)   900.– / 1 500.–

WILHELM KOENIG V. WÜRTTEMB. · Kopf n.r., darunter **W** und **1823**.
Rs. **FURCHTLOS UND TREU.** · Wappen wie Nr. 73, unten **20** · **1823** (33 000)
Rand glatt
Var. mit LW unter dem Kopf

90 (45) 12 Kreuzer (S) 400.– / 800.–
WILHELM KOENIG V. WÜRTTEMB. · Kopf n.r., darunter **W.** und **1824**.
Rs. **CXX. EINE F. MARK.** · Wappen wie Nr. 73, darunter **12. K.** · **1824** (45 000)
Rand geriffelt

91 (45) 12 Kreuzer (S) 500.– / 900.–
WILHELM KOEN. V. WÜRTTEMB. · Kopf n.r., darunter **1825**
Rs. wie Nr. 90. **1825** (25 000)
Rand geriffelt

92 (34) 10 Kreuzer (S) 300.– / 750.–
WILHELM KOENIG VON WÜRTTEMBERG · Kopf n.r., darunter **W.**
Rs. Im Lorbeerkranz **10 / KREUZER / 1818**. (152 000)
Rand schräg geriffelt
Var. mit WÜRTTEMB:

93 (44) 10 Kreuzer (S) 1 200.– / 2 400.–
WILHELM KOENIG V. WÜRTTEMB. · Kopf n.r., darunter **1823**.
Rs. **FURCHTLOS UND TREU.** · Wappen wie Nr. 73, unten **10** · **1823** (10 500)
Rand geriffelt
Var. mit W. unter dem Wappen

94 (31) VI Kreuzer (B) 140.– / 380.–
Im Lorbeerkranz gekröntes **W**
Rs. **KOENIGL: WÜRT: SCHEIDEMÜNZ** · Im Feld **VI / KREUZER /** Jahreszahl **1817, 1818, 1819, 1821**
Rand glatt
Var. **1817**: Var. mit KÖNIGL:

95 (42) 6 Kreuzer (B) 480.– / 800.–
WILHELM KOENIG V. WÜRTTEMB. · Breiter Kopf n.r., darunter **1823**
Rs. **SCHEIDE MÜNZE.** · Wappen wie Nr. 73, darunter **6. K.**
Rand glatt

96 (43 a) 6 Kreuzer (B) 160.– / 350.–
WILHELM KOENIG V. WÜRTTEMB. · Schmaler Kopf n.r., darunter **1823**.
Rs. wie Nr. 95
Rand glatt
Var.: 1 Interpunktionsvar. VZ 900.–

97 (43 b) 6 Kreuzer (B) 140.– / 330.–
WILHELM KÖN. V. WÜRTTEMB. · Kopf n.r., darunter Jahreszahl
Rs. wie Nr. 95. **1823, 1825**
Rand glatt
Var.: 1 Var. mit 1825 W.; 1 Interpunktionsvar.

98 (52) 6 Kreuzer (B) 130.– / 280.–

WILHELM KÖN. V. WÜRTTEMB. · Kopf n. r., darunter Jahreszahl
Rs. **SCHEIDE MÜNZE** · Wappen wie Nr. 58, unten **6 K.** ·
1825, 1826, 1827, 1828, 1829, 1830, 1831, 1832, 1833, 1834, 1835, 1836, 1837
Rand glatt

99 (62) 6 Kreuzer (B) 50.–/90.–

KÖNIGR. WÜRTTEMBERG · Gekröntes Wappen in schematischem Schild
Rs. Im Eichenkranz **6 / KREUZER /** Jahreszahl **1838, 1839, 1840, 1841, 1842**
Rand: vertiefte Vierecke

100 (68) 6 Kreuzer (B) 25.–/45.–

KÖNIGR. WÜRTTB. · Wappen wie Nr. 99
Rs. Im Eichenkranz **6 / KREUZER /** Jahreszahl **1842, 1844, 1845, 1846, 1847, 1848, 1849, 1850, 1851, 1852, 1853, 1854, 1855, 1856**
Rand: vertiefte Vierecke
Var. **1846**: 1 Interpunktionsvar.

101 (30) III Kreuzer (B) 120.–/240.–

Im Lorbeerkranz gekröntes **W**
Rs. **KOENIGL: WÜRT: SCHEIDEMÜNZ** · Im Feld **III / KREUZER / 1818.**
Rand glatt
Var.: 2 Schriftvar.

102 (41 a) 3 Kreuzer (B) 600.–/1100.–

WILHELM KOENIG V. WÜRTTEMB. · Kopf n. r., darunter **1823.**
Rs. **SCHEIDE MÜNZE** · Wappen wie Nr. 73, darunter **3. K.**
Rand glatt

103 (41 b) 3 Kreuzer (B) 180.–/320.–

WILHELM KÖN. V. WÜRTTEMB. · Kopf n. r., darunter **W.** und Jahreszahl
Rs. wie Nr. 102. **1823, 1824, 1825** (380 000)
Rand glatt
Var.: ohne **W.**; 1 Interpunktionsvar.

104 (51) 3 Kreuzer (B) 120.–/240.–

WILHELM KÖN. V. WÜRTTEMB. · Kopf n. r., darunter Jahreszahl
Rs. **SCHEIDE MÜNZE** · Wappen wie Nr. 58, unten **3. K.** ·
1825, 1826, 1827, 1828, 1829, 1830, 1831, 1832, 1834, 1835, 1836, 1837
Rand glatt

105 (61) 3 Kreuzer (B) 40.–/140.–

KÖNIGR. WÜRTTEMBERG · Wappen wie Nr. 99
Rs. Im Eichenkranz **3 / KREUZER /** Jahreszahl **1839, 1840, 1841, 1842**
Rand glatt

106 (67) 3 Kreuzer (B) 25.–/60.–

KÖNIGR. WÜRTTB. · Wappen wie Nr. 99
Rs. Im Eichenkranz **3 / KREUZER /** Jahreszahl **1842, 1843, 1844, 1845, 1846, 1847, 1848, 1849, 1850, 1851, 1852, 1853, 1854, 1855, 1856**
Rand glatt

107 (29) 1 Kreuzer (B) 120.–/240.–

Im Lorbeerkranz gekröntes **W**

WÜRTTEMBERG

Rs. **KOENIGL: WÜRT: SCHEIDEMÜNZ** · Im Feld **1 /
KREUZER / 1818**
Rand glatt
Var. mit KONIGL: 600.– /1 000.–

108 (40) 1 Kreuzer (B)   50.– /100.–
WILHELM KÖN. V. WÜRTTEMB. · Kopf n. r., darunter
Jahreszahl und **W**.
Rs. **SCHEIDE MÜNZE**. Wappen wie Nr. 73, darunter **1. K.** ·
1824 (780 000), **1825** (300 000), **1826, 1827, 1828, 1829, 1830,
1831, 1832, 1833, 1834, 1835, 1836, 1837, 1838**
Rand glatt
Var.: **1824**: mit KOENIG und ohne W.; **1833** und **1834**:
ohne W. 200.–/400.–

109 (60) 1 Kreuzer (B)   30.– /70.–
KÖNIGR. WÜRTTEMBERG · Wappen wie Nr. 99
Rs. Im Eichenkranz **1 / KREUZER /** Jahreszahl **1839, 1840,
1841, 1842**
Rand glatt

110 (66) 1 Kreuzer (B)   20.– /40.–
KÖNIGR. WÜRTTB. · Wappen wie Nr. 99
Rs. Im Eichenkranz **1 / KREUZER /** Jahreszahl **1842, 1843,
1844, 1845, 1846, 1847, 1848, 1849, 1850, 1851, 1852, 1853,
1954, 1855, 1856**
Rand glatt

111 (82) 1 Kreuzer (B)   15.– /40.–
K. WÜRTTEMBERG. SCHEIDEMÜNZE · Wappen wie
Nr. 99
Rs. **1 / KREUZER /** Jahreszahl **1857** (94 830), **1858** (72 328),
1859 (49 740), **1860** (48 517), **1861** (97 236), **1862** (56 375), **1863**
(97 683), **1864** (151 158)
Rand glatt

112 (28) 1/2 Kreuzer (B)   200.– /360.–
Gekröntes **W**
Rs. Wertangabe **1/2**, ohne Jahreszahl
Rand glatt

113 (28) 1/2 Kreuzer (B)   150.– /280.–
Gekröntes **W** zwischen **18–18**
Rs. Wertangabe **1/2**
Rand glatt

114 (39) 1/2 Kreuzer (B)   45.– /90.–
Wappen wie Nr. 73
Rs. **SCHEIDE** ✽ **MÜNZE**. Jahreszahl. Im Feld **1/2** · **1824**
(840 000), **1828, 1829** (780 000), **1831, 1833, 1834, 1835, 1836,
1837** (1831–1837: 620 000)
Rand glatt

115 (65) 1/2 Kreuzer (K)   15.– /30.–
In Eichenkranz gekrönter Wappenschild wie Nr. 99
Rs. **1/2 / KREUZER /** Jahreszahl **1840, 1841, 1842** (451 680),
**1844, 1845, 1846, 1847, 1849, 1850, 1851, 1852, 1853, 1854,
1855, 1856**
Rand glatt

116 (81) 1/2 Kreuzer (K)   15.– /40.–
Wappen wie Nr. 115
Rs. **SCHEIDEMÜNZE** · Im Feld **1/2 / KREUZER /** Jahres-
zahl **1858, 1859, 1860, 1861, 1862, 1863, 1864**
Rand glatt

117 (64) 1/4 Kreuzer (K)   15.–/40.–

Wappen wie Nr. 115
Rs. **1/4 / KREUZER /** Jahreszahl **1842** (197920), **1843** (117580), **1852, 1853, 1854, 1855, 1856**
Rand glatt

118 (80) 1/4 Kreuzer (K)   15.–/40.–

Wappen wie Nr. 115
Rs. **SCHEIDEMÜNZE** · Im Feld **1/4 / KREUZER /** Jahreszahl **1861, 1862, 1863, 1864**
Rand glatt

Gedenkmünzen

119 (75) 4 Dukaten (G)   3000.–/4500.–

WILHELM KÖNIG   V. WÜRTTEMBERG · Kopf n. l. darunter **VOIGT**
Rs. **ZUR FEYER 25 JAEHRIGER REGIERUNG** · Württembergia sitzend zwischen zwei Genien, die ein Füllhorn, (Wohlstand) und ein Liktorenbündel (Gerechtigkeit) darbringen. Im Abschnitt: **DEN 30 OCTOBER / 1841** (6236)
Rand: ✻ VIER ✻ DUCATEN ✻
Var. ohne Randschrift

120 (77) 4 Dukaten (G)   LP

WILHELM KÖNIG   V. WÜRTTEMBERG · Kopf n. l., darunter **VOIGT**
Rs. **KÖNIG WILHELM / BESUCHT DIE NEUE MÜNZSTAETTE** · Ansicht der Münze in Stuttgart, darunter: **DEN 21 NOVEMBER / 1844.**, darunter **DIETELBACH · 1844** (17)
Rand: ✻ VIER ✻ DUCATEN ✻
Var. ohne DIETELBACH (Neuabschlag?)

121 (59) 10 Gulden (G)   LP

WILHELM KOENIG V. WÜRTTEMB. · Kopf n.r., darunter **W.**
Rs. **IN DES / KOENIGS / GEGENWART / 1: NOVBR: / 1825.** (8)
Rand: FURCHTLOS UND TREU

400.–/900.–

122 (79) Doppeltaler (3½ Gulden = 2 Taler) (S)

WILHELM KÖNIG   V. WÜRTTEMBERG · Kopf n. l., darunter **VOIGT**
Rs. **CARL KRONPR. V. WÜRTTEMB. U. OLGA GROSSFÜRSTIN V. RUSSL.** · Beider Köpfe hintereinander. Unten: **VERM. D. 13 JULI 1846** (5808)
Rand: ✻ VEREINSMÜNZE ✻ VII EINE F. MARK
Var. der Randschrift. Goldabschlag

123 (74) 1 Gulden (S)   100.–/180.–

WILHELM KÖNIG   V. WÜRTTEMBERG · Kopf n. l., darunter **VOIGT**
Rs. **ZUR FEYER 25 JAEHRIGER REGIERUNG** · Württembergia sitzend zwischen zwei Genien wie Nr. 119. Im Abschnitt: **DEN 30 OCTOBER / 1841**
Rand: ✻ EIN ✻ GULDEN ✻ (Blattverzierung)

WÜRTTEMBERG

124 (76) 1 Gulden (S)   3300.– / 5000.–
WILHELM KÖNIG V. WÜRTTEMBERG · Kopf n. l., darunter **VOIGT**
Rs. **KÖNIG WILHELM / BESUCHT DIE NEUE MÜNZ-STAETTE** · Ansicht der Münze in Stuttgart, darunter: **DEN 21 NOVEMBER / 1844,** darunter **DIETELBACH** (117)
Rand : ✶ EIN ✶ GULDEN ✶ (Blattverzierung)
Var.: ohne DIETELBACH (vermutlich Neuabschlag); ohne Randschrift

125 (78) Gulden (Medaille) (S)   **LP**
WILHELM KÖNIG V. WÜRTTEMBERG · Kopf n. l., darunter **VOIGT**
Rs. Im Eichenkranz: **DIE / KOENIGIN / U. D. KOENIGL: / PRINZESSINNEN / V. WÜRTTEMBERG / BESUCHEN / DIE MÜNZE / D. 7. NOV. 1845** (17)
Rand glatt
Var.: 1 Var.

Karl (1864–1891)

* 6.3.1823 in Stuttgart als Sohn Wilhelms I. und dessen dritter Gemahlin Pauline. ∞ 13.7.1846 Olga, Tochter des Zaren Nikolaus I. von Rußland. † 6.10.1891 in Stuttgart.

126 (85) Vereinstaler (S)   200.– / 400.–
KARL KOENIG VON WUERTTEMBERG · Kopf n. r., am Halsansatz **C. SCHNITZSPAHN**
Rs. **EIN VEREINSTHALER. XXX EIN PFUND FEIN** · Wappen ähnlich Nr. 77, aber heraldisch verbessert (Helm mit Helmdecken versehen und Spruchband durch Arabeske stabilisiert). Unten Jahreszahl **1865** (275848), **1866** (345783), **1867** (164534), **1868** (78216), **1869** (31000), **1870** (44000)
Rand: MÜNZVERTRAG VOM 24 JANUAR 1857 ✶
Var. **1865:** Hirsch mit herabhängendem Geweih:
                                        800.– / 2500.–

127 (84) 1/2 Gulden (S)   100.– / 200.–
KARL KOENIG VON WUERTTEMBERG · Kopf n. r., am Halsabschnitt **C. S.**
Rs. Im Eichenkranz **1/2 / GULDEN /** Jahreszahl **1865** (165998), **1866** (276114), **1867** (71070), **1868** (105218), **1869** (71840), **1870** (44445), **1871** (40639)
Rand: vertiefte Vierecke
Var. **1868:** auch ohne C. S. Ab **1869:** ohne C. S.

128 (82) 1 Kreuzer (B)   8.– / 20.–
K. WÜRTTEMBERG. SCHEIDEMÜNZE · Wappen wie Nr. 99
Rs. Im Eichenkranz **1 / KREUZER /** Jahreszahl **1865** (86438), **1866** (78074), **1867** (118708), **1868** (118891), **1869** (120000), **1870** (126000), **1871, 1872** (100000), **1873** (80400)
Rand glatt
Var. **1871:** 1 Var.

129 (81) 1/2 Kreuzer (K)   9.– / 20.–
Wappen wie Nr. 115
Rs. **SCHEIDEMÜNZE** · Im Feld **1/2 / KREUZER /** Jahreszahl **1865, 1866, 1867, 1868, 1869, 1870** (147000), **1871** (290000), **1872** (177000)
Rand glatt

130 (80) 1/4 Kreuzer (K)   25.– / 45.–
Wappen wie Nr. 115
Rs. **SCHEIDEMÜNZE** · Im Feld **1/4 / KREUZER /** Jahreszahl **1865, 1866, 1867, 1868, 1869, 1871, 1872**
Rand glatt

Gedenkmünzen

131 (87) 2 Taler (S)   450.– / 800.–

KARL KOENIG VON WUERTTEMBERG · Kopf n.r., am Halsabschnitt **C. SCHNITZSPAHN**
Rs. **ZUR ERINNERUNG AN D. WIEDERHERSTEL-LUNG / D. MÜNSTERS IN ULM** Jahreszahl; Ansicht des Ulmer Münsters. Im Abschnitt: **2 THALER / C. SCHNITZ-SPAHN F.** · **1869, 1871** (4031)
Rand: XV EIN PFUND FEIN
Var.: auch ohne Randschrift. Goldabschläge. Abschläge als Silbermedaillen

132 (86) Taler (S)   100.–/200.–
KARL KOENIG VON WUERTTEMBERG · Kopf n.r., am Halsabschnitt **C. SCHNITZSPAHN**
Rs. **MIT GOTT DURCH KAMPF ZU SIEG UND EINIGUNG** · Engel mit Palmzweig über Kriegstrophäen, worin 1870–1871. Unten **C. SCH. F.** · **1871** (113 674)
Rand: ✱✱✱ XXX ✱ EIN ✱ PFUND ✱ FEIN

Nach Einführung der Reichswährung

133 (290) 20 Mark (G)   260.–/480.–
KARL KOENIG VON WUERTTEMBERG · Kopf n.r., darunter Mzz. F
Rs. **DEUTSCHES REICH** · Reichsadler, unten **20 M.** und Jahreszahl **1872** (661 550), **1873** (1 352 024)
Rand: GOTT MIT UNS (dazwischen Verzierungen)

134 (293) 20 Mark (G)   260.–/440.–
Vs. wie Nr. 133
Rs. **DEUTSCHES REICH** · Jahreszahl, Reichsadler, unten **20 MARK** · **1874** (322 367), **1876** (359 417)
Rand: GOTT MIT UNS (dazwischen Verzierungen)

135 (289) 10 Mark (G)   230.–/430.–
KARL KOENIG VON WUERTTEMBERG · Kopf n.r., darunter Mzz. F
Rs. **DEUTSCHES REICH** · Reichsadler, unten **10 M.** und Jahreszahl **1872** (271 031), **1873** (675 434)
Rand: Ranken und Sterne

136 (292) 10 Mark (G)   220.–/400.–
Vs. wie Nr. 135
Rs. **DEUTSCHES REICH** · Jahreszahl, Reichsadler, unten **10 MARK** · **1874** (204 969), **1875** (532 153), **1876** (933 005), **1877** (271 154), **1878** (336 517), **1879** (210 937), **1880** (245 000), **1881** (79 040), **1888** (200 186)
Rand: Ranken und Sterne

137 (294) 10 Mark (G)   300.–/500.–
Vs. wie Nr. 135
Rs. **DEUTSCHES REICH** · Jahreszahl, Reichsadler, unten **10 MARK** · **1890** (220 000), **1891** (80 381)
Rand: Ranken und Sterne

138 (291) 5 Mark (G)   400.–/600.–
KARL KOENIG VON WUERTTEMBERG · Kopf n.r., darunter Mzz. F
Rs. **DEUTSCHES REICH** · Jahreszahl, Reichsadler, unten **5 MARK** · **1877** (487 687), **1878** (50 370)
Rand glatt

WÜRTTEMBERG

139 (173) 5 Mark (S)   120.–/1 250.–
KARL KOENIG VON WUERTTEMBERG · Kopf n.r.,
darunter Mzz. F
Rs. DEUTSCHES REICH · Jahreszahl, Reichsadler, unten
FÜNF MARK · **1874** (112 530), **1875** (317 851), **1876** (896 725),
1888 (49 258)
Rand: GOTT MIT UNS (dazwischen Verzierungen)

140 (172) 2 Mark (S)   200.–/1 200.–
KARL KOENIG VON WUERTTEMBERG · Kopf n.r.,
darunter Mzz. F
Rs. DEUTSCHES REICH · Jahreszahl, Reichsadler, unten
ZWEI MARK · **1876** (1 550 014), **1877** (1 106 763), **1880**
(128 943), **1883** (73 872), **1888** (123 140)
Rand geriffelt

Wilhelm II. (1891–1918)

* 25.2.1848 in Stuttgart als Sohn des Prinzen Friedrich von
Württemberg und dessen Gemahlin Katharina, Tochter
des Königs Wilhelm I. von Württemberg. ∞ 15.2.1877 in
1. Ehe Marie Prinzessin von Waldeck und Pyrmont, 8.4.1886
in 2. Ehe Charlotte Prinzessin von Schaumburg-Lippe. Thronverzicht 29.11.1918. † 2.10.1921 in Bebenhausen.

141 (296) 20 Mark (G)   250.–/350.–
WILHELM II KOENIG VON WUERTTEMBERG · Kopf
n.r., darunter Mzz. F
Rs. DEUTSCHES REICH · Jahreszahl · Reichsadler, unten
20 MARK · **1894** (500 873), **1897** (400 000), **1898** (106 452),
1900 (500 084), **1905** (500 594), **1913** (42 687), **1914** (557 684)
Rand: GOTT MIT UNS (dazwischen Verzierungen)

142 (295) 10 Mark (G)   240.–/360.–
WILHELM II KOENIG VON WUERTTEMBERG · Kopf
n.r., darunter Mzz. F
Rs. DEUTSCHES REICH · Jahreszahl · Reichsadler, unten
10 MARK · **1893** (300 282), **1896** (200 268), **1898** (419 795),
1900 (89 923), **1901** (110 262), **1902** (50 112), **1903** (180 402),
1904 (349 631), **1905** (199 812), **1906** (100 164), **1907** (149 921),
1909 (100 189), **1910** (150 229), **1911** (50 337), **1912** (49 353),
1913 (50 038)
Rand: Ranken und Sterne

143 (176) 5 Mark (S)   60.–/100.–
WILHELM II KOENIG VON WUERTTEMBERG · Kopf
n.r., darunter Mzz. F
Rs. DEUTSCHES REICH · Jahreszahl · Reichsadler, unten
FÜNF MARK · **1892** (69 333), **1893** (71 089), **1894** (20 000),
1895 (200 712), **1898** (216 262), **1899** (112 272), **1900** (210 574),
1901 (210 700), **1902** (360 881), **1903** (722 182), **1904** (391 317),
1906 (45 000), **1907** (436 321), **1908** (521 716), **1913** (341 200)
Rand: GOTT MIT UNS (dazwischen Verzierungen)

144 (175) 3 Mark (S)   35.–/65.–
WILHELM II KOENIG VON WUERTTEMBERG · Kopf
n.r., darunter Mzz. F
Rs. DEUTSCHES REICH · Jahreszahl · Reichsadler, unten
DREI MARK · **1908** (300 000), **1909** (1 906 698), **1910** (837 230),
1911 (424 820), **1912** (849 100), **1913** (267 100), **1914** (733 121)
Rand: GOTT MIT UNS (dazwischen Verzierungen)
Probeabschlag 1916 in Aluminium

WÜRTTEMBERG

WILHELM II KOENIG VON WUERTTEMBERG · Kopf n.r., darunter Mzz. **F**
Rs. **DEUTSCHES REICH** · Jahreszahl · Reichsadler, unten **ZWEI MARK** · **1892** (177000), **1893** (174055), **1896** (351031), **1898** (144001), **1899** (537571), **1900** (515885), **1901** (591927), **1902** (815620), **1903** (811383), **1904** (1988177), **1905** (609835), **1906** (1504620), **1907** (1504497), **1908** (451370), **1912** (251224) **1913** (225675), **1914** (315962)
Rand geriffelt
Probeabschlag 1914 in Aluminium

145 (174) 2 Mark (S)   50.–/100.–

Gedenkmünzen

146 (177) 3 Mark (S)   55.–/90.–
WILHELM II. UND. CHARLOTTE. VON. WÜRTTEMBERG. 1886–1911. · Beider Köpfe n.r., darunter Mzz. **F**
Rs. **DEUTSCHES REICH 1911** · Reichsadler, unten **DREI MARK** · **1911** (500000)
Rand: GOTT MIT UNS (dazwischen Verzierungen)
Var.: 1 Schriftvar.

147 (178) 3 Mark (S)   5500.–/9000.–
.**WILHELM II. KÖNIG V. WÜRTTEMBERG** · Kopf n.r., darunter Lorbeerzweig, 1891–1916 und Mzz. **F**
Rs. **DEUTSCHES REICH 1916** · Reichsadler, unten **DREI MARK** · **1916** (1000)
Rand: GOTT MIT UNS (dazwischen Verzierungen)

Würzburg, Großherzogtum

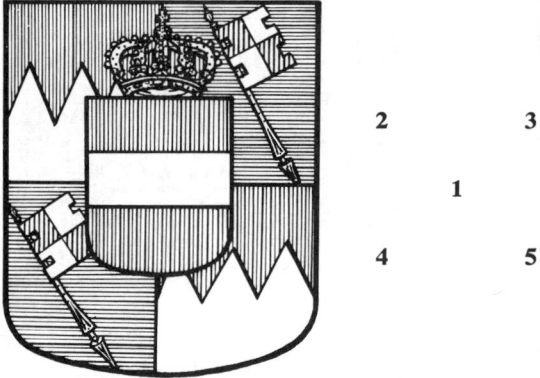

Größe: 5891 qkm
Einwohner: 260 000
Hauptstadt: Würzburg
Wappen:
1. Österreich
2. und 5. Franken
3. und 4. Würzburg

1803 sprach der Reichsdeputationshauptschluß das Territorium des Bistums Würzburg dem Kurfürstentum Bayern zu, das es jedoch im Frieden von Preßburg 1805 an Ferdinand von Österreich, den früheren Großherzog von Toskana, dann Kurfürsten von Salzburg, abtrat. 1806 schloß sich Würzburg dem Rheinbund an und wurde zum Großherzogtum erklärt. Durch den Wiener Kongreß 1814/1815 kam es wieder an Bayern zurück.
Die großherzoglich-würzburgischen Landmünzen – im Großherzogtum Würzburg wurden nur Kleinmünzen geprägt – sind die Ausläufer der alten und reichen fürstbischöflichen Münzreihe, die seit 1753 auf dem Konventionsfuß beruhte: 1 Konventionstaler zu 2 Gulden, der Gulden zu 60 Kreuzer gerechnet.

Münzstätte: Würzburg

LITERATUR:

Kurt Jaeger, Die Münzprägungen der deutschen Staaten vom Ausgang des alten Reiches bis zur Einführung der Reichswährung, Band 5: Königreich Bayern 1806–1871 mit Berg 1801–1807 und Würzburg 1806–1815, 2. Auflage, Basel 1968

Ferdinand von Österreich (1806–1814), Großherzog von Toskana (1790–1801, 1814–1824)
* 6.5.1769 in Florenz als Sohn des damaligen Großherzogs von Toskana und späteren römisch-deutschen Kaisers Leopold II. von Österreich und dessen Gemahlin Maria Ludovica von Spanien. ∞ 19.9.1790 in 1. Ehe Luise, Tochter des Königs Ferdinand I. von Sizilien, 6.5.1821 in 2. Ehe Marie, Tochter des Prinzen Max von Sachsen. † 18.6.1824 in Florenz.

1 (143) VI Kreuzer (S) 80.–/150.–
Gekrönter Wappenschild über Palm- und Lorbeerzweigen
Rs. **GROSHERZ. WÜRZB. L. M.** · Im Feld **VI / KREUZER /** Jahreszahl in einer Raute. **1807, 1808, 1809**
Laubrand

2 (142) III Kreuzer (S) 50.–/100.–
Wappen wie Nr. 1
Rs. **GROSHERZ. WÜRZB. L. M.** · Im Feld **III / KREUZER /** Jahreszahl in einer Raute. **1807, 1808, 1809**
Rand glatt

3 (139) I Kreuzer (S) 60.–/110.–
G.W. L.M. Gekrönter Wappenschild
Rs. **I / KREUZER / 1808** in einer Raute
Rand glatt

4 (141) I Kreuzer (S) 50.–/100.–
Wappen wie Nr. 3
Rs. **I / KREUZER / 1808** in einer Raute
Rand glatt

Wappen wie Nr. 3; oben Jahreszahl
Rs. ✱ **1/2** ✱ **/ KREUZER /** zwei gekreuzte Zweige **1810, 1811**
Rand glatt
Var.: **1811** mit Durchmesser 21 mm und 23 mm

5 (140) I Kreuzer (S)   60.–/110.–

Wappen wie Nr. 3
Rs. **G. W. L. M.** · Im Feld **I / KREUZER / 1808** in einer Raute
Rand glatt

7 (137) 1/4 Kreuzer (K)   30.–/60.–
Wappen wie Nr. 3 zwischen **18–11**
Rs. **1 / VIERTEL / KREUZER**
Rand glatt

6 (138) 1/2 Kreuzer (K)   60.–/120.–

Würzburg, Stadt

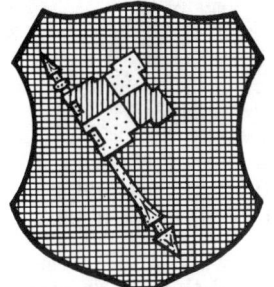

Die Stadt Würzburg pflegte von alters her dem Landesherrn zu Neujahr eine Anzahl von Goldgulden zu überreichen, die sie nur für diesen Zweck prägen ließ. Es handelt sich also bei diesen Neujahrsgoldgulden nicht um Zahlungsmittel. Der Goldgulden war ursprünglich eine der wichtigsten Münzen des Mittelalters und wurde später durch den Dukaten fast völlig verdrängt. Man verrechnete den Würzburger Neujahrsgoldgulden mit 4 Gulden, seit 1871 mit 6,85 Mark. Hergestellt wurde er zu Beginn des 19. Jahrhunderts in den Münzstätten Darmstadt, Coburg, Saalfeld, seit 1815 in München. Die Goldgulden sollten bei einem Gehalt von 770,83 $^o/_{oo}$ Gold und 104,167 $^o/_{oo}$ Silber 3,248 g wiegen und 2,504 g Feingold haben.

Medailleure:
    R   = Karl Ernst Riesling
    C. V. = Carl Friedrich Voigt, * 1800 in Berlin, † 1874 in Triest

LITERATUR:
Erich B. Cahn, Würzburger Münzen 1803–1916, Basel 1977
Kurt Jaeger, Die Münzprägungen der deutschen Staaten vom Ausgang des alten Reiches bis zur Einführung der Reichswährung, Band 5: Königreich Bayern 1806–1871 mit Berg 1801–1807 und Würzburg 1806–1815, 2. Auflage, Basel 1968
O. Kozinowski, Saalfeld als Münzstätte der Würzburger Neujahrsgoldgulden von 1812 und 1813. In: Num. Nachrichtenbl. 1982 S. 162

Maximilian IV. Joseph von Bayern (1803–1805),
s. Bayern, Kurfürstentum

8 Neujahrsgoldgulden (G)   LP
MAX. IOS. V. B. S. P. B. D. S. R. I. A. A. &. E. FRANCON. D. · Kopf n. r.
Rs. **EIN GOLD GULDEN** · Wappenschild vor einem Palmbaum auf Postament. Seitlich **SENATUS POPULUS / QUE WIRCE BURGENSIS** · Unten **1803**
Rand schräg geriffelt

WÜRZBURG

9 Neujahrsgoldgulden (G)   3 000.– / 5 000.–
Vs. wie Nr. 8
Rs. EIN GOLD GULDEN · Wappen und Palmbaum wie
Nr. 8. Seitlich S.P. Q.W. · Unten 1803
Rand schräg geriffelt

Ferdinand von Österreich (1806–1814), s. Großherzogtum Würzburg

10 (144) Neujahrsgoldgulden (G)   5 500.– / 11 000.–
FERDINANDUS I.A.D.A.M.D. WIRCEBURGENSIS. ·
Brustbild n. r.
Rs. EIN GOLD GULDEN. · Eckiger Wappenschild vor einem
Palmbaum auf Bodenstück zwischen S.P. Q.W. · Unten Jahreszahl 1807, 1809
Rand schräg geriffelt

11 (145) Neujahrsgoldgulden (G)   4 500.– / 9 000.–
FERDINAND. I. A. D. A. M. D. WIRCEBURGENSIS. ·
Kopf n. r., darunter R
Rs. SENATUS POPULUSQUE WIRCEBURGENS ·
Spatenblattförmiger Wappenschild zwischen zwei Zweigen
und 18–12 · Im Abschnitt EIN GOLD / GULDEN
Rand schäg geriffelt

12 (146) Neujahrsgoldgulden (G)   LP
Vs. wie Nr. 11
Rs. EIN GOLD GULDEN · Mit Mauerkrone gekrönter Wappenschild zwischen Zweigen und 18–13 · Im Abschnitt S. P.
Q.W.
Rand schräg geriffelt

13 (147) Neujahrsgoldgulden (G)   LP
Vs. wie Nr. 11
Rs. PATRI PATRIAE · Altar mit drei flammenden Herzen,
daran angelehnt der Wappenschild. Seitlich S.P. Q.W. und
18–14 · Im Abschnitt EIN GOLD / GULDEN
Rand schräg geriffelt

Maximilian I. Joseph von Bayern (1814–1825), s. Bayern, Königreich

14 (148) Neujahrsgoldgulden (G)   2 800.– / 5 600.–
MAXIMILIAN IOSEPH KÖNIG VON BAIERN · Kopf
n. l.
Rs. EIN GOLD GULDEN. / S.P.Q.W. · Stadtansicht.
Im Abschnitt schrägliegende Fahne aus dem Stadtwappen
zwischen 18–15
Rand schräg geriffelt

15 (149) Neujahrsgoldgulden (G)   4 500.– / 9 000.–
Vs. wie Nr. 14
Rs. EIN GOLD GULDEN · Spatenblattförmiger Wappenschild zwischen zwei Lorbeerzweigen. Seitlich S. P. Q. W. ·
Unten 1817
Rand schräg geriffelt

16 (150) Neujahrsgoldgulden (G)   2 200.– / 4 000.–
Vs. wie Nr. 14
Rs. wie Nr. 15, jedoch ohne Jahreszahl
Rand schräg geriffelt

Ludwig I. von Bayern (1825–1848), s. Bayern, Königreich

17 (151) Neujahrsgoldgulden (G)   5 500.– / 11 000.–
LUDOVICUS BAVARIAE REX · Kopf n. l.
Rs. Chronogramm LVDoVICo / CaroLo / regI / baVariae / Vota / et prIMItIas / S.P.Q.W. / e. g. g. · Ohne Jahreszahl (geprägt 1826) (65)
Rand schräg geriffelt

18 (152) Neujahrsgoldgulden (G) 3 800.– / 8 000.–
LUDWIG KOENIG VON BAYERN. · Kopf n. l.
Rs. **EIN GOLD GULDEN.** · Stadtansicht, im Abschnitt
S. P. Q. W. · Ohne Jahreszahl (geprägt 1827)
Rand schräg geriffelt
Var. der Vs.: LUDWIG I ... Auch Stempelkopplung der Rs. mit Vs. Bayern Nr. 65

19 Neujahrsgoldgulden (G) LP
LUDWIG KOENIG VON BAYERN · Kopf n. l.
Rs. **EIN GOLD GULDEN** · Stadtansicht, im Abschnitt
S. P. Q. W. · Ohne Jahreszahl (geprägt ab 1835)
Rand schräg geriffelt

20 Neujahrsgoldgulden (G) 6 000.– / 12 000.–
LUDWIG KOENIG VON BAYERN · Kopf n. l.
Rs. **EIN GOLD GULDEN** · Wappen wie Nr. 16; seitlich
S. P. Q. W. · Ohne Jahreszahl (geprägt ab 1835) (etwa 300)
Rand schräg geriffelt

21 (154) Neujahrsgoldgulden (G) 2 400.– / 4 800.–
LUDWIG I KOENIG   VON BAYERN · Kopf n. r., darunter **VOIGT**
Rs. **EIN GOLDGULDEN** · Stadtansicht, darunter **S.P.Q.W.**
Ohne Jahreszahl
Rand geriffelt

Maximilian II. von Bayern (1848–1864), s. Bayern, Königreich

22 (156) Neujahrsgoldgulden (G) 2 400.– / 4 800.–

MAXIMILIAN II   KOENIG V. BAYERN · Kopf n. r., darunter **C. V.**
Rs. **EIN GOLDGULDEN** · Stadtansicht, im Abschnitt
S. P. Q. W. · Ohne Jahreszahl (215)
Rand geriffelt
Var.: Auch Stempelkopplung der Rs. mit Vs. Bayern Nr. 144
(3 800.– / 7 500.–)

23 (157) Neujahrsgoldgulden (G) 2 400.– / 4 800.–
Vs. wie Nr. 22
Rs. **EIN GOLDGULDEN** · Wappen wie Nr. 16 zwischen
S. P. Q. W., darunter zwei Lorbeerzweige. Ohne Jahreszahl (215)
Rand geriffelt
Var.: Auch Stempelkopplung der Rs. mit Vs. Bayern Nr. 144
(4 800.– / 9 500.–)

Ludwig II. von Bayern (1864–1886), s. Bayern, Königreich

24 (158) Neujahrsgoldgulden (G) 1 800.– / 3 600.–
LUDWIG II   KOENIG V. BAYERN · Kopf n. r., darunter **C. V.**
Rs. **EIN GOLDGULDEN** · Stadtansicht, im Abschnitt
S. P. Q. W. · Ohne Jahreszahl (350)
Rand geriffelt

25 (159) Neujahrsgoldgulden (G) 2 400.– / 4 800.–
Vs. wie Nr. 24
Rs. **EIN GOLDGULDEN** · Wappen zwischen **S. P. Q. W.** ·
Ohne Jahreszahl (350)
Rand geriffelt

Ludwig III. von Bayern (1913–1918), s. Bayern, Königreich

26 (160) Neujahrsgoldgulden (G) LP
LUDWIG III. KÖNIG VON BAYERN · Kopf n. l.
Rs. **EIN GOLD GULDEN** · Hl. Kilian, seitlich **ORE ET – CORDE / S. P. Q. W.** · Im Hintergrund Stadtansicht. Ohne Jahreszahl

Deutsches Reich - Bundesrepublik Deutschland - Deutsche Demokratische Republik

Größe: 1871: 540 858 qkm, 1933: 470 565 qkm,
1989: Bundesrepublik Deutschland 248 852 qkm,
1989: Deutsche Demokratische Republik 108 179 qkm,
1989: Berlin (Ost und West) 884 qkm,
1990: Bundesrepublik Deutschland 357 915 qkm

Einwohner: 1871: 41 058 800, 1933: 66 030 500,
1984: Bundesrepublik Deutschland 61 560 000,
1984: Deutsche Demokratische Republik 16 740 000,
1984: Berlin (Ost und West) 3 337 000,
1993: Bundesrepublik Deutschland
nach der Wiedervereinigung: 78 000 000

Hauptstädte: Deutsches Reich: Berlin
Bundesrepublik Deutschland: Bonn
Deutsche Demokratische Republik: Berlin (Ost)
Bundesrepublik Deutschland (nach 1990): Berlin, Bonn

Nachdem es seit 1834 durch den Deutschen Zollverein und seit 1866 durch den Norddeutschen Bund zu wirtschaftlichen und politischen Zusammenschlüssen gekommen war, bildete sich 1870 der deutsche Staatenbund, gegründet auf Verträgen der süddeutschen Staaten mit dem Norddeutschen Bund. Der Reichstagsbeschluß vom 9.12.1870, durch den der Norddeutsche Bund den Namen DEUTSCHES REICH bekam und die Proklamation König Wilhelms I. von Preußen zum deutschen Kaiser am 18.1.1871 in Versailles vollzogen die Gründung des deutschen Kaiserreiches. Der neue Bundesstaat erhielt am 16.4.1871 eine Verfassung, die einerseits den Ländern eine Reihe von Hoheitsrechten beließ, andererseits auf wichtigen Gebieten eine reichseinheitliche Gesetzgebung brachte, so in der Rechtsprechung, im Steuerwesen und im Münzwesen. Er setzte sich aus folgenden Ländern zusammen: aus den Königreichen Preußen, Bayern, Sachsen, Württemberg, den Großherzogtümern Baden, Hessen, Mecklenburg-Schwerin, Sachsen-Weimar, Mecklenburg-Strelitz, Oldenburg, den Herzogtümern Braunschweig, Sachsen-Meiningen, Sachsen-Altenburg, Sachsen-Coburg und Gotha, Anhalt, aus den Fürstentümern Schwarzburg-Rudolstadt, Schwarzburg-Sondershausen, Waldeck und Pyrmont, Reuss älterer Linie, Reuss jüngerer Linie, Schaumburg-Lippe, Lippe, den Freien Städten Lübeck, Bremen, Hamburg und dem Reichsland Elsaß-Lothringen.

Der 1. Weltkrieg 1914-1918 endete für Deutschland mit der Beseitigung der Monarchien in den Bundesstaaten und der Errichtung von Republiken. Das Kaiserreich wurde zur Republik erklärt; damit war die alte Reichsverfassung, ebenso wie die Verfassungen der Länder hinfällig. 1919 erhielt die Republik durch die in Weimar tagende Nationalversammlung eine neue, bundesstaatliche Verfassung. Die Länder wurden Freistaaten, d.h. Staaten mit republikanischen Verfassungen, die ihnen jedoch keine Hoheitsrechte mehr sicherten.

Der 2. Weltkrieg 1939-1945 brachte für das Deutsche Reich dessen Teilung in die Bundesrepublik Deutschland und Deutsche Demokratische Republik. Die Bundesrepublik Deutschland gab sich mit dem Grundgesetz vom 23.5.1949 eine Verfassung, nach der sie ein Bundesstaat ist, jetzt bestehend aus den Ländern Baden-Württemberg (Bundesland seit 1952, gebildet aus den Ländern Württemberg-Baden, Württemberg-Hohenzollern und Baden), Bayern, Bremen, Hamburg, Hessen, Niedersachsen, Nordrhein-Westfalen, Rheinland-Pfalz, Saarland (Bundesland seit 1957) und Schleswig-Holstein. Die Deutsche Demokratische Republik gab sich am 7.10.1949 eine Verfassung. Sie gliedert sich seit 1952 in 14 Verwaltungsbezirke, die die ehemaligen Länder Brandenburg, Mecklenburg, Sachsen, Sachsen-Anhalt und Thüringen umfassen.

Das Gesetz über die Ausprägung von Goldmünzen vom 4.12.1871 führte im Deutschen Reich die Goldwährung ein. Rechnungseinheit war nun die Goldmark (0,358 g Feingold, nicht ausgeprägt) zu 100 Pfennig. Das goldene 10-Mark-Stück hieß seit 1875 amtlich Krone. Die einzelnen Landeswährungen wurden durch das Münzgesetz vom 9.7.1873 abgeschafft; für das gesamte Reichsgebiet trat am 1.1.1876 die Reichswährung in Kraft. Die Scheidemünzen vom 1-Mark-Stück bis zum Pfennig hatten in allen Ländern das gleiche Gepräge, ebenso die

Rückseiten der Silbermünzen vom 2-Mark-Stück ab und der Goldmünzen, während die Vorderseiten dieser Münzen dem Bildnis des Landesherrn bzw. dem Wappen der Stadt vorbehalten war. Ein Gesetz vom 1.6.1900 ermöglichte die Herstellung von 2- und 5-Mark-Stücken als Denkmünzen mit anderer Prägung, ein Gesetz vom 19.5.1908 auch die Herstellung von 3-Mark-Stücken, die dann besonders gern als Denkmünzen gestaltet wurden.

Umrechnungen: 1 Vereinstaler = 3 Mark
1 süddeutscher Gulden = 1,71 Mark

Im Weltkrieg 1914–1918 und in der Nachkriegszeit führte Kleingeldmangel zu zahlreichen Notgeldausgaben vorwiegend der Gemeinden sowohl in Metall wie in Papier. Papiergeld spielte überhaupt seit dem 1. Weltkrieg eine immer größere Rolle. Die Folgen des Krieges, nämlich völlige Verschuldung des Staates, Besatzung, Reparationen, Anwachsen des Notenumlaufs und eine verfehlte Wirtschaftspolitik führten zur Inflation von 1922/1923. Sie konnte Ende 1923 mit der Einführung der Rentenmark aufgehalten werden. Die Rentenmark, von der Deutschen Rentenbank ausgegeben, sollte zunächst nur eine Brücke zu einer neuen Goldmark sein. Sie wurde 1924 von der Mark bzw. Reichsmark abgelöst. In Wirklichkeit hatte man mit ihr die Goldwährung aufgegeben; man war vom Gedanken des goldgedeckten Geldes zu der Vorstellung eines durch Sachwerte und Wirtschaftskraft gedeckten Geldes übergegangen. Die Reichsgoldmünzen, bisher immer noch gültig, wurden erst 1938 außer Kurs gesetzt. Unter den Münzprägungen aus der Zeit der Weimarer Republik sind die zahlreichen Gedenkmünzen der Jahre 1925–1932 hervorzuheben.

Im 2. Weltkrieg 1939–1945 und in der Nachkriegszeit bis zur Währungsreform 1948 wurden nur Kleinmünzen geprägt; im übrigen war man auf Noten ausgewichen. Die von den Besatzungsmächten durchgeführte Währungsreform vom 20.6.1948, die den während des Kriegs und in der Nachkriegszeit entstandenen Geldüberhang beseitigte, machte die Teilung Deutschlands offenkundig. Für Westdeutschland (Bundesrepublik Deutschland) wurde die Bank deutscher Länder mit dem Recht zur Ausgabe von Noten und Münzen geschaffen. Neue Währungseinheit war jetzt die Deutsche Mark zu 100 Pfennig. Ostdeutschland (Deutsche Demokratische Republik) brachte seitdem eigene Münzen und Noten heraus. Seit dem Bundesgesetz vom 8.7.1950 über die Ausprägung von Scheidemünzen erscheint nicht mehr die Bank deutscher Länder, sondern die Bundesrepublik Deutschland als Münzherr auf den Münzen.

Für die von den Deutschen während des 1. Weltkriegs besetzten russischen Gebiete Litauen, Livland, Kurland und Estland ließ der Oberbefehlshaber Ost 1916 in Berlin und Hamburg Kleinmünzen nach russischem Münzsystem prägen. 100 Kopeken = 1 Rubel.

Für die von den Deutschen während des 2. Weltkriegs besetzten Gebiete gaben die Reichskreditkassen Kleinmünzen heraus. Im übrigen prägten die besetzten Länder ihre eigenen Münzen.

Die 5- und 10-Pfennigstücke der Reichskreditkassen (»Lochgeld«) sollten zuerst in Polen in Umlauf gebracht werden. Aber die Bevölkerung und auch die deutschen Soldaten bedienten sich fast nur der Landeswährung. Nun sollte das Geld der Reichskreditkassen in Dänemark und Norwegen verwendet werden und anschließend in den anderen besetzten Gebieten (Belgien, Frankreich, Luxemburg, in den Niederlanden, Jugoslawien, Griechenland, in den baltischen Ländern, in der Sowjetunion und in Rumänien). In keinem der genannten Länder wurde das Ersatzgeld akzeptiert, so daß nur wenige Münzen in den Umlauf kamen.

Münzstätten:

```
A = Berlin
B = Hannover, bis 1878
  = Wien 1938–1944
C = Frankfurt a. M., bis 1879
D = München
E = Dresden, bis 1886
  = Muldenhütten 1887–1953
F = Stuttgart
G = Karlsruhe
H = Darmstadt, bis 1882
J = Hamburg
```

Medailleure:
Max Barduleck, * 1846 in Dresden, † 1923 in Dresden; Volker Beier, Chemnitz, s. Nr. 436, 437, 476, 480, 483, 516, 535, 536; Josef Bernhart, † 1967 in München; Axel Bertram, Berlin, s. Nr. 401, 403, 406, 417–419, 421–429, 432, 434, 451–460, 464, 501–505, 507–510, 512, 513; Bodo Broschat, s. Nr. 540; Rudolf Bosselt, * 1871 in Perleberg, † 1938 in Berlin; Paul Burgeff, Köln, s. Nr. 218; Maximilian Da-

sio, * 1865 in München, † 1954 in Oberammergau; Wolfgang Doehm, Stuttgart, s. Nr. 104; Hans-Joachim Dobler, Walda über Neuburg/D., s. Nr. 114, 239; Dietrich Dorfstecher, Berlin, s. Nr. 416, 435, 462, 465, 466, 468, 477, 478, 481, 518, 520, 523, 526, 541; Paul Effert, Kaarst, s. Nr. 258, 267; Ludwig Engelhardt, Berlin, s. Nr. 461, 473; Alfons Feuerle, * 1885 in Schwäb. Gmünd; Fink, s. Nr. 74; Wilfried Fitzenreiter, Berlin, s. Nr. 419, 421–424, 426, 427, 429, 455, 457–459, 464, 514, 517; Karl Föll, Pforzheim; Mathias Furtmaier, Speicher, s. Nr. 240; Oskar Glöckler, † 1938 in Stuttgart; Günter Gnauck, Halle, s. Nr. 420, 446; Bernd Göbel, Halle, s. Nr. 446; Werner Godec, Pforzheim, s. Nr. 264; Oskar Hermann Werner Hadank, * 1889 in Berlin; Max Haseroth, Berlin; Reinhart Heinsdorff, Friedberg-Ottmaring, s. Nr. 112, 229, 232, 235, 247, 253, 254, 257, 263; Klaus Hennig, Berlin, s. Nr. 512; Prof. Rudi Högner, Dresden, s. Nr. 400–403, 405, 409, 412, 415; Albert Holl, † 1970 in Schwäb. Gmünd; Claus und Ursula Homfeld, Bremen, s. Nr. 215; Friedrich Hörnlein, * 1873 in Suhl (Thüringen), † 13. 2. 1945 beim Dresdener Bombenangriff; Heinz Hoyer, Berlin, s. Nr. 440, 443, 445, 479, 484, 487, 492, 529, 532, 545; Victor Huster, Baden-Baden, s. Nr. 243; Adolf Jäger, Frankfurt a.M.; Prof. Günter Junge, Berlin, s. Nr. 461, 463, 473; André Kahane, Berlin, s. Nr. 447, 488; Bettina Klink-von Woyski, Berlin, s. Nr. 444, 538, 544; Wilfried Klink, Berlin, s. Nr. 444, 538, 544; Hubert Klinkel, Zell über Würzburg, s. Nr. 117, 236, 244, 261, 266; Heinrich Körner, Esslingen, s. Nr. 220, 251; A. Krautmann, Frankfurt a.M.; Franz Krischker, Berlin; Karl Kuhl, Hamburg; Wilhelm Kullrich, * 1821 in Dahme, † 1887 in Berlin; Reinhard Kullrich, Berlin, Sohn von Wilhelm Kullrich; Harald Larisch, s. Nr. 491; Gerhard Lichtenfeld, Halle, s. Nr. 420, 515; Greta Lippl-Heinsen, München, s. Nr. 200; Robert Lippl, München, s. Nr. 223; Klaus-Jürgen Luckey, Hamburg, s. Nr. 234, 259; Franz Müller, München, s. Nr. 115; Rolf Nida-Rümelin, * 1910 in Starnberg; Evelyn Nietzsche-Hartnick, Berlin, s. Nr. 478, 523; Fritz Nuß, * 24. 5. 1907 in Göppingen, s. Nr. 224; Karl-Ulrich Nuss, Sohn von Fritz Nuß, * 17. 1. 1943 in Stuttgart, s. Nr. 113; Louis Oppenheim, s. Nr. 37; Erich Ott, München, s. Nr. 116, 233, 242, 245, 250, 262, 265; Herwig Otto, Rodenbach, s. Nr. 249; Rudolf Pauschinger, * 1882 in Schwäb. Gmünd, † 1958 in Stuttgart; Theodor Pilartz, * 1890 in Köln, † 1955 in Köln; H. Prüget, s. Nr. 448, 506; Rainer Radack, Berlin, s. Nr. 438, 469–471, 511; Waldemar Raemisch, * 1888 in Berlin, † 1955 in Rom; Johann Adam Ries, * 1813 in Kulmbach, † 1899 in München; Joachim Rieß, Chemnitz, s. Nr. 436, 437, 476, 480, 482, 483, 516, 535, 536; Rössler, Stuttgart; Heinz Rodewald, Berlin, s. Nr. 431, 439, 441, 442, 472, 474, 475, 482, 485, 486, 489, 490, 514, 517, 519, 521, 522, 524, 525, 527, 528, 529, 531, 533, 534, 537, 539, 543, 546; Gerhard Rommel, Berlin, s. Nr. 416–418, 435, 451–453, 462, 466–468, 477, 481, 488, 501, 502, 518, 520, 526, 541; Werner Rosenthal, Berlin, s. Nr. 465; Karl Roth, * 1900 in München, † 1967 in München, s. Nr. 111; Eugen Ruhl, Pforzheim, s. Nr. 260; Snechana Russewa-Hoyer, Berlin, s. Nr. 440, 442, 443, 445, 479, 484, 487, 492, 529, 532, 545; Ursula Schmidt-Malzahn, Hamburg, s. Nr. 230; Erika Schöneberg, Berlin, s. Nr. 438, 469–471, 511; Otto Schultz, * 1848 in Berlin, † 1911 in Berlin; Siegmund Schütz, Berlin, s. Nr. 202; Tobias Schwab, Berlin; Theo Siegle, * 1902 in Haßlach (Pfalz), † 1973 in Heidelberg; Renée Sintenis, * 1888 in Glatz (Schlesien), † 1965; Eddy Smith, Berlin; Manfred Spang, Göppingen, s. Nr. 231; Wilfried Statt, Berlin, s. Nr. 447; Hermann zur Strassen, Frankfurt a. M., s. Nr. 216; Werner Stötzer, Berlin, s. Nr. 433; Helmut Stromsky, Esslingen, s. Nr. 238; Paul Sturm, * 1859 in Leipzig, 1908–1919 Medailleur an der Münze in Berlin; Karl Thewalt, Wittenberg, s. Nr. 515; Carl Vezerfi-Clemm, München, s. Nr. 246, 248, 252, 256; Alfred Vocke, * 1886 in Breslau; R. Vogt, s. Nr. 327; Joseph Wackerle, * 1880 in Partenkirchen, † 1959 in Partenkirchen; Doris Waschk-Balz, Hamburg, s. Nr. 203, 228; Emil Weigand, * 1837 in Berlin, † 1906 in Berlin; Emil Rudolf Weiss, * 1875 in Lahr, † 1942 in Meersburg a. Bodensee; Hans Wissel, * 1897 in Magdeburg, † 1948; Prof. Klaus Wittkugel, Berlin, s. Nr. 430, 433, 467; Wolf, s. Nr. 328; Hubert A. Zimmermann, Stuttgart, s. Nr. 227; Thomas Zipperle, Pforzheim, s. Nr. 241.

Deutsches Reich

Wappen:

(oben) Modell 1871–1889
(unten) Modell 1889–1918

Die Ausbringung der einzelnen Sorten

Nominal	Prägezeit	Metall	Gewicht g	Fein-gewicht g	Fein-gehalt ⁰/₀₀	Katalog-Nr.
	1871–1922					
20 Mark		Gold	7,965	7,1685	900	s. Einzelstaaten
10 Mark		Gold	3,982	3,5838	900	”
5 Mark		Gold	1,991	1,7912	900	”
5 Mark		Silber	27,777	25	900	”
3 Mark		Silber	16,666	15	900	”
2 Mark		Silber	11,111	10	900	”
1 Mark		Silber	5,555	5	900	1, 2
50 Pfennig		Silber	2,777	2,5	900	3, 4, 5
1/2 Mark		Silber	2,777	2,5	900	6
25 Pfennig		Nickel	4	–	–	7
20 Pfennig		Silber	1,111	1	900	8
20 Pfennig		Kupfer/Nickel	6,25	–	–	9, 10

DEUTSCHES REICH

Nominal	Prägezeit	Metall	Gewicht g	Fein-gewicht g	Fein-gehalt ⁰/₀₀	Katalog-Nr.
10 Pfennig		Kupfer/Nickel	4	–	–	11, 12
10 Pfennig		Eisen	3,6			13
10 Pfennig		Zink	3,1			14
5 Pfennig		Kupfer/Nickel	2,5			15, 16
5 Pfennig		Eisen	2,5			17
2 Pfennig		Kupfer	3,3			18, 19
1 Pfennig		Kupfer	2,0			20, 21
1 Pfennig		Aluminium	0,775	–	–	22

LITERATUR:

Kurt Jaeger, Die deutschen Münzen seit 1871, 14. überarbeitete Auflage, Basel 1987
Hans-Dietrich Kahl, Hauptlinien der deutschen Münzgeschichte vom Ende des 18. Jahrhunderts bis 1878, Frankfurt am Main, 1972.

Kleinmünzen 1873–1922
(20–, 10–, 5–, 3– und 2–Mark-Stücke s. bei den Ländern und Städten)

1 (9) 1 Mark (S)   15.–/70.–
Reichsadler, beiderseits des Schwanzes das Mzz. Von W. Kullrich
Rs. **DEUTSCHES REICH** · Im Eichenkranz **1 / MARK** · Unten Jahreszahl. Von J. A. Ries. **1873** (1 389 000) A-B-C-D-F, **1874** (32 396 000) A-B-C-D-E-F-G-H, **1875** (74 592 000) A-B-C-D-E-F-G-H-J, **1876** (35 121 000) A-C-D-F-G-H-J, **1877** (745 000) A-B, **1878** (5 482 000) A-B-C-E-F-G-J, **1879** (156 000) A, **1880** (3 215 000) A-D-E-F-G-H-J, **1881** (11 483 000) A-D-E-F-G-H-J, **1882** (2 438 000) A-G-H-J, **1883** (1 487 000) A-D-E-F-G-J, **1885** (2 348 000) A-G-J, **1886** (4 926 000) A-D-E-F-G-J, **1887** (3 005 000) A
Rand gerieffelt

2 (17) 1 Mark (S)   5.–/7.–
Reichsadler, beiderseits des Schwanzes das Mzz.
Rs. wie Nr. 1 **1891** (711 000) A-D, **1892** (2 267 000) A-D-E-F-G-J, **1893** (2 804 000) A-D-E-F-J, **1894** (183 000) G, **1896** (3 986 000) A-D-E-F-G-J, **1898** (1 000 000) A, **1899** (3 437 000) A-D-E-F-G-J, **1900** (2 996 000) A-D-E-F-G-J, **1901** (7 130 000) A-D-E-F-G-J, **1902** (9 705 000) A-D-E-F-G-J, **1903** (7 160 000) A-D-E-F-G-J, **1904** (8 399 000) A-D-E-F-G-J, **1905** (15 374 000) A-D-E-F-G-J, **1906** (10 807 000) A-D-E-F-G-J, **1907** (17 414 000) A-D-E-F-G-J, **1908** (7 995 000) A-D-E-F-G-J, **1909** (7 025 000) A-D-E-G-J, **1910** (11 660 000) A-D-E-F-G-J, **1911** (8 446 000) A-D-E-F-G-J, **1912** (4 177 000) A-D-E-F-G-J, **1913** (1 091 000) F-G-J, **1914** (22 477 000) A-D-E-F-G-J, **1915** (15 380 000) A-D-E-F-G-J, **1916** (306 000) F
Rand gerieffelt

3 (7) 50 Pfennig (S)   35.–/70.–
Reichsadler, beiderseits des Schwanzes das Mzz. Von E. Weigand
Rs. · **DEUTSCHES REICH** · Jahreszahl · Unten **PFENNIG**, im Feld **50**. Von W. Kullrich. **1875** (22 391 000) A-B-C-D-E-F-G-H-J, **1876** (75 952 000) A-B-C-D-E-F-G-H-J, **1877** (16 905 000) A-B-C-D-E-F-H-J
Rand gerieffelt

4 (8) 50 Pfennig (S)   100.–/200.–
Im Eichenkranz der Reichsadler, unten das Mzz. Von E. Weigand
Rs. **DEUTSCHES REICH** · Im Eichenkranz **50 / PFENNIG** · Unten Jahreszahl. Von W. Kullrich. **1877** (27 318 000) A-B-C-D-E-F-G-H-J, **1878** (364 000) E
Rand gerieffelt

5 (15) 50 Pfennig (S)   450.–/650.–
Im Eichenkranz der Reichsadler, unten das Mzz.

Rs. wie Nr. 4. **1896** (388 945) **A**, **1898** (387 168) **A**, **1900** (191 792) **J**, **1901** (194 341) **A**, **1902** (95 355) **F**, **1903** (384 187) **A**
Rand geriffelt

6 (16) 1/2 Mark (S)   3.–/5.–

Im Eichenkranz der Reichsadler, unten das Mzz.
Rs. **DEUTSCHES REICH** · Im Eichenkranz **1/2 / MARK** · Unten Jahreszahl. **1905** (66 819 000) **A-D-E-F-G-J**, **1906** (62 036 000) **A-D-E-F-G-J**, **1907** (23 547 000) **A-D-E-F-G-J**, **1908** (7 993 000) **A-D-E-F-G-J**, **1909** (9 568 000) **A-D-E-F-G-J**, **1911** (5 315 000) **A-D-E-F-G-J**, **1912** (4 682 000) **A-D-E-F-J**, **1913** (9 550 000) **A-D-E-F-G-J**, **1914** (26 562 000) **A-D-J**, **1915** (31 908 000) **A-D-E-F-G-J**, **1916** (17 446 000) **A-D-E-F-G-J**, **1917** (21 323 000) **A-D-E-F-G-J**, **1918** (32 062 000) **A-D-E-F-G-J**, **1919** (5 676 000) **A-D-E-F-J**
Rand geriffelt

7 (18) 25 Pfennig (N)   15.–/25.–

· **DEUTSCHES REICH** · Jahreszahl · Reichsadler. Entwurf von A. Krautmann, Stempel von O. Schultz
Rs. Im Ährenkranz **25 / PFENNIG** · Unten das Mzz. Entwurf von M. Haseroth, Stempel von O. Schultz. **1909** (3 637 000) **A-D-E-F-G-J**, **1910** (15 665 000) **A-D-E-F-G-J**, **1911** (5 839 000) **A-D-E-G-J**, **1912** (4 854 000) **A-D-F-J**
Rand glatt

8 (5) 20 Pfennig (S)   20.–/40.–

Reichsadler, beiderseits des Schwanzes das Mzz. Von E. Weigand
Rs. · **DEUTSCHES REICH** · Jahreszahl · Unten **PFENNIG**, im Feld **20**. Von W. Kullrich. **1873** (6 200 000) **A-B-C-D-E-F-G-H**, **1874** (44 065 000) **A-B-C-D-E-F-G-H**, **1875** (50 704 000) **A-B-C-D-E-F-G-H-J**, **1876** (76 916 000) **A-B-C-D-E-F-G-H-J**, **1877** (700 000) **F**
Rand geriffelt

9 (6) 20 Pfennig (K – N)   60.–/80.–

Im Eichenkranz der Reichsadler, beiderseits des Schwanzes das Mzz. Von E. Weigand

Rs. ✲ **DEUTSCHES REICH** · Jahreszahl ✲ Unten **20 PFENNIG**, im Feld **20**. Von W. Kullrich. **1887** (5 001 000) **A-D-E-F-G-J**, **1888** (10 009 000) **A-D-E-F-G-J**
Rand glatt
Var.: **1887 E** auch mit Stern unter 20

10 (14) 20 Pfennig (K – N)   75.–/150.–

Im Eichenkranz der Reichsadler, beiderseits des Schwanzes das Mzz.
Rs. wie Nr. 9. **1890** (5 007 000) **A-D-E-F-G-J**, **1892** (5 001 000) **A-D-E-F-G-J**
Rand glatt

11 (4) 10 Pfennig (K – N)   7.–/30.–

Reichsadler, beiderseits des Schwanzes das Mzz. Von E. Weigand
Rs. · **DEUTSCHES REICH** · Jahreszahl · Unten **PFENNIG**, im Feld **10**. Von W. Kullrich. **1873** (3 292 000) **A-B-C-D-F-G-H**, **1874** (45 286 000) **A-B-C-D-E-F-G-H**, **1875** (78 179 000) **A-B-C-D-E-F-G-H-J**, **1876** (108 248 000) **A-B-C-D-E-F-G-H-J**, **1888** (16 137 000) **A-D-E-F-G-J**, **1889** (21 137 000) **A-D-E-F-G-J**
Rand glatt
Var.: Kerbrand

12 (13) 10 Pfennig (K – N)   1.–/2.–

Reichsadler, beiderseits des Schwanzes das Mzz.
Rs. wie Nr. 11. **1890** (10 275 000) **A-F-G-J**, **1891** (10 012 000) **A-D-E-F-G**, **1892** (6 998 000) **A-D-E-F-G-J**, **1893** (12 697 000) **A-E-F-G-J**, **1894** (259 000) **E**, **1896** (13 143 000) **A-D-E-F-G-J**, **1897** (6 861 000) **A-G**, **1898** (18 662 000) **A-D-E-F-G-J**, **1899** (21 760 000) **A-D-E-F-G-J**, **1900** (63 633 000) **A-D-E-F-G-J**, **1901** (20 660 000) **A-D-E-F-G-J**, **1902** (10 211 000) **A-D-E-F-G-J**, **1903** (9 951 000) **A-D-E-F-G-J**, **1904** (8 623 000) **A-D-E-F-G-J**, **1905** (14 855 000) **A-D-E-F-G-J**, **1906** (27 636 000) **A-D-E-F-G-J**, **1907** (30 915 000) **A-D-E-F-G-J**, **1908** (37 562 000) **A-D-E-F-G-J**, **1909** (6 524 000) **A-D-E-F-G-J**, **1910** (7 052 000) **A-D-E-F-G**, **1911** (25 281 000) **A-D-E-F-G-J**, **1912** (39 905 000) **A-D-E-F-G-J**, **1913** (23 018 000) **A-D-E-F-G-J**, **1914** (30 014 000) **A-D-E-F-G-J**, **1915** (11 523 000) **A-D-E-F-G-J**, **1916** (179 000) **D**
Rand glatt
Var.: **1893 A** auch mit Riffelrand

DEUTSCHES REICH

13 (298, 298 Z) 10 Pfennig (E)   1.–/3.–
Im Perlkreis Reichsadler, beiderseits des Schwanzes das Mzz.
Rs. · **DEUTSCHES REICH** · **/ 10 / PFENNIG /** Jahreszahl.
1916 A-D-E-F-G-J, **1917** A-D-E-F-G-J, **1918** D, **1921** A, **1922** D-E-F-G-J
Rand glatt
1915 A ist eine Probeprägung.
Var.: **1916, 1917, 1922** auch ohne Mzz. (nach W. R. Brunk, Num. Nachrichtenbl. 1985 S. 76). **1916 A-D-F** und **1917 A** auch in Zink. **1917** auch ohne Mzz. in Zink

14 (299) 10 Pfennig (Z)   1.–/2.–
Reichsadler; kein Mzz.
Rs. · **DEUTSCHES REICH** · **/ 10 / PFENNIG /** Jahreszahl.
1917 (121 547 000), **1918** (166 369 000), **1919** (189 702 000), **1920** (245 321 000), **1921** (357 979), **1922** (162 474 000)
Rand glatt
Var.: **1917** auch mit Mzz. A auf der Vs.

15 (3) 5 Pfennig (K–N)   5.–/25.–
Reichsadler, beiderseits des Schwanzes das Mzz. Von E. Weigand
Rs. · **DEUTSCHES REICH** · Jahreszahl · Unten **PFENNIG**, im Feld **5**. Von W. Kullrich. **1874** (32 859 000) A-B-C-D-E-F-G, **1875** (110 260 000) A-B-C-D-E-F-G-H-J, **1876** (90 024 000) A-B-C-D-E-F-G-H-J, **1888** (13 742 000) A-D-E-F-G-J, **1889** (19 975 000) A-D-E-F-G-J
Rand glatt

16 (12) 5 Pfennig (K–N)   1.–/2.–
Reichsadler, beiderseits des Schwanzes das Mzz.
Rs. wie Nr. 15. **1890** (12 091 000) A-D-E-F-G-J, **1891** (8 370 000) A-E-F-G, **1892** (4 901 000) A-D-E-F-G-J, **1893** (15 122 000) A-D-E-F-G-J, **1894** (16 358 000) A-D-E-F-G-J, **1895** (3 630 000) E-F-G, **1896** (4 150 000) A-E-F-G-J, **1897** (14 663 000) A-D-E-G, **1898** (20 000 000) A-D-E-F-G-J, **1899** (20 041 000) A-D-E-F-G-J, **1900** (33 632 000) A-D-E-F-G-J, **1901** (16 375 000) A-D-E-F-G-J, **1902** (17 537 000) A-D-E-F-G-J, **1903** (11 086 000) A-D-E-F-G-J, **1904** (8 276 000) A-D-E-F-G-J, **1905** (14 996 000) A-D-E-F-G-J, **1906** (35 001 000) A-D-E-F-G-J, **1907** (19 952 000) A-D-E-F-G-J, **1908** (41 755 000) A-D-E-F-G-J, **1909** (11 420 000) A-D-E-F-G-J, **1910** (14 401 000) A-D-E-F-G-J, **1911** (26 412 000) A-D-E-F-G-J, **1912** (34 872 000) A-D-E-F-G-

J, **1913** (27 132 000) A-D-E-F-G-J, **1914** (35 992 000) A-D-E-F-G-J, **1915** (2 680 000) D-E-F-G-J
Rand glatt
Var.: **1914 A** auch mit geriffeltem Rand. **1915** auch ohne Mzz.

17 (297) 5 Pfennig (E)   1.–/2.–
Reichsadler, beiderseits des Schwanzes das Mzz.
Rs. · **DEUTSCHES REICH** · **/ 5 / PFENNIG /** Jahreszahl
1915 (94 000 000) A-D-E-F-G-J, **1916** (78 000 000) A-D-E-F-G-J, **1917** (219 000 000) A-D-E-F-G-J, **1918** (326 000 000) A-D-E-F-G-J, **1919** (214 000 000) A-D-E-F-G-J, **1920** (150 000 000) A-D-E-F-G-J, **1921** (300 000 000) A-D-E-F-G-J, **1922** (138 000 000) D-E-F-G-J
Rand geriffelt
Var.: **1916 D** Rs. mit Linienkreis statt Schnurkreis

18 (2) 2 Pfennig (K)   5.–/30.–
Reichsadler, beiderseits des Schwanzes das Mzz. Von E. Weigand
Rs. · **DEUTSCHES REICH** · Jahreszahl · Unten **PFENNIG**, im Feld **2**. **1873** (3 825 000) A-B-C-D-F-G, **1874** (90 708 000) A-B-C-D-E-F-G-H, **1875** (138 624 000) A-B-C-D-E-F-G-H-J, **1876** (69 898 000) A-B-C-D-E-F-G-H-J, **1877** (9 887 000) A-B
Rand glatt
Var.: **1873–1876 G** auch mit feinem Riffelrand

19 (11) 2 Pfennig (K)   1.–/4.–
Reichsadler, beiderseits des Schwanzes das Mzz.
Rs. wie Nr. 18. **1904** (9 102 000) A-D-E-F-G-J, **1905** (19 738 000) A-D-E-F-G-J, **1906** (20 325 000) A-D-E-F-G-J, **1907** (18 751 000) A-D-E-F-G-J, **1908** (9 789 000) A-D-E-F-G-J, **1910** (9 209 000) A-D-E-F-G-J, **1911** (16 103 000) A-D-E-F-G-J, **1912** (23 861 000) A-D-E-F-G-J, **1913** (10 722 000) A-D-E-F-G-J, **1914** (2 724 000) A-E-F-G-J, **1915** (10 186 000) A-D-E-F, **1916** (4 225 000) A-D-E-F-G-J
Rand glatt

20 (1) 1 Pfennig (K)   6.–/20.–
Reichsadler, beiderseits des Schwanzes das Mzz. Von E. Weigand

Rs. · **DEUTSCHES REICH** · Jahreszahl · Unten **PFENNIG**, im Feld **1. 1873** (330000) **A-B-D**, **1874** (72955000) **A-B-C-D-E-F-G-H**, **1875** (174407000) **A-B-C-D-E-F-G-H-J**, **1876** (90007000) **A-B-C-D-E-F-G-H-J**, **1877** (560000) **A-B**, **1885** (8673000) **A-E-G-J**, **1886** (23178000) **A-D-E-F-G-J**, **1887** (33727000) **A-D-E-F-G-J**, **1888** (29294000) **A-D-E-F-G-J**, **1889** (45239000) **A-D-E-F-G-J**
Rand glatt
Var.: **1874 H** auch mit nur einem Münzzeichen. **1874–1876 G** auch mit feinem Riffelrand. **1875 C-D** auch mit Schnurkreis statt Linienkreis auf der Vs. **1887 E** auch mit PFENNIG · (Punkt!)

21 (10) 1 Pfennig (K)   1.–/2.–
Reichsadler, beiderseits des Schwanzes das Mzz.
Rs. wie Nr. 20. **1890** (37998000) **A-D-E-F-G-J**, **1891** (16902000) **A-D-E-F-G-J**, **1892** (43355000) **A-D-E-F-G-J**, **1893** (31194000) **A-D-E-F-G-J**, **1894** (37338000) **A-D-E-F-G-J**, **1895** (34095000) **A-D-E-F-G-J**, **1896** (44322000) **A-D-E-F-G**, **1897** (20878000) **A-D-E-F-G-J**, **1898** (34798000) **A-D-E-F-G-J**, **1899** (39590000) **A-D-E-F-G-J**, **1900** (98264000) **A-D-E-F-G-J**, **1901** (34701000) **A-D-E-F-G-J**, **1902** (13610000) **A-D-E-F-G-J**, **1903** (24938000) **A-D-E-F-G-J**, **1904** (46839000) **A-D-E-F-G-J**, **1905** (41466000) **A-D-E-F-G-J**, **1906** (75541000) **A-D-E-F-G-J**, **1907** (68653000) **A-D-E-F-G-J**, **1908** (51302000) **A-D-E-F-G-J**, **1909** (32083000) **A-D-E-F-G-J**, **1910** (23868000) **A-D-E-F-G-J**, **1911** (65512000) **A-D-E-F-G-J**, **1912** (76534000) **A-D-E-F-G-J**, **1913** (54472000) **A-D-E-F-G-J**, **1914** (21990000) **A-D-E-F-G-J**, **1915** (20680000) **A-D-E-F-G-J**, **1916** (11400000) **A-D-E-F-G-J**
Rand glatt
Var.: **1896, 1897, 1898 G**

22 (300) 1 Pfennig (Al)   1.–/3.–
Reichsadler, beiderseits des Schwanzes das Mzz.
Rs. · **DEUTSCHES REICH** · Jahreszahl · Unten **PFENNIG**, im Feld **1. 1916 A-F-G**, **1917 A-D-E-F-G-J**, **1918** (D: 320000) **A-D**
Rand glatt

Deutsches Reich (1919–1945)

Die Ausbringung der einzelnen Sorten

Nominal	Prägezeit	Metall	Gewicht g	Fein- gewicht g	Fein- gehalt $^0/_{00}$	Katalog-Nr.
	1919–1945					
500 Mark		Aluminium	1,67	–	–	23
200 Mark		Aluminium	1	–	–	24
5 Reichsmark		Silber	25	12,5	500	25
5 Reichsmark		Silber	13,888	12,50	900	26, 27, 28
3 Reichsmark		Aluminium	2	–	–	29
3 Mark		Silber	15	7,5	500	30
3 Reichsmark		Silber	15	7,5	500	31
2 Reichsmark		Silber	10	5	500	32
2 Reichsmark		Silber	8	5,2	625	33
1 Mark		Silber	5	2,5	500	34
1 Reichsmark		Silber	5	2,5	500	35
1 Reichsmark		Nickel	4,8	–	–	36
50 Pfennig		Aluminium	1,667	–	–	37
50 Rentenpfennig		Kupfer	5	–	–	38
50 Reichspfennig		Kupfer	5	–	–	39
50 Reichspfennig		Nickel	3,5	–	–	40, 42
50 Reichspfennig		Aluminium	1,34 bis 1,37	–	–	41, 43
10 Rentenpfennig		Kupfer	4	–	–	44
10 Reichspfennig		Kupfer	4	–	–	45, 46
10 Reichspfennig		Zink	3,5	–	–	47
5 Rentenpfennig		Kupfer	2,5	–	–	48
5 Reichspfennig		Kupfer	2,5	–	–	49, 50
5 Reichspfennig		Zink	2,5	–	–	51
4 Reichspfennig		Kupfer	5	–	–	52
2 Rentenpfennig		Kupfer	3,333	–	–	53

DEUTSCHES REICH

Nominal	Prägezeit	Metall	Gewicht g	Fein-gewicht g	Fein-gehalt °/₀₀	Katalog-Nr.
2 Reichspfennig		Kupfer	3,333	–	–	54, 55
1 Rentenpfennig		Kupfer	2	–	–	56
1 Reichspfennig		Kupfer	2	–	–	57, 58
1 Reichspfennig		Zink	1,8	–	–	59
5 Reichsmark		Silber	25	12,50	500	60–68
5 Reichsmark		Silber	13,888	12,50	900	69–71
3 Mark		Aluminium	2	–	–	72
3 Reichsmark		Silber	15	7,50	500	73–91
2 Reichsmark		Silber	8	5,20	625	92–94

23 (305) 500 Mark (Al)   1.–/3.–
EINIGKEIT UND RECHT UND FREIHEIT · Reichsadler
Rs. DEUTSCHES REICH / 500 / MARK / Jahreszahl. Unten das Mzz. **1923** (80 000 000) A-D-E-F-G-J
Rand geriffelt

24 (304) 200 Mark (Al)   1.–/2.–
EINIGKEIT UND RECHT UND FREIHEIT · Reichsadler
Rs. DEUTSCHES REICH / 200 / MARK / Jahreszahl. Unten das Mzz. **1923** (200 000 000) A-D-E-F-G-J
Rand geriffelt

25 (331) 5 Reichsmark (S)   190.–/250.–
DEUTSCHES · REICH – FÜNF · REICHSMARK · Reichsadler. Entwurf von M. Dasio
Rs. · EINIGKEIT · UND · RECHT · UND · FREIHEIT · Eiche, beiderseits des Stammes Jahreszahl, unten Mzz. Entwurf von J. Wackerle. **1927** A-D-E-F-G-J, **1928** A-D-E-F-G-J, **1929** A-D-E-F-G-J, **1930** A-D-E-F-G-J, **1931** A-D-E-F-G-J, **1932** A-D-E-F-G-J, **1933** J (1927–1933: 40 000 000)
Rand geriffelt

26 (357) 5 Reichsmark (S)   12.–/40.–
DEUTSCHES REICH – 5 REICHSMARK · Reichsadler zwischen Jahreszahl. Von R. Kullrich.
Rs. Garnisonskirche in Potsdam, darunter das Mzz. Entwurf von A. Vocke **1934** A-D-E-F-G-J, **1935** A-D-E-F-G-J, (Prägezahl Nr. 26, 27, 28 zusammen: 200 000 000)
Rand: GEMEINNUTZ GEHT VOR EIGENNUTZ (Verzierung)

27 (360) 5 Reichsmark (S)   12.–/30.–
PAUL VON HINDENBURG – Mzz. – 1847–1934. Kopf Hindenburgs n. r. Entwurf von A. Vocke
Rs. DEUTSCHES REICH – REICHS 5 MARK · Reichsadler zwischen Jahreszahl. **1935** A-D-E-F-G-J, **1936** A-D-E-F-G-J (Prägezahl Nr. 26, 27, 28 zusammen: 200 000 000)
Rand: GEMEINNUTZ GEHT VOR EIGENNUTZ (Verzierung)

28 (367) 5 Reichsmark (S)   15.–/30.–

Vs. wie Nr. 27
Rs. **DEUTSCHES REICH** · Adler mit Hakenkreuz zwischen **5 REICHS / MARK**. Entwurf von F. Krischker
1936 A-D-E-F-G-J, **1937** A-D-E-F-G-J, **1938** A-D-E-F-G-J, **1939** A-B-D-E-F-G-J (Prägezahl Nr. 26, 27, 28 zusammen: 200 000 000)
Rand: GEMEINNUTZ GEHT VOR EIGENNUTZ (Verzierung)

29 (302) 3 Mark (Al) 5.– /15.–
Reichsadler. Entwurf von J. Wackerle
Rs. **DEUTSCHES REICH / 3 / MARK** / Jahreszahl. Unten das Mzz. **1922** (E: 2000) **A-E**
Rand geriffelt

30 (312) 3 Mark (S) 100.– /130.–
Adler. Entwurf von J. Wackerle
Rs. **DEUTSCHES REICH / DREI / MARK** / Jahreszahl / Mzz. **1924** (45 000 000) **A-D-E-F-G-J**, **1925** (7 928 000) **D**
Rand: EINIGKEIT UND RECHT UND FREIHEIT (Verzierung)
Var. der Randschrift **1924**: UNRECHT, UNDECHT, UNECHT; auch ohne Randschrift

31 (349) 3 Reichsmark (S) 420.– /650.–
DEUTSCHES REICH · Reichsadler, darunter Jahreszahl
Rs. Im Eichenkranz **3 / REICHS / MARK** / Mzz. **1931** (ca. 25 000 000) **A-D-E-F-G-J**, **1932** (ca. 20 000 000) **A-D-F-G-J**, **1933** (152 000) **G**
Rand: EINIGKEIT UND RECHT UND FREIHEIT (Verzierung)

32 (320) 2 Reichsmark (S) 35.– /65.–

DEUTSCHES REICH · Reichsadler, unten Jahreszahl
Rs. Im Eichenkranz **2 / REICHS / MARK**, unten Mzz. **1925** (26 000 000) **A-D-E-F-G-J**, **1926** (65 000 000) **A-D-E-F-G-J**, **1927** (8 500 000) **A-D-E-F-J**, **1931** (6 800 000) **D-E-F-G-J**
Rand geriffelt

33 (366) 2 Reichsmark (S) 5.– /8.–
PAUL VON HINDENBURG – Mzz. – **1847–1934**. Kopf Hindenburgs n. r. Entwurf von A. Vocke
Rs. **DEUTSCHES REICH** · Jahreszahl. Adler mit Hakenkreuz zwischen **2 REICHS / MARK**. Von F. Krischker.
1936 D-E-G-J, **1937** A-D-E-F-G-J, **1938** A-B-D-E-F-G-J, **1939** A-B-D-E-F-G-J (1936–1939: 100 000 000)
Rand: GEMEINNUTZ GEHT VOR EIGENNUTZ (Verzierung)

34 (311) 1 Mark (S) 20.– /40.–
Reichsadler. Entwurf von J. Wackerle
Rs. **DEUTSCHES REICH / 1 / MARK** / Jahreszahl / Mzz.
1924 A-D-E-F-G-J, **1925** A-D, (1924–1925: 159 000 000)
Rand: Arabesken
Var.: **1924 F** auch ohne Rändelung

35 (319) 1 Reichsmark (S) 25.– /55.–
DEUTSCHES REICH · Reichsadler, unten Jahreszahl. Entwurf von E. R. Weiss
Rs. Im Eichenkranz **1 / REICHS / MARK**, unten Mzz. Entwurf von J. Wackerle. **1925** (104 000 000) **A-D-E-F-G-J**, **1926** (51 000 000) **A-D-E-F-G-J**, **1927** (4 800 000) **A-F-J**
Rand: Arabesken

36 (354) 1 Reichsmark (N) 4.– /6.–
DEUTSCHES REICH · Im Eichenlaub **1 / REICHSMARK**, unten Jahreszahl. Entwurf von O. Glöckler

Rs. **GEMEINNUTZ VOR EIGENNUTZ** · Reichsadler, unten zwischen Eichenblättern das Mzz. **1933** A-D-E-F-G, **1934** A-D-E-F-G-J, **1935** A-E-J, **1936** A-D-E-F-G-J, **1937** A-D-E-F-G-J, **1938** A-E-F-G-J, **1939** A-B-D-E-F-G-J (1933–1939: 400 000 000)
Rand: Arabesken

DEUTSCHES REICH · Jahreszahl, unten zwei Eichenzweige. Reichsadler. Entwurf von T. Schwab, Stempel von R. Kullrich
Rs. Oben am Rand Eichenlaub, im Feld **50** und Mzz.; unten **REICHSPFENNIG**. **1927** (27 300 000) A-D-E-F-G-J, **1928** (89 200 000) A-D-E-F-G-J, **1929** (13 400 000) A-D-F, **1930** (7 700 000) A-D-E-F-G-J, **1931** (8 500 000) A-D-F-G-J, **1932** (300 000) E-G, **1933** (1 400 000) G-J, **1935** A-D-E-F-G-J, **1936** A-D-E-F-G-J, **1937** A-D-F-J, **1938** E-G-J
Rand geriffelt

37 (301) 50 Pfennig (Al) **1.– / 2.–**

DEUTSCHES REICH / 50 / PFENNIG / Jahreszahl. Entwurf von L. Oppenheim, Stempel von R. Kullrich
Rs. Ährengarbe, davor Schriftband: **SICH REGEN / BRINGT SEGEN**. Unten das Mzz. **1919** (31 000 000) A-D-E-F-G-J, **1920** (260 000 000) A-D-E-F-G-J, **1921** (380 000 000) A-D-E-F-G-J, **1922** (254 000 000) A-D-E-F-G-J
Rand geriffelt

41 (368) 50 Reichspfennig (Al) **3.– / 15.–**

DEUTSCHES REICH · Reichsadler, unten Jahreszahl
Rs. **50 / REICHSPFENNIG**, unten zwischen zwei Eichenblättern das Mzz. **1935** (140 000 000) A-D-E-F-G-J
Rand geriffelt

38 (310) 50 Rentenpfennig (K) **24.– / 55.–**

❊ **DEUTSCHES REICH** ❊ In einer mit 4 Eichenblättern verzierten Raute **50**. Unten **RENTENPFENNIG**. Entwurf von W. Raemisch
Rs. Stilisierte Ährengarbe, oben Mzz., unten Jahreszahl. Entwurf von O. H. W. Hadank. **1923** A-D-F-G-J, **1924** A-D-E-F-G-J (1923–1924: ca. 220 000 000)
Rand geriffelt

42 (365) 50 Reichspfennig (N) **50.– / 100.–**

DEUTSCHES REICH, unten Eichenlaub. Adler mit Hakenkreuz
Rs. **50 / REICHSPFENNIG**, unten zwischen Eichenlaub das Mzz. **1938** A-B-D-E-F-G-J, **1939** A-B-D-E-F-G-J (1938 bis 1939: 35 000 000)
Rand geriffelt

39 (318) 50 Reichspfennig (K) **1 800.– / 2 400.–**

❊ **DEUTSCHES REICH** ❊ In einer mit 4 Eichenblättern verzierten Raute **50**. Unten **REICHSPFENNIG**. Entwurf von W. Raemisch
Rs. wie Nr. 38. **1924** A-E-F-G, **1925** E-F, (1924–1925 E: 1 805 000; 1924–1925 F: 55 432)
Rand geriffelt

43 (372) 50 Reichspfennig (Al) **3.– / 10.–**

DEUTSCHES REICH · Adler mit Hakenkreuz, unten Jahreszahl
Rs. **50 / REICHSPFENNIG**, unten zwischen zwei Eichenblättern das Mzz. **1939** A-B-D-E-F-G-J, **1940** A-B-D-E-F-G-J, **1941** A-B-D-E-F-G-J, **1942** A-B-D-E-F-G, **1943** A-B-D-G-J, **1944** B-D-F-G
Rand geriffelt

40 (324) 50 Reichspfennig (N) **5.– / 8.–**

44 (309) 10 Rentenpfennig (K) **1.– / 8.–**

❊ **DEUTSCHES REICH** ❊ In einer mit vier Eichenblättern verzierten Raute **10**. Unten **RENTENPFENNIG**. Entwurf von W. Raemisch
Rs. Stilisierte Ährengarbe, oben das Mzz., unten Jahreszahl. Entwurf von O. H. W. Hadank. **1923** A-D-F-G, **1924** A-D-E-F-G-J, **1925** (ca. 12 500) **F** Stempelverwechslung!
Rand geriffelt

45 (317) 10 Reichspfennig (K) **1.–/2.–**

❊ **DEUTSCHES REICH** ❊ In einer mit vier Eichenblättern verzierten Raute **10**. Unten **REICHSPFENNIG**. Entwurf von W. Raemisch
Rs. wie Nr. 44. **1924** A-D-E-F-G-J, **1925** A-D-E-F-G-J, **1926** A-G, **1928** A-G, **1929** A-D-E-F-G-J, **1930** A-D-E-F-G-J, **1931** A-D-F-G, **1932** A-D-E-F-G, **1933** A-G-J, **1934** A-D-E-F-G, **1935** A-D-E-F-G-J, **1936** A-D-E-F-G-J
Rand geriffelt

46 (364) 10 Reichspfennig (K) **1.–/2.–**

DEUTSCHES REICH · Jahreszahl · Adler mit Hakenkreuz
Rs. **10 / REICHSPFENNIG** · Unten zwischen zwei Eichenblättern das Mzz. **1936** A-E-G, **1937** A-D-E-F-G-J, **1938** A-B-D-E-F-G-J, **1939** A-B-D-E-F-G-J
Rand geriffelt

47 (371) 10 Reichspfennig (Z) **1.–/2.–**

DEUTSCHES REICH · Adler mit Hakenkreuz, unten Jahreszahl
Rs. **10 / REICHSPFENNIG** · Unten zwischen zwei Eichenblättern das Mzz. **1940** A-B-D-E-F-G-J, **1941** A-B-D-E-F-G-J, **1942** A-B-D-E-F-G, **1943** A-B-D-E-F-G-J, **1944** A-B-D-E-F-G, **1945** A-E
Rand glatt

48 (308) 5 Rentenpfennig (K) **1.–/5.–**

❊ **DEUTSCHES REICH** ❊ In einer mit vier Eichenblättern verzierten Raute **5**. Unten **RENTENPFENNIG**. Entwurf von W. Raemisch
Rs. Stilisierte Ährengarbe, oben Mzz., unten Jahreszahl. Entwurf von O. H. W. Hadank. **1923** A-D-F-G, **1924** A-D-E-F-G-J, **1925 F** Stempelverwechslung!
Rand geriffelt

49 (316) 5 Reichspfennig (K) **1.–/2.–**

❊ **DEUTSCHES REICH** ❊ In einer mit vier Eichenblättern verzierten Raute **5**. Unten **REICHSPFENNIG**. Entwurf von W. Raemisch
Rs. wie Nr. 48. **1924** A-D-E-F-G-J, **1925** A-D-E-F-G-J, **1926** A-E-F, **1930** A, **1935** A-D-E-F-G-J, **1936** A-D-E-F-G-J
Rand geriffelt
Var.: **1925 F** Vs. (große und kleine 5)

50 (363) 5 Reichspfennig (K) **1.–/2.–**

DEUTSCHES REICH · Jahreszahl · Adler mit Hakenkreuz
Rs. **5 / REICHSPFENNIG**. Unten zwischen zwei Eichenblättern das Mzz. **1936** A-D-G, **1937** A-D-E-F-G-J, **1938** A-B-D-E-F-G-J, **1939** A-B-D-E-F-G-J
Rand geriffelt

51 (370) 5 Reichspfennig (Z) **1.–/2.–**

DEUTSCHES REICH · Adler mit Hakenkreuz, unten Jahreszahl
Rs. **5 / REICHSPFENNIG**. Unten zwischen zwei Eichenblättern das Mzz. **1940** A-B-D-E-F-G-J, **1941** A-B-D-E-F-G-J, **1942** A-B-D-E-F-G, **1943** A-B-D-E-F-G, **1944** A-D-E-F-G
Rand geriffelt

52 (315) 4 Reichspfennig (K) **12.–/20.–**

Reichsadler, darunter das Mzz.
Rs. · **DEUTSCHES REICH 1932** · **/ 4 / REICHSPFENNIG**. **1932** (40 000 000) A-D-E-F-G-J
Rand glatt

Rs. wie Nr. 56. **1924** A-D-E-F-G-J, **1925** A-D-E-F-G-J, **1927** A-D-E-F-G, **1928** A-D-F-G, **1929** A-D-E-F-G, **1930** A-D-E-F-G, **1931** A-D-E-F-G, **1932** A, **1933** A-E-F, **1934** A-D-E-F-G-J, **1935** A-D-E-F-G-J, **1936** A-D-E-F-G-J
Rand glatt
Var.: **1934** A Rs. (Bindung der Garbe)

53 (307) 2 Rentenpfennig (K) 1.–/5.–
✿ DEUTSCHES REICH ✿ / 2 / RENTENPFENNIG
Rs. Ährengarbe zwischen Jahreszahl, unten das Mzz. **1923** A-D-F-G-J, **1924** A-D-E-F-G-J (1923–1924: 15 000 000)
Rand glatt

58 (361) 1 Reichspfennig (K) 1.–/2.–
DEUTSCHES REICH · Jahreszahl · Adler mit Hakenkreuz
Rs. **1 / REICHSPFENNIG**. Unten zwischen zwei Eichenblättern das Mzz. **1936** A-E-F-G-J, **1937** A-D-E-F-G-J, **1938** A-B-D-E-F-G-J, **1939** A-B-D-E-F-G-J, **1940** A-F-G-J
Rand glatt

54 (314) 2 Reichspfennig (K) 1.–/2.–
✿ DEUTSCHES REICH ✿ / 2 / REICHSPFENNIG
Rs. wie Nr. 53. **1923** F Stempelverwechslung! **1924** A-D-E-F-G-J, **1925** A-D-E-F-G, **1936** A-D-E-F
Rand glatt

59 (369) 1 Reichspfennig (Z) 1.–/2.–
DEUTSCHES REICH · Adler mit Hakenkreuz, unten Jahreszahl
Rs. **1 / REICHSPFENNIG**. Unten zwischen zwei Eichenblättern das Mzz. **1940** A-B-D-E-F-G-J, **1941** A-B-D-E-F-G-J, **1942** A-B-D-E-F-G-J, **1943** A-B-D-E-F-G-J, **1944** A-B-D-E-F-G, **1945** A-E
Rand glatt

55 (362) 2 Reichspfennig (K) 1.–/2.–
DEUTSCHES REICH · Jahreszahl · Adler mit Hakenkreuz
Rs. **2 / REICHSPFENNIG**. Unten zwischen zwei Eichenblättern das Mzz. **1936** A-D-F, **1937** A-D-E-F-G-J, **1938** A-B-D-E-F-G-J, **1939** A-B-D-E-F-G-J, **1940** A-D-E-G-J
Rand glatt

Gedenkmünzen (1922–1934)

56 (306) 1 Rentenpfennig (K) 1.–/5.–
✱ DEUTSCHES REICH ✱ / 1 / RENTENPFENNIG
Rs. Ährengarbe zwischen Jahreszahl, unten das Mzz. **1923** A-D-E-F-G-J, **1924** A-D-E-F-G-J, **1925** A Stempelverwechslung! **1929** F Stempelverwechslung! (1923–1929: 100 000 000)
Rand glatt

60 (322) 5 Reichsmark (S) 180.–/260.–
· JAHRTAUSEND FEIER DER RHEINLANDE · DEUTSCHES REICH · Stehender Ritter mit Adlerschild, die Rechte zum Schwur erhoben; beiderseits im Feld die Jahreszahl. Entwurf von R. Sintenis
Rs. Im Eichenkranz **5 / REICHS / MARK**. Unten Mzz. Entwurf von E. R. Weiss. **1925** (1 684 414) A-D-E-F-G-J
Rand: EINIGKEIT UND RECHT UND FREIHEIT (Verzierung)

57 (313) 1 Reichspfennig (K) 1.–/2.–
✱ DEUTSCHES REICH ✱ / 1 / REICHSPFENNIG

64 (339) 5 Reichsmark (S)   750.– / 1 000.–
TAUSEND JAHRE BURG UND STADT MEISSEN ·
Schildhalter mit den Wappenschilden von Markgrafschaft
und Burggrafschaft Meißen. Beiderseits im Feld 19 29, unten
das Mzz. Entwurf von F. Hörnlein
Rs. ❁ DEUTSCHES REICH ❁ FÜNF REICHSMARK ·
Reichsadler. **1929** (120 000) **E**
Rand geriffelt
Auch Vs.-Stempel mit V statt U und G statt E in der Legende
sowie rechteckiger Standfläche und Rs.-Stempel mit Legen-
denunterbrechung über dem Kopf und unter dem Schwanz
des Adlers

61 (326) 5 Reichsmark (S)   800.– / 1 100.–
· **HUNDERT · JAHRE · BREMERHAVEN** · Mzz. Drei-
master, davor Bremer Wappen zwischen 19 – 27. Entwurf von
M. Dasio, Stempel von R. Kullrich
Rs. ❁ DEUTSCHES · REICH ❁ FÜNF · REICHSMARK ·
Im Achtpaß Adlerschild. **1927** (50 000) **A**
Rand: NAVIGARE NECESSE EST (Verzierung)

65 (341) 5 Reichsmark (S)   240.– / 340.–
DEUTSCHES REICH · 5 REICHSMARK · Im Abschnitt:
HINDENBURG / REICHS- / PRÄSIDENT · Kopf n. l.
Entwurf von R. Bosselt
Rs. **TREU DER VERFASSUNG** · Im Abschnitt: 1919 ·
1929 / 11. AUGUST / Mzz. Schwurhand (10 Jahre Verfas-
sung). **1929** (600 000) **A-D-E-F-G-J**
Rand geriffelt

62 (329) 5 Reichsmark (S)   700.– / 1 100.–
**450 JAHRE UNIVERSITÄT TÜBINGEN EBERHARD
IM BART** · Brustbild n. l., darunter das Mzz. Von K. Schmidt
Rs. + DEUTSCHES REICH 1927 + FÜNF REICHS-
MARK · Reichsadler. **1927** (40 000) **F**
Rand: EINIGKEIT UND RECHT UND FREIHEIT (Ver-
zierung)

66 (343) 5 Reichsmark (S)   300.– / 400.–
GRAF ZEPPELIN WELTFLUG 1929 · Zeppelin vor Erd-
kugel; unten Mzz. Entwurf von F. Krischker
Rs. · DEUTSCHES REICH 1930 · 5 REICHSMARK ·
Reichsadler. **1930** (400 000) **A-D-E-F-G-J**
Rand geriffelt

63 (336) 5 Reichsmark (S)   250.– / 350.–
GOTTH. EPHRAIM / LESSING / Mzz. · Kopf n. l., beider-
seits 1729 1929. Entwurf von R. Bosselt
Rs. · DEUTSCHES REICH · 5 REICHSMARK · Reichs-
adler. **1929** (160 000) **A-D-E-F-G-J**
Rand geriffelt

DEUTSCHES REICH

67 (346) 5 Reichsmark (S) 300.– / 420.–
DER RHEIN DEUTSCHLANDS STROM · NICHT DEUTSCHLANDS GRENZE. Auf einem Brückenbogen mit der Jahreszahl **19 30** ein stehender Adler. (Rheinlandräumung). Entwurf von T. C. Pilartz
Rs. DEUTSCHES REICH FÜNF · REICHSMARK · Auf Dreipaß der Adlerschild, darüber das Mzz. **1930** (600000) **A-D-E-F-G-J**
Rand geriffelt

70 (356) 5 Reichsmark (S) 35.– / 120.–
Garnisonskirche in Potsdam zwischen **21. MÄRZ – 1933**, darunter das Mzz. (Jahrestag der Reichstagseröffnung). Entwurf von A. Vocke
Rs. DEUTSCHES REICH 5 REICHSMARK · Reichsadler zwischen **19 – 34**. Von R. Kullrich. **1934** (4000000) **A-D-E-F-G-J**
Rand: GEMEINNUTZ GEHT VOR EIGENNUTZ (Verzierung)

68 (351) 5 Reichsmark (S) 4200.– / 5800.–
Kopf Goethes n. l., darunter **GOETHE** (100. Todestag). Entwurf von R. Bosselt.
Rs. DEUTSCHES REICH FÜNF REICHSMARK · Reichsadler zwischen **1832–1932**, darunter Mzz. **1932** (20000) **A-D-E-F-G-J**
Rand: ALLEN GEWALTEN ZUM TRUTZ SICH ERHALTEN ✻

71 (359) 5 Reichsmark (S) 460.– / 600.–
FRIEDRICH SCHILLER · Kopf Schillers n. l. Unten zwischen zwei Eichenblättern **1759 F 1934** (175. Geburtstag). Entwurf von H. Zimmermann, Stempel von F. Krischker
Rs. DEUTSCHES REICH 5 REICHSMARK · Reichsadler. Entwurf und Stempel von F. Krischker. **1934** (100000) **F**
Rand: ✦ ANS VATERLAND ANS TEURE SCHLIESS DICH AN
Auch Probeabschlag auf 5 RM-Schrötling: Rs. und Rand wie Nr. 62, aber Jahreszahl 1926; Vs. mit ähnlichem Kopf wie auf Nr. 71, aber ohne Umschrift

69 (353) 5 Reichsmark (S) 280.– / 390.–
MARTIN LUTHER · Kopf Luthers n. l., darunter **1483–1933** (450. Geburtstag). Entwurf von H. Wissel, Stempel von Rössler
Rs. DEUTSCHES REICH 5 REICHSMARK · Reichsadler, darunter das Mzz. **1933** (202000) **A-D-E-F-G-J**
Rand: EIN FESTE BURG IST UNSER GOTT ✦

72 (303) 3 Mark (Al) 1.– / 2.–
VERFASSUNGSTAG 11. AUGUST 1922 · Reichsadler
Rs. DEUTSCHES REICH / 3 MARK / Jahreszahl · Unten das Mzz. **1922** (ca. 73000000) **A-D-E-F-G-J**, **1923** (2030000) **E**
Rand geriffelt

73 (321) 3 Reichsmark (S) 90.– / 120.–

· JAHRTAUSEND FEIER DER RHEINLANDE · DEUTSCHES REICH · Stehender Ritter mit Adlerschild, die Rechte zum Schwur erhoben; beiderseits im Feld die Jahreszahl. Entwurf von R. Sintenis
Rs. Im Eichenkranz **3 / REICHS / MARK** · Unten Mzz. Entwurf von E. R. Weiss. 1925 (5 580 215) **A-D-E-F-G-J**
Rand: EINIGKEIT UND RECHT UND FREIHEIT (Verzierung)

74 (323) 3 Reichsmark (S) 240.– / 340.–
+ 700 JAHRE REICHSFREIHEIT LVEBECK 1926 · Wappen von Lübeck. Entwurf von T. Schwab
Rs. **DEUTSCHES REICH** · Zwei Eichenzweige, darunter Mzz. Im Feld **3 / REICHS / MARK**. Entwurf von Fink. 1926 (200 000) **A**
Rand: EINIGKEIT UND RECHT UND FREIHEIT (Verzierung)

75 (325) 3 Reichsmark (S) 280.– / 380.–
· **HUNDERT · JAHRE · BREMERHAVEN** · Mzz. Dreimaster, davor Bremer Wappen zwischen **19 – 27**. Entwurf von M. Dasio, Stempel von R. Kullrich
Rs. ✺ **DEUTSCHES · REICH** ✺ **DREI · REICHSMARK** · Im Achtpaß Adlerschild. 1927 (150 000) **A**
Rand: NAVIGARE NECESSE EST (Verzierung)

76 (327) 3 Reichsmark (S) 240.– / 340.–
· **JAHRTAUSENDFEIER · DER · REICHSSTADT · NORDHAUSEN** · Thronendes Kaiserpaar, davor behelmter Adlerschild (Stadtwappen) zwischen **19–27**. Oben **927**. Entwurf von M. Dasio, Stempel von R. Kullrich
Rs. · **DEUTSCHES REICH** · Im Sechspaß **3**, darunter das Mzz.; unten herum **REICHSMARK**. 1927 (100 000) **A**
Rand: EINIGKEIT UND RECHT UND FREIHEIT (Verzierung)

77 (328) 3 Reichsmark (S) 650.– / 950.–
450 JAHRE UNIVERSITÄT TÜBINGEN EBERHARD IM BART · Brustbild n. l., darunter das Mzz. Entwurf und Stempel von K. Schmidt
Rs. **+ DEUTSCHES REICH 1927 + DREI REICHSMARK** · Reichsadler 1927 (50 000) **F**
Rand: EINIGKEIT UND RECHT UND FREIHEIT (Verzierung)

78 (330) 3 Reichsmark (S) 220.– / 330.–
Landgräflich hessisches Wappen mit zwei Schriftfeldern: **PHILIPPS / UNIVER / SITAET – MAR- / BURG / 1527 – 1927** · Unten Mzz. Entwurf von A. Vocke, Stempel von R. Kullrich
Rs. ✺ **DEUTSCHES · REICH** ✺ **DREI · REICHSMARK** · Reichsadler. 1927 (130 000) **A**
Rand: EINIGKEIT UND RECHT UND FREIHEIT (Verzierung)

79 (332) 3 Reichsmark (S) 650.– / 950.–
✺ **ALBRECHT · DVRER · GEDENKJAHR** ✺ **1928** · Brustbild n. l. Entwurf von R. Nida-Rümelin
Rs. ✺ **DEVTSCHES REICH** ✺ Reichsadler; unten **3** mit Mzz., beiderseits **REICHS MARK**. 1928 (50 000) **D**
Rand: EHRT EURE DEUTSCHEN MEISTER (Verzierung)

80 (333) 3 Reichsmark (S) 280.– / 400.–

DEUTSCHES REICH 406

GRVNDVNGSFEIER NAVMBVRG · SAALE · Schildhalter mit Schild, darauf Schwert und Schlüssel des Stadtwappens. Beiderseits im Feld **1028–1928**. Entwurf von R. Nida-Rümelin, Stempel von F. Krischker
Rs. ✶ DEVTSCHES REICH ✶ Reichsadler; unten **3** mit Mzz., beiderseits **REICHS MARK**. **1928** (100000) **A**
Rand: EINIGKEIT UND RECHT UND FREIHEIT (Verzierung)

81 (334) 3 Reichsmark (S) 950.– /1500.–
TAUSEND · JAHRE · DINKELSBÜHL · Zweitürmige Stadtmauer, darüber Schnitter, davor Stadtwappenschild. Beiderseits der Türme **1-9-2-8**. Unten Mzz. Von K. Roth
Rs. ✶ DEUTSCHES REICH ✶ DREI REICHSMARK · Reichsadler. Von J. Wackerle. **1928** (40000) **D**
Rand: EINIGKEIT UND RECHT UND FREIHEIT (Verzierung)

82 (335) 3 Reichsmark (S) 130.– /170.–
GOTTH. EPHRAIM / LESSING / Mzz. Kopf n.l., beiderseits **1729–1929**. Entwurf von R. Bosselt
Rs. · DEUTSCHES REICH · 3 REICHSMARK · Reichsadler. **1929** (400000) **A-D-E-F-G-J**
Rand geriffelt

83 (337) 3 Reichsmark (S) 250.– /360.–
VEREINIGUNG WALDECKS MIT PREUSSEN – **1. APRIL 1929** · Preußischer Wappenadler mit Waldecker Wappenschild. Entwurf von F. Krischker
Rs. · DEUTSCHES REICH · DREI REICHSMARK · Reichsadler. **1929** (170000) **A**
Rand: EINIGKEIT UND RECHT UND FREIHEIT (Verzierung)

84 (338) 3 Reichsmark (S) 120.– /160.–
TAUSEND JAHRE BURG UND STADT MEISSEN · Schildhalter mit den Wappenschilden von Markgrafschaft und Burggrafschaft Meißen. Beiderseits im Feld **19-29**, unten das Mzz. Entwurf von F. Hörnlein
Rs. ✤ DEUTSCHES REICH ✤ DREI REICHSMARK · Reichsadler. **1929** (800000) **E**
Rand: EINIGKEIT UND RECHT UND FREIHEIT (Verzierung)
Auch Vs.-Probe in Anlehnung an die Rs. der ersten Meißner Groschen mit dem meißnischen Löwen n.r., Jahreszahl und Mzz., umgeben von der oben angegebenen Legende. Dieser Entwurf Hörnleins wurde von der sächsischen Landesregierung abgelehnt

85 (340) 3 Reichsmark (S) 80.– /120.–
DEUTSCHES REICH · 3 REICHSMARK · Im Abschnitt: HINDENBURG / REICHS- / PRÄSIDENT · Kopf n.l. Entwurf von R. Bosselt
Rs. TREU DER VERFASSUNG · Im Abschnitt: 1919 1929/11. AUGUST / Mzz. Schwurhand. **1929** (3010000) **A-D-E-F-G-J**
Rand: EINIGKEIT UND RECHT UND FREIHEIT (Verzierung)

86 (342) 3 Reichsmark (S) 140.– /200.–
GRAF ZEPPELIN WELTFLUG 1929 · Zeppelin vor Erdkugel; unten Mzz. Entwurf von F. Krischker
Rs. · DEUTSCHES REICH 1930 · 3 REICHSMARK · Reichsadler. **1930** (1000000) **A-D-E-F-G-J**
Rand: EINIGKEIT UND RECHT UND FREIHEIT (Verzierung)

87 (344) 3 Reichsmark (S) 140.– /200.–

· WALTHER · VON · DER · VOGELWEIDE · – 1930 · Der Minnesänger, sitzend, mit Harfe, neben ihm sein Wappenschild. Entwurf von E. Smith
Rs. ❋ DEUTSCHES · REICH ❋ DREI · REICHSMARK · Auf Dreipaß der Adlerschild, darüber das Mzz. 1930 (300000) A-D-E-F-G-J
Rand: EINIGKEIT UND RECHT UND FREIHEIT (Verzierung)

88 (345) 3 Reichsmark (S) 100.– /150.–
DER RHEIN DEUTSCHLANDS STROM · NICHT DEUTSCHLANDS GRENZE. Auf einem Brückenbogen mit der Jahreszahl 19 30 ein stehender Adler. (Rheinlandräumung). Entwurf von T. C. Pilartz
Rs. DEUTSCHES · REICH DREI · REICHSMARK · Auf Dreipaß der Adlerschild, darüber das Mzz. 1930 (3 000 000) A-D-E-F-G-J
Rand: EINIGKEIT UND RECHT UND FREIHEIT (Verzierung)

89 (347) 3 Reichsmark (S) 350.– /480.–
· ❋ · WIEDERGEBURT · NACH · ZWIETRACHT · UND NOT · ❋ · MAGDEBURG · Stadtansicht, darüber das Stadtwappen zwischen 1631–1931. Entwurf von M. Dasio
Rs. ❋ DEUTSCHES · REICH ❋ DREI · REICHSMARK · Auf Achtpaß der Adlerschild. 1931 (100 000) A
Rand: EINIGKEIT UND RECHT UND FREIHEIT (Verzierung)

90 (348) 3 Reichsmark (S) 240.– /350.–
ICH HABE NUR EIN VATERLAND UND DAS HEISST DEUTSCHLAND · Kopf des Freiherrn vom Stein n. l., darunter STEIN (100. Todestag). Entwurf von R. Bosselt
Rs. DEUTSCHES REICH DREI REICHSMARK · Reichsadler zwischen 1831–1931, darunter A. 1931 (150 000)
Rand: EINIGKEIT UND RECHT UND FREIHEIT (Verzierung)

91 (350) 3 Reichsmark (S) 150.– /220.–
Kopf Goethes n. l., darunter GOETHE (100. Todestag). Entwurf von R. Bosselt
Rs. DEUTSCHES REICH DREI REICHSMARK · Reichsadler zwischen 1832–1932, darunter Mzz. 1932 (400100) A-D-E-F-G-J
Rand: ALLEN GEWALTEN ZUM TRUTZ SICH ERHALTEN ✶

92 (352) 2 Reichsmark (S) 55.– /85.–
MARTIN LUTHER · Kopf Luthers n. l., darunter 1483–1933 (450. Geburtstag). Entwurf von H. Wissel, Stempel von Rössler
Rs. DEUTSCHES REICH 2 REICHSMARK · Reichsadler, darunter das Mzz. 1933 (1 000 000) A-D-E-F-G-J
Rand: EIN FESTE BURG IST UNSER GOTT +
Var.: Vs. auch gekoppelt mit Rs. Nr. 93

93 (355) 2 Reichsmark (S) 22.– /55.–
Garnisonskirche in Potsdam zwischen 21. MÄRZ – 1933, darunter das Mzz. (Jahrestag der Reichstagseröffnung). Entwurf von A. Vocke
Rs. DEUTSCHES REICH 2 REICHSMARK · Reichsadler zwischen 19–34. Von R. Kullrich. 1934 (5 000 000) A-D-E-F-G-J
Rand: GEMEINNUTZ GEHT VOR EIGENNUTZ (Verzierung)

94 (358) 2 Reichsmark (S) 140.– /210.–
FRIEDRICH SCHILLER · Kopf Schillers n. l. Unten zwischen zwei Eichenblättern 1759 F 1934 (175. Geburtstag). Entwurf von H. Zimmermann, Stempel von F. Krischker
Rs. DEUTSCHES REICH 2 REICHSMARK · Reichsadler. Entwurf und Stempel von F. Krischker. 1934 (300 000) F
Rand: + ANS VATERLAND ANS TEURE SCHLIESS DICH AN

DEUTSCHES REICH

Deutsches Reich (1945–1948)

Die Ausbringung der einzelnen Sorten

Nominal	Prägezeit	Metall	Gewicht g	Fein-gewicht g	Fein-gehalt ⁰/₀₀	Katalog-Nr.
	1945–1948					
10 Reichspfennig		Zink	3,5	–	–	95
5 Reichspfennig		Zink	2,5	–	–	96
1 Reichspfennig		Zink	1,8	–	–	97, 98

95 (375) 10 Reichspfennig (Z) 12.– /20.–
DEUTSCHES REICH · Reichsadler, unten Jahreszahl
Rs. **10 / REICHSPFENNIG** · Unten zwischen zwei Eichenblättern das Mzz. **1945** F, **1946** (G: 144 000) **F-G**, **1947** (E: 2 611 800) **A-E-F**, **1948 A-F**
Rand glatt

97 (373 a) 1 Reichspfennig (Z) 6 000.– /10 000.–
DEUTSCHES REICH · Reichsadler, unten **1944** (entspricht der Vs. Nr. 59 nach Entfernung des Hakenkreuzes)
Rs. **1 / REICHSPFENNIG** · Unten zwischen zwei Eichenblättern das Mzz. **D. 1944** (einige Stücke) · Keine reguläre Prägung
Rand glatt

96 (374) 5 Reichspfennig (Z) 15.– /40.–
DEUTSCHES REICH · Reichsadler, unten Jahreszahl
Rs. **5 / REICHSPFENNIG** · Unten zwischen zwei Eichenblättern das Mzz. **1945 D**, **1947** (D: 2 900 000) **A-D**, **1948** (E: 7 666 000) **A-E**
Rand geriffelt

98 (373 b) 1 Reichspfennig (Z) 30.– /70.–
DEUTSCHES REICH · Reichsadler, unten Jahreszahl
Rs. **1 / REICHSPFENNIG** · Unten zwischen zwei Eichenblättern das Mzz. **1945 F**, **1946** (G: 90 000) **F-G**
Rand glatt

Bank deutscher Länder (1948–1950)

Die Ausbringung der einzelnen Sorten

Nominal	Prägezeit	Metall	Gewicht g	Fein-gewicht g	Fein-gehalt ⁰/₀₀	Katalog-Nr.
	1948–1950					
50 Pfennig		Kupfer/Nickel	3,5	–	–	99
10 Pfennig		Eisen tombak-plattiert	4	–	–	100
5 Pfennig		Eisen tombak-plattiert	3	–	–	101
1 Pfennig		Eisen kupfer-plattiert	2	–	–	102

99 (379) 50 Pfennig (K–N)   1.–/15.–
BANK DEUTSCHER LÄNDER / 50 / PFENNIG · Unter der Wertzahl das Mzz. Entwurf von R. M. Werner
Rs. Kniende weibliche Gestalt, die ein Eichenbäumchen pflanzt. Unten Jahreszahl. **1949** (137 306 000) **D-F-G-J**, **1950** (30 000) **G**
Rand geriffelt

101 (377) 5 Pfennig (E tombakplattiert)   2.–/20.–
BANK DEUTSCHER LÄNDER · Fünfblättriger Eichenzweig. Unten **1949**. Entwurf von A. Jäger
Rs. **5 / PFENNIG** · Oben zwischen zwei Ähren das Mzz. **1949** (212 890 000) **D-F-G-J**
Rand glatt
Var. des Mzz. J

100 (378) 10 Pfennig (E tombakplattiert)   2.–/20.–
BANK DEUTSCHER LÄNDER · Fünfblättriger Eichenzweig. Unten **1949**. Entwurf von A. Jäger
Rs. **10 / PFENNIG** · Oben zwischen zwei Ähren das Mzz. **1949** (488 227 000) **D-F-G-J**
Rand glatt
Var. des Mzz. J

102 (376) 1 Pfennig (E kupferplattiert)   1.50/15.–
BANK DEUTSCHER LÄNDER · Fünfblättriger Eichenzweig. Unten Jahreszahl. Entwurf von A. Jäger
Rs. **1 / PFENNIG** · Oben zwischen zwei Ähren das Mzz. **1948** (238 603 000) **D-F-G-J**, **1949** (382 522 000) **D-F-G-J**
Rand glatt
Var. des Mzz. J

Bundesrepublik Deutschland

Die Ausbringung der einzelnen Sorten

Nominal	Prägezeit	Metall	Gewicht g	Feingewicht g	Feingehalt ⁰/₀₀	Katalog-Nr.
	ab 1950					
10 Deutsche Mark		Silber	15,5	9,78	625	200–205, 253–268
5 Deutsche Mark		Silber	11,2	7	625	103, 210–237
5 Deutsche Mark		Kupfer/Nickel (Dreischichtenwerkstoff)	10	–	–	104, 238–252
2 Deutsche Mark		Kupfer/Nickel	7	–	–	110–117
1 Deutsche Mark		Kupfer/Nickel	5,5	–	–	120
50 Pfennig		Kupfer/Nickel	3,5	–	–	130
10 Pfennig		Eisen tombak-plattiert	4	–	–	140
5 Pfennig		Eisen tombak-plattiert	3	–	–	150
2 Pfennig		Kupfer	3,3	–	–	160
2 Pfennig	(ab 1968)	Eisen kupfer-plattiert	2,9	–	–	160
1 Pfennig		Eisen kupfer-plattiert	2	–	–	170

BUNDESREPUBLIK DEUTSCHLAND

103 (387) 5 Deutsche Mark (S)   8.– /12.–
BUNDESREPUBLIK DEUTSCHLAND / 5 / · DEUTSCHE MARK · Unten Jahreszahl und Mzz. Entwurf von A. Holl Schw. Gmünd Bundesadler.

1951	(79 800 000) D-F-G-J,	**1956**	(3 360 000) D-F-G-J,
1957	(4 988 000) D-F-G-J,	**1958**	(3 443 000) D-F-G-J,
1959	(1 901 000) D-G-J,	**1960**	(4 927 000) D-F-G-J,
1961	(2 382 000) D-F-J,	**1963**	(6 070 000) D-F-G-J,
1964	(6 086 000) D-F-G-J,	**1965**	(14 344 000) D-F-G-J,
1966	(20 000 000) D-F-G-J,	**1967**	(12 000 000) D-F-G-J,
1968	(5 000 000) D-F-G-J,	**1969**	(10 100 000) D-F-G-J,
1970	(14 000 000) D-F-G-J,	**1971**	(20 000 000) D-F-G-J,
1972	(23 000 000) D-F-G-J,	**1973**	(15 100 000) D-F-G-J,
1974	(17 936 000) D-F-G-J		

Rand: EINIGKEIT UND RECHT UND FREIHEIT (dazwischen Eichenzweige)
Var.: 1957 **J** auch mit der Randschrift GRÜSS · DICH · DEUTSCHLAND · AUS · HERZENSGRUND (Verzierung)

104 (415) 5 Deutsche Mark (K–N)   5.– /5.–
BUNDESREPUBLIK DEUTSCHLAND / 5 / · DEUTSCHE MARK · Wertzahl **5** vertieft im Feld. Entwurf von Wolfgang Doehm, Stuttgart
Rs. Bundesadler, unten Jahreszahl und Mzz.

1975	(251 225 000) D-F-G-J,	**1976**	(30 644 000) D-F-G-J,
1977	(32 210 000) D-F-G-J,	**1978**	(30 000 000) D-F-G-J,
1979	(30 000 000) D-F-G-J,	**1980**	(32 000 000) D-F-G-J,
1981	(32 000 000) D-F-G-J,	**1982**	(34 200 000) D-F-G-J,
1983	(24 000 000) D-F-G-J,	**1984**	(23 274 000) D-F-G-J,
1985	(19 220 000) D-F-G-J,	**1986**	(19 177 000) D-F-G-J,
1987	(26 180 000) D-F-G-J,	**1988**	(46 180 000) D-F-G-J,
1989	(66 180 000) D-F-G-J,	**1990**	(80 580 000) D-F-G-J,
1991	(90 226 000) A-D-F-G-J,	**1992**	(80 226 000) A-D-F-G-J,
1993	(16 226 000) A-D-F-G-J,	**1994**	(20 250 000) A-D-F-G-J,
1995	(350 000) A-D-F-G-J		

Rand: EINIGKEIT UND RECHT UND FREIHEIT (dazwischen Adler

110 (386) 2 Deutsche Mark (K–N)   70.– /120.–
BUNDESREPUBLIK DEUTSCHLAND · Bundesadler, darunter das Mzz. Entwurf von J. Bernhart, München
Rs. **2 / DEUTSCHE / MARK** · Oben **1951**, die Wertzahl zwischen Ähren, Weinblättern und Trauben.
1951 (75 287 000) D-F-G-J
Rand: EINIGKEIT UND RECHT UND FREIHEIT (dazwischen Blätter)

111 (392) 2 Deutsche Mark (K–N)   3.– /5.–
Rs. **MAX PLANCK ✲ 1858–1947 +** Kopf Plancks n. l.
BUNDESREPUBLIK · DEUTSCHLAND / 2 DEUTSCHE MARK · Bundesadler, unten Jahreszahl und Mzz. Entwurf von K. Roth, München

1957	(27 598 000) D-F-G-J,	**1958**	(49 600 000) D-F-G-J,
1959	(2 520 000) D-F-G,	**1960**	(14 660 000) D-F-G-J,
1961	(12 936 000) D-F-G-J,	**1962**	(13 571 000) D-F-G-J,
1963	(23 820 000) D-F-G-J,	**1964**	(13 579 000) D-F-G-J,
1965	(15 015 000) D-F-G-J,	**1966**	(22 519 000) D-F-G-J,
1967	(15 575 000) D-F-G-J,	**1968**	(12 975 000) D-F-G-J,
1969	(10 046 000) D-F-G-J,	**1970**	(20 377 000) D-F-G-J,
1971	(32 894 000) D-F-G-J,		

Rand: EINIGKEIT UND RECHT UND FREIHEIT (dazwischen Blätter
Anm.: 1959 G ist ohne Prägeauftrag ausgeführt worden, selten. 1959 J gibt es nicht.

112 (406) 2 Deutsche Mark (K–N)   2.– /3.–
BUNDESREPUBLIK DEUTSCHLAND · 1949–1969 · (20 Jahre Grundgesetz) Kopf des deutschen Bundeskanzlers Konrad Adenauer (1949–1963). Entwurf von Reinhardt Heinsdorff, Lehen
Rs. **BUNDESREPUBLIK DEUTSCHLAND / 2 DEUTSCHE MARK** · Bundesadler, oben Jahreszahl, unten Mzz.

1969	(28 017 000) D-F-G-J,	**1970**	(28 059 000) D-F-G-J,
1971	(28 011 000) D-F-G-J,	**1972**	(28 010 000) D-F-G-J,

BUNDESREPUBLIK DEUTSCHLAND

1973	(42 762 000) D-F-G-J,	**1974**	(20 214 000) D-F-G-J,
1975	(17 704 000) D-F-G-J,	**1976**	(17 706 000) D-F-G-J,
1977	(22 774 000) D-F-G-J,	**1978**	(12 722 000) D-F-G-J,
1979	(12 347 000) D-F-G-J,	**1980**	(7 940 000) D-F-G-J,
1981	(7 865 000) D-F-G-J,	**1982**	(12 211 000) D-F-G-J,
1983	(6 301 000) D-F-G-J,	**1984**	(2 255 000) D-F-G-J,
1985	(10 219 000) D-F-G-J,	**1986**	(10 177 000) D-F-G-J,
1987	(17 080 000) D-F-G-J		

Rand: EINIGKEIT UND RECHT UND FREIHEIT, dazwischen Ornamente

113 (407) 2 Deutsche Mark (K-N)   2.- / 3.-
BUNDESREPUBLIK DEUTSCHLAND · 1949–1969 · (20 Jahre Grundgesetz) Kopf des deutschen Bundespräsidenten Theodor Heuss (1949 bis 1959) · Entwurf von Karl-Ulrich Nuss, Strümpfelbach
Rs. wie Nr. 112

1970	(28 064 000) D-F-G-J,	**1971**	(28 000 000) D-F-G-J,
1972	(28 032 000) D-F-G-J,	**1973**	(42 733 000) D-F-G-J,
1974	(20 181 000) D-F-G-J,	**1975**	(17 755 000) D-F-G-J,
1976	(17 687 000) D-F-G-J,	**1977**	(22 717 000) D-F-G-J,
1978	(12 710 000) D-F-G-J,	**1979**	(12 348 000) D-F-G-J,
1980	(7 945 000) D-F-G-J,	**1981**	(7 865 000) D-F-G-J,
1982	(12 211 000) D-F-G-J,	**1983**	(6 300 000) D-F-G-J,
1984	(2 256 000) D-F-G-J,	**1985**	(10 219 000) D-F-G-J,
1986	(10 176 000) D-F-G-J,	**1987**	(17 080 000) D-F-G-J

Rand: wie Nr. 112

114 (424) 2 Deutsche Mark (K-N)   2.- / 2.-
BUNDESREPUBLIK DEUTSCHLAND · 1949–1979 · (30 Jahre Grundgesetz) Kopf von Dr. Kurt Schumacher, 1946–1952 Vorsitzender der Sozialdemokratischen Partei Deutschlands. Entwurf von Hans-Joachim Dobler, Walda über Neuburg (Donau)
Rs. wie Nr. 112.

1979	(12 354 000) D-F-G-J,	**1980**	(7 939 000) D-F-G-J,
1981	(7 864 000) D-F-G-J,	**1982**	(12 211 000) D-F-G-J,
1983	(6 300 000) D-F-G-J,	**1984**	(2 256 000) D-F-G-J,
1985	(10 221 000) D-F-G-J,	**1986**	(10 176 000) D-F-G-J,
1987	(17 180 000) D-F-G-J,	**1988**	(22 680 000) D-F-G-J,
1989	(40 180 000) D-F-G-J,	**1990**	(70 847 000) D-F-G-J,
1991	(20 226 000) A-D-F-G-J,	**1992**	(36 893 000) A-D-F-G-J,
1993	(3 226 000) A-D-F-G-J		

Rand: wie Nr. 112

115 (445) 2 Deutsche Mark (K-N)   2.- / 2.-
DEUTSCHE MARK · 1948–1988 · (40 Jahre Deutsche Mark) Kopf des fr. Wirtschaftsministers und Bundeskanzlers Ludwig Erhard, Entwurf von Franz Müller, München
Rs. wie Nr. 112

1988	(22 680 000) D-F-G-J,	**1989**	(40 180 000) D-F-G-J,
1990	(70 847 000) D-F-G-J,	**1991**	(20 226 000) A-D-F-G-J,
1992	(36 893 000) A-D-F-G-J,	**1993**	(3 226 000) A-D-F-G-J,
1994	(25 250 000) A-D-F-G-J,	**1995**	(2 825 000) A-D-F-G-J

Rand wie Nr. 112

116 (450) 2 Deutsche Mark (K-N)   2.- / 2.-
BUNDESREPUBLIK DEUTSCHLAND · 1949–1989 · (40 Jahre Grundgesetz) Kopf des Bayerischen Ministerpräsidenten und CSU-Vorsitzenden Franz-Josef Strauß. Entwurf von Erich Ott, München
Rs. wie Nr. 112

1990	(70 847 000) D-F-G-J,	**1991**	(20 226 000) A-D-F-G-J,
1992	(36 893 000) A-D-F-G-J,	**1993**	(3 226 000) A-D-F-G-J,
1994	(25 250 000) A-D-F-G-J,	**1995**	(2 525 000) A-D-F-G-J

Rand wie Nr. 112

117 2 Deutsche Mark (K-N)   2.- / 2.-
BUNDESREPUBLIK DEUTSCHLAND · 1949–1994 · (45 Jahre Grundgesetz) Kopf des fr. Bundeskanzlers Willy Brandt. Entwurf: Hubert Klinkel, Zell b. Würzburg
Rs. wie Nr. 112

1994	(25 250 000) A-D-F-G-J,	**1995**	(3 180 000) A-D-F-G-J

Rand wie Nr. 112

120 (385) 1 Deutsche Mark (K-N)   1.- / 1.-
BUNDESREPUBLIK DEUTSCHLAND · Bundesadler, darunter das Mzz. Entwurf von J. Bernhart, München
Rs. **1 / DEUTSCHE / MARK /** Jahreszahl. Wertzahl zwischen Eichenblättern.

1950	(230 959 000) D-F-G-J,	**1954**	(20 002 000) D-F-G-J,
1955	(17 190 000) D-F-G-J,	**1956**	(47 771 000) D-F-G-J,
1957	(23 682 000) D-F-G-J,	**1958**	(16 375 000) D-F-G-J,
1959	(40 025 000) D-F-G-J,	**1960**	(21 000 000) D-F-G-J,
1961	(28 271 000) D-F-G-J,	**1962**	(37 718 000) D-F-G-J,
1963	(59 400 000) D-F-G-J,	**1964**	(24 481 000) D-F-G-J,
1965	(34 547 000) D-F-G-J,	**1966**	(45 066 000) D-F-G-J,
1967	(34 359 000) D-F-G-J,	**1968**	(20 701 000) D-F-G-J,
1969	(50 085 000) D-F-G-J,	**1970**	(68 535 000) D-F-G-J,

BUNDESREPUBLIK DEUTSCHLAND

1971	(94 387 000)	D-F-G-J,	1972	(80 226 000) D-F-G-J,
1973	(56 042 000)	D-F-G-J,	1974	(80 339 000) D-F-G-J,
1975	(70 388 000)	D-F-G-J,	1976	(60 356 000) D-F-G-J,
1977	(80 298 000)	D-F-G-J,	1978	(60 291 000) D-F-G-J,
1979	(70 414 000)	D-F-G-J,	1980	(60 434 000) D-F-G-J,
1981	(70 364 000)	D-F-G-J,	1982	(85 837 000) D-F-G-J,
1983	(70 300 000)	D-F-G-J,	1984	(32 755 000) D-F-G-J,
1985	(45 220 000)	D-F-G-J,	1986	(40 177 000) D-F-G-J,
1987	(12 180 000)	D-F-G-J,	1988	(80 180 000) D-F-G-J,
1989	(150 180 000)	A-D-F-G-J,	1990	(354 180 000) A-D-F-G-J,
1991	(150 225 000)	A-D-F-G-J,	1992	(150 225 000) A-D-F-G-J,
1993	(40 225 000)	A-D-F-G-J,	1994	(90 250 000) A-D-F-G-J,
1995	(430 000)	A-D-F-G-J		

Rand: Ranken und Sterne

130   (384, 384a) 50 Pfennig (K–N)   −.50 / −.50

BUNDESREPUBLIK DEUTSCHLAND / 50 / Pfennig · Unter der Wertzahl das Mzz. Entwurf von R. M. Werner, Oberursel
Rs. Kniende weibliche Gestalt, die ein Eichenbäumchen pflanzt. Unten Jahreszahl.

1950	(385 487 000)	D-F-G-J,	1966	(32 045 000) D-F-G-J,
1967	(23 739 000)	D-F-G-J,	1968	(26 305 000) D-F-G-J,
1969	(56 043 000)	D-F-G-J,	1970	(74 392 000) D-F-G-J,
1971	(92 747 000)	D-F-G-J,	1972	(100 103 000) D-F-G-J,
1973	(30 025 000)	D-F-G-J,	1974	(70 246 000) D-F-G-J,
1975	(50 285 000)	D-F-G-J,	1976	(40 273 000) D-F-G-J,
1977	(40 318 000)	D-F-G-J,	1978	(40 208 000) D-F-G-J,
1979	(40 341 000)	D-F-G-J,	1980	(90 441 000) D-F-G-J,
1981	(90 364 000)	D-F-G-J,	1982	(85 836 000) D-F-G-J,
1983	(80 300 000)	D-F-G-J,	1984	(45 256 000) D-F-G-J,
1985	(60 419 000)	D-F-G-J,	1986	(8 176 000) D-F-G-J,
1987	(2 185 000)	D-F-G-J,	1988	(16 180 000) D-F-G-J,
1989	(140 180 000)	A-D-F-G-J,	1990	(375 180 000) A-D-F-G-J,
1991	(110 225 000)	A-D-F-G-J,	1992	(90 225 000) A-D-F-G-J,
1993	(80 225 000)	A-D-F-G-J,	1994	(37 750 000) A-D-F-G-J,
1995	(3 105 000)	A-D-F-G-J		

Rand: geriffelt. Ab 1972: Rand glatt

140   (383) 10 Pfennig (E tombakplattiert)   −.10 / −.10

BUNDESREPUBLIK DEUTSCHLAND · Fünfblättriger Eichenzweig. Unten Jahreszahl · Entwurf von A. Jäger
Rs. **10 / PFENNIG** · Oben zwischen zwei Ähren das Mzz.

1950	(1 628 220 000)	D-F-G-J,	1966	(124 771 000) D-F-G-J,
1967	(51 242 000)	D-F-G-J,	1968	(29 026 000) D-F-G-J,
1969	(181 298 000)	D-F-G-J,	1970	(190 191 000) D-F-G-J,
1971	(300 800 000)	D-F-G-J,	1972	(383 288 000) D-F-G-J,
1973	(100 190 000)	D-F-G-J,	1974	(60 383 000) D-F-G-J,
1975	(60 384 000)	D-F-G-J,	1976	(250 956 000) D-F-G-J,
1977	(250 326 000)	D-F-G-J,	1978	(350 536 000) D-F-G-J,
1979	(400 440 000)	D-F-G-J,	1980	(360 441 000) D-F-G-J,
1981	(400 364 000)	D-F-G-J,	1982	(340 336 000) D-F-G-J,
1983	(130 300 000)	D-F-G-J,	1984	(200 255 000) D-F-G-J,
1985	(300 220 000)	D-F-G-J,	1986	(160 176 000) D-F-G-J,
1987	(225 130 000)	D-F-G-J,	1988	(420 180 000) D-F-G-J,
1989	(460 180 000)	D-F-G-J,	1990	(700 180 000) A-D-F-G-J,
1991	(850 225 000)	A-D-F-G-J,	1992	(400 225 000) A-D-F-G-J,
1993	(400 225 000)	A-D-F-G-J,	1994	(500 250 000) A-D-F-G-J,
1995	(550 250 000)	A-D-F-G-J		

Rand glatt

150   (382) 5 Pfennig (E tombakplattiert)   −.05 / −.05

BUNDESREPUBLIK DEUTSCHLAND · Fünfblättriger Eichenzweig. Unten Jahreszahl. Entwurf von A. Jäger, Frankfurt/M.
Rs. **5 / PFENNIG** · Oben zwischen zwei Ähren das Mzz.

1950	(1 080 021 000)	D-F-G-J,	1966	(100 154 000) D-F-G-J,
1967	(34 874 000)	D-F-G-J,	1968	(55 293 000) D-F-G-J,
1969	(90 291 000)	D-F-G-J,	1970	(153 973 000) D-F-G-J,
1971	(220 630 000)	D-F-G-J,	1972	(201 562 000) D-F-G-J,
1973	(60 070 000)	D-F-G-J,	1974	(60 509 000) D-F-G-J,
1975	(60 438 000)	D-F-G-J,	1976	(181 192 000) D-F-G-J,
1977	(200 606 000)	D-F-G-J,	1978	(160 462 000) D-F-G-J,
1979	(160 652 000)	D-F-G-J,	1980	(200 418 000) D-F-G-J,
1981	(220 364 000)	D-F-G-J,	1982	(221 336 000) D-F-G-J,
1983	(180 300 000)	D-F-G-J,	1984	(140 256 000) D-F-G-J,
1985	(60 219 000)	D-F-G-J,	1986	(140 176 000) D-F-G-J,
1987	(200 105 000)	D-F-G-J,	1988	(240 180 000) D-F-G-J,
1989	(360 180 000)	D-F-G-J,	1990	(430 180 000) A-D-F-G-J,
1991	(640 225 000)	A-D-F-G-J,	1992	(140 225 000) A-D-F-G-J,
1993	(180 225 000)	A-D-F-G-J,	1994	(190 250 000) A-D-F-G-J,
1995	(240 250 000)	A-D-F-G-J		

Rand: glatt

   −.02 / −.02

160   (381) 2 Pfennig (K; ab 1968 E kupferplattiert)

BUNDESREPUBLIK DEUTSCHLAND · Fünfblättriger Eichenzweig. Unten Jahreszahl. Entwurf von A. Jäger
Rs. **2 / PFENNIG** · Oben zwischen zwei Ähren das Mzz.

1950	(100 909 000)	D-F-G-J,	1958	(85 945 000) D-F-G-J,
1959	(77 210 000)	D-F-G-J,	1960	(61 350 000) D-F-G-J,
1961	(95 582 000)	D-F-G-J,	1962	(110 617 000) D-F-G-J,
1963	(110 227 000)	D-F-G-J,	1964	(80 432 000) D-F-G-J,
1965	(141 000 000)	D-F-G-J,	1966	(205 178 000) D-F-G-J,
1967	(89 008 000)	D-F-G-J,	1968	(110 039 000) D-F-G-J,
1969	(156 305 000)	D-F-G-J,	1970	(196 442 000) D-F-G-J,
1971	(276 019 000)	D-F-G-J,	1972	(201 220 000) D-F-G-J,
1973	(100 568 000)	D-F-G-J,	1974	(225 500 000) D-F-G-J,
1975	(225 961 000)	D-F-G-J,	1976	(300 382 000) D-F-G-J,
1977	(325 269 000)	D-F-G-J,	1978	(325 724 000) D-F-G-J,
1979	(350 669 000)	D-F-G-J,	1980	(250 441 000) D-F-G-J,
1981	(275 364 000)	D-F-G-J,	1982	(297 837 000) D-F-G-J,
1983	(275 300 000)	D-F-G-J,	1984	(225 255 000) D-F-G-J,
1985	(75 220 000)	D-F-G-J,	1986	(150 176 000) D-F-G-J,
1987	(25 180 000)	D-F-G-J,	1988	(200 180 000) D-F-G-J,
1989	(200 180 000)	D-F-G-J,	1990	(275 180 000) D-F-G-J,
1991	(575 225 000)	A-D-F-G-J,	1992	(300 225 000) A-D-F-G-J,
1993	(50 225 000)	A-D-F-G-J,	1994	(275 250 000) A-D-F-G-J,
1995	(500 250 000)	A-D-F-G-J		

Rand: glatt

170 (380) 1 Pfennig (E kupferplattiert)   −.01 / −.01
BUNDESREPUBLIK DEUTSCHLAND · Fünfblättriger Eichenzweig. Unten Jahreszahl. Entwurf von A. Jäger, Frankfurt/M.
Rs. **1 / PFENNIG** · Oben zwischen zwei Ähren das Mzz.
1950 (2 970 966 000) **D-F-G-J,**   **1966** (255 197 000) **D-F-G-J,**
1967 (147 455 000) **D-F-G-J,**   **1968** (102 930 000) **D-F-G-J,**
1969 (310 405 000) **D-F-G-J,**   **1970** (372 268 000) **D-F-G-J,**
1971 (471 905 000) **D-F-G-J,**   **1972** (349 862 000) **D-F-G-J,**
1973 (149 858 000) **D-F-G-J,**   **1974** (350 151 000) **D-F-G-J,**
1975 (350 302 000) **D-F-G-J,**   **1976** (500 437 000) **D-F-G-J,**
1977 (549 853 000) **D-F-G-J,**   **1978** (600 717 000) **D-F-G-J,**
1979 (600 880 000) **D-F-G-J,**   **1980** (600 417 000) **D-F-G-J,**
1981 (650 314 000) **D-F-G-J,**   **1982** (637 836 000) **D-F-G-J,**
1983 (650 300 000) **D-F-G-J,**   **1984** (650 256 000) **D-F-G-J,**
1985 (540 218 000) **D-F-G-J,**   **1986** (500 176 000) **D-F-G-J,**
1987 (400 180 000) **D-F-G-J,**   **1988** (400 180 000) **D-F-G-J,**
1989 (400 180 000) **D-F-G-J,**   **1990** (650 180 000) **D-F-G-J,**
1991 (1 300 225 000) **A-D-F-G-J,**   **1992** (200 225 000) **A-D-F-G-J,**
1993 (200 225 000) **A-D-F-G-J,**   **1994** (500 250 000) **A-D-F-G-J,**
1995 (500 250 000) **A-D-F-G-J**
Rand: glatt

Gedenkmünzen

Die Gedenkmünzen der Bundesrepublik Deutschland wurden in den Erhaltungen »bankfrisch« und »Polierte Platte« bewertet.

200 (401 a) 10 Deutsche Mark (S)   16.− / 45.−
SPIELE DER XX. OLYMPIADE 1972 · IN DEUTSCHLAND · Strahlenspirale. Entwurf von Greta Lippl-Heinsen, München
Rs. **BUNDESREPUBLIK DEUTSCHLAND / 10 DEUTSCHE MARK** · Bundesadler, darunter Mzz. 1970 ausgegeben (10 000 000) **D-F-G-J**
Rand: CITIUS ..... ALTIUS ..... FORTIUS .....
Var. s. Nr. 204

201 (402) 10 Deutsche Mark (S)   13.− / 28.−
OLYMPISCHE SPIELE 1972 IN MÜNCHEN · Vor einem fächerartigen Hintergrund ineinander verschlungene Arme als symbolische Darstellung der olympischen Idee. Entwurf von Reinhardt Heinsdorff, Lehen
Rs. **BUNDESREPUBLIK DEUTSCHLAND / 10 / DEUTSCHE MARK** · Bundesadler, darunter Mzz. 1971 ausgegeben. (20 000 000) **D-F-G-J**
Rand: CITIUS ALTIUS FORTIUS, dazwischen Ornamente

202 (403) 10 Deutsche Mark (S)   13.− / 24.−
SPIELE DER XX. OLYMPIADE 1972 IN MÜNCHEN · Kniender Jüngling und kniendes Mädchen. Entwurf von Siegmund Schütz, Berlin
Rs. **BUNDESREPUBLIK DEUTSCHLAND / 10 DEUTSCHE MARK** · Bundesadler, daneben Mzz. 1971 ausgegeben (20 000 000) **D-F-G-J**
Rand: CITIUS ALTIUS FORTIUS, dazwischen Ornamente

203 (404) 10 Deutsche Mark (S)   13.− / 24.−
OLYMPISCHE / SPIELE / MÜNCHEN / 26.8.−10.9. / 1972 · Stadion auf dem Olympiagelände in München. Entwurf von Doris Waschk-Balz, Hamburg
Rs. **BUNDES / REPUBLIK / DEUTSCHLAND / 10 / DEUTSCHE / MARK /** Mzz. Bundesadler. 1972 (20 000 000) **D-F-G-J**
Rand: CITIUS ALTIUS FORTIUS, dazwischen Ornamente

BUNDESREPUBLIK DEUTSCHLAND

204 (401 b) 10 Deutsche Mark (S)   16.– / 25.–
SPIELE DER XX. OLYMPIADE 1972 · IN MÜNCHEN ·
Strahlenspirale, Entwurf von Greta Lippl-Heinsen, München
Rs. **BUNDESREPUBLIK DEUTSCHLAND / 10 DEUTSCHE MARK** · Bundesadler, darunter Mzz. **1972** (10 000 000) **D-F-G-J**
Rand: CITIUS ..... ALTIUS ..... FORTIUS .....
Var.: Mzz. J auch mit Rand wie bei Nr. 201–205
S. Nr. 200

205 (405) 10 Deutsche Mark (S)   13.– / 24.–
SPIELE DER XX. OLYMPIADE MÜNCHEN / 19 72 ·
Strahlenspirale, olympische Flamme, olympische Ringe.
Entwurf von Siegmund Schütz, Berlin
Rs. **BUNDESREPUBLIK DEUTSCHLAND / 10 DEUTSCHE MARK** · Bundesadler, daneben Mzz. **1972** (20 000 000) **D-F-G-J**
Rand: CITIUS ALTIUS FORTIUS, dazwischen Ornamente

210 (388) 5 Deutsche Mark (S)   2 400.– / 9 000.–
+ GERMANISCHES MUSEUM EIGEN-THUM DER DEUTSCHEN NATION + NÜRNBERG · Adlerfibel zwischen 1852–1952. Entwurf von K. Roth, München
Rs. **5 / DEUTSCHE MARK / BUNDESREPUBLIK / DEUTSCHLAND** · Bundesadler, daneben das Mzz. **1952** (200 000) **D**
Rand: EINIGKEIT UND RECHT UND FREIHEIT (dazwischen Eichenzweige)

211 (389) 5 Deutsche Mark (S)   1 500.– / 5 000.–
FRIEDRICH VON SCHILLER 9. V. 1955 / ZUM 150. / ✶ TODES ✶ / TAG · Kopf Schillers n. r., Entwurf von A. Feuerle
Rs. **BUNDESREPUBLIK DEUTSCHLAND ·** Bundesadler, darunter **DEUTSCHE 5 MARK** und Mzz. **1955** (200 000) **F**
Rand: SEID EINIG EINIG EINIG, dazwischen Ranken

212 (390) 5 Deutsche Mark (S)   1 400.– / 5 000.–
LUDWIG WILHELM MARKGRAF VON BADEN 1655– 1707 · Brustbild des Markgrafen n. r. Entwurf von K. Föll, Pforzheim
Rs. **BUNDESREPUBLIK + DEUTSCHLAND + 1955 +** Bundesadler und das Schloß in Rastatt, darunter **5 / DEUTSCHE MARK ·** In der Wertziffer das Mzz. **1955** (200 000) **G**
Rand: SCHILD DES REICHES, dazwischen Ranken und Sterne

213 (391) 5 Deutsche Mark (S)   1 350.– / 6 000.–
IOSEPH FREIHERR VON EICHENDORFF ✶ 1788–1857 + · Kopf Eichendorffs n. l. Entwurf von K. Roth, München
Rs. **BUNDESREPUBLIK · DEUTSCHLAND / 5 DEUTSCHE MARK ·** Bundesadler, oben **19–57**, unten Mzz. **1957** (200 000) **J**
Rand: GRÜSS · DICH · DEUTSCHLAND · AUS · HERZENSGRUND (Verzierung)

214 (393) 5 Deutsche Mark (S)   400.– / 2 000.–
JOHANN GOTTLIEB FICHTE · 1762–1814 · Kopf Fichtes n. l. Entwurf von R. Lippl, München
Rs. **BUNDESREPUBLIK · DEUTSCHLAND / 5 DEUTSCHE MARK ·** Bundesadler, unten **19–64** und Mzz. **1964** (500 000) **J**
Rand: NUR · DAS · MACHT · GLUECKSELIG · WAS · GUT · IST (Verzierung)

215 (394) 5 Deutsche Mark (S)   65.–/250.–
GOTTFRIED · WILHELM · LEIBNIZ 1646–1716 · Kopf Leibniz von vorn. Entwurf von C. und U. Homfeld, Bremen
Rs. **BUNDESREPUBLIK · DEUTSCHLAND / 5 DEUTSCHE MARK** · Bundesadler, oben **19–66**, unten Mzz. **1966** (2 000 000) **D**
Rand: MAGNUM TOTIUS GERMANIAE DECUS (dazwischen Verzierungen)
Var.: Auch ohne Randschrift

216 (395) 5 Deutsche Mark (S)   75.–/380.–
WILHELM UND ALEXANDER VON HUMBOLDT · Beider Köpfe. Entwurf von H. zur Strassen, Frankfurt/M.
Rs. **BUNDESREPUBLIK DEUTSCHLAND / 5 DEUTSCHE Mark** · Bundesadler; unten **19–67** und Mzz. **1967** (2 000 000) **F**
Rand: FREIHEIT ERHOEHT · ZWANG ERSTICKT UNSERE KRAFT (Verzierung)

217 (396) 5 Deutsche Mark (S)   16.–/110.–
FRIEDRICH WILHELM RAIFFEISEN · 1818–1888 · Brustbild Raiffeisens von vorn. Entwurf von R. Heinsdorff, Lehen
Rs. **BUNDESREPUBLIK DEUTSCHLAND / 5 / DEUTSCHE MARK 1968** · Bundesadler, unten Mzz. **1968** (4 000 000) **J**
Rand: EINER FÜR ALLE · ALLE FÜR EINEN (Blattverzierung)

218 (398) 5 Deutsche Mark (S)   25.–/95.–
MAX · V · PETTENKOFER · 1818–1901 · Kopf Pettenkofers n. l. Entwurf von P. Burgeff
Rs. **BUNDESREPUBLIK DEUTSCHLAND · DEUTSCHE MARK** · Bundesadler, darüber Wertzahl 5, unten **19–68** und Mzz. **1968** (3 000 000) **D**
Rand: ✿ HYGIENE STREBT, DER ÜBEL WURZEL AUSZUROTTEN

219 (397) 5 Deutsche Mark (S)   28.–/165.–
JOHANNES GUTENBERG · / + 1468 · Brustbild Gutenbergs n. r. Entwurf von Doris Waschk-Balz, Hamburg
Rs. **BUNDESREPUBLIK DEUTSCHLAND · DEUTSCHE 5 MARK** · Bundesadler, unten **19–68** und das Mzz. **G 1968** (3 000 000) **G**
Rand: · GESEGNET SEI (Zweig) WER DIE SCHRIFT ERFAND

220 (399) 5 Deutsche Mark (S)   24.–/65.–
THEODOR FONTANE 1819–1898 + · Kopf Fontanes n. l. Entwurf von H. Körner, Esslingen
Rs. **BUNDESREPUBLIK · DEUTSCHLAND / 5 DEUTSCHE MARK** · Bundesadler, oben **19–69**, unten Mzz. **G. 1969** (3 000 000) **G**
Rand: DER FREIE – NUR IST TREU, dazwischen Eichenzweige

221 (400) 5 Deutsche Mark (S)   9.–/35.–
1521–1594 · GERHARD · MERCATOR · Brustbild Mercators vor einer Landkarte. Entwurf von Doris Waschk-Balz, Hamburg
Rs. **BUNDESREPUBLIK · DEUTSCHLAND · 5 DEUTSCHE MARK** · Bundesadler, unten **19–69** und Mzz. **F 1970** ausgegeben (5 000 000)
Rand. TERRAE DESCRIPTIO AD USUM NAVIGANTIUM (zwei Blätter)

BUNDESREPUBLIK DEUTSCHLAND 416

222 (408) 5 Deutsche Mark (S) 10.–/35.–
LUDWIG VAN BEETHOVEN · 1770–1827 · Kopf Beethovens. Entwurf von Siegmund Schütz, Berlin
Rs. **BUNDESREPUBLIK DEUTSCHLAND / 5 DEUTSCHE MARK** · Bundesadler, darunter 19-70. In der Wertziffer **5** das Mzz. **F.** Ausgegeben 1971 (5 000 000)
Rand: ALLE MENSCHEN WERDEN BRÜDER (Ornament)

223 (409) 5 Deutsche Mark (S) 10.–/35.–
DEM DEUTSCHEN VOLKE / 1871 / 1971 · Ansicht des Reichstagsgebäudes in Berlin. Entwurf von Robert Lippl, München
Rs. **BUNDESREPUBLIK / DEUTSCHLAND / 5 / DEUTSCHE MARK** · Bundesadler zwischen 19 – 71. Neben der Wertziffer das Mzz. **G.** 1971 (5 000 000)
Rand: EINIGKEIT UND RECHT UND FREIHEIT, dazwischen Ornamente

224 (410) 5 Deutsche Mark (S) 7.–/58.–
ALBRECHT DÜRER / 1471 / 1528 · Dürers Monogramm AD. Entwurf von Fritz Nuß, Strümpfelbach
Rs. **BUNDESREPUBLIK / DEUTSCHLAND / 19-71 / 5 / DEUTSCHE / MARK** · Bundesadler, Mzz. **D.** Ausgegeben 1972 (8 000 000)
Rand: DER ALLER EDELST SINN DER MENSCHEN IST SEHEN ·

225 (411) 5 Deutsche Mark (S) 7.–/24.–

NIKOLAUS KOPERNIKUS 1473–1543 * SPHÄRE DER FIXSTERNE * / SATURN / JUPITER / MARS / ERDE / VENUS / MERKUR · Darstellung des Sonnensystems. Entwurf von Reinhart Heinsdorff, Lehen
Rs. **BUNDESREPUBLIK DEUTSCHLAND · 5 DEUTSCHE MARK** · Bundesadler, unten 19–73, oben Mzz. **J.** 1973 (8 000 000)
Rand: IN MEDIO OMNIUM RESIDET SOL * * *

226 (412) 5 Deutsche Mark (S) 7.–/23.–
FRANKFURTER NATIONALVERSAMMLUNG · Vereinfachte Darstellung des Innenraums der Paulskirche, darin **1848**. Entwurf von C. und U. Homfeld, Bremen
Rs. **BUNDESREPUBLIK DEUTSCHLAND / 5 / . DEUTSCHE MARK** . Bundesadler, darunter 19–73 / Mzz. **G** 1973 (8 000 000)
Rand: EINIGKEIT RECHT FREIHEIT, dazwischen Ranken

227 (413) 5 Deutsche Mark (S) 7.–/23.–
25 JAHRE GRUNDGESETZ DER BUNDESREPUBLIK DEUTSCHLAND · Elf Wappenschilde, durch ein Liniengeflecht miteinander verbunden (Sinnbild des föderalistischen Prinzips). Oben **1974**, unten **1949**. Entwurf von Hubert A. Zimmermann, Stuttgart
Rs. **BUNDESREPUBLIK DEUTSCHLAND · / 5 DEUTSCHE MARK** · Bundesadler, darunter 19-74. In der Wertziffer das Mzz. **F.** 1974 (8 000 000)
Rand: DIE MENSCHENWÜRDE IST UNANTASTBAR (Arabeske)

228 (414) 5 Deutsche Mark (S) 7.–/29.–
Im Feld * **1724** / † **1804** / **IMMANUEL KANT** · Brustbild Kants von rechts, darunter Kants Namenszug. Entwurf von Doris Waschk-Balz, Hamburg
Rs. Im Feld **BUNDES- / REPUBLIK / DEUTSCHLAND · 1974 / 5 DEUTSCHE / MARK / D.** Bundesadler. 1974 (8 000 000) **D**
Rand: ... ACHTUNG FUERS MORALISCHE GESETZ

229 (416) 5 Deutsche Mark (S)   7.– / 24.–
FRIEDRICH EBERT 1871–1925 · Kopf Eberts von links. Entwurf von Reinhart Heinsdorff, Friedberg-Ottmaring
Rs. **BUNDESREPUBLIK DEUTSCHLAND · 1975 / 5 DEUTSCHE MARK** Bundesadler, seitlich das Mzz. **J. 1975** (8 000 000) **J**
Rand: DES VOLKES WOHL IST MEINER ARBEIT ZIEL (Eichenzweig)

230 (417) 5 Deutsche Mark (S)   7.– / 22.–
EUROPÄISCHES / DENKMALSCHUTZJAHR / 1975 · Hausfassaden. Entwurf von Ursula Schmidt-Malzahn, Hamburg
Rs. **5 DEUTSCHE MARK / BUNDESREPUBLIK / DEUTSCHLAND** Bundesadler, oben **1975**, unten Mzz. **F. 1975** (8 000 000) **F**
Rand: ZUKUNFT FÜR UNSERE VERGANGENHEIT (Raute)

231 (418) 5 Deutsche Mark (S)   7.– / 25.–
ALBERT SCHWEITZER 1875–1965 · Kopf Schweitzers von vorn mit der Künstlersignatur **MS** am Kragen. Entwurf von Manfred Spang, Göppingen
Rs. **BUNDESREPUBLIK DEUTSCHLAND 1975 / 5 DEUTSCHE MARK.** Bundesadler, unten Mzz. **G. 1975** (8 000 000) **G**
Rand: EHRFURCHT VOR DEM LEBEN (Ranke)

232 (419) 5 Deutsche Mark (S)   7.– / 36.–
HANS JACOB CHRISTOPH – VON GRIMMELSHAUSEN 1621 ✶ 1676 + · Das Fabelwesen des Titelkupfers des Romans »Der abenteuerliche Simplicissimus Teutsch«. Entwurf von Reinhart Heinsdorff, Friedberg-Ottmaring
Rs. **BUNDESREPUBLIK DEUTSCHLAND 1976 / 5 DEUTSCHE Mark** Bundesadler, seitlich das Mzz. **D** (8 000 000)
Rand: DER ABENTEUERLICHE SIMPLICISSIMUS (zwei Wappenschildchen)

233 (420) 5 Deutsche Mark (S)   7.– / 36.–
CARL FRIEDRICH GAUSS 1777–1855 · Kopf von Gauß von vorn. Entwurf von Erich Ott, München
Rs. **BUNDESREPUBLIK DEUTSCHLAND / 5 DEUTSCHE MARK** Bundesadler, unten **19–77**. In der Wertziffer das Mzz. **J. 1977** (8 000 000) **J**
Rand. PAUCA ✶ ✶ SED ✶ ✶ MATURA (Arabeske)

234 (421) 5 Deutsche Mark (S)   7.– / 28.–
· **HEINRICH · VON · KLEIST · 1777–1811**. Brustbild v. Kleists n.l. Entwurf von Klaus-Jürgen Luckey, Hamburg
Rs. **BUNDESREPUBLIK · DEUTSCHLAND · / 5 DEUTSCHE · MARK · 1977**. Adler, darunter Mzz. **G 1977** (8 000 000)
Rand: FRIEDEN IST DIE BEDINGUNG DOCH VON ALLEM GLÜCK –

235 (422) 5 Deutsche Mark (S)   7.– / 25.–
1878–1929 GUSTAV STRESEMANN. Kopf Stresemanns n.l. vor politischen Schlagworten aus den Jahren 1920–1929. Entwurf von Reinhart Heinsdorff, Friedberg-Ottmaring
Rs. **BUNDESREPUBLIK DEUTSCHLAND 1978 / 5 DEUTSCHE MARK.** Adler, darüber Mzz. **D. 1978** (8 000 000)
Rand: DURCH FRIEDEN UND VERSTÄNDIGUNG SIEGEN (Raute)

BUNDESREPUBLIK DEUTSCHLAND

236 (423) 5 Deutsche Mark (S)   7.–/21.–
· **BALTHASAR NEUMANN 1687–1753.** Gewölbe der großen Vierung der Wallfahrtskirche zu Vierzehnheiligen. Entwurf von Hubert Klinkel, Zell über Würzburg
Rs. · **BUNDESREPUBLIK DEUTSCHLAND · 5 / DEUTSCHE MARK 1978.** Adler, darüber Mzz. **F 1978** (8 000 000)
Rand: WALLFAHRTSKIRCHE VIERZEHNHEILIGEN 1743–1772

239 (428) 5 Deutsche Mark (K–N)   10.–/20.–
DER KÖLNER DOM – 100 JAHRE VOLLENDET · **1880–1980** · Turmfassade des Kölner Doms. Entwurf von Hans-Joachim Dobler, Walda
Rs. **BUNDESREPUBLIK DEUTSCHLAND 5 DEUTSCHE MARK 1980** Adler, Mzz. **F** zwischen MARK und Jahreszahl. **1980** (5 350 000)
Rand: ZEUGNIS DES GLAUBENS – ZEICHEN DER EINHEIT (kleiner Stern)

237 (425) 5 Deutsche Mark (S)   7.–/24.–
150 / JAHRE / DEUTSCHES / ARCHÄOLOGISCHES / INSTITUT / 1829–1979. Stehender Greif n. l., die Pranke auf ein antikes Gefäß setzend. Entwurf von Karl Föll, Pforzheim
Rs. **BUNDESREPUBLIK / DEUTSCHLAND / DEUTSCHE MARK / 19–79.** Adler, unten die Wertziffer **5** mit Mzz. **J. 1979** (8 000 000)
Rand: MONUMENTIS AC LITTERIS (Eichenzweig)

240 (427) 5 Deutsche Mark (K–N)   10.–/15.–
WALTHER VON DER VOGELWEIDE ✽ UM 1170 † UM 1230 · Halbbild des Minnesängers vor Hintergrund mit stetiger Wiederholung seines Namens. Entwurf von Mathias Furtmair, Speicher
Rs. **BUNDESREPUBLIK DEUTSCHLAND / 5 DEUTSCHE MARK** Adler, daneben Mzz. **D,** darunter durch Wertziffer geteilte Jahreszahl **19–80** (5 350 000)
Rand: WOL VIERZEC JAR HAB ICH GESUNGEN ODER ME ·

238 (426) 5 Deutsche Mark (K–N)   10.–/15.–
OTTO HAHN / 1879–1968. Darstellung der Kettenreaktion bei der Kernspaltung. Entwurf von Helmut Stromsky, Esslingen
Rs. **BUNDESREPUBLIK / DEUTSCHLAND / DEUTSCHE MARK.** Adler, unten die Wertziffer **5** zwischen **1979** und Mzz. **G.** Ausgegeben 1980 (5 350 000)
Rand: ERSTE SPALTUNG DES URANKERNS 1938
Die Münze wurde zunächst aus der bisher für die Gedenkmünzen verwendeten Silberlegierung hergestellt, jedoch wegen des inzwischen stark gestiegenen Silberpreises nicht ausgegeben.

241 (429) 5 Deutsche Mark (K–N)   7.–/15.–
GOTTHOLD EPHRAIM LESSING · 1729–1781 · Silhouettenporträt Lessings, darunter Namenszug des Dichters. Entwurf von Thomas Zipperle, Pforzheim
Rs. **BUNDESREPUBLIK · DEUTSCHLAND · 5 DEUTSCHE MARK** Adler, Mzz. **J** im Bogen der Wertziffer und geteilte Jahreszahl **19–81** (6 850 000)
Rand: SIEH ÜBERALL MIT DEINEN EIGENEN AUGEN (doppelblättriges Eichenblattornament mit zwei Eicheln)

242 (430) 5 Deutsche Mark (K–N **7.– / 15.–**

CARL REICHSFREIHERR VOM STEIN 1757–1831 Porträt des Staatsmannes. Entwurf von Erich Ott, München
Rs. **BUNDESREPUBLIK DEUTSCHLAND 5 DEUTSCHE MARK** Mzz. **G** Adler, darunter durch Wertziffer geteilte Jahreszahl **19 – 81** (6 850 000)
Rand: ICH HABE NUR EIN VATERLAND – DEUTSCHLAND (Arabeske)

243 (431) 5 Deutsche Mark (K–N) **7.– / 15.–**

UMWELTKONFERENZ · DER · VEREINTEN · NATIONEN · 1972 · Internationales Umweltemblem, umgeben von wirbelförmig angeordneten Kreisausschnitten. Entwurf von Victor Huster, Baden-Baden
Rs. **BUNDESREPUBLIK · DEUTSCHLAND · 1982 · 5 DEUTSCHE · MARK** Adler, Mzz. **F** neben der Wertziffer. **1982** (8 350 000)
Rand: DIE EINE ERDE SCHÜTZEN (dreimal das Umweltemblem)

244 (432) 5 Deutsche Mark (K–N) **7.– / 18.–**

JOHANN WOLFGANG VON GOETHE · 1749–1832 · Porträt des Dichters v.r. (nach Tischbein). Entwurf von Hubert Klinkel, Würzburg-Zell
Rs. · **BUNDESREPUBLIK DEUTSCHLAND · 5 DEUTSCHE MARK 1982** Adler, auf dem linken Adlerflügel Mzz. **D. 1982** (8 350 000)
Rand: ZWISCHEN UNS SEI WAHRHEIT · (aus »Iphigenie auf Tauris«, III, 1, v. 1080)

245 (433) 5 Deutsche Mark (K–N) **7.– / 15.–**

KARL MARX 1818–1883 Porträt des Philosophen und Sozialwissenschaftlers v.v. Entwurf von Erich Ott, München
Rs. **BUNDESREPUBLIK DEUTSCHLAND 5 DEUTSCHE MARK** Adler, beiderseits der Wertziffer **5** die Jahreszahl **19 – 83.** Mzz. **J.** neben dem Wort MARK. **1983** (8 350 000)
Rand: WAHRHEIT ALS WIRKLICHKEIT UND MACHT (Eichenzweig)

246 (434) 5 Deutsche Mark (K–N) **7.– / 18.–**

MARTIN LUTHER 1483–1546 Porträt Luthers v.v. (nach L. Cranach d.Ä.) vor Schrifthintergrund. Entwurf von Carl Vezerfi-Clemm, München.
Rs. **BUNDESREPUBLIK DEUTSCHLAND 5 DEUTSCHE MARK** Adler, beiderseits der Wertziffer 5 die Jahreszahl **19 – 83.** Mzz. **G** zwischen Schwanz und linkem Fang des Adlers. **1983** (8 350 000)
Rand: GOTTES WORT BLEIBT IN EWIGKEIT (Arabeske)

247 (435) 5 Deutsche Mark (K–N) **7.– / 15.–**

GRÜNDUNG DES DEUTSCHEN ZOLLVEREINS 1834 Postkutsche fährt durch eine geöffnete Zollschranke. Entwurf von Reinhart Heinsdorff, Friedberg-Ottmaring
Rs. **BUNDESREPUBLIK DEUTSCHLAND 5 DEUTSCHE MARK** · Adler, Jahreszahl **19 – 84** beiderseits der Wertziffer 5, Mzz. **D** vor der 5. **1984** (8 350 000)
Rand: ZOLLVEREIN – DEUTSCHLAND ✲ EWG – EUROPA (Raute)

BUNDESREPUBLIK DEUTSCHLAND

248 (436) 5 Deutsche Mark (K–N) 7.–/20.–
FELIX MENDELSSOHN BARTHOLDY 1809–1847 Hüftbild des Komponisten vor dem Hintergrund eines Notenblattausschnitts aus der Ouvertüre zu »Ein Sommernachtstraum«. Entwurf von Carl Vezerfi-Clemm, München
Rs. **BUNDESREPUBLIK DEUTSCHLAND / 5 DEUTSCHE MARK** 1984 Adler, Mzz. **J** zwischen zwei Federn der linken Adlerschwinge. **1984** (8350000)
Rand: IHR TÖNE SCHWINGT EUCH FREUDIG DURCH DIE SAITEN (Eichenzweig)

251 (439) 5 Deutsche Mark (K–N) 7.–/16.–
600 JAHRE UNIVERSITÄT HEIDELBERG 1386-1986 RUPERTO CAROLA – SEMPER APERTUS Pfälzer Löwe aus dem 1386 geprägten Rektoratssiegel. Entwurf von Heinrich Körner, Esslingen.
Rs. **BUNDESREPUBLIK DEUTSCHLAND 5 DEUTSCHE MARK** Adler, Mzz. **D** im Bogen der Wertziffer und geteilte Jahreszahl **19–86** (8350000, davon 350000 PP)
Rand: AUS TRADITION IN DIE ZUKUNFT ◇

249 (437) 5 Deutsche Mark (K–N) 7.–/20.–
1985 / EUROPÄISCHES / JAHR DER MUSIK Das Emblem des Europäischen Jahres der Musik in einem aus dem Mittelpunkt nach links unten herausgerückten Kreis, rechts davon zwei Noten. Entwurf von Herwig Otto, Rodenbach
Rs. **1985 / BUNDESREPUBLIK / DEUTSCHLAND** In einem ebensolchen Kreis der Adler, rechts davon die Wertziffer **5**, darunter **DEUTSCHE / MARK** / Mzz. **F.** 1985 (8350000)
Rand: SCHÜTZ (Arabeske) BACH (Arabeske) HÄNDEL (Arabeske) SCARLATTI (Arabeske) BERG (liegende Raute)

252 (440) 5 Deutsche Mark (K–N) 7.–/20.–
FRIEDRICH DER GROSSE 1712–1786 Brustbild des preussischen Königs nach links. Entwurf von Carl Verzerfi-Clemm, München
Rs. **BUNDESREPUBLIK DEUTSCHLAND 5 DEUTSCHE MARK** Adler, Mzz. **F** neben der Jahreszahl **1986** (8350000, davon 350000 PP)
Rand: ICH BIN DER ERSTE DIENER MEINES STAATES✶

250 (438) 5 Deutsche Mark (K–N) 7.–/16.–
150 JAHRE EISENBAHN – IN DEUTSCHLAND 1835 · 1985 als zwei Schriftbänder, die einem in Bewegung befindlichen Eisenbahnrad wie Flügel angesetzt sind, in Anlehnung an das in der Vergangenheit als Symbol der Eisenbahn verwendete Flügelrad. Entwurf von Erich Ott, München
Rs. **BUNDESREPUBLIK DEUTSCHLAND / 5 DEUTSCHE MARK** Mzz. **G** Adler, darunter durch die Wertziffer geteilte Jahreszahl **19–85** (8350000)
Rand: EISENBAHN NÜRNBERG – FÜRTH (Arabeske) 7. DEZEMBER 1835 (Arabeske)

253 (441) 10 Deutsche Mark (S) 18.–/160.–
BERLIN 750 JAHRE ✶ 1237 ✶ 1987 ✶ Berliner Bär mit mittelalterlichem Stadtsiegel in den Tatzen; sein Fell ist durch ein Häusermeer mit einer deutlichen Trennungslinie strukturiert. Entwurf von Reinhart Heinsdorff, Friedberg-Ottmaring
Rs. **BUNDESREPUBLIK DEUTSCHLAND 10 DEUTSCHE MARK 1987**, Adler, dessen Gefieder an ein Mauergefüge erinnert. Mzz. **J** über Wertziffer (8350000, davon 350000 PP)
Rand: EINIGKEIT UND RECHT UND FREIHEIT (doppelblättriges Eichenblattornament).

BUNDESREPUBLIK DEUTSCHLAND

254 (442) 10 Deutsche Mark (S)   14.– /85.–

30 JAHRE (im Halbkreis) **RÖMISCHE VERTRÄGE · EUROPÄISCHE GEMEINSCHAFT 1957–1987** 12 Pferde (Mitgliedstaaten der EG) ziehen ein Gefährt mit der Inschrift »30 JAHRE EG«. Entwurf von Reinhart Heinsdorff, Friedberg-Ottmaring
Rs. **BUNDESREPUBLIK DEUTSCHLAND · 1987 · 10 DEUTSCHE MARK** Adler, Mzz. **G** links über Wertziffer (8 350 000, davon 350 000 PP)
Rand: ADENAUER ✶ BECH ✶ DE GASPERI ✶ LUNS ✶ SCHUMANN ✶ SPAAK ✶

257 (446) 10 Deutsche Mark (S)   13.– /60.–

BUNDESREPUBLIK DEUTSCHLAND ◆ 1949–1989 ◆
Wappen der elf Bundesländer, kreisförmig angeordnet, durch Seile verbunden, in der Mitte die Zahl »40«. Entwurf von Reinhart Heinsdorff, Friedberg-Ottmaring
Rs. **BUNDESREPUBLIK DEUTSCHLAND · 10 DEUTSCHE MARK** Adler, Mzz. **G** neben dem rechten Fang des Adlers. 19–89 (8 350 000, davon 350 000 PP)
Rand: 40 JAHRE FRIEDEN UND FREIHEIT

255 (443) 10 Deutsche Mark (S)   13.– /65.–

1788–1860 ARTHUR SCHOPENHAUER Kopf des deutschen Philosophen von vorn. Entwurf von Hans Joa Dobler, Walda
Rs. **BUNDESREPUBLIK DEUTSCHLAND 10 DEUTSCHE MARK 1988** Adler, Mzz. **D** zwischen Jahreszahl und Wertziffer (8 350 000, davon 350 000 PP)
Rand: DIE WELT ALS WILLE UND VORSTELLUNG

258 (447) 10 Deutsche Mark (S)   13.– /40.–

2000 JAHRE BONN, Bonner Stadtsilhouette, rechts Chiffre von Stadtplanung. Entwurf von Paul Effert, Kaarst.
Rs. **BUNDESREPUBLIK DEUTSCHLAND 1989, 10 DEUTSCHE MARK** Adler, Mzz. **D** unter den Schwanzfedern des Adlers. (8 350 000, davon 350 000 PP)
Rand: »BONN BLÜHE UND BLEIBE«

256 (444) 10 Deutsche Mark (S)   13.– /45.–

CARL ZEISS 1816–1888 Porträt von Zeiss von vorn, daneben Mikroskop. Entwurf von Carl Vezerfi-Clemm, München
Rs. **BUNDESREPUBLIK DEUTSCHLAND 1988 10 DEUTSCHE MARK** Adler, Mzz. **F** rechts oben neben Wertziffer (8 350 000, davon 350 000 PP)
Rand: OPTIK FÜR WISSENSCHAFT UND TECHNIK

259 (448) 10 Deutsche Mark (S)   13.– /43.–

800 JAHRE HAFEN UND HAMBURG Hamburger Wappen. Entwurf von Klaus Luckey, Hamburg.
Rs. **BUNDESREPUBLIK DEUTSCHLAND · 10 DEUTSCHE MARK 1989** Adler, Mzz. **J** im Feld rechts unten. (8 350 000, davon 3 500 000 PP)
Rand: »HAMBURG TOR ZUR WELT«

BUNDESREPUBLIK DEUTSCHLAND

260 (449) 10 Deutsche Mark (S) 13.– /30.–
KAISER FRIEDRICH I. BARBAROSSA * 1122 † 1190
Zeitgenössische Darstellung im Krönungsornat mit Zepter und Reichsapfel. Entwurf von Eugen Ruhl, Pforzheim
Rs. **BUNDESREPUBLIK DEUTSCHLAND · 1990 · 10 DEUTSCHE MARK** Adler, Mzz. **F** rechts oben neben Wertziffer (7 850 000, davon 400 000 PP)
Rand: HONOR IMPERII

263 10 Deutsche Mark (S) 13.– /22.–
KÄTHE KOLLWITZ * 1867 † 1945, Brustbild von Käthe Kollwitz mit zum Zeichnen erhobener rechter Hand. Entwurf: Reinhart Heinsdorff, Friedberg-Ottmaring
Rs. **BUNDESREPUBLIK DEUTSCHLAND 10 DEUTSCHE MARK 19–92** Adler, Mzz. **G** über Wertziffer (8 450 000, davon 450 000 PP)
Rand: ICH WILL WIRKEN IN DIESER ZEIT

261 (451) 10 Deutsche Mark (S) 13.– /22.–
800 JAHRE DEUTSCHER ORDEN 1190–1990 Mittelalterliche Deutschordensfahne mit Mutter Gottes und Kind, links oben Wappenschild des Ordens. Entwurf: Hubert Klinkel, Zell.
Rs. **BUNDESREPUBLIK DEUTSCHLAND · 10 DEUTSCHE MARK 1990 · J ·** Adler (8 450 000, davon 450 000 PP)
Rand: ES BLEIB IN GEDÄCHTNIS SO LANG GOTT WILL

264 10 Deutsche Mark (S) 13.– /22.–
**ORDEN POUR LE MERITE FÜR WISSENSCHAFTEN UND KÜNSTE
A. v. HUMBOLDT 1. KANZLER DES ORDENS 1842–1992**
Links neben dem Orden das Porträt A. v. Humboldts. Entwurf: Werner Godec, Pforzheim
Rs. **BUNDESREPUBLIK DEUTSCHLAND 10 DEUTSCHE MARK** Adler, **1992** links neben Wertziffer, Mzz. **D** rechts neben Wertziffer (8 450 000, davon 450 000 PP)
Rand: GEMEINSCHAFT VON GELEHRTEN UND KÜNSTLERN

262 10 Deutsche Mark (S) 13.– /30.–
DAS BRANDENBURGER TOR · SYMBOL DER DEUTSCHEN EINHEIT · Unter der Darstellung des Brandenburger Tores **1791–1991.** Entwurf: Erich Ott, München
Rs. **BUNDESREPUBLIK DEUTSCHLAND 10 DEUTSCHE MARK 1991** Adler, Mzz. **A** rechts neben Adlerschwinge (8 450 000, davon 450 000 PP)
Rand: DEUTSCHLAND EINIG VATERLAND

265 10 Deutsche Mark (S) 13.– /22.–
1000 JAHRE POTSDAM 993–1993
Unter den Architektursymbolen von Sanssouci, der Nikolaikirche und des Einsteinturms der Schriftzug »Poztupimi«, darunter der Grundriß des Stadtschlosses. Entwurf: Erich Ott, München
Rs. **BUNDESREPUBLIK DEUTSCHLAND 10 DEUTSCHE MARK** Adler, **1993** links neben Wertziffer, Mzz. **F** rechts neben Wertziffer (8 450 000, davon 450 000 PP)
Rand: DAS GANZE EILAND MUSS EIN PARADIES WERDEN

BUNDESREPUBLIK DEUTSCHLAND

269 10 Deutsche Mark (S) 12.– / 22.–
50 JAHRE MAHNUNG ZU FRIEDEN UND VERSÖHNUNG Die Frauenkirche Dresden wird in unterschiedlicher Gestaltung des noch erhaltenen und des wiederaufbauenden Teils gezeigt, außerdem Kirchentrümmer. Der Kirchturm besteht aus den Worten WIEDERAUFBAU FRAUENKIRCHE DRESDEN. Entwurf: Reinhart Heinsdorff, Friedberg-Ottmaring
Rs. **BUNDESREPUBLIK DEUTSCHLAND 1995. 10 DEUTSCHE MARK** Adler, Mzz. **J** über Wertziffer (8 450 000, davon 450 000 PP)
Rand: STEINERNE GLOCKE – SYMBOL FUER TOLERANZ

266 10 Deutsche Mark (S) 13.– / 22.–
ROBERT KOCH * 1843 † 1910 Porträt des Arztes und Forschers v. r. Entwurf: Hubert Klinkel, Würzburg
Rs. **BUNDESREPUBLIK DEUTSCHLAND · 10 DEUTSCHE MARK 1993 J** Adler (8 450 000, davon 450 000 PP)
Rand: MITBEGRÜNDER DER BAKTERIOLOGIE

267 10 Deutsche Mark (S) 13.– / 22.–
DER DEUTSCHE WIDERSTAND 1933–1945 / 20. Juli 1944 Adlerflügel von eiserner Kette gefesselt. Entwurf: Paul Effert, Kaarst
Rs. **BUNDESREPUBLIK DEUTSCHLAND 1994 · 10 DEUTSCHE MARK** Adler, Mzz. **A** rechts über Wertziffer (8 450 000, davon 450 000 PP)
Rand: WIDERSTAND GEGEN DEN NATIONALSOZIALISMUS

270 10 Deutsche Mark (S) 12.– / 22.–
HEINRICVS DVX BAVARIAE ET SAXONIE Welfischer Löwe als Wappenzeichen Heinrichs nach einem Vorbild aus dem Mantel seines Sohnes Kaiser Otto IV. Auch Sonne und Mond neben dem Löwen entstammen als Symbole des christlichen Herrschaftsanspruchs dem Kaisermantel. *1129/30 † 1195
Entwurf: Hubert Klinkel, Würzburg
Rs. **BUNDESREPUBLIK DEUTSCHLAND 1995. 10 DEUTSCHE MARK** Adler, Mzz. **F** über Jahreszahl (8 450 000, davon 450 000 PP)
Rand: HEINRICH DER LOEWE AUS KAISERLICHEM STAMM

268 10 Deutsche Mark (S) 13.– / 22.–
JOHANN GOTTFRIED HERDER * 1744 † 1803 Porträt des Schriftstellers und Philosophen v. r., daneben drei Blätter mit Silhouettenausschnitt. Entwurf: Wolfgang Th. Doehm, Stuttgart
Rs. **BUNDESREPUBLIK DEUTSCHLAND 1994 · 10 DEUTSCHE MARK** Adler, Mzz. **G** neben Jahreszahl (8 450 000, davon 450 000 PP)
Rand: HUMANITÄT IST DER ZWECK DER MENSCHENNATUR

271 10 Deutsche Mark (S) 12.– / 22.–
WILHELM CONRAD RÖNTGEN 1845–1923 ENTDECKUNG DER RÖNTGENSTRAHLEN 8.11.1895 In der Bildmitte ein großes X für die von Röntgen benannten Strahlen, links davon eine Hand in Aufsicht, rechts davon eine skelettierte Hand als Röntgenbild. Entwurf: Claus und Ursula Homfeld, Bremen
Rs. **10 DEUTSCHE MARK**, darunter der Adler. Unten: **BUNDESREPUBLIK DEUTSCHLAND**, darunter **1995**. Mzz. **D** unter Adlerschwingen (8 450 000, davon 450 000 PP)
Rand: ERSTER NOBELPREIS FÜR PHYSIK 1901

BUNDESREPUBLIK DEUTSCHLAND

272   10 Deutsche Mark (S)   12.– / 22.–

KOLPINGWERK 1846–1996 In einem großen **K** als Symbol des Kolpingwerkes das Bildnis Adolph Kolpings sowie der sieben Gesellen, mit denen Kolping sein Werk gründete. Entwurf: Reinhart Reinsdorff, Friedberg-Ottmaring
Rs. **BUNDESREPUBLIK DEUTSCHLAND. 10 DEUTSCHE MARK 1996** Adler, Mzz. **A** zwischen den Adlerfängen (8 450 000, davon 450 000 PP)
Rand: TAETIGE LIEBE HEILT ALLE WUNDEN

273   10 Deutsche Mark (S)

PHILIPP MELANCHTHON *1497+1560 Porträt des Reformators und Humanisten, wie ihn Albrecht Dürer 1526 in Nürnberg gezeichnet hat. Entwurf: Hubert Klinkel, Würzburg
Rs. **BUNDESREPUBLIK DEUTSCHLAND. 10 DEUTSCHE MARK 1997** Adler, Mzz. **G** hinter Jahreszahl, Mzz. **A, D, F, G** und **J** nur bei PP-Münzen (3 400 000, davon 400 000 PP)
Rand: ZUM GESPRAECH GEBOREN

274   10 Deutsche Mark (S)

HEINRICH HEINE 1797*>>+1856 Brustbild des Dichters vor seiner Handschrift, der beiden ersten Strophen seines Gedichtes »Loreley«. Als Porträtunterschrift Heines eigene Signatur in französischer Sprache: «Eh bien, cet homme c'est moi». Entwurf: Reinhart Heinsdorff, Friedberg-Ottmaring
Rs. **BUNDESREPUBLIK DEUTSCHLAND 1997. 10 DEUTSCHE MARK** Adler, Mzz. **D** links oben neben der Wertziffer, Mzz. **A, D, F, G** und **J** nur bei PP-Münzen (3 400 000, davon 400 000 PP)
Rand: DEUTSCHLAND – DAS SIND WIR SELBER – 1833

275   10 Deutsche Mark (S)

100 JAHRE DIESELMOTOR 1897–1997

Deutsche Demokratische Republik

Größe: 108 179 qkm
Hauptstadt: Berlin
Staatswappen: Hammer und Zirkel, umgeben von einem Ährenkranz, dessen unterer Teil von einem schwarz-rot-goldenen Band umschlungen ist.

Mit der Konstituierung des am 30. 5. 1949 gewählten Deutschen Volksrates als Deutsche Volkskammer am 7. 10. 1949 wurde auf dem Gebiet der sowjetischen Besatzungszone Deutschlands die DDR gegründet. Sie umfaßte die Länder Brandenburg, Mecklenburg, Sachsen, Sachsen-Anhalt sowie Thüringen und bestand seit deren Auflösung im Jahre 1952 aus 14 Bezirken mit Länderbefugnissen.
Währungseinheit war die Deutsche Mark (DM), mit Verordnung vom 30.7.1964 Mark der Deutschen Notenbank (MDN) und mit Verordnung vom 1.1.1968 Mark der DDR (M).
    1 Mark = 100 Pfennig.

Münzstätten:

    Berlin   Mzz. A
    Muldenhütten bei Freiberg   Mzz. E (bis 1953)

Am 1. Juli 1990 wurde im Gebiet der DDR die DM-WEST der Bundesrepublik Deutschland als gesetzliches Zahlungsmittel eingeführt. Die Vereinigung beider deutscher Staaten fand am 3. Oktober 1990 statt.

Nominal	Prägezeit	Metallzusammensetzung	Gewicht g	Ø mm	Katalog-Nr.
20 Mark	1966–1968	800 ‰ Ag/200 ‰ Zn	20,9	33	416–418
20 Mark	1969–1976	625 ‰ Ag/375 ‰ Cu	20,9	33	419–421, 425, 427, 429–431
20 Mark	1977–1990	500 ‰ Ag/500 ‰ Cu	20,9	33	432–434, 437–439, 441–448
20 Mark	1971–1983	Neusilber	16,5/15	33	422–424, 426, 428, 435–436, 440
10 Mark	1966–1967	800 ‰ Ag/200 ‰ Zn	17	31	451–452
10 Mark	1968–1975	625 ‰ Ag/375 ‰ Cu	17	31	453–456, 458–459, 461–462, 464
10 Mark	1976–1990	500 ‰ Ag/500 ‰ Cu	17	31	466, 468–469, 471–473, 476–477, 479–480, 482–483, 485–486, 489, 492
10 Mark	1972–1990	Neusilber	12	31	457, 460, 463, 465, 467, 470, 474, 475, 478, 481, 484, 487, 488, 490, 491
5 Mark	1968–1990	Neusilber	12,2	29	501, 502, 504, 505, 507, 509–515, 517–520, 523, 526, 529, 532, 540, 541, 546
5 Mark	1969	Kupfer-Nickel	9,7	29	503
5 Mark	1972–1990	Neusilber	9,6	29	506, 508, 516, 521–522, 524, 525, 527, 528, 530, 531, 533–539, 542–545
2 Mark	1957, 1974–90	Leichtmetall	3	27	400, 401
1 Mark	1956, 62, 63, 72–90	Leichtmetall	2,5	25	402, 403

DEUTSCHE DEMOKRATISCHE REPUBLIK

Nominal	Prägezeit	Metallzusammensetzung	Gewicht g	Ø mm	Katalog-Nr.
50 Pfennige	1949–1950	920‰ Cu/64‰ Al	3,5	20	404
50 Pfennige	1958–1990	Leichtmetall	2	23	405
20 Pfennige	1969–1990	Messinglegierung	5,4	22,2	406
10 Pfennige	1948–1990	Leichtmetall	1,5	21	407, 408, 409
5 Pfennige	1948–1990	Leichtmetall	1,1	19	410, 411, 412
1 Pfennig	1948–1990	Leichtmetall	0,75	17	413, 414, 415

400 (1515) 2 Mark (L)   5.– / 10.–
2 zwischen 2 Eichenblättern, darüber Mzz., darunter **DEUTSCHE MARK** und Jahreszahl
Rs. **DEUTSCHE DEMOKRATISCHE ∗ REPUBLIK ∗** Staatswappen. **A 1957** (77 960 942)
Rand gerillt
Entwurf von Prof. Högner, Dresden

401 (1516) 2 Mark (L)   1.– / 4.–
Vs. wie 400, aber statt DEUTSCHE / MARK nur **MARK**
Rs. wie 400. **A 1974, 1975, 1977, 1978, 1979, 1980, 1981, 1982, 1983, 1984, 1985, 1986, 1987, 1988, 1989, 1990**
Rand: gerillt
Ausgegeben mit Wirkung vom 22. XI. 1978
Entwurf von Prof. Högner und A. Bertram

402 (1513) 1 Mark (L)   2.– / 5.–
Vs. wie Nr. 400, aber Wertangabe: 1
Rs. wie Nr. 400. **A 1956** (112 108 235), **1962** (45 920 218), **1963** (31 909 934)
Rand: Sterne
Entwurf von Prof. Högner, Dresden

403 (1540) 1 Mark (L)   –.50 / 4.–
Vs. wie Nr. 400, aber Wertangabe **1** und statt DEUTSCHE / MARK nur **MARK**
Rs. wie Nr. 400. **A 1972, 1973, 1975, 1977, 1978, 1979, 1980, 1981, 1982, 1983, 1984, 1985, 1986, 1987, 1988, 1989, 1990** (266 147 000)
Rand: Sterne
Ausgegeben mit Wirkung vom 22. XI. 1978
Entwurf von Prof. Högner und A. Bertram

404 (1504) 50 Pfennig (K)   10.– / 20.–
DEUTSCHLAND / 50 / PFENNIG / Jahreszahl / Mzz.
Rs. Pflug vor Industrieanlage. **A 1949, 1950** (67 703 405)
Rand: Arabesken
Am 1. 8. 1958 »im Zuge der einheitlichen Gestaltung des Münzgeldes« außer Kurs gesetzt

405 (15129) 50 Pfennig (L)   –.50 / 3.–
50, darüber Eichenblatt und Mzz., darunter **PFENNIG** und Jahreszahl.
Rs. wie Nr. 400. **A 1958, 1968, 1971, 1972, 1973, 1979, 1980, 1981, 1982, 1983, 1984, 1985, 1986, 1987, 1988, 1989, 1990** (268 472 000)
Rand: gerillt
Entwurf von Prof. Högner, Dresden

406 (1511 a. b) 20 Pfennig (Me)   –.50 / 2.–
20 / PFENNIG / Jahreszahl (A) **1969, 1971. A 1972, 1973, 1974, 1979, 1980, 1981, 1982, 1983, 1984, 1985, 1986, 1987, 1988, 1989, 1990** (274 516 000)
Rs. wie Nr. 400
Rand: glatt
Entwurf und Gestaltung von Axel Bertram

407 (1503) 10 Pfennig (L) 5.– / 15.–
+ DEUTSCHLAND + 10 / PFENNIG / Mzz.
Rs. Kornähre vor Zahnrad, darunter Jahreszahl A **1948, 1949, 1950** (insgesamt wurden 216 537 385 Stück geprägt). E **1950** (16 000 000)
Rand glatt
Am 1.1.1971 außer Kurs gesetzt

411 (1506) 5 Pfennig (L) 5.– /10.–
Vs. wie Nr. 410
Rs. Hammer zwischen 2 Kornähren, davor Zirkel; unten Jahreszahl A **1952** (113 397 140), **1953** (40 993 578). E **1952** (24 024 000), **1953** (28 665 173)
Rand glatt
Am 1.1.1971 außer Kurs gesetzt

408 (1507) 10 Pfennig (L) 5.– /20.–
Vs. wie Nr. 407
Rs. Hammer zwischen 2 Kornähren, davor Zirkel; unten Jahreszahl A **1952** (70 426 704), **1953** (18 610 969). E **1952** (21 497 796), **1953** (11 500 000)
Rand glatt
Am 1.1.1971 außer Kurs gesetzt

412 (1501) 5 Pfennig (L) –.10 /1.–
5 zwischen 2 Eichenblättern, darüber Mzz., darunter **PFENNIG** und Jahreszahl
Rs. **DEUTSCHE DEMOKRATISCHE ✶ REPUBLIK ✶ ·** Staatswappen. A **1968, 1972, 1975, 1978, 1979, 1980, 1981, 1982, 1983, 1984, 1985, 1986, 1987, 1988, 1989, 1990** (713 080 000)
Rand: glatt
Entwurf und Gestaltung von Prof. Högner, Dresden

409 (1510) 10 Pfennig (L) –.10 /1.–
10, darüber Eichenblatt und Mzz., darunter **PFENNIG** und Jahreszahl
Rs. **DEUTSCHE DEMOKRATISCHE ✶ REPUBLIK ✶ ·** Staatswappen. A **1963, 1965, 1967, 1968, 1970, 1971, 1972, 1973, 1978, 1979, 1980, 1981, 1982, 1983, 1984, 1985, 1986, 1987, 1988, 1989, 1990** (727 800 000)
Rand: glatt
Entwurf und Gestaltung von Prof. Högner, Dresden

413 (1501) Pfennig (L) 3.– /15.–
+ DEUTSCHLAND + 1 / PFENNIG / Mzz.
Rs. Kornähre vor Zahnrad, darunter Jahreszahl A **1948, 1949, 1950** (insgesamt wurden 243 000 275 Stück geprägt). E **1949, 1950** (insgesamt wurden 55 200 000 Stück geprägt).
Rand glatt
Am 1.1.1971 außer Kurs gesetzt

410 (1502) 5 Pfennig (L) 5.– /10.–
+ DEUTSCHLAND + 5 / PFENNIG / Mzz.
Rs. Kornähre vor Zahnrad, darunter Jahreszahl A **1948, 1949, 1950** (insgesamt wurden 205 072 430 Stück geprägt)
Rand glatt Am 1.1.1971 außer Kurs gesetzt

414 (1505) Pfennig (L) 1.– /3.–
Vs. wie Nr. 251
Rs. Hammer zwischen 2 Kornähren, davor Zirkel; unten Jahreszahl A **1952, 1953.** E **1952, 1953** (511 386 000)
Rand: glatt
Am 1.1.1971 außer Kurs gesetz

DEUTSCHE DEMOKRATISCHE REPUBLIK

415   (1508) Pfennig (L)   –.10 / 1.–
1 zwischen 2 Eichenblättern, darüber Mzz., darunter **PFENNIG** und Jahreszahl
Rs. **DEUTSCHE DEMOKRATISCHE ✳ REPUBLIK ✳** · Staatswappen. **A 1960, 1961, 1962, 1963, 1964, 1965, 1968, 1972, 1973, 1975, 1977, 1978, 1979, 1980, 1981, 1982, 1983, 1984, 1985, 1986, 1987, 1988, 1989, 1990** (2 977 973 000)
Rand: glatt
Entwurf und Gestaltung von Prof. Högner, Dresden

Gedenkmünzen

Die Gedenkmünzen der DDR wurden in den Erhaltungen »vorzüglich« (VZ) und »Stempelglanz« (St) bewertet!
Die Prägezahlen wurden bereits um die eingeschmolzenen Bestände gekürzt!

418   (1521) 20 Mark (S)   170.– / –
Anläßlich des 150. Geburtstages von Karl Marx 1968
KARL MARX · Kopf n. l., darunter: **1818–1883** und Künstlersignatur: **R 4**
Rs. **DEUTSCHE DEMOKRATISCHE REPUBLIK** · Jahreszahl. **20 MARK**. Staatswappen (A) **1968** (53 146)
Rand: ✳ 20 MARK ✳ 20 MARK ✳ 20 MARK
Entwurf von G. Rommel, grafische Gestaltung von A. Bertram.

416   (1518) 20 MDN (S)   400.– / 12 500.–
Anläßlich des 250. Todestages von Gottfried Wilhelm Leibniz 1966
GOTTFRIED WILHELM LEIBNIZ · 1646–1716 · Brustbild n. r., dahinter Künstlersignatur: **Rd**
Rs. **DEUTSCHE DEMOKRATISCHE REPUBLIK** · Jahreszahl **20 MDN** · Staatswappen (A) **1966** (48 581)
Rand: 20 MARK DER DEUTSCHEN NOTENBANK
Entwurf von G. Rommel, grafische Gestaltung von Dorfstecher.

419   (1525) 20 Mark (S)   250.– / –
Anläßlich des 220. Geburtstages von Johann Wolfgang von Goethe 1969
JOHANN WOLFGANG VON GOETHE · Büste n. l., darunter **1749–1832**, dahinter Künstlersignatur: **F 4**
Rs. wie Nr. 418. (A) **1969** (53 222)
Rand: ✳ 20 MARK ✳ 20 MARK ✳ 20 MARK
Entwurf von Fitzenreiter, grafische Gestaltung von A. Bertram.

417   (1520) 20 MDN (S)   300.– / –
Anläßlich des 200. Geburtstages von Wilhelm von Humboldt 1967
WILHELM VON HUMBOLDT 1767–1835 · Brustbild n. l., darunter Künstlersignatur: **R 4**
Rs. wie Nr. 416, aber ohne Punkte vor Jahreszahl und nach MDN (A) **1967** (52 598)
Rand: ✳ 20 MARK DER DEUTSCHEN NOTENBANK
Entwurf von G. Rommel, grafische Gestaltung von A. Bertram.

420   (1529) 20 Mark (S)   190.– / –
Anläßlich des 150. Geburtstages von Friedrich Engels 1970
FRIEDRICH ENGELS 1820 · 1895 · Büste n. l., darunter Künstlersignatur: **LG**
Rs. wie Nr. 418. (A) **1970** (47 719)
Rand: ✳ 20 MARK ✳ 20 MARK ✳ 20 MARK
Entwurf von Prof. G. Lichtenfeld, grafische Gestaltung von G. Gnauck.

421 (1546) 20 Mark (S)   140.–/–
Anläßlich des 100. Geburtstages von Rosa Luxemburg und Karl Liebknecht 1971
KARL LIEBKNECHT · ROSA LUXEMBURG ✶ 1871–1919 ✶ Beider Büsten n. l.
Rs. wie Nr. 418. (A) **1971** (47 465)
Rand: ✶ 20 MARK ✶ 20 MARK ✶ 20 MARK
Entwurf von W. Fitzenreiter, grafische Gestaltung von A. Bertram.

424 (1537) 20 Mark (N–S)   12.–/–
Auf Friedrich von Schiller (1759–1805)
Bildnis Schillers, r. und l. davon seine Lebensdaten: **1759 1805**, darunter **FRIEDRICH / v. SCHILLER**
Rs. wie Nr. 418, aber über dem Wappen Mzz. A
A 1972 (3 650 000)
Rand: ✶ 20 MARK ✶ 20 MARK ✶ 20 MARK ✶ 20 MARK
Entwurf von W. Fitzenreiter, grafische Gestaltung von A. Bertram

422 (1531) 20 Mark (N–S)   12.–/–
Anläßlich des 100. Geburtstages von Heinrich Mann 1971
HEINRICH MANN ✶ 1871–1950 ✶ Kopf n. l.
Rs. wie Nr. 418, aber am Anfang und am Ende der Staatsbezeichnung je 1 Stern. (A) **1971** (1 250 000)
Rand: ✶ 20 MARK ✶ 20 MARK ✶ 20 MARK ✶ 20 MARK
Entwurf von W. Fitzenreiter, grafische Gestaltung von A. Bertram

425 (1538) 20 Mark (S)   140.–/–
Anläßlich des 500. Geburtstages von Lucas Cranach d. Ä.
Geflügelte Schlange, das Wappen und Signum Cranachs, darüber seine Lebensdaten: **1472 1553**, darunter: **LUCAS / CRANACH**
Rs. wie Nr. 418
(A) **1972** (47 548)
Rand: ✶ 20 MARK ✶ 20 MARK ✶ 20 MARK
Grafische Gestaltung von A. Bertram

423 (1535) 20 Mark (N–S)   12.–/–
Anläßlich des 85. Geburtstages von Ernst Thälmann 1971
ERNST THÄLMANN ✶ 1886–1944 ✶ Büste n. l.
Rs. wie Nr. 418, aber am Anfang und am Ende der Staatsbezeichnung je 1 Stern und über dem Emblem Mzz. **A 1971** (4 890 000)
Rand: ✶ 20 MARK ✶ 20 MARK ✶ 20 MARK ✶ 20 MARK
Entwurf von W. Fitzenreiter, grafische Gestaltung von A. Bertram

426 (1541) 20 Mark (N–S)   12.–/–
Auf den ersten Präsidenten der DDR, Wilhelm Pieck
WILHELM PIECK · 1876–1960 Kopf Piecks n. l.
Rs. wie Nr. 418, aber am Anfang und am Ende der Staatsbezeichnung je 1 Stern und über dem Emblem Mzz. **A 1972** (2 390 000)
Rand: ✶ 20 MARK ✶ 20 MARK ✶ 20 MARK ✶ 20 MARK
Entwurf von W. Fitzenreiter, grafische Gestaltung von A. Bertram

DEUTSCHE DEMOKRATISCHE REPUBLIK

427 (1547) 20 Mark (S)   110.–/–
Anläßlich des 60. Todestages von August Bebel 1973
Büste en face, nach rechts blickend; zu beiden Seiten: **1840/ 1913 AUGUST / BEBEL;** links unten Künstlersignatur: **F4**
Rs.: wie Nr. 418. (A) **1973** (47 197)
Rand: ✶ 20 MARK ✶ 20 MARK ✶ 20 MARK
Entwurf von W. Fitzenreiter, grafische Gestaltung von A. Bertram

430 (1555) 20 Mark (S)   185.–/8 000.–
Anläßlich des 225. Todestages von Johann Sebastian Bach 1975
Notenzitat aus der Originalpartitur »Das Wohltemperierte Clavier«, darüber: **1685–1750**, darunter Bachs Unterschrift: **Joh. Sebast. Bach.**
Rs.: wie Nr. 418
(A) **1975** (49 497)
Rand: ✶ 20 MARK ✶ 20 MARK ✶ 20 MARK
Entwurf und Gestaltung von Prof. K. Wittkugel

428 (1548) 20 Mark (N–S)   12.–/–
Anläßlich des 70. Geburtstages von Ministerpräsident Otto Grotewohl
Kopf nach links, darunter: **1894 / – / 1964 / OTTO GROTE-WOHL**
Rs.: **DEUTSCHE DEMOKRATISCHE REPUBLIK 20 / 1973 MARK** / Staatsemblem und Mzz. **A 1973** (1 530 000)
Rand: ✶ 20 MARK ✶ 20 MARK ✶ 20 MARK ✶ 20 MARK
Grafische Gestaltung von A. Bertram

431 (1561) 20 Mark (S)   130.–/270.–
Anläßlich des 150. Geburtstages von Wilhelm Liebknecht 1976
WILHELM LIEBKNECHT · Büste en face, Kopf leicht n. l. gewandt, zu beiden Seiten die Lebensdaten **1826 1900**.
Rs.: wie Nr. 418, aber am Anfang und Ende der Staatsbezeichnung je ein Stern.
(A) **1976** (47 180), davon 4 020 polierte Platte)
Rand: ✶ 20 MARK ✶ 20 MARK ✶ 20 MARK
Entwurf und Gestaltung von H. Rodewald und W. Fitzenreiter

429 (1549) 20 Mark (S)   120.–/270.–
Anläßlich des 250. Geburtstages von Immanuel Kant 1974
Büste en face, seitlich 1724/1804 und Künstlersignatur: **F4**; darunter **IMMANUEL KANT**
Rs.: wie Nr. 418 (A) **1974** (48 749), davon 4 284 polierte Platte
Rand: ✶ 20 MARK ✶ 20 MARK ✶ 20 MARK
Entwurf von W. Fitzenreiter; grafische Gestaltung von A. Bertram

432 (1563) 20 Mark (S)   155.–/–
Anläßlich des 200. Geburtstages von Carl Friedrich Gauß 1977
CARL FRIEDRICH GAUSS 1777–1855
Schematische Darstellung der Gauß'schen Glockenkurve
Rs. wie Nr. 418, aber am Anfang und Ende der Staatsbezeichnung je ein Punkt
(A) **1977** (42 502)
Rand: ✶ 20 MARK ✶ 20 MARK ✶ 20 MARK
Entwurf und Gestaltung von A. Bertram

433 (1570) 20 Mark (S)   155.– / 200.–
Anläßlich des 175. Todestages von Johann Gottfried Herder 1978
J. G. HERDER 1744–1803
Kopfbild im Dreiviertelprofil n. l.
Rs. wie Nr. 418
(A) **1978** (41 050, davon 4 500 polierte Platte)
Rand: ✶ 20 MARK ✶ 20 MARK ✶ 20 MARK
Entwurf und Gestaltung von Prof. K. Wittkugel und W. Stötzer

436 (1575) 20 Mark (N–S)   140.– / 160.–
Anläßlich des 75. Todestages von Ernst Abbe 1980
ERNST ABBE 1840 ✶ 1905
Schematische Darstellung von Abbes Mikroskoptheorie
Rs. Staatsemblem / DEUTSCHE / DEMOKRATISCHE / REPUBLIK / 20 / MARK / 1980
(A) **1980** (45 000, davon 5 500 polierte Platte)
Rand: ✶ 20 MARK.✶ 20 MARK ✶ 20 MARK ✶ 20 MARK
Entwurf und Gestaltung von V. Beier und J. Rieß

434 (1571) 20 Mark (S)   190.– / 240.–
Anläßlich des 250. Geburtstages von Gotthold Ephraim Lessing
Szenenbild aus »Nathan der Weise« mit Sultan Saladin, Nathan dem Weisen und dem Tempelherrn, dahinter zwei Palmen, darüber: **1729–1781**, darunter: **GOTTHOLD EPHRAIM / LESSING**
Rs. wie Nr. 418, aber am Anfang und Ende der Staatsbezeichnung je ein Punkt
(A) **1979** (43 864, davon 4 521 polierte Platte)
Rand: ✶ 20 MARK ✶ 20 MARK ✶ 20 MARK
Grafische Gestaltung von A. Bertram

437 (1579) 20 Mark (S)   120.– / 155.–
Anläßlich des 150. Todestages des Freiherrn vom Stein 1981
Brustbild im Dreiviertelprofil n.l., darüber: **Freiherr vom Stein 1757–1831**
Rs. 20/MARK/DEUTSCHE/DEMOKRATISCHE 1981/REPUBLIK/Staatswappen
(A) **1981** (44 764, davon 5 500 polierte Platte)
Rand: ✶ 20 MARK ✶ 20 MARK ✶ 20 MARK
Entwurf und Gestaltung von v. Beier und J. Rieß

435 (1573) 20 Mark (N–S)   18.– / –
Auf den 30. Jahrestag der DDR
Büsten einer Arbeiterin n.l. und eines Arbeiters von vorn, links im Hintergrund eine Chemieanlage, vorn auf einem abgestuften Sockel:
30 JAHRE / DDR
Rs. wie Nr. 428, aber mit der Jahreszahl **1979**
A **1979** (642 075)
Rand: ✶ 20 MARK ✶ 20 MARK ✶ 20 MARK
Entwurf und Gestaltung von D. Dorfstecher und G. Rommel

438 (1587) 20 Mark (S)   115.– / 145.–
Anläßlich des 125. Geburtstages von Clara Zetkin 1982
Kopf en face, links davon: **1857/1933** und darunter: **CLARA/ZETKIN**
Rs. **DEUTSCHE DEMOKRATISCHE REPUBLIK** · Staatswappen/20/MARK/1982
Rand: ✶ 20 MARK ✶ 20 MARK ✶ 20 MARK
(A) **1982** (45 000, davon 5 500 polierte Platte)
Entwurf von E. Schöneberg und R. Radack

DEUTSCHE DEMOKRATISCHE REPUBLIK

439 (1591) 20 Mark (S)   1 090.– / 1 250.–

Anläßlich des 500. Geburtstages von Martin Luther 1983
MARTIN LUTHER · 1483–1546 Brustbild en face im Talar, mit beiden Händen die Bibel haltend. Links signiert: **R**
Rs. **DEUTSCHE DEMOKRATISCHE REPUBLIK** · Staatswappen zwischen **1983/20/MARK**
(A) 1983 (45 000, davon 5 000 polierte Platte)
Rand: ✳ 20 MARK ✳ 20 MARK ✳ 20 MARK
Entwurf von H. Rodewald

442 (1605) 20 Mark (S)   170.– / 230.–

Anläßlich des 125. Todestages von Ernst Moritz Arndt 1985
ERNST MORITZ ARNDT Bildnis von vorn mit leicht nach rechts gewandtem Kopf, r.u.l. davon **1769 1860**
Rs. **DEUTSCHE DEMOKRATISCHE REPUBLIK** Staatswappen/**1985 MARK/20/A**
A 1985 (40 000, davon 4 000 polierte Platte)
Rand: ✳ 20 MARK ✳ 20 MARK ✳ 20 MARK
Entwurf von S. Russewa-Hoyer und H. Hoyer

440 (1592) 20 Mark (N–S)   20.– / 90.–

Anläßlich des 100. Todestages von Karl Marx 1983
Kopf en face, darunter seine Unterschrift: **Karl Marx / 1818–1883**
Rs. Staatswappen / **DIE PHILOSOPHEN HABEN / DIE WELT NUR VERSCHIEDEN / INTERPRETIERT; / ES KOMMT ABER DARAUF AN, / SIE ZU VERÄNDERN. / DDR 20 Mark / 1983/A**
A 1983 (660 614, davon 5 000 polierte Platte)
Rand: ✳ 20 MARK ✳ 20 MARK ✳ 20 MARK ✳ 20 MARK
Entwurf von S. Russewa-Hoyer und H. Hoyer

443 (1607) 20 Mark (S)   430.– / 490.–

Anläßlich des 200. Geburtstages der Gebrüder Grimm
JACOB & WILHELM GRIMM, die beiden Geburtsdaten seitlich 1785 und 1786 und Darstellung des »gestiefelten Katers«.
Rs. wie Nr. 442
A 1986 (41 150, davon 3 500 PP)
Rand: ✳ 20 MARK ✳ 20 MARK ✳ 20 MARK
Entwurf und Gestaltung von Snechana Russewa-Hoyer und Heinz Hoyer

441 (1595) 20 Mark (S)   315.– / 330.–

Anläßlich des 300. Geburtstages 1985 und des 225. Todestages 1984 von Georg Friedrich Händel
GEORG FRIEDRICH HÄNDEL 1685–1759 Brustbild en face, n.r. blickend; rechts signiert: **R**
Rs. **DEUTSCHE DEMOKRATISCHE REPUBLIK** · Staatswappen/**1984/A/20** ✳ **MARK** ✳
A 1984 (40 400, davon 4 500 polierte Platte)
Rand: ✳ 20 MARK ✳ 20 MARK ✳ 20 MARK
Entwurf von H. Rodewald

444 (1617) 20 Mark (S)   900.– / 3 300.–

Anläßlich des Jubiläums 750 Jahre Berlin
Stadtsiegel aus der Zeit um 1280 bis 1381 mit der Umschrift ✳ **750 JAHRE BERLIN** ✳ **HISTORISCHES STADTSIEGEL**
Rs. wie Nr. 418, aber mit zwei Sternen
A 1987 (40 075, davon 3 500 PP)
Rand: ✳ 20 MARK ✳ 20 MARK ✳ 20 MARK
Entwurf und Gestaltung von Bettina Klink von Woyski und Wilfried Klink

DEUTSCHE DEMOKRATISCHE REPUBLIK

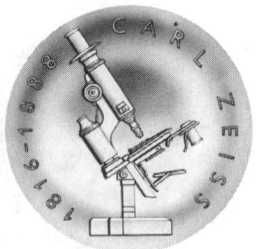   

445 (1621) 20 Mark (S)   360.– / 420.–

Anläßlich des 100. Todestages von Carl Zeiss
CARL ZEISS 1816–1888 – Abbildung eines Mikroskops
Rs. wie Nr. 418, aber am Anfang und Ende der Staatsbezeichnung je ein Stern
A 1988 (38 520, davon 3 500 PP)
Rand: ✳ 20 MARK ✳ 20 MARK ✳ 20 MARK
Entwurf und Gestaltung von Snechana Russewa-Hoyer und Heinz Hoyer

448 a (1635) 20 Mark (K–N)   20.– / –
448 b (1635 s) 20 Mark (S)   35.– / 130.–

Anläßlich der Öffnung des Brandenburger Tores in Berlin am 22. Dezember 1989
BERLIN 22. DEZEMBER 1989. Abb. des Brandenburger Tores
Rs. wie Nr. 446, aber mit zwei Sternen **A**
a) (302 005)
Rand: ✳ 20 MARK ✳ 20 MARK ✳ 20 MARK ✳ 20 MARK
b) 159 525, davon 5 000 PP)
Rand: ✳ 20 MARK ✳ 20 MARK ✳ 20 MARK

446 (1624) 20 Mark (S)   180.– / 320.–

Anläßlich des 500. Geburtstages von Thomas Müntzer
THOMAS MÜNTZER. Brustbild n. l., seitlich die Lebensdaten 1489–1525, rechts im Feld die Signaturen der Künstler.
Rs. wie Nr. 445, aber ohne Sterne nach der Staatsbezeichnung.
A 1989 (42 000), davon 3 500 PP)
Rand: ✳ 20 MARK ✳ 20 MARK ✳ 20 MARK
Entwurf von Günter Gnauck und Bernd Göbel

451 (1517) 10 MDN (S)   700.– / –

Anläßlich des 125. Todestages von Karl Friedrich Schinkel 1966
KARL FRIEDRICH SCHINKEL · 1781–1841 · Kopf n. r., vor dem Hals Künstlersignatur: R 4
Rs. wie Nr. 416, aber Wertangabe **10** und ohne Punkte vor Jahreszahl und nach **MDN**. (A) **1966** (48 883)
Rand: 10 MARK DER DEUTSCHEN NOTENBANK
Entwurf von G. Rommel, grafische Gestaltung von A. Bertram

447 (1634) 20 Mark (S)   200.– / 310.–

Anläßlich des 275. Todestages von Andreas Schlüter
ANDREAS SCHLÜTER 1660–1714. Abb. eines seiner Hauptwerke »Sterbender Krieger« Ausführung, L. U. R. Künstlersignaturen.
Rs. wie Nr. 445, aber größere Wertziffer **A** (40 500, davon 3 500 PP)
Rand: ✳ 20 MARK ✳ 20 MARK ✳ 20 MARK
Entwurf von André Kahane und Wilfried Statt

452 (1519) 10 MDN (S)   130.– / –

Anläßlich des 100. Geburtstages von Käthe Kollwitz 1967
KÄTHE KOLLWITZ · 1867–1945 · Kopf n. l., dahinter Künstlersignatur: R 4
Rs. wie Nr. 451, Wertangabe **10**. (A) **1967** (61 940)
Rand: ✳ 10 MARK DER DEUTSCHEN NOTENBANK
Entwurf von G. Rommel, grafische Gestaltung von A. Bertram

453 (1523) 10 Mark (S) 95.–/–
Anläßlich des 500. Todesjahres von Johann Gutenberg 1968
JOHANN GUTENBERG, darüber vertieftes **G** zwischen **14 68**, darunter erhabenes, seitenverkehrtes und auf dem Kopf stehendes **G** (Letternkopf) und **+**
Rs. wie Nr. 418, aber Wertangabe **10**. (A) **1968** (66 526)
Rand: ✻ 10 MARK ✻ 10 MARK ✻ 10 MARK
Entwurf von G. Rommel, grafische Gestaltung von A. Bertram

456 (1545) 10 Mark (S) 100.–/–
Anläßlich des 500. Geburtstages von Albrecht Dürer 1971
Albrecht Dürer · Zwischen 2 Blättern: **geboren 1471** · **gestorben 1528** · Im Feld: Monogramm aus **A** und **D**
Rs. wie Nr. 418, aber Wertangabe **10** und am Anfang und am Ende der Staatsbezeichnung je 1 Blatt. (A) **1971** (61 224)
Rand: ✻ 10 MARK ✻ 10 MARK ✻ 10 MARK
Grafische Gestaltung von A. Bertram

454 (1527) 10 Mark (S) 95.–/–
Anläßlich des 250. Todestages von Johann Friedrich Böttger 1969
JOHANN FRIEDRICH BÖTTGER ✻ **1682 1719** ✻ · Kanne aus Böttgerporzellan, darüber das Markenzeichen der Porzellanmanufaktur: gekreuzte Schwerter
Rs. wie Nr. 418, aber Wertangabe **10**. (A) **1969** (66 652)
Rand: ✻ 10 MARK ✻ 10 MARK ✻ 10 MARK
Grafische Gestaltung von A. Bertram

457 (1539) 10 Mark (N–S) 8.–/–
Auf die Gedenkstätte Buchenwald bei Weimar
MAHN- UND GEDENKSTÄTTE BUCHENWALD · Ansicht des Buchenwalddenkmals von Fritz Cremer
Rs. wie Nr. 418, aber Wertangabe **10** und über dem Wappen Mzz. **A**
A 1972 (3 550 000)
Rand: ✻ 10 MARK ✻ 10 MARK ✻ 10 MARK ✻ 10 MARK
Entwurf von W. Fitzenreiter, grafische Gestaltung von A. Bertram

455 (1528) 10 Mark (S) 100.–/–
Anläßlich des 200. Geburtstages von Ludwig van Beethoven 1970
LUDWIG VAN BEETHOVEN ✻ **1770 – 1827** ✻ Büste n. l., darunter Künstlersignatur: **F 4**
Rs. wie Nr. 418, aber Wertangabe **10**. (A) **1970** (72 343)
Rand: ✻ 10 MARK ✻ 10 MARK ✻ 10 MARK
Entwurf von W. Fitzenreiter, grafische Gestaltung von A. Bertram

458 (1542) 10 Mark (S) 95.–/–
Anläßlich des 175. Geburtstages von Heinrich Heine 1972
Büste Heinrich Heines von vorn mit n. l. blickendem Kopf; r. und l. davon seine Lebensdaten **1797 1856**, unten: **HEINRICH HEINE**
Rs. wie Nr. 418, aber Wertangabe **10** und am Anfang und Ende je 1 Stern (A) **1972** (55 336)
Rand: ✻ 10 MARK ✻ 10 MARK ✻ 10 MARK
Entwurf von W. Fitzenreiter, grafische Gestaltung von A. Bertram

459 (1544) 10 Mark (S)   100.–/–

Anläßlich des 75. Geburtstages von Bertolt Brecht 1973
BERTOLT BRECHT Kopf nach links, **1898–1956**
Rs. wie Nr. 418, aber Wertangabe **10** (A) **1973** (55 413)
Rand: ✳ 10 MARK ✳ 10 MARK ✳ 10 MARK
Entwurf von W. Fitzenreiter, grafische Gestaltung von A. Bertram

462 (1552) 10 Mark (S)   95.–/7 300.–

Anläßlich des 25 jährigen Bestehens der DDR 1974
XXV JAHRE DDR · Sieben Architekturmotive: Kulturpalast in Neubrandenburg, Schloß Sanssouci in Potsdam, Fernsehturm in Berlin, Kronentor des Dresdner Zwingers, Dom und St. Severi-Kirche in Erfurt, Universitätshochhaus in Leipzig und Karl-Marx-Monument in Karl-Marx-Stadt
Rs. wie Nr. 418, aber Wertangabe **10** und quadratische Punkte am Anfang und am Ende der Legende
(A) **1974** (52 785, davon 200 polierte Platte)
Rand: ✳ 10 MARK ✳ 10 MARK ✳ 10 MARK
Entwurf von Dietrich Dorfstecher und Gerhard Rommel

460 (1545) 10 Mark (N–S)   8.–/–

Anläßlich der Weltfestspiele in Berlin 1973
Stilisierte Festivalblume, umgeben von der in 2 Schriftkreisen angeordneten Legende **X. WELTFESTSPIELE · DER JUGEND UND STUDENTEN · / 1973 IN BERLIN · HAUPTSTADT DER DDR ·**
Rs. wie Nr. 428, aber Wertangabe **10**
A **1973** (2 740 000)
Rand geriffelt
Grafische Gestaltung von A. Bertram

463 (1551) 10 Mark (N–S)   8.–/–

Anläßlich des 25 jährigen Bestehens der DDR 1974
ALLES MIT DEM VOLK · ALLES FÜR DAS VOLK ·
1949/ – / 1974/ Staatswappen
Rs.: **DEUTSCHE/ DEMOKRATISCHE/ REPUBLIK/ 1974 10 MARK** / Mzz. **A 1974** (2 290 000)
Rand: geriffelt
Entwurf von Günter Junge
Auch 1500 Exemplare in Silberlegierung (500⁰/₀₀ Ag/500⁰/₀₀ Cu)

461 (1553) 10 Mark (S)   95.–/16 800.–

Anläßlich des 200. Geburtstages von Caspar David Friedrich 1974
CASPAR DAVID FRIEDRICH · 1774–1840 · Brustbild en face, Kopf im Profil n. r., von der Legende durch einen Linienkreis getrennt
Rs. wie Nr. 418, aber Wertangabe **10** und am Anfang und am Ende der Legende je ein Stern
(A) **1974** (49 516, davon 100 PP)
Rand: ✳ 10 MARK ✳ 10 MARK ✳ 10 MARK
Entwurf von Ludwig Engelhardt, grafische Gestaltung von Günter Junge

464 (1554) 10 Mark (S)   100.–/2 900.–

Anläßlich des 100. Geburtstages von Albert Schweitzer 1975
ALBERT SCHWEITZER 1875–1965 · Kopf n. l., darunter Künstlersignatur: **F4**
Rs. wie Nr. 418, aber Wertangabe **10** und am Anfang und Ende der Legende je 1 Stern
(A) **1975** (64 483, davon 1 040 polierte Platte)
Rand: ✳ 10 MARK ✳ 10 MARK ✳ 10 MARK
Entwurf von W. Fitzenreiter, grafische Gestaltung von A. Bertram
8810 Exemplare wurden mit der Rs. von Nr. E 279 und in anderer Silberlegierung (500⁰/₀₀ Ag/500⁰/₀₀ Cu) geprägt.

DEUTSCHE DEMOKRATISCHE REPUBLIK 436

465 (1557) 10 Mark (N–S)   8.– / –
Anläßlich des 20jährigen Bestehens des Warschauer Vertrages 1975
1955–1975 · 20 JAHRE WARSCHAUER VERTRAG · In den von der römischen Zahl gebildeten Winkeln die 7 Staatswappen der Mitgliedstaaten
Rs. wie Nr. 460, aber Mzz. **A** über dem Staatswappen und 1 in der Wertzahl **10** von anderer Gestaltung
A 1975 (1 910 000)
Rand: gerippt
Entwurf und Gestaltung von D. Dorfstecher und W. Rosenthal

468 (1565) 10 Mark (S)   160.– / 160.–
Anläßlich des 375. Geburtstages Ottos von Guericke 1977
Das Magdeburger Stadtwappen, rechts und links davon der geteilte Stadtname: **MAGDE BURG / 1602 1686** / die Magdeburger Halbkugeln / **OTTO VON GUERICKE**
Rs. wie Nr. 418, aber Wertzahl **10**
(A) **1977** (49 443, davon 6 000 polierte Platte)
Rand: ✻ 10 MARK ✻ 10 MARK ✻ 10 MARK
Entwurf und Gestaltung von D. Dorfstecher und G. Rommel

466 (1562) 10 Mark (S)   120.– / 150.–
Anläßlich des 150. Todestages von Carl Maria von Weber 1976
CARL MARIA VON WEBER · Brustbild n. r., seitlich die Lebensdaten **1786 1826**
Rs. wie Nr. 418, aber Wertzahl **10**
(A) **1976** (51 079, davon 6 037 polierte Platte)
Rand: ✻ 10 MARK ✻ 10 MARK ✻ 10 MARK
Entwurf und Gestaltung von D. Dorfstecher und G. Rommel

469 (1567) 10 Mark (S)   140.– / 160.–
Anläßlich des 175. Geburtstages von Justus von Liebig 1978
JUSTUS v. LIEBIG 1803–1873
Brustbild im Dreiviertelprofil n. r.
Rs. wie Nr. 418, aber Wertzahl **10**
(A) **1978** (44 558, davon 4 500 polierte Platte)
Rand: ✻ 10 MARK ✻ 10 MARK ✻ 10 MARK
Entwurf und Gestaltung von E. Schöneberg und R. Radack

467 (1560) 10 Mark (N–S)   20.– / –
Auf das 20jährige Bestehen der Nationalen Volksarmee 1976
20 JAHRE NATIONALE VOLKSARMEE · Brustbild eines Soldaten in Uniform mit Helm von vorn
Rs. wie Nr. 460, aber Mzz. **A** über dem Staatswappen und 1 in Wertzahl **10** von anderer Gestaltung
A 1976 (593 765)
Rand: gerippt
Entwurf und Gestaltung von Prof. K. Wittkugel u. G. Rommel

470 (1568) 10 Mark (N–S)   45.– / 990.–
Auf den gemeinsamen Weltraumflug UdSSR – DDR 1978
GEMEINSAMER WELTRAUMFLUG UDSSR – DDR
Erdkugel mit angedeuteter Flugbahn und einem Flugkörper an deren Spitze
Rs. wie Nr. 460, aber Mzz. **A** über dem Staatswappen und die **1** der Wertzahl von anderer Gestaltung
A 1978 (593 765, davon 2 600 polierte Platte)
Rand: ✻ 10 MARK ✻ 10 MARK ✻ 10 MARK ✻ 10 MARK
Entwurf und Gestaltung von E. Schöneberg und R. Radack

DEUTSCHE DEMOKRATISCHE REPUBLIK

471 (1574) 10 Mark (S) 180.– / 195.–
Anläßlich des 175. Geburtstages von Ludwig Feuerbach 1979
Kopfbild mit Büstenansatz n. r., darunter **LUDWIG / FEUERBACH / 1804–1872**
Rs. wie Nr. 460, aber Jahreszahl und Wertangabe weiter oben im Feld und ohne Mzz.
(A) **1979** (43 384, davon 4 500 polierte Platte)
Rand: ✶ 10 MARK ✶ 10 MARK ✶ 10 MARK
Entwurf und Gestaltung von E. Schöneberg und R. Radack

474 (1578) 10 Mark (N–S) 18.– / 90.–
Anläßlich des 25. Jahrestages der Nationalen Volksarmee 1981
Darstellung von drei Jagdflugzeugen, einem Raketenschnellboot und einem Panzer, seitlich davon die Jahreszahlen **1956 1981,** darunter **NVA**
Rs. **DEUTSCHE DEMOKRATISCHE REPUBLIK** im Feld: Staatswappen / **1981 / 10 MARK** / Mzz. A **1981** (632 200, davon 5 500 polierte Platte)
Rand: ✶ 10 MARK ✶ 10 MARK ✶ 10 MARK
Entwurf von H. Rodewald

472 (1577) 10 Mark (S) 75.– / 110.–
Anläßlich des 225. Geburtstages von Gerhard Johann David von Scharnhorst 1980
GERHARD J. D. v. SCHARNHORST Brustbild in Uniform n. l., r. u. l. davon die Jahreszahlen **1755, 1813,** unten Künstlersignatur **R**
Rs. **DEUTSCHE DEMOKRATISCHE REPUBLIK** im Feld: **10 / 19 MARK 80** / Staatswappen
(A) **1980** (54 997, davon 5 500 polierte Platte)
Rand: ✶ 10 MARK ✶ 10 MARK ✶ 10 MARK
Entwurf von H. Rodewald

475 (1582) 10 Mark (N–S) 60.– / 100.–
Anläßlich der vor 700 Jahren begonnenen Münzprägung in Berlin 1981
✶**700 JAHRE MÜNZPRÄGUNG IN BERLIN / »EWIGER PFENNIG«** Abbildung der Rückseite eines auf Grund der Münzrechtsverleihung von 1369 geprägten Pfennigs der Stadt Berlin mit dem n. l. laufenden Bären.
Rs. **DEUTSCHE DEMOKRATISCHE REPUBLIK** im Feld: Staatswappen / **1981 / 10 MARK**
(A) **1981** (60 040, davon 5 500 polierte Platte)
Rand: ✶ 10 MARK ✶ 10 MARK ✶ 10 MARK ✶ 10 MARK
Entwurf von H. Rodewald

473 (1581) 10 Mark (S) 75.– / 100.–
Anläßlich des 150. Todestages von Georg Wilhelm Friedrich Hegel 1981
✶ **GEORG WILHELM FRIEDRICH HEGEL** ✶ Kopf n. r., darunter **1770, 1831**
Rs. **1981 10 MARK / – / DEUTSCHE / DEMOKRATISCHE / REPUBLIK**/Staatswappen
(A) **1981** (55 000, davon 5 500 polierte Platte)
Rand: ✶ 10 MARK ✶ 10 MARK ✶ 10 MARK
Entwurf und Gestaltung von L. Engelhardt und G. Junge

476 (1583) 10 Mark (S) 80.– / 105.–
Anläßlich der Eröffnung des Neuen Gewandhauses in Leipzig 1982
NEUES / GEWANDHAUS / LEIPZIG / Ornament / Gewandhausgebäude
Rs. **10 / MARK / DEUTSCHE / DEMOKRATISCHE / REPUBLIK 1982** / Staatswappen (A) **1982** (54 665, davon 5 500 polierte Platte)
Rand: ✶ 10 MARK ✶ 10 MARK ✶ 10 MARK
Entwurf von J. Rieß und V. Beier

477 (1589) 10 Mark (S) 75.–/110.–
Anläßlich des 100. Todestages von Richard Wagner 1983
Darstellung des Sängerkrieges auf der Wartburg: In der Mitte steht Tannhäuser, hinter ihm sitzen 6 Minnesänger; darüber: TANN HÄUSER, darunter: **1813–1883 / RICHARD WAGNER**
Rs. Staatswappen / **DEUTSCHE / DEMOKRATISCHE / REPUBLIK** / Wertzahl **10** zwischen Jahreszahl **1983 / MARK** (A) **1983** (55 000, davon 5500 polierte Platte)
Rand: ✳ 10 MARK ✳ 10 MARK ✳ 10 MARK
Entwurf von G. Rommel und D. Dorfstecher

480 (1600) 10 Mark (S) 110.–/160.–
Anläßlich der Wiedereröffnung der Semperoper in Dresden 1985
Gebäude der Semperoper von vorn / **SEMPEROPER / DRESDEN**
Rs. Staatswappen / **DEUTSCHE / DEMOKRATISCHE / REPUBLIK / 1985 / 10 MARK / A**
A **1985** (60 002, davon 5 000 polierte Platte)
Rand: ✳ 1841 ✳ 1878 ✳ 1945 ✳ 1985
Entwurf von Volker Beier und Joachim Rieß

478 (1593) 10 Mark (N–S) 23.–/90.–
Anläßlich des 30jährigen Bestehens der Kampfgruppen 1983
Brustbilder zweier Arbeiter n.l., der linke mit Arbeitsschutzhelm, der rechte mit Stahlhelm / **30 JAHRE / KAMPFGRUPPEN / DER ARBEITER-/KLASSE**;
links vor dem Text das Kampfgruppenemblem.
Rs. Staatswappen / **DEUTSCHE / DEMOKRATISCHE / REPUBLIK / 1983 10 MARK / A**
A **1983** (398 980, davon 5 000 polierte Platte)
Rand: ✳ 10 MARK ✳ 10 MARK ✳ 10 MARK ✳ 10 MARK
Entwurf von E. Nietzsche-Hartnick und D. Dorfstecher

481 (1603) 10 Mark (N–S) 18.–/90.–
Anläßlich des 40. Jahrestages des Sieges über den Hitlerfaschismus 1985
Hauptfigur des sowjetischen Soldaten vom Sowjetischen Ehrenmal in Berlin-Treptow; links und rechts davon: **40. / Jahrestag / des Sieges / über den / Hitler-/ faschismus / und der / Befreiung / des deutschen / Volkes / vom / Faschismus**
Rs. **DEUTSCHE DEMOKRATISCHE REPUBLIK. 1985 10 MARK. A** / Staatswappen
A **1985** (611 010, davon 5 000 polierte Platte)
Rand: ✳ 10 MARK ✳ 10 MARK ✳ 10 MARK ✳ 10 MARK
Entwurf von G. Rommel und D. Dorfstecher

479 (1597) 10 Mark (S) 135.–/145.–
Anläßlich des 100. Todestages von Alfred Brehm 1984
ALFRED BREHM ✳ **1829–1884** ✳. Hockender Marabu, darunter: **LEPTOPTILUS / CRUMENIFERUS / · MARABU ·**
Rs. **DEUTSCHE DEMOKRATISCHE REPUBLIK** · Staatswappen / **1984** ✳ **MARK/10/A**
A **1984** (45 000, davon 5 000 polierte Platte)
Rand: ✳ 10 MARK ✳ 10 MARK ✳ 10 MARK
Entwurf von S. Russewa-Hoyer und H. Hoyer

482 (1606) 10 Mark (S) 150.–/160.–
Anläßlich des 175jährigen Bestehens der Humboldt-Universität zu Berlin
1810 ✳ **1985 / HUMBOLDT-UNIVERSITÄT / ZU BERLIN**
Denkmale der Brüder Humboldt vor dem Eingang zum Hauptgebäude der Berliner Universität, darunter Künstlersignatur **R R**
Rs. **A / 10 / MARK / DEUTSCHE / DEMOKRATISCHE / REPUBLIK 1985** Staatswappen
A **1985** (42 000, davon 4 000 polierte Platte)
Rand: ✳ 10 MARK ✳ 10 MARK ✳ 10 MARK
Entwurf von H. Rodewald und J. Rieß

483 (1612) 10 Mark (S)   110.– / 140.–
Anläßlich der Gründung der Charité in Berlin vor 275 Jahren (1985)
Darstellung des historischen Gebäudes, darunter die Worte **CHA-RITÉ · BERLIN**
Rs. 10 MARK DEUTSCHE DEMOKRATISCHE REPUBLIK, darunter Staatswappen und geteilte Jahreszahl 1986
A 1986 (42 101, davon 4 101 PP)
Rand: ✶ 10 MARK ✶ 10 MARK ✶ 10 MARK
Entwurf und Gestaltung von Volker Beier und Joachim Rieß

486 (1622) 10 Mark (S)   160.– / 330.–
Anläßlich des 500. Geburtstages von Ulrich von Hutten
ULRICH VON HUTTEN · Brustbild n. l., seitlich die Lebensdaten 1488 1523, rechts im Feld die Künstlersignatur **R**
Rs. wie Nr. 418, aber Wertziffer **10**
(A) **1988** (40 000, davon 3 000 PP)
Rand: ICH HAB'S GEWAGT
Entwurf und Gestaltung von Heinz Rodewald

484 (1608) 10 Mark (N–S)   16.– / 100.–
Anläßlich des 100. Geburtstages von Ernst Thälmann
ERNST THÄLMANN · 1886–1944 · Die Darstellung zeigt den Politiker vor Demonstranten.
Rs. DEUTSCHE DEMOKRATISCHE REPUBLIK als Umschrift. im Feld: 10 MARK 1986, darunter Staatsemblem
A 1986 (585 642, davon 4 002 PP)
Rand: ✶ 10 MARK ✶ 10 MARK ✶ 10 MARK ✶ 10 MARK
Entwurf und Gestaltung von Snechana Russewa-Hoyer und Heinz Hoyer

487 (1623) 10 Mark (N–S)   18.– / 200.–
Anläßlich des 40. Jahrestages des Deutschen Turn- und Sportbundes
Drei Läuferinnen, darunter DDR SPORT 1948–1988
Rs. wie Nr. 418, aber Wertangabe 10
A 1988 (543 420, davon 3 300 PP)
Rand: ✶ 10 MARK ✶ 10 MARK ✶ 10 MARK ✶ 10 MARK
Entwurf und Gestaltung von Snechana Russewa-Hoyer und Heinz Hoyer

485 (1616) 10 Mark (S)   110.– / 150.–
Anläßlich des Jubiläums 750 Jahre Berlin
SCHAUSPIELHAUS BERLIN, darüber die entsprechende Darstellung (1818–1821 unter Schinkel erbaut), unten im Feld Zeichen des Medailleurs **R**
Rs. DEUTSCHE DEMOKRATISCHE REPUBLIK als Umschrift, oben im Feld Staatsemblem, darunter geteilte Jahreszahl, Wertangabe und Mzz.
A 1987 (50 100, davon 4 000 PP)
Rand: ✶ 10 MARK ✶ 10 MARK ✶ 10 MARK
Entwurf und Gestaltung von Heinz Rodewald

488 (1629) 10 Mark (S)   200.– / 470.–
Anläßlich des 225. Geburtstages von Johann Gottfried Schadow
JOHANN GOTTFRIED SCHADOW 1764–1850
Abbildungen seiner Quadriga auf dem Brandenburger Tor
Rs. wie Nr. 446, aber Wertangabe 10 **A 1989** (42 200, davon 3 000 PP)
Rand: ✶ 10 MARK ✶ 10 MARK ✶ 10 MARK
Entwurf und Gestaltung von André Kahane und Gerhard Rommel

DEUTSCHE DEMOKRATISCHE REPUBLIK

489 (1625) 10 Mark (N–S) 50.– / 320.–
Anläßlich des 40. Jahrestages der RGW
RGW-GEBÄUDE MOSKAU 1949–1989
Rs. Staatsemblem, Deutsche Demokratische Republik,
10 MARK **A** 1989 (100 000, davon 3 000 im PP)
Rand: * 10 MARK * 10 MARK * 10 MARK * 10 MARK
Entwurf von Heinz Rodewald

492 (1636) 10 Mark (S) 145.– / 230.–
Anläßlich des 175. Geburtstages von Johann Gottlieb Fichte
JOHANN GOTTLIEB FICHTE 1762–1814 Silhouette nach einer Zeichnung J. G. Fichte bei der Vorlesung
Rs. wie Nr. 488 **A** 1990 (44 764, davon 4 200 in PP)
Rand: ✱ 10 MARK ✱ 10 MARK ✱ 10 MARK
Entwurf von Snechana Russewa-Hoyer und Heinz Hoyer

490 (1630) 10 Mark (N–S) 25.– / 260.–
Anläßlich des 40. Jahrestages der Gründung der DDR
40 JAHRE DDR und 15 Städtewappen
Rs. AUFERSTANDEN AUS RUINEN UND DER ZUKUNFT ZUGEWANDT 1949–1989, Staatsemblem, DDR 10 MARK **A** 1989 (591 980, davon 3 080 PP)
Rand: ✱ 10 MARK ✱ 10 MARK ✱ 10 MARK ✱ 10 MARK
Entwurf von Heinz Rodewald

501 (1522) 5 Mark (N–S) 45.– / –
Anläßlich des 125. Geburtstages von Robert Koch 1968
1843 · ROBERT KOCH · 1910 · Brustbild n. l., dahinter Künstlersignatur: **R 4**
Rs. wie Nr. 418, aber Wertangabe **5.** (A) **1968** (100 226)
Rand: ✱ 5 MARK ✱ 5 MARK ✱ 5 MARK ✱ 5 MARK
Entwurf von G. Rommel, grafische Gestaltung von A. Bertram

491 (1637) 10 Mark (N–S) 7.– / 100.–
1. MAI 1890–1990
Rs. Arbeit, Brot und Völkerfrieden. Das ist unsere Welt. Deutsche Demokratische Republik. 10 MARK **A** (593 824, davon 4 367 PP)
Rand: ✱ 10 MARK ✱ 10 MARK ✱ 10 MARK ✱ 10 MARK
Entwurf von Harald Larisch

502 (1526) 5 Mark (N–S) 42.– / –
Anläßlich des 75. Todestages von Heinrich Hertz 1969
HEINRICH HERTZ . 1857–1894 . · Kopf n. r.
Rs. wie Nr. 418, aber Wertangabe **5.** (A) **1969** (100 217)
Rand: ✱ 5 MARK ✱ 5 MARK ✱ 5 MARK ✱ 5 MARK
Entwurf von Rosenthal, grafische Gestaltung von A. Bertram

503 (1524) 5 Mark (K–N) 5.–/–
Anläßlich des 20. Jahrestages der Deutschen Demokratischen Republik am 7.10.1969
XX / JAHRE / DDR / 1969 5 MARK
Rs. DEUTSCHE DEMOKRATISCHE REPUBLIK · Staatswappen. (A) **1969** (10 500 000)
Rand: ✽ 5 MARK ✽ 5 MARK ✽ 5 MARK ✽ 5 MARK
Entwurf und Gestaltung von Axel Bertram. 12 741 Exemplare in Neusilberlegierung

506 (1536) 5 Mark (N–S) 5.–/–
Auf das Brandenburger Tor
BERLIN HAUPTSTADT DER DDR · Brandenburger Tor
Rs. wie Nr. 418, aber Wertangabe **5** und über dem Wappen Mzz.
A 1971 (1 700 000), **1979** (32 500), **1980** (29 800), **1981** (30 900), **1982** (32 500), **1983** (3 000), **1984** (21 515), **1985** (3 000), **1986** (18 580), **1987** (318 334), **1988** (29 950), **1989** (27 905), **1990** (27 500)
Rand: ✽ 5 MARK ✽ 5 MARK ✽ 5 MARK ✽ 5 MARK
Entwurf von M. Prüget

504 (1530) 5 Mark (N–S) 38.–/–
Anläßlich des 125. Geburtstages von Wilhelm Conrad Röntgen 1971
WILHELM CONRAD RÖNTGEN 1845–1923 · Röntgenröhre
Rs. wie Nr. 418, aber Wertangabe **5**. (A) **1970** (100 237)
Rand: ✽ 5 MARK ✽ 5 MARK ✽ 5 MARK ✽ 5 MARK
Grafische Gestaltung von A. Bertram

507 (1540) 5 Mark (N–S) 42.–/–
Anläßlich des 75. Todestages von Johannes Brahms 1972
JOHANNES / BRAHMS / Notenzitat aus dem 4. Satz der 1. Sinfonie von Brahms (die 3. Note muß allerdings »c« und nicht »h« heißen) / **1833 / 1897**
Rs. wie Nr. 418, aber Wertangabe **5**
(A) **1972** (100 366)
Rand: ✽ 5 MARK ✽ 5 MARK ✽ 5 MARK ✽ 5 MARK
Grafische Gestaltung von A. Bertram

505 (1534) 5 Mark (N–S) 42.–/–
Anläßlich des 400. Geburtstages von Johannes Kepler 1971
JOHANNES KEPLER · Sonne im Mittelpunkt von 8 breiten Strahlenbändern, umgeben von der sie umkreisenden Erde.
R. und l.: **1571 1630**
Rs. wie Nr. 418, aber Wertangabe **5**. (A) **1971** (100 239)
Rand: ✽ 5 MARK ✽ 5 MARK ✽ 5 MARK ✽ 5 MARK
Grafische Gestaltung von A. Bertram

508 (1543) 5 Mark (N–S) 5.–/–
Ansicht des Meißner Domberges mit Dom und Albrechtsburg, darunter: (in Fraktur) **Meißen**
Rs. wie Nr. 418, aber Wertangabe **5**
A 1972 (930 094), **1981** (40 PP), **1983** (22 500)
Rand: ✽ 5 MARK ✽ 5 MARK ✽ 5 MARK ✽ 5 MARK
Grafische Gestaltung von A. Bertram

509 (1546) 5 Mark (N–S)   52.–/–
Anläßlich des 125. Geburtstages von Otto Lilienthal 1973
OTTO / LILIENTHAL Flugapparat, darunter **1848 1896**
Rs. wie Nr. 418, aber Wertangabe **5**
(A) **1973** (100 234)
Rand: ✶ 5 MARK ✶ 5 MARK ✶ 5 MARK ✶ 5 MARK
Grafische Gestaltung von A. Bertram

512 (1558) 5 Mark (N–S)   40.–/–
Anläßlich des von den UN beschlossenen Internationalen Jahres der Frau 1975
INTERNATIONALES JAHR DER FRAU · 1975 · Profile dreier Frauenköpfe und das Symbol des Internationalen Jahres der Frau
Rs. wie Nr. 418, aber Wertangabe **5**
(A) **1975** (161 047)
Rand: ✶ 5 MARK ✶ 5 MARK ✶ 5 MARK ✶ 5 MARK
Entwurf und Gestaltung von K. Hennig und A. Bertram

510 (1550) 5 Mark (N–S)   42.–/–
Anläßlich des 100. Todestages von Philipp Reis 1974
PHILIPP REIS Modell eines Fernsprechers, darunter **1834–1874**
Rs. wie Nr. 418, aber Wertangabe **5**
Rand: ✶ 5 MARK ✶ 5 MARK ✶ 5 MARK ✶ 5 MARK
(A) **1974** (100 122)
Entwurf und Gestaltung von A. Bertram

513 (1559) 5 Mark (N–S)   45.–/–
Anläßlich des 200. Geburtstages von Ferdinand von Schill 1976
Husarentschako über Husarensäbel zwischen den Lebensdaten **1776–1809**, darunter: **FERDINAND / VON / SCHILL**
Rs. wie Nr. 418, aber Wertzahl **5**
(A) **1976** (100 216)
Rand: ✶ 5 MARK ✶ 5 MARK ✶ 5 MARK ✶ 5 MARK
Entwurf und Gestaltung von A. Bertram

511 (1556) 5 Mark (N–S)   33.–/–
Anläßlich des 100. Geburtstages von Thomas Mann 1975
THOMAS MANN · 1875–1955 · Kopf n. l.
Rs. wie Nr. 418, aber Wertangabe **5**
(A) **1975** (102 354)
Rand: ✶ 5 MARK ✶ 5 MARK ✶ 5 MARK ✶ 5 MARK
Entwurf und Gestaltung von Erika Schöneberg und R. Radack

514 (1564) 5 Mark (N–S)   75.–/85.–
Anläßlich des 125. Todestages von Friedrich Ludwig Jahn 1977
FRIEDRICH LUDWIG JAHN · 1778–1852 ·
Brustbild fast von vorn, links im Feld Künstlersignatur: **FR**
Rs. wie Nr. 418, aber Wertangabe **5**
(A) **1977** (100 675, davon 10 000 polierte Platte)
Rand: ✶ 5 MARK ✶ 5 MARK ✶ 5 MARK ✶ 5 MARK
Entwurf und Gestaltung von H. Rodewald und W. Fitzenreiter

DEUTSCHE DEMOKRATISCHE REPUBLIK

515 (1566) 5 Mark (N–S) 65.– / 120.–
Anläßlich des 175. Todestages von Friedrich Gottlieb Klopstock 1978
FRIEDRICH GOTTLIEB KLOPSTOCK 1724–1803
Brustbild n. l., darunter Signatur: **L.T**
Rs. wie Nr. 418, aber Wertangabe **5**
(A) **1978** (75 000, davon 4 500 polierte Platte)
Rand: ✶ 5 MARK ✶ 5 MARK ✶ 5 MARK ✶ 5 MARK
Entwurf und Gestaltung von K. Thewalt und G. Lichtenfeld

518 (1576) 5 Mark (N–S) 70.– / 120.–
Anläßlich des 75. Todestages Adolphs von Menzel
ADOLPH VON MENZEL · 1815–1905 ·
Brustbild n. l.
Rs. wie Nr. 418, aber Wertzahl **5**
(A) **1980** (60 250, davon 5 500 polierte Platte)
Rand: ✶ 5 MARK ✶ 5 MARK ✶ 5 MARK ✶ 5 MARK
Entwurf und Gestaltung von D. Dorfstecher und G. Rommel

516 (1569) 5 Mark (N–S) 32.– / 130.–
Auf das Internationale Anti-Apartheid-Jahr 1978
Geballte Faust mit einem fünfzackigen Stern, aus dem Flammen schlagen; rechts unten: **INTERNATIONALES / ANTI-APARTHEID- / JAHR 1978**
Rs. Mzz. **A / DEUTSCHE / DEMOKRATISCHE / REPUBLIK** / Staatsemblem **5 MARK / 1978**
(A) **1978** (261 262, davon 4 000 polierte Platte)
Rand: ✶ 5 MARK ✶ 5 MARK ✶ 5 MARK ✶ 5 MARK
Entwurf und Gestaltung von V. Beier und J. Rieß

519 (1580) 5 Mark (N–S) 100.– / 145.–
Anläßlich des 450. Todestages von Tilman Riemenschneider 1981
Selbstbildnis von vorn mit leicht n. l. gewandtem Kopf, r. u. l. davon: **Um/1455** Künstlersignatur **R/1531,** darunter: (in Fraktur) **Tilman Riemenschneider**
Rs. wie Nr. 418, aber Wertzahl **5**
(A) **1981** (60 000, davon 5 500 polierte Platte)
Rand: ✶ 5 MARK ✶ 5 MARK ✶ 5 MARK ✶ 5 MARK
Entwurf von H. Rodewald

517 (1572) 5 Mark (N–S) 140.– / 160.–
Anläßlich des 100. Geburtstages von Albert Einstein 1979
ALBERT EINSTEIN · 1879–1955 ·
Kopf im Dreiviertelprofil n. r., links unten Künstlersignatur **FR**
Rs. wie Nr. 418, aber Wertangabe **5**
(A) **1979** (59 975, davon 4 500 polierte Platte)
Rand: ✶ 5 MARK ✶ 5 MARK ✶ 5 MARK ✶ 5 MARK
Entwurf und Gestaltung von H. Rodewald und W. Fitzenreiter

520 (1584) 5 Mark (N–S) 100.– / 120.–
Anläßlich des 200. Geburtstages von Friedrich Wilhelm August Fröbel 1982
Drei spielende Kinder; darunter: **FRIEDRICH FRÖBEL / 1782–1852**
Rs. wie Nr. 418, aber Wertzahl **5**
(A) **1982** (60 000, davon 5 500 polierte Platte)
Rand: ✶ 5 MARK ✶ 5 MARK ✶ 5 MARK ✶ 5 MARK
Entwurf und Gestaltung von D. Dorfstecher und G. Rommel

DEUTSCHE DEMOKRATISCHE REPUBLIK

521 (1585) 5 Mark (N–S)   60.– / 130.–

Anläßlich des 150. Todestages von Johann Wolfgang von Goethe
Goethes Gartenhaus, darunter: **GOETHES GARTENHAUS / WEIMAR**
Rs. wie Nr. 418, aber Wertzahl **5** und Münzstättenzeichen **A** über dem Staatswappen
A 1982 (225 900, davon 5 500 polierte Platte)
Rand: ✻ 5 MARK ✻ 5 MARK ✻ 5 MARK ✻ 5 MARK
Entwurf von H. Rodewald

524 (1588) 5 Mark (N–S)   48.– / 120.–

Ansicht der Schloßkirche zu Wittenberg, darüber: (in Fraktur) **Schloßkirche zu Wittenberg**
Rs. wie Nr. 418, aber Wertzahl **5** und Münzstättenzeichen **A** über dem Staatswappen
A 1983 (243 300, davon 5 500 polierte Platte)
Rand: ✻ 5 MARK ✻ 5 MARK ✻ 5 MARK ✻ 5 MARK
Entwurf von H. Rodewald

522 (1586) 5 Mark (N–S)   55.– / 130.–

Ansicht der Wartburg von oben, darunter: (in Fraktur) **Die Wartburg bei Eisenach**
Rs. wie Nr. 418, aber Wertangabe **5** und Münzstättenzeichen **A** über dem Staatswappen
A 1982 (226 783, davon 5 500 polierte Platte, **1983** (21 000)
Rand: ✻ 5 MARK ✻ 5 MARK ✻ 5 MARK ✻ 5 MARK
Entwurf von H. Rodewald

525 (1590) 5 Mark (N–S)   55.– / 120.–

Luthers Geburtshaus in Eisleben (in Fraktur). Ansicht von Luthers Geburtshaus, darunter signiert: **R**
Rs. wie Nr. 418, aber Wertzahl **5** und Münzstättenzeichen **A** über dem Staatswappen
A 1983 (244 080, davon 5 500 polierte Platte)
Rand: ✻ 5 MARK ✻ 5 MARK ✻ 5 MARK ✻ 5 MARK
Entwurf von H. Rodewald

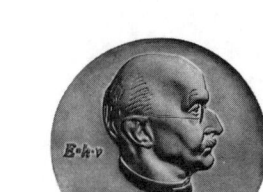 

523 (1594) 5 Mark (N–S)   80.– / 125.–

Anläßlich des 125. Geburtstages von Max Planck
Kopf n.r., darunter Max Plancks Unterschrift: **Max Planck / 1858–1947** und links die Formel der Planckschen Gleichung: $E = h \cdot \nu$
Rs. wie Nr. 418, aber Wertzahl **5**
(A) **1983** (50 180, davon 4 380 polierte Platte)
Rand: ✻ 5 MARK ✻ 5 MARK ✻ 5 MARK ✻ 5 MARK
Entwurf von D. Dorfstecher und E. Nietzsche-Hartnick

526 (1599) 5 Mark (N–S)   110.– / 150.–

Anläßlich des 150. Todestages von Adolf Freiherr von Lützow 1984
ADOLF FREIHERR VON LÜTZOW · Drei n.r. reitende Jäger des Lützowschen Freikorps; rechts unten: **1782/1834**
Rs. **DEUTSCHE DEMOKRATISCHE REPUBLIK** · 5/19 ✤ **MARK** ✤ 84/Staatswappen / **A**
A 1984 (50 000, davon 5 000 polierte Platte)
Rand: ✻ 5 MARK ✻ 5 MARK ✻ 5 MARK ✻ 5 MARK
Entwurf von D. Dorfstecher und G. Rommel

527 (1596) 5 Mark (N–S)   45.– / 90.–
Ansicht des Alten Rathauses in Leipzig, darüber Leipziger Stadtwappen, darunter: **ALTES RATHAUS / LEIPZIG /** Künstlersignatur: **R**
Rs. wie Nr. 418, aber Wertzahl **5** und Münzstättenzeichen **A** über dem Staatswappen
A 1984 (225 001, davon 5 500 polierte Platte)
Rand: ✻ 5 MARK ✻ 5 MARK ✻ 5 MARK ✻ 5 MARK
Entwurf von H. Rodewald

530 (1601) 5 Mark (N–S)   50.– / 95.–
Anläßlich des 40. Jahrestages der Zerstörung Dresdens 1985 Ruine der Frauenkirche zu Dresden, darüber: **1945 / 13. FEBRUAR** und darunter: **DRESDEN /** Künstlersignatur: **R**
Rs. **19** Staatswappen **85 / DRESDEN, AN DEINEN / WUNDEN SIEHT MAN / DIE QUAL DER NAMENLOSEN, / DIE HIER VERBRANNT / IM HÖLLENFEUER / AUS MENSCHENHAND / DDR 5 MARK / A**
A 1985 (227 996, davon 8 476 polierte Platte)
Rand: ✻ 5 MARK ✻ 5 MARK ✻ 5 MARK ✻ 5 MARK
Entwurf von H. Rodewald

528 (1598) 5 Mark (N–S)   45.– / 105.–
Ansicht der Leipziger Thomaskirche, darüber: **THOMASKIRCHE,** darunter: **LEIPZIG,** links Künstlersignatur: **R**
Rs. wie Nr. 418, aber Wertzahl **5** und Münzstättenzeichen **A** über dem Staatswappen
A 1984 (231 346, davon 5 500 polierte Platte)
Rand: ✻ 5 MARK ✻ 5 MARK ✻ 5 MARK ✻ 5 MARK
Entwurf von H. Rodewald

531 (1602) 5 Mark (N–S)   53.– / 95.–
Anläßlich des 40. Jahrestages der Zerstörung Dresdens 1985 Ansicht des Wallpavillons im Dresdner Zwinger, darunter: **DRESDEN / ZWINGER** und rechts Künstlersignatur: **R**
Rs. wie Nr. 418, aber Wertzahl **5** und Münzstättenzeichen **A** über dem Staatswappen
A 1985 (230 600, davon 5 500 polierte Platte)
Rand: ✻ 5 MARK ✻ 5 MARK ✻ 5 MARK ✻ 5 MARK
Entwurf von H. Rodewald

529 (1604) 5 Mark (N–S)   135.– / 150.–
Anläßlich des 225. Todestages von Caroline Neuber 1985 Schauspielerin vertreibt den Harlekin von der Sprechbühne; darunter: (in Fraktur) **Caroline Neuber / 1697 ✻ 1760**
Rs. **DEUTSCHE DEMOKRATISCHE REPUBLIK · A /** Staatswappen **/ 1985 MARK / 5**
A 1985 (55 825, davon 4 000 polierte Platte)
Rand: ✻ 5 MARK ✻ 5 MARK ✻ 5 MARK ✻ 5 MARK
Entwurf von S. Russewa-Hoyer und H. Hoyer

532 (1611) 5 Mark (N–S)   270.– / 280.–
Anläßlich des 175. Todestages von Heinrich von Kleist
HEINRICH VON KLEIST, Brustbild nach links, seitlich die Lebensdaten 1777 1811
Rs. **DEUTSCHE DEMOKRATISCHE REPUBLIK** als Umschrift, im Feld oben Staatsemblem, darunter **1986 5 MARK**
A 1986 (50 700, davon 4 000 PP)
Rand: ✻ 5 MARK ✻ 5 MARK ✻ 5 MARK ✻ 5 MARK
Entwurf und Gestaltung von Snechana Russewa-Hoyer und Heinz Hoyer

DEUTSCHE DEMOKRATISCHE REPUBLIK

533 (1609) 5 Mark (N–S) 18.– / 105.–

Auf das Schloß Sanssouci (1745–1748 erbaut). Über der Abbildung des Schloßes **SANSSOUCI,** darunter **POTSDAM** und Künstlersignatur **R**
Rs. wie Nr. 418, aber Wertangabe **5**
A 1986 (298 540, davon 4 200 PP)
Rand: ✶ 5 MARK ✶ 5 MARK ✶ 5 MARK ✶ 5 MARK
Entwurf und Gestaltung von Heinz Rodewald

536 (1614) 5 Mark (N–S) 16.– / 95.–

Anläßlich des Jubiläums 750 Jahre Berlin
ROTES RATHAUS mit entsprechender Darstellung, darunter **BERLIN**
Rs. wie Nr. 418, aber Wertangabe **5**
A 1987 (499 310, davon 4 200 PP)
Rand: ✶ 5 MARK ✶ 5 MARK ✶ 5 MARK ✶ 5 MARK
Entwurf und Gestaltung von Volker Beier und Joachim Rieß

534 (1610) 5 Mark (N–S) 18.– / 105.–

Auf das neue Palais im Park von Sanssouci. Über der Abbildung des Schloßes **NEUES PALAIS,** darunter **POTSDAM** und Künstlersignatur **R**
Rs. wie Nr. 418, aber Wertangabe **5**
A 1986 (298 202, davon 4 200 PP)
Rand: ✶ 5 MARK ✶ 5 MARK ✶ 5 MARK ✶ 5 MARK
Entwurf und Gestaltung von Heinz Rodewald

537 (1615) 5 Mark (N–S) 16.– / 95.–

Anläßlich des Jubiläums 750 Jahre Berlin
BERLIN · ALEXANDERPLATZ mit Darstellung der Weltzeituhr, darunter **WELTZEITUHR** und das Zeichen des Medailleurs **R**
Rs. wie Nr. 418, aber Wertangabe **5**
A 1987 (500 402, davon 4 200 PP)
Rand: ✶ 5 MARK ✶ 5 MARK ✶ 5 MARK ✶ 5 MARK
Entwurf und Gestaltung von Heinz Rodewald

535 (1613) 5 Mark (N–S) 16.– / 95.–

Anläßlich des Jubiläums 750 Jahre Berlin
NIKOLAI VIERTEL mit entsprechender Darstellung, darunter **BERLIN**
Rs. wie Nr. 418, aber Wertangabe **5**
A 1987 (496 806, davon 4 200 PP)
Rand: ✶ 5 MARK ✶ 5 MARK ✶ 5 MARK ✶ 5 MARK
Entwurf und Gestaltung von Volker Beier und Joachim Rieß

538 (1618) 5 Mark (N–S) 15.– / 200.–

Zum 150jährigen Jubiläum der ersten deutschen Ferneisenbahn (Leipzig – Riesa – Dresden)
ERSTE DEUTSCHE FERNEISENBAHN über der Abbildung einer Lokomotive, darunter deren Name **SAXONIA**
Rs. wie Nr. 418, aber Wertangabe **5**
A 1988 (405 000, davon 3 200 PP)
Rand: 1839, LEIPZIG – DRESDEN
Entwurf und Gestaltung von Bettina Klink-von Woyski und Wilfried Klink

539 (1619) 5 Mark (N–S) 15.– / 145.–
Zum 30jährigen Bestehen des Überseehafens Rostock
Darstellung des Semi-Containerschiffs »Meridian« vor Krananlagen der Warnowerft Rostock-Warnemünde, darüber **ÜBERSEE-HAFEN,** darunter **ROSTOCK,** links im Feld Künstlersignatur **R**
Rs. wie Nr. 418, aber Wertangabe **5**
A 1988 (396 001, davon 3 200 PP)
Rand: OSTSEE ✶ EIN MEER DES FRIEDENS ✶
Entwurf und Gestaltung von Heinz Rodewald

542 (1627) 5 Mark (N–S) 13.– / 135.–
Anläßlich des 500. Geburtstages von Thomas Müntzer
MARIENKIRCHE MÜHLHAUSEN
Rs. wie Nr. 506, **1989 A** (405 340, davon 3 200 in PP)
Rand: THOMAS MÜNTZER 1489–1525

540 (1620) 5 Mark (N–S) 110.– / 220.–
Anläßlich des 50. Todestages von Ernst Barlach
ERNST BARLACH 1870–1938 Darstellung der 1936 geschaffenen Bronzeplastik »Der Flötenbläser«
Rs. wie Nr. 418, aber Wertziffer **5**
A 1988 (54 601, davon 3 000 PP)
Rand: ✶ 5 MARK ✶ 5 MARK ✶ 5 MARK ✶ 5 MARK
Entwurf und Gestaltung von Bodo Broschat

543 (1626) % Mark (N–S) 13.– / 135.–
Anläßlich des 500. Geburtstages von Thomas Müntzer
KATHARINENKIRCHE ZWICKAU
Rs. wie Nr. 506 **A 1989** (405 340, davon 3 200 in PP)
Rand: THOMAS MÜNTZER 1489–1525
Entwurf und Gestaltung von Heinz Rodewald

541 (1628) 5 Mark (N–S) 130.– / 180.–
Anläßlich des 100. Geburtstages von Carl von Ossietzky
CARL VON OSSIETZKY 1889–1938 Porträt n. l.
Rs. wie Nr. 506 **A 1989** (53 466, davon 3 066 in PP)
Rand: ✶ 5 MARK ✶ 5 MARK ✶ 5 MARK ✶ 5 MARK
Entwurf von Dietrich Dorfstecher und Gerhard Rommel

544 (1631) 5 Mark (N–S) 12.– / 100.–
Anläßlich des 500. Jahrestages der Einführung des Postwesens
500 JAHRE POSTWESEN. Abb. einer Postkutsche und eines Posthornes
Rs. wie Nr. 506 **A 1990** (500 000, davon 4 200 in PP)
Rand: ✶ 5 MARK ✶ 5 MARK ✶ 5 MARK ✶ 5 MARK
Entwurf von Wilfried Klink und Bettina Klink-Woyski

545 (1632) 5 Mark (N–S) 8.– / 100.–
ZEUGHAUS BERLIN. Abb. des heutigen Museums für deutsche Geschichte
Rs. wie Nr. 537 **A** 1990 (500 000, davon 4 200 in PP)
Rand: ✶ 5 MARK ✶ 5 MARK ✶ 5 MARK ✶ 5 MARK
Entwurf von Snechana Russewa-Hoyer und Heinz Hoyer

546 (1633) 5 Mark (N–S) 85.– / 120.–
Anläßlich des 100. Geburtstages von Kurt Tucholsky
KURT TUCHOLSKY 1890–1935 Porträt von vorn, Künstlersignatur rechts im Felde.
Rs. wie Nr. 545 **A** 1990 (54 171, davon 4 000 in PP)
Rand: ✶ 5 MARK ✶ 5 MARK ✶ 5 MARK ✶ 5 MARK
Entwurf von Heinz Rodewald

Besetzte Gebiete

Besetzte Gebiete im 1. Weltkrieg (1914–1918)

Die Ausbringung der einzelnen Sorten

Nominal	Prägezeit	Metall	Gewicht g	Feingewicht g	Feingehalt $^o/_{oo}$	Katalog-Nr.
3 Kopeken		Eisen	8,7	–	–	0–300
2 Kopeken		Eisen	5,7	–	–	0–301
1 Kopeke		Eisen	2,9	–	–	0–302

BESETZTE GEBIETE

Besetzte Gebiete im 1. Weltkrieg (1914–1918)

Kurland, Livland (Kurland und Livland bildeten am 18.11.1918 einen gemeinsamen Staat, die Republik Lettland), Estland, Litauen

0-301 (602) 2 Kopeken (E) 10.–/25.–

GEBIET / DES / OBERBEFEHLSHABERS / OST · Unten das Mzz. Vier Eichenzweige
Rs. Eisernes Kreuz mit Inschrift **2 / KOPEIKI** (in russischer Schrift) / Jahreszahl. **1916** (14989574) **A-J**
Rand glatt

0-300 (603) 3 Kopeken (E) 10.–/25.–

GEBIET / DES / OBERBEFEHLSHABERS / OST / · Unten das Mzz. Vier Eichenzweige
Rs. Eisernes Kreuz mit Inschrift **3 / KOPEIKI** (in russischer Schrift) / Jahreszahl. **1916** (16573000) **A-J**
Rand glatt

0-302 (601) 1 Kopeke (E) 10.–/20.–

GEBIET / DES / OBERBEFEHLSHABERS / OST · Unten das Mzz. Vier Eichenzweige
Rs. Eisernes Kreuz mit Inschrift **1 / KOPEIKA** (in russischer Schrift) / Jahreszahl. **1916** (19624046) **A-J**
Rand glatt

Besetzte Gebiete im 2. Weltkrieg (1939–1945)

Die Ausbringung der einzelnen Sorten

Nominal	Prägezeit	Metall	Gewicht g	Feingewicht g	Feingehalt ⁰/₀₀	Katalog-Nr.
10 Reichspfennig		Zink	3,4	–	–	303
5 Reichspfennig		Zink	2,5	–	–	304

LITERATUR: s. Deutsches Reich

Besetzte Gebiete im 2. Weltkrieg (1939–1945)

0-303 (619) 10 Reichspfennig (Z) 40.–/65.–

REICHSKREDITKASSEN, Jahreszahl · Hakenkreuz
Rs. Adlerkopf über Eichenblättern, darunter **R 10 PF. 1940** (25000000) **A-B-D-E-F-G-J, 1941 A-F**
Rand glatt. In der Mitte gelocht

0-304 (618) 5 Reichspfennig (Z) 30.–/55.–

REICHSKREDITKASSEN, Jahreszahl · Hakenkreuz
Rs. Adlerkopf über Eichenblättern, darunter **R 5 PF. 1940** (5000000) **A-B-D-E-F-G-J, 1941 A-F**
Rand glatt. In der Mitte gelocht

DEUTSCHE KOLONIEN

Deutsch-Neuguinea, Schutzgebiet

Größe: 242 000 qkm (1914)
Einwohner: etwa 600 000 (1914)
Hauptstadt: Rabaul

1884 wurden von der Neuguinea-Compagnie durch Verträge mit den Eingeborenen das Kaiser-Wilhelms-Land auf Neuguinea und der Bismarck-Archipel erworben. 1889 übernahm das Reich selbst die Verwaltung des Schutzgebietes; in den folgenden Jahren erwarb es weitere Gebiete, so Palau, die Karolinen, Marianen und Marshall-Inseln. 1920 kam das Schutzgebiet als Völkerbundsmandat an Japan, Großbritannien und Australien. Die Neuguinea-Compagnie ließ 1894–1895 in Berlin nach deutschem Währungssystem prägen.

Münzstätten: A = Berlin

Medailleure:
  Emil Weigand, * 1837 in Berlin, † 1906 in Berlin
  Otto Schultz, * 1848 in Berlin, † 1911 in Berlin

Die Ausbringung der einzelnen Sorten

Nominal	Prägezeit	Metall	Gewicht g	Feingewicht g	Feingehalt °/oo	Katalog-Nr.
20 Neu-Guinea Mark		Gold	7,965	7,168	900	0-305
10 Neu-Guinea Mark		Gold	3,982	3,583	900	0-306
5 Neu-Guinea Mark		Silber	27,777	25	900	0-307
2 Neu-Guinea Mark		Silber	11,111	10	900	0-308
1 Neu-Guinea Mark		Silber	5,555	5	900	0-309
1/2 Neu-Guinea Mark		Silber	2,777	2,5	900	0-310
10 Neu-Guinea Pfennig		Kupfer	10	–	–	0-311
2 Neu-Guinea Pfennig		Kupfer	3,333	–	–	0-312
1 Neu-Guinea Pfennig		Kupfer	2	–	–	0-313

LITERATUR: *s. Deutsches Reich*

0-305 (709) 20 Neu-Guinea Mark (G)   12 000.– / 16 000.–
NEU-GUINEA COMPAGNIE · Im Palmkranz: 20 / NEU-GUINEA / MARK / 1895 · Unten Mzz. A. Von E. Weigand Rs. Paradiesvogel. Von O. Schultz · 1895 (1500) A
Rand geriffelt

NEU-GUINEA COMPAGNIE · Im Palmkranz: 10 / NEU-GUINEA / MARK / 1895 · Unten Mzz. A. Von E. Weigand Rs. Paradiesvogel · Von O. Schultz. 1895 (2000) A
Rand geriffelt

0-306 (708) 10 Neu-Guinea Mark (G)   10 000.– / 15 000.–

0-307 (707) 5 Neu-Guinea Mark (S)   1 600.– / 2 600.–

NEU-GUINEA COMPAGNIE · Im Palmkranz: **5 / NEU-GUINEA / MARK / 1894** · Unten Mzz. A. Von E. Weigand
Rs. Paradiesvogel · Von O. Schultz. **1894** (23 000, davon im Verkehr 19 094) A
Rand geriffelt

0-308   (706) 2 Neu-Guinea Mark (S)   700.–/900.–
NEU-GUINEA COMPAGNIE · Im Palmkranz: **2 / NEU-GUINEA / MARK / 1894** · Unten Mzz. A. Von E. Weigand
Rs. Paradiesvogel · Von O. Schultz. **1894** (15 000, davon im Verkehr 13 404) A
Rand geriffelt

0-309   (705) 1 Neu-Guinea Mark (S)   250.–/400.–
NEU-GUINEA COMPAGNIE · Im Palmkranz: **1 / NEU-GUINEA / MARK / 1894** · Unten Mzz. A. Von E. Weigand
Rs. Paradiesvogel · Von O. Schultz. **1894** (45 000, davon im Verkehr 33 331) A
Rand geriffelt

0-310   (704) 1/2 Neu-Guinea Mark (S)   200.–/350.–
NEU-GUINEA COMPAGNIE · Im Palmkranz **1/2 / NEU-GUINEA / MARK / 1894** · Unten Mzz. A. Von E. Weigand
Rs. Paradiesvogel · Von O. Schultz. **1894** (20 000, davon im Verkehr 16 236) A
Rand geriffelt

0-311   (703) 10 Neu-Guinea Pfennig (K)   160.–/240.–
NEU-GUINEA COMPAGNIE / 10 / NEU-GUINEA / PFENNIG / 1894 · Zwei Palmzweige, darunter das Mzz. A. Von E. Weigand
Rs. Paradiesvogel. Von O. Schultz. **1894** (100 000, davon im Verkehr 23 930) A
Rand glatt

0-312   (702) 2 Neu-Guinea Pfennig (K)   140.–/200.–
NEU-GUINEA / COMPAGNIE · Zwei gekreuzte Palmblätter
Rs. **ZWEI NEU-GUINEA PFENNIG 1894 A** · Im Feld **2**. 1894 (250 000, davon im Verkehr 16 768) A
Rand glatt

0-313   (701) 1 Neu-Guinea Pfennig (K)   120.–/180.–
NEU-GUINEA / COMPAGNIE · Zwei gekreuzte Palmblätter
Rs. **EIN NEU-GUINEA PFENNIG 1894 A** · Im Feld **1**. 1894 (500 000, davon im Verkehr 32 785) A
Rand glatt

DEUTSCHE KOLONIEN

Deutsch-Ostafrika, Schutzgebiet

Größe: 995 000 qkm (1914)
Einwohner: 7 650 000 (1914)
Hauptstadt: Daressalam

Durch Verträge mit ostafrikanischen Häuptlingen hatte 1885 die Deutsch-Ostafrikanische Gesellschaft weite Gebiete erworben. 1890 legte der Helgoland-Sansibar-Vertrag mit England die endgültigen Grenzen fest. 1891 übernahm das Reich die Verwaltung des Schutzgebietes. Der Versailler Vertrag von 1919 sprach Deutsch-Ostafrika als Völkerbundsmandat Großbritannien und kleinere Teile im Westen Belgien zu.
Wie weithin in Afrika, war auch in Deutsch-Ostafrika der Maria-Theresien-Taler in Umlauf. 1890–1902 ließ die Deutsch-Ostafrikanische Gesellschaft nach britisch-indischem Vorbild in Berlin Rupien zu 64 Pesas prägen. Seit 1904 münzte das Reich selbst, und zwar in Berlin und Hamburg, Rupien nun eingeteilt in 100 Heller.

Umrechnungen: 1 Maria-Theresien-Taler (Reale) = 2 Rupien
1 Rupie = 1,37 Mark (Kurs 1899)

Während des 1. Weltkriegs sah sich die Deutsche Verwaltung des Schutzgebietes gezwungen, in Tabora, dem zeitweiligen Sitz des deutschen Gouverneurs, behelfsmäßig Münzen herstellen zu lassen.

Münzstätten: A = Berlin   Medailleure: Emil Weigand, * 1837 in Berlin, † 1906 in Berlin
J = Hamburg   Otto Schultz, * 1848 in Berlin, † 1911 in Berlin
T = Tabora 1916   Karl Kuhl, Hamburg
                            R. Vogt

Die Ausbringung der einzelnen Sorten

Nominal	Prägezeit	Metall	Gewicht g	Feingewicht g	Feingehalt ⁰/₀₀	Katalog-Nr.
		Deutsch-Ostafrika (Deutsch-Ostafrikanische Gesellschaft)				
2 Rupien		Silber	23,32	21,375	916,6	O-314
1 Rupie		Silber	11,66	10,687	916,6	O-315
1/2 Rupie		Silber	5,83	5,344	916,6	O-316
1/4 Rupie		Silber	2,92	2,676	916,6	O-317
1 Pesa		Kupfer	6,52	–	–	O-318
		Prägungen für das Auswärtige Amt				
1 Rupie		Silber	11,66	10,687	916,6	O-319
1/2 Rupie		Silber	5,83	5,344	916,6	O-320
1/4 Rupie		Silber	2,92	2,676	916,6	O-321
10 Heller		Kupfer/Nickel	6,25	–	–	O-322
5 Heller		Kupfer	20	–	–	O-323
5 Heller		Kupfer/Nickel	3,1	–	–	O-324
1 Heller		Kupfer	4	–	–	O-325
1/2 Heller		Kupfer	2,5	–	–	O-326
		Notprägungen				
15 Rupien		Gold	7,1	5,325	750	O-327
20 Heller		Kupfer oder Messing	ca. 11,5	–	–	O-328, O-329, O-330, O-331
5 Heller		Messing	ca. 4	–	–	O-332

LITERATUR:

F. Schumacher, Die Prägung von Kriegsmünzen in Deutsch-Ostafrika, in Metall und Erz, XV. Jg. 1918, Heft 7, S. 103–106
s. Deutsches Reich

DEUTSCHE KOLONIEN

Deutsch-Ostafrikanische Gesellschaft

0-314 (714) 2 Rupien (S) 550.–/1 800.–
GUILELMUS II IMPERATOR · Brustbild Kaiser Wilhelms II. n. l.
Rs. **DEUTSCH-OSTAFRIKANISCHE GESELLSCHAFT** ✻ **ZWEI RUPIEN** ✻ · Schild mit Löwe vor Palme, darunter Jahreszahl. Ohne Mzz. 1893 (32 854), 1894 (18 000)
Rand gerifelt

0-315 (713) 1 Rupie (S) 70.–/120.–
GUILELMUS II IMPERATOR · Brustbild Kaiser Wilhelms II. n. l.
Rs. **DEUTSCH-OSTAFRIKANISCHE GESELLSCHAFT** ✻ **EINE RUPIE** ✻ · Schild mit Löwe vor Palme, darunter Jahreszahl. Ohne Mzz. 1890 (154 394), 1891 (126 258), 1892 (359 735), 1893 (142 355), 1894 (48 200), 1897 (244 030), 1898 (356 722), 1899 (226 754), 1900 (209 289), 1901 (319 022), 1902 (151 019)
Rand gerifelt

0-316 (712) 1/2 Rupie (S) 120.–/180.–
GUILELMUS II IMPERATOR · Brustbild Kaiser Wilhelms II. n. l.
Rs. **DEUTSCH-OSTAFRIKANISCHE GESELLSCHAFT** ✻ **1/2 RUPIE** ✻ · Schild mit Löwe vor Palme, darunter Jahreszahl. Ohne Mzz. 1891 (68 342), 1897 (75 000), 1901 (215 000)
Rand gerifelt

0-317 (711) 1/4 Rupie (S) 60.–/100.–
GUILELMUS II IMPERATOR · Brustbild Kaiser Wilhelms II. n. l.
Rs. **DEUTSCH-OSTAFRIKANISCHE GESELLSCHAFT** ✻ **1/4 RUPIE** ✻ · Schild mit Löwe vor Palme, darunter Jahreszahl. Ohne Mzz. 1891 (76 688), 1898 (100 000), 1901 (350 000)
Rand gerifelt

0-318 (710) 1 Pesa (K) 12.–/18.–
DEUTSCH-OSTAFRIKANISCHE GESELLSCHAFT · Jahreszahl. Reichsadler. Ohne Mzz.
Rs. Im Lorbeerkranz arabische Inschrift (Name der Gesellschaft in Suaheli). 1890 (1 000 000), 1891 (12 550 946), 1892 (27 541 389)
Rand glatt

Prägungen für das Auswärtige Amt

0-319 (722) 1 Rupie (S) 40.–/75.–
GUILELMUS II IMPERATOR · Brustbild Kaiser Wilhelms II. n. l. Von E. Weigand.
Rs. **DEUTSCH OSTAFRIKA** · Zwischen Palmzweigen **1 / RUPIE** / Jahreszahl / Mzz. Von O. Schultz. 1904 (1 000 000) A, 1905 (1 300 000) A-J, 1906 (1 650 000), A-J, 1907 (880 000) J, 1908 (500 000) J, 1909 (200 000) A, 1910 (270 000) J, 1911 (J: 1 400 000) A, J, 1912 (300 000) J, 1913 (J: 1 400 000) A, J, 1914 (500 000) J
Rand gerifelt

DEUTSCHE KOLONIEN 454

0-320 (721) 1/2 Rupie (S) 120.–/200.–
GUILELMUS II IMPERATOR · Brustbild Kaiser Wilhelms II. n. l. Von E. Weigand
Rs. **DEUTSCH OSTAFRIKA** · Zwischen Palmzweigen **1/2 / RUPIE /** Jahreszahl / Mzz. Von O. Schultz. **1904** (400 000) A, **1906** (100 000) A-J, **1907** (140 000) J, **1909** (100 000) A, **1910** (300 000) J, **1912** (200 000) J, **1913** (J: 200 000), A-J, **1914** (100 000) J
Rand geriffelt

0-321 (720) 1/4 Rupie (S) 60.–/100.–
GUILELMUS II IMPERATOR · Brustbild Kaiser Wilhelms II. n. l. Von E. Weigand
Rs. **DEUTSCH OSTAFRIKA** · Zwischen Palmzweigen **1/4 / RUPIE /** Jahreszahl / Mzz. Von O. Schultz. **1904** (300 000) A, **1906** (400 000) A-J, **1907** (200 000) J, **1909** (200 000) A, **1910** (600 000) J, **1912** (400 000) J, **1913** (J: 400 000) A-J, **1914** (200 000) J
Rand geriffelt

0-322 (719) 10 Heller (K-N) 50.–/90.–
Deutsche Kaiserkrone, darunter Jahreszahl geteilt / **DEUTSCH OST= / AFRIKA.** Entwurf von K. Kuhl
Rs. **10 / HELLER /** Mzz. Seitlich zwei Lorbeerzweige. **1908** (12 000) J, **1909** (1 988 526) J, 1910 (500 000) J, **1911** A, **1914** (200 000) J
Rand glatt. In der Mitte gelocht
Var.: **1908** auch ohne J

0-323 (717) 5 Heller (K) 60.–/125.–

DEUTSCH OSTAFRIKA · Deutsche Kaiserkrone, darunter Jahreszahl. Von E. Weigand
Rs. Im Lorbeerkranz **5 / HELLER /** Mzz. J. **1908** (600 000) J, **1909** (756 106) J
Rand glatt

0-324 (718) 5 Heller (K-N) 35.–/55.–
Deutsche Kaiserkrone, darunter Jahreszahl geteilt / **DEUTSCH OST= / AFRIKA.** Von K. Kuhl
Rs. **5 / HELLER /** Mzz. Seitlich zwei Lorbeerzweige. **1913** (J: 1 000 000) A-J, **1914** (1 000 000) J
Rand glatt. In der Mitte gelocht

0-325 (716) 1 Heller (K) 6.–/18.–
DEUTSCH OSTAFRIKA · Deutsche Kaiserkrone, darunter Jahreszahl. Von E. Weigand
Rs. Im Lorbeerkranz **1 / HELLER /** Mzz. **1904** (12 755 763) A-J, **1905** (11 315 519) A-J, **1906** (4 965 694) A-J, **1907** (17 790 000) J, **1908** (12 205 366) J, **1909** (1 698 000) J, **1910** (5 096 439) J, **1911** (6 420 000) J, **1912** (7 011 789) J, **1913** (J: 5 186 457) A-J
Rand glatt

0-326 (715) 1/2 Heller (K) 20.–/30.–
DEUTSCH OSTAFRIKA · Deutsche Kaiserkrone, darunter Jahreszahl. Von E. Weigand
Rs. Im Lorbeerkranz **1/2/HELLER /** Mzz. **1904** (1 200 858) A, **1905** (11 192 410) A-J, **1906** (6 000 000) J
Rand glatt

Notprägungen

0-327 (728) 15 Rupien (G) 1 600.–/2 400.–

DEUTSCHE KOLONIEN

DEUTSCH OSTAFRIKA ❋ **15 RUPIEN** ❋ · Reichsadler.
Entwurf von R. Vogt.
Rs. Gebirgslandschaft mit Elefanten, darunter · **1916** · / T.
1916 (16 198)
Rand glatt
Var. der Vs.

O-328 (724) 20 Heller (K oder M)   50.–/90.–
Deutsche Kaiserkrone mit senkrechten Platten, darunter
1916 / DOA / T. Stempel von Wolf
Rs. Zwischen zwei Zweigen **20 / HELLER**, darunter die
gekreuzten Stiele mit je 3 Blättern. **1916** (Nr. 328–331:
1 633 700)
Rand rauh

O-331 (727) 20 Heller (K oder M)   20.–/35.–
Vs. wie Nr. 330
Rs. wie Nr. 329. **1916**
Rand rauh

O-329 (725) 20 Heller (K oder M)   50.–/90.–
Vs. wie Nr. 328
Rs. Zwischen zwei Zweigen **20 / HELLER**, darunter die beiden Stiele mit je 1 Blatt. **1916**
Rand rauh

O-330 (726) 20 Heller (K oder M)   50.–/90.–
Deutsche Kaiserkrone mit schrägstehenden Platten, darunter
1916 / DOA / T
Rs. wie Nr. 328. **1916**
Rand rauh

O-332 (723) 5 Heller (M)   30.–/50.–
Deutsche Kaiserkrone, darunter **1916 / D.O.A**
Rs. Zwischen zwei Zweigen **5 / HELLER / T. 1916** (302 000)
Rand rauh

Kiautschou, Pachtgebiet

Größe: 515 qkm (1914)
Einwohner: 200 000 (1914)
Hauptstadt: Tsingtau

1897 wurde das Gebiet anläßlich der Ermordnung zweier deutscher Missionare besetzt und 1898 für 99 Jahre gepachtet. 1919 kam es an Japan, das es 1922 an China zurückgab.
In Umlauf war der mexikanische Dollar (Piaster) zu 100 Cents; dementsprechend ließ das Reich in Berlin Kleinmünzen prägen. 1 mexikanischer Dollar = 4,40 Mark (Kurs um 1900).

Münzstätte: Berlin

Medailleure:

     Otto Schultz, * 1848 in Berlin, † 1911 in Berlin
     Paul Sturm, * 1859 in Leipzig, 1908–1919 an der Münze in Berlin tätig

Die Ausbringung der einzelnen Sorten

Nominal	Prägezeit	Metall	Gewicht g	Feingewicht g	Feingehalt ⁰/₀₀	Katalog-Nr.
10 Cent		Kupfer/Nickel	4	–	–	O-333
5 Cent		Kupfer/Nickel	3	–	–	O-334

LITERATUR: *s. Deutsches Reich*

0-333   (730) 10 Cent (K–N)   **110.–/160.–**
DEUTSCH · KIAUTSCHOU GEBIET · Reichsadler auf Anker. Oben **10 CENT**, unten **1909**. Kein Mzz. Von O. Schultz Rs. Chinesische Schrift. Von P. Sturm. **1909** (670412) Rand glatt

0-334   (729) 5 Cent (K–N)   **140.–/180.–**
DEUTSCH · KIAUTSCHOU GEBIET · Reichsadler auf Anker, oben **5 CENT**, unten **1909**. Kein Mzz. Von O. Schultz Rs. Chinesische Schrift. Von P. Sturm. **1909** (611431) Rand glatt

Saarland

Größe: 2559 qkm (1950)
Einwohner: 948 000 (1950)
Hauptstadt: Saarbrücken

Nach dem 2. Weltkrieg 1939–1945 wurde das Saargebiet (seit 1947 SAARLAND) Frankreich unterstellt und wirtschaftlich angeschlossen. Eine Autonomie lehnte ein Volksentscheid 1955 ab. 1957 wurde es ein Bundesland der Bundesrepublik Deutschland.
Bis 1959 war französisches Geld gültig. Eigene Münzen ließ das Saarland 1954–1955 in Paris nach französischem System prägen. 1959 löste die in der Bundesrepublik bestehende Währung die französische ab.

Münzstätte: Paris (Mzz. Füllhorn und Flügel)

Medailleur: Theo Siegle, * 1.7.1902 in Haßloch (Pfalz), tätig in Saarbrücken

Die Ausbringung der einzelnen Sorten

Nominal	Prägezeit	Metall	Gewicht g	Fein-gewicht g	Fein-gehalt g g	Katalog-Nr.
100 Franken		Nickel/Kupfer	6	–	–	0–335
50 Franken		Aluminium/Kupfer	8	–	–	0–336
20 Franken		Aluminium/Kupfer	4	–	–	0–337
10 Franken		Aluminium/Kupfer	3	–	–	0–338

LITERATUR: *s. Deutsches Reich*

0-335 (804) 100 Franken (K–N) 10.–/20.–
Wappen auf radartiger Zeichnung; zwischen acht Speichen
S A A R L A N D · Entwurf von Th. Siegle
Rs. EINHVNDERT FRANKEN · Zwischen zwei Mzz. **1955**, im Feld **100. 1955** (11 000 000)
Rand geriffelt
Var.: Mit ESSAI über der Wertziffer 100, als Goldabschlag

0-337 (802) 20 Franken (A–K) 5.–/10.–
Stilisierte Zechenanlage, davor Wappen; unten **SAARLAND** und Mzz. Entwurf von Th. Siegle
Rs. ZWANZIG FRANKEN · **1954** · Im Feld **20. 1954** (12 950 000)
Rand glatt
Var.: Mit ESSAI, auch als Goldabschlag

0-336 (803) 50 Franken (A–K) 30.–/50.–
Stilisierte Zechenanlage, davor Wappenschild; unten **SAARLAND** und Mzz. Entwurf von Th. Siegle
Rs. FÜNFZIG FRANKEN · **1954** · Im Feld **50. 1954** (5 300 000)
Rand glatt
Var.: Mit ESSAI

0-338 (801) 10 Franken (A–K) 4.–/8.–
Stilisierte Zechenanlage, davor Wappen; unten **SAARLAND** und Mzz. Entwurf von Th. Siegle
Rs. ZEHN FRANKEN · **1954** · Im Feld **10. 1954** (11 000 000)
Rand glatt
Var.: Mit ESSAI

Anhang zu Seite 288 – LITERATUR »SÄCHSISCHE HERZOGTÜMER«

LITERATUR:

P. Arnold, G und ST auf den Münzen von Sachsen-Coburg-Gotha, ein Beitrag zur Geschichte der Münzstätte Saalfeld in: Jahrbuch der Staatlichen Kunstsammlungen Dresden 1970/71 S. 181–184

V. Bornemann, Geschichte der Münzstätte Eisenach, Bl. f. Mzfr. Bd. XVIII, N. F. Bd. V 1930–1933, S. 381 ff.

A. E. Cahn, Frankfurt/M., Münzen und Medaillen von Sachsen Ernestinischer Linie, Slg. Dietel Eisenach, Auktionskatalog vom 24./25.X.1912

L. Grobe, Die Münzen des Herzogtums Sachsen-Meiningen, Meiningen 1891

A. Heß, Frankfurt/M., Münzen und Medaillen von Thüringen mit Reuß, Schwarzburg, Henneberg, Weißenfels u.a., Auktionskatalog 222 vom 29./30.IX.1934

K. Jaeger / (W. Grasser), Die Münzprägungen der deutschen Staaten vor Einführung der Reichswährung: Bd. 11: Die Sächsischen Herzogtümer, Basel 1970

O. F. Müller, Die Münze zu Saalfeld und ihre Meister, ein Beitrag zur Münzkunde des ernestinischen Sachsen, in Bl. f. Mzfr. Bd. V 1882/1884 Sp. 1041 ff.

O. F. Müller, Tabellarische Übersicht über die Ausprägungen Sachsen-Meiningens von 1828–1882, Bl. f. Mzfr. Bd. V 1882/1884 Sp. 1113 f.

O. F. Müller, Die Münze zu Hildburghausen; zur Münzkunde der Ernestiner Sachsen, Bl. f. Mzfr. Bd. VI 1885/1888 Sp. 1374

B. Pick, Die Arbeiten des Gothaer Stempelschneiders Ferdinand Helfricht, in Mitt. der Vereinigung für Gothaische Geschichte und Altertumsforschung, Jg. 1915/16, Gotha 1916, S. 67 ff.

G. Rathgeber, Gothaische Münzen und Medaillen aus den Jahren 1772 bis 1837, in Leitzmanns Numismatischer Zeitung Jg. VII 1840 Sp. 113 ff.

W. Steguweit, Zur Tätigkeit des Gothaer Medailleurs und Stempelschneiders Ferdinand Helfricht in den Jahren 1839 bis 1868 in: Katalog der III. Bezirksmünzausstellung Erfurt in Heiligenstadt 1973

Zschiesche & Köder, Leipzig, Katalog der Slg. Otto Merseburger, umfassend Münzen und Medaillen von Sachsen Albertinische und Ernestinische Linie, Leipzig 1894

Numismatische Gesellschaft in Dresden Nr. 5 1901, Verkaufskatalog

Literatur

G.A., Bisher nicht bekannte Münze entdeckt. In: Geldgeschichtliche Nachrichten 1985, S. 194

P. Arnold, G und ST auf den Münzen von Sachsen-Coburg-Gotha, ein Beitrag zur Geschichte der Münzstätte Saalfeld in: Jahrbuch der Staatlichen Kunstsammlungen Dresden 1970/71 S. 181–184

P. Arnold und W. Quellmalz unter Mitarbeit von U. Arnold, Sächsisch-thüringische Bergbaugepräge – Gewinnung und Verhüttung von Gold, Silber und Kupfer im Spiegel der Münzen und Medaillen, Leipzig 1978

P. Arnold, Die Brakteatenbücher der ehemaligen sächsischen Staatsmünze in: Katalog der Zentralen Münzausstellung der DDR, Leipzig 1979, S. 8–15

Arnold, P. und Arnold, U., Münzstättenbesichtigungen der sächsischen Münz- und Hüttenmeister Gustav Julius Buschick und Theodor Choulant, Hamburg 1991 (Numismatische Studien H 9)

Arnold, P., Fischer, M. und Arnold, U., Friedrich Wilhelm Hörnlein 1873–1945, Dresden 1992

R. Ball, Sammlung P. Cahn, Berlin, Münzen und Medaillen von Anhalt, Nummus 29, Berlin 1910

Emil Bahrfeldt, Die Münzen- und Medaillensammlung in der Marienburg, Band I-VII, Halle a. d. Saale, Danzig, Königsberg 1901 ff.

Emil Bahrfeldt, Das Münz- und Geldwesen der Fürstentümer Hohenzollern, Berlin 1900

M. Barduleck, Die letzten Jahre der Münze in Dresden mit Werksverzeichnis 1865 bis 1911, hrsg. von P. Arnold, Berlin 1980

Egon Beckenbauer, Standard Münzkatalog Deutschland seit 1871, 3. Auflage, München 1971

Heinrich Behrens, Münzen und Medaillen der Stadt und des Bisthums Lübeck, Berlin 1905

J. P. Beierlein, Die Medaillen und Münzen des Gesamthauses Wittelsbach, München 1897–1901

A. von Berstett, Münzgeschichte des Zähringen-Badischen Fürstenhauses, Freiburg 1846

E. H. von Bethe, Schwarzburger Münzen und Medaillen-Sammlung des Schloßmuseums in Rudolstadt, Halle 1930

Christian Binder – Julius Ebner, Württembergische Münz- und Medaillenkunde, Stuttgart 1910

V. Bornemann, Geschichte der Münzstätte Eisenach, Blätter für Münzfreunde, Band XVIII, N.F. Band V. 1930–1933, Seite 381 ff.

A. E. Cahn, Frankfurt/M., Münzen und Medaillen von Sachsen Ernestinischer Linie, Sammlung Dietel, Eisenach, Auktionskatalog vom 24./25. X. 1912

Erich B. Cahn, Würzburger Münzen 1803–1916, Basel 1977

Erich B. Cahn, Prägezahlen der bayerischen Kronentaler. In: Der Münzen- und Medaillensammler. Berichte, 17. Jg. Nr. 100, August 1977, S. 445

J.S. Davenport, European Crowns and Talers since 1800, 2. Auflage, London 1964

Jean-Paul Divo, Hans-Joachim Schramm, Die Deutschen Goldmünzen von 1800–1872, 2. Auflage, Frankfurt a. M. 1985

F. Dollinger, Die Fürstenbergischen Münzen und Medaillen, Donaueschingen 1903

Th. Elze, Übersicht der Münzen und Medaillen des Hauses Anhalt, Wien 1903

J. und A. Erbstein, Erörterungen auf dem Gebiete der Sächsischen Münz- und Medaillengeschichte bei Verzeichnung der Hofrath Engelhardt'schen Sammlung Teil V, Leipzig 1909

D. Fassbender, Münzen sammeln, Augsburg 1994

D. Fassbender, Gedenkmünzen, Augsburg 1993

D. Fassbender, Lexikon für Münzsammler, Augsburg 1991

E. Fiala, Münzen und Medaillen der Welfischen Lande, Leipzig – Wien 1904–1917

E. Fiala, Münzen und Medaillen der Welfischen Lande, Das neue Haus Braunschweig zu Wolfenbüttel, Prag 1909

E. Fischer, Die Münzen des Hauses Schwarzburg, Heidelberg 1904

K. Friedrich, Die Münzen und Medaillen des Hauses Stolberg, Dresden 1911

O.C. Gaedechens, Hamburgische Münzen und Medaillen, Band 1–3, Hamburg 1843–1876

D. A. Gehrke, Die Münzen des Königreiches Preußen 1797 bis 1871, Hobria, Deutsche Münzen, Band 2, Berlin 1967

G. Graichen, Die Geldzeichen der DDR, Berlin 1977 (1. Auflage), Berlin 1983 (2. Auflage)

Walter Grasser, Deutsche Münzgesetze 1871–1971, München 1971

Walter Grasser, Münz- und Geldgeschichte von Coburg 1265–1923, Frankfurt am Main 1979

E. Grimm, Münzen und Medaillen der Stadt Rostock in Berliner Münzblätter, III. Band 1895/1901

E. Grimm, Münzen und Medaillen der Stadt Wismar, Berlin 1897

L. Grobe, Die Münzen des Herzogtums Sachsen-Meiningen, Meiningen 1891

Hermann Grote – L. Hölzermann, Lippische Geld- und Münzgeschichte, Münzstudien, 5. Band, Leipzig 1867

H. Hammerich, Die Deutschen Reichsmünzen, Berlin 1905, Nachtrag I, Berlin 1907

W. Haupt, Tabellen zur sächsischen Münzkunde in Arbeits- und Forschungsberichte zur sächsischen Bodendenkmalpflege, Beiheft 3, Berlin 1963

H. Hede, Danmarks og Norges Mønter, Kopenhagen 1964

R. Heise, Die deutschen Reichsdenkmünzen, Berlin 1912

A. Heß, Frankfurt/M., Münzen und Medaillen von Thüringen mit Reuß, Schwarzburg, Henneberg, Weißenfels u.a., Auktionskatalog 222 vom 29./30. IX. 1934

Jacob C.C. Hoffmeister, Historische und kritische Beschreibung aller bis jetzt bekanntgewordenen hessischen Münzen, Kassel – Paris – Hannover 1857–1880

V. Hohlfeld, Tabellarische Übersicht der nach dem Conventions-, dem XIV-Thaler- und dem XXX-Thaler-Fuße geschlagenen Courant-Münzen des Königreichs Sachsen nebst einem Anhang von Probemünzen und Abschlägen aus der Zeit von 1806–1873 in Blätter für Münzfreunde, Band V 1882/1884, Sp. 985 ff.

Hollmann, J.-E., Münzgeschichte des Herzogtums Sachsen-Hildburghausen 1680–1826

Karl Graf, Zu In- und Kniphausen, Münzen und Medaillen-Kabinet des Grafen Karl zu Inn- und Kniphausen, Hannover 1872. Erster Nachtrag 1877

Julius Isenbeck, Das Nassauische Münzwesen, Annalen für nassauische Altertumskunde und Geschichtsforschung, Wiesbaden 1890

Kurt Jaeger, Die deutschen Münzen seit 1871, 14. überarbeitete Auflage, Basel 1987

Kurt Jaeger, Die Münzprägungen der deutschen Staaten vor Einführung der Reichswährung, Band 1: Königreich Württemberg, Fürstentümer Hohenzollern, 2. Auflage, Basel 1966

Kurt Jaeger, –, Band 2: Baden, Frankfurt, Kurhessen, Hessen-Darmstadt, Hessen-Homburg, 2. Auflage, Basel 1969

Kurt Jaeger, –, Band 4: Mecklenburg-Schwerin 1763–1872, Städte in Mecklenburg (Rostock und Wismar), Mecklenburg-Strelitz 1764–1872, Schwedisch-Pommern und Stralsund 1763–1808, 3. Auflage, Basel 1971

Kurt Jaeger, –, Band 5: Königreich Bayern 1806–1871 mit

Berg 1801–1807 und Würzburg 1806–1815, 2. Auflage, Basel 1968 und Korrekturen 1978

Kurt Jaeger und Jens-Uwe Rixen, –, Band 6: Nordwestdeutschland: Ostfriesland, Oldenburg, Jever, Kniphausen, Bremen, Hamburg, Lübeck, Schleswig-Holstein, Lauenburg, Basel 1971

Kurt Jaeger, –, Band 7: Herzogtum Nassau 1808–1866, Königreich Westfalen 1807–1815, Fürstentümer Waldeck und Pyrmont 1806–1867 sowie Lippe-Detmold und Schaumburg-Lippe mit Wallmoden-Gimborn 1802 bis 1866, 2. Auflage, Basel 1969

Kurt Jaeger, –, Band 8: Hannover-Braunschweig seit 1813, 2. Auflage, Basel 1971

Kurt Jaeger, –, Band 9: Königreich Preußen 1786–1873, 2. Auflage, Basel 1970

Kurt Jaeger, –, Band 10: Königreich Sachsen 1806–1873 und Herzogtum Warschau 1810–1815, Basel 1969

Kurt Jaeger und Dr. W. Grasser, –, Band 11: Die Sächsischen Herzogtümer: Sachsen-Altenburg, Sachsen-Coburg-Saalfeld, Sachsen-Coburg und Gotha, Sachsen-Hildburghausen, Sachsen-Coburg-Meiningen, Sachsen-Meiningen (-Hildburghausen), Sachsen-Weimar und Eisenach, Basel 1970

Kurt Jaeger, –, Band 12: Mitteldeutsche Kleinstaaten: Anhalt, Mansfeld, Stolberg, Mühlhausen, Erfurt, Schwarzburg, Reuß, Basel 1972

Kurt Jaeger, Die Zahlungsmittel in Deutschland seit 1948, Basel 1972

P. Joseph, Die Münzen des gräflichen und fürstlichen Hauses Leiningen, in Numismatische Zeitschrift, Band XVI, Jg. 1884, S. 142ff., Wien 1884

Paul Joseph und Eduard Fellner, Die Münzen von Frankfurt am Main, Frankfurt 1896 und 1903 (Supplement)

Hermann Jungk, Die bremischen Münzen, Bremen 1875

Hans-Dietrich Kahl, Hauptlinien der deutschen Münzgeschichte vom Ende des 18. Jahrhunderts bis 1878, Frankfurt am Main 1972

Hans-Dietrich Kahl, Coburg in Thüringisch Franken – ein unbewältigtes Problem deutscher Münz- und Geldgeschichte, Freiburg im Breisgau 1980

Hans-Dietrich Kahl und O. Kozinowski, Coburger Dokumente zur Münz- und Geldgeschichte der ernestinischen Thüringen, Sonderdruck aus Jb. der Coburger Landesstiftung 1984

F. I. Katzer, Anhaltische Münzen und Medaillen, Bernburg 1966

Franz Kirchheimer, Bemerkungen und Nachträge zu dem Schrifttum über deutsche Flußgold-Gepräge. In: Der Münzen- und Medaillensammler. Berichte, 15. Jg. Nr. 50, Dez. 1975, S. 2305ff.

Franz Kirchheimer, Erläuterter Katalog der deutschen Flußgold-Gepräge, Freiburg im Breisgau 1972

E. Kittelmann, Beschreibung der neuesten deutschen Taler, Neustrelitz 1897

N. Klüßendorf, Probleme des Umlaufs von Kupfermünzen im Kurfürstentum Hessen, Hessisches Jahrbuch für Landesgeschichte Bd. 32, Marburg 1982, S. 227–270

N. Klüßendorf, Falsche Münzen und Scheine aus dem Geldumlauf der kurhessischen Provinz Hanau 1841–1867, Festschrift zum 75jährigen Bestehen des Württembergischen Vereins für Münzkunde e. V., Stuttgart 1976, S. 296–330

N. Klüßendorf, Falsche Münzen als Beilagen von Archivalien – numismatische und archivische Probleme, Hessisches Jahrbuch für Landesgeschichte Bd. 27, Marburg 1977, S. 161–179

W. Knoop, Professor Christian Schnitzspahn, Großherzoglich-Hessischer Hofmedailleur, Aus Dresdner Sammlungen 2. Heft, Dresden 1883, S. 27

O. Kozinowski, Ein unbekannter bayerischer Kronentaler. In: Num. Nachrichtenbl. 1983, S. 23

O. Kozinowski, Die Bayerischen Gedenktaler 1865–1871, Der Münzen- und Medaillensammler, 23. Jg. (1983), S. 1885–1889

O. Kozinowski, Ein Beitrag zum Münzwesen der Reuss'schen Staaten 1763–1828, Sonderdruck aus Auktionskatalog 51 des Münzzentrums Köln, S. 104–113

O. Kozinowski, Die Saalfelder Silberausmünzungen von 1812 und 1813 für das Herzogtum Sachsen-Coburg-Meiningen, Jb. für Numismatik und Geldgeschichte Bd. XXXI/XXXII (1981/82), S. 161–165

O. Kozinowski, Anmerkungen zur Kronentalerprägung Sachsen-Coburgs in den Jahren 1825 und 1827, Numismatisches Nachrichtenblatt Jg. 34 (1985), S. 32–38

O. Kozinowski, Ein Beitrag zum Münzwesen des Fürstentums Schwarzburg-Rudolstadt zwischen 1764 und 1825, Der Münzen- und Medaillensammler, 22. Jg. (1982), S. 1641–1654

O. Kozinowski, Die Saalfelder Ausmünzungen für Sachsen-Meiningen 1765–1816. In: Num. Nachrichtenbl. 1983, S. 145–147

J. V. Kull, Studien zur Geschichte der Münzen und Medaillen der Könige von Bayern, Mitteilungen der Bayerischen Numismatischen Gesellschaft IV, 1885

A. Kummer, Die Deutschen Reichsmünzen vom Jahre 1871 bis mit 1898, Dresden 1899

Chr. Lange, Chr. Lange's Sammlung schleswig-holsteinischer Münzen und Medaillen I, Berlin 1908

R. Lorenz, Die Münzen des Königreiches Sachsen 1806–1871, Hobria, Deutsche Münzen, Band 3, Berlin 1968

M. Mackensen, Die beiden Geschichtstaler Ludwigs I. auf die Errichtung des Denkmals für König Max I. Joseph, in Jahrbuch für Numismatik und Geldgeschichte 20, 1970, S. 7

M. Mackensen, Entwicklung der bayerischen Kronen- und Geschichtstaler, in Jahrbuch für Numismatik und Geldgeschichte 22, 1972, S. 7

M. Mackensen, Zwei unbekannte Medaillenentwürfe des 19. Jhs., in Jahrbuch für Numismatik und Geldgeschichte 22, 1972, S. 7

J. Mann, Anhaltische Münzen und Medaillen vom Ende des XV. Jahrhunderts bis 1906, Hannover 1907

G. M. C. Masch, Die neueren mecklenburgischen Denkmünzen, Schwerin 1848

G. M. C. Masch, Die neueren mecklenburgischen Münzen. Jahrbuch des Vereins für mecklenburgische Geschichte und Altertumskunde, 16. Jg., Schwerin 1851, S. 319ff.

J. F. L. Th. Merzdorf, Oldenburgs Münzen und Medaillen, Oldenburg 1860

O. F. Müller, Die Münze zu Saalfeld und ihre Meister, ein Beitrag zur Münzkunde des ernestinischen Sachsen, Blätter für Münzfreunde, Band V 1882/1884 Sp. 1041ff.

O. F. Müller, Tabellarische Übersicht über die Ausprägungen Sachsen-Meiningens von 1828–1882, Blätter für Münzfreunde, Band V 1882/1884 Sp. 1113f.

O. F. Müller, Die Münze zu Hildburghausen, zur Münzkunde der Ernestiner Sachsen, Blätter für Münzfreunde, Band VI 1885/1888 Sp. 1374

C. Neubauer, Münz-Tabelle oder tabellarische Übersicht der Rechnungsmünzen sowie der wirklich geprägten Münzen – als 2. Abteilung zu Nelkenbrechers Taschenbuch 20. Auflage, Berlin 1877

C. Neubauer, Neueste Münzkunde, Band I und II, Leipzig 1853

J. C. Nelkenbrecher, Allgemeines Taschenbuch der Münz-, Maß- und Gewichtskunde für Banquiers und Kaufleute, 15. Auflage, Berlin 1832, 17. Auflage, Berlin 1848

J. Neumann, Beschreibung der bekanntesten Kupfermünzen, Band I–VI, Prag 1858ff.

Alfred Noss, Die Münzen von Berg und Jülich-Berg, II. Band, München 1929

Numismatische Gesellschaft in Dresden Nr. 5, Verkaufskatalog, 1901

B. Pick, Die Arbeiten des Gothaer Stempelschneiders Ferdinand Helfricht, in Mitt. der Vereinigung für Gothaische Geschichte und Altertumsforschung, Jg. 1915/16, Gotha 1916, S. 67 ff.

Günther Freiherr Probszt von Ohstorff, Münzen und Medaillen des Königreichs Westfalen, Numismatische Zeitschrift, N.F. 4, Wien 1911 sowie Nachtrag ebendort, Band 76, Wien 1955

P. Proksch, Die Kronentaler. In: Der Münzen- und Medaillensammler – Berichte aus allen Gebieten der Münzen- und Medaillenkunde Nr. 159, 160, 161, 163, 164, 166, 169 (1988/1990)

G. Rathgeber, Gothaische Münzen und Medaillen aus den Jahren 1772–1837 in Leitzmanns Numismatischer Zeitung, Jg. VII 1840 Sp. 113 ff.

F. Redder, Leipzig, Verzeichnis 58: Münzen und Medaillen von Sachsen Albertinische Linie, Leipzig 1935

F. Redder, Die Silbermünzen des Deutschen Reiches seit 1918, Leipzig 1928

W. Redder, Die Goldmünzen des Deutschen Reiches, Leipzig 1928

H. Rittmann, Deutsche Geldgeschichte 1484–1914, München 1975

H. Rittmann (Hrsg.), Deutsches Münzsammler-Lexikon, München 1977

K. Roßberg, Die Zwei-, Fünf- und Dreimarkstücke deutscher Reichsmünzen, 5. Auflage, Leipzig 1919

E. Rudolph, Zusammenstellung der Taler im XIV- sowie im XXX-Talerfuße in der Zeit von 1823–1871 sowie der nach dieser Zeit erschienenen Gedenktaler, Dresden 1904

E. Rudolph, Die Silber- und Kupfermünzen Deutscher Staaten aus der Zeit 1806–1873, Dresden 1906, I. Nachtrag, Dresden 1908

E. Rudolph, Beschreibung der deutschen Reichsmünzen aus der Zeit 1871–1905, Dresden 1906, I. Nachtrag 1906–1911, Dresden 1912

E. Rudolph, Die Goldmünzen Deutschlands seit der Auflösung des heiligen römischen Reiches 1806 bis zur Wiederherstellung des deutschen Reiches 1871 im Jahrbuch des Numismatischen Vereins zu Dresden 1910, Dresden 1911, S. 27 ff.

Rudolf Schaaf, Die Proben der deutschen Münzen seit 1871. Versuch einer Katalogisierung. Basel 1979

F. Schlessinger, Berlin, Münzen und Medaillen von Mecklenburg (Sammlung Gaettens), Auktionskatalog vom 7. XII. 1931

Hans Schlumberger, Goldmünzen Europas seit 1800, 6. Auflage, München 1988

B. Schmidt und C. Knab, Reußische Münzgeschichte, Dresden 1907, 1.–4. Nachtrag, Dresden 1909 ff. G. Schön, Kleiner deutscher Münzkatalog mit Liechtenstein, Österreich und Schweiz, 21. Auflage, München 1991

G. Schön, Weltmünzkatalog 20. Jahrhundert, 26. Auflage, München 1994

G. Schön und J.-F. Cartier, Weltmünzkatalog 19. Jahrhundert, 12. Auflage, Augsburg 1994

G. Schön, Kleiner deutscher Münzkatalog 1994/95, Augsburg 1994

G. Schön, Münzkatalog DDR, Augsburg 1991

Gerh. Schön, Deutscher Münzkatalog 18. Jahrhundert (Die deutschen Münzen von 1700–1806), München 1994

Gerh. Schön, Ecu-Katalog Augsburg 1993

Anhalt und allgemein
K.-H. Wedell, Die Münzstätten Anhalt-Bernburgs im 19. Jh. In: NB 4/89, S. 174–177

Mecklenburg und allgemein
M. Kunzel, Mecklenburgische Münzkunde 1492–1872. Berlin 1985

M. Olding, Eine bislang unbekannte 5-Mark-Probe 1915 von Mecklenburg-Schwerin. In: Der Münzen- und Medaillensammler – Berichte Nr. 163 (1989), S. 552

W. Virk, Mecklenburgische Münzen und Medaillen. Schwerin 1988

W. Virk, Die Schweriner Münze – zu Ausprägungen, Münzfuß, Schlagschatz, Münzmeistern, Standorten und Prägewerkzeugen. In: Numismatische Hefte 24, Schwerin 1986, S. 5–37

H. H. Schou, Beskrivelse af Danske og Norske Mønter, Kopenhagen 1926

Fr. Freiherr von Schrötter, Das preußische Münzwesen 1806 bis 1873, Beschreibender Teil, Berlin 1925

Fr. Freiherr von Schrötter, Das preußische Münzwesen 1806 bis 1873, Band 1 und 2, Berlin 1926

W. Schüler, Geld im Herzogtum Nassau 1806–1866, eine Ausstellung der Nassauischen Sparkasse, Wiesbaden 1978

F. Schumacher, Die Prägung von Kriegsmünzen in Deutsch-Ostafrika, in Metall und Erz, XV. Jg. 1918, Heft 7, S. 103 bis 108

C. Schwalbach, Die neuesten deutschen Münzen unter Talergröße vor Einführung des Reichsgeldes. 3. Auflage, Leipzig 1904

C. Schwalbach, Die neueren deutschen Taler, Doppeltaler und Doppelgulden vor Einführung der Reichswährung. 8. Auflage, München 1915

Hans Schwenke, Die Münzen des Königreichs Bayern 1806 bis 1871, Hobria, Deutsche Münzen, Band 5, Berlin 1969

Hans Schwenke, Die Münzen des Königreichs Württemberg 1806–1871, Hobria, Deutsche Münzen, Band 4, Berlin 1968

A. Soetbeer, Deutsche Münzverfassung, Erlangen 1874

Sprenger, B., Das Geld der Deutschen, Geldgeschichte Deutschlands, Paderborn-München-Wien-Zürich 1991

E. und V. Stefanelli, Münzen und Medaillen, Augsburg 1991

W. Steguweit, Zur Tätigkeit des Gothaer Medailleurs und Stempelschneiders Ferdinand Helfricht in den Jahren 1839 bis 1868 in: Katalog der III. Bezirksmünzausstellung Erfurt in Heiligenstadt 1973

Münzen und Banknoten der DDR-Restbestände der Staatsbank Berlin, Teil I–VI, mit Einführungsbeiträgen von W. Steguweit, Auktionskataloge 339, 342, 344, 346, 347 und 350 der Fa. Busso Peus, Frankfurt/M. 1994–1996

W. Steguweit, Die Ursachen für die Prägeruhe der Gothaer Münze von 1777–1827: Ein Beitrag zur regionalen Münz- und Geldgeschichte, Abhandlungen und Berichte zur Regionalgeschichte, Gotha 1983, S. 25–35

E. Szaivert, Münzkatalog Österreich 1991, Augsburg 1991

F. A. Vossberg, Münzgeschichte der Stadt Danzig, Berlin 1852

K. H. Wedell, Die deutschen Kleinmünzen von 1806–1873, Oschersleben 1994

Joseph Weingärtner, Beschreibung der Kupfermünzen Westfalens, Paderborn 1872–1881

Paul Weinmeister, Schaumburg-Lippische Münzgeschichte, Blätter für Münzfreunde 1907

Gerhard Welter, Die Münzen der Welfen seit Heinrich dem Löwen. Braunschweig 1971; Bd. II, 1973; Bd. III, 1978

A. Weyl, Paul Henckel'sche Sammlung, Brandenburg-Preußische Münzen und Medaillen, Berlin 1876

F. Wielandt, Badische Münz- und Geldgeschichte, 3. Auflage, Karlsruhe 1979

H. Winskowsky, Münzen pflegen, Augsburg 1991

H. Winskowsky, Münzen sammeln, Augsburg 1993

H. Wöhler, Das Münzwesen in Mecklenburg-Schwerin, Schwerin 1842

Zschiesche & Köder, Leipzig, Katalog der Sammlung Otto Merseburger, umfassend Münzen und Medaillen von Sachsen Albertinische und Ernestinische Linie, Leipzig 1894

Sachsen und allgemein
L. Buck, Die Münzen des Kurfürstentums Sachsen. 1763–1866. Berlin 1981

G. Baumann, Die Münzstätte der Saigerhütte Grünthal. Olbernhau o. J. (Heft 6 der Schriftenreihe der Museen der Stadt Olbernhau)

Sächsische Herzogtümer und allgemein
W. Steguweit, Geschichte der Münzstätte Gotha vom 12. bis zum 19. Jahrhundert. Weimar 1987

Waldeck und allgemein
H. Hochgrebe, Beiträge zum Münzbetrieb in der Grafschaft und späterem Fürstentum Waldeck von 1622–1929. In: Geschichtsblätter für Waldeck, 77. Bd. (1989)

Numismatische Begriffe

Abschlag, Prägung; besonders die Prägung in einem Metall, für das der betreffende Stempel nicht bestimmt ist, z. B. Prägung mit dem Talerstempel in Gold statt in Silber.
Abschnitt, der durch eine Querlinie entstandene untere Teil des Münzbildes.
Ausbeutemünze, Münze aus Gold oder Silber, das in einheimischen Bergwerken oder aus Flüssen gewonnen wird.
Avers, Vorderseite, siehe dort.
Bankwährung, Banco, Rechnungswährung des Handels, nicht durch Münzen vertreten wie die Kurantwährung; z. B. Hamburger Bankwährung.
Convention, siehe Konvention.
Courant, siehe Kurant.
Denkmünze, siehe Gedenkmünze.
Dreischichtenwerkstoff, Legierung aus 75% Kupfer und 25% Nickel mit einem Kern aus Reinnickel. Verwendet bei Bundesrepublik Deutschland Nr. 104, 112, 113 u. a.
Dresdener Münzvertrag 1838. In ihm vereinigten sich die nördlichen Zollvereinsstaaten Preußen, Sachsen, Kurhessen u.a. auf den preußischen 14-Taler- bzw. 21-Gulden-Fuß (1 Gulden = 2/3 Taler). Ferner wurde beschlossen, eine für die Mitglieder des Nord- und Süddeutschen Zollvereins gemeinsame Vereinsmünze, das 2-Taler- oder 3½-Gulden-Stück, zu prägen.
Feine Mark, eine Gewichtsmark Feingold (= 24 Karat) oder Feinsilber (= 16 Lot). Den Münzverträgen und Münzgesetzen des 19. Jahrhunderts liegt die Kölnische Mark zu 233,85 g zugrunde.
Feingehalt, Feingewicht, Korn, Anteil des Feingoldes oder Feinsilbers an der Metallzusammensetzung einer Münze. Früher wurde der Goldgehalt in Karat, der Silbergehalt in Lot angegeben, heute wird er in Tausendsteln ausgedrückt. 24 Karat = 1000/1000 Goldgehalt; 16 Lot = 1000/1000 Silbergehalt.
Feld, Bildfläche; der vielfach durch eine Umschrift (Legende) umgrenzte mittlere Teil des Münzbildes.
Flußgold, aus Sand und Geröll von Flüssen gewonnenes Gold, wie es z. B. für die bayerischen Flußgolddukaten verwendet wurde.
Fuß, siehe Münzfuß.
Gedenkmünze, Denkmünze, zum Andenken an ein Ereignis oder an eine Persönlichkeit geprägte Münze. Sie entspricht dem gesetzlichen Münzfuß und ist darum umlaufsfähig (im Gegensatz zur Medaille).
Geldzeichen, siehe Münze.
Geschichtstaler, im allgemeinen jeder zur Erinnerung an eine geschichtliche Begebenheit geprägte Taler; besonders sind damit jedoch die bayerischen Geschichtstaler des 19. Jahrhunderts gemeint.
Gewichtsmark, Mark, Gewicht, eingeteilt bei Gold in 24 Karat, bei Silber in 16 Lot. Den Münzverträgen und Münzgesetzen des 19. Jahrhunderts liegt die Kölnische Mark zu 233,85 g zugrunde.
Graumann'scher Münzfuß, siehe preußischer Münzfuß.
Guldenfuß, siehe Konvention.
Gurt, siehe Rand.
Handelsmünze, Münze, deren Zahlungskraft nicht durch den Staat festgesetzt ist, sondern durch den Handelsverkehr bestimmt wird; sie ist kein gesetzliches Zahlungsmittel. So sind z. B. die Goldmünzen vor Einführung der Reichswährung von 1871 Handelsmünzen.
Justieren, Prüfen und Ausrichten der Münzen auf ihr gesetzliches Gewicht hin.
Konvention, Convention, Münzkonvention, Übereinkommen zwischen Staaten zur Vereinheitlichung ihres Münzwesens, d.h. von Herstellung, Art, Gehalt und Umlauf ihrer Münzen.

Besonders die Münzkonvention von 1753 zwischen Österreich und Bayern, der in den folgenden Jahren die süd- und westdeutschen Staaten sowie Sachsen beitraten. Sie bestimmte, daß aus der feinen Mark (Gewichtsmark Feinsilber zu 234 g) 10 Taler bzw. 20 Gulden zu prägen waren. Dieser 10-Taler- oder 20-Gulden-Fuß entwickelte sich bald zum 24-Gulden- und 24½-Gulden-Fuß, der dann die Grundlage zum Münchener Münzvertrag von 1837 zwischen den süddeutschen Zollvereinsstaaten Bayern, Württemberg, Baden, Hessen, Frankfurt, Nassau, Hohenzollern wurde.
Korn, siehe Feingehalt.
Kurantmünze, die große Münzeinheit eines Münzsystems, deren Nennwert sich mit dem inneren Wert (Metallwert) deckt; z. B. Taler, Gulden.
Kurantwährung, die durch Münzen vertretene Währung.
Landmünze, meist eine Scheidemünze, aus unedlem Metall nach geringerem Münzfuß geprägt als die Kurantmünze, deren Nennwert sich mit dem inneren Wert (Metallwert) deckt; für den Kleingeldverkehr im Inland bestimmt.
Legende, Schrifttext, Inschrift, Aufschrift, Umschrift auf einer Münze oder Medaille.
Leipziger Münzfuß. Nach ihm waren aus der Gewichtsmark Feinsilber (234 g) 12 Taler bzw. 18 Gulden (2/3 Taler) zu prägen. 1690 hatte Kursachsen diesen Münzfuß angenommen, Braunschweig-Lüneburg und zahlreiche weitere Länder folgten. Er wurde zum Reichsfuß erhoben, allerdings nicht allgemein eingeführt, und bildete schließlich die Grundlage für den Konventionsfuß (24-Gulden-Fuß, rheinischer Fuß).
Mark, Gewichtsmark, Gewicht, eingeteilt bei Gold in 24 Karat, bei Silber in 16 Lot. Den Münzverträgen und Münzgesetzen des 19. Jahrhunderts liegt die Kölnische Mark zu 233,85 g zugrunde.
Medaille, Schaumünze, Schaustück, geprägtes oder gegossenes, meist münzähnliches Metallstück ohne die Gültigkeit einer Münze.
Medailleur, Künstler, der eine Medaille oder Münze entwirft und vielfach auch ausführt, sei es als Guß oder als Stempel für eine Prägung.
Münchener Münzvertrag 1837. In ihm einigten sich die süddeutschen Zollvereinsstaaten Bayern, Württemberg, Baden, Hessen-Darmstadt, Nassau, Frankfurt, Hohenzollern auf den 24½-Gulden-Fuß (1 Gulden = ½ Taler).
Münze, Geldstück aus Metall, meist geprägt, durch Metallzusammensetzung, Gewicht, Aufschrift und Bild als gesetzliches Geldmittel ausgewiesen. Geldmittel aus anderem Material (Papier, Leder, Porzellan usw.) nennt man Geldzeichen.
Münzfuß, gesetzliche Regelung des Gewichts (Rauhgewicht, Schrot) und des Feingehalts (Feingewicht, Korn) der Münzen eines Währungssystems und die Festsetzung der Stückzahl, in der diese Münzen aus einer bestimmten Menge Metall herzustellen sind.
Münzkonvention, siehe Konvention.
Münzmeister, technischer Leiter einer Münzstätte.
Münzvertrag, siehe Konvention.
Münzwardein, Beamter, der die gesetzlich vorgeschriebene Zusammensetzung des für die Münzen verwendeten Metalls überwacht.
Münzzeichen, auf den Münzen die Zeichen der Münzstätte, entweder Buchstaben (Münzbuchstaben) oder kleine Bilder.
Nominal, Nominalwert, Nennwert, Münznamen, Münzsorte, z. B. Taler, Mark, Pfennig.
Notmünze, Münzersatz, Notgeld; in Notzeiten (Belagerung, Krieg, Inflation) vom Staat, von Gemeinden, Behörden oder von privater Seite hergestelltes und vorübergehend in Umlauf gebrachtes Geld.
Pfund, Münzpfund. 1. Wie die Mark ein Münzgewicht ver-

schiedener Größe. 2. Das Zollpfund der Wiener Vereinstaler-Konvention von 1857 zu 500 g. 3. Eine Menge von 240 Stück (Zählpfund).

Preußischer Münzfuß, Graumann'scher Münzfuß. Der in Preußen unter Friedrich II. 1750 von dem Münzdirektor Philipp Graumann eingeführte 14-Taler- oder 21-Gulden-Fuß (1 Gulden = 2/3 Taler), nach dem 14 Taler aus der Gewichtsmark (234 g) Feinsilber zu prägen waren.

Probe, Münzprobe, Probeabschlag, Versuchsprägung, um einen Münzentwurf, einen Münzstempel oder eine Prägemaschine zu erproben. Proben sind oft in anderem Metall und Gewicht hergestellt als die endgültige Münze.

Rand, äußere Umgrenzung des Münzfeldes, bei den dickeren Schrötlingen auch die Kante (Mantelfläche, Gurt), die glatt, gekerbt, verziert oder beschriftet (Randschrift) sein kann.

Rändelung. Ist der Rand, die Kante einer Münze gekerbt oder gerifft, spricht man von einer Rändelung; im weiteren Sinne auch, wenn er mit Verzierungen oder Schrift beprägt ist.

Rechnungsmünze, keine wirkliche Münze, sondern eine Rechengröße, die nur zum Verrechnen dient, vor allem im Geschäftsverkehr; z.B. die Hamburger Bankmark.

Reichsfuß. 1. Unter dem alten Reichsfuß versteht man die seit der Reichsmünzordnung von 1551 (Augsburg) geübte Einteilung des Talers in 24 Groschen oder 288 Pfennig. 2. Siehe Leipziger Münzfuß. 3. Reichswährung seit 1871, Einführung der Goldmark zu 100 Pfennig.

Revers, Rückseite oder Kehrseite einer Münze oder Medaille.

Ringprägung. Dadurch, daß der Schrötling beim Prägen durch einen Ring festgehalten wird, bekommt die Münze einen gleichmäßigen, scharfen Rand und ein genau in der Mitte sitzendes Bild.

Rohling, Ronde, siehe Schrötling.

Scheidemünze, Kleinmünze, die niedere Einheit eines Münzsystems. Da sie aus geringwertigerem Metall hergestellt ist als die Kurantmünze, deren Metallwert (innerer Wert) sich mit dem Nennwert deckt, ist der Geldwert der Scheidemünze meist höher als ihr innerer Wert.

Schrot, Gewicht, Rauhgewicht, Vollgewicht einer Münze.

Schrötling, Rohling, Ronde, Metallstück (Platte, Scheibe), das zwar schon die Form der Münze hat, aber noch nicht beprägt ist.

Speciestaler, Reichstaler, Konventionstaler u.a.; der als Münze vorhandene Taler im Gegensatz zum nicht gemünzten Rechnungstaler.

Stück, Stückelung, Anzahl der Stücke einer Münzsorte aus einer bestimmten Menge Metall. So waren aus der Gewichtsmark (234 g) Feinsilber, das noch zusätzlich mit Kupfer vermischt wurde, 10 Konventionstaler zu münzen.

Talerfuß, Angabe, wieviel Stücke einer Talersorte auf eine bestimmte Menge Metall gehen. So besagt der 30-Taler-Fuß von 1857, daß aus dem Pfund (500 g) Feinsilber, das dann noch mit Kupfer vermischt wurde, 30 Taler zu münzen sind.

Tombak, Legierung aus 10–30% Zink und 90–70% Kupfer.

Variante, Münze oder Medaille, die sich geringfügig meist im Bild oder in der Schrift von einem sonst gleichen Stück unterscheidet.

Vereinsmünze. Der zwischen den Staaten des deutschen Zollvereins 1838 in Dresden geschlossene Münzvertrag verband den süddeutschen 24½-Gulden-Fuß mit dem norddeutschen 14-Taler-Fuß in der Vereinsmünze, einem 2-Taler- bzw. 3½-Gulden-Stück. Der Wiener Münzvertrag von 1857 zwischen den Staaten des deutschen Münzvereins und Österreich, der an Stelle der bisherigen Gewichtsmark von 234 g das Zollpfund von 500 g setzte, brachte den allen Staaten gemeinsamen Vereinstaler und die Vereinskrone, die als Goldmünze allerdings einen veränderlichen Handelswert hatte, da Gold nicht Währungsmetall war.

Vorderseite, Hauptseite einer Münze oder Medaille; allgemein die Seite, die das Bild, Wappen oder den Namen des Münzherrn zeigt.

Währung, allgemein die gesetzliche Ordnung des Geldwesens eines Staates; besonders die Deckung der Geldmittel z.B. durch Edelmetall und die Festsetzung der Geldeinheit, z.B. Talerwährung.

Wardein, siehe Münzwardein.

Wiener Münzvertrag 1857. Zwischen Österreich und den deutschen Staaten geschlossen, setzte der Vertrag an Stelle der alten Gewichtsmark zu 234 g das Pfund (Zollpfund) zu 500 g als gemeinsames Grundgewicht für den süddeutschen, norddeutschen und österreichischen Münzfuß. Er bestimmte eine gemeinsame Vereinsmünze, den Vereinstaler (30 Stück aus dem Pfund Feinsilber) und die Vereinskrone aus Gold. 1 Vereinstaler = 1 süddeutscher Gulden 45 Kreuzer = 1 österreichischer Gulden 30 Kreuzer.

Zollpfund, Zollgewicht, von deutschem Zollverein für den Zoll festgesetzte Gewichtseinheit: 1 Pfund = 500 g.

Zwittermünze, Münze mit zwei nicht zusammengehörenden Seiten.

Fachhändlerverzeichnis

Borgholzhausen	WOLFRAMM Münzhandel GmbH
Braunschweig	MICHAEL HEINRICH Münzhandlung
Calw	GERHARD BEUTLER Münzen Groß- und Einzelhandel
Coburg	COBURGER Münzenhandlung Klaus Wagner
Dortmund	Dirk BIERMANN GmbH
Düsseldorf	Münzhandlung RITTER
Frankfurt	Dr. Busso PEUS Nachf. Auktionshaus
	MÜNZHANDELS GMBH Katalin Szöny
	MÜNZKONTOR FRANKFURT H. Spreitzer
Güstrow	DEUTSCHLAND-OST H.-P. Flemming & Sohn
Hamburg	Fa. MATTHIES Münzen und Briefmarken
	HARRIES GmbH
Heidelberg	HEIDELBERGER MÜNZHANDLUNG Herbert Grün
Isernhagen	Münzenhandlung SIEGWARD HONSCHA
Karlsruhe	Dr. Claus W. HILD Numismatik
Köln	MÜNZ ZENTRUM
Krefeld	Matthias E. FLORES
Leipzig	LEIPZIGER MÜNZHANDLUNG
Mannheim	KURPFÄLZISCHE MÜNZHANDLUNG
München	Bankhaus ANHÄUSER
	GIESSENER MÜNZHANDLUNG Dieter Gorny GmbH
	Münzenhandlung Johannes DILLER
	Gerhard HIRSCH Nachf.
	SCHÖN-BUCHVERSAND
Nürnberg	Münzen GRADL & HINTERLAND oHG
Osnabrück	Fritz Rudolf KÜNKER Münzenhandlung
	WESTFÄLISCHE AUKTIONSGESELLSCHAFT
Regenstauf	H. GIETL VERLAG
Rodgau	Münzversand GUN SCHAUB
Schwelm	Münzenhandlung Wolfgang RITTIG
Stuttgart	Münzenetage SCHULZ

Ausland

Basel	MÜNZEN UND MEDAILLEN AG Basel
Zürich	SCHWEIZERISCHER BANKVEREIN

LEIPZIGER MÜNZHANDLUNG UND AUKTION
HEIDRUN HÖHN

Brühl 52 / Ecke Nikolaistraße • 04109 Leipzig
Telefon 03 41 / 9 60 23 86 • Telefax 03 41 / 2 11 72 45

ANKAUF • VERKAUF • AUKTION

Öffnungszeiten: Montag - Donnerstag 10.00 - 18.00 Uhr, Freitag 10.00 - 17.00 Uhr Sonnabend 9.00 - 12.00 Uhr

Für unsere Auktionen und unser Ladengeschäft suchen wir ständig Sammlungen und bessere Einzelstücke aus allen Gebieten.

MÜNZ ZENTRUM

Heinz-W. Müller, vormals Pilartz, Albrecht

Rubensstr. 42
50676 Köln

Ladengeschäft
Mo.-Fr. 10–13 Uhr, 15–18 Uhr, Sa. 10–13 Uhr
oder nach Vereinbarung
Tel. 02 21 / 9 23 08 17 · Fax 02 21 / 9 23 08 19

Numismatische Fachbuchhandlung
aktuelle Liste mit ca. 1500 Titeln kostenlos

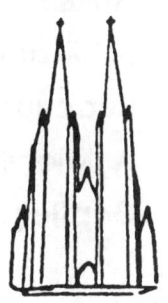

Altdeutschland
19. Jahrhundert und andere Epochen sind ein Schwerpunkt unserer Angebote im Ladengeschäft, Lagerlisten und Auktionen.
Listen kostenlos, Auktionskataloge einzeln 20,– DM
Abo 3 Kataloge jährlich 50,– DM

Internationale Auktionen
Auktionseinlieferungen jederzeit erwünscht
Einlieferungsbedingungen auf Anfrage
Auktionsvertretungen – ständiger Ankauf

Gutschein Musterkatalog MÜNZ ZENTRUM gratis

Wir senden Ihnen gerne unsere
Preislisten Deutschland vor und ab 1871.
Nehmen Sie einfach Bezug auf den Großen Deutschen
Münzkatalog und legen Sie bitte Ihrer Anforderung DM 3.–
in gültigen Briefmarken bei (Portoersatz).

Wir bearbeiten Ihre Fehlliste (auch nach Jahrgang und Münzzeichen). Wir beliefern Sie im Abonnement.

Wir versteigern Ihre Sammlung, Nachlaß und Hortungsposten. Wir kaufen stets Sammlungen und gute Einzelstücke.

MÜNZEN-, MEDAILLEN- und PAPIERGELDHANDEL
GRADL & HINTERLAND oHG

Königstraße 33 – 37 • 90121 Nürnberg • Ostermayr-Passage
Telefon (09 11) 9 92 14 80 • Telefax (09 11) 9 92 14 88

MÜNZEN UND MEDAILLEN
sind seit über 50 Jahren unser Geschäft!

Ankauf · Verkauf · Auktionen

Schätzungen · Expertisen

Betreuung von Suchlisten

Auktionsvertretungen im In- und Ausland

Gepflegtes Lager Antike – ca. 1900

Zwei Adressen – Ein Grundsatz:
Numismatik im Dienste der Sammler!

MÜNZEN UND MEDAILLEN AG BASEL
Postfach 3647 · Malzgasse 25
CH-4002 Basel / Schweiz
Tel. 00 41 / 61 / 2 72 75 44
Fax 00 41 / 61 / 2 72 75 14

MÜNZEN UND MEDAILLEN DEUTSCHLAND GmbH
Postfach · D-79508 Lörrach
Fax 00 49 / 76 21 / 4 85 29

GIESSENER MÜNZHANDLUNG –
IHR PARTNER, DER SICH ABHEBT

- weil wir jederzeit zu fairen Preisen ankaufen
- weil qualifizierte Beratung unsere Stärke ist
- weil unser umfangreiches Lager Ihnen eine große Auswahl bietet
- weil wir jährlich vier Auktionen veranstalten: Antike, Mittelalter und Neuzeit
- weil wir jederzeit Ihre Münzen und Medaillen als Einlieferung annehmen
- weil die Gewährleistung der Echtheit für uns selbstverständlich ist

**Ankauf • Verkauf • Beratung
Schätzung • Auktionen**

**Giessener Münzhandlung
Dieter Gorny GmbH**

Maximiliansplatz 20
D–80333 München
Tel.: 089 - 22 68 76
Fax: 089 - 2 28 55 13

Geschäftszeiten:
Montag - Freitag
10.00 - 13.00 Uhr
14.30 - 18.00 Uhr

STÄNDIGER BARANKAUF!

Für unseren Münzhandel kaufen wir jede Art von Sammlermünzen zu marktgerechten Preisen an!

Wir kaufen Sammlungen ebenso wie Einzelstücke, sowohl von allen deutschen Gebieten wie auch von Europa und Übersee. Bei größeren Objekten ist eine Bewertung und Übernahme nach vorheriger Vereinbarung beim Verkäufer möglich!

Wir kaufen Altgold in jeder Form und Erhaltung!
Schmuck, Schmuckteile, Zahngold, Münzen, Medaillen usw.

Unser Ankaufspreis richtet sich nach dem jeweiligen Tagespreis der DEGUSSA. Wir kaufen von Privatpersonen und von Händlern. Unsere Ankaufsbedingungen senden wir Ihnen gerne unverbindlich zu. Bei Anfragen uns unbekannter Händler erbitten wir die Übersendung eines Gewerbenachweises.

**KATALIN SZÖNYI MÜNZHANDELS-GmbH
60313 Frankfurt/Main – Luginsland 1**
(im Stadtzentrum zwischen Hauptwache und Alter Oper)
Tel.: (0 69) 28 79 05 • Fax: (0 69) 2 97 78 97

MÜNZENHANDLUNG
JOHANNES DILLER

Ohlstadterstraße 21
*zwischen Harras und L.-Kiesselbach-Platz,
U6 (Westpark)*

D-81373 München

Tel. 0 89/760 35 50, Fax 0 89/769 89 39

Auktionsvertretungen • Fehllistenbearbeitung

Spezialgebiete: Münzen und Medaillen vor 1871,
besonders Süddeutschland
Numismatisches Antiquariat

 Ankauf – Verkauf

Beratung – Schätzung

Kein Ladengeschäft. Telefonische Anmeldung unerläßlich.

An - und Verkauf von Münzen

Taler / Kleinmünzen / Kaiserreich /
Weimar / Bundesrepublik / DDR

zu sammlerfreundlichen Preisen !

Münzenhandlung
Siegward Honscha
Kurt-Schumacher-Str. 24
30159 Hannover
Telefon : 0511 / 131 7671
Fax : 0511 / 1 88 92

MÜNZENHANDLUNG
Gerhard Hirsch
Nachfolger

PROMENADEPLATZ 10 · 80333 MÜNCHEN
TELEFON (0 89) 29 21 50 · TELEFAX (0 89) 2 28 36 75
E-MAIL: COINHIRSCH@COMPUSERVE.COM

**Jährlich mehrere
Münzauktionen**

ANKAUF · VERKAUF · KUNDEN-
BETREUUNG · MÜNZEN ·
MEDAILLEN · NUMISMATISCHE
LITERATUR · ANTIKE
KLEINKUNST ·
ILLUSTRIERTE
KATALOGE

Schön-Buchversand München

Postfach 71 09 08 • D-81459 München
Telefon (0 89) 74 50 22 53
Telefax (0 89) 74 50 22 55

Numismatische Fachliteratur
Die Grundlage für erfolgreiches Sammeln

SCHÖN-MÜNZKATALOGE
mit den aktuellen Marktpreisen

Kleiner deutscher Münzkatalog 1997/98 *(Deutschland ab 1871, Liechtenstein ab 1862, Österreich ab 1892, Schweiz ab 1850)*
   NEU   27. Auflage   DM 16,80

Weltmünzkatalog 19. Jahrhundert *(die Münzen aller Staaten der Welt von 1800 bis 1900)*   NEU   13. Auflage   DM 58,00

Weltmünzkatalog 20. Jahrhundert 1997/98 *(die Münzen aller Staaten der Welt seit 1900 mit allen Neuerscheinungen)*
   NEU   29. Auflage   DM 68,00

Deutscher Münzkatalog 18. Jahrhundert *(alle deutschen Staaten von 1700 bis 1806 mit den habsburgischen Landen, der Schweiz und Nebengebieten)*   NEU   3. Auflage   DM 78,00

ECU Katalog Münzen und Medaillen 1994/95 *(Spezialkatalog über die Vorläufer der Sammlermünzen von morgen, mit allen Varianten und Proben seit 1928)*   2. Auflage   DM 29,80

Olympia Weltmünzkatalog *(Spezialkatalog über alle Münzen zu den Olympischen Spielen von 1952 bis 1996, mit allen Varianten, Fehlprägungen und Proben)*   1. Auflage   DM 29,80

MÜNZEN & PAPIERGELD liegt es am Herzen, Ihnen detaillierte und gut recherchierte Informationen bieten zu können, damit Sie Ihr Hobby weiterhin mit Freude und Leidenschaft betreiben können.

Wir berichten über alles Wissenswerte zur Numismatik, angefangen bei den Münzen der Antike bis hin zu Prägungen der Neuzeit.

Besonders achten wir jedoch darauf, daß wir Ihnen die notwendigen Informationen und das Wissen vermitteln, das Sie vor bösen Überraschungen schützt.

In jeder Ausgabe finden Sie u. a.:

- ausführliche und aktuelle Bewertungstabellen Ihrer Münzen ab 1871
- Nachrichten und Beiträge zur Münzgeschichte und Notaphilie
- Hinweise auf die wichtigsten Veranstaltungen und Termine
- Tips und Ratschläge für Ihre Münzsammlung
- eine neue Folge unseres Lexikons für Münzsammler
- Sammlerkleinanzeigen, die auch Sie kostenlos veröffentlichen können
- Vorstellung der Münzneuheiten aus aller Welt mit allen wichtigen Angaben
- Interessante Neuheiten und Nachrichten vom Papiergeld- und Münzmarkt

Vorzugs-Coupon abtrennen oder kopieren, auf Postkarte kleben oder im Kuvert versenden. Bitte ausreichend frankieren und senden an: **MÜNZEN & PAPIERGELD, Postfach 166, 93122 Regenstauf**

Vorzugscoupon für ein kostenloses Probe-Abo

☐ **Ja**, ich möchte Ihr Angebot für ein kostenloses Probeabo nutzen und erhalte zwei bereits erschienene Ausgaben von „Münzen & Papiergeld" und sofort nach Erscheinen das aktuelle Heft. Nach Erhalt dieses dritten Heftes habe ich 10 Tage Zeit mich zu entscheiden. Wenn ich dann „Münzen & Papiergeld" regelmäßig lesen möchte, brauche ich nichts weiter zu unternehmen. Ich erhalte dann automatisch jede weitere Ausgabe portofrei zum Vorzugspreis von DM 54.– für 9 Ausgaben. Ich kann dieses Abonnement jederzeit kündigen, ansonsten verlängert sich das Abo automatisch.

Sollte mir „Münzen & Papiergeld" nicht zusagen, so sende ich innerhalb von 10 Tagen nach Erhalt des dritten Heftes eine Postkarte mit dem Vermerk „keine weiteren Zusendungen" und damit ist die Sache für mich erledigt.

Vorzugscoupon für ein kostenloses Probe-Abo senden an: Münzen & Papiergeld, Postfach 166, 93122 Regenstauf

Bitte hier Adresse eintragen und unterschreiben!

Name / Vorname

Straße, Hausnummer

PLZ, Ort

Datum / Unterschrift

AKS 97

Private ⚜ Banking

Nidwalden 5 Batzen, 1811

The key for the numismatist.

Im Vertrauen: Mit dem Schweizerischen Bankverein geniessen Sie das Wissen einer Schweizer Grossbank im Umgang mit Kapitalanlagen. So sind Sie auch kompetent beraten, wenn es um die Numismatik geht. Denn unsere erfahrenen Münzspezialisten verwalten und handeln täglich Gold- und Silbermünzen aus aller Welt und allen Epochen. Verlangen Sie unsere Auktions-Kataloge und Dokumentationen die Sie ausführlich über Münzen und Medaillen informieren.

Schweizerischer Bankverein, Numismatische Abteilung, CH-4002 **Basel**, Tel. 061-288 90 06, Fax 061-288 66 73; CH-8010 **Zürich**, Tel. 01-237 40 40, Fax 01-237 23 05; Frankfurter Münzhandlung GmbH, D-60313 **Frankfurt**, Tel. 49-69 28 77 77, Fax 49-69 71 401 172; Crédit de la Bourse SA, F-75002 **Paris**, Tel. 33-1 47 03 63 00, Fax 33-1 42 96 07 45.

ANKAUF

Ich suche und kaufe Münzen und Briefmarken

- SAMMLUNGEN ● NACHLÄSSE,
- EINZELMÜNZEN ● in GOLD & SILBER
- EINZELMARKEN ● HÄNDLERLAGER
- DUBLETTENPOSTEN

in jeder Größenordnung und gegen sofortige BARZAHLUNG!

Ein Verkauf an mich bietet folgende Vorteile:

Ich kaufe Ihnen alles ab. Alles!! Also auch solche Ware, die sonst kein Händler kauft. Teure Münzen und Marken selbstverständlich auch einzeln.
Ich kaufe auch Motiv- und Thematiksammlungen von Münzen, Marken und Medaillen. Für neue Medaillen garantiere ich mindestens den Materialpreis.

Wie erfolgt die Abwicklung?

Seit mehr als 30 Jahren bin ich im internationalen Münzen- und Briefmarkenhandel tätig und garantiere Ihnen eine prompte und zuverlässige Abwicklung. **Bitte schicken Sie mir keine Listen,** ich muß die Ware sehen. **Wenn Sie Fragen haben, rufen Sie mich an,** oder kommen Sie bitte gleich in mein Geschäft. Bei großen Objekten besuche ich Sie auch zuhause.

Fa. J. D. Matthies
Colonnaden 70, 20354 HH
☎ 040 - 34 64 68
Fax. 040 - 35 42 17

Dr. Claus W. Hild **NUMISMATIK**

Antike bis Neuzeit

Münzen und Medaillen
sowie
Papiergeld Literatur Varia

**Auktionen Ankauf Verkauf
Auktionsvertretung Beratung
Kundenbetreuung**

Jährlich 2 – 3 Auktionen.

Einlieferungen jederzeit willkommen.

Auktionskataloge erhalten Interessenten
bei Angabe des Sammelgebietes.

Rintheimer Straße 2 – 76131 Karlsruhe
Tel. (07 21) 69 84 76 – Fax (07 21) 69 16 19

Münzenetage Schulz

Marktplatz 14
70173 Stuttgart-Mitte
Tel. 07 11 / 24 46 79
Fax 07 11 / 2 36 01 92

Sie finden bei uns
ein reichhaltiges Angebot
an Silber- und Kleinmünzen
aller Sammelgebiete
von der Antike bis zur Neuzeit.

Fordern Sie bitte unsere
kostenlosen Lagerlisten an.

Coburger Münzenhandlung

Klaus Wagner

Herrngasse 15, 96450 Coburg,
Tel. 0 95 61 / 9 40 95,
Fax 0 95 61 / 7 51 42

**Münzen des
deutschsprachigen
Raumes ab 1500 – heute**

Umfangreiche Lagerlisten erhalten
Sie kostenlos bei Angabe Ihres
Sammelgebietes.

Besuche bitte nur nach
telefonischer Anmeldung.

Sammeln Sie deutsche Münzen?

Wenn ja, dann sollten Sie noch
heute unsere kostenlose Preisliste
anfordern!

Wir führen deutsche Münzen ab 1800 – Kaiserreich – Weimarer Republik – 3. Reich sowie **Kursmünzen und Gedenkmünzen der Bundesrepublik (unser Spezialgebiet!)**
Bevor der Euro kommt, sollten Sie unbedingt Ihre Kursmünzensammlung komplettieren – dies ermöglichen wir Ihnen durch ein Komplettangebot mit günstigen Preisen!
Fordern Sie noch heute unsere Verkaufsliste obiger Gebiete an. Wenn Sie etwas verkaufen möchten, erbitte ich Ihr Angebot! Bei größeren Positionen auch Hausbesuche möglich!

Münzversand GUN SCHAUB

Schwalbacher Str. 6 · 63110 Rodgau
Tel. und Fax (0 61 06) 7 26 42

Gold- und Silbermünzen
von der Antike bis zur Gegenwart.
Ankauf · Verkauf · Schätzung

Harries GmbH
Kunst · Münzen

Hofweg 12 · D-22085 Hamburg
Telefon (040) 2 29 00 77 · Fax (040) 2 29 56 07

Mitglied im Verband der Deutschen Münzenhändler e. V.

Die Münzhandlung in der A.I.N.P.
Ihr ständiger Begleiter durch die Welt der Numismatik

Über 100 der renommiertesten Münzhandlungen in aller Welt haben sich zur A.I.N.P. (Association Internationale des Numismates Professionnels – International Association of Professional Numismatists) zusammengeschlossen.

Jedes A.I.N.P.-Mitglied steht Ihnen zu Diensten mit seinem erlesenen Angebot, seinem reichen Wissen und seinen Verbindungen zu allen anderen A.I.N.P.-Häusern.

Das Verzeichnis der Adressen und Spezialgebiete aller A.I.N.P.-Mitglieder schicken wir Ihnen kostenlos über: Sekretariat der A.I.N.P., Löwenstraße 55, CH-8002 Zürich.

ÄGYPTEN
BAJOCCHI, Pietro
45 Abdel Khalek Swarwat St., KAIRO

AUSTRALIEN
NOBLE NUMISMATICS Pty Ltd.
229 Macquarie Street. SYDNEY N.S.W. 2000

BELGIEN
ELSEN SA, Jean
Avenue de Tervuren 65, B-1040 BRUXELLES
FRANCESCHI / Fils, B.
10, Rue Croix-de-Fer, B-1000 BRUXELLES
VAN DER SCHUEREN, Jean-Luc
14, Rue de la Bourse, B-1000 BRUXELLES

DEUTSCHLAND
DILLER, Johannes
Postfach 700429, D-81304 MÜNCHEN
GARLICH, Kurt B.
Albert-Schweitzer-Str. 24a,
D-63303 DREIEICH-GÖTZENHAIN
GIESSENER MÜNZHANDLUNG
DIETER GORNY GmbH
Maximiliansplatz 20, D-80333 MÜNCHEN
HIRSCH, NACHF., Gerhard
Promenadeplatz 10/11, D-80333 MÜNCHEN
JACQUIER, Paul-Francis
Honsellstr. 8, D-77694 KEHL
KRICHELDORF Nachf., H. H.
Günterstalstr. 16, D-79102 FREIBURG
KÜNKER Fritz Rudolf, Münzenhandlung
Gutenbergstr. 23, D-49076 OSNABRÜCK
KURPFÄLZISCHE MÜNZENHANDLUNG
Augusta-Anlage 52, D-68165 MANNHEIM
KAISER, Rüdiger, Münzfachgeschäft
Mittelweg 54, D-60318 FRANKFURT
Numismatik LANZ
Maximiliansplatz 10, D-80333 MÜNCHEN
MENZEL, Niels
Beckerstr. 6A, D-12157 BERLIN
MÜNZEN- UND MEDAILLENHANDLUNG STUTTGART
Charlottenstr. 4, D-70182 STUTTGART
NEUMANN GmbH, Ernst
Wätteplatz 6, D-89312 GÜNZBURG
OLDENBURG, H. G.
Holstenstr. 22, D-24103 KIEL
Bankhaus PARTIN & Co.
Numismatische Abt., Bahnhofplatz 1,
D-97980 BAD MERGENTHEIM
PEUS Nachf., Dr. Busso
Bornwiesenweg 34, D-60322 FRANKFURT
Münzhandlung RITTER GmbH
Immermannstr. 19, D-40210 DÜSSELDORF
SCHRAMM GmbH, H. J.
Schreinerstr. 9, D-81679 MÜNCHEN
TIETJEN + CO.
Spitalerstr. 30, D-20095 HAMBURG

ENGLAND
BALDWIN & SONS Ltd., A. H.
11 Adelphi Terrace, GB-LONDON WC2N 6BJ
FORMAT OF BIRMINGHAM Ltd.
18, Bennetts Hill, GB-BIRMINGHAM B2 5QJ
KNIGHTSBRIDGE COINS
43, Duke Street, St. James's,
GB-LONDON SW1Y 6DD
LUBBOCK & SON Ltd.
315 Regent Street, GB-LONDON W1R 7YB
SPINK & SON Ltd.
5/7 Kingstreet, St. James's,
GB-LONDON SW1Y 6QS
VECCHI Ltd., Italo
35 Dover Street, GB-LONDON W1X 3RA

FRANKREICH
ANTIKA 1
33, Rue Sainte-Hélène, F-69002 LYON

BOURGEY, Sabine
7, Rue Drouot, F-75009 PARIS
BURGAN, Claude-Maisson Florange
68, Rue de Richelieu, F-75002 PARIS
O.G.N. Pierre Crinon
64, Rue de Richelieu, F-75002 PARIS
MAISON PLATT SA
49, Rue de Richelieu, F-75001 PARIS
NUMISMATIQUE et CHANGE DE PARIS
3, Rue de la Bourse, F-75002 PARIS
A. POINSIGNON-NUMISMATIQUE
4. Rue des Francs Bourgeois,
F-67000 STRASBOURG
SILBERSTEIN, Claude
39, Rue Vivienne, F-75002 PARIS
VINCHON-NUMISMATIQUE, Jean
77, Rue de Richelieu, F-75002 PARIS
WEIL, Alain
SPES NUMISMATIQUE
54, Rue de Richelieu, F-75001 PARIS

IRLAND
COINS & MEDALS (Redg.)
10 Cathedral Street, DUBLIN 1

ISRAEL
EIDELSTEIN, Adolfo
P.O. Box 5135, Haifa 31051
QEDAR, Shraga
P.O. Box 520, 91004 JERUSALEM

ITALIEN
BERNARDI, Giulio
Via Roma 3 & 22c, I-34121 TRIESTE
CRIPPA, Carlo
Via degli Omenoni 2, I-20121 MILANO

DE FALCO, Alberto
Corso Umberto 24, I-80138 NAPOLI
FALLANI, Carlo-Maria
Via del Babuino 58a, I-00187 ROMA
MARCHESI GINO & Figlio
V. le Pietrameliara 35, I-40121 BOLOGNA
PAOLUCCI, Raffale
Via San Francesco 154, I-35121 PADOVA
RATTO, Mario
Via A. Manzoni 14, I-20121 MILANO
RINALDI & Figlio, O.
Via Cappeello 23, I-37121 VERONA

JAPAN
DARUMA INTERNATIONAL GALLERIES
2-16-32-301 Takanawa, Minato-ku, JP-TOKIO 108
WORLD COINS JAPAN
2 Fl. 9-6-40 Akasaka, Minato-ku, JP-TOKIO 107

KANADA
WEIR NUMISMATICS Ltd., Randy
P.O. Box 64577, UNIONVILLE, Ont. L3R 0M9

LUXEMBURG
LUX NUMIS, Galerie Mereure
41, Av. de la Gare, L-1611 LUXEMBURG

MONACO
LE LOUIS D'OR
9, Ave. des Papalins, MC-98000 MONACO

NIEDERLANDE
SCHULMAN, Laurens
Brinklaan 84a, NL-1404 GM BUSSUM
VAN DER DUSSEN BV A.G.
Postbus 728, NL-6211 SB MAASTRICHT
WESTERHOF, J. B.
Trekpad 38-40, NL-8742 KP BURGWED
MEVIUS NUMISBOOKS INTERNATIONAL BV
Oosteinde 57, NL-7671 AT VRIEZENVEEN

NORWEGEN
OSLO MYNTHANDEL AS
Kongens Gate 31, N-0101 OSLO 1

ÖSTERREICH
HERINEK, G.
Josefstadterstr. 27, A-1082 WIEN VIII
MOZELT, Erich
Vienna Marriott Hotel, Parkring 12a, A-1010 WIEN

SINGAPUR
TAJSEI STAMPS & COINS
12 Aljunied Road, #06-02 SCN-Centre, SINGAPORE 1438

SPANIEN
CALICO, X. & F.
Plaza del Angel 2, E-08002 BARCELONA
CAYON, Juan R., JANO S. L.
Alcala 35, E-28014 MADRID
VICO SA, Jesus
Lope de Rueda 7, E-28009 MADRID

SCHWEDEN
AHLSTRÖM MYNTHANDEL AB
P.O. Box 7662, S-10394 STOCKHOLM
NORDLINDS MYNTHANDEL AB, Ulf,
Karlavägen 46, S-10243 STOCKHOLM

SCHWEIZ
HESS-DIVO AG
Löwenstraße 55, CH-8023 ZÜRICH
LEU NUMISMATIK AG
In Gassen 20, CH-8001 ZÜRICH
MÜNZEN UND MEDAILLEN AG
Malzgasse 25, CH-4002 BASEL
NUMISMATICA ARS CLASSICA AG
Niederdorfstraße 43, CH-8001 ZÜRICH
STERNBERG AG, Frank
Schanzengasse 10, CH-8001 ZÜRICH

VEREINIGTE STAATEN VON AMERIKA
BERK Ltd. Harlan J.
31 North Clark Street, CHICAGO, IL 60602
BOWERS AND MERENA GALLERIES, INC.
P.O. Box 1224, WOLFEBORO, NH 03894
BULLOWA, C. E., COINHUNTER
1616 Walnut Street, PHILADELPHIA, PA 19103
COIN AND CURRENCY INSTITUTE INC.
P.O. Box 1057, CLIFTON, NJ 07014
COIN GALLERIES
123 West 57 Street, NEW YORK, NY 10019
CRAIG, Freeman
P.O. Box 4176, SAN RAFAEL, CA 94913
DAVISSON'S Ltd.
COLD SPRINGS, MN 56320
FORD Jr., John J.
P.O. Box 10317, PHOENIX, AZ 85064
FREEMAN + SEAR
P.O. Box 5004, CHATSWORTH, CA 91313
FROSETH INC., K. M.
P.O. Box 23116, MINNEAPOLIS, MN 55423
GILLIO Inc., Ronald J.
1103 State Street, SANTA BARBARA, CA 93101
HINDERLING, Wade
P.O. Box 606, MANHASSET, NY 11030
KOLBE, George Frederick, Fine Numismatic Books
P.O. Drawer 3100, CRESTLINE, CA 92325-3100
KOVACS, Frank L.
P.O. Box 25300, SAN MATEO, CA 94402
KREINDLER, B. & H.
15 White Birch Drive, DIX HILLS, NY 11746
MALTER & CO. Inc., Joel L.
17005 Ventura Blvd., ENCINO, Ca. 91316
MARGOLIS Richard
P.O. Box 2054, TEANECK, NJ 07666
MILCAREK, Dr. Ron
P.O. Box 1028, GREENFIELD, MA 01302
PONTERIO & ASSOCIATES, Inc.
1818 Robinson Ave., SAN DIEGO, CA 92103
RARE COIN COMPANY OF AMERICA, Inc.
6262 South Route 83, WILLOWBROOK, IL 60514
ROSS, John G.
55 West Monroe Street, Suite 1070, CHICAGO, IL 60603
RYNEARSON, Dr. Paul
P.O. Box 4009, MALIBU, CA 90264
STACK's
123 West 57 Street, NEW YORK, NY 10019
STEPHENS Inc., Karl
P.O. Box 458, TEMPLE CITY, CA 91780
SUBAK Inc.
22 West Monroe Street, Room 156, CHIGAGO, IL 60603
TELLER NUMISMATIC ENTERPRISES
16027 Ventura Blvd., Suite 606, ENCINO, CA 91436
WADDELL, Ltd., Edward J.
Suite 315, 444N, Frederick Ave.
GAITHERSBURG, MD 20877
WORLD WIDE COINS OF CALIFORNIA
P.O. Box 3684, SANTA ROSA, CA 95402

ANKAUF – VERKAUF – AUKTIONSVERTRETUNGEN

Deutsche Münzen und Medaillen vom Mittelalter bis zur Neuzeit

Spezialgebiet: Münzen nach Katalog AKS und Schön mit den Schwerpunkten Preußen, Sachsen, Süd- und Mitteldeutschland sowie Münzen der Städte, Fürstentümer und Grafschaften.
Darunter viele Seltenheiten
Bebilderte Lagerlisten erhalten Sie bei Angabe Ihres Sammelgebietes kostenlos.
Fehllistenbearbeitung!

Wolfgang Rittig
Münzenhandlung
Postfach 645
D-58319 Schwelm
Telefon / Fax: 0 23 36 * 1 60 00

Große deutsche Kleinmünzenliste ab 1873 bis 1949

kostenlos erhältlich.

Angebote über andere Sammelgebiete bitte anfordern!

Regelmäßige Auktionen

Kleekamp 54
33829 Borgholzhausen
Telefon 0 54 25/93 00 50
Telefax 0 54 25/93 00 51

VERSANDHANDEL DEUTSCHLAND-OST

Ständig 200 verschiedene Münzen von Mecklenburg-Schwerin, Strelitz, Rostock, Wismar, Stralsund und Pommern im Angebot

AD, DDR, u. BRD-Münzen

Listen gratis!

An- und Verkauf
MÜNZEN / ORDEN / BRIEFMARKEN / ANTIQUITÄTEN
Inh.: H.-P. Flemming & Sohn
18273 Güstrow · Gleviner Straße 31
Tel. / Fax: 0 38 43/68 41 67

MÜNZKONTOR FRANKFURT

H. Spreitzer

Reifenberger Str. 57
60489 FRANKFURT/M.
Tel.: 069/78 41 33
Fax: 069/7 89 68 13

FRAMKO – MÜNZAUKTIONEN
Die preiswerte Einkaufsquelle für jeden Münzsammler

Spitzenqualitäten – Raritäten – Umlauferhaltungen – Standardware – Lot

leistungsfähig – seriös – kulant!!

KURPFÄLZISCHE  MÜNZHANDLUNG

Für Liebhaber interessanter Münzen und Medaillen der Antike, des Mittelalters und der Neuzeit sowie von Papiergeld aller Epochen veranstalten wir zweimal im Jahr unsere

Münz - Papiergeld - Auktionen

die weltweite Beachtung finden.

Kataloge stehen ernsthaften Sammlern gerne zur Verfügung. Selbstverständlich kaufen wir auch ständig gute Einzelstücke und Sammlungen.

Ankauf · Beratungen · Schätzungen · Verkauf

AUGUSTA-ANLAGE 52 · D-68165 MANNHEIM · TEL. (06 21) 44 88 99 ODER 44 95 66 · FAX (06 21) 40 37 52

- WIR BIETEN ANKAUF, VERKAUF, BERATUNG. REGELMÄSSIG ERSCHEINENDE ILLUSTRIERTE LAGERLISTEN KOSTENLOS. JÄHRLICH 2 AUKTIONEN.

- WIR KAUFEN DEUTSCHE UND AUSLÄNDISCHE MÜNZEN ALLER LÄNDER UND ZEITEN. GOLDMÜNZEN, NUMISMATISCHE LITERATUR, GANZE SAMMLUNGEN.

- WIR GARANTIEREN DIE ECHTHEIT ALLER DURCH UNS VERKAUFTEN MÜNZEN UND MEDAILLEN.

- NUTZEN SIE UNSEREN TELEFON~SERVICE. WIR BERATEN SIE GERN.

Mitglied im Verband der Deutschen Münzenhändler e.V.
Association Internationale des Numismates Professionnels (AINP)

FRITZ RUDOLF KÜNKER MÜNZENHANDLUNG

Gutenbergstraße 23 · 49076 Osnabrück
Tel. 05 41/96 20 20 · Fax 9 62 02 22

Ankauf

Wir kaufen sofort
...und Alles !!!

- **DDR-Münzen**
- **BRD-Münzen**
- **Deutschland ab 1800**

Wir sind ständig am Ankauf von großen Posten, Sammlungen, Nachlässen und Händlerlagern interessiert.

- Egal, ob es sich dabei um Teil- oder Komplettsammlungen handelt. Wir kaufen Ihnen garantiert **Alles** zu **Höchstpreisen** ab! Für uns spielt es dabei keine Rolle, ob es sich um Posten von 1000,– DM, 100.000,– DM oder um über eine Million handelt.

- Sie erhalten Ihr Geld sofort bei Übergabe! Bei Zusendungen per Post überweisen wir den Betrag innerhalb von 48 Stunden.

- Diskretion, sowie eine problemlose Abwicklung sind für uns selbstverständlich.

- Wir sind garantiert der richtige Ansprechpartner. Rufen Sie uns an!!!

GERHARD BEUTLER

Ihr kompetenter Partner für DDR und BRD Münzen, wo Preis und Qualität garantiert stimmen !!!

DDR-Münzen Groß- und Einzelhandel
Stiegelwiesenweg 8, 75365 Calw
Tel: 07053/ 63 46   Fax: 31 43

Mitglied im Berufsverband des Deutschen Münzenfachhandels

ZEITLOSE LEIDENSCHAFT...

- Welfenmünzen
- Schwalbachtaler
- Kaiserreich
- Weimarer Republik
- III. Reich
- Bundesrepublik Deutschland
- DDR
- Nebengebiete

MICHAEL HEINRICH
MünzenHandlung

Hagenbrücke 19
38100 Braunschweig
Tel. (05 31) 40 06 91
Fax (05 31) 4 9111

Geschäftszeiten:

Ladengeschäft:
Di. – Fr. 10.00 – 12.00
und 14.00 – 17.00 Uhr

Versandservice:
Mo. – Fr. 10.00 – 17.00 Uhr

Fordern Sie kostenlos unsere Angebotsliste an.

Antiquitäten-Kataloge umfassend und kompetent
- mit aktuellen Marktpreisen -

Irmela Franzke
Jugendstil
192 Seiten
250 Abbildungen
ISBN 3-89441-209-7

Helga Domdey-Knödler
Silber
208 Seiten
400 Abbildungen
ISBN 3-89441-251-8

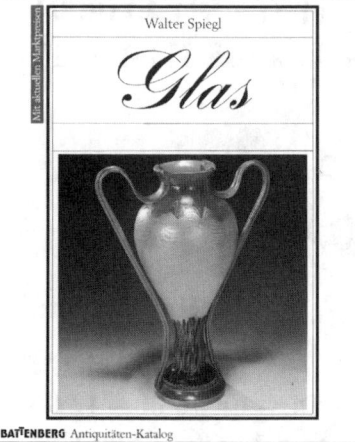

Walter Spiegl
Glas
208 Seiten
375 Abbildungen
ISBN 3-89441-255-0

Till Alexander Stahlbusch
Meissen
176 Seiten
250 Abbildungen
ISBN 3-89441-307-7

Steinerne Furt 70
86167 Augsburg

Matthias E. Flores
Münzhandel
Hochstraße 26   47798 Krefeld
Telefon: 0 21 51/2 67 14   Telefax: 0 21 51/80 17 63

Kaiserreich – Weimar – III. Reich
Bund – DDR/Neuheiten – Ausland

Ich stehe Ihnen jederzeit gern mit Rat und Tat zur Seite. Ich bearbeite Fehllisten, berate, taxiere und übernehme eventuell auch größere Posten und Sammlungen.

Rufen Sie einfach an!

Vertrauen und Qualität sind mein Motto!

Dr. Busso Peus Nachf.
Deutschlands älteste Münzhandlung

An- und Verkauf von Münzen und Medaillen von der Antike bis zur Neuzeit
Zwei Versteigerungen jährlich mit jeweils über 3000 Einzellosen
Sammlerbetreuung und Beratung durch erfahrene Experten
Expertisen und Schätzungen
Kundenvertretungen bei allen wichtigen internationalen Auktionen

Kataloge auf Anforderung

Bornwiesenweg 34 ♦ D-60322 Frankfurt a. M.
Telefon (069) 959 66 20 ♦ Fax (069) 55 59 95

Kunst & Antiquitäten

...besonders seltene Stücke!
- umfassend mit aktuellen Marktpreisen -

Maschke/Heinemann
Design
160 Seiten, 489 Abb.
ISBN 3-89441-287-9

Dieter Struss
Vespa
164 Seiten, 450 Abb.
ISBN 3-89441-212-

Helga Schepp
Künstler-Teddybären
144 Seiten, 350 Abb.
ISBN 3-89441-286-0

Janine Fennick
Barbie
144 Seiten, 300 Abb.
ISBN 3-89441-336-

BATTENBERG
Steinerne Furt 70
86167 Augsburg

MÜNZEN UND MEDAILLEN
NUMISMATISCHE LITERATUR
AUSGRABUNGEN

VERSTEIGERUNGEN – LAGERLISTEN
ANKAUF – VERKAUF
SCHÄTZUNG – BERATUNG

BANKHAUS ⌐⌐ AUFHÄUSER
NUMISMATIK
LÖWENGRUBE 12 • 80333 MÜNCHEN
TELEFON (089) 23 93-2711 • TELEFAX (089) 23 93-2879

Die Münzen dieser Welt...
Die großen Münz-Bestseller auf dem neuesten Stand!

Günter Schön
Kleiner deutscher Münzkatalog 1996/97
400 Seiten, 1700 Abb.
ISBN 3-89441-310-1

Arnold/Küthmann/Steinhilber
Großer Deutscher Münzkatalog
480 Seiten, 6000 Abb.
ISBN 3-89441-223-2

Günter Schön
Weltmünzkatalog 20. Jahrhundert 96/97
1390 Seiten, 14000 Abb.
ISBN 3-89441-311-5

Michael Göde
Dt. Medaillen-Katalog
208 Seiten, 1700 Abb.
ISBN 3-89441-305-0

BATTENBERG Steinerne Furt 70
86167 Augsburg

Stand 09/96

Heidelberger Münzhandlung
Herbert Grün

Blumenstr. 13   69115 Heidelberg   Tel. 06221/16 10 53   FAX 16 10 56

Als Sammler Deutscher Münzen ab 1800

finden Sie in unseren Auktionen stets eine umfangreiche Auswahl an kleinen und großen Raritäten in feiner Qualität.

Sollten Sie sich für unsere reich illustrierten Kataloge interessieren, schreiben Sie uns bitte mit Angabe Ihres Sammelgebietes.

Mit Tradition, Fachwissen und Liebe zur Numismatik sind wir Ihr Partner

Seriös beraten - gut bedient - zuverlässig beliefert ist die Devise unseres Kundenservice!

Ankauf gegen Barzahlung

von Münzen aus allen Materialien und Zeiten, ganze Sammlungen, Medaillen, Papiergeld

We buy coins of all materials and times, collections, medals, paper money - we pay cash!

Fordern Sie kostenlos per Telefon, Fax oder im Internet unsere aktuelle, bebilderte LAGERLISTE an!

Wir freuen uns auf Ihren Besuch in unseren verkehrsgünstig gelegenen Geschäftsräumen in Düsseldorf!

MÜNZHANDLUNG RITTER GMBH

Immermannstraße 19 · D-40210 Düsseldorf
Telefon 0211 / 3 67 80-0 · Fax 0211 / 3 67 80-25
Immer erreichbar im Internet: http://www.muenzen-ritter.de